TO BE NEAR UNTO GOD

하나님께 가까이

세계
기독교
고전

TO BE NEAR UNTO GOD

카이퍼의 경건 명상록

하나님께 가까이

아브라함 카이퍼 | 정성구 옮김

CH북스
크리스천
다이제스트

일러두기

이 책은 Abraham Kuyper, Nabij God te zijn(네덜란드어)의 영어 번역서 To be near unto God을 대본으로 삼아 한국어로 번역(전체 완역)하였다.

차례

저자 서문

깊은 신비주의에 빠질 때와 같이, 이러한 명상록을 펴내는 데도 상당한 위험이 내포되어 있다. 하나님을 추구하는 영혼은 무의식중에 하나님께서 구분해 놓으시고 "가까이"라는 단어로 한정해 놓으신 경계선을 훌쩍 뛰어 넘어서 그분의 존재에까지 파고들어 가는 경향이 있기 때문이다. 그러나 나는 처음부터 그러한 위험을 철저히 경계했으므로 그것을 탈피했으리라 믿는다. 반면 그러한 위험을 두려워한다면 감정과 상상력이 각성될 때에 영혼을 소생시켜 주는 열정과 신앙적 열심을 눌러 버릴 수밖에 없는 것이다. 단순한 생각이 명상은 아니다. 오히려 명상이란 그것과 전혀 다른 것으로서, 지옥문에서 살아계신 하나님의 교회에 대항하여 일어나는 계속적인 맹공격에 대하여, 용서나 고려해 볼 여지없이 빈틈없이 맞서기 위하여 반드시 필요한 것이다.

이 사탄의 공격은 반대 논쟁, 철학적 반박, 반비평주의를 불러일으킨다. 만일 이를 견제하지 못하면 우리의 영혼은 우리가 생각할 수 있는 범주에 머물고 말게 되며 따라서 우리의 선조 신앙은 형식적인 것이 되고 말 위협을 받게 된다. 이성주의는 말하자면 끝이 섬세하고 눈부시게 투명하며 모양이 아름다운 얼음 결정체를 형성한다. 그러나 그 얼음 밑에서 생수의 강줄기는 너무 쉽사리 말라 버린다. 거기에서 교리적 추상 개념은 얻을 수 있을지 모르나 열렬하고 경건한 마음에서 보여지는 참된 신앙심은 사라지고 만다.

또 다른 경우도 있다. 즉 교부들은 우리에게 다른 예를 보여 주었다. 그들에게서 우리는 강경한 논쟁의 재능을 발견한다. 그런데 그것은 늘 열렬한 신비주의와 더불어서 퍼져 나가는 것이다.

영혼이 하나님께 가까이 나가는 것에 대한 묵상, 수고 그리고 명상은 위에서 언급된 잘못들을 바로 잡으며, 영혼을 추상적인 교리와 각박한 생활에서 끌어내어 참된 신앙으로 회복시켜 준다. 또 영적인 물의 "화학적인" 분석을 통하여 영혼으로 하여금 다시 그 물의 근원되는 생수의 샘으로 되돌아가게 한다.

이 생수를 마시지 않고 교리적 고백만 중시하면 삭막한 정통주의에서 영혼은 고갈하고 만다. 마찬가지로 교리적 규범을 명백히 알지 못한 채 영적인 감정만 내세우면 병폐적인 신비주의의 늪에 빠지게 되는 것이다.

자신이 살아계신 하나님과 인격적인 교제를 맺고 있다고 느끼고 깨닫고 아는 사람과 계속해서 말씀으로 자신의 영적 체험을 점검해 보는 사람은 안전하다. 그러한 사람은 믿음이 굳건한 사람으로서 자기의 가정이나, 사귐을 갖는 사람들, 더 나아가서는 세상에서 경건의 능력을 나타내며, 심지어는 하나님과 그분의 말씀을 경멸하는 사람들에게 조차 하나님께 영광을 돌리게끔 만드는 것이다.

여기에 수록된 명상들을 통하여 많은 하나님의 자녀들이 아주 고상한 영적 상태에 이르게 되고 신앙의 격려를 받게 되기를 기원한다.

단 한 심령이라도 이러한 목적을 이루게 된다면 그것으로 인하여 하나님께 넘치는 찬양과 감사를 드리는 바이다.

아브라함 카이퍼
헤이그, 네덜란드
1908년 6월 1일

제 1장

하나님께 가까이

시편 기자는 신령한 경지에 이르러서 "여호와께서 내 음성과 내 간구를 들으시므로 내가 저를 사랑하는도다"라고 읊조렸다.

하나님을 좋아하는 것은 "내가 하나님을 사랑한다"라고 말할 수 있는 것과는 전혀 다른 것으로 강도가 훨씬 약한 것이다.

사람은 본능적으로 자신의 고향을 좋아한다. 그리고 자연의 아름다움과 위엄을 좋아한다. 예술적 창작활동을 좋아하며, 동정심에서 고통당하는 사람들에게 연민의 정을 느끼며, 고상하고 진실하며 좋은 평판을 받은 것들에 대해서 애착심을 가진다. 이와 아울러서 솔직히 말하면 거의 모든 사람은 자신이 또한 하나님을 좋아하되 심지어는 다른 모든 좋아하는 것들보다 더 그러하다고 말할 수도 있다. 왜냐하면 사랑을 일으키는 모든 좋은 것이 하나님에게로부터 나오며 하나님 자신은 가장 선하시기 때문인 것이다.

게다가 이렇게 하나님을 좋아하는 것은 고상한 감정이며 아주 진지하며 때로는 열정적인 불을 붙일 수도 있다. 그러나 그 영혼이 실제로는 영원하신 하나님과 친밀한 교제를 갖지 못하며 하나님과 일대 일로 맺게 되는 구원의 은혜를 체험하지 못하기 때문에 위대하신 하나님을 자신의 구속주로 모셔 들이지 못하고 감격하여 "나는 하나님을 사랑합니다!"라고 외칠 수는 없을지도 모른다.

일반적으로 하나님에 대한 사랑이란 주로 하나님에 대한 관념, 생명의 근원, 모든 좋은 것의 원천, 잠시도 주무시지 않고 이스라엘을 지키시는 자, 영원히 변치 않으시는 분에 대한 사랑이다.

그러나 영혼에서 "나는 하나님을 사랑합니다!"라는 음성이 울려 나올 때에 영원하신 하나님에 대한 관념, 감각 그리고 실재는 구체화된다. 그때에 비로소 하나님께서는 우리를 인도하시는 목자요, 영적으로 우리를 낳으신 아버지요, 우리와 언약을 맺으신 계약주요, 우리와 사귐을 갖는 친구요, 우리를 대속해 주신 구세주요, 막연한 하나님이 아니라 **우리 자신**의 신실하신 하나님이 되시는 것이다.

여러 해에 걸쳐서 일반적인 하나님의 사랑을 느껴왔는지는 모른다. 하지만 아직 하나님을 온전히 알지는 못한 상태인 것이다.

하나님에 대한 지식은 우리가 인격적으로 그분을 사랑하게 되고 인생행로에서 처음으로 그분과 만남을 가지고 주님께서 우리 옆에 동행하시게 되며 하나님과 우리가 의식적이고 생동적이며 개인적인 특별한 관계를 맺음으로, 하나님께서 우리의 아버지가 되시며 우리는 그분의 자녀가 될 때에만 얻어지게 되는 것이다.

하나님의 자녀들 중에 속할 뿐만 아니라 다른 자녀들과는 다르게 하나님과 인격적이고 개인적인 관계, 즉 하늘과 땅 위에서 맺어질 수 있는 가장 친밀한 교제를 누림으로, 그분은 여러분의 아버지, 목자, 사랑하는 친구 그리고 하나님이 되시는 것이다!

이러한 신앙의 차원에 이르지 못한 사람은 이것을 이해하지 못한다. 그에게는 이것이 너무 심오하기 때문인 것이다. 게다가 만일 그런 사람이 신앙적인 문제에 관심을 기울인다면, 다른 사람들이 친밀한 하나님과의 교제에 관하여 이야기하는 것을 들을 때에 다음과 같이 느낀다. 즉 만일 자신이 그러한 사랑에 도달할 수 있었다면, 지금보다 더 하나님을 열렬하게 사랑하게 될텐데 하고 말이다.

이 사실은 그에게 자신이 이제까지 무엇인가 잃고 있었다는 것을 깨닫게 해준다. 그래서 그것에 대한 소원을 불러일으켜 주며 그처럼 아름다운 것을 지니고자 갈망하게 된다.

이러한 갈급함은 마침내 더 고상한 신앙에 대한 길을 열어준다. 하나님과의 교제가 시작됨으로, 하나님과 인간 쌍방으로부터 작용이 진행된다. 즉 하나님께서 그에게 가까이하시고 그는 하나님께 가까이 나아간다. 처음에는 그 간격이 멀리 떨어진 상태이나 점점 가까워져서 마침내 간격은 전혀 없어지게 되고 만남이 이루어지는데 그 순간은 너무나 은혜스러워 결코 말로 표현할 수도 없을 정도인 것이다.

단지 그때에만 비로소 하나님께 "**가까이**"하게 되는 것이다. 모든 것은 그 가까이함, "하나님께 가까이함이 내게 복이라"는 느낌 여하에 따른다.

이러한 신비한 체험을 맛보지 못한 사람은 입으로는 "하나님께 가까이 함이 내게 복이라"(시 73:27)고 말할 수는 있지만 그 의미를 알지 못한다. 그는 생각 없이 그렇게 되뇌이는 것이다. 그는 그것이 경건한 정신 구조를 의미한다고 생각한다. 그 자신의 심령으로는 이 신비스럽고 아주 친근하며 인격적인 사랑의 불꽃이 타오르는 것을 전혀 느끼지 못한다. 하나님께 대한 찬양, 예배 그리고 은혜를 간구하는 기도는 드리지만 그분에 대한 사랑의 애착은 맛보지 못하는 것이다.

하나님께 "**가까이**" 한다는 것은 그분께 아주 근접함으로 눈이 보고 마음으로 깨달으며 자신의 귀로 그분의 음성을 들으며, 그리함으로 모든 분리의 요인들이 제거되는 것이다. 그것은 둘 중의 한 방법, 즉 자신이 마치 하늘로 끌려 올라가는 듯이 느끼거나 아니면 하나님께서 하늘에서 내려오셔서 여러분에게 특별한 고난을 안겨 주는 고독한 중에, 또는 기쁨을 만끽하게 하는 가운데 함께 교제하는 것이다.

"**가까이**" 란 단어는 여러분과 하나님 사이를 떼어놓는 경우가 너무 많다는 것을 암시해 준다. 여러분은 고립되고 고독하고 버림받은 느낌을 갖게 될 때가 빈번하다. 왜냐하면 하나님께서 멀리 떠나 계시거나 아니면 여러분이 그분으로부터 떠나 있으므로 안식을 누릴 수 없기 때문이다. 그러다가 당신 속에 있는 모든 것이 여러분을 다시 하나님께로 향하게 하면 그때에 비로소 그분과 멀어지게 하던 요인이 사라지는 것이다. 그때에 하나님과 교제가 이루어지고 그분께서는 당신 곁에 계시며, 자신이 하나님 곁에 있다는 사실을 다시 한 번 깨닫는다.

거기에는 다시 축복이 있다. 모든 상상을 초월하는 축복 말이다. 즉 다시 하나님께 가까이한다는 것은, 오! 모든 것에 뛰어날 만큼 너무나 좋은 일일 것이다

그러나 이러한 축복이 현세에서는 단지 아주 드물게 체험될 것이다.

그리고 여러분이 영원히 하나님께 가까이한다면, 영생 가운데 그 축복을 누리게 된다. 하늘 아버지의 집에서 영원히 그분께 가까이하는 것이다.

이 세상이 여러분을 하나님에게서 멀리 떼어 놓는 방법은 잔인한 것이다. 속세에서 벗어나서 암자나 수도원으로 피하는 것이 해결책은 못된다. 그러나 하나님과 끊임없이 교제하기 위해서 그러한 조치를 취했던 사람들의 영혼 속에 지속되어진 것 즉, 하나님을 간절히 사모하는 마음은 이해할 수 있다.

만일에 속세를 벗어났던 사람들이 이 세상을 잊어버릴 수 있었다면 하나님께 가까이하기 위하여 그렇게 하는 것이 해결책이었을 것이다. 그러나 그들의 몸은 깊은 은신처에 있다할지라도 마음에는 세상을 간직하고 있는 것이다. 사탄이 침투하지 못할 만큼 견고한 암자나 거리가 먼 숲속 은둔처는 없기 때문이다.

게다가 하나님께 가까이 하기 위해서 속세를 벗어난다는 것은, 하늘 아버지의 집에서만 누리게끔 되어 있는 기업을 스스로 이 땅에서 누려보겠다고 주장하는 것이다. 격리 생활을 함으로 사람들이 많은 유혹에서 벗어날 수 있는 것은 사실이다. 눈으로 더 이상 많은 허영 된 일들을 보지 않게 된다. 그러나 그 생활은 비정상적인 것이다. 삶이 옹색해진다. "인간적"인 것이 작은 차원으로 축소되어 진다. 거기에는 의무, 직업, 능력 발휘가 없어진다. 투쟁이 없어지며 따라서 그것으로 말미암는 승전이 지연되는 것이다.

이 땅에서 하나님께 가까이하는 것은 그것이 인생 광야의 오아시스로서, 죄와 세상에도 아랑 곳 없이 추구되어 질 때에 가장 값진 축복을 초래하는 것이다. 브누엘에서의 야곱, 호렙 산의 모세, 시므이의 저주를 당하는 다윗, 군중들의 야유를 받는 바울 등은 세상이 그들을 하나님으로부터 멀리 떼어놓기 위해서 아주 가혹하게 시험을 했을 때에 가장 고상하고 훌륭한 신앙 경지에 이르렀다. 모든 방해에도 불구하고 세상적인 반대를 무릅쓰고 계속해서 그들은 하나님과 교제를 누렸던 것이다.

투쟁 가운데서 하나님께 가까이하는 것은 축복이다. 그리고 또한 세상이나 죄, 또는 사탄과의 투쟁은 제쳐놓고, 여러분 위에 먹구름이 몰려들고 역경과 손해와 슬픈 일이 마음을 괴롭히며, 무화과나무가 무성치 못하며 포도나무에 열매가 없을 때에라도, 하나님의 축복스러운 가까이하심은 기쁜 일을 만날 때 보다, 슬픈 일을 당할 때 보다 더 만끽되어지는 까닭에, 하박국 선지자와 같이 여호와를 즐거워하는 것은 모든 신앙 역사상의 교훈이었던 것이다.

다윗은 마음껏 사치와 부요를 누릴 때가 아니라, 사울이 그를 죽이려고 박해했을 때에 하나님을 향해서 가장 아름다운 찬양을 드렸던 것이다.

허나 세상은 점점 더 잔인해진다. 그 잔인함이 겉으로 보기에는 훨씬 더 아름다움을 조장할지 모르나 그 속에서는 점점 더 치명적인 것으로 되고 있다.

이전에는 사람들에게 생명의 존엄성을 상기시켜 주며, 더 고상한 관심사들을 불러일으키며 마음에 영원을 부각시켜 주는 것들이 많이 있었다.

그러나 지금은 아주 다른 상황이다. 일상생활에서 우리 영혼에 고상하고 거룩하고 영원한 것에 대해 기억을 환기시켜 주는 것은 아무 것도 없다. 공공 생활에서 모든 신앙적 반영은 사라져 버렸다. 금식일과 기도일이 정해지지 않는다. 아무도 더 이상 하나님에 관해서 이야기하지 않을지도 모른다. 죽음의 경고를 들어도 자신의 죽음 후에 있을 심판을 예비하지 않는다. 묘지들은 공원들로 꾸며진다. 거룩한 일들이 비웃음을 당한다. 대화와 책들 가운데 천국이 존재하지 않으며 죽음 이후의 세계는 부인된다. 그리고 하나님을 두려워하는 삶보다 하나님 없이 사는 삶이 언제나 그런 것은 아니지만 비교적 번영한다는 것이다.

일상생활에서 이렇게 하나님을 무시하는 것이 하나님과 하나님을 두려워하는 사람 사이에 강물 줄기 같이 흘러 틈을 낸다. 그러므로 여러분의 신앙은 여러분이 이 물의 흐름에 저항하여 하나님과 단단히 붙어 있으려고 힘쓰는 만큼 분투해야 한다.

특히 우리 시대의 젊은이들과 사랑하는 어린이들에게 있어서 이러한 세상의 참혹함은 말할 수 없이 위험한 것이다.

그러나 담대하라.

하나님께서 그러한 사실을 알고 계시며 따라서 그의 영원하신 자비하심으로 인해 여러분과 여러분이 아끼는 사람들에게 점점 더 가까이, 친밀하게, 그리고 신속하게 다가오실 것이다. 현대의 이러한 유혹적인 상황 가운데에서조차도 여러분을 위시한 모든 신자들이 하나님께 가까이 나아갈 수 있게 하기 위해서 말이다. 그러나 하나님의 자녀들이 세상과 타협할 때에는 전혀 평안을 얻지 못하게 된다. 그리고 하나님에 대한 막연한 사랑은 어느 때보다 더욱 용납되지 않게 될 것이다.

유일한 구원방법은 하나님께 "나는 당신을 사랑합니다"라고 말할 수 있는 은밀한 교제를 누리는 것이다. 그때에 여러분은 하나님과 동떨어진 곳에 홀로 서있지 않고 여러분의 영혼과 영원하신 그분과의 인격적인 만남 가운데 점점 더 그분께 가까이 나가게 될 것이다.

제2장

내가 만든 영혼들

우리는 자신이 손수 만든 것들에 대해서 미묘한 애착심을 갖는다. 이것은 늘 그것이 뛰어난 가치를 가졌기 때문이 아니고 오히려 우리가 스스로 만들었다는 사실 때문에 그런 것이다.

초상화법을 연구하고 예술작품에서 자신을 완성하고자 정평있는 그림들을 모방해서 그림을 그린 화가는 자신의 모방화를 높이 평가한다. 자신의 그림에는 원화보다 더 아름다운 것이 있다고 평가하기 때문이다.

자신이 손수 가꾼 화단에서 뽑은 꽃들이 원예사가 기술적으로 만든 꽃다발보다 더 흥미진진하다. 시골사람들은 자기 채소가 외국에서 수입해온 채소들과 비교해 볼 때에 좋은 품질이 되지 못한다 할지라도 자신의 정원이나 온상에서 캐낸 채소들을 더 좋아한다. 월간지나 계간지에 투고한 사람은 그 책이 발간될 때에 자신의 투고문이 그 책 중에서 가장 뛰어난 것이라고 여기는 것이다. 이것은 모든 인생 부분에 적용되는 사실이다. 우리 자신의 손길을 통해 생성된 것에 대한 관심도는 끝이 없다. 자기 소유의 우리에서 사육된 소가 다른 어떠한 소보다도 사랑스럽다. 우리가 직접 지은 집안에서 보다 더 행복한 것이다.

이것은 특별히 인생의 과도기에 흔히 자만을 일으키는, 자기도취에 좀 심하게 빠져 들게 할 수도 있다. 만일 완전한 이기주의에 빠져 다른 사람들이 만들어 낸 더 훌륭한 산물들에 무관심하게 된다면 틀림없이 너무나 지나친 편벽이라 간주할 수 있다.

그럼에도 불구하고 비록 너무 큰 자기도취 현상이 일어난다 할지라도 이것이 자신의 생산품에 주어지는 편애를 좌우하는 주요 특성은 아닌 것이다.

이것은 다른 부모의 자녀들에게는 결코 그럴 수 없는 방식으로 자기 자녀와 놀이를 즐기고 있는 어머니의 즐거움을 고려할 때에 곧 느껴진다.

사실상, 자아 망상과 이기심은 자기 자녀에 대해 느끼는 어머니의 즐거운 심정의 극히 부수적인 일부에 불과한 것이다. 인류의 역사와 세계의 민간 전승은 다음과 같은 사실을 증거한다. 이기심의 줄과 전혀 다른 줄이 풍성한 모성애에서 음을 낸다는 것과 다른 줄에서 나는 특별한 음이 있다는 것은 그 아이를 낳은 사람은 바로 그 어머니 자신이라는 존엄한 사실을 명심할 때에 비로소 이해가 된다.

어머니는 그녀가 낳은 자녀에게서 자신의 삶의 일부를 보며, 그것을 인식한다. 자식과 어머니는 각각 별개의 사람이 아니고 어머니의 삶이 자녀에게 연장되어지는 동일한 한 몸인 것이다.

우리 자신의 모든 산물, 즉 자신의 생각, 지식, 노력, 의지, 인내심 또는 자신이 출판사에 투고한 논문, 손수 지은 집, 자신이 완성한 그림이나 수예품, 스스로 가꾼 꽃, 사육한 사냥개 또는 경주마 등의 모든 것들에 이와 똑같은 특성이 나타난다. 거기에는 우리 자신이 만들지 않은 다른 어떤 것들에서는 전혀 느낄 수 없는, 뚜렷한 어떤 표적이 아로새겨진다.

그리고 인간의 이러한 특성에 의해 하나님께서는 죄인을 위로하신다. 그러한 특성이 하나님 안에 있기 때문에 그 형상을 닮은 우리 인간에게도 있는 것이다. 하나님께서는 이 특성이 우리 인간의 유익을 위해서 거룩하신 아버지의 심정 속에서 작용한다고 말씀하신다. 왜냐하면 한 영혼이 위험에 처해 있을 때에, 하나님께서는 자신이 그 영혼을 스스로 만드셨다는 것을 결코 잊어버릴 수 없기 때문인 것이다.

내가 영원히는 다투지 아니하며 내가 장구하는 노하지 아니할 것은 **나의 지은 그 영과 혼**이 내 앞에서 곤비할까 함이니라(사 57:16).

어머니가 품에 안고 있는 자녀에게 정당한 이유로 잠깐 동안 심하게 꾸중할 수 있듯이 하나님께서 인간에게 잠시 선한 목적으로 노여움을 나타내실 수 있다. 왜냐하면 하나님께서 인간의 영혼을 만드셨기 때문이다.

아비가 자식을 불쌍히 여김같이 여호와께서 자기를 경외하는 자를 불쌍히 여기신다(시 103:13). 여인은 혹시 그 젖먹이는 자식을 잊을지라도 "나는 너를 잊지 아니할 것이라"(사 49:15).

하나님을 아버지라고 부르는 것은 완전히 부성애적인 풍성한 위로의 사상을 나타내 준다. 그것은 단순히 아비가 사랑하고 또 하나님께서 사랑하는 것뿐만 아니라, 여러분에 대한 하나님의 사랑이란 자녀들에 대한 아버지나 어머니의 사랑의 출처와 똑같다는 사실, 즉 하나님께서 여러분을 창조하시고 조성하셨으며 여러분 속에 있는 영혼을 만드신 데 기인하는 것이다.

인간이 하나님의 형상을 따라 창조되었다 함은 그것으로 인해 하나님께서는 자신이 인간과 연관되었다고 느끼며, 여러분 속에서 자신의 일부를 발견하시는 것이다. 여러분은 그분 자신의 산물, 창조물이며 만드신 바이기 때문에 여러분은 그분의 거룩한 관심의 대상인 것이다.

하나님께서 여러분의 영혼을 만드신 까닭에 거기에는 하나님 자신의 어떤 것이 있으며 거룩한 신적 표시가 여러분 위에 새겨져 있는 것이다. 여러분 속에는 다른 것에는 없는 하나님의 능력과 사상 그리고 창조적인 재능의 일부가 스며들어 있다.

여러분은 여호와 자신의 예술품들 중의 하나이다. 가령 여러분이 죽어서 주님의 풍부한 소장품에 부족함이 있게 된다는 것을 잠시 상상해 보라. 여기에서 하나님과 여러분의 영혼 사이에는 속박이 생겨난다. 그러므로 여러분은 하나님의 하늘에 있는 별인데, 영적인 아버지께서는 그것 없이는 절대로 지내실 수 없는 것이다.

그러므로 하나님께서는 잃어버리신 것을 찾는다.

어느 화가가 박물관에 전시하기 위해서 자신이 그린 그림들을 수집했다. 그런데 어느날 그것들 중의 한 장을 분실했다면 그는 그것을 찾아 다시 벽 제자리에 걸어놓을 때까지는 절대 안심할 수 없을 것이다.

마찬가지로 하나께서는 그에게서 멀리 떠난 모든 영혼을 못잊으신다. 왜냐하면 그것은 손수 만드신 것이기 때문이다. 예수께서 잃어버린 동전, 한 마리 양, 그리고 탕자의 비유에서 그렇게 감동적이고 아름다운 언어로 구사해 놓은 데는 하나님께서 자신이 만드신 작품을 잃어버릴 수 없으며, 그리하여 죄인들의 영혼들을 지옥의 밥으로 내버릴 수 없다는 사상이 배어있다. 왜냐하면 그들은 하나님의 손으로 지으신 바이며 **그분께서 손수 그것들을 만드셨기** 때문인 것이다.

그 안에 또한 죄의 심각성이 존재한다.

만일 조금 전에 언급된 화가가 어느 날 아침에, 밤중에 어떤 악당이 그곳에 들어와 그의 모든 작품들을 칼로 훼손시켜 놓은 것을 본다면 그 심정의 괴로움은 이루 말로 표현할 수가 없을 것이다. 단지 예술적 보배들이 파괴된 것뿐만 아니라 훼손된 것들은 자신이 손수 만든 것이기 때문이다.

한 영혼이 하나님을 떠나 방황할 때에도 이와 똑같은 슬픔이 그분을 괴롭히게 되는 것이다. 하나님께서 지으신 영혼이 내적으로 산산조각 나버리고 거의 알아볼 수 없을 정도로 다치고 상함을 받았다.

이보다 더, 죄에 굴복함에 의해서 우리는 빈번히 자신의 영혼을 훨씬 더 파괴하고 또한 동시에 그것을 지으신 하나님께 괴로움을 끼쳐드리게 된다.

여러분의 잘못된 본보기나 의도적 유혹에 의해서 당신 자신이나 자녀들 또는 다른 사람들의 영혼을 파괴하는 것은 하나님께서 만드신 작품을 훼손하는 것이다. 그리고 하나님과 그분께서 만드신 하나님의 형상에 상처를 입히는 것이다.

그것은 마치 여러분이 한 어린아이를 데리고 와서 그의 어머니가 보는 앞에서 그를 때려 눕혀 생명을 앗아버리는 것과 같다. 그것은 창조물에 대한 창조주 하나님의 사랑을 무시하며 고의적으로 분노케 만드는 것이며 그분이 가장 마음을 쏟는 것에 대해서 그분으로 하여금 슬퍼하게 하는 것이다.

신앙이 확고한 사람에게 있어서, "**내가 지은 영혼들**"이라는 주님의 말씀은 두 가지 의미를 지닌다.

첫째 : 복된 위로가 믿는 여러분께 내린다는 것이다. 하나님께서 만드신 영혼을 향한 분노는 영원히 지속되지 않을 것이다. 둘째 : 유익한 자극은 죄로 인해서 끊임없이 영혼을 망치게 하려는 것이 아니고 영혼을 사랑하며 그것을 아껴주려는 것이다. 그것에 대항해서 죄를 짓게 함이 아니요 부패한 영향력들로부터 영혼을 보존하려는 것이다. 왜냐하면 여러분의 영혼은 하나님께 속한 것이며, 그분께서 그것을 만드셨기 때문이다.

하나님께서 자신의 형상을 따라 인간을 창조하셨다는 고백은 그 깊이를 이루 헤아릴 수 없는 사상인 것이다. 그 깊이를 측정하려는 다림줄은 훨씬 더 깊숙이 내려간다. 이러한 믿음이 지닌 구원 능력과 고취시키는 능력은 오로지, 여러분이 자신 속에 있는 영혼은 하나님의 창조물이며, 하나님께서 만드신 것으로서 그의 명예가 깃들어 있으며 그분의 거룩한 질투심이 그 영혼을 지켜보고 계시며, 여러분이 그 영혼을 죄의 도구로 만들어 버릴 수는 없으며, 하나님께서는 스스로 만드셨기 때문에 폭력을 가함이 없이 그 영혼과 인격적 관계를 유지하고 계신다는 사실을 늘 새로이 깨닫는 새 날로 매일 아침을 맞은 때에만 느껴진다.

참으로, 그 말은 여러분이 하나님의 한 자녀임을 알아야 한다는 것 외에 좀 더

주의깊게 말하자면, 죄를 짓고 있는 자녀는 하나님 아버지께 거역하는 것이며 그의 명예를 더럽히며 그분의 심정에 괴로움을 끼치는 것임을 나타내 주는 것이다.

제 3장

하나님께 대해 부요치 않음

예수께서는 하나님과 물질 간의 심각한 갈등을 알고 계셨는데, 그것은 계속해서 우리들을 짓누르는 문제이다. 예수께서 사역하셨던 당시의 지역, 평범한 욕구가 쉽게 채워지는 동방 지역 사람들보다 유럽이 이러한 갈등을 훨씬 더 심각하게 느낀다고 해도 무방하다.

우리는 삶 자체가 얼마나 물질에 의해 좌우되는지를 잘 알지 못하고 있다. 부에 대한 모든 욕망을 멀리하고 검소를 사랑하라. 그러면 여러분이 경제적으로 다소 여유를 가지고 있는 경우에 아침부터 밤늦게까지 자신과 가족의 단순한 생계를 위해서 열심히 일을 해야만 할 때보다 삶의 상황이 달라진다.

돈을 벌겠다는 집념에 사로잡히면 곧 죄의 정욕에 빠지게 될 것이며 마침내 돈의 종이 되어 모든 신의를 저버리게 된다. 그러나 자신의 재산을 늘리려고 하는 것 자체는 쉽게 이해할 수 있고 전혀 비난받을 여지가 없다. 다만 이것이 여러분 자녀의 교육, 자신의 발전과 하나님 나라의 발전에 대하여 얼마나 많은 것을 의미하는지 생각해보라.

돈이란 엄청난 힘을 지니고 있으며 따라서 꼭 필요할 때에 돈이 부족한 경우 우리는 비참하게도 무력해지고 만다.

그러므로 죄인이나 구원받지 못한 심령에 대한 돈의 영향력은 지극히 큰 것이다. 한편 여러분은 하나님의 거듭난 자녀에게서 조차도 그것의 올무에 걸려 있는 상태를 자주 보게 된다. 그러므로 인간의 마음이 돈에 사로잡혀 있게 되면 비록 보다 더 이상적인 의도를 가지고 있다손 치더라도 결코 하나님과 그리스도 편을 선택할 수 없게 된다.

그러한 사람을 유혹하기 위해서 돈과 사탄은 힘을 합하여 마침내는 황금만능주의를 일으킨다. 처음에 사람은 황금만능주의를 배척하려고 힘쓰지만 결국 거기에서 헤어나오지 못하고 마는 것이다. 돈은 여러분의 손아귀에 있는 능력이다. 그러나 알지 못하는 사이에 여러분을 능가하는 힘이 된다. 여러분을 지배하며, 원하든지 원하지 않든지 여러분을 높고 고상한 것으로부터 떼어 내어 황금만능주의의 세력에 복종시켜 버린다.

예수께서는 이 점을 알고 계셨다. 그분께서는 황금주의가 지니 수치스러움의 심층부, 인간본성이 지닌 돈의 신성모독적 기질을 속속들이 헤아리셨던 것이다. 이 허울 좋은 노예상태에 대한 하나님의 긍휼하심으로 인해 주님께서는 그분의 말씀을 들으러 모여드는 군중들에게 황금주의를 버리고 하나님께 돌아올 것을 반복해서 촉구하셨다.

오로지 이러한 첨예한 대조 속에 돈이 지닌 횡포에 대항하는 능력이 있는 것이다.

만일 여러분이 진실로 하나님께 복종하면, 돈이 여러분에게 지배를 받게 되며 여러분을 해치지 못하게 될 것이다.

반면에 만일 여러분이 물질의 치명적 영향력과 매력적인 힘에 대해서 자기변호를 하려 한다면, 알지 못하는 사이에 여러분은 하나님에게서 멀리 떠나게 되며, 자신이 주인이 되어 돈의 지배를 받게 된다.

그러므로 예수께서는 두 종류의 부자, 즉 물질적인 부자와 하나님을 향한 부자들을 대조하신다.

이것은 서로를 배제하지 않는다. 하나님께 대하여 부요한 것이 이 세상 재물에서 풍부함을 누리는 데 손상을 주지 않을 것이다. 그때 여러분은 전능하신 하나님의 청지기라는 자신의 신분을 깨달음으로 돈이 여러분에게 수종들 것이며 여러분을 통해서 하나님께 봉사하게 될 것이다.

또한 하나님을 향해 부요하면서도 세상을 향해서는 가난하지만 만족하며 행복하며 영혼의 더 고상한 풍요로움을 누리는 가운데 희락을 누릴 수도 있다.

반면 하나님을 향해 인색하고 세상에 대해 풍요로운 것은 단지 잘못된 과시, 정화되지 못한 내적 자아를 감춘 외식적 부와 즐거움의 시위인 것이다. 그것은 사망 시 아니면 그 이전에 여러분의 영혼을 텅 비게 하고 깎아내 버린다. 게다가 하나님께 대해 인색하고 세상을 향해서도 가난한 것은 훨씬 더 곤란하다. 거기에는 삶의 욕구를 채워줄 것이 전혀 없다. 아무것도 여러분을 떠받쳐 주지 않는다. 오로지 여러분의 내적 존재를 파괴시켜 주는 괴로운 불만이 있을 뿐이다. 속상함과 염려에 빠져 여러분은 삶의 모든 매력을 잃어버리고 만다.

하나님께 대하여 부요하다는 것은 무엇일까?

이 말을 이해하기 위해서, 잠시 이 세상에서 여러분의 소유라 지명된 모든 것들이 여러분에게서 제거되었다고 가정해 보라. 자신이 모든 사람에게서 버림받고 잊혀지고 철저히 고립되어 자신의 마음과만 홀로 서 있는 모습을 상상해 보라. 그리고 스스로 물어 보라. 지금 나는 무엇을 가지고 있는가? 내가 현재 소유하고 있는 것은 무엇인가?

임종 시 우리는 그와 같은 상태에 있게 될 것이다. 영혼의 고독 가운데 여러분은 영원한 세계로 가게 될 것이다. 그때에 여러분은 무엇을 가지고 가겠는가? 돈과 세상 재물을 가져 가지는 못한다. 심지어 여러분은 육신과도 이별해야만 한다. 단지 자신의 영혼, 심령, 속에 있는 영적 자아만이 그곳에 가게 된다. 여러분의 심령은 그때에 가난한 채로 갈 것인가 아니면 부요한 상태로 영원한 세계로 들어가게 될 것인가? 더 이상 이 세상에서는 부요할 수 없다. 단지 영적으로만 풍부할 수 있다. 모든 사람은 하나님을 향하여 가난하거나, 아니면 풍요로운 상태로 죽음을 맞이하든가 둘 중 하나를 선택하게 될 것이다.

사람이 사망할 때에 그렇게 될 것이라면 지금 스스로를 점검해 보라. 당신이 가지고 있는 모든 것이 사라졌다고 생각하고 여러분의 영혼에게 다음과 같이 물어 보라. "나는 지금 무엇을 가지고 있는가?", "내가 소유하고 있는 것은 무엇인가? 세상의 물질적 소유물들이 내게 인간으로서의 가치를 주는가, 아니면 나는 스스로 가치 있는 존재인가? 나는 심령 깊은 곳에 자신에게 가치와 의미를 주는 어떤 것을 소유하고 있는가 아니면 나 자신이 실제로는 아무 가치 없는 존재인가?"

여기서 자신을 속이지 말자.

탐욕 없이 누구든지 지식으로써 자신의 정신을 풍요롭게 하고, 예술적 재능을 개발하고 영리함과 다재다능함으로 뛰어나게 될 수 있다. 이 모든 일이 가치와 의미를 지니는 것이며 하나님으로부터 동떨어진 것은 아니다. 단지 그러한 것은 전적으로 이 세상 삶과 관련된 것이며 이 세상을 떠나게 될 때에는 그 의미를 잃어버리고 만다. 단지 더 높고 고상한 것으로 여러분의 성품에 힘을 쏟은 것으로서 남을 뿐이다.

그러나 그 이상의 것이 없다면 이러한 것은 유익이 없을 것이다. 여러분의 인격과 성품, 내적 힘을 수립하고 넓힌 것이 무엇이든간에 그런 것과 우리의 소유에 지나지 않은 것들은 재앙이나 죽음을 막을 수 없다.

완전히 계발된 인격, 잘 형성된 성품, 내적 정신력과 의지력, 이 모든 것은 단지 여러분이 그것들을 선을 위하여 사용할 수 있을 때에만 유익할 것이다. 사탄은 상상할 수 있는, 가장 강력하게 계발된 인격이다. 사람이 어느 정도로 악해 질 수 있느냐에 따라 사탄적인 것은 아주 빈번하게 나타난다.

여러분은 영원한 축복의 삶에 부합되는 인격의 능력들과 성격의 특성들을 개발하였는가? 만일 그렇지 않다면 사망 시에 여러분의 다른 업적들은 여러분에게 전혀 유익을 주지 못하고 말 것이다. 지옥에도 잘 계발된 성품들과 연마된 재능들이 있다. 그러나 이것들은 축복을 가져다 주지 못하고 오히려 비참함을 더해준다. 왜냐하면 그러한 것들은 하나님으로부터 멀리 떠나 있으며 그분에 대해 부요하지 않았기 때문이다.

단지 여러분이 자신 속에 하늘나라에서 사용될 능력들과 재능들을 계발할 때에만 여러분의 심령은 그 자체로 "부요해짐"에 대해서 말할 수 있다. 그것은 여러분으로 하여금 하늘나라에서 편안하게 느끼게 해주고 훨씬 더 큰 능력들을 계발할 수 있게끔 해줄 것이다.

여러분이 하나님과 교제를 맺기 전에는 결코 이러한 힘을 얻을 수가 없다. 하나님을 통해서 하늘나라의 능력들이 여러분 속에서 작용해야만 하고 그런 능력들이 여러분에게 하늘나라 시민으로서의 자격을 갖추도록 만든다. 그리스도 안에서 여러분은 하나님과 화해하게 되며 하늘 아버지께서 오셔서 여러분과 동거하시게 되는 것이다. 그때 고상한 능력으로 풍성하게 해주고 여러분의 내적 공허함의 상처를 하나님으로 만족시켜 주는 다른 삶이 하늘의 것으로 양육된 여러분의 심령에서 솟아날 것이다. 그렇게 되면 여러분은 하나님께서 심령 속에 부어주시는 부요함을 소유하게 된다.

하나님에 대해 부요한 것은 하나님 자신을 소유하는 것, 성령의 집이 되는 것, 어디로 가든지 늘 마음속에 거룩하시고 영화로우신 분을 모시고 다니는 것, 그리고 매일 아침 저녁으로 생수의 근원에서 새롭게 되는 것이다.

그러나 이 세상에는 이러한 축복을 충분히 누리지 못하게 방해하는 것들이 너무 많다. 그럼에도 불구하고 여러분이 세상을 멀리 하면 할수록 하나님에 대하여는 풍요로움이 보다 더 커진다는 것이 하나님을 향하여 부하게 되는 특권인 것이다. 그리고 마침내 세상이 시야에서 사라져 버리면 그 부요함은 무한해질 것이다.

그러한 부는 소모되지 않고 증가하기만 하는 부(富)인 것이다. 이는 영적인 감각에 대해 흥미에 흥미를 더해 준다. 그러한 부요는 늘 샘의 근원이지 결코 저수지가 아니다. 그리고 늘 인간의 상상을 초월하는 부인데, 왜냐하면 그것은 **무한하신 분** 속에서 풍부해지는 것이기 때문이다.

물론 상속받는 일도 있다.

성경은 거듭 여러분에게 유산에 관해서 언급해 준다.

빛 가운데서 성도들이 받을 상속이 있으며, 이러한 하나님을 향해 부요한 사람은 이 상속이 더하여져서 풍부해진다.

하나님 안에서 부요하게 되는 것과 이 상속 사이의 차이점은 내적은 삶과 외적인 삶 사이의 차이에 근거한다.

하나님을 향한 부요함은 내적인 것이다. "이제는 부분적으로 아나 그때에는 온전히 알리라."

그러나 하나님을 향한 이 내적 부요 상태에 덧붙여서 또한 외적 상태에서 부요하게 되는 것이 있다. 이것 역시 우리가 이 땅 위에 사는 한 일부분만 누릴 뿐이다. 그러나 현재 하늘나라에 여러분을 위해 간직되어 있는 기업이 분배될 날이 오게 될 것이다.

영광의 상속, 선택된 사람들과 뽑힌 천사들만이 있게 될 환경, 영원한 빛 가운데서 거하게 될 처소, 이 땅 위에서는 결코 심령으로 누려보지 못한 영화로운 부요의 기쁨.

거기에는 더 이상 죄나 슬픔이 없다. 그리스도 안에서 우리 하나님과 더불어 영원히, 우리 인간이 최선의 순간에 바라고 소망할 수 있는 것과 같은 완전하고 풍성한 상태를 누리게 된다.

하나님을 향하여 부요함으로 마침내는 하나님을 통하여 부요하게 된다.

아! 우리는 얼마나 깊이 타락하였는가, 이로써 극소수의 사람들만이 하나님을 향하여 부요해지고 그들마저도 종종 하나님으로부터 멀어지게 하는 것들에 매혹되어 우리의 인격을 피폐하게 한다.

제 4장

주의 날개 안에

우리의 신앙적 삶을 좌우하는 가장 심오한 문제는 우리가 하나님과 개인적으로 어떻게 교제하느냐 하는 것이다. 경건한 마음을 가장 풍성하게 표현하고 있는 시편에서, 여러분은 경건한 교제 이후에 가끔 우리의 심령 안에서 어떻게 사모함이 일어나는지 알게 된다.

분명 시편에는 우리를 만물의 창조주이며 후원자이신 하나님께 묶어 매주는 **것**(tie)과 하나님을 경외하는 사람이 그 속에서 믿음으로 거룩하신 분을 의지하게 하는 **연관관계**(relation)에 관한 언급이 있다. 그러나 매주는 것이나 관계는 둘 다 영원하신 분과의 **교제**(Fellowship)와 다른 것이다.

하나님을 경외하는 사람의 심령은 하나님의 심령과 자신의 심령 상호 간의 서로에 대한 분명한 지식으로 교제한다는 것을 의식하기까지는 쉬임이 없을 것이다.

사람들 사이에서 상호 교제, 친밀한 연합, 성실함과 사랑 가운데 영혼간의 일치를 구하는 것이 구약 시편 25편 14절에 암시되어 있다. "여호와의 친밀함이 경외하는 자에게 있음이여 그 언약을 저희에게 보이시리로다."

아주 친한 두 사람이 함께 인생의 고난을 겪으며 서로 허물없이 대화하며 상호 간의 비밀들을 간직한 채 살아가는 것과 마찬가지로 신앙에 대해서 구약성경은 그들이 "**하나님과 동행했다**"고 말하고 있다.

물론 이것들은 인간의 사건들을 묘사하기 위해서 사용되어진 표현과 용어들로부터 빌린 것이다. 우리가 하나님과 자신과의 교제를 인정하려 한다 할지라도 만일 하나님의 거룩하신 위엄에 대한 깊은 존경심과 더불어, 하나님 자신께서 이 목적을 위해서 우리에게 그 용어를 지정하셨다고 확신할 수 없다면 우리는 결코 이들 용어들과 표현법들을 사용할 수 없는 것이다.

성경은 이러한 예를 보여 주는데 심지어 하나님과의 교제를 나타내 주기 위해서 동물 세계의 모습을 비유로 언급할 정도이다. 예수께서 예루살렘에 대한 자신의 애정을 새끼들을 날개 밑에 품고 있는 암탉에 비유하셨듯이 다윗은 영원히 주의 장막에 거하며 주의 날개 밑에 피하겠노라(시 61:4)고 말했다.

왜 아니겠는가?

날개 달린 피조물들이 부드러운 교제를 이처럼 나타내도록 창조되었으며, 이로서 하나님의 심령의 움직임을 표현하신 분은 하나님 자신이 아니신가? 모든 그러한 의미심장하고 감동적인 사랑의 모습은 우리가 알고 느끼거나 또는 단지 마음 깊은 곳에서 희미하게 깨닫는 것을 설명해 주기 위한, 자연 속에 나타내신 하나님의 도움이 아닌가?

광대한 자연계조차도 이것을 표현하기에 부족함으로 주님께서는 우리 앞에 일부러 또 다른 상징을 언급하셨다. 즉 그분 자신과의 교제의 친밀함을 나타내시기 위해서 심지어 한 집에서 함께 산다는 표현을 하셨던 것이다.

집, 또는 유목민족에게 있어서 천막은 물론 하나님의 창조물이 아니고 사람 손에 의해 세워진 것이었다. 야발(창 4:20)이 장막을 지었을 당시 인간의 사회생활은 믿을 수 없을 정도로 발전하였다.

집은 가족들이 거주하는 곳으로 피조물 세계에 예시되었다. 예수께서는 여우도 굴이 있고 공중의 새들도 깃들 곳이 있다고 말씀하셨다. 인자하신 주님께서 머리 둘 곳이 없으셨다는 말에는 인간 생활에는 집이 꼭 필요하다는 심각한 의미가 포함되어 있지 않은가?

친밀한 생활은 오로지 한 지붕 아래에서 함께 거주하는 데서 우러나온다. 식구들이 모인 가정은 사랑의 온상이다. 그것은 아주 밀접한 교제의 줄로 둘러싸인 것이다.

성경에서 집 또는 거주는 신자와 하나님과의 교제가 일정한 형식을 취하는 수단으로 나타난다. 하나님 또한 집을 가지고 계시며 우리가 하나님의 집에 거주한다는 개념은 하나님과의 가장 밀접하고 부드러운 교제를 나타내기 위해서 우리에게 주어진 가장 풍성한 생각일 것이다.

그러므로 여호와의 성막이 의도적으로 광야에 세워지며, 곧 시온산 위에 있는 성전에서 영구적인 것이 된다. 게다가 성경 말씀에 보면 하나님께서 친히 호렙산에서 모세에게 성막의 모형을 보여 주셨다고 기록되어 있다. 따라서 성막과 성전은 하늘에 있는 것의 실제적인 모형이었던 것이다.

이에 관련하여, 시편에는 하나님의 집에 거하고자 하는 간절한 소원이 표현되어 있다. 시편 기자는 악인의 궁정에 거함보다 하나님 집의 문지기로 있는 것이 좋다고 했다(시 84:10).

"내가 여호와께 바라는 한 가지 일 그것을 구하리니 곧 내가 내 평생에 여호와의 집에 살면서 여호와의 아름다움을 바라보며 그의 성전에서 사모하는 그것이라"(시 27:4).

그러나 이것은 영원한 것이 아니었다. 성막과 성전은 단지 일시적인 봉사를 나타낸 것이다. 그것들은 헌신적인 삶을 풍성하게 나타내는 임시적인 형식이었다. 예수께서 이 땅 위에 계셨을 때에 말씀하시기를 "여자여 내 말을 믿으라 이 산에서도 말고 예루살렘에서도 말고 너희가 아버지께 예배할 때가 이르리라. 아버지께 참되게 예배하는 자들은신령과 진리로 예배할 때가 오나니"(요 4:21, 23)라고 하셨다. 이것은 예배가 표상들, 상징들 또는 외적인 형상들 없이 마음에서 마음으로 전해지는 것처럼, 영적인 것이 되는 것을 뜻한다.

그러므로 만일 우리가 여호와의 집에 거하고자 하는 다윗의 열렬한 소원에 거룩한 공감을 느낀다면, 이 세상적인 집 심지어는 보이는 교회에 조차도 적용시켜서는 안될 것이다. 그가 말하는 여호와의 집은 신의 보호의 섭리로 되돌아가는 것을 뜻한다. 그 성전은 더 이상 나무와 돌로 만들어진 상징적인 하나님의 집이 아니라 하늘나라에 있는 하나님의 장엄한 궁정인 것이다.

하나님께서는 하늘나라에 계신다. **거기에는** 그분의 웅장한 성막이 있다. **거기에** 그의 영광스러운 성전이 있는 것이다. 예수께서 우리에게 "하늘에 계신 우리 아버지"라고 기도하라고 가르쳐 주실 때, 그분께서는 영혼을 세상적인 모든 것들로부터 떼어 내어 우리 심령을 높은 곳으로 끌어 올리신다. 우리가 더 이상 우리 하나님의 위엄에 관해서 세상적인 견지에서 생각하지 않게 하시기 위해서 말이다.

우리의 인생 모든 날 동안 여호와의 집에서 산다는 것은 매일 아침, 오후, 밤에 살아계신 하나님과 아주 밀접한 교제를 나눔으로, 우리의 생각이 그분을 향하고 우리 영혼 속에 그분께서 말씀하시는 소리를 들으며 우리 주위에 그분의 거룩한 임재하심을 깨닫는 것이다. 그리고 그분께서 우리 심령과 양심 위에서 역사하시는 것을 체험하며, 우리가 하나님의 면전에서 감히 할 수 없는 모든 것을 피하는 것이다.

시편 기자는 한 걸음 더 나아가는 데 그것은 이미 구약 시대에 모든 진리가 잘 알려지지 않은 중에도 신자들은 더 고상한 실재를 알고 있었다는 것을 명백히 보여 주는 것이다. 왜냐하면 그는 "내가 **주의 날개 아래로** 피하리이다"(시 61:4)라고 덧붙이기 때문이다.

위에 계신 하나님의 영광에 관해서 생각하는 것, 그분의 거룩한 성전에서의 삶을 그려 보는 것, 백보좌 앞에서 천사들과 성도들 사이를 활보하는 것으로는 충분하지 않다. 여호와의 집은 우리와 그분과의 교제를 둘러쌀 것이다. 더욱이 그 집 속에서 우리는 하나님 자신을 뵙게 될 것이다.

사람은 자신의 집에서 사람과 더불어 살아야하는데 그의 동반자와 사귐을 즐기는데 있어 그가 없는 집이란 무의미하며 집 안에 있는 사람이야말로 제일 첫째로 중요한 것이다.

우리가 하나님과의 교제를 추구하는 경우에도 그렇다.

"네 마음을 높이 들라." 나는 주님과의 거룩한 밀회 장소로 내 마음을 들어 올릴 것이다. 그러나 이것이 끝은 아니다. 하나님을 발견하기 위해서 우리는 하나님의 집안에 거해야만 한다. 하나님 집에 계신 그분께 가까이하는 것이야말로 모든 경건한 소원과 노력의 유일한 결과이며 목적인 것이다. 이것을 열정적이고 대담한 언어로 표현하기 위해서, 다윗은 "내가 주의 날개 아래로 피하리이다"라고 부르짖었다. 여기에서 영혼은 영혼을 만난다. 여기에는 거룩한 접촉이 있으며 여기에서 사람은 우리 자신과 하나님 사이에는 아무 것도 가로막힌 것이 없다는 것과 그분이 두 팔로 우리를 안아 주신다는 것과 그분과 연합한다는 것을 알고 체험하고 인정하는 것이다. 그러나 그의 말을 너무나 문자적으로 다루어 하나님께서 불경건하게 물질적인 차원에서 해석되지 않을까 하는 위험이 뒤따른다. 이 말을 오해한 나머지 잘못된 신비주의가 일어났었다.

그러나 만일 여러분이 이러한 의미를 깨닫고 조심하면 이 상상은 극도로 풍부하며 굉장히 영광스럽다.

그 말은 여러분이 하나님 자신을 소유하는 것이며 여러분이 그분과의 실질적인 교제를 나눈다는 것이다. 주님으로 말미암아 그리스도 안에 있는 것을 공급받으면 여러분이 순결치 못하고 거룩하지 못할지라도 하나님과 더불어 부드러운 사귐에 들어가는 것이다.

제 5 장

하나님께서 기도를 들어 주실 때

이것이 무슨 말인가? 하나님께서는 오랫동안 지체하시다가 우리 기도에 응답해 주시는가? 주님께서 안 계신 곳이 없다는 말은 사실이 아닌가? 큰 소리를 내어 또박또박 기도하지 않고 조그만 소리로 속삭이고 분명치 않게 더듬더듬 드려진 기도는 하나님께 상달되지 않는가? 모든 것을 알고 계시는 하나님께서 처음에는 전혀 무관심하시다가 차차 우리가 그분께 기도하고 있다는 것을 알아차리게 되어 그전에는 무시해 버렸던 기도에 응답해 주신다는 것이 과연 합당한가?

의심의 여지없이 이것은 중대한 것이다. 시편 기자는 앞이 캄캄한 상태에 놓여 있다. 영혼이 슬픔에 잠겨서 하나님께 부르짖으나 문제가 해결되지 않는다. 그리고 하나님께서는 자기 백성의 기도를 듣지 않으신다. 교활한 적은 기도하지도 않고 하나님을 알지 못하지만 그러한 상황에서 여호와로 말미암아 용기를 얻는다. 하나님의 언약 백성은 계속해서 참패를 당한다. 하나님께서는 자신의 얼굴을 감추신다. 그래서 시편 기자는 울부짖는다. "여호와여 내 기도를 들으시고 나의 부르짖음을 주께 상달하게 하소서. 나의 괴로운 날에 주의 얼굴을 내게서 숨기지 마소서 주의 귀를 내게 기울이사 내가 부르짖는 날에 속히 내게 응답하소서"(시 102:1, 2).

이것이 그의 고통스러운 마음을 소생시킨다. 그는 선지자적 담대함을 가지고 주님께서 다시 그 백성의 기도를 들으시는 날이 올 것을 예견하고 이 생각에 힘을 얻어 선포한다 : "여호와께서 빈궁한 자의 기도를 돌아보시며 그들의 기도를 멸시하지 아니하셨도다"(시 102:17).

그는 사실상 여전히 주님께서 그 백성의 간구를 들어 주지 않는 상황에 처해 있으면서 훗날에는 하나님께서 자기 백성의 간구를 들어 주시리라고 주장하고 있는 것이다.

여러분은 어떻게 생각하는가? 시편 기자는 하나님 자신에게서부터 인간의 소원에 반대하여 일어나는 다른 의견들을 느끼지 못하고 알지 못하고 있었던 것일까? 그리고 여러분은 스스로 다윗의 의견과 전혀 다른, 자신 속에서 일어나는 생각을 훨씬 더 지지하는가?

그러나 다윗보다 더 아름다운 상상의 경지에서 하나님의 편재하심과 전지하심을 묘사한 사람이 있었던가? 여러분의 모든 기도들은 대부분 그의 글들에서 본따온 표현들이 아닌가? 그는 "귀를 지으신 자가 듣지 아니하시랴"라고 질문하고 시편 139편에서 "여호와여 내 혀의 말을 알지 못하시는 것이 하나라도 없으시니이다. 주께서 나의 전후를 두르시며 내게 안수하셨나이다. 이 지식이 내게 너무 기이하니 높아서 내가 능히 미치지 못하나이다"라고 고백하지 않았던가?

사실 시편 기자는 모든 신자들을 위해서 하나님의 덕들을 묘사해 놓았다. 그리고 성경 어느 곳에도 그의 표현보다 더 정확하게 전능하신 분의 신비스러운 일들이 은밀하게 또는 공공연하게 기록되어 있지 않다.

이처럼 뛰어나게 성스러운 시인은 거듭 하나님에 관해서 또한 이 기도 문제에 있어서 아주 인간적으로, 인간끼리의 친한 교제가 하나님과의 은밀한 교제에서 의미를 지니는 것 외에 의미하는 바를 언급한다. 즉 하나님께서 우리의 기도에 대해 외면하실 때가 있다는 것이다. 또 반면에 하나님께서 우리의 기도를 들어 주실 때가 있는 것에 대해 하나님을 찬양하라.

여러분은 그리스도를 믿고 그 분이 말씀하신 진리를 믿는다 : "나를 본 자는 아버지를 보았거늘 어찌하여 아버지를 보이라 하느냐" 여러분은 그분 앞에 꿇어 앉아 "나의 주시며 나의 하나님"이라고 고백한다. 하나님께서 인간이 되신 것 외에 무엇이 성육신이란 말인가? 만일 여러분이 주님 안에서 하나님께서 인간의 방법으로 여러분에게 오셨다는 것을 느끼지 못한다면 이것이 무슨 유익이 있겠는가?

베들레헴에서 태어나시기 전에 하나님께서는 인간들에게 **인간의 말**로 말씀하셨으나 그리스도 안에서 하나님께서는 여러분에게 **인간의 본질**을 입고 나타나신 것이다. 그분께서는 여러분에게 자신을 인자(Son of Man)로 계시하신다. 이 땅에서 인간의 마음은 말과 행동으로 표현된다. 사도 요한은 "태초부터 있는 생명의 말씀에 관하여는 우리가 들은 바요 눈으로 본 바요 주목하고 우리 손으로 만진 바라"고 말한다.

모든 기독교 신앙, 온전한 신앙고백은 하나님께서는 여러분이 그분에 대한 막연한 추상적 상태에서 방황하게끔 버려두지 않으신다는 분명한 확신 위에 기초한다. 반대로 하나님께서는 우리 인간에게 인간의 모습과 언어를 가지고 한층 더 가까이 오시려고 하신다. 우리의 마음과 따뜻하고 풍성한 교제를 가지기 위해서 그렇게 하시는 것이다.

게다가 여러분은 이 모든 것이 진실한 실재에 근거한다는 것을 이해해야 한다. 그것은 가장이 아니고 실제적 사실인 것이다. 하나님께서 여러분을 **그분의 형상대로** 지으셨기 때문이며 그래서 하나님과 인간 사이에 거룩한 분이 인간의 형상을 입으신 것이다. 말씀이 육신이 되었을 때, 하나님 아들의 이러한 성육신은 곧 하나님의 형상을 닮은 인간의 창조와 관련된 것이었다.

그리고 여러분이 인간적 방법으로 외에는 실현될 수 없는 하나님과의 따뜻하고 풍성한 교제 대신에, 하나님의 광대하심에 대해서 추상적 사상 체계를 확립하려 하고 그리함으로 그분과 당신 사이에 영혼의 교통과 교제를 막는다면 이 모든 것은 수포로 돌아갈 것이다.

이것은 기도드리지 않는 철학자들과, 하늘에 계신 아버지의 자녀들이 아닌 먼지와 같이 삭막한 신학자들에게 남겨두라. 그리고 여러분은 하나님을 사랑하되 그분과 따뜻하고 천진난만한 교제를 가지라.

여러분은 기도의 실천이 시편 기자의 기록들을 보증해 준다는 것을 안다. 어떤 때는 하늘 문이 여러분을 향하여 열려져 있어, 기도할 때 천사들이 오르락내리락하면서 여러분의 간구를 하나님의 보좌에 상달하게 해준다. 그런데 또 어떤 때는 기도가 형식에 불과하여 아뢴 내용이 도로 자신에게 되돌아오며 욥이 말한 대로 (욥 22:14) 빽빽한 구름이 여러분을 가리운다.

이 가혹한 고독의 순간에 변화가 일어나게 되어 여러분은 다시 하늘 문이 열리며 드린 기도가 전능하신 하나님의 보좌에 직접 상달된다는 것을 깨닫게 된다. 그리고 여러분은 자신의 체험을 통하여, 시편 기자가 여기에서 아주 곤고한 영혼을 가진 사람의 기도에 다시 귀를 기울이시는 주님을 깨닫게 될 때의 축복에 관해서 단언하는 바를 이해하게 된다.

그러나 이러한 명백한 모순점의 해결이 불가능한 것은 아닐까? 결코 그렇지 않다. 여러분이 자신의 기도생활에서 행하시는 하나님의 사역을 볼 줄 아는 안목을 가지고 있다면 말이다.

여러분이 기도는 자신에게서 시작된다고 생각하며, 기도의 영이 하나님으로부터 여러분 안에 들어간다고 믿지 않으며, 그분께서는 여러분이 드린 기도를 듣고 응답하시는 역할만 한다고 생각한다면, 실로 여러분은 여기에서 해결할 수 없는 난관에 봉착하게 된다.

그러나 만일 여러분이 그 점에 대해서 다르게 보다 더 옳게 생각하여 기도생활 역시 하나님에 의해서 촉진되며 지시되고, 여러분 속에서 수행된다고 확신한다면 문제 해결의 빛이 여러분에게 비칠 것이다.

농부는 새로 쟁기질 한 고랑 속에 씨를 뿌린 후에 일정한 기간을 묵묵히 내버려 둔다. 하늘에서 이슬과 햇빛이 비치어 씨앗에서 싹이 나오고 잎이 자라 열매가 맺히면 그때에 밭에 나가 수확을 하기 위해서 말이다.

우리의 기도생활도 이렇지 않은가? 하늘에 계신 우리의 아버지 역시 우리의 심령 속에 기도의 씨앗을 뿌리심으로 솔선하신다. 그 기도 생명이 우리 속에서 자라나야만 되며 우리 영혼 속에서 기도가 성숙해야만 하는 것이다. 그리고 이러한 결과가 일어나 기도가 우리 속에서 보다 고귀한 형태로 꽃피워질 때에야 비로소 하늘에 계신 농부께서 우리 안에 있는 기도 생명으로 다시 돌아오신다. 그때에야 우리 영혼으로부터 하나님께 아뢰어 지는 것에 대해서 풍성하게 응답받게 된다.

우리의 기도생활은 대체로 이와 같은 경우이다. 미련한 기도를 통해서 우리는 정화된 기도에 도달하게 된다. 세속적인 기도를 통해서, 하늘에서 이슬로 떨어지며 보다 높은 차원의 햇빛을 비추는 좀 더 고상한 기도에 이른다.

개인적이고 특별한 기도들이 그렇다. 이것들 역시 당장에 정화되고 완전하게 되지는 않는다. 이런 기도들 역시 영혼 속에서 한 과정을 통과하는 것이다. 또한 뿌리에서 싹터서 단계적으로 하늘에 계신 우리 아버지께서 그의 자녀들에게 기대하고 계신 것 같은 기도로 발전해 간다. 단지 입술에서 나오는 소리가 아니라 마음 깊은 곳에서 솟구치는 기도, 사람 자신의 감각과 기질이 일치하는 기도, 단지 무의식적 생각뿐만 아니라 우리의 전 인격을 표현하는 기도, 거룩하신 하나님 앞에 진실하게 영혼을 쏟아 드리는 기도로 말이다.

이것을 위해서 하나님께서는 우리에게 시간을 허용하고 계신다. 그것이 한꺼번에 이루어지지는 않는다. 만일 우리의 기도에 대한 하나님의 응답이 즉각적으로 되어 진다면, 우리 안에서는 기도생활이 발전하지 않게 되며 기도가 우리 안에서 정화되지 않는다. 우리 기도들 사이에 생겨난 잡초들이 우선 제거되어야만 한다. 그 사이에 기어 다니는 모든 전염병균들을 제거되어야만 한다. 그리하여

기도가 정화되고 성화되어 거룩한 의미에서 그것이 믿음에 의해서 성숙해져야만 하는 것이다.

그래서 하나님께서는 여러분 자신에게 여유를 주시는 것이다. 하나님께서는 겉으로 보기에는 무관심하신 것 같은 시련을 통해서 기도의 성장이 보다 더 왕성하게 하시기 위한 것이다. 그리하여 마침내 여러분의 기도는 하나님을 믿는 성도로서 도달해야 할 완전한 수준에 도달하게 되어 하나님의 보좌에 상달된다. 그때에 하나님께서는 자신을 다시 여러분의 기도로 향하신다. 여러분은 하나님께서 자신을 거룩한 기도 학교에서 훈련시켜 주신 것에 대해서 하늘에 계신 아버지께 감사를 드리게 된다.

제6장

내 백성아, 내 말을 들으라. 주여, 내 말에 귀를 기울이소서!

과거에는 사람들이 소리 자체는 목에서 나오며 그 힘은 제한되어 있는 것이라고 생각했다. 사람의 입에서 나온 말은 가까운 거리에서만 들을 수 있지 먼 거리까지는 들리지 않으므로 사람들은 말하고자 원하지만 통화를 할 수 없었던 것이다. 그래서 먼 곳에 있는 사람에게 전해 줄 말이 있으면 심부름꾼을 보냈다. 그리고 좀 더 후에 위대한 글자의 발명이 있은 뒤로는 서신이 전해지게 되었다.

그런데 그 이후에 이 모든 것이 변했다. 지금은 사람들이 우리 목자체가 소리를 내는 것이 아니라 그것은 단지 공기 중에 진동을 만들어 낼 뿐이라는 사실을 알게 되었다. 이러한 공기의 진동이 듣는 사람의 귀 속에서 진동을 받아들이는, 예술적으로 만들어진 기관에 도달하는 것이다.

사람이 말할 때에 우리는 자신의 생각을 이 진동으로 보내는 것이다. 그러면 공기의 흐름을 따라서 이 진동들이 우리의 말을 듣고 있는 사람의 귓가로 가서 귀를 통해서 그 사람에게 똑같은 생각을 되살린다. 우리는 이렇게 의사소통을 한다.

그러나 이것이 전부는 아니다. 목과 귀를 사용치 않고 아주 먼 거리에서 눈에 보이는 부호들을 매체로 하여서 의사소통이 가능하게 되고 이리하여 전신술이 발명되었다. 사람의 귀에 대해서 사람의 목청이 하는 것과 비슷한 접촉이 긴 금속 줄을 통하여 얻어 질 수 있다는 사실이 발견되었다. 그리고 그러한 발견을 통해 인간은 전화를 만들어 내게 되었다.

그리고 지금도 여전히 더 큰 발전이 계속되고 있다. 알려진 바에 의하면 이성적인 의사소통이 전선줄 없이도 공기를 통하여 전달될 수 있어서 수천 마일 떨어진 곳에서도 서로의 생각을 주고받을 수 있게 되었다.

이와 같이 옛날에는 전혀 생각지도 못했던 일들이 요즈음에는 실현된다. 이 훌륭한 발명품들이 점점 더 빠른 속도로 꼬리를 물고 개발되는 것을 고려해 볼 때에 한층 더 발달된 개발품들이 기대되며, 아직은 너무 멀어서 통화가 어려운 지역들이라 할지라도 멀지 않아서 통화가 가능하리라고 기대할 수 있는 것이다.

이러한 사실이 우리의 연약한 믿음에 도움을 준다.

예레미아 선지자의 말을 빌려 가까운데 계신 하나님이심과 동시에 먼 곳에 계신 하나님(렘 23:23)도 되신다는 사실은 하나님 앞에서는 모든 간격이 없어지므로 비록 그분의 보좌는 하늘 위에 있고 우리는 이 땅 위에서 무릎을 꿇고 기도하지만, 하나님께서는 우리에게 말씀하실 수 있고 우리의 간구하는 목소리를 들으실 수 있다는 것이다. 비록 옆에 선 사람이 알아들을 수 없을 정도로 소근소근거리며 기도할지라도 말이다.

다음의 질문보다 이에 대한 좋은 설명은 없을 것이다 : "귀를 지으신 이가 듣지 아니하시랴 눈을 만드신 이가 보지 아니하시랴?"(시 94:9).

확신은 하나님의 편재성에 대한 고백과 그분께서는 모르는 것 없이 다 알고 계신다는 사실에 근거하고 있다. 여기에는 상상력을 뒷받침 해 줄 것이 전혀 없다.

그리고 전혀 다르게 된 것이 이런 것이다.

우리 무능한 피조물들이 온 세계에 우리의 소리를 들려주며 서로 자신의 뜻을 알리는 것이 가능하게 되었다. 지금은 무선으로 수천마일 떨어진 거리에서 의견을 교환할 수 있게 되었다. 이 모든 일들은 이것이 한층 더 개발될 의사소통의 일각임을 보여 줄 뿐이다. 우리는 현재 이 의사전달이 마침내 무한히 확장될 방법에 대하여 알게 되었다. 그리고 이 모든 수단들을 창조하였을 뿐만 아니라 절대적으로 주관하시는 우리의 주 하나님께서 자신의 높은 영광의 보좌 위에서 우리를 내려다 보시고 우리의 영혼 속에 속삭일 수 있는 방법에 대하여 알 수 있게 되었다. 반면에 우리가 그분께 간구하는 소리가 아무리 작을지라도 그 방법이나 시간에 구애되지 않고 하나님께서는 우리의 기도를 들으실 수 있는 것이다. 하나님과 우리와의 모든 간격은 제거되기 때문이다.

구속함을 입은 성도들의 영광스러운 삶에 대해서 우리에게 점점 더 뚜렷해지는 사실은, 그때에는 때때로 몇 사람과의 의사소통이 가능할 뿐 아니라, 이 세상에서의 모든 제한 조건이 없어지고 영화로운 삶이 시작되면서 하나님의 택함 받은 모든 성도들과의 교제가 한 번에 그리고 동시에 가능하게 될 것이라는 점이다.

그것은 우리 인간이 하나님의 형상을 따라 창조되었다는 사실을 철저하게 입증해 줄 것이다. 교통은 하나님께서 지금 우리 성도들과 교제하셨던 것과 꼭 같은 방법으로서가 아니고 다만 **비슷한** 방법으로의 교제가 될 것이다. 지금 우리가 엄청난 거리에 있는 친구와 이야기할 수 있다는 것은 우리로 하여금 우리의 기도 안에서 하나님께 더 나아가고 하나님은 말씀하심으로 우리에게 더 가까이 하시는 것과 같이 여겨진다. "주여 내 말에 귀를 기울이소서"라는 기도에 "내 백성아, 내 말을 들으라"라는 하나님의 응답이 우리에게 더 구체적으로 된다.

하나님과의 은밀할 동행에서 만일 우리가 그렇게 한다면 심지어 우리 속에 성령의 내주하심으로 말미암는 신앙의 열정조차도 전혀 다른 양상을 띠게 된다. 성령의 내적 사역이 많을수록 우리와 하나님과의 거리는 없어진다. 그때 주님께서는 우리의 심령 깊은 곳에 말씀하신다. 그리고 우리는 멀리 떨어진 곳이 아니라 가까이 계시는 성령의 임재를 느끼게 되고, 우리가 하나님께 아뢰는 것은 사람의 입에서 나온 말이 상대방의 귀에 들리는 것처럼 친밀한 속삭임인 것이다. 마지막 날에는 보다 거룩한 평화가 심령을 가득 채우며 하나님의 자녀가 되는 복스러운 즐거움이 우리를 신비한 황홀경으로 빠져들게 해준다. 그러나 여기에서는 그것에 관해서 다루지 않겠다. 여기서 우리는 진실하게 하나님을 믿지만 죄나 고통에 의해서 부분적으로 하나님의 자녀라는 의식을 잃어버리고 자신이 하나님으로부터 멀리 떠나 있으며 하나님도 역시 자기에게서 멀리 떨어져 계신다고 생각하는 사람에 관해서 말하고 있는 것이다. 심지어 아주 거룩한 신자들의 경우에도 계속해서 영혼이 이 같은 상태에 놓이게 되었다. 그때 처음에는 하나님께서 그의 기도를 듣지 않으시며 그래서 마치 우리가 그분께 우리의 간구를 다시 들어주십사고 청원해야만 하는 것처럼 보인다.

"주여, 내 말에 귀를 기울이소서"라는 부르짖음은 마치 하나님께서 그의 기도에 관심을 가지고 있지 않은 것처럼 느끼는 사람의 호소인 것이다. 같은 방법으로 이사야를 통해서 하나님께서 하신 "내 백성아 내 말을 들으라"는 말씀은 처음에 사람들은 주님의 말씀에 주의를 기울이지 않는다는 것을 뜻한다.

그러므로 이 두 가지의 외침은 모두 하나님과 우리 영혼, 우리의 영혼과 하나님 사이의 교제가 죄나 또는 괴로운 시험에 의해 차단되어 버린 불화의 국면에 속한다. 그때에는 다시 하나님과 우리와의 교제가 이루어지게 되어야만 한다. 전화를 비유하면, 하나님께서는 그때 우리에게 전화를 거시고, 또 그분께서 우리의 소리를 들으시게 하기 위해서 우리가 하나님께 전화를 응답한다. 그러면 끊겨진 관계가 다시 회복된다.

하나님과의 의사소통 즉 교제는 우리의 삶을 성화시켜 주고 보호해 주는 능력이다. 우리는 이 땅에 살고 하나님께서는 이 땅에서 아주 높이 떨어진 하늘에 계시므로 우리가 무릎 꿇고 기도하는 짧은 순간들만 우리가 그분을 기억하는 것은 아니다. 그것은 가능한 한 중단되거나 방해되는 일이 거의 없이 하늘에 계신 우리 아버지와의 계속적인 교제인 것이다. 이것이 하나님 자녀 된 자의 믿음의 능력의 비밀인 것이다.

이전 시대, 즉 삶이 보다 덜 분주했을 때에는 이것이 지금보다는 더 쉬웠다. 현재의 삶은 우리의 신경을 너무나 곤두세우며 새로운 사건들로 우리를 쉴새없이 압도해 오므로 하나님 앞에 고요히 영혼을 집중시킬 기회가 훨씬 줄어들었다. 이 때문에 오늘날 하나님과의 은밀한 동행이 고통을 겪고 있는 것이다.

그러나 새로운 세계적인 의사소통의 발견물들에는 보상이 있다. 그것들은 이전에는 불가능했던 방식으로 깨어진 관계를 회복하려는 노력에 현실감을 더해 준다.

그리고 과학적 발명물들은 우리의 경건한 삶에 도움이 된다. 그것들에 의해서 우리는 하나님의 음성을 들을 수 있고 "오 주여, 내 말을 들으시고 나의 간구하는 목소리에 귀를 기울이소서"라는 기도는 우리가 하나님의 보좌로 나아가는 가운데 그것들로부터 힘을 얻을 수 있는 것이다.

제 7장

나의 깨닫지 못하는 것을 내게 가르치소서

여러분이 여러분 자신이나 자신의 내적 존재에 대해서 가지고 있는 지식은 그것의 출처에 따라서 다르다. 그것의 일부분은 스스로 얻은 것이고 또 일부분은 여러분이 하나님으로부터 받은 것이다.

만일 이 두 가지 자신에 관한 지식이 어떤 점에서 다른가 의문이 나면 이 차이점을 상기하라. 여러분은 부지런히 자신 안에 있는 선에 관한 지식을 획득한다. 이에 반하여 여러분 속에 있는 악에 대해서는 반드시 하나님께서 기억나게 하시고 지적하신다.

여러분은 이 사실을 어린아이에게서 본다. 일반적으로 어린아이는 남에게서 받은 칭찬은 쉽게 받아들이고 달콤하게 간직한다. 그러나 그가 잘못을 지적받게 될 경우 은밀해지긴 하나 불쾌하게 여기며 자기가 잘못했다고 생각지 않고 꾸지람을 무시해 버린다. 그리고 그의 양심이 하나님에게서 가르침을 받아 마침내 자아비판을 할 수 있게 될 때까지는 계속 이런 가운데 있다.

조금 자란 뒤에는 이것이 보다 은밀해지긴 하나 실제적으로 과정은 마찬가지인 것이다. 어릴 적에는 속에 있는 생각을 그렇게 많이 말로 나타내지 않는다. 비록 어떤 아이들은 속 생각을 다른 사람들에게 잘 나타내기도 하지만 말이다. 친구들에게 사생활을 털어놓고 이야기하는 것도 마찬가지다. 우리 자신에 관한 지식에는 우리 자신이 스스로 획득할 수 있는 부분도 있으며, 아마 우리가 간과하지만 양심에 대한 엄한 교훈들을 통하여 하나님에 의해서 가르침을 받는 부분도 있는 것이다. 때때로 이러한 차이점은 아주 두드러진다. 왜냐하면 대부분 우리는 양심으로부터 이러한 교훈을 추구하거나 그것을 바라지 않고 있으며, 단지 하나님께서 우리의 의지를 거슬려 이 지식을 반복해서 가르치면 그제서야 그 교훈에 복종하기 때문이다.

어떤 경우에 하나님께서는 그 사람의 전 일생에 걸쳐서 이 자아에 관한 지식을 의무적으로 가르치시려 하나 사람들이 전혀 그것을 배우려고 하지 않는다. 더 나쁜 것은 그들은 그 가르침을 잊어버림으로써 하나님께서 그들 자신들에 대해서 교훈해 주시는 것의 일부분을 유유히 거부해 버리는 일이다.

반면에 어떤 사람들은 아주 솔직하게 확실한 자아에 관한 지식을 알고자 하며 자신들에 관한 진리를 진지하게 추구한다. 그들은 예수님께서 참 이스라엘 사람이라고 칭찬하신 나다나엘과 같은 사람들이다. 그들은 아첨하는 말을 하지 않고 오히려 피한다. 그들은 거울로 희미하게 보이는, 자신들에 대한 잘못된 이미지를 증오하며, 참 자신의 모습을 알게 될 때까지는 계속 쉬지 않고 추구해 나간다. 하나님께서 양심 속에 말씀하실 때에 그들은 자원하는 심정으로 귀담아 듣는다. 그들은 이러한 하나님의 교훈을 경고로 받아들이며, 그것에 의해서 유익을 얻는 것이다.

여기에 고귀한 은혜가 임하면 한층 더 큰 유익을 얻게 될 것이다. 그때에 그들은 하나님께서 하시는 말씀을 기꺼이 청종할 뿐만 아니라 양심으로 하나님의 교훈을 열심히 추구하면서 "내가 깨닫지 못하는 것을 내게 가르치소서"(욥 34:32)라는 의미심장한 기도를 하는 단계에 도달한다.

여러분은 모든 부문에서 우리 자신에 관한 지식의 두 부분을 발견한다. 한편으로 우리가 스스로 얻은 지식과 그 반면으로 하나님께서 우리에게 준 지식이 있는 것이다.

보는 것은 관찰하는 것이다. 그러므로 일반적으로 우리는 자신에 관한 지식의 첫 부분을 관찰에 근거한 것이라고 부른다. 이러한 지식과 나란히 또 다른 부분의 지식이 있는데 이 지식은 결코 우리가 스스로 얻을 수 없고 하나님께서 가르쳐 주심으로 말미암는 것이다.

인간의 모든 지식은 다 이와 같다. 모든 시대, 모든 곳에 사는 사람들은 관찰하고 정보를 얻고 조사하며 자신의 경험을 풍부하게 하고, 이리하여 자연과 삶에 대한 어떤 지식을 얻어 그것을 통해 유익을 얻었다.

이에 관하여 어느 민족은 다른 민족보다 좀 더 예리한 눈, 좋은 귀, 더 귀한 발명 능력과 더 큰 불굴의 정신을 소유하고 있다. 그 결과로 더 부강하게 된다. 그러나 주로 이 모든 지식은 인간이 보는 것에 달려 있다. 그것은 관찰을 토대로 한다. 그 지식은 사고에 의해 발전된다.

이에 덧붙여, 하나님께서 직접 그리고 이중으로 부여해 주시는 방법에 의한 지식이 있다. 우선 민족들 간에 비범한 인물들을 세우심에 의한 것이고 그 다음은 발견물들을 허락하심에 의한 것이다. 비범한 사람들은 하나님으로부터 재능을 부여받은 피조물인 것이다. 뛰어난 재능을 받은 이러한 사람들에 의하여 인간의 지식은 그들이 없었더라면 전혀 불가능했을 정도로 심화되고 풍부하게 되었던 것이다.

위대한 발견물들의 경우에 있어서도 마찬가지이다. 거기에는 늘 신비스러움이 있고 그것은 전적으로 새로운 지식의 영역들을 개척하여 준다. 불신자들은 그 발견들을 운으로 여기지만 믿는 신자들은 그것을 하나님의 뜻이라고 감사히 여긴다.

여기 또 다른 생각이 등장한다.

개인들이나 집단들이 이상주의를 지향할 때 고상한 목표는 진리와 지식을 추구함에 있어 가장 가능하고 강력한 동기들 중의 하나이다. 이 이상주의적 감수성이 없는 사람은 단조로운 물질주의 지식을 갈망하게 될 것이며 인간 삶에 있어 보다 더 귀한 것들에 대한 지식은 무시해 버리고 만다. 돈 귀신은, 부자로 만들어 준다고 그럴듯하게 유혹한다. 그러나 거기에 말려서 물질의 노예가 되어 버린 사람들이 과연 인생에 있어서 참 가치 있는 것들에 관한 더 고귀한 지식을 좋아하겠는가? 귀먹은 사람치고 바흐와 같이 훌륭한 음악가들의 음악이라 할지라도 좋아하는 사람이 얼마나 되며 맹인들 중에서 라파엘이나 렘브란트와 같은 대화가의 그림을 좋아하는 사람이 얼마나 되겠는가.

이것은 개인에게나 또한 민족에게 있어서 똑같이 사실인 것이다.

한 민족이 이 이상주의 관념을 갖지 못하면 그들은 물질주의와 감각주의로 떨어지게 되고 모든 고상한 삶으로부터 단절된다. 그들은 더 이상 다른 민족들을 발전시키거나 풍부하게 해줄 수 없다. 자신들마저 퇴보하게 되며 그에 따라 다른 민족들에게도 나쁜 영향을 끼치게 되는 일이 종종 있는 것이다.

이 점에 있어서, 똑같은 민족이라 할지라도 시대에 따라 차이를 나타낸다. 16세기에 네덜란드는 특히 우월하였으며 모든 서부 유럽에 영감을 불러일으켰다. 그런데 18세기에 반대로 그들은 타락하였으며 따라서 다른 민족들에게 전혀 기여하지 못했던 것이다.

그러한 이상주의가 어느 민족에게 강하고 고무적으로 작용하는가 그렇지 못한가 하는 것은 하나님께 달려 있다. 하나님께서 민족에게 그 고귀한 목적의 입김을 불어 넣어 주시면 그 사람들은 더 고상한 목적들을 위해서 생활하기 시작하게 되고 더 순수한 인간 존재에 대한 지식으로 풍부한 삶을 살아가게 된다. 그러나 하나님께서 그 입김을 거두어 가시면, 그의 이해력은 둔화되어지고 모든 고귀한 지식은 사라져 버린다.

이상주의를 통해서 하나님께서는 한 민족을 자신에게 가까이 나아오게 하시고 그들에게 하나님 자신의 거룩한 삶의 온기의 일부를 전해주실 것이다. 그러나 그 분은 또한 어느 민족으로부터 뒤로 물러나셔서 그들로 하여금 자기 힘대로 행하게 하실 수도 있다. 그때 그들은 모든 고상하고 높은 지식을 잃어버린 데 대한 대가를 지불해야만 한다.

이리하여 우리는 또 다시 마찬가지의 결론에 도달하게 된다. 즉 우리 자신에 관한 지식에는 자신이 둘러보고 관찰하여 스스로 소유하게 되는 부분과 또한 하나님 홀로 사람들에게 주실 수 있는 보다 더 고상하고 높은 위치에 있는 지식의 부분이 있는 것이다.

이것을 당신 자신과 개인들에게 적용하라. 그러면 여러분은 곧 하나님께서 가져다 주시는 지식은 단지 양심에서만 솟아나오는 것이 전혀 아님을 알게 된다. 오히려 전혀 다르고 훨씬 더 큰 스케일로 부분적으로는 하나님의 지모(counsel)로부터, 그리고 또 얼마간은 그분이 여러분의 정신과 맺고 있는 관계로부터 여러분에게 주어지는 것이다.

여러분은 자신들의 부모에게서 태어났으며, 그분들을 닮은 부분이 많다는 것을 발견한다. 그러나 여러분을 창조하신 분은 하나님이시며, 여러분의 인격, 기질, 성격, 우월한 성향 등을 조성하신 분은 바로 그분이신 것이다.

그러므로 여러분이 자신 안에서 고상한 지식에 대한 열망, 더 귀한 배움에 대한 경향이 일어나는 것을 볼 때에, 여기에서 생겨나는 충동은 여러분 속에 계신 하나님의 성령께서 추진하시는 역사인 것이다. 여러분은 자신의 힘에 의한 것이 아니고, 하나님께서 여러분 속에서 격려하시며 주장하시는 더 높은 차원의 추진력에 의하여 지식의 열매를 얻게 된다.

환경이 이것과 상호작용한다. 여러분은, 고상한 인격이 여러분에게 영감

(inspiration)을 주는 한 친구를 가지게 될 지도 모른다. 여러분은 사람들과 더불어 여러분으로 하여금 더 귀한 일들을 하게끔 격려해 주는 체험들과 교제를 갖게 될 수도 있다. 성가신 일, 괴로운 슬픔, 또는 무거운 책임이 여러분에게 지워질 수도 있으나 그것에 의해서 여러분은 보기 드문 향상을 하게 된다. 다시 말하거니와 여러분을 위해서 이 모든 것을 정하신 분은 하나님 한분이시다.

그러나 특히 여러분은 자신 속에서 하나님을 따르려는 강한 욕구를 발견하게 될 것이다. 그래서 하나님께서는 여러분을 그대로 두시지 않고 여러분으로 하여금 이 세상적인 허영된 일들로부터 해방시켜 주시고 신비한 방법으로 당신에게 내적인 하나님의 주장을 깨닫게 해 주신다. 그것은 여러분으로 하여금 삶에 있어 더 귀한 일들에 관심을 갖게 해 주고 그 안에서 성숙하게끔 해주며 거듭해서 여러분을 그러한 일들로 말미암아 풍성하게 한다.

만일 그렇다면 여러분 자신을 하나님께로 이끌어 올리는 분은 여러분이 아니고, 또한 그 밖의 어떤 사람도 아니고, 단지 여러분을 그분 자신께로 이끄셨던 하나님이신 것이다. 왜 여러분이나 또는 다른 사람이 그렇게 하지 않는 것일까? 이것은 신비스러운 일이다. 우리는 그 이유를 알 수 없다.

그럼에도 불구하고 확실한 사실은 이런 식으로 여러분 역시 자신에 관해서 두 부분의 지식을 갖고 있다는 것이다. 한 부분은 여러분 자신이 보고 관찰하는 것에 의한 것이고, 또 다른 고상한 지식은 하나님께서 여러분에게 가르쳐 주셨던 것이다.

이것은 더 고상한 은혜가 여러분의 영혼 속에서 작용할 때에 가장 풍성하게 나타난다. 그런데 하나님의 은혜를 받은 하나님의 자녀마다 그것으로 말미암아서 더 고귀한 것을 터득하게 되는 것은 아니다. 여기에서도 은사들은 다양하게 나타난다. 어떤 신자들은 더 귀한 삶에 대한 신비스러운 것들을 체험할 모든 능력이 대부분 결여되어 있다. 어떤 이들은 감정적인 방식으로 신비스러운 것을 체험하므로 지식이 계속해서 제한된다. 어떤 사람들은 구원의 방법에 관해서는 충분히 깨닫고 있지만 더 고상하고 귀한 인생의 지식은 전혀 알지 못한다. 그러나 또 아주 기쁘게도 어떤 사람들은 열정적인 감수성, 풍부한 신비적 체험, 그리고 구원의 지식에 대한 뚜렷한 통찰력을 지니고 있다. 그것으로 인해 그들은 영적인 것들을 향해 마음을 열 뿐만 아니라 더 고상한 인간에 관한 지식을 얻게 되어 더 깊은 신앙심을 갖게 되고 또 고귀한 이상주의를 지향하게 된다.

그때 그 사람은 하나님의 거룩함의 극치에 이르게 된다. 태양빛 위에 있는 어떤 빛이 그 위에 떠오르게 되고 그의 지식은 성인들이 도달한 완전한 경지에 이르게 된다.

이것은 심오한 절대적 신뢰감과 훨씬 더 큰 지식에 대한 갈망과 더불어 함께 이루어 진다. 그 갈망이란 "나의 깨닫지 못하는 것을 내게 가르치소서. 당신의 거룩하심으로 나를 더욱 교훈하소서" 에 나타나는 간절한 소원인 것이다.

제 8장

밤중에 노래하게 하시는 나의 창조주 하나님

우리 인생에 있어서 밤은 신비이며 미지의 문제로 남겨져 있다. 수세기에 걸쳐서 대부분의 사람에게 있어 잠이란 7, 8시간이 지난 뒤에 다시 삶으로 되돌아오기 위해서 잠시 삶에서 뒤로 물러나는 것이었다. 사람들은 대부분 베개를 베고 누운 후 곧 잠이 들어 **다른 세계로 가버린다**. 그러다가 시계 바늘이 깨어날 시간을 가리키면 일어나서 다시 생활을 시작한다. 기껏해야 사람들은 이따금 자면서 꾼 꿈을 기억할 뿐이고 나머지는 전혀 공백 상태인 것이다. 무의식 속에 빠진 채로 보낸 7시간은 흘러가 버리고 그들의 기억에 남는 것은 두 시간, 기껏해야 세 시간 정도에 불과한 것이다.

이와 같이 하여 인생의 삼분의 일은 지나가 버린다. 서른 살이 된 사람은 실제로 이십년 밖에 살지 못한 것이며 다른 10년은 수면의 안개 속에 휩싸여 버린 것이다.

하지만 이 잠이 목적이 없는 것은 아니다. 피곤한 사람이 휴식을 취한 후에는 새로운 힘을 부여받고 일어난다. 잠들어 의식할 수 있기까지 그는 아무 일도 하지 않았던 것이긴 하지만 말이다. 그의 생각, 느낌, 의지작용, 활동 모든 것이 정지 상태에 있었다. 그리고 이 삶의 절대 정지는 사람에게 있어서 정상적 상태인 것이다. 왜냐하면 사람은 건강하며 힘이 왕성하며 걱정에 얽매이지 않고 외부로부터의 방해를 전혀 받지 않을 때에 잠을 자기 때문이다.

왜 이렇게 정해졌는지는 수수께끼로 남아 있다. 비록 여러 시간의 작업 후에는 피곤해져서 힘을 만회하기 위해서는 휴식이 필요한 것이 사실이나 이것이 문제의 답변은 아니다. 우리 인간의 창조주 되시며 그분의 형상을 좇아 우리를 지으신 하나님은 약해지지도 피곤해지지도 않으신다. 그런데 "우리 인간이 왜 힘이 소모되어 피곤해지는가?"라는 질문이 대두되는 것이다. 하늘의 천군 천사들은 잠을 자지 않는다. 새 예루살렘에 관하여 성경에는 다음과 같이 기록되어 있다 : "다시 밤이 없겠고"(계 22:5). 그러므로 계속해서 힘이 다해지지 않으므로 잠잘 필요가 없는 존재를 상상해 볼 수 있다. 그런데 우리의 창조주 되시는 하나님께서 우리 인간에게 계속해서 힘의 소모를 회복하기 위해서 잠을 자야 하는 삶을 주신 이유는 아직 밝혀지지 않고 있다. 비록 아무도 그것을 알지 못하긴 하지만 이러한 주님의 규례는 목적과 지혜로운 계획 없이 무모하게 반포되지는 않았다.

인간의 이 땅 위에서의 생활의 삼분의 일은 그 이유를 알지 못하는 것으로 알려진 삶의 무의식으로 삭감된다.

그러나 성경은 밤에 내 심장이 나를 교훈한다고 말씀하고 있지 않은가? 따라서 잠은 여기에서 고상한 의미를 얻는 것이 아닐까?

틀림없다! 그러나 다윗의 경우라고 할지라도 그것이 평범한 경험은 결코 아닌 것이다. 그렇지 않다면, 영혼의 비밀 장소 안에서 영적 교훈을 위한 7시간 또는 그 이상의 정규적으로 반복되는 시간은 전혀 균형을 잃게 될 것이다. 아침 9시부터 오후 4시까지(낮 시간)가 하루 중 얼마나 큰 비중을 차지하는가 생각해 보기만 하라. 게다가 이것은 단지 일곱 시간에 지나지 않는 것이긴 해도, 하루 24시간 중에서 우리는 이 시간을 잠자면서 보내게 된다.

이것은 단지 병 또는 지나친 근심거리나 나이가 들면서 조정된다. 이들 세 가지 원인들에 의해서 잠은 짧아지거나 방해받거나 지연되며 밤의 일부분을 잠을 이루지 못하고 어려움을 겪게 된다. 실로 그때에 밤은 전혀 다른 의미를 갖게 된다. 사람이 잠자지 못하게 되거나 또는 잠이 수시로 깨거나 아니면 너무 일찍 깨버리기 때문에 말이다.

꿈은 또한 전혀 무의미한 것이라고 말할 수도 없다. 꿈에는 현재 우리의 모습을 드러내 주는 것도 있고 그것에 의해 우리가 실생활에 도움을 받게 되는 것도 있다. 또 우리로 하여금 이전에는 사랑하였으나 사망해 버린 사람과의 순간적인 교제를 하게 함으로 우리에게 씁쓸한 즐거움을 주는 경우도 있다. 또 하나님께서는 꿈을 통하여 우리에게 무엇인가를 계시해 주실 수도 있는 것이다. 그러나 이 모든 경우에도 불구하고 대부분 잠을 깰 때에 꿈은 잊혀지고 만다. 그리고 기억에 남을 때도 단지 몽롱하고 사라져가며 복합적이 영상들만이 희미하게 떠오를 뿐인 것이다. 심지어는 "하나님이여, 잠잘 때에 내가 당신을 사모하게 하시고 꿈

속에서 나의 기쁨이 되소서"라는 고대의 저녁 찬양시의 기원조차도 특별한 경우들을 제외하고는 우리 꿈의 내용을 명백히 보여 주지 못한다.

하지만 이것이 우리가 알지 못하게, 잠자는 동안 하나님의 성령께서 우리의 영에 사역하시며 우리의 내적 삶을 조성하신다는 사실을 부인하는 것은 아니다. 여기서 다시 언급하거니와 밤에 일어나는 우리 삶의 신비는 능력 많은 하나님의 사역들을 숨긴다. 그것들은 우리 의식 세계의 범주를 넘는 것이기 때문에 헤아릴 수 없는 것이다. 때때로 잠에서 깨어났을 때 전날 밤에 우리를 괴롭혔던 난제에 대한 통찰력을 얻게 되면 하나님을 경외하는 사람은 그것으로 인해서 하나님을 찬양할 것이다. 그러나 이것 또한 우리의 이해 능력을 초월하는 하나님의 사역인 것이다. 그것에 관해서 우리들 시편 기자와 마찬가지로 다음과 같이 말할 수밖에 없는 것이다 : "이는 여호와의 행하신 것이요, 우리 눈에 기이한 바로다"(시 118:23).

아니다. 밤에 우리의 삶은 단지 병, 염려 또는 나이가 많아 정상적인 잠을 이루지 못할 때에만 의식적인 의미를 가진다. 성경은 다음과 같이 이 사실을 입증해 주고 있다 : "밤마다 내 양심이 나를 교훈하도다"(시 16:7) ; "밤에 부른 노래를 내가 기억하여 내 심령으로, 내가 내 마음으로 간구하기를"(시 77:6) ; "밤에 내 영혼이 주를 사모하였사온즉 내 중심이 주를 간절히 구하오리니"(사 26:9) ; 또 욥이(욥 35:10) "나를 지으신 하나님은 어디 계시냐고 하며 밤에 노래를 주시는 자가"라고 고백했다.

이것은 보다 더 심각하게 고려해야만 할 배움의 과정인 것이다.

밤에 잠을 이루지 못하는 것은 그 다음날 온종일을 침울하게 만드는 염려스러운 현상이다. 그러나 그것은 우리의 신앙생활이 잠을 이룰 수 없는 시간들을 보낸 방법에 따라서 죄를 짓게 하거나 아니면 영광스럽게 해 주는 해악인 것이다.

만일 잠을 못 잔 것 때문에 그 다음날에 우울하고 투정스러운 불평만 늘어놓고 밤이 되면 거듭해서 반항적으로 침대에 누워 몸을 뒤척거리게 된다면 그것은 죄가 된다. 반면 만일 밤에 깨어 있는 시간을 하나님과의 교제 시간으로 사용하면 그것은 영혼의 내적 삶을 영화롭게 하게 된다. 게다가 잠 못 이루는 경우를 그렇게 경건하게 활용하는 것은 잠을 청하는 치료약인 것이다. 반면 쉴 새 없이 반항하면 더욱더 잠을 잘 수 없게 될 뿐이다. 잠 못 자는 한 시간 동안 하나님께 대항하는 것은 우리를 들뜨게 하고 반감을 갖게 하므로 더 심각한 불면증에 걸리게 한다. 그러나 반면에 잠 못 이루는 시간에 하나님과 대화를 나누는 것은 휴식을 누리고 마음의 평정을 이루며 또 잠을 초래하는 결과를 가져오게 된다.

그러나 이러한 결과는 단지 부산물에 불과한 것이다. 중요한 것은 잠 안 오는 밤 그것 자체는 하나님을 구하기 위하여 정해진 시간이라는 사실이다. 잠 못 이루는 시간은 시편 기자의 "하나님께 가까이 함이 내게 복이라"는 구절을 적용시키는 기회인 것이다.

우리는 힘에 겨운 활동, 사방에서 들려오는 수많은 잡음들, 우리에게 말을 걸어오는 사람들과의 끊임없는 대화로 말미암는 분주한 삶으로 인해 계속해서 하나님으로부터 멀어지고 있다. 그런데 이 모든 것들이 밤에는 그쳐진다. 관심을 끌 일이 없으므로 눈은 쉴 수 있다. 밤의 평온함이 귀를 임무에서 벗어나게 해 준다. 우리를 압박해 오는 일이 없는 것이다. 서두름과 재촉이 진정된다. 우리의 관심을 빼앗거나 우리를 피곤하게 하거나 억류하는 것이 전혀 없다. 모든 주위 환경, 평온해진 마음과 고요함이 우리와 하나님과의 교제를 촉진시켜 준다. 다른 어떤 때보다 그런 밤 한 시간이 우리로 하여금 하나님의 성막으로 들어가게끔 해 주는 것이다. 밤은 그 속에 안식일에 누릴 엄숙하고 고요한 어떤 요소를 지니고 있다.

이러한 조용한 환경은 저녁 성경 읽기와 무릎을 꿇고 하나님께 자신의 영혼을 쏟아 붓는 저녁 기도로 말미암아 조성된다. 그때 여러분은 쉬고 있는 것이며 여러분의 한 가지 관심은 괴로움 때문에 소파에 주저앉아 버리게끔 했던 낮의 염려들을 잊어버리거나 아니면 하나님과 교제를 나누면서 그분께서 당신을 위하여 가져오신 것들을 취하는 것이다.

그러나 이것은 당신의 소관이 아니다.

하나님에 관해서 생각하고 그분께 가까이 가는 것으로 충분한 것이 아니다. 우정은 반드시 양편에서 나와야만 하는 것이다. 만일 하나님께서 동시에 여러분께 다가가지 않으신다면 여러분은 그분과의 교제를 즐길 수 없는 것이다.

"하나님께서 항상 준비하고 나를 기다리고 계신다. 그러므로 내가 그분을 만날 것인지 아닌지 하는 것은 단지 내게 달려 있는 것이다"라고 생각하는 것은 여러분 자신이 하나님을 의지하고 있음을 나타내 주지 않는다. 또 충분한 겸손도 보여주지 않는다. 하나님에 관해서 생각하는 것만으로는 그분과의 교제를 즐기는 것이 못된다. 교제란 훨씬 더 진지한 것이며 여러분이 그분과 교제하게 되면 은혜와 사랑을 받게 되며, 그 때문에 하나님께 감사할 의무를 가지게 된다. 여러분이 자신을 하나님께 들어 올릴 만큼 선하고 경건하지는 못하다. 오히려 하나님께서 여러분에게 내려오심은 그분의 거룩하신 긍휼로 말미암는 것이다. 하나님의 가까이하심을 인식함으로 말미암아서 여러분을 풍요롭게 하며 복주시기 위해서 말이다.

여러분이 잠들기 전의 마지막 감정이 주님의 사랑 안에서의 즐거움이었으며, 아침에 일어났을 때 먼저 하나님에 대해서 생각할 경우 아주 큰 유익이 있다. 이것은 여러분으로 하여금 하나님께 더 가까이 나아가게 하고 사망의 밤을 맞을 준비를 하게 해 준다. 하나님과의 교제를 나눌 때 결코 다른 것에 의해 방해를 받지 않도록 하기 위해서 말이다.

밤에 침대 위에 누웠으나 잠을 이룰 수 없을 때 우리는 자신을 왜소하게 느낀다. 외모를 꾸미고, 자신의 입장을 세우고 유지하고자 애쓰는 대로 말로서 영향력을 행사하는 낮보다 훨씬 더 하찮게 평가한다. 그러나 우리는 침대에 누워서 더 이상 일어나지 않는다. 동작을 취하지도 않고 이동하지도 않는다. 그리고 우리의 외모의 하찮음과 초라함으로 인해서 우리는 보다 더 하나님을 만나기에 알맞은 조건을 갖게 된다.

그때 비로소 하나님께서는 우리에게 아주 위대하게 되시는 것이다. 그때에야 우리는 실로 그분이 우리의 창조주이심을 깨닫게 된다. 그분의 신실하심이 우리에게 나타난다. 영원하신 사랑의 팔이 우리를 떠받쳐 주고 감싸 주신다. 기쁨이 영혼의 우울한 기분을 내어 쫓고 즐거움이 살을 에어내는 고통을 몰아내 준다. 우리는 하나님의 영원하신 사랑을 존경하는 상태에 이르게 된다. 하나님의 성령께서 우리의 영혼을 어루만지실 때에 우리의 심령 깊은 곳에서는 찬양의 노래가 울려 퍼지고 "나를 지으신 하나님 곧 사람으로 밤중에 노래하게 하시는 하나님" 이란 고백을 하게 된다.

제 9 장

나는 부르짖으나 응답지 아니하시나이다

응답이 없다! 우리가 꽉 닫힌 문 앞에서 있을 때 문이 열리지 않아 우리로 하여금 걱정하게끔 한다.

그때 우리는 점점 더 세게 두드린다. 그래도 반응이 없으면 더 큰 소리로 부른다. 여전히 아무 소리도 들리지 않고 대답하는 음성도 나지 않으면, 우리가 방안에 틀림없이 있으리라 알고 있는 어린 아이, 또는 아마도 형제에게 불길한 일이 일어났으리라는 두려움에 사로잡힌다.

반응이 없다! 우리가 아주 곤란한 때에 도움을 청하고 기다렸으나 여전히 회답이 오지 않을 때에 너무 자주 희망이 변하여 절망에 빠지게 된다.

회답을 받지 못한다. 멀리 떨어져 있는 자녀나 형제에 대해 궁금해서 소식을 알고자 편지를 쓰고 또 썼으나 소식이 오지 않아 전보의 반신료를 선불하나 여전히 회신이 오지 않는 때에 아주 불안하다.

응답을 얻지 못한다! 우리의 식구 중 한사람이 중한 병에 걸려 누워 있을 때 그의 병상에 다가가서 처음에는 속삭이는 소리로 그의 이름을 부르나 알아듣지 못하자 그 다음에는 좀 더 큰 소리로 그렇게 하다가 결국 그는 우리의 소리를 들을 수 없다는 사실을 발견하게 될 때에는 마음이 오싹하게 된다.

응답을 얻지 못한다! 광산이나 터널을 파는 경사지에서 사고가 나 피해자들이 파묻혀 버리게 되어 사람들이 밖에서 그들의 이름을 부르고 또 부르고는 숨을 죽여 가면서 안에서 어떤 소리나 살아 있다는 신호가 들려올까 하고 기다리나 침묵이 계속되는 경우에는 당황하게 된다.

응답이 없다! 얼마 전에 마르티니크(Martinique)가 지진으로 전복되어 그곳의 상태를 알고자 전신을 보냈으나 전혀 아무런 종류의 신호도 받지 못했을 때에 그러한 두려움이 야기되었다.

갈멜 산 위에서 아침부터 낮까지 "바알이여 우리에게 응답하소서"하고 외친 바알 선지자들은 이 말의 의미를 알았다. 그들은 쌓은 단 주위에서 뛰놀고 칼로 몸을 상하였으나 아무 소리도 없고 응답하는 자가 아무도 없었던 것이다(왕상 18:26). 그리고 엘리야가 그들의 옆에서 "여호와여 내게 응답하옵소서"라고 외치자 응답을 받아 하늘로부터 불이 내려와 번제물을 태우는 것을 보았을 때 그들의 심정은 더욱 상했던 것이다.

하지만 하나님을 사랑하는 사람이라고 항상 응답을 받는 것은 아니다.

시편 83편 1절 "하나님이여 침묵하지 마소서 하나님이여 잠잠하지 마시고 조용하지 마소서"에 나오는 아삽의 호소를 읽어 보라. 시편 28편 1절 "여호와여 내가 주께 부르짖으오니 나의 반석이여 내게 귀를 막지 마소서 주께서 내게 잠잠하시면 내가 무덤에 내려가는 자와 같을까 하나이다"에 나오는 다윗의 고통을 생각해 보라.

아니면 더 강렬한 것으로 '라마 사박다니', 즉 시편 22편 2절 "내 하나님이여 내가 낮에도 부르짖고 밤에도 잠잠하지 아니하오나 응답하지 아니하시나이다"에 담겨진 선지자적 호소의 메아리를 기억하라.

이 세상의 형식적인 종교인과 헌신적으로 하나님을 믿는 신자 간에는 차이점이 많다. 여기에서 철저하게 세속적인 사람에 관해서는 언급할 필요가 없다. 그러한 사람은 전혀 기도를 하지 않는다. 그는 "하나님께 부르짖거나" 응답을 구하거나 하지 않는다. 그러나 세속적인 사람이 모두 다 이와 같지는 않다. 상당수의 사람들이 전적으로 반종교적 태도를 취하지 않는다. 다시 말해서 그들 역시 어느 정도 종교적 형식을 갖춘다. 그들은 기도를 전혀 무시하지 않는다. 솔직히 말해서 그들은 기도를 거의 습관적으로 한다. 그들은 식사 때에 주로 속삭이듯이 기도하며 밤에 자기 전에는 기계적으로 감사를 드리며 몇 마디 기원을 한다.

하지만 (사랑하는 가족이 병들어 죽게 되었거나 또는 사업의 실패를 맛본) 고통스럽고 걱정되는 때에 이러한 종류의 기도는 다시 살아난다. 그때 그러한 사람은 실제적으로 기도하게 되며 하나님께 울부짖게 된다. 그러다가 그러한 부르짖음이 아무런 소용이 없으면 곤란한 문제가 해결되지 않는 것을 보고는 크게 실망하고 격분하여 뒤로 물러서고 만다.

그러나 하나님을 진실하게 믿는 신자에게 있어서 상황은 전혀 달라진다. 그는 하늘에 계신 아버지를 **추구한다**. 그는 이 땅위에서 조차도 하늘에 계신 아버지와 교제를 가질 수 있다는 사실을 체험적으로 알고 있는 것이다. 그는 "하나님과의 은밀한 동행"에 대해서 안다. 은혜스러운 체험을 통해, 그는 이 은밀한 동행에 있어서 교제는 상호적이라는 사실을 알고 있다. 즉 자신이 아버지 하나님을 구할 뿐만 아니라 하나님 역시 그분의 자녀들에게 자신을 나타내 보여 주시려 하시는 것이다.

그때에 비록 그는 "하나님께서 **여기** 또는 **저기**에 계신다"라고 말할 수는 없지만 하나님께서 가까이 계신다는 것을 느끼고 깨닫는 것이다. 그는 하나님께서 그에게 말씀하신다고 증명할 수는 없지만 자신이 하나님의 음성을 듣고 있다는 사실을 안다. 이것은 비슷한 것이 아니고 현실적인 것이며 자아기만이 아니라 풍성한 현실인 것이다. 그는 선한 목자의 인도하시는 대로 따르면서 앞서 가시는 분의 목소리를 듣고 막대기와 지팡이로 안위함을 받는다.

세속적이며 형식적인 종교인에게 있어서 이것은 순전히 물질주의이며 하나님을 진실하게 믿는 신자에게 있어서 이것은 거룩하고 아주 은혜스러운 신비주의인 것이다.

그러나 이 거룩한 신비주의에도 고통스러운 이야기가 있다.

한 번이 아니고 계속해서 하나님과의 교제가 끊어질 때가 있는 것이다.

과거에는 눈에 보이지 않게 멀리 있는 사람과의 교제에 대해서 설명할 수가 없었다. 현재 우리는 수천마일 떨어진 사람과 연락하며, 멀리 떨어진 거리에서 눈으로 볼 수없는 사람과 이야기하며 그가 답변하는 소리를 들을 수 있게 되었다. 지금 우리는 아주 진보하여 눈으로 볼 수 없고 만질 수 없어도 무신전선으로 의사를 전달한다. 그리고 지금 우리는 어떻게 그러한 무선전신이 방해를 받고 중단될 수 있는가를 알 수 있다.

이 땅위에 사는 하나님의 성도들은 하늘에 계신 아버지 하나님과 신비한 전신술, 신비한 전화와 같은 신비스러운 의사소통을 누린다. 옛날 사람들이 전신술에 의한 대화를 알지 못했던 것처럼, 세상에 속한 사람은 신자가, 먼 곳에 계시면서 또한 가까운 곳에 계시는 하나님 아버지와 갖는 이 신비스러운 대화를 알 수 없는 것이다.

그러나 바로 이 이유 때문에 이 대화가 방해를 받을 때도 있고 때때로 완전히 중단되는 것이다. 영혼이 하나님을 향해 부르짖으며 그분을 찾고 심령이 그분을 간절히 바라나 아무런 응답이 없고 하늘에서 전혀 징조가 비치지 않아 하나님께서 안 계신 것 같으며 단지 침묵만 흐를 뿐일 때가 있다. 응답이 없는 것이다.

그때에 하나님께서 당신의 자녀들에게서 멀리 떠나 계시는 이유에 대해 추측은 할 수 있으나 깊이 알 수는 없다. "나의 하나님, 나의 하나님, 어찌하여 나를 버리시나이까?"라는 십자가상에서의 예수의 부르짖음은 헤아릴 수 없는 신비로 남아있는 것이다.

그러나 이 문제에 대해서는 추측해 볼 여지가 충분하다.

여러분이 아침에 잠에서 깨어나면 보통 제일 먼저 하나님에 대해서 생각한다. 그러면 여러분은 하나님의 주관 아래에서 하루를 시작하기 때문에 자신이 그분께 가까이하고 있다는 복된 느낌을 갖게 된다. 그러나 그렇지 못한 아침에 대해서 생각해 보라. 여러분은 하나님께 가까이 있다고 느끼지 못한다. 여러분의 심령과 영원하신 하나님 사이에는 아무런 관련이 없는 것이다. 그리고 여러분이 기도한다 할지라도 하나님과는 전혀 교제할 수 없는 것이다. "하나님이여! 귀머거리처럼 행하지 마소서. 왜 저의 기도를 들어 주시지 않으십니까!"

허나 이 자포자기적 감정 속에서도 여러분은 하나님의 은혜가 역사한다는 것을 안다. 왜냐하면 하나님과의 교제의 단절은 여러분을 불행하게 만들기 때문이다.

이러한 교제의 중단은 마음의 죄악, 하나님과의 대화를 방해하는 은밀한 죄 때문이라고 설명될 수도 있다. 아니면 여러분의 심령이 많은 일들에 의해 괴로움을 당하므로 주님께서 여러분의 내적 생명의 중심부에서 물러갔을 수도 있다. 그러면 이러한 손해는 여러분에게 이로운 것이다. 그것으로 인해 여러분은 자신을 다시 한 번 돌아보게 되고 심령으로 하나님의 이름을 경외하게끔 된다.

신체 상태가 또한 이 교제의 감정을 방해할 수도 있다. 예를 들어서 여러분이 심한 두통을 앓고 있어 영혼이 자유롭게 말하는 것을 방해하거나 아니면 여러분의 감수성을 둔화시킬 때와 같은 경우에 말이다. 이것은 하나님과의 교제에 있어서 육신적인 휴식과 평온함이 크게 영향을 미친다는 것을 나타내 준다.

또 다른 경우도 있다. 하나님의 응답을 받지 못한 것에 대해서 여러분의 내적 생활에는 아무런 잘못이 발견되지 않을 때가 있다. 그런데 하나님께서 스스로 여러분에게 물러가신 것이다.

그런 경우조차도 우리는 그 원인을 추측해 볼 수 있다.

아주 흔한 일로서 신자들은 자신의 신앙심을 과대평가 하고 하나님의 사랑에 익숙해진다. 그리고 자신이 하나님과 은밀히 동행하는 것을 당연하게 여기고 때때로는 그가 이러한 교제를 추구하는 것을 특별한 경건으로 간주하기까지 하는 것이다.

그러나 그와 같은 일은 용납될 수 없는 것이다. 왜냐하면 하나님과의 교제라는 **거룩한 은혜**가 평범한 일로 여겨져서는 안되기 때문이다. 우리는 체험을 통해서, 하나님과의 교제의 가치는 그것이 죄 많은 이 땅에서는 잘 이루어지지 않기 때문에 더욱 돋보인다는 것을 안다.

한동안 영혼이 아무런 소리를 듣지 못하다가 마침내 하나님으로부터 응답을 받게 될 때에, 이 은밀한 교제는 한층 더 가깝고 부드러운 축복이 넘치게 되며, 영혼은 충만한 하나님의 사랑 안에서 헤엄치게 된다.

제10장

너희는 내 얼굴을 찾으라

옛날에 연세가 높으시고 신앙이 좋으신 분이 평화스러운 얼굴 표정을 하고 자신이 하나님을 알게 된 경로에 관해서 말씀하시는 것을 듣는 일은 흔하였다.

그때는 그러그러한 때에 "나는 주님을 알게 되었다"라는 식으로 표현하였다. 그런데 그 이후에는 이러한 표현이 변하였다. 즉 사람들은 "이러 이러한 방식으로 깨달았다" 또는 "나는 그때 거기서 회심하게 되었다"아니면 "그때에 나는 나의 영혼을 예수님께 맡겼다" 또는 "이리하여 나는 나의 구세주를 발견하게 되었다"등 자신의 영혼 속에서 일어났던 것을 표현하기 위해서 스스로 선택한 어휘를 사용했다.

이러한 모든 표현 방식들은 각각 의미를 지니고 있다. 그러나 부정할 수 없는 사실은 "나는 주님을 알게 되었다"라는 옛날식 표현 방법이 결코 후시대의 표현들보다 진실, 깊이, 열정 면에 있어서 뒤떨어지지 않는다는 것이다.

예수께서는"영생은 곧 유일하신 참 하나님과 그가 보내신 자 예수 그리스도를 아는 것이니이다"(요 17:3)라고 말씀하셨다. 그 말씀으로 이스라엘에 **하나님을 아는 지식**이 없어 망한다(호 4:1)는 호세아 선지자의 애닯은 호소를 확증하셨다.

그러나 깊이 관찰하지 않고는 결국 "나는 주님을 알게 되었다"라는 말을 깨달을 수 없게 된다. 왜냐하면 그것은 신비스러운 배경과 동떨어지게 되며 외적이고 지적이며 교리적인 지식에 불과한 것이기 때문이다.

하나님을 안다는 것은 한 가지 이상의 의미를 지닌다.

확실히 하나님의 존재와 속성들, 그리고 그분의 하시는 일들에 대해서 잘 알지 못하는 사람은 하나님에 대해서 안다고 말할 수 없는 것이다. 거룩하신 삼위일체 하나님께 예배하는 것을 모르는 사람은 하나님을 아는 것이 아니다. 반복하여 이것에 관해서, 우리 주님의 말씀 — "아버지 외에는 아들을 아는 자가 없고 아들과 또 아들의 소원대로 계시를 받는 자 외에는 아버지를 아는 자가 없느니라"(마 11:27) — 이 잊혀져서는 안된다. 이때 계시는 예수 그리스도의 복음으로부터 우리에게 비춰지는 빛을 내포하는 것이어야만 한다.

우리는 이것을 쉽게 받아들임과 동시에 똑같이 다음의 사실을 강조해야만 한다. 즉 하나님을 안다는 것은 하나님에 관해서 지식적으로 아는 것으로 끝나는 것이 아니다. 그것은 더 심오한 영적 실재를 내포하는 것으로, 받아들인 생각들을 명백하게 하기 위한 수단으로서의 교리와 교의에 관한 추상개념들과 영혼과 영적인 체험의 지각작용을 사용하는 것이다.

그런데 추상적인 하나님에 관한 지식은 남아 있지만 영혼과 영적인 체험의 지각작용은 점차적으로 잊혀지게 되었다. 이 지식은 형식적이고 교리적인 설명의 수집품이 되었다. 그래서 마침내 하나님에 관한 어떤 교리를 가장 인상적이며 명백하고 철저하게 설명해 줄 수 있는 사람은 스스로 자신이 가장 성경을 잘 알고 있다고 자부했던 것이다.

하나님에 관해 머리로만 아는 지식이 영원한 사람을 만족시킬 수는 없었다. 그래서 은혜스러운 삶을 체험하려는 영혼은 다른 극단주의로 흘러가게 되었다. 즉 그리스도의 구속사역에서 자신에게 적용되는 것을 연관시킨 신비주의에서 신앙을 추구하게 되었다.

극단적인 신비주의에서 과연 만족을 찾을 수 있었는가?

역시 부분적인 이익을 얻었을 뿐이다. 단지 머리로만 복잡한 교리를 추구했던 지성주의 기독교에서 보다 부드럽게 구원사역에서 힘을 얻으며 구속의 감격에서 하나님께 영광을 돌리는 신비주의 기독교를 따를 때에 영혼의 내적 상태는 훨씬 더 좋았다.

그러나 이것 역시 가장 최선의 길은 아닌 것이다.

마침내 사람들이 교리적이면서도 신비적인 양 측면에서 하나님을 알게 되었을 때에 하나님을 아는 것은 훨씬 더 높은 수준에 도달했던 것이다. 이런 관점에서야 하나님은 우리의 중심부에 위치하게 되고 하나님을 섬기는 신앙심은 훨씬 더 완벽하고 열성적인 것이 되었다.

하나님의 형상을 닮은 인간이 그분과의 관계에 있어서 가능한 한 우리가 친구들에게 갖는 것과 같은 친밀한 감정을 가져야만 하는 것은 당연한 일이 아니겠는가.

자연에는 언어가 있다. 동물세계에서 우리 인간에게 뜻을 전달해 주는 언어가 있다. 그러나 사람들이 우리에게 전해주는 언어는 그것이 비록 소리는 들리지 않는 것이라 할지라도 동물계의 언어와는 전혀 다르며 훨씬 더 풍성한 것이다.

얼굴, 얼굴표정은 이야기해 준다. 전체적인 표현, 특별히 눈을 통하고 눈에 의해서 말한다. 눈은 몸의 창문이다. 우리는 눈을 통해서 다른 사람의 영혼을 들여다본다. 다른 사람은 눈을 통해서 우리를 보고 조사하고 말을 건네는 것이다.

얼굴에 비해 몸의 나머지 부분은 벙어리이고 활기가 없는 편이다. 손의 제스처가 자신의 뜻을 남에게 전해 주는 것은 사실이다. 특히 남부 유럽인들은 말할 때에 항상 손동작을 하여 자신의 생각을 강조하는 습관을 가지고 있다. 또 사실상 격한 감정을 가지고 있는 사람은 전신을 움직이면서 감정을 나타내기도 한다. 그러나 신분이 높은 사람일수록 얼굴로만 이야기 하고 신체의 다른 부분들은 움직이지 않은 채 자신의 의사를 더 세련되고 선명하게 나타내려 한다는 기정 사실을 부인할 수 없다.

시장 길목에 서 있는 부랑아는 손짓, 발짓을 다하며 이야기하나 보좌 위에 앉은 왕은 표정과 얼굴의 위엄을 가지고 더 많은 내용을 말하는 것이다.

여기에서 필연적인 결론은 우리와 하나님과의 교제에 대해 언급할 때 "하나님의 얼굴"이란 것이 가장 두드러지게 나타나는데, 그분의 입으로부터 나오는 것과 그분의 눈을 통해서 표현되는 것과 분노하여 코로 숨쉬는 것 사이에 뚜렷한 구분이 지어졌다는 사실이다.

우리는 얼굴을 마주 보고 이야기함으로 가장 고상한 의미에서 자신을 나타내게 된다. 따라서 하나님의 면전에서 그분과 만날 수 있는 특권 이외에 하나님과의 교제를 다른 방법으로 설명할 수는 없는 것이다.

이것이 하나님 아버지를 어떤 노인의 모양으로 나타내는 등의 물질적인 방법으로 취해져서는 안된다.

우리는 모세도 그가 하나님의 얼굴을 보게 해달라고 기도했을 때에 이 함정에 빠졌다는 것을 안다. 주의 영광을 보여 달라는 담대한 기도에 대해서 하나님께서는 "네가 내 얼굴을 보지 못하리니 나를 보고 살 자가 없음이니라"(출 33:20)고 응답하셨던 것이다.

이와 같이 하나님을 보는 것은 금지되어 있다. 우리가 거룩하신 하나님을 생각할 때에 세상적인 방법을 사용해서는 안된다. 이 땅위에서 우리는 하나님에 대해

미지의 상태로 머물러 있을 뿐이다. 눈에 보이는 얼굴은 육체임을 나타내 주는데 하나님은 영인 것이다.

사실은 이와 같다.

우리가 누군가의 얼굴을 아주 골똘히 지켜보면 마침내 우리는 그의 내적 자아를 파악하게 된다. 그때의 외적인 얼굴은 단지 그의 내적 본질에 관해 알게 되는 수단에 불과한 것이다. 그렇다면 만일 모든 외적인 것이 없어진다 할지라도 우리는 여전히 그의 인격에 관해서 알 수 있게 되는 것이다.

하나님에 대한 지식은 또 다른 방법으로 얻어진다. 여기에는 육체적인 도움이 개입되지 않는다. 하나님의 영이 우리 안에 들어오자마자 우리의 영도 직접 하나님의 영성으로 들어간다. 비슷한 방법, 아니 훨씬 더 효과적으로 우리는 하나님의 존재와 본질에 관한 영적인 지식을 얻는다. 이 지식을 묘사하기 위해서 우리는 다만 얼굴에 관한 상상을 한다.

중요한 것은 우리는 더 이상 하나님에 관한 개념, 하나님에 대한 과학적 지식 또는 그분에 관한 언급으로 만족하지 않고 하나님 자신과 직접 접촉하고 그분과 만나는 일이다. 삶 가운데 그분과 교제하며 살아계신 하나님과 우리 영혼 사이에 인격적인 관계가 맺어진 것이다.

이 신비한 하나님에 관한 지식이 성경에는 여러 가지 방법으로 표현되어 있다. 성경은 계속 하나님과의 은밀한 동행, 그분의 장막 속에 거함, 그분과 함께 행하는 것 등에 관해서 언급하고 있다. 복음 자체는 이것을 하나님 아버지께서 오셔서 우리와 함께 거하신다는 풍요롭고 영광스러운 생각으로 나타내 준다. 그러나 하나님에 관한 더 고상한 지식을 표현하기 위해서 가장 빈번하게 사용되는 어휘는 "하나님의 얼굴"인 것이다.

하나님의 사람 모세가 다른 모든 선지자들 보다 뛰어나다는 것을 표현하기 위해서 이러한 표현이 사용되었다. 즉 모세는 마치 사람이 자기 친구와 이야기하듯이 여호와께서 대면하여 아시던 자였던 것이다.

여기에서 얼굴이 의미하는 바는 명백한 것이다.

그러므로 성경이 우리에게 "너희는 내 얼굴을 찾으라"(시 27:8)는 하나님의 가르침을 기록하고 있음은 큰 의미를 지닌다.

우리는 먼 거리에 떨어져 있는 사람을 알 수 있고 그의 소리를 들을 수 있으며 그에게 가까이 하지 않고서 그의 인격을 알고 우리 자신을 그 앞에 나타내 보일 수 있게 된다. 그리하여 그는 우리를 쳐다보고 우리는 그를 본다.

그러나 하나님의 자녀의 삶에는 자신이 하나님을 발견하기까지는 쉴 수 없다는 압박감을 느낄 때가 있다. 마침내 하나님을 발견한 후에 그는 자신을 하나님 앞에 드러내 놓고 그분 앞에 서서 그분의 얼굴을 구한다. 그리고 하나님의 눈을 발견할 때까지 계속해서 구하는 가운데, 하나님께서는 그의 영혼을 들여다보시며 자신은 은혜의 눈으로 하나님을 바라본다는 감격스러운 깨달음을 하게 되는 것이다. 사실 이렇게 되어야만 하나님의 신비스러운 은혜가 드러난다.

제 11장

유일한 것

고독이란 사람의 마음을 헤아릴 때에 반드시 고려되어야 하는 것이다(고독, 유일 - 같은 단어임 : 역주).

이것은 혼자 있는 아이가 무서워 울음을 터뜨릴 때에 가장 두드러지게 나타나는 것이다. 어른들에게 있어서는 고독을 추구하거나 피하려는 충동이 어린아이들의 경우 보다는 덜 명백하지만 그것을 통해서 상대방의 성격을 어느 정도 추측할 수 있다.

어떤 사람들은 가능한 한 분주한 주위 환경에서 벗어나 혼자 조용히 있고 싶어하는 반면, 또 어떤 사람들은 혼자 있을 때는 우울하나 다른 사람들과 어울리면 다시 활기를 되찾는 것이다.

이것은 세 가지로 나타난다.

가장 두드러진 예는 우리의 마음이 선과 악의 교차로에 서서 선택을 하는데서 기인된다. 사람이 나쁜 짓을 하려 할 때는 자신을 감추고 숨긴다. 악이란 어둠 속에서 활동한다. 그러나 악행이 끝나고 양심이 살아나면, 고독이 엄습해 오고 다른 사람들과의 사귐에서 빠져 나오려고 하게 된다.

덜 현저하지만 분명한 것은 고독을 좋아하는 것과 싫어하는 성질은 그 자체가 좀 더 명상적인가 혹은 좀 더 활동적인 경향이 있는가 하는 것을 나타낸다는 것이다. 어떤 사람은 보다 내향적으로 생활하며 깊이 생각하고 숙고하며 느낀다. 그러나 어떤 사람은 외향적으로 생활하며 바삐 움직이며 고되게 일하여 자신의 활동상항들을 나타내 보이기를 좋아한다. 민족들 중에서 조차도 이러한 차이점이 두드러진다. 어떤 민족은 옥내에서 생활하지만 또 다른 민족은 가능한 한 바깥에서 생활하기를 즐긴다. 그런데 차이는 주로 기후나 자연환경의 영향으로 말미암는다.

그리고 셋째, 이러한 고독을 추구하거나 피하는 이유는 고독을 인식하는 능력이 있느냐 그렇지 못하느냐에 달려 있다. 수줍음을 타고 남 앞에서 거북함을 느끼며 속으로 겁을 잘 내는 성품을 가진 사람들은 거의 다른 사람과의 사귐을 두려워한다. 그리고는 기를 펴지 못한 채 뒤로 물러간다. 반면 명랑하고 원기 왕성하고 용감한 사람은 어떠한 종류의 사람들과도 자유롭게 융화되어 지낸다.

고독에는 이것 이상의 것이 있다. 즉 고독은 학문하는 사람들이 즐기는 것이다. 또 고독은 한창 때에 젊은이들 보다는 노인의 마음에 끼어든다. 약해진 신경조직과 연약한 건강으로 인해 노인들은 너무 큰 자극을 피해 버린다. 하지만 이러한 이유들은 우연한 것이며 성격에 좌우하는 것이 아니다. 그것들과 관련하여 뚜렷한 사실은 시편 기자는 두 번씩이나 그의 영혼에 대해 "유일한 것"이라 불렀다는 것이다. 한번은 주님의 골고다 언덕의 사건을 예언적으로 읊은 시, 즉 "내 생명을 칼에서 건지시며 내 유일한 것을 개의 세력에서 구하소서"(22:20), 그리고 또 한 번은 시편 35편 17절 "내 영혼을 저 멸망자에게서 구원하시며 내 유일한 것을 사자들에게서 건지소서"에서 말이다.

여러분의 영혼은 여러분의 **유일한 것**(solitary one)이다.

이 말은 영혼의 귀중함을 나타내 준다. 오직 한명의 자녀를 가진 부모들에게 있어서, 한 자녀는 다른 사람들이 자랑으로 여기는 일곱 아이들 보다 더 귀중한 것이다. 만일 이 독자가 사망하면 한 가문의 1대가 없어지는 것이며 부모들의 혈통은 끊겨지고 만다.

인간 영혼에 대해 말하자면, 여러분의 영혼은 여러분 자신의 재산이나 육체와는 동떨어진 것이다. 여러분의 재산이 아무리 많다 할지라도, 그 재산이 없어졌을 경우 다른 물건들로 대신 보충할 수 있다. 비록 여러분의 육신이 언젠가는 무덤에 장사지내지나 곧 여러분은 영화로운 육신으로 다시 살아나게 될 것이다.

그러나 여러분의 영혼은 그렇지 않다. 여러분의 영혼은 여러분 자신의 **유일한 것**이다. 그것은 어떤 것으로 대치될 수 없다. 만일 잃어버리게 되면 영원히 다시 얻을 수 없게 된다. 이 때문에 예수께서는 우리에게 아주 진지하게 경고하신다. "몸을 죽이고 그 후에는 능히 더 못하는 자들을 두려워하지 말라 마땅히 두려워할 자를 내가 너희에게 보이리니 곧 죽인 후에 또한 지옥에 던져 넣는 권세 있는 그를 두려워하라"(눅 12:4, 5)

다른 모든 것들은 잃었을 경우 더 좋은 것으로 보충 받을 수 있으나 "**여러분의**

유일한 것"은 한 번 잃으면 영원히 잃어버리게 되는 것이다.

그러므로 여러분 자아에 관한 의식은 자신의 영혼과 분리된다. 스스로를 관찰하고 자신의 자아에 대해서 생각하고 여러분 주위에 빙 둘러진 바쁘고 활동적인 세상을 발견하며, 성장해가며 활동하거나 아니면 병들어 수척해 있는, 눈에 보이는 쇠퇴해 가는 육신을 입고 있음을 안다. 그러나 여러분은 자신 속에 숨겨진 내적 존재, 감추어진 어떤 것 즉 "**유일한 것**"을 지니고 있다. 그것이 곧 여러분의 속에 있는 영혼인데 이 영혼을 사랑해야만 하며, 죽음에 봉착할 때 영광과 거룩함으로써 여러분의 영혼이 하나님께 되돌아 가야만 한다. 왜냐하면 당신은 하나님, 오직 그분에게서만 그것을 받았기 때문인 것이다.

여기에서 당신 속에 있는 영혼은 홀로 거한다는 생각이 든다.

사실, 여러분의 영혼은 세상에 접근할 수 있고 세상은 여러분의 영혼에 가까이 올 수 있는 것이다.

하나님께서는 여러분에게 감각들을 주셨는데 그것은 아주 많은 창문들처럼 여러분으로 하여금 세상을 바라보고 세상과 이야기하게 해 준다. 그분께서는 여러분에게 감정과 동정심을 주셨는데 그것에 의해 여러분은 멀리 떨어져 있는 사람들과 공감을 하고 그들과 더불어 즐거워하며 그들의 슬픔을 같이 슬퍼하는 것이다. 하나님께서는 당신에게 말하는 은사를 주셨으므로 여러분의 영혼은 은사를 통해서 자신을 나타내며 다른 사람의 영혼은 여러분의 귀에 이야기할 수 있다. 사람의 말이 글로 옮겨지게 되었다. 이 훌륭한 창안 역시 마찬가지로 하나님께서 우리에게 허락해 주신 것이다. 이것을 통해서 여러분 영혼은 앞 선 시대의 사람들 또는 여러분이 전혀 직접 만나 본 일이 없는 이 시대의 사람들과 교제를 나눌 수 있는 것이다. 그리고 여러분은 더 높은 세상에 관한 의식과 지식을 적지 않게 갖고 있다. 그것은 마치 하나님의 천사들이 여러분 위에 내려왔다가 다시 올라가는 것과 같다. 무엇보다도, 여러분은 자신의 마음속에 영혼을 향해 열려져 있는 문을 가지고 있다. 그 문을 통해서 하나님께서는 여러분의 영혼에 들어오시고 여러분의 영혼은 하나님께 나아갈 수 있는 것이다.

그러나 이 모든 것에도 불구하고 여러분의 영혼은 세상, 자연, 천사들, 그리고 하나님과 다른 것으로, 어떤 의미에서는 그것들과 분리되어 있는 것이다. 그러므로 여러분 안에 있는 영혼이 독단적으로 취급되면 그것은 여러분의 유일한 것이다. 그것은 순수하고 유일한 어떤 것이며 또한 순수하고 유일한 어떤 것을 **소유**

하고 있으며 결코 파괴될 수 없는 면에서 그 자체로 남아 있다. 여기서 둘 중 한 가지가 발생한다.

즉 영혼이 너무나 외롭든지 여러분 자신이 영혼의 고립성에 대해서 너무나 무지하든지 하는 것이다.

여러분이 자신을 격려해 주고 우정을 나누던 것을 잃어버릴 때에 영혼은 여러분 속에서 너무나 외로운 것이다. 이것은 슬픔과 버림받았다는 데 대한 외로움이며, 그것은 영혼을 억압하고 두렵게 만든다.

여러분의 영혼은 동정, 교제, 신뢰감을 주고받기, 사람들과 어울리는 것, 평화와 행복이 있는 곳에서 활짝 펴지는 경향을 띠고 있다.

그런데 여러분이 처한 상황이 그렇지 못하고, 애정과 동정심이 여러분의 기분전환을 해 주어야만 할 곳에서 미움이 여러분에게 저항해 오고 중상모략이 여러분을 괴롭힐 때에, 수줍고 움찔해진 당신의 영혼은 자신 속으로 도로 뒷걸음질 치고 만다. 영혼은 고민을 풀어 놓을 수도 없고 느끼는 바를 표현할 수도 없다. 안에 갇혀 슬픔과 비탄으로 수척해 가고 만다.

또는 인생의 즐거움이 날아가 버리고 염려가 엄습해 오고 슬픈 일이 겹치는가 하면 전망이 어두워지고 희망의 별이 짙은 먹구름 뒤로 사라져 버리면, 그때 영혼은 침울한 고립 상태에 빠져 뒤로 물러가서 하늘에 좋은 징조가 떠오르기를 열망하게 된다. 반면 사탄은 때때로 파멸의 징조를 보이며 몰래 접근해 온다.

그러나 영혼이 너무 큰 외로움에 의해 번민하며 우울하게 되는 것과 마찬가지로, 여러분이 고독함의 의미를 충분히 깨닫지 못할 때 역시 손실을 입게 된다. 이것은 아주 중요한 것을 저버린 천박하고 생각이 모자란 사람에게 흔히 나타나는 결과인 것이다.

그때에 영혼은 자신의 외로움 가운데서 영혼의 유일성을 이해하지도 존경하지도 않는다. 그래서 그는 기분전환과 오락을 추구한다. 자신에게 관심을 돌리거나, 조용한 사고를 위해서 영혼을 집중시키거나, 영혼 자체를 위해서 영혼을 추구하거나 하는 일은 전혀 없이 말이다. 반면 영혼 자체는 항상 괴로움을 당하고 주위 환경의 노예가 되며 안식, 내적 평화와 자아를 검토할 겨를이 없게 된다.

여러분은 세상 사람들이 두 방향으로 나가고 있음을 안다. 한편으로는 비참하고 절망해 있는 사람은 내적 고독으로 말미암아서 한탄하며 지낸다. 반면에 즐거운 듯하며 늘 분주하고 서두르며 자아를 내세우는 우리들은 결코 고독을 찾거나 자신의 고독한 영혼에 대해서 생각해 보지 않는 것이다.

너무나 심각하게 고독에 빠져 있거나 영혼의 고독에 대해서 전혀 무관심한 사람들에 반하여, 오직 한가지의 치료법이 있는데 그것은 우리의 고독한 영혼이 우리 하나님과 교제를 하게 되는 일인 것이다.

우리 영혼 속에는 지성소와 성소 그리고 성전 안뜰과 같은 영역들이 있다.

세상 사람들은 우리 영혼의 뜰 안으로 접근하지 않는다. 그래서 영혼의 더 깊은 비밀스러운 것들에 대해서는 전혀 볼 수도 없고 이해할 수도 없다.

친하고 영적인 친구들은 좀 더 가까이 다가온다. 우리 주변에 개인적으로 사귐을 갖고 있는 소수의 사람들은 우리를 보다 잘 이해하고 더 자세히 알기 때문에 우리에게 훨씬 더 친밀하며 우리를 잘 보살피고 위로해 준다. 그들은 우리 영혼의 성소에 들어온다. 그런데 그들이라 할지라도 우리 영혼의 지성소까지 들어오지는 않는다. 지성소는 눈에 띄지 않는 곳에 있으므로 그들은 거기에 들어 올 수 없다. 영혼은 그곳에 아주 외롭게 거하고 있는 것이다.

이 지성소, 우리 영혼의 가장 깊은 은거지에 들어오실 수 있는 분은 오직 하나님 한 분 뿐이시다. 오직 성부, 성자, 성령 하나님만이 그렇게 하시는 것이다.

그러므로 그분만이 홀로 영혼의 외로움을 물리치시고 죽음의 공포에 사로잡혀 있는 그를 위로하시며, 세상적인 관심사들과 쾌락에 오염되어 있는 그의 영혼을 구하실수 있는 것이다.

제 12장

하나님께서 자기의 형상을 좇아 인간을 지으심

모든 참된 종교, 진실한 신앙심, 실제적 경건은 인간이 하나님의 형상대로 지음 받았다는 사실에 근거한다.

여러분은 젖을 먹는 어린 시절을 지나 단단한 음식을 먹으며 생활한다. 그러므로 여러분의 영혼이 영원하신 하나님과 교제를 나누고, 여러분이 하나님 날개 아래 거하기까지는, 하나님께 부탁하고 그분의 계명대로 걷는다 해서 그것 자체로 여러분이 종교적이고 신앙적이고 경건하게 되는 것이 아니라는 것, 또한 감추어진 모든 분량만큼의 구원의 비밀을 깨닫지 못한다는 것을 이해하고 있다.

보다 외형적인 종교 형식이 중요치 않은 것은 아니다. 어떤 점에서 이 세상에서는 외형적인 형식이 가장 잘 갖춰질 수도 있다. 그러한 것들은 하늘나라에서는 불필요한 것이지만 현재 살아 있는 수많은 사람들에게 있어서 구속력을 발휘하며 사회의 타락을 예방해 준다.

그러나 참된 경건은 마침내 외적인 형태로 자라나서, 사도 바울의 말을 빌려 표현한다면 그리스도의 완전한 분량에 이르게 된다. 참된 경건은 하나님의 위엄의 빛을 받고 꽃이 핀다. 그것은 하나님의 뜨거운 열기를 쬐고 자라며 하늘에서 내리는 이슬로 목을 축인다. 이리하여 마침내 사람이 자기 형제에 대해서 잘 알듯이 하나님에 대해서 개인적으로 잘 알게 되며 주의 장막 안에 그 영혼이 거하게 되고 그의 심령 성전 안에는 거룩하신 하나님께서 내주하게 되는 것이다.

이것은 새롭게 강조할 필요가 있다.

모든 외형적 종교 형식은 변할 수 있고 없어질 수도 있다. 그러나 변함없이 지속되며, 당신의 생명이 다할 때까지 약해지지 않고 소생하는 것은 하늘의 아버지와 여러분의 영혼의 복된 교제이다. 그래서 밤에 여러분은 하나님과 더불어 잠자고 이른 새벽에 다시 일어나서, 여러분의 선하신 목자께서 이 땅 위에서의 나그네 인생길을 가는 모든 동안 당신을 인도해 주시는 대로 그분 뒤를 따라가는 것이다.

오직 여기에만 더 친밀한 성도들 간의 교제가 있는 것이다.

진실로 그들과 여러분 자신은 신앙 안에서 하나이며, 똑같이 그리스도의 몸 된 교회의 일원이라는 것, 그들과 더불어 주님의 몸을 상징하는 떡을 떼며 그분의 피를 뜻하는 포도주를 마신다는 것을 알게 될 때에 여러분은 다른 사람들과 연합하게 된다.

그러나 영원하신 빛 되시는 하나님의 궁전으로 향하는 위대한 여행을 하는 동안에 여러분은 어떠한 형식을 취하든지 간에, 여러분에게 자신들이 살아 계신 하나님과 거룩한 교제를 나누면서 산다는 것을 드러내는 동반자들을 선택하여 동행한다.

이것은 여러분이 창조되었음을 환기시킨다.

이것이 의미하는 바는 참된 신앙, 즉 진실된 경건의 가능성은 단지 유일하게 여러분이 하나님의 형상과 전능하신 하나님 모양을 따라 창조되었다는 사실에서 나온다.

여러분이 죄 중에 잉태되었고 태어났다는 사실이 이 진리를 절대로 변경하지 않는다. 회개하여 새 생명을 얻지 않고는 참된 신앙을 가질 수 없으며 중생 안에서 하나님의 형상을 닮은, 창조 당시의 본래 여러분의 특성이 다시 살아나게 된다.

그러므로 여러분이 죄 중에서 태어났다는 사실은 여기에서 고려해 볼 여지가 없게 된다. 당장 시급한 과제는 하늘에 계신 여러분의 아버지와 의식적이고 실제적인 교제를 하는 것이다. 그리고 이것은 **원형**이신 하나님과 그것을 나타내 주는 **형상** 간에 편만해 있는 필연적인 조화를 기초로 하는 것이다.

원형과 형상 간의 결속은 곧 느껴지고 이해된다. 원형과 한데 묶어주는 끈에서 따로 떨어진 형상은 없는 것이다.

초상화나 그림에서 그것을 보라. 만일 초상화가 잘 된 것이라면 그것은 그 그림이 실제 인물과 꼭 닮았기 때문인 것이다.

여러분은 이 점을 색을 칠한 그림이나 대리석 조각품에서 보다 사진에서 더욱 강하게 느낀다.

화가나 조각가는 색이 칠해진 초상화나 조각물을 가지고서, 여러분과 자신의 화신(化身) 사이에 제3자로 개입된다. 그러나 사진에서는 그렇지 않다. 그때에 빛의 작용에 의해 감광판 위에 자기 자신의 모습을 새겨 넣고 자신의 얼굴 모습을 형성하는 사람은 바로 여러분 자신인 것이다.

이런 식으로 여러분 자신이 찍혀진 사진을 살펴 보건대 그것은 하나님께서 "우리의 형상을 따라 우리의 모양대로 사람을 만들자"고 말씀하시며 만드셨던 모습을 너무나 불충분하게 나타내주고 있다.

사람은 동질감을 느낄 때에만 서로 친할 수가 있다.

그런데 또한 보다 이질적인 교제도 있다. 봄이 오면 감수성이 강한 사람은 이루 말할 수 없이 아름다운 자연과 의식적인 대화를 나눈다. 이러한 대화는 하늘의 수많은 별들 보다는 식물, 꽃들, 그리고 과일 나무들과의 경우가 더 친밀하다. 그것은 특히 친구라는 느낌을 주는 동물들의 세계의 경우에 더욱더 그렇다. 예를 들어 여러분이 타는 말, 여러분을 보면 반갑다고 짖으며 달려드는 개, 떨리는 목소리로 아침 노래를 부르며 종달새 같은 것 말이다.

그러나 산과 강, 달과 별, 꽃과 가축과 여러분과의 교제에는 늘 어느 정도의 거리감이 있게 된다. 충성스러운 동물이 아무리 영리하고 인상적인 표정을 한다 할지라도 여러분 자신들과 다른 본질의 것이기 때문에, 여러분은 동물의 삶을 이해하지 못한다.

단지 여러분이 사람과 사귈 때에만 참된 교제를 하게 된다. 사도 바울은 고린도 교인들에게 "사람의 일을 사람의 속에 있는 영 외에 누가 알리요?"(고전 2:11)라고 묻는다. 그 말은 맞는 말이다. 사람만이 다른 사람을 이해할 수 있는 것이다. 여러분 자신이 인간적이면 인간적일수록, 여러분은 다른 사람들의 인간성을 더 잘 알 수 있게 된다.

여러분이 다른 사람과 많이 닮았으면 닮았을수록 두 사람은 더욱 똑같은 모습을 보여 주며, 사귐은 더 친밀하게 될 것이다. 외국인보다는 같은 동포와 더 가깝게 느껴진다. 같은 세대, 같은 직업, 같은 지위, 환경, 같은 인생 경험을 한 사람들은 이 모든 점들에서 차이가 나는 사람들보다 서로 더 친밀해진다.

그러므로 "우리의 형상을 따라 우리의 모양대로 우리가 사람을 만들자"는 말씀은 다음과 같은 하나님의 뜻을 나타내 준다. 즉 하나님과 교제를 나눌 수 있으며, 그분의 영광스러운 말씀을 받아들일 수 있는 존재들을 만드시겠다는 것 말이다. 만일 그렇다면 진실하고 고매하고 훌륭한 신앙이 이 상호적인 교제 속에 존재하게 된다. 따라서 결론적으로, 하나님께서는 자신의 모양대로 인간을 만드셨으며, 동시에 그것에 의하여 신앙심을 만드셨던 것이다.

하나님께서는 자연을 창조하시는 데 있어서 자신의 전능하심을 널리 드러내셨다. 자연에서의 이러한 삶이 무질서한 상태로부터 정화되어 마침내 물 튀기는 소리로부터 나이팅게일(새)이 날개 치는 아름다운 소리의 수준까지 올라가면 올라갈수록 하나님의 전능하심이 보다 더 장엄하게 그리고 훌륭하게 드러난다. 온 땅에 그 영광이 충만하게 된다(시 72:19).

그러나 이 모든 것 안에는 여태까지 하나님께서 손수 지으신 것과의 자아 의식적이고 민감한 교제가 전혀 없었다.

하나님께서는 자연 위에 서 계셨고 자연은 그의 위엄에 복종했다. 그러나 자연은 하나님에 관한 이해력, 지식을 전혀 내포하지 못하고 있으며 그렇기 때문에 그분께 감사나 예배를 드릴 수 없고 교제를 나눌 수 없는 것이다.

거기에 **능력**은 있었으나 여전히 결핍되어 있는 것은 **사랑**의 교제로 말미암는 전율인 것이다.

사람의 교제는 거룩하신 하나님께서 원하고 계셨던 것이며, 그분의 피조물은 어떻게 해서든지 그분께 말을 건네야만 하며 하나님께서도 그렇게 해야만 하는 것이다. 피조물과의 친밀하고 은밀하면서도 상호적인 교제가 이루어져야만 했다. 우리가 영원하신 하나님을 알고 사랑하고 깨닫게 되는 것은 하나님께서 이왕에 그렇게 되기를 원하셨기 때문이다. 신앙의 열정은, 태양이 우주 속에 있는 지구를 꿰뚫어 비치듯이, 하나님의 창조물을 내적으로 내리비추어야만 한다.

만일 하나님께서 자신의 형상과 모양을 닮은 존재, 하나님의 자손, 아들이 되어 그분을 아버지로 군건히 섬길 존재로 창조하시지 않으셨다면 이것은 있을 수도 없는 일이었으며 생각할 수조차 없었을 것이다.

인간은 비록 무한하신 창조주 하나님과 이루 말로 표현할 수 없을 만큼의 차이가 있고 떨어져 있지만 그 자체의 삶 가운데 하나님의 생명을 느끼고 알며 하나님과 마치 친구에게 대하듯이 교제를 나누려 했고 "하나님과 은밀한 동행"을 소개받아 시작하게 되었다.

이와 같이 신앙은 여러분 자신을 위해서가 아니라 하나님을 위해서, 하나님의 형상을 닮은 인간 창조 진리에 기초한 것이다.

여러분이 하나님과의 은밀한 동행을 실천하는 것은 하나님의 형상을 닮은 인간 창조에 표현된 목적을 깨닫는 것이다.

비록 다른 자연물들 가운데는 전혀 부여되지 않고 오직 인간에게만 주어진 하나님과의 은밀한 교제의 특권이 여러분을 지극히 풍성하고 행복하고 은혜스럽게 만들어 주며, 여러분을 제사장직과 왕으로 기름 부어 주며 여러분에게 하나님의 자녀가 되는 권세를 주고 거룩한 곳에서 왕의 신분을 가진 피조물로 품위를 갖추게 하는 것이 사실이나, 만일 여러분이 이러한 점을 문제의 본질로 간주한다면 여러분은 비참하게도 실패하고 말게 된다.

또한 여러분이 이 땅 위에서 제일 높은 위치에 있다고 해서 행복한 것이 아니다. 인간의 참된 행복은 자신이 섬기는 하나님께서 뜻하신 목적을 이루시게 해드리는 데 있다. 그 목적은 늘 하나님께서 인간에게 알려지고 사랑받고 추구되기를 원하신다는 것이다. 그분께서는 당신께서 창조하신 피조물의 손을 통해 신에게 드려지는 의식적이고 경배적인 교제를 받으시기 원하신다. 하나님께서는 위대해질 뿐 아니라 알려지기를 원하시며 그리하여 인간이 그분을 믿고 사랑하기를 바라신다.

하나님께서는 바로 이러한 목적을 위해서 인간을 창조하셨던 것이다. 그분께서 당신을 창조하신 것은 바로 이 때문이셨다. 또한 이를 위해서 하나님께서는 자신의 형상과 모양을 좇아 여러분을 창조하셨던 것이다.

제13장

나를 위치 아니 하였도다

증가 추세를 보이는 새로운 우상 숭배는 어떤 점에 있어서 구약시대의 선지자들과 신약시대의 사도들이 경계했던 우상 숭배와 전혀 다르다. 즉 요즈음의 우상 숭배자들은 전혀 눈에 보이는 우상들을 가지고 있지 않다는 것이다.

단지 은유적으로만 섬기는 대상을 가지고 있다. 근거를 대서 말하자면 어머니가 자기 자녀를, 그리고 한 아내가 자기의 남편을 숭배하는 것을 들 수 있다. 어떤 이는 예술을 숭배하고 또 다른 이들은 물질만능주의를 숭상한다. 그러나 이런 식으로 어떤 우상에 대해서 은유적으로 이야기한다 할지라도, 이 모든 것은 눈에 보이는 우상들을 소지하고 신전들과 탑들을 세우며 그것들을 섬기기 위해서 제사장들을 임명하여 희생제를 올리고 축제를 벌이는 이교도들의 우상 숭배와는 전혀 다른 것이다.

눈에 보이는 우상을 숭배한 고대의 우상 숭배는 **인격적**이었으나 현대의 우상 숭배는 막연한 매력에서 치솟는 것이다.

보도에 의하면 파리와 런던 그리고 뉴욕에는 남녀들이 우상을 숭배하던 곳과 비슷한 예배당에 모여 무릎 꿇고서 우상들 앞에서 중얼중얼 기도하는 모임들이 형성되고 있다는 것이다. 그러나 이들이 새로운 우상 숭배 운동을 주도하고 있는 것은 아니다. 그러한 사람들은 대개 우상 숭배를 하는 아시아 나라들에서 살아본 적이 있는 사람들로서 지금 유럽이나 아메리카에서 자신들이 아시아에 있을 때 경험했던 것을 모방하며, 거기에서 아시아 나라들의 우상 숭배에 참여하는 것에 불과한 것이다. 이것은 많은 물 위에 떠 있는 작은 기름방울과 같은 것이며 위대한 영적 운동에 관하여 거의 의미를 주지 못하는 것이다.

반면 현대 우상 숭배 운동은 거의 비인격적 대상에 관한 것으로서 우상들의 신상들을 세울 생각은 하지 않는다. 오히려 인도, 중국 그리고 일본에 널리 퍼져 있는 우상 숭배를 경멸한다.

이 새로운 우상주의 운동은 다음의 양면으로 추진된다. 소극적인 면에서 그것은 인격적이고 살아 계신 하나님에 대한 부인이다. 적극적으로 그것은 막연한 이상들이나 감각적인 쾌락과 돈에 정신없이 빠져드는 것이다.

그러므로 우리는 선지자들과 사도들이 우상 숭배적 이교주의를 경계했던 것보다 훨씬 더 고통스럽고 힘들게 이 새로운 형태의 우상 숭배와 맞서 싸워야만 한다.

옛날에는 이름에 대해서는 이름, 인격에는 인격, 그리고 형상에는 형상이 맞붙어 겨뤘다.

즉 바알이 아니라 여호와를 섬기라는 것이다.

주피터(제우스)가 아니라 만군의 여호와였다.

위대한 다이애나 여신이 아니라 눈에 보이지 아니하는 하나님의 형상인 그리스도의 형상을 택하라는 것이었다.

이와 같이 이방 종교가 보이는 우상 숭배에서 빌려온 인격적 특징은 인격적 숭배의 대상물을 세울 것을 촉구했다.

그것은 바산에 대해 시온, 그리심산에 대해 예루살렘을, 제사장에 대해 제사장을, 그리고 동시에 몰렉과 바알에 대항해서 영원하시고 찬양받으실만한 여호와 즉 살아 계신 하나님께서 맞서셨던 것이다.

여기서 우상들에 대한 조롱이 나왔다. "입이 있어도 말하지 못하며 눈이 있어도 보지 못하며 귀가 있어도 듣지 못하며 코가 있어도 냄새 맡지 못하며 손이 있어도 만지지 못하며 발이 있어도 걷지 못하며 목구멍이 있어도 작은 소리조차 내지 못하느니라 우상들을 만드는 자들과 그것을 의지하는 자들이 다 그와 같으리로다 이스라엘아 여호와를 의지하라"(시 115: 5-9).

그러나 지금은 그 같은 표현이 우리에게 적합지 못한 것이다.

현대의 이교도는 휴머니티를 표방하고, 예술에 열성을 보이며, 고상한 삶의 형식에 대한 사랑과 충동을 느끼거나, 감각적인 쾌락과 부를 추구하거나 정열적인 자극을 좇는다.

그런데 애석하게도 진실하다고 하는 신자들도 간혹 이 추세의 영향을 받고 있는 것이다. 그들은 살아 계신 하나님을 경배함에 있어서 너무 큰 비중으로 인격적인 요소를 무시해 버리고 있다. 그리고는 우리 믿음의 조상들의 믿음에 힘과 능력을 준, 인격적이고 살아 계신 하나님과의 깊고 인격적인 교제에 대해서는 더 이상 느끼지 못한 채, 사랑과 은혜, 평화와 더 높은 선에 대한 아름다운 이상들에 푹 젖어 있다.

물론 사랑과 자비에 관한 불멸의 이상이 하나님의 속성들을 표현하는 것에 지나지 않는다는 것은 전적으로 옳은 말이다. 그러나 문제는 **하나님은 사랑이시다** 또는 **사랑은 하나님이다**라고 고백하는 것 대신에, 사람이 스스로 사랑의 **이념**을 형성하고 그것을 이상으로 하여 (하나님을 그것 뒤로 감추어 버리고) 자신들이 고안해 낸 것에 빠져들어 하나님을 저버리게 되는 것이다.

이것을 그리스도께 밀접하여 적용시켜 보면, 여러분은 마찬가지 결과에 도달하게 된다.

어떤 우상의 형상 대신에 하나님께서는, 그리스도께서 육신을 입고 이 땅에 오실 때에, 자신의 독생자 속에 하나님의 형상을 이루셨다.

이로써 막연한 이상은 저지 당하고, 이상적인 것은 이면으로 물러가고, **말씀**이 육신이 되신 **그리스도**께서 앞에, 명백하고 뚜렷한 빛 가운데 서 계신 것이다.

이 큰 차이에서 종교적 열정이 일어나게 되어 그것에 의해서 기독교는 세계로 전파되었던 것이다.

그리스와 로마 철학자들에게 있어서 그것은 아름다운 이상들에 대한 열망이었으나 사도들에게는 살아 계신 그리스도, 살아계신 하나님의 나타난 모습인 그리스도에 대한 열정이었던 것이다.

그것은 인격 자체인 살아 계신 그리스도에 대한 인격적인 믿음의 결속으로서 그 속에 능력의 비밀이 존재하는 것이다. 그것은 마음에서 마음으로 이어지는 사랑이었으며, 그것에 의해서 그 시대의 세상은 점령되었던 것이다. 이교가 무너지게 된 것은 하나님과 인간 사이의 중재자에 대한 사랑과 애정 때문이었던 것이다.

도마가 예수 앞에 무릎 꿇고 "나의 주시며 나의 하나님이시라" 고 고백한 말은 그리스도 안에서 인격적으로 하나님을 경배하는 모든 능력을 나타내 준다. 그리고 그 점이 그리스도의 교회의 본질이 되었던 것이다.

그러나 이것 역시 상실되어 가고 있다.

먼저는 그리스도를 인간으로 여기는 감각주의에 의해 약화되었으며 그것에 의해 하나님은 잊혀지지 않았다 할지라도 그분의 주재되심이 모호해졌다.

그리고 요사이는 심지어 기독교인들 가운데서도 그리스도의 인격을 저버리는 경향이 생겨났다. 그리스도의 이상적인 것들이 사랑을 받고, 그리스도 그분의 인격에 대한 사랑은 약화되어 가고 있는 것이다.

그 이상(ideal)에 대한 찬탄은 믿음을 파괴한다.

아삽의 시(詩)에서 주님께서는 이것에 대해 다음과 같이 한탄하신다. "나를 원치 아니하였도다"(81:11).

그 말씀을 인격적으로 설명해 보면 다음과 같다.

"사람들은 나의 피조물을 사랑하며 내가 만든 세상을 즐긴다. 내가 어두움 가운데 빛으로 비치게 하기 위해 만든 지혜에 대해 극구 찬양하며, 내가 그들의 마음에서 불타오르게 하기 위해서 만든 사랑과 자비와 감정에 푹 젖어 있다. 그러나 사람들은 나를 저버리고 나를 무시하며 나에 관해서 전혀 생각하지 않는다. 그들의 마음을 다하여 나에게 인격적인 사랑을 바치지 않고 나와 교제하려고도 하지 않으며, 그들은 도무지 나를 알지 못하는 것이다. 나의 인격적인 담화가 그들의 관심을 끌지 못한다. 즉 사람들은 내가 만든 것을 소유하고 있으나 나를 전혀 소유하려고 하지 않았다."

우리도 다음과 같은 경우에 때때로 그와 같은 불평을 하게 된다.

즉, 어떤 사람이 여러분의 소유물을 즐기며 만족해 한다. 여러분의 이념을 존중히 여기며, 여러분의 정원에서 따낸 꽃들로 몸을 치장하고 심지어는 여러분이 행하는 일에 찬사를 보낸다. 그러나 여러분과 인격적인 사귐은 갖지 않으며 그의 마음에는 여러분에 대한 사랑의 흔적이 없으며 여러분과 공감을 느끼지도 않으며 여러분에 대해서 전혀 알려고 하지 않는 경우에 말이다.

이것에 대한 이유를 찾아보면 여러분 자신에게서 문제점을 발견하게 될 때가 상당히 많다. 그래서 사람들이 여러분에게 극구 찬사를 보내며 존경하며 업적들에 대해서는 칭송을 아끼지 않으면서도 당신에 대해서 인격적인 사랑을 줄만한 사람은 못된다고 평가해 버리는 것이다.

그러나 물론 하나님에게 어떤 문제점이 있어서 인간들이 그렇게 하는 것은 아니다. 하나님 한 분만이 존경받으실 만하며 지극히 선하시며 사랑 자체가 되시며 모든 면에서 사랑받으실 만하며 영원히 사모함을 받으실 만한 것이다.

그럼에도 불구하고 하나님으로부터 그들은 "나를 원치 아니 하였도다"라는 한탄을 하게 만들었을 때에, 그것은 우리의 심령, 믿음에 대한 날카로운 한탄이신 것이다. 그것은 큰 오해에서 야기되는 심각한 감정을 표현한다. "나는 그들이 사모해야만 하는 유일한 분이다. 그런데 슬프게도 그들은 전혀 나에 대해서 생각하며 하지 않았다. 그들은 나를 사랑하지 않았으며 마음과 뜻을 다해 내게 나아오지 않았다. 그들의 하나님인 나는 그들이 사랑하는 유일한, 강력한 사랑이 되지 못하고 있다."

여기에 우리 신앙의 피상성, 막연함, 비실제성, 신앙에 대해 사라져가고 약화되어 지는 개념, 심령의 실제적인 신실함 즉 요약해서 우리의 신앙 열정의 결핍, 꺼져가는 신앙 열기, 거룩한 신비주의의 동결에서 표현되는 믿음의 퇴보에 대한 탄식이 있다.

이것은 부분적으로는 개인의 잘못이다. 너무 자신을 과대평가하고 자기의 능력을 내세우며 하나님을 신뢰하기 않는데서 말미암는 오류인 것이다. 그러나 또한 이것은 우리의 시대적인 악이기도 하다. 그것에 의해 다른 사람에게 해를 미치게 되는 전염병이며, 우리의 마음을 살아계신 하나님으로부터 돌아서게 하는 배교 행위를 자아내게 되는 것이다.

이러한 태도는 반드시 제지되어야만 한다.

우선 우리 자신의 마음을 살펴보아 우리가 다시 살아계신 하나님과 개인적인 교제를 나눌 수 있게 되어야만 한다.

그리고 이러한 투쟁은 우리가 속해 있는 모든 환경에까지 그 범위를 넓혀서 막연한 이상들을 신봉하는 모든 잘못된 신앙을 격퇴하고 그 대신에 살아계신 하나님에 대한 인격적 사랑을 대신 채워 주어야만 하는 것이다.

우리는 열심을 다하고 지칠 줄 모르는 충성으로 설교와 신앙에 관한 저술, 그리고 진지하게 하나님께 간구를 함으로써 이 싸움에서 이겨 우리의 개인적 삶에서 살아계신 하나님이 다시 역사하게끔 해야만 한다.

그리고 나서 이러한 싸움이 이 세상에서도 치루어져서, 우상 숭배가 사라져 환상에서 실제로, 이념에서 본질로, 막연한 종교에서 유일하신 대상인 하나님께의 경배로, 추상적인 것에 빠지는데서 벗어나 그리스도 안에 자신을 계시하였던 살아계셔서 인격적으로 역사하시는 하나님께로만 향하는 신앙으로 돌아서게 되어야만 한다.

제14장

하나님은 나의 태양

부모를 사랑하는 자녀, 특히 딸 아이에 대해서 "우리 사랑스러운 아이는 우리 집과 우리 생활에 있어 태양과 같다"고 종종 말할 때가 있다.

그러나 특히, 걱정 근심거리가 있을 때에 가정을 환하고 밝은 분위기로 이끄는 작은 태양을 가지고 있는 부모가 아무리 기뻐한다 할지라도 시편 기자가 자신의 인생길의 태양이신 여호와 안에서 즐거워하며 모든 세대의 성도들의 귀에 "나의 삶의 태양은 나의 주님이십니다"라는 노래를 들려주었을 때의 감격과는 도저히 비교가 안된다.

우리 서구인들은 성경 시편 기자의 이 부드럽고 아주 정열적인 말에 좀 더 익숙해져야만 한다. 시편 기자의 노래는 늘 의기를 양양시키며 영감을 불러일으킨다. "여호와 하나님은 해요, 방패시라"(시 84:11). 이 구절을 읽을 때나 들을 때에 우리는 항상 고개를 끄덕인다. 그러나 이것이 우리 자신들로부터 우리에게 이른 것은 아니다. 빈부를 막론하고 세계 각 곳의 가정에서 이루어지는 주요 대화는 해같은 자녀에 관한 것이다. 그러나 여러분은 일찍이 누군가가 자신의 깊은 개인적 체험을 통해서 "나의 하나님은 나의 평생에 내게 태양이셨으며 또한 내가 죽을 때까지 그럴 것이다"라고 말하는 것은 들은 바 있을 것이다.

해에 대한 비유가 여전히 사용되는데 가급적 교리적인 점에서 사용되며 그것도 "의로운 해(Sun of Righteousness)"라는 제한된 의미 안에서만 사용되어 있다. 의로움을 강조하느라 해가 지니 풍부한 비유적 표현이 희생된 것이다.

그러나 태양에 대한 이 호사스러운 비유적 표현은 탁월한 부요를 내포한다. 그것은 단순한 비교가 아니다. 왜냐하면 여러분이 실제로 하나님께서 여러분 생애의 태양이시란 사실을 깨닫는다면 이 복된 지식은 여러분을 하나님께 가까이 이끌어 주며, 전체적 삶에 광채를 던져 주고, 여러분이 딱딱한 추상 개념들에서 벗어나서 실제적인 신앙 지식을 얻게끔 해주는 보물인 것이다.

사실상 동방에 살았던 시편 기자가 쳐다보았던 태양과 우리 서구인들이 보는 태양은 다르다.

동방에서는 하늘이 빛나는 광채를 가지고 붉게 타오르며 반짝이는데 서구인은 그 찬란함을 멀리서 짐작할 수가 없다.

아브라함이 이사하기까지 살던 땅과 하나님께서 그와 그의 자손에게 주셨던 땅을 환히 비쳐주는 하늘과 비교해 볼 때에 우리의 하늘은 어슴프레한 빛에 둘러 싸인 듯이 보인다.

목자들이 밤에 보았던, 베들레헴 땅 위를 비춰 주는 하늘은 말하자면 천군천사들이 내려와 예수님을 환영하기 위해 예비된 곳이었다. 거기에서 별들은 자신들의 신비한 아름다움으로 사람의 눈을 황홀케 했으며 달은 황홀한 활기로 인간의 마음을 가득 채워 주었다. 그러한 나라에서 시편 기자는 태양에 대해서 다음과 같이 읊조렸던 것이다. "해는 하늘 이 끝에서 나와서 하늘 저 끝까지 운행함이여 그의 열기에서 피할 자가 없도다" (시 19:6).

만일 그때에 거기 이해할 수 있는 우상 숭배가 있었다면 그것은 형상들이나 정령들에 대한 숭배가 아니라 해가 떠오르는 찬란한 그 동방지역에서, 옮겨 다니며 사는 유목인들은 밤에는 별들을 쳐다보고 낮에는 눈이 부셔서 쳐다 볼 수 없을 정도로 밝은 태양을 보면서 고요한 예배를 드렸다. 그러다가 마침내 아주 감탄한 나머지, 훌륭하고 위엄 있고 온누리에 퍼지며 모든 것을 지배하는 태양이 단순한 천제가 아니라 심지어는 하나님 자신이라고 생각하며 태양을 신으로 숭배했던 것이다.

그런데 이스라엘 시편 기자가 이런 잘못된 생각을 바로 잡아 고쳐 주었다. 하늘에 떠 있는 해는 하나님 자신이 아니다. 그러나 하나님은 나의 태양, 심지어 내 일생의 태양이신 것이다. 해는 자연에서 우리에게 은혜를 내려 주며 하나님께서 우리 인생의 허무함 중에 무슨 역할을 해주는가 하는 영광스럽고 풍요로운 상상을 하게끔 해주기 위해 하나님 자신이 만드신 것이다.

하나님을 해와 비교하는 것이 우리에게 신기한 일은 못된다. 우리는 태양을 어떤 신의 형상으로 숭배의 대상이라고 생각지 않는다. 그러나 태양은 자연 중에서 하나님께서 우리의 삶 가운데 미치시는 영향력에 대한 상징인 것이다. 하나님 자신은 그 태양 안에서, 그리고 우리 존재의 모든 주변에 대한 하나님 자신의 사역들 속에서 우리에게 말씀하신다. 그리고 전력을 다하여서 추구한 하나님의 덕들에 관한 분석적인 연구들과 그분의 섭리에 대한 추론으로 말미암아 여러분이 마침내 빈약하나 독특한 결론을 내렸으나 그분에 대한 감격을 잃어버리고 다시 회복할 수도 없는 상태에 놓여 있을 때에 마치 갑자기 더 고상한 삶의 빛이 여러분의 모든 내적 존재에 비추어져 여러분은 기뻐하며 모든 깨달은 진리를 "**하나님은 나의 태양이시며 나의 인생의 해이다**"라는 한마디로 요약해 버린 것과 같다.

하나님을 해로 비유하는 상상은 특히 햇빛이 온 세상 곳곳에 스며들듯이 하나님의 숨겨져 있는 능력이 우리의 내적 자아에 스며드는 것을 우리가 눈으로 분명하고 명백히 볼 수 있을 때에 특히 효과적이다.

태양은 여러분의 머리 위에 떠 있지만 또한 여러분의 오른쪽에도 있고 여러분의 주위에도 있다. 여러분은 해를 느낄 수도 있고 다루기도 한다. 여러분은 그늘에서 그것을 피하기도 하며 방에 차일을 드리워 해가 비치는 것을 차단시키기도 한다. 태양은 멀리 떨어져 있으면서도 동시에 가까이 있는 힘인 것이다. 여러분은 태양의 이러한 능력과 사역에 대해서 알고 있다. 태양은 지면, 즉 사람이 눈으로 볼 수 없는 깊은 지하까지 내리비추어서 거기에 뿌려진 씨앗으로 하여금 싹이 트고 잎이 나게끔 해 준다.

그리고 똑같은 작용과 대조가 하나님에게 적용된다. 하나님께서는 이 땅 위에서 아주 높은 곳에 있는 하늘에 보좌를 가지고 계시면서도 모든 곳에 편재하고 계시므로 여러분 곁에, 또 여러분 둘레에도 계신다. 그리고 여러분의 심령 속으로 들어오셔서 심령 깊은 곳을 가득 채우시며 여러분 속에서 보이지 않는 능력을 가지고서 사역하신다. 만일 거룩한 씨가 여러분에게서 싹이 트거나 여러분 영혼 줄기 위에 거룩한 꽃봉오리가 맺혀질 경우, 능력있게 여러분 속에서 그와 같이 일한 분은 바로 여러분의 태양인 하나님 자신이시다.

잠시 해가 이 땅 위에서 떠나 버려 마치 여러분 주위에 있는 자연이 북극 지방과 같은 상태에 이르렀다고 가정해 보라. 살아 있는 모든 것은 죽어 버리고 모든 식물과 풀의 빛깔은 어스레하게 되고 사면은 눈과 얼음으로 된 커다란 장막으로 덮여지게 될 것이다. 그러나 해가 떠오르면 상황이 다르다. 만물이 소생하고 맥이 뛰게 되며, 색깔과 홍조를 띠게 된다. 땅에서 식물이 자라나며 꽃받침이 꽃을 받쳐주며 하늘을 향한다. 따뜻한 온정이 자연 온 누리, 전 삶의 영역에서 숨쉬게 되는 것은 오직 태양만이 할 수 있는 것이다. 태양은 활력과 온기를 내뿜으며 신비한 힘에 의하여 죽음에서 생명을 불러일으키며 황량한 광야를 비옥한 옥토로 바꾸어 준다.

여러분의 영혼과 하나님의 경우에도 이와 마찬가지이다.

잠깐 동안 영혼의 태양인 하나님의 은혜로운 내적 비침과 사역이 영혼 안에서 중단되었다고 가정해 보라. 여러분 마음은 마치 생명이 여러분에게서 떠나 버린 것 같을 것이다. 모든 햇빛과 온기가 사라져버리고 얼음 같은 냉기가 여러분의 영혼을 꽁꽁 얼어붙게 만들 것이다. 마음의 정원에 단 한 송이의 꽃도 피지 않으며 영혼 안에서 더 이상 거룩한 동작이 일어나지 않고 여러분의 마음은 더 이상 감정을 가지지 않게 되고 말 것이다.

성경에 나오는 인물들은 하나님을 깨닫고 감격한 나머지 다음과 같은 식으로 고백했다. "오, 삶의 원천이 되시는 주와 같이" "당신의 빛 안에서 우리가 빛을 보나이다" 뛸 듯이 기뻐하면서 "하나님은 나의 태양" 등으로 표현했다. 하나님과 **함께 하면** 내 영혼에 생명이 있고, 하나님이 **안 계시면** 내 영혼이 죽은 것이다. 그분, 오직 하나님으로부터 나는 생명과 능력과 활기를 얻는다.

태양으로 하여금 온 우주 만물 위에 빛과 열로 내리비추며 유익을 주게끔 창조하신 창조주께서 우리 마음 그리고 우리의 모든 존재를 풍성하게 하신다. 그분과 더불어 나는 넘치도록 부요하고 은혜로우며 지극히 행복하다. 그러나 그분이 없으면 나는 가난하고 텅 비고 냉랭해진다.

그러나 더 언급할 것이 있다.

태양은 자신의 열기에 의해서 생명을 품어 줄 뿐만 아니라 또한 착색시켜 주며 자신의 빛의 광채에 의해서 그것을 나타낸다. 밤에 어두움이 오랫동안 지속되면 만물은 흐린 회색으로 되었다가 마침내 검게 될 정도로 흐릿하고 몽롱한 색을 띠다가 해가 돋아 온누리에 환하게 비치면 사물의 크기를 볼 수 있게 된다. 거리를 측정하고 형태와 색 배합과 색깔을 분별할 수 있게 된다. 그리고 이 태양의 광채를 받은 자연은 여러분의 마음에 명백히 이야기한다.

여러분의 태양인 하나님께서 여러분을 위하여 여러분의 내적 생명 속에서 사역하시는 것이다. 하나님께서 여러분의 어두워진 눈에 보이지 않을 때, 여러분의 삶은 단지 거무칙칙한 것에 불과하다. 출발점과 나가는 방향과 목표를 상실한 허무한 삶인 것이다. 그때에 모든 지식과 통찰력은 사라진다. 앞으로 나아갈 용기나 끝까지 달려갈 격려의 여지가 없게 되는 것이다. 즐겁고 다정한 사귐, 지식, 자아의식 또는 색깔이나 형태가 없이 장님이 벽을 더듬는 것 같고 속에 꼭 감금된 것과 같은 삶이다. 잡초가 무성하며 뱀이 몰래 기어 다니는가 하면 밤새 비명으로 깜짝 놀라게 하는 무덤 사이에서 사는 것과 같은 생활인 것이다.

그러나 하나님께서 안개를 물러가게 하시고 태양이 다시 여러분의 영혼 속에 떠오르면 모든 것은 거룩한 아론의 싹 난 지팡이에 의한 것처럼 일변하게 된다. 빛이 여러분의 내적 어두움을 내어 쫓는다. 평화가 온유한 방법으로 여러분의 정신에서 내리누르는 억압을 물러가게 한다. 그때에 여러분은 하나님 얼굴의 빛에 의해, 똑똑하게 보면서 용감히 인생길을 걸어간다. 그때에 영혼의 태양은 높이 떠서 여러분의 심령을 기쁘고 성스럽게 해 준다.

하나님을 태양에 비유한 상상력은 심령 위에 비치시는 하나님의 빛이 때를 따라 비추이는 데서 또한 의미를 갖는다.

낮이 지나면 밤이 오고 여름이 지나면 겨울이 되듯이 하나님의 성도들의 삶에 있어서도 마찬가지이다.

하나님과 뚜렷하게 의식적인 교제를 가지므로 말하자면 시시때때로 하나님과 동행하게 되는 때가 있는 반면에, 몸과 마음을 지치게 하는 난처한 일들과 영혼에 파고드는 괴로움, 심령에 부담감을 주는 근심거리로 꽉 찬 때도 있는 것이다. 영적인 삶에도 낮과 밤이 교차되는 것 같은 변화가 있다. 그리고 하루 24시간 중에서 하나님과 교제하지 않는 시간은 단지 자기가 잠들은 시간뿐이라고 말할 수 있는 사람은 신앙생활을 잘 하고 있는 것이다.

그러나 해가 뜨고 지는 문제는 별도로 하고, 즉 매일 해가 떠 있을 때도 가까이 비칠 때가 있는가 하면 멀리 비칠 때도 있듯이 하나님과의 친밀한 교제를 늘 나눌 때도 마찬가지이다. 즉 하나님의 태양의 빛이 우리 심령 위에서 뒤로 물러가서 비칠 때와 또한 다시 가까이서 비칠 때가 있어 영혼의 삶에는 여름과 겨울이 서로 뒤바뀐다.

이 땅 위에서는 은혜스럽고 중단됨이 없으며 늘 똑같은 친밀한 하나님과의 교제가 이루어 질 수 없다. 그러한 교제는 단지 영원무궁한 빛이 비치는 하늘나라 궁전에서만 이루어질수 있다. 이 땅에서는 늘 변화와 전환이 있어 왔고 항상 그럴 것이다. 어떤 해(年)에는 다른 해(年) 보다 훨씬 더 많은 수확을 거둔다. 그것을 통해서 좀 더 높은 차원의 안목을 갖게 되는 난제들과 수 주간 또는 수개월 동안 어두침침한 골짜기를 지나야 하는 시험들이, 말하자면 영혼의 얼음 층 밑에 덮어져 있는 것이다.

그때에는 해가 없어진 것이 아니고 두꺼운 구름층이 가로막혀 햇빛이 퍼지지 못했기 때문이다. 그러한 상태는 하나님이 정하신 시간이 되면 점점 구름이 걷혀지다가 마침내 완전히 사라진다. 다시 영혼에 봄이 돌아온 것이다. 그 봄은 영광스러운 여름의 전조인 것이다. 결국 우리는 봄과 여름의 기쁨을 더욱 풍성히 맛보게 해 준, 영적 겨울의 파멸에 대해 하나님께 감사드린다.

하나님과 태양과의 비교에서 절대로 지나치지 못할 특성이 남아 있다.

자연계에서 똑같은 태양열이 땅 위에 두 가지 역할을 하고 있는 것을 알 수 있다. 태양은 땅을 따뜻하게 해주고 품어 줌으로 싹이 나고 열매를 맺게 한다. 반면에, 태양은 흙덩이를 굳어지게 하고 말리는가 하면 잎사귀를 태우고 꽃을 시들게 만드는 것이다.

이것은 우리 양심에 대한 하나님의 작용을 나타내는 것이다.

우리가 자신의 인생의 태양이 되시는 하나님 안에서 기뻐할 때에는 하나님의 사랑과 은혜가 절대로 남용되지 않는다.

심령이 굳어지는 것은 두려운 일인데 이스라엘 민족에게도 그런 일이 있었고 또한 지금은 우리에게도 빈번히 그런 일이 찾아오는 것이다. 이 굳어짐은 하나님으로부터 우리 위에 퍼지는 열기가 우리를 부드럽게 하고 내적으로 따뜻하게 해주는 것이 아니라, 우리 안에서 나오는 반항에 내쫓겨진 것으로 우리의 외적인 신앙생활을 공격하며 태워 버린다.

여기서 우리는 영벌에 처해질 용서받지 못할 마음의 굳어짐에 대해서는 언급하지 않으려 한다. 그런 상태에 있는 사람이 이 경건한 명상록을 볼 리는 없기 때문인 것이다.

그러나 또한 무섭게 저항하는 동안 우리의 영적 생명의 과정을 지체시켜 버릴 일시적인 마음의 굳어짐이 있는 것이다. 하나님의 은혜, 사랑 그리고 그분이 신실하심으로 말미암아서 일시적인 태움, 굳어짐, 그리고 시들음이 찾아 올 때가 수없이 많은 것이다.

그때에 우리가 경직 상태에서 벗어나려고 하지 않고 회개 기도를 드리지 않으며, 우리를 움츠러들게 하는 것으로부터 한 발자욱도 떼지 않으며 전혀 노력하지 않는 것은 잘못이다. 그리고 우리가 감각적인 생활, 가정적인 생활 또는 공중생활이나 교회 생활에서 마음을 굳힌 채로 하나님의 은혜를 즐기려고 하는 것은 잘못이다. 그리고 우리가 계속해서 이렇게 살아가고 태양은 계속 내리 쬐이되 심지어 어떤 때는 너무나 강렬하게 내리비침으로 마침내 우리 영혼의 뿌리를 찾아 볼 수 없으며 하나님 자신의 은혜의 열로 우리를 굳어 버리게 한다는 것은 우리의 창조주가 되시는 하나님의 본질상 있을 수도 없으며, 그와 같은 일은 생각해 볼 수도 없는 말인 것이다.

"주여, 당신은 내 삶의 태양이십니다." 이것은 우리를 영생으로 이끄시는 영광스러운 말이다. 그러나 어떤 때 이 말이 우리에게 불리한 증거를 되지 않게끔 조심하라.

왜냐하면 "다시금 지고 떠오르는 것" 역시 여기에도 적용되기 때문이다.

제 15장

주의 날개 밑에

모든 피조물은 하나님의 생각의 산물이다. 그러므로 모든 피조물들은 하나님의 표상으로서의 역할을 감당할 수 있는 것이다.

우리가 날개를 가진 피조물들을 볼 때에 저절로 그들 속에서 하나님에 대한 비유적 표현을 발견하고 환호성을 올리는 것이 아니다. 다만 성경이 그렇게 말씀해 주고 계시며, 그런 표현에 익숙해진 것이고 모든 헌신적인 신자는 곧 이 이러한 비유가 자신의 마음을 감싸주며 정신을 풍요롭게 해 준다는 사실을 인정한다.

예수께서 예루살렘에 대해서 말씀하신 것 속에서 우리는 이것을 아주 쉽게 이해한다. 병아리를 품고 있는 암탉은 하나님 사랑에 대한 비유이다. 그 비유는 모든 사람을 그 모습의 아름다움과 부드러움으로 감동시킨다. "예루살렘아 예루살렘아 선지자들을 죽이고 네게 파송된 자들을 돌로 치는 자여 암탉이 그 새끼를 날개 아래에 모음 같이 내가 네 자녀를 모으려 한 일이 몇 번이더냐 그러나 너희가 원하지 아니하였도다"(마 23:37).

하지만 예수의 말씀은 단지 그러한 비유에 감탄하고 칭찬하는 사람들이 상상하는 것 이상의 아주 심오한 의미를 지니고 있는 것이다. 사실 그 비유는 보호와 사랑에 관해서 말해주는 것이다. 그러한 사랑과 보호는 모으는 목적이 있는 것이다. 그런데 그 속에는 그 이상의 의미가 있다. 즉 병아리들이 어미닭에게 속해 있다는 사실과 그들이 먹이를 찾아 헤매는 해로운 새의 위험에서 벗어나 안전히 피하려면 암탉에게 돌아가는 것 이외에 다른 방법이 없다는 것을 암시해 준다. 또한 본능적으로 병아리들은 어미닭 바로 곁에 숨게끔 되어 있으며 그들은 오직 어미닭의 모습이 보이는 아주 가까운 곳, 그들을 껴안아 주고 품어 주기 위해 펼쳐진 두 날개 아래서만 안식과 보호를 얻는다는 것을 포함한다.

이 인상적인 주님의 말씀은 구약성경의 비유에서 구체화되고, 따라서 그것에 의해 설명된다.

시편 91편에 나오는 "지존자의 은밀한 곳에 거하는 자는 전능하신 자의 그늘 아래 거하리로다"는 구절을 읽을 때에 우리는 똑같은 비유적 표현을 보게 된다.

시편 기자가 다른 곳에 기록한 것을 발췌해 보자. "내가 영원히 주의 장막에 머물며 내가 주의 날개 아래로 피하리이다"(시 61:4).

언약궤의 속죄소를 덮는 그룹의 날개들에 의하여 표현되었던 것도 똑같은 생각이다.

이제까지의 내용은 다음과 같다: 하나님께서는 새를 창조하셨다. 그런데 그것은 자기의 두 날개 아래에 새끼를 모으며 날개로 새끼들을 품어 주고 꼭 껴안아 준다. 이렇게 풍부한 연상을 시키는 표현은 우리의 영혼이 전능하신 주의 그늘 아래에서 안식을 구하며 그분의 날개 속에 숨을 것을 보여 주는 것이다. 이 상상은 물 위에 떠다니는 것이나 땅 위에 기어다니거나 어슬렁 걸어다니는 것이나 네 발 가진 동물들에서 모방한 것이 아니다. 대체로 땅 위를 날아다닐 수 있는 것, 즉 우리 인간과 하늘 사이에서 사는 날개 달린 피조물들로부터인 것이다.

하나님 보좌 앞에 있는 천사들은 스랍들로서 날개를 달고 있다고 묘사되어 있다. 또 성경에서 인자이신 예수님께 성령이 임하시는 모습을 묘사할 때에 비둘기 같이 내렸다고 기록되어 있다. 땅에 사는 영혼들의 은밀한 기도 제목은 하늘 위로 올라갈 수 있는 날개를 가졌으면 하는 것일 것이다. 그것은 창조 질서를 따르는 것이며 하나님께서 정하신 신분에 맞는 일이다. 그러므로 우리에게 아주 자연스럽게 다음의 사실들을 호소한다. 즉 친절하고 아주 신비적인 종교를 표현하기 위해서, 날개 가진 동물이란 상징으로서 모범적인 예가 되는데, 그 대담한 비유는 우리에게 "하나님 가까이 하는 것이 무엇인가를 눈으로 보고 직접 느낄 수 있게끔 해 준다.

그러나 이 상징주의가 너무 극단으로 흘러서는 안된다. 우리는 항상 하나님의 거룩한 일을 물질적인 방법으로 해석하려는 병폐적 신비주의의 위험에 대해 경계해야만 한다. 하나님은 영이시다. 그러므로 순전히 영적인 방법 이외에 그분과 만나고 교제하고 사귀려 하는 모든 노력은 수포로 돌아가게 된다.

이 과장된 상징주의는 사람으로 하여금 돌이나 귀금속으로 물질적인 하나님의 형상을 만들게 함으로, 또는 사람을 범신론적 구덩이에 빠뜨려 영과 물체를 혼합시켜 마침내 지나친 정욕에 빠져, 성령으로 시작하였다가 하나님의 신성을 모독하며 그 영혼을 질식 상태로 몰아넣음으로써 우상 숭배로 인도한다.

그러나 이러한 이유로 말미암아 하나님과 순전히 영적으로 교제하는 것이 아무리 필요하다 할지라도, 영적인 것이 상상적인 것과 혼동되어서는 안된다. 안타깝게도 너무나 많은 사람들의 영혼이 그러한 잘못으로 말미암아 시들어버리고 말았던 것이다.

왜냐하면 그때에 우리는 단지 우리 눈앞에 있는 것, 우리 주위에 있는 자연, 우리 위에 있는 푸른 하늘, 힘을 가진 우리의 육체들보다 이 모든 것은 현실적인 것으로 형태와 구체적인 모습과 물질을 가지고 있으며, 만져 볼 수 있고 실제로 존재하는 것이다. 우리가 생각하는 것, 상상하는 것, 우리가 자신의 영 안에서 이룩하는 것이 이에 첨가되는데 이것은 실재성이 없는 우리 사고세계의 추상적인 부분이다. 이 비현실적 세계의 중심은 우리 하나님이시다. 단지 우리의 생각, 정신 그리고 이념 속에만 존재하시는 어떤 하나님, 그분과의 교제는 오로지 우리 생각의 과정을 통해서만 가능한 것이다.

위의 경우에는 심령의 신비주의가 전혀 없다. 이런 경우에는 우리 마음이 하나님의 이름을 전혀 경외하지 않는다(시 86:11). 하나님과 은밀한 동행을 하지도 않으며 우리의 생각 밖에서 우리를 위하시는 하나님은 전혀 존재하시지 않는 것이다. 이렇게 자부심이 강한 영혼에게 "하나님께 가까이 하는 것"이나 그분의 장막 안에 거하는 일은 없는 것이다.

성경의 모든 심오한 영적 생활의 예를 들어서 시편 기자들과 선지자들의 생애는 이러한 위험을 반박한다. 그들은 자신들의 생각에서 나온 하나님을 발견하지 않았다. 그들은 실재하시며 살아계신 하나님을 발견했다. 그들에게 가까이 다가오셔서 그분의 영원하신 사랑의 두 팔로 안아 주시며, 자신들의 골수에서 그분의 거룩한 불빛이 불처럼 타오르는 것을 느꼈던 하나님을 말이다. 그들이 그분의 날개 밑에 숨을 수 있고, 밤을 전능하신 분의 그늘에서 지낼 수 있는 특권을 받은 것이 너무나 감사하다는 것을 깨닫고는 그분과 더불어서 평화와 안식과 영원의 즐거움을 누렸던 하나님을 발견했던 것이다.

여러분은 이 엄청난 마음의 축복을 분석할 수 없다. 여러분은 그것을 경험해야만 한다. 그것을 누려야만 하는 것이다. 그 축복을 소유하고서 여러분은 그 축복을 놓치지 않고 또 방해받지 않게끔 살펴야만 하는 것이다. 그러나 그것을 분석하거나 상세히 비평하거나 설명해서는 안된다. 그렇게 하면 여러분 자신의 비평적인 판단의 쐐기를 박는 격이 되어 여러분을 포근하게 해주는 불꽃을 식혀 버리게 한다.

마음에 큰 축복을 얻는 방법은 여러분 자신의 자부심이 스스로를 속인다는 사실을 아는 것이다. 교만한 자부심은 모든 신앙의 뿌리를 갉아먹는 근류병(根瘤病)이다. 우리 보잘것없는 자아가 위대한 인물이 되고 그의 마음이 모든 것을 이해하며 그의 돈으로 만물을 지배하며 그의 권력으로 앞에 있는 모든 것을 다스리려는 것이 이 조그마하고 무의미한 세상에 사는 사람들의 헛된 꿈인 것이다. 이리하여 여러분 자신의 자아는 작은 성전 안에 작은 신이 되어 버린다. 그리고는 죄스럽게 하나님과 고립된 상태에 빠진다. 물론 여러분은 살아계신 하나님에게서 멀리 떠나 죽을 정도로 차게 되다가 마침내 얼어 버린다. 그때에 밤이 다 지나기 까지 하나님 날개 그늘 아래에 피한다는 것은 불가능하게 된다.

만일 여러분이 진실로 "나는 그렇지 않습니다. 나는 나 자신이 무력하며 버림받은 존재이기 때문에 도움이 필요하다는 것을 알고 있습니다"라고 말할 수 있다면 하나님과 교제하는 방법은, 도움을 얻기 위해서 인간을 의지하는 것은 죄라는 사실을 깨닫는 것이다. 여러분의 동료를 의지한다는 것은 전혀 쓸데없는 일이다. 다른 사람들의 신앙이 여러분 자신의 믿음의 지주이고 다른 사람들의 용기가 여러분의 겁 많음을 부끄럽게 하며, 또 다른 사람의 모범이 여러분 자신의 장점을 두드러지게 할 수는 있다. 본능적으로 우리는 삶과 신앙의 문제에 있어서 집단적인 경향을 띤다. 그러나 여러분이 남보다 우월해지기 위해서 다른 사람을 의지하는 것은 죄다. 도울 힘이 없는 인생을 의지하는 것은 잘못된 성품이다. 왜냐하면 하나님께서는 다만 그분을 의지하도록 인간을 만드셨기 때문인 것이다. 자신이 할 수 있는 한 인간을 의지해서는 안된다. 하나님으로부터 도움을 구하지 않고 사람에게서 얻은 도움은 결국 실패하고 만다. 우리는 우리 자신 내부에서 솟아오르는 힘이나 또는 다른 사람들에게서 우리에게 오는 힘을 얻기 위해서 항상 하나님께 도움을 구해야만 한다. 그러면 마침내 모든 인간의 도움이 우리를 패하게 할지라도 우리는 전혀 아무 것도 잃지 않게 된다. 왜냐하면 우리 하나님은 영원불변하신 하나님이시며 늘 동일하신 분이시기 때문인 것이다.

만일 여러분이 계속해서 허리를 구부리고 뿌리와 가지, 즉 바로 그러한 행동 속에 원조와 도움이 있는가, 그 속에 자신을 위한 구원이 있는가 하는 의심을 뽑아낸다면 여러분은 이렇게 굳건한 신앙 위에 서게 된다. 여러분에게 잠시만 허용된 이러한 의심의 기간 동안 여러분은 전적으로 용기를 잃게 된다. 그때에 여러분은 마치 두려워하는 표정으로 주위를 둘러보다가 어미닭이 보이지 않자 힘이 쭉 빠져 이리저리로 뛰어다니는 병아리와 같다. 그때에 그 모습을 지켜보던 매가 내려와 그 엄마를 찾아 헤매는 새끼를 채어가 버린다. 그때에 고상한 신앙의 확신은 모두 사라진다. 하나님의 부름을 받았다는 인식이 없어지고 하나님께서 이제까지 여러분을 인도하셨으며 앞으로도 계속 그렇게 해 주시리라는 믿음도 사라져 버린다. 그때에 여러분은 완전히 기력을 잃게 된다. 마음속의 예언은 침묵을 지키고 만다.

그리고 마침내 여러분은 하나님과의 은밀한 동행 보다는 사탄과 더 가까운 교제를 나누게 된다.

시편 기자가 자신이 믿는 하나님의 그늘에서 쉬는 것을 찬양할 뿐 아니라 자신이 전능하신 분의 그늘에 피하는 것에 주의해 보라.

반드시 이것이 덧붙여져야만 하는 것이다.

어미닭이 힘없는 병아리를 구해내기 위해서 매가 있는 곳까지 나르거나 아니면 뒤쫓아 가서라도 자기 새끼를 보호하는 것은 우리 인간으로 하여금 하나님의 전능하심을 생각하게끔 만드는 상징인 것이다.

그렇지 않다면, 하나님 아버지 가슴 위에서 쉰다는 것이 전혀 무익한 것이다. 하나님의 날개 그늘 아래에서 쉬기는 하나 그분을 의뢰하지 않는 것은 그분을 욕되게 하는 것이다. 왜냐하면 하나님 날개 속에 숨지 않는다는 것은 하나님보다 더 힘이 센 어떤 것이 그분의 보호를 받고 있는 여러분을 채어갈 것이라고 두려워하기 때문이 아니겠는가?

여러분이 하나님으로부터 멀리 떠나있을 때에, 여러분이 그분께로 날아가면 불신앙은 속죄함을 받을 수 있다. 그러나 여러분이 하나님에게서 안식처를 찾은 후에도 계속해서 마음속에 불신앙을 품고 다니는 것은 아주 잘못된 것이다. 즉 그것은 하나님께서 여러분은 지켜 주시는 사랑을 모독하는 행위인 것이다.

그러므로 심지어는 아주 비참한 시련 중에서라도 하나님의 택함을 입은 자들이 누리는 은혜스러운 평화, 신성한 안식, 말없이 어린아이와 같은 신뢰감은 논리 추구 또는 구원받은 결과로 말미암은 것이 아니고 단지 존귀하신 분의 날개 안에 피하고 전능하신 분에게 가까이 나아가며 하나님께 가까이 하는 지식과 즐거움을 회복함으로 말미암는 것이다.

여러분이 하나님을 멀리 떠나 이방인이 되었다가, 위험한 일이 닥치고 폭풍우가 여러분의 머리 위에 몰려오며 오든 인간의 도움이 여러분에게서 끊어지게 되었을 때에 곧 자신이 전능하신 분의 그늘 아래에서 숨을 곳을 찾을 수 있으리라고 상상하지 말라. 재난과 당황할 수밖에 없는 어려운 처지를 당하여 일시적인 신앙을 가진 사람들이 그렇게 하려고 힘써 보지만 결코 성공하지 못한다.

하나님 안에 있는 안식처를 발견하는 방법은 오히려 그것과 반대이다. 사람이 긴박한 일을 당하였을 때에 구제 수단으로써, 미리 대기하고 있는 상태로써의 하나님과의 은밀한 동행을 발견하는 것이 아니다 오히려 보다 행복한 시절에 하나님과 동행을 하며, 그분의 날개 아래에서 구조를 받을 수 있다는 것을 알고 있는 사람이 자신의 영혼이 위기에 닥쳤을 때에 자신이 믿는 하나님의 날개 아래에서 안식과 안전함을 발견하는 것이다.

날개를 펴서 자기의 새끼가 아닌, 아무 것이나 그 날개 죽지에 품으려는 어미닭은 없다. 어미닭은 자신이 부화시킨 자기 새끼를 알고 있으며 그것을 위해서 자신의 생명도 아끼려 하지 않는다. 그리고 병아리는 어미닭에게서 도움과 보호를 받는다.

전능하신 하나님의 날개 그늘 아래 피하는 것도 마찬가지이다. 하나님께서는 자기의 택하신 사람들을 부르시고 또한 기다리신다. 또한 신자들은 하나님께서 자신의 영원하신 사랑으로 자기들을 감싸 주실 것을 알고 있다.

하나님의 날개 아래, 마땅히 거할 곳에 있는 사람은 환난 날에 전능하신 하나님의 그늘 아래에서 밤을 완전히 지내게 될 것이다.

제 16장

바람이 불 때

낙원에서는 거센 폭풍이 일어나지 않았다. 에덴동산에서는 온화한 기후 가운데 아침과 저녁을 서늘하게 하는 부드러운 미풍이 있었을 뿐이다. 그러므로 낙원을 그릴 때 급하게 일어나는 바람에 대한 언급은 전혀 없다(창 3:8에는 "바람이 불 때"라고 기록되어 있음). 단지 일정하고 주기적인 공기의 움직임에 관해서 언급하는데, 그것은 아담과 이브에게 하나님의 접근을 알려 주는 것이었다.

그 상징 또한 알기 쉬운 것이다. 만물이 휴식과 평화와 고요함을 누리는 낙원의 풍요로운 정적 가운데 갑자기 부드럽게 살랑살랑 하는 소리가 나서 나무 잎사귀를 떨게 했다. 귀를 놀라게 하는 그러한 소리가 날 때에 작은 숲 곁에 앉아 있던 우리는 누군가가 덤불 사이로 오는 소리를 들었다. 그는 발로 작은 나뭇가시들을 밀어 내면서 나뭇잎들을 흔들어 작은 소리가 나게 했다. 낙원에서 잎사귀들을 통하여 이 살랑거리는 소리가 들렸을 때에, 부드러운 바람이 관자놀이를 어루만졌다. 그것은 마치 아담과 이브가 서로 기분 좋게 어루만지는 것 같았다. 이러한 조용한 살랑 소리와 짜릿한 감정과 더불어 주님께서 그들의 영혼 속에 말을 걸어 오셨다. 성경에는 공기가 진동하는 시간에 동산에 거니시는 하나님의 음성이 들렸다고 기록되어 있다.

"바람"을 거룩한 것의 운반자와 상징으로 보는 것이 창세기의 낙원에 대한 서술로부터 성경 전체에 고루 퍼져 있다. 하나님에 관해서는(시 103:4에서는) 바람 날개로 다니신다고 했고 시편 18편 10절에서는 그분이 바람 날개로 높이 뜨셨다고 했다. 오순절 날 성령이 초대교회에 임했을 때에, 홀연히 하늘로부터 급하고 강한 바람 같은 소리(행 2:2)가 났고, 니고데모가 중생에 관해서 질문했을 때 예수께서는 답변해 주시면서 바람을 성령 하나님의 상징이라고 하셨다. "바람이 임의로 불매 네가 그 소리는 들어도 어디서 와서 어디로 가는지 알지 못하나니 성령으로 난 사람도 다 그러하니라"(요 3:8).

바람 부는 것이 평범한 기후 현상으로 되어 있는 우리와 같은 북반구 땅에서는 이 말이 그렇게 감동적으로 들리진 않는다. 그러나 성경이 기록되어진 지방에서는 날씨가 보다 온화하기 때문에 바람이 분다는 것은 주목할 만한 현상으로서 바람은 뭔가 거룩한 의미를 줄 수 있는 것이었다.

자연 철학은 아직까지 대기의 흐름을 설명해 주지 못하고 있다. 하늘의 시커먼 구름과 숲 전체를 요동시키는 요란한 굉음으로 인해, 그 무시무시한 폭풍은 하늘이 내리는 것으로 설명되었다. 그것은 신비스럽고도 설명할 수 없는 강도로 오는데, 느껴지기는 하나 손으로 만질 수는 없으며 소리는 들리나 눈으로 보지는 못하며 강력하면서도 만져서 알 수 없는 힘을 가지고서 앞에 있는 모든 것들을 밀어 제친다.

마치 하나님께서 자신의 위엄을 가지고 광풍 속에서 인간을 보시듯, 하나님께서 아무런 중간 매체 없이 우리 인간에게 직접 행하시는 것 같은 인상을 주었다. "여호와의 길은 회오리바람과 광풍에 있고 구름은 그의 발의 티끌이로다"(나 1:3).

이 바람이 지닌 이러한 상징은 성전이 지닌 상징과 반대를 이룬다.

성전은 우리를 성전 삼아 우리 안에 거하시는 하나님에 대하여 이야기해 준다. 하나님은 멀리 떨어져 계시지 않고 가까이 계시는 분이시며 우리 마음속에 자신의 처소를 정하시고 깊은 곳에서 우리를 소생시키시며 꾸짖거나 위로해 주신다.

이와 같이 성전은 우리 마음의 은밀한 곳에 성령께서 임재하심을 상징하는 것이다. 그것은 교제의 친밀성, 유연성 그리고 가까움을 나타낸다. 그리고 비록 성전에는 휘장이 있고 내주하고 계시는 성령님과의 교제가 때때로 중단되기도 하지만 사랑의 소생함은 결코 외부에서 오는 것이 아니고 늘 우리 자신의 깊은 곳으로부터 나오는 것이다. 그리스도를 믿는 모든 하나님의 백성에게 있어서는 "임마누엘, 하나님이 **우리와 함께 계시다**"라는 말이 지금이나 또한 앞으로도 늘 진실한 것이다. 하나님께서는 **성령 안에서** 인격적으로 그의 자녀와 함께 계신다.

바람이 의미하는 상징은 이와 대조적이다.

세미한 공기의 움직임으로서의 바람이 외부로부터 부드럽게 낙원으로 불어 왔다. 바람은 눈에 보이지는 않으나 항상 외부로부터 접근한다. 바람은 이처럼 처음에는 전혀 바람이 부는 것을 깨닫지 못하는 사람에게 온다.

여기서 그 차이가 나타난다. 바람에 의해 상징되듯이, 사람이 처음에는 하나님

없이 산다. 하나님께서는 사람에게서 떨어져 있다. 그리고 기도하는 사람으로부터가 아니라, 하나님께서 공기를 진동하시며 활동을 전개하심으로 하나님께서 먼저 인간에게 다가가셔서 그를 일깨워 주시고 마침내 그를 온전히 채워 주신다.

바람이 지닌 상징과 성전이 지닌 상징은 둘 다 필요하다. 우리 신자의 삶은 반드시 이 두 가지와 관계되어 있다. 이 양면성을 자신의 것으로 만든 사람만이 영원하신 하나님과 생명력이 넘치는 교제를 누릴 수 있는 것이다.

하나님과 우리 사이에는 여러 면에서 본질적인 차이가 있다. 그래서 우리는 아주 존귀하게 우리 위에 계신 존엄하신 하나님에 대해서 결코 생각할 수가 없다. 그분은 하늘에 자신의 보좌를 가지고 계시며 우리는 그의 발등상인 이 땅 위에 무릎 꿇고 있는 것이다.

바람이 지닌 상징에는 하나님과 우리의 관계가 이렇게 나타나 있다. 바람은 구름으로부터 우리를 치며 우리는 때때로 그것이 우리 뼈의 골수에 통렬한 아픔을 주는 것을 느낀다.

그러나 하나님과 그의 자녀사이에는 또한 거리를 초월한 자유로운 교제가 이루어지며 이로써 모든 불화를 제거하여 하나가 되어 친밀하게끔 해 준다. 그리고 이러한 관계는 성전이 지닌 상징 속에 나타난다.

우리의 마음은 성령의 전이며 하나님 자신은 우리 영혼의 내적 생명 속에 내주하신다.

성전은 모든 것을 포괄하는 사랑의 엄청난 부를 나타낸다. 사나운 바람은 주님의 위엄의 상징으로 되어 있다. 그리고 이들 각자가 자신의 영역에서, 완벽하게 작용할 때에 하나님의 위엄에 대한 아주 은혜스러운 경배와 동시에, 그분의 영원하신 사랑에 대한 아주 복스러운 즐거움, 이 두 가지가 함께 존재하게 된다.

이와 같이 영혼의 내적인 생명의 추가 늘 앞뒤로 움직이게끔 하라.

여러분 자신이 한동안 신비주의의 달콤함에 유혹되어 너무나 경박하고 너무나 쉽사리 그것에 빠져 있었으며 따라서 하나님과는 어슴푸레한 교제를 맺음으로 그분의 위엄에 대해 깊은 존경을 하지 못했다고 느껴지면 여러분은 머뭇거리지 말고 일시에 여러분이 빠지기 쉬운 이러한 오류를 떨쳐 버리라. 그러면 여러분 존재가 얼마나 작고 무가치한가 하는 것과 대조적으로 주 여호와의 위대하심이 다시금 당당한 자태를 가지고 나타나게 될 것이다.

반면, 여러분이 주님의 위엄에 강한 인상을 받아 위에 계신 거룩하신 하나님에 대해서 충분히 잘 알게 되었는데 그로 인해서 마음으로 자신은 너무 미천한 존재로 하나님의 버림을 받은 것처럼 느껴지고 영혼 속에서 더 친밀한 하나님의 모든 사랑이 사라질 정도로 위협을 받게 되었다면 마찬가지로 여러분은 힘써 노력하여 여러분의 굳어버린 심령을 영원하신 사랑의 불빛 아래로 가져와야만 한다. 그러면 영원하신 하나님과의 교제가 다시 회복될 수 있을 것이다.

그러나 하나님의 위엄과 사랑 사이를 왔다 갔다 하는 추의 진동이 너무 빠르지 않게 지속된다면 유익이 있는 것이다. "우리 아버지"와의 친분과 "하늘에 계신 분"에 대한 경외심이 우리의 매일의 내적인 삶의 체험에서 서로 잘 조화되어 어울어 질 때에 균형이 이루어지는 것이다.

인생을 단지 꿈꾸듯이 보내며 되는대로 살아가려고 하는 사람은 자신의 영적인 존재를 약화시키고 둔화시키는 것이다. 그러한 사람은 이 세상에서 하나님의 소명을 이룰 수 없고 자신의 경건한 삶의 신선함을 포기하게 된다.

건전한 마음 상태와 더불어서 계속적이고 정상적인 교대가 일어나는 것이다. 하나님께서는 인간을 부르신 후에 계속적으로 신실하게 인도하셔서 자격 있는 그분의 자녀로 만드시는 것이다. 그러한 사역으로 인해서 우리는 하늘에 계신 하나님으로부터 힘을 얻고 도움을 받게 된다. 그러한 사역과 더불어 우리가 기도하면서 하나님을 찾게 되고 하나님 말씀에 온전히 순종하게 되며 거룩하신 사랑을 느낌으로써 **내적으로** 그분과 친밀하게 되는 것이다.

우리가 믿는 하나님은 높은 하늘에 계심과 동시에 우리 가까이에도 계시는 분이시다!

이런 점에서, 바람은 또 다른 의미를 부여한다.

여러분은 어떤 때는 무의미하게 자신의 인생을 보낸다. 또 어떤 때는 매일의 삶 가운데 일어나는 모든 사건 속에서 하나님의 계획과 인도하심을 발견한다. 여러분의 심령에 아무 말소리도 들리지 않고 매사가 덧없이 흘러가 버리는 시간들과 순간들 속에서 전혀 하나님의 섭리를 깨닫지 못하게 된다. 그런데 때때로 아주 사소한 일 가운데서도 여러분을 감동시키며 여러분의 주의를 집중시켜서 사고하게끔 만들며 오랫동안 많이 생각하게끔 하는 것이 있다. 예를 들어서 어떤 아이가 여러분을 큰 소리로 부르며 친구가 여러분의 귀에 속삭이는 것 자체가 여러분 자신의 영혼에서부터 들려온다고 깨달아질 때가 있다. 여러분이 듣는 모든 소리, 모든 소식, 단조로운 날에 색채와 가락을 넣어 주는 모든 사건들이 이 특별한 날을 위해서 “공기가 움직이므로” 그 속에서 하나님의 음성이 여러분에게 들려 올 때가 있는 것이다.

이와 같이 주 하나님께서는 매일 우리를 찾아오신다. 그래서 우리의 삶 속에는 우리의 관심을 모으며 또 자신을 위해서 우리를 설득하시려는 하나님의 음성이 울려 퍼지고 있는 것이다.

그러므로 공기를 진동시키며 발하시는 하나님의 음성이 여러분을 스쳐 지나가 여러분을 일깨우지 않은 나날은 헛된 것이다.

부드러운 공기의 진동 가운데 하나님께서 여러분의 영혼에 접근하셔서, 여러분이 신선한 바람과 더불어 다시 하나님의 영원하신 사랑을 맛보며 그분과 친밀한 교제를 나누는 그런 열매를 맺는 나날은 복된 것이다.

제 17장

하나님께서 발자취를 한정하심

시편 39편에 나오는 다윗의 비통한 노래, "여호와여, 내게서 돌이키사 나의 건강을 회복시키소서"라는 구절을 읽을 때에 마치 불협화음을 듣는 것 같다.

이보다 더 부당한 외침이 어디에 또 있겠는가?

인간과 하나님은 아주 엄청난 차이가 있다. 그런데 인간이 하나님의 형상을 좇아 창조되었다는 데서 비롯된 진실한 신앙은 인간과 하나님 사이에 친밀한 교제를 갖는 것만 목표로 한다. 그런데 윗 구절은 하나님과의 관계 회복을 저해하는 것이다. 신앙생활을 아주 심오하게 해석한 시인으로 여겨지는 이 시편 기자가 여기에서는 하나님의 임재를 위해서가 아니라 그분이 자신에게서 떠나 가셔서 자기를 홀로 내버려 두어 쉬게 하심으로 죽기 전에 건강을 회복케 해 달라고 기도하며 부르짖는다 : "여호와여, 나의 기도를 들으시고 내가 눈물 흘릴 때에 잠잠하지 마옵소서. **내게서 돌이키사**, 내가 떠나 없어지기 전에 나의 건강을 회복시키소서."

시편 42편에서 "하나님이여, 사슴이 시냇물을 찾기에 갈급함 같이 내 영혼이 주를 찾기에 갈급하니이다"라고 말하는 그가 여기에서는 정반대로 "**내게서 돌이키사**, 내 영혼을 회복시키소서"라고 말한다.

한편은 하나님 임재하심에 대한 즐거움을 갈급해 하는 것이고 또 다른 한편은 하나님의 임재로부터 벗어나기 위한 애절한 부르짖음인 것이다. 얼른 듣기에 두 가지는 서로 문자적으로 대치되는 것처럼 보이지 않는가?

그런데 다윗만이 이렇게 비통하게 부르짖는 것은 아니다. 욥기에서 우리는 하나님의 임재를 너무 부담스럽게 의식한 나머지 훨씬 더 고통스럽게 표현되어 있는 구절을 본다. 욥은 자신의 애태우는 번민을 다 쏟아 버리기 위해서 절망적으로 외치고 있다 : "내 발을 차꼬에 채우시며 나의 모든 길을 살피사 내 발자취를 점검하시나이다"(욥 13:27).

여기에는 그 자체로서 이상할 것이 없다. 불신자들 역시 이 고통스런 두려움에 익숙해 있다. 전혀 예기치 못한 채 갑자기 치명적인 위험이 그들에게 몰려 닥칠 때에 그들은 자신들의 힘으로, 그들을 주관하시는 하나님의 능력을 사용한다. 바다에서 배가 난파한 경우에 흔히 볼 수 있는 예로서, 조금 전까지만 해도 포도주에 취해 거룩한 모든 것을 멸시하던 불신자들이 갑자기 공포에 싸여, 앉았던 자리에서 벌떡 일어나 "오 하나님이여, 오 하나님이여"라고 울부짖으면서 겁에 질린 창백한 얼굴로 살기 위해서 버둥거린다.

불신자들은 제쳐 두고, 신앙에 대해서 조롱은 하지 않지만 실제로는 하나님을 무시하고 생활하는 사람에게 있어서도 중한 병에 걸리게 되거나 갑작스러운 재난을 당하게 되면 위에서 말한 바와 같은 행동을 하게 되는 것을 볼 수 있다. 또한 그러한 때에 갑자기 자신들이 오랫동안 무시해 왔던 하나님의 두렵고 알 수 없는 능력을 힘입어야 한다는 것을 깨닫고는 마음 속으로 두려워 떨게 된다.

평범한 상황에서 우리는 스스로 자부심을 갖는다. 우리는 하찮은 위험은 스스로 벗어난다. 우리는 작은 역경을 벗어나는 방법을 알고 있으며 역경을 극복한 후에는 승리감에 도취되어 더 큰 자부심을 가지게 된다.

그러한 환경에서 우리는 자유롭고 편안하며 방해받지 않는다고 느낀다. 우리는 스스로 자기 자신의 주인이 되는 것이다. 우리는 우리를 대적하는 작은 세력을 깨닫지만 그것을 물리치고는 용감히 우리의 길로 전진한다.

그러나 우리를 압도하며 우리가 대처해 나갈 수 없는 근심거리와 위험한 일들과 재난들이 엄습해 올 때에는 상황이 달라진다. 무엇으로도 극복할 수 없는 그러한 일들은 고통스럽게도 우리로 하여금 자신의 무력함을 깨닫게 해 준다.

그때에 우리는 어떤 더 높은 능력의 도전을 받고 있다는 것을 느끼게 된다. 그 능력은 우리를 쓰러뜨리며 거기에 항거해 보았댔자 전혀 쓸데없는 일인 것이다.

이 능력은 우리 앞에 보이지 않고 알려지지 않은 적수로 나타난다. 그는 신비한 방법으로 우리 힘의 건(建)을 끊으며 죽음의 줄로 묶는 것처럼 우리를 꽁꽁 묶어 매며 치명적으로 우리를 낙담시키고 당황케 하며 우리에게 공포의 비명소리 외에는 아무 것도 남겨 두지 않는다.

그리고 아무리 세상 사람들이 하나님에게서 멀리 떨어져 있다 할지라도. 그러한 때에는 심지어 아주 강퍅한 마음을 가진 사람조차 하나님의 위엄 앞에서 떨게 되는 것이다. 그들은 전혀 하나님을 믿지 않는다. 그러나 이제 그들이 하나님과 상종해야만 한다는 무서운 감정이 살며시 그들에게 들어간다. 그들을 점점 더 궁지로 몰아넣게 되는 책망은 그들이 너무 오랫동안 그분을 무시했다는 것이다.

그러나 이 두려운 감정은 신자가 자신의 믿음을 소홀히 하거나 하나님께서 그의 영혼을 붙잡아 주시는 손을 늦추셨을 때에도 아주 강하게 작용한다.

그때에 하나님께서는 영혼을 버리심과 동시에 육체를 꽉 붙잡으시는 것 같다.

욥 같은 사람은 자기의 가진 모든 것들이 다 하나님께로부터 나왔다고 생각했다. 그는 하나님께서 그에게 건네주신 컵에서 나온 것 같은 평화를 누렸다. 그러다가 불행한 날이 오고 여러 재난들이 그에게 몰려오자 그는 이 재난들은 각각 하나님의 진노의 활에서 새로이 쏘아진 화살로서 자기를 맞추고 치명상을 주기 위한 것이라고 여길 수밖에 없었다.

그러나 욥은 참으로 경건한 사람이었기 때문에 이것이 끝나지 않았다. 처음에 그는 하나님께서 화가 나셔서 멀리 떨어진 곳에서 계속 그에게 화살을 쏘셔서 자기를 아프게 하는 것이라고 생각했다. 그러나 지금 그는 하나님께서 그에게 가까이 오셔서 마침내 그분의 능력 많으신 손으로 자기를 꼼짝 못하게끔 붙잡고 계신 것처럼 생각하게 된 것이다.

욥은 마치 어떤 사람이 적을 만났을 때 그를 잡아 내던져 버리려 하듯이 하나님께서 화가 나셔서 자기에게 가까이 온다고 느꼈을 때에 그의 두려움은 한층 더 컸을 것이다.

어떤 압제자가 욥을 공격했다고 하자. 그때 그는 대개 욥을 타도하고서 그의 발을 차꼬에 채워 힘을 못쓰게 하면 끝날 것이다. 그러나 지금 욥의 경우에 하나님께서는 그렇게 하시고도 아직 화를 그치실 수가 없는 것이다.

욥은 마치 하나님께서 자기 앞에 서서 밖에서 그를 공격할 뿐 아니라 전능하신 그분의 능력으로 자기 내적 존재의 심부 깊숙한 곳까지 들어 와서는 자기를 꼼짝 못하게 하신다는 것을 알고 있다. 그래서 마침내 그는 전능하신 하나님께서 그의 발꿈치까지 통과하여 그분의 화에 의해 파멸 당하게 되리라고 느끼고 있는 것이다.

이와 같은 치명적인 번민이 성도에게 닥쳐 올 수도 있다.

자신의 전 삶에서 하나님의 능력을 아주 깊게 깨닫는 사람은 분노하시는 하나님에 대해서 이와 같이 느끼게 된다.

하나님의 거룩한 임재에 대한 이중적인 인식이 있다. 한때는 그 영혼이 하나님을 즐거워하는 복된 교제 를 누리는 때이며 또 다른 때에는 두려움에 떨며 하나님의 무서운 임재를 느끼는 때이다. 만일 우리가 자신의 죄와 공로에 따라서 대우를 받는다면 우리는 하나님의 임재하심에 대해 오직 무서워 떨 수밖에 없는 것이다. 심지어 진노 중에 계신 하나님과 교제해야만 하는 것이다.

지옥에서는 영원히 그렇게 될 것이다.

지옥은 바로 그런 곳이다.

이 땅 위에서는 오락, 쾌락, 그리고 당면한 각종 세속적 수단들이 우리로 하여금 하나님에 관해서 생각하지 못하게끔 방해한다. 게다가 이 땅 위에서 불신자들은 특별한 경우를 제외하고는 전능하신 하나님의 임재로 말미암아 양심의 가책받는 일이 없이 죄를 지을 수 있는 무시무시한 특권을 누리고 사는 것이다. 이 땅에 사는 동안 그들은 자신들과 하나님 사이에 간막이를 세우므로 그분과 동떨어져 있을 수 있다.

그러나 영원한 세상에서는 그것이 불가능한 것이다. 거기에서 그들은 매 순간 하나님의 임재 앞에 서 있게 되는 것이다.

그리고 하나님의 임재하심에 대한 그들의 두려운 의식은 "거기는 구더기도 죽지 않고 불도 꺼지지 아니 하느니라"하는 것이리라.

이미 이 땅 위에서 하나님의 평화를 누리며 교제했던 사람들의 경우는 이와 다르다. 그들은 은혜를 받았다. 하나님께서는 그들을 위하여 자신의 진노를 감추시고, 자신의 무시무시한 위엄을 숨기시면서 그들의 잘못함에도 불구하고 조금도 두려워하지 않고 하나님 대화하고 교제를 나누게끔 하신다.

그때에 하나님과 인간 사이에는 세속적이고 헛된 것들로 된 가리막이 드리워 있지 않고 화해자요 구속자이며 중보자이신 그리스도께서 하나님과 인간 사이에 서 계신다. 그러므로 그리스도 안에서 하나님과 은혜스럽고 달콤한 교제를 즐길 수 있는 것이다.

그러나 만일 한동안 여러분이 신앙을 저버리고 그리스도의 방패가 사라지게 되어 여러분 자신이 갑자기 예수님 없이, 진노하고 계신 하나님의 위엄 앞에 홀로 서게 되었다고 느끼는 순간 하나님의 자녀인 여러분이 느껴야 하는 영혼의 고뇌는 세상에 속해 있는 불신자들이 이 땅 위에서 체험하는 고뇌보다 훨씬 더 고통스러운 것이 될 것이다. 그때에 하나님의 자녀는 한참동안 지옥의 함정 속에 빠진 것 같이 붙잡혀 있게 된다.

욥이 바로 이런 상황 속에 빠져 있었던 것이다.

그래서 그는 이렇게 외쳤다 : "오 하나님이여, 당신은 내 발자취를 한정하시나이다."

마찬가지로 다윗이 "여호와여 내게서 돌이키사 내가 떠나 없어지기 전에 나의 건강을 회복시키소서"라고 기도했을 때는 바로 그러한 상황 속에 놓여 있었던 것이다.

바로 여기에 은혜가 있으며 그러한 순간에 위로자 되시는 하나님께서 우리의 영혼을 향해 다가오신다. 그리스도의 방패가 우리와, 우리에게 진노하셨던 하나님 사이에 놓여져 다시금 하나님께서 세파에 시달린 우리에게 아바 아버지로 나타나시게 되는 것이다.

제 18장

나의 방패

화란 국민의 찬송가에는 "주 나의 하나님이여, 당신은 나의 방패시며 의지할 만한 분이십니다"라는 가사가 있는데, 지금도 애국자들은 공식 집회석상이나 길거리에서 이 찬송을 부른다. 그런데 이 가사는 3000년 전 시편 기자가 읊은 "하나님은 해요 방패시라"(시 84:11)는 구절과 병행되는 것을 볼 수 있다.

오늘날 우리의 생활에 있어서는 방패가 별로 중요하지 않다. 오늘날의 전쟁은 대포와 속사포를 무기로 하여 서로 먼 거리에 떨어져서 하는 것이다. 군인들은 이것을 피하기 위해서 땅에 엎드리거나 아니면 흉벽 뒤에 숨는다.

그러나 다윗이 시편을 기록한 당시의 전쟁은 대체로 두 사람이 서로 아주 가까이 서서 싸우는 것이었다. 때때로 상대방의 발을 걷어차기도 하고 서로 칼을 휘두름으로써 둘 중에 어느 한사람이 피투성이가 되어 쓰러지기 전에는 절대로 싸움이 끝나지 않았던 것이다.

물론 그러한 싸움에서란, 방패는 그것을 가진 사람의 생명과 같은 것이었다. 방패 없이 방패를 가진 사람과 싸운다면 반드시 질 수 밖에 없다.

그러므로 고대인들에게 있어서 방패는 전쟁의 주요 무기였다. 아프리카 야만인에게 있어서는 지금도 마찬가지인 것이다. 방패는 화살을 막아 내고 창의 공격을 막으며 칼의 일격을 피할 수 있게 해 준다.

그러므로 손수 방패를 사용하여 싸움에서 이긴 수많은 예루살렘 거민들이 시온의 바깥뜰에 모여 찬양 소리를 드높이며 여호와를 "의지할 만 한 방패"이시라고 영광을 돌릴 때에, 어떤 점에선 우리가 결코 이해할 수 없을 정도로 그들 자신은 그들의 방패 되신 하나님을 기뻐할 수 있었던 것이다.

우리가 주목해야 할 것은 방패는 몸을 보호하기 위한 것으로서, 적 앞에서 다른 어떤 사람이 들어 주는 것이 아니고 아무리 극한 상황에서라도 싸우는 사람 자신이 들고 있어야만 했다는 사실이다.

군인은 왼손으로 방패를 잡아들고 있다가 공격을 당하게 되면 무의식적으로 방패를 잡은 팔을 들어 올려서 방패로 자신의 얼굴이나 가슴을 가려서 부상의 위험을 피하게 된다. 이러한 교전(交戰)의 경우에 팔을 내놓지 않고 몸의 더 많은 부분을 가리기 위해서, 또 생명을 보존하기 위한 노력으로서 방패를 만들었던 것이다. 처음에는 사람 키만큼 되는 긴 방패를 만들었으나 후에는 칼의 일격을 피할 수 있는 짧은 방패 또는 둥근 방패를 만들었다.

그래서 싸움을 할 때에는 방패를 잡은 사람은 스스로 방패를 어떤 때는 이렇게 어떤 때는 저렇게 움직여서 적의 공격을 막아 냈던 것이다.

"하나님은 나의 방패"라는 말은 하나님께서 먼 곳에서 우리를 보호해 주신다는 것이나 우리 쪽에서는 전혀 노력을 하지 않아도 우리를 지켜 주신다는 뜻이 아니다. "하나님은 나의 방패"라는 말은 신앙적인 용어이다. 이러한 고백은 다음과 같은 의미를 가지고 있는 것이다. 하나님께서는 아주 가까이 계시고 우리의 신앙이 그분을 붙들고 있으며 우리들을 공격하는 자에 대한 우리의 보호자로서 하나님을 의지하며 우리의 신앙으로써 하나님과 하나가 된다는 것이다. 그리하여 우리는 우리가 하나님의 전능하심이 우리를 둘러싸고 있다는 것을 알게 되고 또 느낄 수 있게 된다.

죽음의 위험에 직면하게 되었을 때 어머니는 자기의 자녀 앞에 서서 사랑하는 자녀를 자기 자신의 몸으로 가리게 된다. 이런 경우에 어머니는 자녀의 방패라고 말할 수 있다. 그리고 하나님 역시 아직 그분을 알지 못하며 그분을 믿는 신앙을 행동으로 옮길 수 없는 어린 아이의 방패가 되어 주신다.

그러나 하나님을 방패라고 하는 이 구절은 그와 같은 데서 나온 것이 아니다. 그 말은 어렵고 힘든 싸움에서 몸소 방패를 붙잡고 싸워 그것으로 생명을 건졌던 사람의 체험적 고백인 것이다.

방패가 인간에게 하는 역할은 독수리로 보자면 그 날개가 맡고 있는 것과 같다. 말하자면 방패란 군인의 몸의 일부인 것이다. 방패는 군인의 팔과 더불어 있는 것으로서 그가 싸움에서 살아 돌아올 수 있느냐 없느냐 하는 것은 그가 방패를 얼마나 민첩하게 잘 움직이느냐 하는 데서 좌우된다.

마찬가지로 주 하나님은 그분을 의뢰하며 믿고, 곤란하고 위험한 상황에서도 변함없는 믿음을 지키며, 이 믿음에 의해 하나님은 그들이 팔을 어떻게 움직여야 하는가 하는 방향 제시를 해 주신다는 것을 깨닫는 사람들에게 있어서 그의 방패가 되시는 것이다.

방패는 전쟁과 투쟁을 위한 것이다. 우리를 영적으로 육적으로, 멸망시키려고 대항해 일어나는 모든 것들과 싸우기 위해서 방패가 필요한 것이다.

하나님은 전염병, 천재지변, 그리고 우발적인 죽음의 위험에 대해서도 우리의 방패가 되신다. 그런데 수동적으로 복종만 하고 우리를 숨겨 주고 보호하는 일은 하나님께 맡겨 버리면 된다는 뜻이 아니라는 사실을 명심해야 한다. 하나님이 우리의 방패가 되신다는 비유가 그릇 해석되어서는 안된다. 오히려 하나님께서 질병과 페스트, 홍수와 화재를 막아 주는 방패가 되신다는 것은 하나님께서 우리에게 허용하신 모든 방어 수단을 최선을 다해 활용해야 한다는 것을 뜻한다. 그리고도 기도함으로써 행동할 용기를 얻고 믿음에 의해서 하나님을 우리의 방패, 즉 우리가 스스로 적을 대적해야 하는 방패로 삼는 것을 의미한다는 것이다.

그리고 우리 영혼에 있어서도 이와 마찬가지인 것이다.

우리는 죄를 피해야만 한다고 말해서는 안된다. 오히려 우리는 죄와 더불어 싸워야만 한다. 우리는 죄안에 있는 호전적인 세력이 우리를 무너뜨리려 한다는 것을 알아야 한다. 이런 세력의 배후에는 사탄의 계략이 숨어 있는 것이다. 그런데 사탄은 몰래 우리를 압제하며 영혼을 죽이려 하고 있다. 만일 우리가 그에 맞설 방패를 가지고 있지 않거나 그 방패를 신속하게 사용할 수 있는 기술을 갖고 있지 못하다면 사탄은 분명히 우리에게 달려들어 우리를 넘어뜨리고 말 것이다.

사실상 하나님께서는 육신을 위한 싸움에서보다 여러분의 영혼을 위한 싸움에서 훨씬 더 방패의 역을 잘 감당해 주신다. 그러나 영적인 싸움에서 반드시 필요한 것들이 있다. 즉 여러분 자신이 몸소 자신의 영혼을 위하여 싸워야만 한다는 것이다. 그리고 여러분 스스로 자신의 영혼을 멸망시키려고 노리고 있는 적의 동태를 파악하여 그를 향하여 칼을 들어 올림과 동시에 자신의 영혼을 자신의 방패 뒤에 숨겨야만 한다.

여러분 영혼을 위한 전쟁에서 하나님이 여러분의 방패이시라는 말은 다음과 같은 뜻이다. 여러분은 스스로 하나님께 손을 뻗쳐야만 한다. 그리고 스스로 여러분에게 가능한 모든 영적인 저항 수단을 가지고 이 싸움에 임해야만 하는 것이다. 그때에 여러분은 하나님께서 여러분의 방패가 되신다는 사실을 알게 될 것이다. 여러분은 믿음으로 말미암아 사탄을 대적하기 위해 하나님 곧 여러분의 방패를 들어 올리는 것이다.

이제 이스커천(escutcheon)이라는 방패의 무늬에 대해 언급하려고 한다. 방패를 소유하고 있는 사람은 그 위에 자신의 문장(紋章)을 아로새겼다. 이것은 자기를 아는 사람들에게 자신을 알리기 위한 부호인 것이다. 사람들은 이 방패의 무늬를 보고 그 뒤에 누가 숨어 있는지를 알 수 있었다. 그 문장은 곧 주인의 화신(化身)인 것이다. 방패의 무늬를 보고 상대방은 자기 적수의 방어 능력이 어느 정도인지 알 수 있었던 것이다.

이와 같이 하나님은 그분을 의뢰하는 사람들의 방패가 되신다. 사람들이 교만하게 제멋대로 그 위에다가 사자나 황소의 머리를 그려서는 안된다. 오직 하나님을 믿는 신자만이 그 방패 위에다 아주 겸손하고 온유하게 자신을 낮추면서 하늘에 계신 아버지를 믿는 마음으로 여호와의 이름만을 새길 수 있는 것이다.

여호와를 여러분의 방패로 삼는다는 것은 자연과 사탄의 세력 앞에서 주님의 이름으로 버티는 것이다. 그리고 불타 없어질 세상을 향하여 우리는 살아 계신 만군의 하나님께 속해 있음을 보여 주는 것이다. 세상 사람들에게 우리는 우리들만이 싸우는 것이 아니라 우리 앞에서 여호와의 기름부음을 받으신 예수님이 손수 지도하고 계신다는 것을 보여 주는 것이다. 우리는 적들을 향하여 자신이 인간 영혼의 최고의 힘, 즉 세상이 감당치 못할 믿음의 능력을 갖고 있노라고 선언하는 것이다.

여러분은 이제 하나님이 우리의 방패시라는 고백이 얼마나 넓은 의미를 지니고 있는지 알게 되었다.

우리는 이미 앞장에 나온 하나님은 우리의 태양, 즉 우리 생명 자체의 태양이란 비유의 포괄적 의미를 살펴본 바 있다. 이 장에서 여러분은 하나님께서 전쟁 중에 우리의 목숨을 구원해 줄 방패와 둥근 방패가 된다는 것을 이해하게 되었다.

그리고 여러분은 또한 모든 긴급한 상태와 영적, 육적인 전투에서 이 방패를 벽에 걸어 두지 말고 활발하고 열정적이며 용감한 믿음을 가지고 이 거룩한 둥근 방패를 사용해야만 하나님이 여러분의 방패시라는 가슴 벅찬 노래가 실제적인 의미를 갖는다는 사실을 깨닫고 느끼게 될 것이다.

제 19장

임마누엘

하나님과 친밀한 교제를 갖는 방식에서, 예수께서 수가 성에 사는 한 사마리아 여인에게 하신 말씀, "하나님은 영이시니 예배하는 자가 영과 진리로 예배할지니라"(요 4:24)는 구절처럼 걸림돌이 되는 것은 없다.

어떤 사물들을 설명하려 할 때에 사고하는 과정 속에서 우리는 보고 듣고 냄새 맡고 맛볼 수 있는 것들로부터 설명이나 사고를 시작한다. 우리는 눈에 보이지 않는 것들을 알 수가 없다. 그래서 그런 것에 대하여 말하고자 할 때에는 상상해 보려고 애쓴다. 눈으로 볼 수 없는 것을 표현하기 위해서는 눈에 보이는 어떤 것과 비교하여 설명할 수밖에 없는 것이다.

우리에게는 **영혼**이 있다는 사실을 안다. 그러나 어느 누구도 자기 자신의 영혼을 볼 수 없다. 우리 인격 어느 부분에 우리의 영혼이 거하느냐 하는 질문에 대해서 우리는 대충 대답할 수밖에 없다.

영계(spirit-world)와 죽은 사람들의 영혼들에 대해서도 마찬가지이다. 악한 천사들 뿐만 아니라 좋은 천사들도 육체를 갖고 있지 않다. 그들은 모양이나 형태를 가지고 있지 않기 때문에, 우리들은 천사들을 알아 볼 수 없다. 천사가 존재하기 위해서 공간이 필요한가 아닌가에 대해서 아는 사람은 아무도 없다. 우리가 병들어 누워 있는 침실에 수많은 천사들이 들어올 수 있는가 그렇지 못한가에 대해서 대답할 수 있는 사람은 전혀 없다. 단지 우리에게 나타나기 위해서 천사가 어떤 옷을 입었을 때는 상황이 다르다. 천사가 어떤 형태의 옷도 입지 않은 단순한 영으로 있는 한 우리는 절대로 그를 볼 수 없는 것이다.

그리고 예수 안에서 잠든 자들도 마찬가지 경우인 것이다. 죽은 사람들은 예수께서 재림하실 때까지 육체와 격리된 채 단지 영적인 상태로 있게 된다. 그러므로 우리는 죽은 사람들의 영혼에 대해서 전혀 상상해 볼 수 없다.

우리가 하나님에 대해서 생각해 보려 할 때에도 이와 똑같은 장애 때문에 고민하게 된다.

우리의 눈으로는 하나님 역시 발견할 수 없다. 그분은 영이시며 영들의 아버지이시기 때문에 우리 눈에는 보이지 않는다. 이 때문에 우리의 평범한 지식과 발견으로는 하나님을 결코 찾거나 만날 수 없게 된다.

우리 영혼과 하나님과의 만남은 영적인 방법으로 이루어진다. 그 만남은 임마누엘 안에서 성취된다.

외국 땅에서 우리가 뜻하지 않게 다른 사람들이 우리나라 말로 말하는 것을 들으면 갑자기 본국에 있는 것처럼 편하게 느끼게 되는 것은 무엇 때문일까?

모국어란 우리와 고국의 친구들과 지닌 공통적인 것이어서 외국어로 말하기보다는 공용어를 사용함으로서 다른 사람들과 훨씬 가까워진다는 의미가 아닐까?

우리 인간은 동물들과도 동질감을 느끼며 친하게 지낸다. 고등동물들은 높은 차원의 지성을 가지고 사람에게 접근한다. 예를 들어 양과 양치는 사람, 사냥꾼과 그가 기르는 개 또는 말 타는 사람과 그가 길들인 말의 공동생활을 살펴 볼 때에 매우 놀라울 정도로 호흡이 잘 맞는다는 것을 볼 수 있다. 때때로 우리가 어떤 동물과 아무리 가까이 지낸다 할지라도, 우리가 동료와 사귐을 가지면, 금방 또 다른 그리고 훨씬 더 풍요로운 세계가 열리는 것이다. 같은 살, 뼈 그리고 영혼을 가진 인간끼리의 만남은 어떤 애완동물이라 할지라도 그 차원이 다른 것이다.

우리 자신과 똑같은 생각과 목적을 가진 사람과 교제할 때에 특히 더 그렇게 된다. 사람들은 제각기 다른 집단, 계급, 직업을 가지고 있다. 그러므로 만일 어떤 사람이 우리와 알고 친해져서 서로 스스럼없이 마음을 터놓고 교제하고자 한다면, 그는 우리와 똑같은 그룹 똑같은 부류에 속해야만 한다. 말하자면 인생의 항해에서 우리와 똑같은 배를 타야 하는 것이다.

이것이 "임마누엘"의 의미인 것이다. 예수께서 베들레헴에서 탄생하심으로 하나님께서는 손수 인간의 본성을 입으시고 우리에게 다가오셨다. 우리의 언어 의식세계를 통해서 그리고 우리 인간의 신에 대한 상상력을 도와 줌으로써 우리 인간이 마음속으로 하나님에 대해서 느끼게끔 해주시기 위해서 말이다.

사람의 모양을 취하시고 : 이 말은 우리가 단순히 영적인 존재이신 하나님을 발견하기 위해서 우리 본성 밖으로 나가야 한다는 뜻이 아니다. 하나님 즉 우리 하나님께서는 우리에게 복주시기를 원하시며 그렇기 때문에, 우리 인간과의 교제를 받아들일 수 있게끔 변화하신 것이다. 우리가 하나님께 간 것이 아니고 그분께서 우리에게 오신 것이다. 우리가 자신을 그분께 끌어 올려야만 하는 것이 아니고, 이후에 우리를 자신께로 이끌기 위해서 우리에게 내려오신 것이다. 하나님께서는 우리의 본성에 들어오셔서 인성을 취하시고 평범한 사람의 본성을 입고 말구유에 누워 계신 것이다.

여기에서 하나님과 인간 사이의 간격은 무너지게 된다. 우리 인간이 순전히 영적인 존재가 됨으로써 하나님과 같아지기 위한 노력은 하지 않아도 되는 것이다. 우리가 받은 것은 인성을 취한 분이다. 우리가 듣는 것은 인간의 말인 것이다. 우리가 보는 것은 사람이 하는 행동들이다. 이 모든 것을 통하여 그리고 그런 것들 배후에는 알려지지 않은 총명과 신비스러운 고상함, 그리고 명백한 거룩함이 반짝거린다. 그런데 그것은 인성을 지니고 우리에게 접근해 오기 때문에, 거절하기보다는 오히려 우리를 매혹하며 황홀하게 하고 있는 것이다.

이와 같이 임마누엘의 인성은 아주 눈부시게 빛나는 영광스러운 것들을 가려주는 단순한 막과 같은 것은 아니다. 그것은 하나님의 생명을 자연스럽고 친밀하게 우리 자신의 마음에 다가오도록 하는 수단이요 도구인 것이다.

마치 우리 안에 있는 인간 본성이 예수 안에 있는 인간 본성과 동일하게 되므로 하나님께서 우리와 친밀한 교제를 나누게 되는 것과 같은 것이다.

그러나 꼭 짚고 넘어가야 할 것이 있다. 우리가 하나님의 형상을 좇아 창조되었다는 사실은 우리와 하나님과의 교제에 반드시 필요한 전제조건이라는 것이다.

그러나 죄로 말미암아 하나님의 형상이 파괴되었다는 것을 기억하라. 무력해지고 타락한 상태에서는 단지 거룩한 은혜의 선물만이 그 간격을 메꿀 수 있었던 것이다. 우리 하나님께서 인성이라는 부수적인 옷을 입으시고 우리에게 오신 사실, 즉 임마누엘인 것이다.

우상 숭배자들도 그것이 필수적인 것이라고 단언하고서 인간의 모양을 좇아서 하늘과 땅의 주가 되시는 주님의 형상을 우상으로 만들어 새겼던 것이다. 그러므로 기독교만이 임마누엘 되신 하나님 안에서 홀로 참된 하나님의 형상을 새롭게 부각시킴으로써 우상 숭배와 이교주의에서 돌이킬 수 있었던 것이다. 시편과 찬송가에 그토록 영광스럽게 표현된, 살아 계신 하나님과 인간과의 친밀한 교제는 오직 그리스도 안에서 일어났다는 사실은 참되지 않는가?

임마누엘을 떠나서는 단지 하나님에 관한 철학이나 하나님을 부정하는 것 또는 기껏해야 우상 숭배와 냉담한 자연신론만이 있을 뿐이다.

오직 임마누엘을 통해서만 그리고 임마누엘 안에서만 생명이 있고 하나님과 함께 하며 충만한 열정과 고양, 그리고 활력을 얻을 수 있는 것이다.

하나님은 임마누엘 속에서 우리 인간과 동일한 본질을 가지시고 우리에게 가까이 하신다. 그리고 임마누엘을 통해서 우리 영혼은 이 인간성으로부터 영들의 아버지 되시는 하나님께 영적으로 올라가는 것이다.

임마누엘에 거한다는 것은 목적이 아니라 경과이다.

임나누엘은 예수로 시작하였으나 하나님 자신이 우리와 함께 거하신다는 사실로 끝난다. 그때에 여러분의 영혼에는 예수께서 말씀(요 16:26)하셨던 날이 밝아온다. “그날에 너희가 내 이름으로 구할 것이요 내가 너희를 위하여 아버지께 구하겠다 하는 말이 아니니 이는 아버지께서 친히 너희를 사랑하심이니라.” 그때 예수께서 승천하시기까지는 오실 수 없었던 보혜사 성령의 충만한 활동이 전개된다.

우리가 하나님을 찾을 때, 인공적이거나 인습적인 요소를 가미해서는 안된다. 하나님과 교제하기 위하여 의도적이고 고의적으로 자신의 상상력을 앞세워서는 안된다.

임마누엘은 우리와 하나님을 화목케했음으로 우리가 감히 다시 그분께 갈 수 있다. 동시에 사람의 본성을 취하신 신성은 우리가 다시 그분께 가까이 가게 해 준다. 하나님께서 우리에게 주신 것은 그분의 말씀, 그분의 생각을 드러내 주는 이 세상, 주님의 사역의 결과 우리에게 주어진 영생, 내적으로 우리를 새롭게 해 주는 천국 능력의 공급인 것이다. 그러나 이 모든 것과 더불어서, 은밀한 영적 활동의 원동력은 우리 하나님과의 인격적 접촉, 즉 실제적인 교제인 것이다. 그 교제를 통하여 우리는 마음속으로 하나님의 음성을 들으며, 욥과 더불어 “이제는 눈으로 주를 뵈옵나이다”(욥 42:5)라고 말할 수 있다.

이것은 마치 사람이 사람을 대하듯 친밀하게 하나님과 교제를 나누는 것이다. 하나님과 대면하여 보았으나 생명이 보존되었다는 것을 기념하기 위하여 그곳 이름을 하나님의 얼굴이란 뜻의 브니엘로 지었던 야곱과 같이 말이다.

제20장

주의 얼굴빛에

광장한 기쁨을 느낄 때 사람의 얼굴은 환히 빛나게 된다. 영혼이 낙담하게 될 때 얼굴은 우울해 보이고 눈은 빛을 잃게 되어 영혼이 얼굴 안에 모습을 드러내며 말하는 대신, 얼굴을 마스크 삼아 자기의 모습을 숨겨 버리는 것처럼 보인다.

얼굴빛과 마음 상태 사이에는 서로 관련이 있다. 기쁠 때는 얼굴빛이 환해지고, 슬플 때는 얼굴 표정에 침침한 그림자가 드리우고, 비탄에 잠겨 있을 때는 얼굴 빛 자체가 어두워지게 된다.

영적인 세계도 똑같은 현상을 나타낸다. 사탄은 거무칙칙한 색깔로 그려지는 반면 착한 천사들은 화사하고 밝은 모습으로 표현된다.

하늘나라 아버지 집에는 영원한 빛이 있으며 사탄에게는 바깥 어두운 곳이 마련되어 있다. 의인들은 하늘에서 빛나는 옷을 입고 해처럼 빛나게 될 것이다. 예수께서 밧모섬에 있는 사도 요한에게 나타나셨을 때에, 요한은 앞이 안 보일 정도로 빛나는 영광의 광채를 보았다.

우리가 빛을 고상하고 거룩하고 영광스러운 것으로 여기듯이 우리가 신앙생활할 때 하나님의 위엄에 대해서도 그렇게 적용해야만 하지 않겠는가?

하나님은 빛이시며 따라서 그분 속에는 어두움이 전혀 없는 것이다. 그분은 가까이 할 수 없는 빛에 거하시며 빛들의 아버지라 불리는 것이다.

그러므로 창조 후에, 우선 "빛이 있으라"라는 말씀을 하시고서야 자신이 만드신 세상에 나타나실 수가 있었던 것이다. 하나님의 위엄은 애굽을 떠난 이스라엘 백성이 홍해를 건널 때에 불기둥 속에 나타났고 예루살렘 성전 안의 빛 속에 나타났다. 모세가 하나님의 부름 받은 종으로 구별될 때에 눈부신 광채가 그의 얼굴에서 비치게 되었다. 변화산에서 주님은 자신의 몸 전체를 빛으로 둘러 비추셨다. 성경은 새 예루살렘은 지극히 영광스러운 곳으로서 거기에는 해도 없고 달도 없을 것이라고 기록해 놓았다. 왜냐하면 영광스러운 새 왕국에서는 하나님 자신이 빛이 되시기 때문인 것이다.

수세기 동안 성화를 그리는 화가들은 그리스도와 성자들의 머리 뒤에 후광이 둘러 비추게 하고 그들이 빛나는 옷을 입고 있는 표현을 함으로 이것을 나타냈다.

우리는 이것을 물질적인 측면에서 다루려는 것이 아니다.

잘 알려진 사실대로, 어떤 사람들은 자기작용이 강력해서 빛나는 전자 선을 만들어 자신의 손가락 끝으로 방출할 수 있다. 의심의 여지없이 매우 기쁜 순간에는 얼굴의 광채가 물체의 작용과 연관된다. 반면 이 얼굴빛의 근원은 자기장의 흐름이 아니라 정신, 영혼, 숨기어진 자아 속에 있는 것이다. 나머지 모든 것은 단지 지시 방법으로 사용되는 것이다.

우리가 자신의 감정을 조금도 숨기지 않는 한 아이를 잘 관찰해 보면, 그는 아주 즐거울 때에 두 눈을 크게 뜨고 얼굴에는 홍조를 띄게 되는 것을 볼 수 있다. 이처럼 영혼의 상태는 인간의 얼굴에 즉시 나타나게 되는 것이다.

부분적으로, 얼굴에 나타나는 이러한 영혼의 묘사는 영구적인 것이기도 하다. 자기희생을 감수하는 경건한 신앙인의 고상한 얼굴과 대조적으로 호색가의 육욕적이고 우울하며 무표정한 얼굴도 있다.

특히 날 때부터 우아한 자태를 갖춘 젊은이들이 눈에 젊음의 불꽃을 발하는 아름다운 외모와 아울러서 참된 영혼의 고결함이 얼굴에 나타내는 경우 종종 굉장한 감명을 받게 된다.

"주의 얼굴 빛 안에서 다니며" (시 89:15)라는 성경말씀은 삶 자체에서 해석되어진다.

모든 물질적인 것은 사라지나 하나님과 더불은 본질적인 것에 관한 영적이고 풍성하며 완전한 표현은 남게 된다. 하나님께서는 자신에 대해서 나타나는 모든 것이 위엄이며 활력이며 영광일 때 외에는 자신의 모습을 드러내실 수 없는 것이다.

이 계시는 또한 어떤 사람에게는 하나님의 노여움을 나타내는 것이 분명하나 여기에서 그 문제는 넘어가기로 한다. 우리는 지금 하나님의 진노의 대상인 영혼들에 대해서 다루는 것이 아니라 하나님을 찾는 영혼에 대해서 언급하고 있다.

하나님을 발견한 영혼, 이러한 발견 속에 행복을 느끼면서 은혜스럽고 조용하게, 거기에서 나오는 모든 것을 살펴보기 위해서 하나님의 거룩한 얼굴을 들여다보는 영혼은 이러한 체험을 하게 된다. 즉 하나님으로부터 비추어지는 것은 어두움이나 침침함이 아니고 부드럽게 물결치며 새로운 힘을 불어 넣어 주는 빛인 것이다. 그러한 하나님의 얼굴빛 속에서 마음의 꽃봉오리가 피어난다.

이것이 첫 번째 효력이다.

하나님의 얼굴빛에 다니지 않는 사람은 경건할지는 모르지만 하나님과의 날마다 갖는 만남은 체험하지 못하는 것이다. 그들은 하나님의 얼굴빛에서 그분을 보지 못하며 그 밝은 빛 가운데로 걸어가지 않는다.

다른 때와는 달리 어떤 사람의 얼굴 표정이 굳어지는 것은 그들이 하나님의 얼굴빛에서 벗어나 방황한다는 것을 보여 주는 것이다. 다시 그분의 얼굴빛에 다니게 된다는 것은 너무나 어려운 일이다!

참된 진실함과 동정심을 가진 얼굴은 우리를 감동시키며 우리 얼굴에서 매력적인 미소를 띤 만족감을 자아낸다.

그러나 주 하나님과의 경우에 있어서는 그 강도가 훨씬 더 강한 것이다.

여러분이 하나님을 바라 볼 때에 거기에 동화되어 자신의 우울함을 버리지 않는다면, 그분의 얼굴 빛 속에 매혹되어 그분을 쳐다 볼 수 없는 것이다.

하나님의 얼굴 빛 속에서 여러분은 하나님 알기를 배운다. 이 빛이 비칠 때에, 하나님의 성령이 은밀한 곳에서 나와서 여러분의 영혼에게 접근하여 여러분으로 하여금 과연 하나님은 여러분에게 있어서 어떠한 존재인가를 알고 깨닫고 느끼게 해준다. 어떤 교리 형식이나 신조의 가르침에 의해서가 아니라 말할 수 없는 은혜와 긍휼, 압도적인 사랑과 보살핌, 영혼의 모든 상처에 스며들어가서 거룩한 향유를 발라 주는 거룩한 동정의 영을 쏟아 부어주심으로 말미암는 것이다.

여러분을 비춰 주는 하나님 얼굴빛은 또한 여러분을 둘러싼다. 여러분을 더 높은 빛의 영역으로 들어 올려 주며 여러분은 스스로 그렇게 된 것을 느끼게 되는 것이다. 즉 하나님의 돌보심, 그분의 섭리, 그분의 전능하심에 의해서 이 빛의 날개 위로 올려지는 것을 느끼게 된다. 하나님의 얼굴 빛 안에서 여러분의 삶을 포함한 모든 것이 여러분에게 명백하게 된다. 모든 골고다의 체험으로부터 여러분은 영광이 어렴풋이 나타나는 것을 본다.

하나님 얼굴빛이 여러분의 가장 깊은 곳의 모든 부분을 꿰뚫어 여러분의 죄가 하나도 남김없이 드러나게 된다. 그러나 이 죄들은 하나님의 은혜로 인해 가리움을 받게 된다.

물론 여러분이 하나님 얼굴빛이 자신의 인격을 샅샅이 비취는 것을 깨닫는 순간, 죄를 숨기려는 모든 자신의 노력은 허사일 뿐이다. X선과는 전혀 다르게 하나님의 빛은 여러분의 자아 전체, 과거를 포함한 전 인생을 남김없이 모두 다 비추는 것이다. 그것은 그 어느 것도 저항할 수 없는 모든 것을 꿰뚫는 빛인 것이다.

따라서 하나님의 얼굴빛이 그 빛을 받는 여러분을 두렵게 만드는 것은 당연하다. 그러나 그 빛은 여러분을 두렵게 하지 않는다. 왜냐하면 그것은 믿음을 가진 여러분에게 하나님의 부성애 속에 살아 있는 풍성한 은혜를 드러내기 때문인 것이다.

그러므로 만일 여러분 중에 자기 자신이 죄를 완전히 용서 받았다고 믿지 못하며, 하나님께서 자기에게서 얼굴을 돌이키고 계신다고 생각하는 사람이 있다면, 예수의 속죄하심에 대한 믿음이 여러분 속에서 충만히 역사할 때에, 하나님의 얼굴빛이 여러분에게 비추어서 여러분을 에워싸게 하고 여러분의 마음을 꿰뚫게 하라. 그러고 나서 그 빛 속의 길을 따라 걸으라.

하나님의 얼굴빛 속에서 걸어간다는 것의 의미는 여러분이 때때로 그 빛줄기를 잡을 뿐만 아니라 그것이 늘 계속되어야 한다는 것이다. 또 심지어 여러분이 그 일에 대해서 생각하지 않을 때에도 빛은 거기에 있는 것이며, 여러분 영혼이 그 빛을 간절히 소원할 때는 언제나 빛 속에서 걸을 수 있게끔 준비되어 있는 것이다.

그때에 여러분은 날마다 빛 속에서 자신의 인생길을 계속 가게 되는 것이다.

더 이상 여러분 자신의 환상이나 잘못된 세속적 이상에 자극받지 않고, 기껏해야 한 개의 별이 머리 위에서 반짝이는 어두운 하늘 밑을 가는 것이 아니다. 여러분은 위에서 태양빛이 환히 비춰주는 빛을 따라 길을 가는 것이다. 여러분이 믿는 하나님의 얼굴빛 속에서 비춰주는 훨씬 더 풍성한 은혜를 따라서 말이다.

제21장

주의 종을 찾으소서

만물을 살피시는 하나님의 눈에서 나오는 섬광은 마치 도시와 그 광장을 비취는 탑 위의 탐조등과 같다.

그늘진 어두움 속에서 눈 깜박하는 사이에 밝게 비취는 빛줄기가 위에서부터 그 밑 땅을 비추이자마자 곧 그 빛을 받은 모든 사물들이 그 모습들을 뚜렷이 드러낸다. 아무 것도 숨길 수 없는 것이다.

마찬가지로 하늘에서 모든 것을 살피시는 눈을 가지신 하나님으로부터 마음과 영혼을 살피는 빛이 비추어져서 양심의 가장 깊은 속까지 다 드러내게 된다.

하지만 시편 기자가 "주의 종을 찾으소서"(시 119:176)라고 간구 할 때에 언급하는 것은 그러한 탐색과 탐조가 아닌 것이다. 여기서 성경 말씀은 양떼에서 떠나 길을 잃고 방황하는 양을 찾아 산을 헤매는 목자의 비유를 들고 있다. 시편 기자는 읊조린다 : "잃은 양같이 내가 유리하오니 주의 종을 찾으소서. 내가 주의 계명을 잊지 아니함이니이다."

전원생활에서 목자가 잃은 양을 찾는 비유는 탐조등이 사물들을 찾아 비취는 비유보다 훨씬 더 강한 의미를 나타낸다.

여기에는 사랑과 잃어버린 것을 다시 찾으려는 열망이 있고 양 무리에 속한 한 생명을 버려 둘 수 없는 안타까움, 찾고자 하는 강한 동기 또는 마음의 정열 같은 것이 있다.

여기에는 또한 상호작용이 존재한다. 길 잃은 양은 어찌할 바를 모르고 목자를 찾아 음매하며 울어댄다. 반면 목자는 양을 발견하기 위해 산기슭을 샅샅이 찾아 헤매는 것이다.

길 잃은 양은 발견되기를 바라고 목자는 양을 발견하기를 원한다.

양의 울음은 "목자님, 나를 되찾아 주세요!"라는 외침인데 양은 그러한 울음을 통해 목자가 찾는 일에 협력하고 있는 것이다.

마찬가지로 우리도 "당신의 종을 찾으소서"하며 애타는 영혼의 간청을 하고 있다. 하나님께 부디 우리를 찾아 달라는 기도를 통해서 우리를 찾으시는 것이 가능케 되는 것이다.

이와 같이 기도하는 사람은 세상에 속한 사람이거나 하나님에게서 멀리 떠나 세속적인 부를 추구하는 데 몰두하는 사람이 아니며 또한 마음으로 자기 자신을 우상으로 섬기는 사람도 아닌 것이다.

여기서는 개종하지 않은 사람에 대해서 언급하는 것이 아니다. 위와 같이 기도하는 사람은 자신이 하나님의 종이라는 것과 자신의 전능하신 분에게 봉사하였다는 것과 자신이 하나님과 함께 있었는데 지금은 그에게서 떠나 방황하고 있다는 사실을 알고 있다. 이것이 목자와 양의 비유 속에 명백히 표현되어 있다. 양떼를 떠나 방황하는 사람은 양떼에 속해 있던 사람임을 뜻하고 목자를 부르는 사람은 그 목자를 알고 있음을 말해 준다.

"당신의 종을 찾으소서!"라는 부르짖음은 사랑 많으신 하나님 아버지를 알고 있는 하나님 자녀의 직접적인 호소이다. 이 사랑의 결핍으로 말미암아 그는 외로움을 느끼며 심중에 병을 앓고 있는 것이다. 그는 하나님을 가까이 하는 데서 맛볼 수 있는 순전한 기쁨을 열망하고 있는 것이다.

그러므로 이런 괴로운 절규의 신비스러운 의미를 오해해서는 안된다. 그것은 개종에 대한 호소가 아니라 "복귀(return)"에 대한 호소인 것이다. 개종하지 않은 사람은 이렇게 기도할 수가 없다. 이렇게 기도하는 사람은 이전에 체험했던 사랑에서 멀리 떠나 있으면서 자신이 다시 전과 같이 되기를 간절히 소원하고 있는 것이다.

이런 일은 흔히 볼 수 있다.

어떤 사람이 좁은 문 안으로 들어갔다. 그는 길가에 더 고상한 빛이 비추이는 것을 보았다. 새로운 생명감이 마음을 감동시켰으며 그 왕국의 능력이 영혼의 동맥을 따라 흘러 들어왔다. 넘치는 화해의 잔을 받아 마신 그는 자신이 살았다는 것을 알았다. 그는 자신의 구세주가 되시는 하나님 안에서 즐거워하였으며 그 심령 속에는 그리스도 안에서 하나님과의 친밀한 교제의 삶이 복스럽게 전개되었다.

그런데 그것이 지속되지 않았다. 마음의 하늘에 안개가 피어올라 왔다. 길을 걸을 때에 샛길로 빠져 들다가 곧 길을 잃어 버렸다. 사물들이 불확실해지기 시작했고 마음에는 안식과 평안이 없어졌다. 땅에서 받는 영향력이 하늘에서 오는 거룩한 영향력을 압도해 버렸다.

다시 하나님이 멀리 떨어진 곳에 계신 것처럼 보였다! 이전에는 아주 팽팽했던 그리스도를 믿는 믿음의 끈이 너무나 느슨해져 버렸다.

이렇게 영혼이 다시 캄캄하게 되고 고독감과 버림받았다는 느낌이 마음에 꽉 차게 되어 마침내 더 이상 그것을 견딜 수 없어서 다시 하나님을 갈망하게 되었다. 부지런히 하나님 찾는 일에 전력하였다.

하지만 이렇게 찾아 헤맨다고 해서 하나님을 찾을 수는 없었다. 길에는 하나님이 어디 있다는 표시가 전혀 붙어 있지 않았다. 이리 저리 헤매어 보지만 그는 여전히 하나님에게서 멀리 떠나 있거나 아니면 점점 더 그분에게서 멀어지게 되었다.

여러분이 한번 하나님의 사랑을 맛 본 후 그것을 얕보고 마음대로 방종하다가 다시 그것을 얻으려는 것은 여러분의 능력으로 되는 것이 아니다.

하나님을 알았다가 저버린 사람은 스스로 그분을 다시 발견하지 못한다.

그러므로 여러분은 자신의 전적 무능력을 깨닫게 된다. 여러분은 스스로 아무것도 할 수 없는 것이다. 그러나 여러분은 하나님 없이는 자신이 아무 것도 할 수 없다는 것을 안다. 그분의 사랑의 결핍은 여러분 영혼 속에 아픔을 주는 공허함을 주는 것이다.

마침내 여러분은 다음과 같이 깨닫게 된다 : "나는 다시 나의 하나님을 찾을 수 없다. 그러나 하나님께서는 다시 나를 찾을 수 있는 것이다."

그리고 그때에 비로소 우리는 길 잃은 양이 두려워하며 우는 것처럼 울부짖게 된다. 길 잃어버린 영혼이 깊은 곳에서 하나님을 향해 울부짖는 호소를 하게 되는 것이다.

"오 하나님이여, 당신의 종을 찾으소서!"

이처럼 하나님을 다시 찾으려는 깊은 열망이 때때로 놀랍게 우리의 마음을 사로잡기도 한다.

어떤 사람들은 어린 시절에 은혜스럽게도 하나님의 사랑을 누릴 기회가 있었고 심지어 그때에 그 사실에 대해서 부분적으로 알았으며 거듭났지만 하나님의 이름에 대한 더 완전한 지식에 이를만한 의식적인 믿음은 가지지 못했다.

이 결과 그들은 하나님께서 능력으로 그의 영혼 속에서 역사하시지만 그들의 의심으로 인하여 그것을 받아들이지 않는 영적 비정상의 상태에 빠지게 되었다.

또 어떤 사람들은 아직 믿음을 굳게 잡을 수 없었으나 자신의 심령의 고상한 특성들로 인하여 특히 믿음에 관심을 갖게 되고 새롭게 되는 체험을 하게 된다. 종종 그들이 신앙을 고백하는 수많은 신자들보다 훨씬 더 여러분에게 매력을 주게 된다. 그들은 아직 활짝 피지 못한 꽃봉오리들인 것이다. 그러나 반쯤 피어난 이 꽃봉오리가 아름다운 향기를 내게 된다.

그들은 마음속으로 하나님을 간절히 사모하는 영혼들로서, 자신들의 갈망의 본질에 대해서 알지 못하고 있는 것이다. 그들은 자신들이 이미 하나님께 속했다는 것을 깨닫지 못한 채 하나님에 대한 알 수 없는 이끌림을 깊이 인식하고 있을 뿐이다.

그들 스스로는 기도하지 못한다. 그러나 기도할 줄 아는 다른 사람들은 그들을 위하여 중보 기도해 준다. "주님 이 당신의 종 또는 이 당신의 여종을 찾으소서. 이들은 자신이 당신의 종과 여종의 반열에 설 수 있다는 것을 그들의 삶 속에서 보여 주고 있나이다."

그들은 아직 자기들의 아버지이신 하나님을 발견하지 못한 자녀들인 것이다.

우리 자신들 뿐만 아니라, 하나님께서 우리에게 중보 기도를 맡기신 자들을 위하여 입술에서가 아니라 영혼 깊은 곳에서부터 나오는 기도는 하나님께 상달된다.

그때에 하나님께서는 그들을 찾으시고, 발견하시고 또한 자신이 그들에게 발견되게끔 하신다.

이것이 어떻게 진행되는가에 대해서는 아무도 말할 수 없는 것이다. 이렇게 하기 위해서 하나님께서는 인간의 자연스러운 삶 가운데 역사하신다. 그분은 우리에게 성경을 읽게끔 하시기도 한다. 하나님께서는 여러 가지 방법으로 이런 일들을 수행하신다. 즉 마음을 괴롭히는 번민, 우리를 극한 상태로 몰아넣는 어려운 환난, 우리에게 의미를 주는 사람과의 만남, 하나님께서 우리 주위를 배회하게 하신 천사들의 표적들, 하나님께서 직접 우리 심령에 일으키시는 내적 사역 등을 통해서 그 일들을 이루신다.

그리고 이러한 사역들은 각각 다르고 헤아릴 수 없는 것이지만 그 결과는 보장되어 있다. 하나님께서는 우리를 찾으시고 마침내 우리를 발견하신다. 그러고 나서 우리는 드디어 우리가 하나님께 발견되었다는 사실을 깨닫게 된다. 그리하여 하나님의 임재로 말미암아 우리의 심령은 다시 한 번 강하고 생동적이며 감미로운 기쁨을 누리게 된다.

단지, 이렇게 하나님을 찾는 일에 있어서, 하나님께서 우리를 찾으시는 것을 방해하지 말라.

의심뿐만 아니라 의식하려는 경향조차 하나님의 사랑을 거슬리는 죄가 된다.

하나님께서 여러분을 찾으시고 여러분의 어깨에 그분의 손을 얹으실 때에 물러 설 것이 아니라 당신의 두 무릎을 꿇고 하나님께 감사와 찬양을 돌리라.

제 22장

능력으로 강건하게 하옵시며

우리가 숨 쉬고 생활하는 환경이 우리의 건강에 상당한 영향을 미친다는 것은 누구나 다 알고 있는 사실이다. 신선한 공기는 건강을 증진시켜 주며 기분을 상쾌하게 해 준다. 산지에 사는 사람들에게는 신선한 산 공기가 그들의 핏 속에 철분을 공급해 주는 반면, 습지에 거하는 사람들은 늪에서 나오는 유해한 나쁜 공기로 말미암아 건강 상태가 좋지 못하며 몸이 수척해지는 것을 볼 수 있다.

어찌 그렇지 않겠는가? 우리가 숨 쉰다는 것은 쉴 새 없이 우리를 둘러싸고 있는 대기 중의 공기를 빨아들이는 것이 아닌가? 그리고 우리의 호흡작용뿐 아니라, 보다 적은 양이긴 하지만 우리 피부에 있는 수많은 털구멍들의 흡수작용 역시 주의의 대기 속의 요소들을 빨아들여 신체의 모든 조직에 영향력을 미치고 있지 않은가?

그러므로 허약체질을 가진 사람들과 빈혈환자들은 늘 신선한 공기를 원하며 보다 건강에 이로운 대기 속에서 호흡을 해야 하는 것이다. 마찬가지로 사람들은 뜨겁고 무더운 여름날에는 해가 넘어간 후 저녁에 찾아오는 시원함을 갈망하며, 또한 해변 가까이에 있는 사람은 바닷가의 좀 더 시원하고 보다 상쾌한 공기를 들여 마시기를 열망한다.

우리 인간은 육신과 영혼의 두 부분으로 되어 있다. 그리고 우리가 살고 있는 대기에 포함되어 있는 성분이 우리의 체질에 커다란 영향을 미치듯이, 우리 주위의 도덕적 특성은 우리 자신의 도덕성 개발에 큰 역할을 한다.

이것 역시 의심의 여지가 없는 사실이다. 여러 슬픈 일들과 기쁜 일들은 저속한 도덕규범이 인격에 어떻게 해로운 영향을 미치며, 도덕적이고 건전한 환경 속에서의 생활이 어떻게 인간의 도덕성을 개발시켜 주는 가를 계속해서 보여 준다.

교육은 주변의 밝고 어두운 환경에 의해 전적이진 않더라도 상당한 많은 영향을 받게 되는 것이다. 그리고 우리의 인격 형성에 있어서 어머니의 영향을 많이 받는 것은 주로 우리가 어린 아이 시절에 어머니와 가장 오랜 시간을 같이 보낸 때문일 것이다.

도덕 생활 역시 법과 규례를 수반한다. 그것은 실제적인 사실 행동들 속에 나타난다. 그 사람이 쓴 글들과 대화 속에 그가 지닌 도덕이 반영되는 것이다. 그러나 이런 것을 차치하고서라도 도덕 생활은 뭔가 다른 중요한 어떤 것으로서, 일종의 영적 공기, 도덕적 대기와 같은 것인데, 건전하고 활력을 불어 넣어 주는 것이거나 유독하고 해로운 것, 또는 중립적이면서도 서서히 힘을 약화시키는 역할을 한다. 그리고 비록 여러분의 성품이 아무리 강인하다 할지라도 여러분 역시 이런 여러 가지 영향으로 말미암아 영적 유익을 얻기도 하고 아니면 영적 손해를 보게 되기도 한다.

그러나 이것이 전부는 아니다.

여러분이 숨 쉬는 대기 가운데 여러분의 신체적 건강에 영향을 끼치는 원동력이 있고, 여러분의 도덕적 환경 속에 여러분의 도덕 생활에 작용하는 힘이 있을 뿐 아니라 또한 인격이라는 중요한 환경이 있다.

인격이 별로 고상하지 못하고 정욕적인 기질이 있는 사람과 계속적으로 사귀는 것은 여러분 자신에게 좋지 못한 영향을 미친다. 반면에 보다 더 높은 도덕규범을 따르며 보다 신중한 생각과 거룩한 생활 목표를 가지고 사는 사람과 매일 교제를 가지는 것은 여러분의 힘을 북돋아 주는 것이다. 그러한 사람은 여러분에게 훌륭한 수호신과 같다. 그러한 환경은 자칫 여러분이 함정에 빠질 만한 상황에서 다시 여러분이 자제할 수 있도록 해 준다.

실제로 훌륭한 인격을 가졌거나 탁월한 정신을 가진 사람일 경우 특히 이 점은 명백하다. 사람들 사이에는 서로 똑같아지려고 하는 인력이 작용한다. 한 사람이 다른 사람보다 더 강할 때에 강한 힘을 가진 사람은 약한 자를 자기와 같은 성질을 가지게끔 이끈다. 인간 본질의 밑바닥에는 모방심이 깔려 있다. 그래서 보다 약한 자는 별로 힘들이지 않고 무의식적으로, 심지어 어떤 때는 말의 억양과 대화의 종류까지 강한 자와 같아지려고 하는 것이다.

그리고 이 인격적 영향력 자체는 종교 분위기에 영향을 미치는 데, 그것은 도덕과 전혀 다르다.

모든 종교는 철저하게 개인적인 것이다.

모세는 모든 이스라엘 백성에게 자신의 분명한 신앙의 본질을 보였다. 사도들은 세상에 기독교 신앙을 전했다. 성 아우구스티누스는 중세 시대에 영감을 주었다. 유럽 대륙과 영국의 종교개혁은 그곳의 신앙의 선조들의 특징을 나타낸다. 오늘날도 활기찬 신앙생활이 이루어지는 모든 지역에서, 여러분은 이와 같은 활기찬 분위기를 조성하는 중심인물들을 가려낼 수 있는 것이다.

그것은 다른 사람의 마음속에 불을 붙여 주는 또 다른 마음의 불과도 같은 것이다.

옷을 입듯이, 경건의 아름다움으로 단장한 하나님의 자녀는 자신의 주변에 있는 영혼들로 하여금 하나님을 섬기게끔 만드는 것이다.

이제 우리는 사닥다리의 가장 높은 단에까지 올랐는데 사람들은 대체로 이것을 별로 염두에 두지 않는다.

거기에서는 신선한 산바람과 바다바람을 호흡한다. 거기에서 우리는 우리를 둘러싸고 있는 도덕적 분위기를 흡입한다. 우리는 사귀는 사람들의 잘 조화된 마음으로부터 우리에게 전달되는 활기를 우리 속에 간직하게 된다. 그렇게 함과 동시에 거기에는 또한 가장 고귀한 하나님과의 은밀한 동행이 있는 것이다. 우리의 심령이 다른 사람들보다 훨씬 강하게 되는 것은 이 하나님과의 은밀한 동행으로 말미암은 것이다.

사도 바울은 에베소 교인들을 위하여 기도한다. “그의 성령으로 말미암아 너희 속사람을 능력으로 강건하게 하시오며”(엡 3:16).

이것은 여러분의 심령 속에 이루어질 수 있고 일어나야만 할 가장 고상하고 풍성하며 거룩한 환경인 것이다.

예수께서 아직 이 지구상에 계시므로 여러분이 한 달 동안 매일 그 분을 볼 수 있다고 가정해 보라. 그러면 여러분은 비길 데 없이 여러분의 속사람이 강건케 되는 고상하고 거룩한 생활환경에 이르렀다고 느끼게 될 것이다.

사도들은 이 거룩한 환경에서 3년 동안 사는 특권을 누린 후에 속사람이 강건케 되어, 예수께서 친히 눈에 보이지 않을 때에도, 세상을 향해 주의 복음을 증거할 수 있었던 것이다.

지금은 이것이 불가능하다. 우리는 더 이상 예수를 육신의 눈으로 볼 수가 없다. 그러나 그분을 통해서 우리는 하나님 아버지께 가까이 나아가고 날마다 하나님과 인격적이고도 은밀한 대화를 나눌 수 있는 것이다.

만일 여러분이 하나님과의 이러한 교제가 자신이 기도하는 짧은 순간만으로 끝난다고 생각한다면, 여러분은 단지 짧은 시간 동안만 이런 거룩한 분위기에 있게 되는 것이다. 여러분의 기도 시간은 대체로 하루 24시간 가운데서 30분을 넘지 못할 것이다.

그러나 성경은 그렇게 말하고 있지 않다. 이미 다윗은 "내가 여호와의 집에 영원히 살리로다"(시 23:6)라고 노래하였다. 수금 타는 왕 다윗의 이전과 이후의 모든 성도들은 이러한 하나님과의 은밀한 대화를 추구하였고 발견하였으며 알고 누렸던 것이다. 하나님과의 교제를 통하여 하나님에 대해 자주 생각하며 계속해서 영혼이 그분을 향하게 하고 우리를 사랑하시는 하나님을 바라보는 눈으로 모든 만물을 살펴보았다. 늘 하나님께 가까이 나아가고, 하나님의 거룩하고도 용기와 활력을 주시는 임재 속에서 그의 은총을 끊임없이 경험하였던 것이다. 하나님과의 은밀한 교제에 의하여 그분의 편재(偏在)하심을 개인적으로 인식하게 되고 우리의 모든 삶과 모든 존재가 말하자면 그분의 신성에서 비춰지는 거룩한 후광 속에 몰입하게 되고 우리 마음속에서 하나님 아버지의 뛰는 심장의 고동 소리를 들었던 것이다.

이러한 원동력을 소유한 교회는 살아 움직이게 된다. 그러나 원동력이 결여된 교회는 교리적으로 큰 소리 치는 것 같아도 죽은 것과 같다. 자기의 회중에게 이러한 분위기를 불러일으키는 설교자는 하나님의 대사이다. 여기에 대해 아는 바 없는 설교자들은, 그들의 심령이 그것을 추구하지 않기 때문에 울리는 꽹과리와 같을 뿐인 것이다.

하나님께 가까이 하는 것이 여러분의 즐거움이며 노래이다. 여러분이 그분의 장막에 거하며, 하나님과의 은밀한 교제가 날마다 여러분의 기쁨이 된다면 여러분의 전 인격은 날마다 하늘 위에 있는 거룩한 대기의 강하고 강건케 하는 영향을 덧입게 되는 것이다. 그 대기 중에서 천사들은 숨을 쉬며, 먼저 세상을 떠난 사람들은 그것으로부터 자신들의 영혼을 결코 노쇠케 하지 않는 신선함을 흡수한다. 이와 같이 하늘나라의 능력들이 여러분의 속사람과 대화를 나눌 것이다. 이것은 여러분의 영혼을 부채질해 주는 천국의 오존이며 여러분 속에 깨끗지 못하고 거룩하지 않은 것을 억제시키는 능력이며, 여러분의 가슴을 생명력과 활기로 부풀게 해 주는 생명의 샘으로부터 나오는 바람인 것이다. 심지어 성령 안에서 하나님께서는 여러분을 자극하시며 영감을 주시어 더 고상한 능력을 나타내게끔 해 주신다.

오! 만일 모든 영혼이 이 거룩한 대기를 마실 수 있다면 모든 사회생활은 완전히 뒤바뀌고 말 것이다.

그런데 문제는 죄이다. 여러분이 빈혈증 환자에게 "산의 신선한 공기를 마시라" "바다 바람을 쐬라!" 고 말하면 그는 곧 반응을 보인다. 모든 사람이 자신의 육신의 건강을 위해서라면 기꺼이 이와 같이 하려고 할 것이다!

그러나 여러분이 영적으로 병들어 있는 사람에게 "여러분이 처해 있는 환경에서 벗어나서 좀 더 고상한 도덕적 분위기를 찾으라" 고 말할 때에 혹시 한 사람의 마음은 움직일 수 있을지 모르지만 훨씬 더 많은 사람들이 계속해서 자기 자신들의 악한 생활을 그대로 즐긴다.

그리고 더 나아가서 여러분이 "하나님과 은밀한 동행을 실천하고 하늘에 있는 생명의 대기를 마시라!" 고 말한다면, 하나님께서 손수 인도하시는 자 외에는 어느 누구도 그 말에 따르지 않고 만다.

만일 여러분이 실제적으로 이 은밀한 교제에 대해서 알고 있다면, 여러분이 아주 고상한 은혜를 받고 있다는 증거인 것이다.

사도 바울처럼 여러분도 우리 주 예수 그리스도의 아버지 앞에 무릎 꿇고 이 영광스러운 특권이 여러분에게 박탈되지 않고 오히려 이 은밀한 하나님과의 교제를 통하여 여러분의 속마음이 강건케 되기를 간구하라.

제 23장

여호와의 팔이 뉘게 나타났느뇨?

하나님은 영이시라는 고백 외에 우리를 인간의 능력 이상으로 들어올려 궁극적으로는 모든 감각적 유혹을 물리치게 해주는 생각은 없다. 따라서 자연히 하나님께 예배드릴 때에는 "신령과 진정으로" 할 수 밖에 없으며 또 그렇게 해야만 한다는 결론을 내리게 된다.

이러한 사실은 하나님의 이름 앞에 경배함에 있어서 물질적이며, 감각적이고 어떤 형태를 지닌 것은 그 무엇을 막론하고 개입할 여지가 없음을 나타낸다.

하나님은 영이시다. 진리는 여러분 존재, 영혼 그리고 심령 속에서 여러분을 구속하며 괴롭히는 모든 쇠사슬로부터 영적 존재를 해방시켜 주는 것이다. 물론 이 상태에서 여러분은 또한 개인적으로 신령과 진정으로, 마음속의 모든 사랑을 다하여 영이신 하나님께 경배하는 것이다.

하나님은 영이시다. 이 사실은 모든 우상 숭배, 모든 피조물 숭배, 거룩하지 않은 형상들에 대한 모든 충성심이 사라지게 만든다. 그리고 우상 숭배를 불러들이고, 고대 민족들의 몰락을 촉진시킨 모든 정욕적인 잔인성을 배제시킨다.

하나님은 영이시다. 이 말은 여러분 인간 존재를 모든 보이는 세계 그 위로 들어 올리며 여러분의 정신을 눈으로 볼 수 없는 더 높은 영역, 즉 하나님께서 거하시는 감히 근접할 수 없는 빛 가운데로 들어 올려 준다. 왜냐하면 만일 하나님께서 영이시라면 그분은 이 모든 보이는 세상과 무관하며 그분은 산들이 생겨나기 전에 이미 존재하셨던 것이며 물질적인 것이 전혀 창조되지 않았던 영원한 시간이 존재하게 되기 때문이다. 그리고 눈에 보이는 만물은 눈에 보이지 않는 세계 다음 가는 위치를 차지하게 된다. 여러분의 육체적 죽음이 여러분 존재의 파멸을 의미하지 않는다. 여러분은 계속해서 존재할 수 있다. 비록 죽은 후 예수께서 재림하실 때까지는 단지 영적인 존재로 지내게 되지만 말이다. 그러므로 여러분은 이미 이 땅에서 깊은 만족을 누리며 만일 필요하다면 여러분은 모든 세상을 경멸하고 고상한 영적 신분만을 유지하며 영적으로 하나님과 최고의 부요함을 누릴 수 있다.

그러나 하나님은 영이시라는 고백이 아무리 유력하며 비길 데 없이 풍성한 것이라 할지라도 그것 역시 죄로 오염되어 있는 것이다.

여러분이 잠시 사탄과 모든 귀신들의 세계에 대해서 생각해 볼 때에 이것을 아주 강하게 느낀다. 자신의 교양이 높으며 훌륭하게 성장했다고 자부하는 사람들은 사탄과 귀신들을 단지 빈약한 정신을 가진 사람들의 조작물로 간주해 버린다. 그러나 모든 신자는 이 문제에 있어서 예수께서는 이러한 자칭 교화되었다고 자부하는 사람들보다 더 많이 알고 계시며 주기도문에서 우리에게 "악한 자에게서 구해 주소서"라고 기도하라고 가르치셨으며 "뜻이 하늘에서 이룬 것 같이 땅에서도 이루어지이다"라는 좋은 구절을 넣으셨다. "하늘에서"라는 말은 "당신의 천사들에 의해서"란 뜻이다.

육체를 가지지 않고 다만 영으로 존재하는 천사들은 무엇인가? 그리고 만일 사탄이 악하게 지음 받지 않고 원래는 하나님에 의해서 선하고 총명하게 지어진 피조물로 천사들 중에 속했었다는 것이 사실이라면 그 역시 영적인 존재이며 그의 졸개들인 귀신들 또한 영물들이라고 말할 수밖에 없지 않은가?

이것은 죄를 순전히 영적인 것으로 만들며 죄에서 감각적인 요소를 제거해 버리는 것인가?

전혀 그렇지 않다. 그것은 방탕함과 술 취함을 포함한 모든 죄가 정신에서 시작했음을 보여 준다. 그리고 시편 기자가 다음과 같이 기도한 것이 올바르다는 것을 나타낸다. "주의 종에게 고의로 죄를 짓지 말게 하사 그 죄가 나를 주장하지 못하게 하소서 그리하면 내가 정직하여 큰 죄과에서 벗어나겠나이다"(시 19:13).

그러므로 사회 전반적으로 술 취함이나 폭동 또는 간음만이 '비도덕'이라 여기며 자만, 자아 과시와 그에 따라 다른 사람을 과소평가하고 비꼬는 것, 분노와 적개심은 훌륭한 사람의 명성을 떨어뜨리는 비도덕적인 것이라고 전혀 생각지 않는 것처럼 어리석은 일은 없는 것이다.

이 이론에 따라, 하나님은 영이시라고 하는 영광스러운 고백은 아주 무서운 범신론, 마침내 자기 자신을 신으로 생각하게끔 만드는 교만한 자만심에 빠지게 만든다.

그리고 이것으로부터, 심지어 기독교 신자들 간에도 어처구니없는 착각이 일어나서 "성령으로 거듭난 새사람"이 "옛사람"이 범했던 모든 정욕적인 죄들에 대한 책임을 지고 멸망당하게 된다고 말하는 사람이 생겨났다.

이것은 메이터링크(Maeterlinck) 학파에서 범한 잘못이 지금 다시 철저하게 반복되는 것이다. 그들은 인간 속에 있는 순수한 영혼은 육체가 저지른 정욕적 잘못으로 인해 전혀 손상되지 않는다고 주장했었다.

그러나 성경은 우리의 영혼이 다음과 같은 것들을 깨닫게 함으로써 이 모든 잘못들을 전복시키고 있다. 그것은 우선 하나님은 영이시라는 것과 아울러 하나님의 모든 사역은 인격적인 사역이며, 우리와는 대립되기도 하고 또한 우리 편에서 계시기도 하는 인격자의 활동이라는 사실을 우리가 깨닫게 하시는 것이다.

하나님은 영이시므로 숨어 있는 세력이나 모든 창조물을 지배하는 원동력도 아니고 또한 막연하고 알지 못할 작용도 아닌 것이다. 하나님은 절대 그런 분은 아니다. 하나님은 하늘에 계신 우리 아버지시며 우리에게 말씀해 주시고 우리의 기도를 들으시는 분이시며 그분 안에는 거룩한 사랑이 용솟음쳐 흐르고 있다. 그 분은 인격적인 분으로서 우리의 친구가 되어 주셔서 우리와 함께 대화하시며 동행하신다. 우리와 함께 잠자리에 누워 밤을 지내시며 우리로 하여금 그분의 거룩한 장막 안에 거하게 하시는 분이시다.

그러므로 성경은 계속해서 우리에게 인격적 행위로서의 하나님의 사역들에 관해서 보여 주며, 하나님의 얼굴, 주님의 입, 그분께서 우리에게 향하시는 귀, 거룩하신 분의 발자국, 그분께서 은혜로 우리 위에 얹으시는 손, 그 속에서 모든 저항을 물리치시는 능력 있는 팔에 관하여 언급해 준다.

이 모든 것은 넓은 범주에서 의인화, 즉 하나님을 인간적으로 표현하는 것이라 볼 수 있다. 그러나 거기에는 단순한 그것 이상의 것이 있다. "귀를 지으신 이가 듣지 아니하시랴 눈을 만드신 이가 보지 아니하시랴"(시 94:9).

우리의 눈, 귀, 입, 손 그리고 팔은 단지 우리의 내적인 능력의 구체적인 표현에 불과한 것이다. 하나님께서는 자신의 형상대로 우리를 만드셨기 때문에, 우리 안에 그런 것들을 창조하셨다. 그러므로 하나님께서 듣고 보고 말씀하시고 은혜를 주시고 싸우신다는 것은 인간의 방식대로 비유적으로 표현된 것이 아니다. 오히려 이 모든 것은 본래 하나님 속에 있는 것으로서 우리에게도 나타나는 것은 오직 우리가 그분의 형상대로 지음 받았기 때문인 것이다.

그러므로 성경이 "여호와의 팔"에 대해서 언급할 때에 그것은 하나님으로부터 막연한 힘이 흘러나오는 것뿐만 아니라, 하나님 자신이 내재하는 능력과 밖으로 흘러나오는 능력을 주관하신다는 것과 그분께서 정하신 목적을 향해 그 능력이 흘러가게 하신다는 것, 또한 그분의 선하신 뜻대로 그것을 사용하시거나 아니면 사용치 않고 머물러 두신다는 것을 의미한다. 그리고 하나님께서 우리를 위해서 또는 우리를 대항해서 자신의 능력을 사용하시는 것은 보다 고차원적인 의미에서 볼 때 우리가 곤경에 빠진 사람을 보호해 주거나 아니면 공격자를 피하기 위해서 우리 팔을 들어 올리는 인격적 행위와 같은 것이다.

이사야 선지자는 "여호와의 팔이 누구에게 나타났느냐"(사 53:1) 라고 묻는데 이제 이 질문을 여러분들에게 한번 적용시켜 보겠다. "여호와의 팔이 너희에게 나타났느뇨?" 바로 이때에 이 질문은 여러분에게 하나님의 존재나 그분의 능력의 유무, 그리고 하나님 능력 발휘에 대한 여러분의 인식에 대해 막연히 일반적인 질문을 하는 것이 아니다. 그 질문은 여러분의 인생 체험 속에, 그리고 여러분의 영혼의 체험 가운데 이 전능하신 하나님께서 몸소 여러분과 만나시고 그분께서 개인적으로 여러분에게 다가오셨는가, 자기의 친구나 혹은 적수에게 하듯이 여러분과 개인적 관계를 맺으셨는가에 대한 질문인 것이다. 이런 진지한 인격적 관계에서 어떤 때는 **여호와의 팔**이 여러분을 막아주고 보호해 주시기 위해서 들어 올려졌으나 또 어떤 때는 여러분을 대항해서 여러분을 패배시키기 위해 여호와의 팔이 들어 올려지는 것을 보았느냐 하는 구체적인 질문인 것이다.

그리고 이런 체험은 대부분의 사람들, 심지어는 주님을 전적으로 섬기는 성직자들의 영적 생활에서도 결핍되어 있는 것이다. 그들은 감히 하나님을 대면하여 알던 모세와 같은 체험이 부족한 것이다. 그들은 하나님과 더불어 인간에게 하듯, 씨름을 했던 야곱에 대해 이해하지 못한다. 그들은 겉으로 드러나는 하나님의 능력과 사역, 그 영향력에 대해서만 막연히 알 뿐, 그들은 거룩하신 하나님을 보지 못하며, 자기 자녀에게 다가 오시는 아버지로서의 하나님을 알지 못한다. 그들은, 자신의 눈으로 자기 자녀를 바라보시며 그분의 귀로 자녀의 말에 귀를 기울이시며 아이에게 자신의 손을 얹으시고 자신의 능력의 팔로 자녀를 감싸 주시는 하나님과 관계를 갖지 못하고 있는 것이다. 그들은 하나님께 기도를 드리고 찬양은 드리지만 길에서 하나님을 만나지 못하고, 침상에서 그분이 가까이 계신다는 것을 느끼지 못하며 자기 위에 와 닿는 그분의 거룩한 숨결을 느끼지 못하며, 그 속에 모든 확신과 구원이 들어 있는 능력의 팔을 보지 못한다.

그러므로 성경 읽는 것이 보다 중요한 일이라는 것을 깨닫지 못하며 성경에 있는 모든 내용을 은유적으로 해석하려는 잘못된 경향을 버려야 한다는 것을 분명히 깨닫지 못하는 것이다.

성경 즉 하나님의 말씀은 우리의 발걸음을 인도하는 등불이요 우리의 길을 비추는 빛이다. 왜냐하면 성경만이 우리의 영혼이 다음과 같은 두 가지 사실을 분명히 깨닫게 해 주기 때문이다. 즉 하나님은 영이시라는 것과 하늘에 계신 우리 아버지 되시는 하나님께서 우리 곁에 오셔서 얼굴을 맞대고 우리와 만나시며 사람이 자기 이웃과 대하듯 우리와 교제를 나누신다는 것이다.

하나님은 우리 눈으로 볼 수 없는 분이시면서 또한 우리의 눈앞에 자기를 나타내시는 분이시다.

제 24장

하나님을 아는 지식

"영생은 곧 유일하신 참 하나님과 그가 보내신 자 예수 그리스도를 아는 것이니이다"(요 17:3). 이것은 인생에 있어 가장 깊은 의미와 고귀한 목적을 나타내 주는 구절이다. 실로 이것은 어느 한 예언자가 인간들에게 한 말이 아니고 예수께서 하나님께 하신 말씀인 것이다. 그러나 반면에 이 구절은 진심으로 하나님을 찾는 자들을 위해 성경에 기록되어 있는 것이다.

예수께서 30년 이상 이 세상에 계시던 동안, 즉 나사렛 동네에 있는 아버지 요셉의 집, 산이나 광야에서 아침 또는 해가 지는 황혼 그리고 밤이나 낮에 기도하신 기도들 가운데서, 몇 회의 영혼의 절규들 그리고 겟세마네 동산에서의 고통스러운 간절한 기도 외에는 우리에게 알려진 것이 거의 없다. 하지만 요한복음 17장에 나오는 우리의 대제사장 되시는 주님의 기도는 우리의 심금을 울려 준다. 그리고 우리 순례길을 가는 데 있어서 성경을 **늘 지녀야 할 책**으로 주신 성령의 역사하심으로 말미암아 우리 신자들은 주님께서 이 땅에서 하나님께 드리셨던 기도에 공감을 느끼게 된다.

주님께서 이 세상에서 하신 모든 기도들이 기록된 책이 있다면 그것은 결코 파손되어서는 안될 보물이 될 것이다. 첫째, 주님께서 영적 생활이 막 시작될 무렵인 열두 살 때에 드리신 기도는 비록 제한적이긴 하지만 아주 경건하여 이미 신앙의 완성 단계를 보여 주고 있다. 둘째, 열두 살 때부터 서른 살까지의 기도생활인데, 이때 주님께서는 드러나지 않게 집에서 지내면서 위대한 인류의 대 구속 사업을 준비하고 계셨던 것이다. 그리고 세 번째는 주님께서 인류를 구원하시기 위해 전적으로 사역하신 3년의 공생애 기간이다. 이 기간은 아주 짧고 빨리 지나가 버렸으나, 천 날 이상 되는 나날 동안에 일어나는 폭풍우 같은 강렬한 영적 투쟁으로 인해서 주님께서는 다른 어떤 때보다 가장 많은 기도를 드리셨다. 안식일에서 다음 안식일에 이르는 매 주마다 주님께서 밤잠을 주무시지 않고 필사적으로 기도하신 시간들을 과연 누가 헤아릴 수 있겠는가.

주님께서 이 땅에서 하신 기도가 그렇게 많은 데도 불구하고 "천지의 주재이신 아버지여, 이것을 지혜롭고 슬기있는 자들에게는 숨기시고 어린아이들에게는 나타내심을 감사하나이다. 옳소이다. 이렇게 된 것이 하나님의 뜻이니이다"라는 기도 외에는 실제로 하나도 우리에게 전해 오거나 기록되어 있지 않다.

내용이 손상되거나 요약되지 않은 채로 우리에게 전해 온, 바로 위에 언급된 기도 가운데서 천지의 주재이신 아버지란 표현은 사실상 요한복음 본문의 "영생은 곧 유일하신 참 하나님을 아는 것이라"는 구절과 일치되는 것이다. 그리고 마태복음 11:25에 나오는 "지혜롭고 슬기있는 자들에게는 숨기시고 어린아이들에게는 나타내심…"이란 구절은 요한복음 17장의 "세상 중에서 내게 주신 사람들"과 똑같은 것이다.

두 경우에서 예수님께서는 **하나님에 대한 지식**이 가장 중요하다는 사실을 언급하셨다.

이 모든 것에서 가장 중요한 것은 하나님을 기쁘시게 하는 일인 것이다.

기도의 행위는 무엇이 거룩한가에 대한 비판이 아니라 거룩함(holiness)을 받아들임으로 말미암아 우리 생명 안에 거룩함이 들어오게 하는 행위이다. 즉 우리가 기도하는 것은 영원히 살기 위해서 뿐 아니라, 우리의 삶 속에 그 자체로서 영원한 다른 한 생명을 부여받기 위해서인 것이다.

우리 속에 무엇인가가 활동할 때와 그 내적 활동으로 인해 무엇인가가 생성될 때에 우리에게는 생명이 있는 것이다. 그것은 마치 임신한 사람이 배 안에서 느껴지는 태동으로 인해 자기의 태속에 한 생명이 있다는 것을 알며, 이것으로 말미암아 곧 한 생명이 태어나리라 기대하는 것과 같다.

우리의 인격, 자아, 우리 속에 있는 영혼의 존재 역시 마찬가지이다. 만일 여러분 속의 모든 것이 조용하며 활동하는 소리를 전혀 들을 수 없으며 여러분의 가장 깊은 곳에서 활동하는 기미가 전혀 느껴지지 않는다면 여러분은 여러분의 영혼이 살았는지 죽었는지 알 수 없는 것이다. 여러분은 마치 바다에 파도가 일어날 때에 어느 한 방울도 가만히 있지 않고 한데 어울려 계속적으로 요동하는 것과 같이 세상 풍조에 따라 밀려가는 삶을 살고 있는 것이다. 그러나 그것이 여러분에게 생명이나 내적 활동 그리고 여러분에게 솟아나는 생명의 약동함을 주지는 않는다.

이렇게 세상 풍조에 휩싸여 밀려가는 동안에 여러분은 안도감을 느끼며 지적으로 또는 정서적으로는 윤택함을 누릴 수 있을 것이다. 그러나 반면 여러분은 자신의 개인적인 영적 문제에 대해 등한시하게 되며 따라서 여러분은 영생을 소유할 수 없게 된다. 그러다가 마침내 죽음이 찾아와서 여러분을 이 세상적 삶의 물결에서 격리시켜 놓을 때에, 여러분이 다른 사람들과 더불어 지냈던 육신의 생명은 끝장나버린다. 그리고 그때에 여러분에게 남는 것은 아무 것도 없게 된다.

개별적이고 인격적인 생명은 하나님께서 여러분 속에 뿌려 놓으신 씨에서 움튼 싹인 것이다. 그리고 이 싹이 잘 자라게 하기 위해서는 계속해서 알맞은 양분을 공급해 주며 돌보아 주어야 한다. 이 싹의 체질에 맞지 않는 영양분은 아무리 많이 섭취한다 할지라도 성장에 전혀 도움이 되지 못한다. 왜냐하면 체질에 맞지 않는 양분은 소화, 흡수를 할 수 없기 때문에 먹어 보았자 속이 거북할 뿐인 것이다.

이따금 그리고 어느 정도 필요한 양분을 공급받는 것 역시 별로 도움이 되지 못한다. 싹이 완전히 자라려면 적당한 양분을 정규적으로 그리고 계속해서 섭취해야만 한다. 식물이 완전히 성장해서 결실하게 될 때까지 말이다.

이것이 영혼에 대한 "영생"인 것이다. 영생이란 내세에 누릴 생명일 뿐만 아니라 사람의 내적 존재가 그것의 기질, 본질, 그리고 운명에 부합되게끔 성숙하는 것이다. 이 성숙을 방해하는 모든 저해 요소를 극복하고 충분한 양분을 공급받으며 이루어지는 것이다. 그러므로 내적인 양육, 발육 촉진, 정화 작업이 아주 변함없고 영구적이므로 완전한 결실이 맺혀지게 되는 것이다.

이것이 영생이다.

인간의 내적 존재 즉 영혼에 대한 영생은 하나님의 형상을 좇아 창조되었다.

그래서 예수께서는 영생은 유일하신 참 하나님을 아는 것이라고 말씀하신 것이다. 또 여러분은 영원한 생명이 자라는 것은 오직 영원하신 하나님 안에서만 가능하다는 사실을 발견하게 된다.

"여호와는 나의 산업과 나의 잔의 소득이시니 나의 분깃을 지키시나이다"(시 16:5). "땅에서는 주 밖에 내가 사모할 이 없나이다"(시 73:25).

하나님이야말로 최고로 좋으신 분이신 것이다!

"진실로 생명의 원천이 주께 있사오니 주의 빛 안에서 우리가 빛을 보리이다"

(시 36:9).

의심의 여지가 없이 각양 좋은 은사와 온전한 선물이 다 위로부터 빛들의 아버지께로서 내려오는 것이다. 만물이 주에게서 나오고 주로 말미암고 주에게로 돌아간다. 결국 목적은 하나님 자신께서 모든 것이 되시며 만유 안에 계시게 되는 것이다.

우리 하나님께서 만주의 주시며, 왕 중 왕이시며, 그분께서 모든 일을 정하시고 허락하시며 통치하신다는 고백은 영광스러운 것이다. 그러나 더 나아가 훨씬 더 깊은 체험은 여러분 속에 거하시며 여러분을 자신의 성전으로 택하시고 여러분 속에서 여러분을 위해 기도하시되 말할 수 없는 탄식으로 기도하시는 성령 하나님을 마음속에 모셔 들이는 일이다.

오직 이렇게 함으로써 여러분은 마음의 안식을 누리게 된다.

은혜를 받은 우리가 해야 할 일은 단지 열과 빛을 받아 밝고 아름답게 비치는 것이다. 그것 자체로 열과 광채를 내는, 타오르는 난로는 하나님 자신 속에 있는 것이다.

영원한 생수의 모든 물방울은 우리를 상쾌하게 해준다. 그런데 이 생수가 솟아나는 샘은 영원하신 하나님의 영이다.

따라서 성경 전체를 통해, 교회사를 통해 그리고 모든 성도들의 영혼에서 "하나님께 가까이 함이 내게 복이라"는 힘찬 고백의 찬송이 늘 끊임없이 계속 되었다.

우리가 눈으로 하나님을 찾으며 마음으로 그분을 보기 원하며, 우리 안에 있는 영혼이 하나님 안에서 최고의 가치를 발견할 때에만, 우리 속에 있는 싹이 시들지 않고 잘 자라나, 피어나는 봉우리에서 영생의 꽃이 만발하게 되는 것이다.

영혼의 본성 때문에 다른 방법으로는 영생이 결실할 수가 없다.

영혼은 여러분 스스로 만들어 낸 것이 아니다. 이 세상이 자체의 영혼의 본질을 창안한 것도 아니다. 더욱이 영혼이 저절로 존재하게 된 것도 아니다. 인간 영혼의 본질을 만드신 분은 오직 여호와 한 분이신 것이다. 그리고 우리의 영혼은 유다나 요한 또는 다른 어떤 사람의 영혼과는 상관없이 개별적으로 하나님께서 정하신 본질에 따라 형성되는 것이고 앞으로도 계속 그렇게 될 것이다.

영혼은 경건하게 성장해 나갈 수도 있고 또한 죄로 인해 시들거나 썩어버릴 수도 있는 것이다. 그러나 그것이 영광스럽게 자라가든지 해를 받아 부패하든지간에 즉 이러한 성장과 부패는 둘 다 하나님께서 각자에게 심으신 영혼의 본질에 따른 결과인 것이다.

모든 창조 계획 즉 하늘의 별, 옥수수 열매, 나뭇가지 위에서 노래하는 종달새, 지성소에서 "거룩하다, 거룩하다, 거룩하다" 찬미하는 천사들에 대한 계획은 하나님께서 하신 것이다. 그러나 그 가운데서 인간 영혼은 본질상 다르게 창조되었다.

성경은 인간 영혼의 본질에 대해서 여러분은 하나님의 형상을 좇아 창조되었다고 명백하게 단 한 문구로 말하였다. 인간이 하나님의 형상대로 창조되었다는 것은 아주 함축적인 표현이다. 구태여 설명을 할 필요가 없는 것이다. 모형에 불과한 우리 영혼이 원형 되시는 하나님 외에 다른 것에 "최고 가치"를 부여해서는 안되는 것이다. 또 더 나아가 우리 영혼이 하나님보다 더 중요시하고 좋아하는 것이 있다면, 그것들은 모두 우리 영혼을 상하게 하며 부패하게 하며 해를 입히게 하는 것이다.

지구상에 수많은 민족들이 이 사실에 대해서 전혀 알지 못하는 것을 볼 때 고통스럽다. 더 괴로운 것은 진지하게 진리를 추구하는 자들 가운데 하나님 외의 다른 것에 도달해 버리는 자들이 너무나 많은 것을 보는 일이다. 그런데 가장 마음 아픈 일은 크리스챤이라 자처하는 사람들 가운데 다수가 다른 것을 좇다가 거기에 말려 들어가 결코 하나님 자신을 향유하지 못하고 마는 사실인 것이다.

그러나 예수께서는 절망하지 않으신다.

예수께서는 지금 이 시간도 하늘 아버지 우편에서 이 땅에 있는 택한 성도들을 위해서 계속해서 기도하고 계신다. "아버지여, 영생은 곧 유일하신 참 하나님을 아는 것이니이다"라고. 그런 때에 이따금씩 이 땅에 있는 하나님의 자녀 속에 있는 영혼이 그 사실을 깨닫고 주님의 기도에 대해 "아멘. 아멘!"하며 응답하는 것이다.

제 25장

우리에게 아버지를 보여 주옵소서

이 장(章)에서 중요한 사상은 전 장에서와 마찬가지로 "영생은 곧 유일하신 참 하나님을 아는 것이니이다"라는 탁월한 예수의 말씀이다. 이 말의 의미는 너무 오묘하고 의미심장한 것이어서 한 번에 다 깨달을 수 없는 것이다. 그러므로 여기에서 다시 재고해 보도록 한다.

앞에서 우리는 여러분이 영생이란 무엇인가 느끼게 해 주려고 노력하였다. 우리는 영생에 대해 한 가지 사상으로 요약하지도 않았고 그것의 개념을 분석하지도 않았다. 우리는 영생이란 마치 끝이 없는 삶이라는 일반적인 관념 이상의 것이란 사실을 설명해 보려고 힘썼던 것이다. 끝이 없고 계속되는 삶은 여러분으로 하여금 소망 없는 절망에 빠지게 하고 말 것이다. 그런 것과는 다른 것인, 영생은 오히려 여러분의 힘을 북돋워 주며 격려해 주는 것이다.

요약해 보자.

앞장에 하나님 아버지를 아는 사람은 영생을 얻게 되리라고 언급하지 않았다. 또한 만일 여러분의 신앙심이 두텁고 그리함으로 열심히 하나님을 알고자 노력하면, 그 대가로 여러분은 사망한 후에 영생을 누리게 된다고 하지도 않았다. 오히려 하나님을 아는 것 자체가 영생이라고 말하고 있는 것이다. 따라서 여러분은 사람들이 막연히 생각해 왔던 영생의 개념과 예수님의 영생에 대한 견해에는 하늘과 땅 차이와 같은 큰 차이점이 있다는 것을 알게 된다. 하나님을 알기 위해서 갖은 노력을 다한 대가로 영생을 얻게 된다는 것은 얄팍하고 기계적이고 부자연스러운 판단일 것이다. 반대로 하나님을 아는 것 자체가 영생이라는 사상은 너무나 깊어서 아무리 속을 들여다보아도 그 바닥이 뵈지 않는 심오한 것이다.

지식의 대가로 영생을 얻게 된다는 해석은 영생을 일종의 학교 훈련인 것처럼 나타내는 것이다. 많은 연구, 많은 암기 그리고 많은 받아쓰기 과정을 걸쳐서 그대가로 죽어 없어질 존재가 영원히 멸하지 않는 존재로 승진하는 것이라면, 지식은 고차원적 생명보험과 같은 것이다.

그렇다면 영생은 학습 활동으로 이루어지게 된다. 이것은 전체가 아주 상세하게 수록된 어려운 교리책을 공부하는 것이다. 이 공부를 통해서 사람들은 하나님과 그의 사역, 무한하신 하나님의 인격과 속성들에 관해서 오랜 세월에 걸쳐 체계화 된 것을 조직적으로 알게 된다. 그러다가 마침내 모든 것이 그의 영혼의 눈앞에서 하찮은 것이 되어 버리고 생명의 향내가 전혀 느껴지지 않을 때에 비로소 이 삭막하고 생명력 없는 지식은 영생이라는 대가를 받게 된다는 것이다.

그러나 하나님을 아는 지식 바로 그 자체가 영생인 것이다. 그리고 이 지식을 가지고 있는 사람은 이미 지금 영생을 소유한 것이다. 반면에 이 땅에서 이 하나님을 아는 지식을 발견하지 못한 채 죽은 사람은 내세에서도 그것을 발견할 수 없게 될 것이다. 그에게 영원한 아침은 솟아오르지 않는 것이다.

여러분은 영생을 느끼고 대한다. 영생은 하나님을 아는 것이라는 주님의 말씀은 (당연히 그래야 하고 또 오직 그렇게 해석될 수밖에 없기 때문에), 여러분의 영혼과 양심에까지 파고 드는 강력한 힘으로 여러분을 촉구한다. 그리고 여러분에게 "너는 이미 이 하나님을 아는 지식을 얻었는가?"라고 묻는다. 여러분으로 하여금 지금, 즉 너무 늦기 전에 영혼을 뒤흔들어 이 영생이 약동하는 향기를 맡을 수 있기까지 이 지식을 추구하도록 여러분을 촉구한다.

그러면 이제부터는 "주여, 아버지를 우리에게 보여 주옵소서"(요 14:8)라는 순진한 빌립의 발언에 대해 생각해 보기로 하자.

이 말은 그 단순함으로써는 어린 아이와 같다. 그러나 이미 그는 하나님을 알기 위한 첫발을 내디딘 것이다. 이렇게 말하는 사람은 자신이 진지하게 진리를 추구하고 있음을 보여 주는 것이다. 그는 하나님을 아는 지식을 얻기를 원하는 것이다. 그의 요청으로 미루어 보건대 그는 하나님에 관해 머리로만 알려는 것이 아니고 생명을 얻게 하는 하나님을 아는 지식을 소원하고 있는 것이다. 그는 하나님 즉 하나님 자신을 알기를 원한다. 아버지를 우리에게 보여 달라고 하기 보다는 차라리 "아버지를 나에게 보여 주옵소서"라고 요청한 편이 더 자연스러웠을 것 같다.

몇몇 지역에 있어서 종교 생활은 너무 교리에 치우쳐 있다. 이것은 부득이한 일로서 어찌 할 수 없는 것이다. 교리적 표현은 절대 필요한 일인 것이다. 그러나 교리가 너무나 편파적인 때는 위험하다. 복음서와 서신서 사이에도 교리의 차이가 있으며 서신서에서는 교리적 논쟁이 명백히 드러나 있다. 그리고 복음서에서조차도 예수님의 산상수훈과 주님과 서기관들과의 논쟁 사이에는 차이가 있는 것이다.

초대 기독교는 후대의 기독교보다 훨씬 좋았다. 초대 교회 때 사도들의 설교와 찬양 그리고 성찬식 거행에는 얼마나 큰 기쁨이 있었는가. 그런데 후대의 형식적인 예배는 초대 교회 당시와 비교해 볼 때에 얼마나 삭막하고 무감동적인 것인가. 초기에는 생명이 강물같이 흘렀다. 그런데 후에는 모래 위에 가늘게 흘러가는 물줄기를 제외하고는 물이 말라버린 강바닥 밖에 없는 것이다. 아, 교리에 치우친 종교 생활이 신자들을 이렇게도 무력하게 만들어 버리고 말았던 것이다!

자, 빌립은 이러한 사실들에 대해서는 전혀 알지 못했다. 그는 어린아이와 같이 단순하게 진리를 찾고 있는 것이다. 그에게 있어서 하나님은 그의 바라는 대상이시며 그는 하나님을 추구하고 있으므로 마음속으로 하나님을 보게 해달라는 기도를 하고 있는 것이다. 그래서 그의 영혼의 요구에 못 이겨 그는 "아버지를 우리에게 보여 주옵소서"라고 말한 것이다.

여러분이 어떤 사람을 아느냐는 질문을 받았는데, 만일 여러분이 그에 대해서 전혀 알지 못하는 경우라면 당연히 여러분은 "저는 결코 그런 사람을 본 적이 없습니다"라고 답변할 것이다.

백문이 불여일견이라고 보는 것이 가장 중요한 것이다. 눈으로 봄으로써 어떤 인상을 받는 것은 자명(自明)한 것이다. 이것은 신약과 구약 두 책에서 하나님을 보는 문제가 늘 앞에 언급된다는 사실을 설명해 준다. 일찍이 모세가 "주의 영광을 내게 보이소서"(출 33:18)라고 기도했을 때에 여호와께서는 "네가 내 얼굴을 보지 못하리니 나를 보고 살 자가 없음이니라"(출 33:20)고 답변하셨다. 그리고 여러분은 신약시대에 바울이 "우리가 다 수건을 벗은 얼굴로 거울을 보는 것 같이 주의 영광을 보매, 저와 같은 형상으로 화하여 영광으로 영광에 이르니"(고후 3:48) 라는 진실을 말하면서 얼마나 기뻐했는지 알고 있다. 이것이 이 땅에서는 부분적으로 이루어지고 천국에 가서 보다 완전하게 성취되는 것이다. "우리가 지금은 거울로 보는 것 같이 희미하나 그 때에는 얼굴과 얼굴을 대하여 볼 것이요 지금은 내가 부분적으로 아나 그 때에는 주께서 나를 아신 것 같이 내가 온전히 알리라"(고전 13:12).

성경이 말해 주는 생명은 이와 같이 감동적인 것이다. 그러므로 이런 구절을 들을 때에 모든 삭막함은 다 사라져 버린다. 이것은 아주 실제적인 것이다. 하나님을 보고, 그분을 쳐다보고 그리고 나서 진지하게 이 생명을 주는 통찰력을 인해 즐거워하는 것은 하나님 즉 살아계신 하나님을 기쁘시게 해 드리는 것이다.

그러므로 아버지를 보여 달라는 빌립의 요청은 영생을 얻기 위해 나아가는데 있어서 훌륭하게 취한 첫걸음이다. 그리고 그것은 살아계신 하나님을 간절히 사모함으로 말미암은 것이다.

그러나, 불행하게도 여러분 밖에서는 하나님을 볼 수 없는데, 그 이유는 아주 명백하다.

여러분은 이 세상에서 여러분 주위에 독립된 개체로서 드러나 있는 것을 볼 수 있다. 그것도 여러분의 시야에 들어오는 것에 한해서 말이다.

어느 누구도 세상 전체를 볼 수는 없다. 우리가 세상을 본다 해도 단지 단편적이나 부분적으로 우리 시야기 미치는 한도 내에서 볼 수 있을 뿐이다. 그러나 불가능한 것이긴 하지만 여러분이 세상 전체를 볼 수 있다고 할지라도 하나님을 볼 수는 없는 것이다. 왜냐하면 세상은 유한하지만 하나님은 무한하시기 때문이다. 여러분이 세상에 대해서 갖는 개념이 아무리 넓다 해도 무한하신 하나님과 비교해 볼 때에 아무 것도 아닌 것이다.

그리고 여러분은 단지 형태, 형상, 모양을 가진 것을 보되, 시야에 미치는 것에 한해서만 볼 수 있다. "하나님은 영이시니 예배하는 자가 신령과 진정으로 예배할찌니라"라 하였다.

그러므로 여러분 자신 밖에서 하나님을 본다는 것은 불가능한 일이다. 주위에서 하나님을 보기를 원하는 것은 하나님의 품위를 떨어뜨리는 것이며, 그분을 물질화하는 것이며 영이신 하나님을 부인하는 일이 된다.

바로 이런 데서 우상 숭배가 들어오게 된다.

우상 숭배란 이런 것이다. "썩어지지 아니하는 하나님의 영광을 썩어질 사람과 새와 짐승과 기어다니는 동물 모양의 우상으로 바꾸었느니라"(롬 1:23).

우상 숭배는 사악한 마음에서 나오는 것이 아니고 신앙심에서부터 나온다. 신전을 세우고 그 속에 하나님의 형상을 만들어 놓는 사람들은 민족 중에서 몹쓸 사람들이 아니고 최고의 사람들인 것이다. 이들 민족들 가운데는 "우리에게 하나님을 보여 주시오"라는 울부짖음이 드높은 것이다. 그래서 사제는 그들이 만든 한 조상(彫像)을 그들의 하나님이라고 보여주었던 것이다.

그들은 이런 식으로 해서 하나님을 자신들에게 가까이 오게 할 수 있으리라고 여겼다. 그러나 실상은 그 초라한 조상으로 인해 그들은 하나님을 아는 지식을 전부 잊어버리고 말았던 것이다.

하나님이 눈에 보이게 됨과 동시에 하나님 자신이 사라져 버리고 마는 것이다.

그래서 사도 요한은 죽기 전에 현명한 충고를 해 주었다. "자녀들아 너희 자신을 지켜 우상에게서 멀리하라!" (요일 5:21).

따라서 이 두 가지는 계속해서 서로 대립된다.

한편으로는 "아버지를 우리에게 보여 주옵소서!" 라는 절박한 부르짖음은 교리, 신앙개념, 신앙 형식으로는 만족하지 못하고 하나님 자신을 소유하고자 하는 영혼의 절규인 것이다. 이것은 경건하게 그리고 어린 아이와 같이 목말라하면서 살아계신 하나님을 바라는 것이다. 반면, 여러분은 자신에게 한 대상으로서의 하나님을 나타내 보여 줄 수도 없고, 눈으로 그를 보지도 못한다. 하나님은 눈에 보이지 않는 분이신 것이다. 그분을 눈에 보이는 한 현상으로 나타내려는 모든 노력은 수포로 돌아가 버리고 만다. 그러한 노력을 함으로 말미암아 사람들은 무한하신 하나님을 잊어버리게 되고 그분으로부터 훨씬 더 먼 곳으로 떨어져 방황하게 되는 것이다.

하나님을 눈으로 보게 될 때까지는 쉬지 않고 노력하겠노라는 내적 충동과 그러나 한편 눈으로 하나님을 보게 되면 동시에 그분을 잃어버리고 만다는 서로 충돌되는 인식들의 해결 방안은 하나님을 보여 달라는 빌립의 요청에 대한 예수님의 답변에 들어 있다. 즉 "나를 본 자는 아버지를 보았거늘 어찌하여 아버지를 보이라 하느냐" (요 14:9).

그건 어째서일까? 여러분 밖에만 볼 대상이 있는 것이 아니고 여러분 속에도 볼 만한 대상이 있는 것이다. 하나님을 아는 지식이 없는 여러분 자체 속에서가 아니라 그 지식으로 말미암아 생명을 소유하고 하나님의 형상을 되찾은 여러분 속에 말이다.

하나님의 형상을 입은, 인간 예수 속에서 하나님 자신이 빌립에게 나타나신 것이다. 그리고 인자이신 주님과의 영적 교제를 통해서 여러분도 역시 예수 안에서, 예수를 통해서 그리고 성령으로 말미암아 여러분 속에서 하나님을 보게 되는 것이다.

우리는 우상 신전에 있는 가짜 하나님의 형상이 아니라, 메시야이신 주님 안에서 참 하나님의 형상을 볼 수 있는 것이다!

제 26장

예수 안에 계신 하나님 형상

하나님께 경배하는 것을 제외한다면 여러분은 주님께서 친히 하신 말씀들 중 여러 구절들에 대해 떨림과 움찔함을 느낀다. 예를 들어서, "아버지나 어머니를 나보다 더 사랑하는 자는 내게 합당하지 아니하고"(마 10:37)란 말씀 등을 들을 때에 말이다.

오늘날 많은 대중 앞에서 어떤 사람이 감히 이와 같이 말했다고 가정해 보자. 그렇다면 모든 청중들은 그를 미친 사람으로 취급해 버릴 것이다. 더 나아가 누군가가 여러분의 방에 들어 와서 당신이 보는 앞에서 당신의 자녀들에게 이와 같이 말했다면, 여러분은 곧 온갖 방법을 다 동원해서 그를 내쫓아 버리려 하지 않겠는가?

그러나 바로 예수께서 이와 같이 말씀하신 것이며, **여러분은 예수님을 섬기는 사람들이기 때문**에 당신의 자녀들에게 그것이 진리라는 것과 그 말씀을 순종해야만 한다고 강조하는 것이다.

그리고 아버지 하나님을 보여 달라고 말한 빌립에게 예수께서 답하신 "나를 본 자는 아버지를 보았거늘…"이란 말씀 역시 얼른 받아들이기 어려운 말이다.

주님을 믿지 않고 그분 안에 계신 하나님을 경배하지 않는 사람들은 이렇게 말하는 사람들을 미친 자로 여기고 더 이상 상대하려 하지 않을 것이다. 거기에는 취사 선택의 여지가 전혀 없는 것이다.

어떤 사람이 그러한 무모한 주장을 하고 나설 때에, 하나님을 알지 못하는 불신자들은 그를 가만히 내버려 두지 않을 것이다. 그러나 여러분은 주님을 경배하기 때문에, 마음으로 이러한 인상적인 말씀에 대해 아멘으로 화답한다. 예수님의 말씀을 순종하느냐 거역하느냐 하는 것은 오로지 예수님을 섬기느냐 아니냐에 달려 있다.

예루살렘에 있는 법정에서 공회와 유대인들은 자신이 하나님의 아들 그리스도라고 인정한 주님에 대해서 참람한 말을 하였다며 사형을 언도해 버렸다. 주님을 섬기지 않던 그들로는 아주 타당한 처사였던 것이다.

하나님의 아들이신 예수님의 신적 권위를 보지 못한 그들은 주님을 참람한 자로 취급할 수밖에 없었다. 따라서 그들의 잘못, 혹은 지울 수 없는 죄상은 그들이 예수님을 십자가에 못 박은 사건이 아니라 그들이 주님 안에서 하나님을 보지 못했다는 점이다. 다시 말해서 그들은 입술로는 늘 하나님에 대해서 이야기했지만 정작 주님 안에 하나님께서 그들 앞에 나타나셨을 때에는, 하나님을 발견하지 못하고 예수님이 바로 하나님의 아들이시란 사실을 부인해 버렸던 것이다.

아직도 그러한 경우가 있다.

종교적 통찰력이 밝게 비추이는 신앙시대에는 이전에는 그렇지 못했던 많은 사람들이 예수님 안에서 하나님을 보게 된다. 그러다가 오늘날과 같이 종교적 통찰력이 줄어들고 약화되는 때에는 많은 사람들이 신앙을 도외시하게 된다. 그리고 예수께 대해서 "이상주의자", "참된 신앙의 표상", "신앙적 영웅", "성스러운 순교자"등의 명예로운 칭호를 붙여 주는 것으로 스스로 위안을 받으려 한다. 그러나 그러한 단어들은 신이시며 동시에 인간이 되시는 예수님을 위대한 한 인간으로 격하시키는 것이다. 그 말들은 양심을 마비시키며, 예수님의 신격(神格)을 인정함으로 말미암아 그분 앞에 무릎 꿇고 감격하여 도마와 더불어 "나의 주시며 나의 하나님이시니이다"라고 고백하는 것을 막는 치명적인 결과를 초래하는 것들이다.

볼테르는, 완전한 신성(神性)과 인성(人性)을 동시에 갖추신 예수님을 한갓 인간으로 취급해 버리고 마는 이 시대의 사람들보다 더 용감했다. 근본적 문제에 있어서 그들과 볼테르는 같은 입장을 취하고 있다.

그들은 예수를 본 자는 하나님을 본 것이라는 것 역시 믿지 않는다. 이 시대의 불신자들이 예수님 당시의 유대인들과 다른 점은 단지 감히 그런 참람한 말을 한 예수를 십자가에 못 박으라고 말할 기회를 갖지 못한 것 뿐이다.

이렇게 예수님 안에서 하나님을 보는 것은 인간의 정신이 도달할 수 있는 가장 극치의 행위인 것이다.

많은 사람들이 어릴 적에는 이 진리를 받아들이지만, 점점 성장해감에 따라 그것에 대해서 많이 생각하지 않게 된다. 그들은 자신들의 이러한 신앙태도를 방관해 버리고, 그 영적인 진리는 마치 자신들과는 무관한 어떤 것으로 여기는 것이다.

여러분은 이러한 사람들에 대해 아주 가혹하게 판단해서는 안된다. 대다수의 사람들이 성장해 가면서 영적으로 더 깊어지지 못하는 것이다. 이 미성숙한 확신으로 인해서 그들은 의심 없이 자신들이 정신적으로 향상되었다는 느낌을 갖게 될 것이다.

그러나 주님께 더 가까이 나아가기 원하며 더 굳은 신앙을 갖고자 했던 아주 축복받은 신자들은 어린 시절의 신앙 차원에서 만족하지 않는다. 그들은 진리에 대해서 곰곰이 생각하고 묵상한다. 그리고 단순한 교리 분석에 의한 것이 아니라, 그들로 하여금 더 깊은 진리를 깨닫게 하는 영혼의 활동을 통해서 영적인 감동과 체험을 하게 되는 것이다.

이들에게 있어서 본다는 것은 육신적인 눈으로 보는 것 그 이상의 것이다. 왜냐하면 육안으로는 가장 풍부하고 뚜렷하게 그리고 또 완전히 볼 수 없기 때문인 것이다.

우리 인간이 보기 전에 하나님께서는 육안을 갖지 않으신 채, 영적이고 직접적으로 보셨다.

하나님께서 자기의 형상을 따라 인간을 지으시고 그에게 보는 눈을 선물로 주셨을 때에, 인간이 받은 시력은 원래 영적이고 본질적이며 직접적인 것이었음에 틀림없다. 그리고 나서 하나님께서 또한 인간에게 육신을 입히시고 물질 세계로 그를 이끌어 오셨으므로 하나님께서는 그를 위해 이 세상을 볼 수 있는 육안을 만들어 주셨던 것이다.

우리의 감각적인 육안은 단지 물질세계만을 위한 것이다. 그러므로 우리 신체의 일부인 눈은 이 **보이는 세상** 이외의 다른 인식에는 기여할 수 없는 것이다. 이 세상과 다른, 더 깊고 더 풍요로우며 훨씬 더 광활한 보이지 않는 세상을 보는 데 이 눈은 전혀 도움이 되지 않는다. 보이지 않는 세상을 위해서 우리 인간은 또 다른 눈을 받았는데 그것은 영혼의 눈인 것이다. 영적인 눈에 대해 우리의 육안은 부수적 도움을 주는 종속기관에 불과한 것이다.

세상은 영적인 세상과 보이는 세상 두 가지가 있으며 이와 관련하여 눈에는 영혼의 눈과 육신의 눈 두 가지가 존재하며 결과적으로 시각도 영으로 **직접** 보는 것과 육안을 통해 **간접**적으로 보는 것, 즉 **영적**으로 보는 것과 **외관적**인 것을 보는 것 두 가지가 있다.

본다는 동사의 이상적 인식에 대해서 고려해 보자. "당신은 내가 경우 바르다고 본다"라고 말했을 때의 본다는 것은 감각적인 눈에 비쳐지는 것이 아니라, 전해지고 논의되고 설명되어진 것을 언급한다.

이러한 관점에서 볼 때에 예수 안에서 하나님 아버지를 본다는 것은 감각적 눈으로 보는 유치한 행위가 아니다. 하나님은 영이시다. 그러므로 예수 안에서 하나님 아버지를 보려고 하는 사람은 예수님 안에서 하나님이신 영을 보아야만 한다.

따라서 주님 안에서 아버지 하나님을 보는 것은 **영혼의 눈으로써** 영적으로 보는 것을 뜻한다.

우선 여러분은 예수 안에는 다른 거룩한 사람들에게서 찾아볼 수 있는 영적인 것이 있음을 깨닫게 된다. 그러나 예수의 내적 자아에 대해서 더 연구해 나가면, 여러분은 예수 안에는 영적인 것이 다른 사람들보다 더 높은 차원으로 존재한다는 것, 즉 더 명백하고 완전하며 풍부하다는 것을 인식하게 된다.

그러나 예수께서 다른 사람들보다 심지어 가장 최고의 사람들보다 더 고상하고 풍부하고 완전한 영적 상태를 가졌다는 것으로는 충분치 않은 것이다. 주님 안에는 훨씬 더 헤아릴 수 없는 깊은 내면이 있기 때문에 마침내 당신은 그분 안에서 영적인 활력들과 빛들이 여러분이 상상했던 것보다 훨씬 충만하게 있다는 것을 인정해야만 한다. 예수 안에는 영적인 것이 우리 인간들이 생각할 수 있는 차원을 훨씬 초과할 만큼 존재한다. 즉 예수의 영성은 무한한 것이다. 그분은 다른 어떤 인간과 비교할 수 없으리만큼 질적으로 다른 영성을 지니고 계신 것이다. 그분의 영원한 완전함이 당신을 향해 빛을 발한다. 그때에 모든 것이 여러분의 영혼의 눈앞에서 변화한다. 무의식적으로 여러분은 유한한 세계에서 무한한 세계로 통과하여 마침내는 당신이 예수를 통해서 그리고 그분 안에서 인식하는 분이 하나님 자신임을 느끼게 된다. 그리하여 당신은 그분 앞에 무릎을 꿇고 경배한다.

그러나 여러분의 이러한 체험이 **성육신하신 말씀**, 즉 예수 안에서 여러분의 육안으로 본 것과 전혀 관계없는 것은 아니다. 이렇게 예수를 자세히 살펴볼 때, 여러분은 그분의 영혼과 개인적인 육신을 분리시키지 않는다. 여러분은 영혼으로 통하기 위해서 육체를 제거하지 않는다. 주님께서 육신을 입고 세상에 오셔서 말씀하시고 행하시고 수고하셨던 모습 그대로를 받아들이는 것이다.

여러분 앞에 보이는 것은 완전한 표현이며 모습이며 신비한 것이다.

평범한 사람 가운데서 조차도 가끔 행복할 때에, 그들의 얼굴, 눈, 입술, 말, 태도, 행동에 그들의 영혼이 반영되므로, 그들의 외모를 통해서 그들의 내심을 알게 될 때가 있는 것처럼 예수님도 마찬가지이다. 주님의 경우에 있어서는 단지 무한하시며 더 강렬하시며 가끔이 아니라 늘 그러하시다는 것이 다르지만 말이다.

주님의 외모는 틀림없이 압도적인 것이었다. 그분이 풍기는 인상은 아주 놀랄만한 것이었다. 여러분이 주님의 거룩한 눈이 얼마나 정열적이었으며 그분의 얼굴 모습이 얼마나 인상적이었는지, 그리고 그분의 훌륭하게 조절된 음성이 어떤 감명을 불러일으켰는지에 대해서 생각해 보면, 곧 여러분은 예수의 육신적 외모는 그분 안에 하나님의 신성을 받아들이기에 부족함이 없다는 것, 더 나아가 오히려 육체에 신성을 충분히 담을만하다고 느끼게 된다. 마치 예수를 통해서 하나님 자신께서 이 보이는 세상에 오셔서 예수를 본 모든 사람들을 초대하고 매혹해서 그분 안에 있는 하나님을 찬양하고 경배하게 한 것 같다.

만일 예수께서 이 땅에 오셨을 때에, 인간들이 타락하기 이전인 에덴동산에 있던 상태였다면 모든 사람들은 즉시 예수 안에서 하나님을 완전히 알아보았을 것이다.

그러나 죄를 지음으로 말미암아 어두워진 영안을 가진 인간들에게 있어서 예수 안에서 하나님을 본다는 것은 불가능한 일이다. 하나님께서는 예수 안에 계셨으나 세상 사람들은 알지 못했다. 타락한 인간의 영안 앞에는 베일이 내리워져 있었는데, 오직 하나님이 이 베일을 걷어 주셨을 때에만 인간은 예수 안에 있는 하나님을 보았던 것이다.

영혼에 있는 눈은 독립적인 것이 아니다. 오히려 그것은 영혼 속의 모든 힘을 총동원한 것으로서 영혼으로 하여금 깨닫게 해주고 인식하며 발견하며 즐거움을 누리게끔 해 주는 것이다. 이 영적인 시력은 영혼 속에 잠자고 있는 모든 능력을 규합해서 느끼고 깨닫게 해 주는 것이다. 영적인 눈은 하나님의 형상을 따라 지음 받은, 우리 속에 있는 모든 인간의 본능을 일깨워 주는 것이다. 그것은 인간 본래의 형상으로 되돌아가게 해 주고 원형과 형상, 그리고 원판과 복사판 사이의 관계를 명백히 인식시켜 준다. 그래서 내적인 지혜로 말미암아 하나님을 알게 해

주는 것이다.

예수 안에 있는 인간성만이 하나님에 대해서 완전히 파악하고 알았다. 우리 각자 그리고 우리 모두 속에는 하나님의 형상을 닮은 인간성이 전체적으로 있지 못하고 단지 변화된 채 특별하고 제한된 형태로 존재하는 것이다. 반면 예수 안에는 이 인간성이 그 자체로 구현되어 있다. 그러므로 주님은 인자(the Son of Man)라 불리었다. 따라서 이 때문에 예수는 하나님일 뿐 아니라 또한 모든 사람들 가운데서 유일하게 하나님 아버지를 온전히 이해하고 깨닫고 있는 인간이었던 것이다.

"아들과 또 아들의 소원대로 계시를 받는 자 외에는 아버지를 아는 자가 없느니라"

이리하여 인간은 자신의 내적 영혼의 안식으로는 하나님을 **이해할** 수도 없으며 자신의 영안을 가지고는 하나님을 **볼** 수도 없는 것이다. 예수께서는 이 일을 잘 하셨고 또 지금도 잘 하시나, 여러분은 불가능한 것이다. 그런데 여러분도 그렇게 할 수 있는 유일한 방법이 있다. 즉 여러분이 주님께 나가서 그분과 교제를 나눔으로 예수께서 머리가 되시는 신비로운 몸의 살아 있는 한 지체가 되는 것이다. 그렇게 하면 당신은 예수 안에서 하나님을 볼 뿐 아니라 하나님께서는 또한 당신 안에 성령을 통해서 성전을 지으실 것이다.

당신의 영혼 속에 하나님이 거하시는 것은 당신을 위해서이다. 이로써 여러분의 가장 내밀하게 감추어진 부분들 안에 있는 자신의 숨기어진 자아에게 하나님의 신비함을 나타내 주는 것이다.

"빌립아, 내가 이렇게 오래 너희와 함께 있으되 네가 나를 알지 못하느냐? 어찌하여 아버지를 보이라 하느냐?"

"나를 본 자는 아버지를 보았거늘" 여러분의 구세주 되시는 예수 안에서, 예수를 통해서 말이다!

제 27장

온전히

하나님을 찾는 사람이 있느냐는 질문에 대해 시편 기자는 반박하고 탄식하면서 "다 치우쳐 함께 더러운 자가 되고 선을 행하는 자가 없으니 하나도 없도다"(시 14:3)라고 말한다. 하나님을 이해하는 사람도 없고 그분을 찾는 자도 전혀 없다는 것이다.

그렇다면 다윗이 모든 세대의 사람에게 크게 감동을 주는 시 "하나님이여, 사슴이 시냇물을 찾기에 갈급함 같이 내 영혼이 주를 찾기에 갈급하니이다"(시 42:1)란 구절을 읊조렸을 때는 본심을 속였던 것인가. 아니면 아삽이 황홀한 기쁨을 느끼며 "내가 항상 주와 함께 하니"(시 73:23)라고 외친 것은 단지 영혼의 상태를 가장한 것에 불과하단 말인가.

결코 아니다.

이 글 문두에 나온 질문은 타락한 인간 중에 **어느 한 사람이라도** 본능적으로 하나님께 나아가며 모든 장애물과 저항력을 타도할 만큼 끌어당기는 힘을 발휘할 수 있느냐 하는 것이다. 이에 대한 답변은 아니다. 다시 한 번 물어 본다 할지라도 아니다라고 할 수 밖에 없다. 죄로 말미암아 손상되고 쓸모없게 되어 더 이상 하나님의 형상을 지니지 못한 인간의 마음에 그러한 경향은 전혀 없는 것이다. 그것은 인간 스스로의 타락의 결과로서, 여러분도 익히 알고 있는 사실이다. 수많은 사람들이 하나님에 대한 감각이 없어 그분을 찾기에 갈급해 하지 않는다는 것은 한탄할 일이 아니다. 진지하게 종교생활을 하는 사람의 수는 적다. 그리고 그 안에 참 믿음을 지니고 있는 사람의 수는 더 적다. 여러 면에서 종교적인 사람들과 어울려 보라. 그들을 바라보고 연구해 보고 그들의 담화에 귀를 기울이고 그들과 한 패가 되어 그들이 하는 대로 행동해 보라. 그러면 모든 것이 너무 외식적이며, 인위적이며 기계적인 데 대해 놀라움을 금치 못할 것이다. 그리고 그들의 영혼들이 하나님께 가까이 나아가 그분을 **발견하는** 일을 얼마나 등한시하고 있는가 깨닫게 될 것이다.

심지어는 교회나 다른 어떤 곳에서 예배드리면서도 하나님 앞에서 멀리 떨어져 있거나 아니면 다른 때와 마찬가지로 하나님의 존재를 부인해 버리는 것이다.

의심할 바 없이, 늘 기도 시간이나 다른 시간에 자신들의 영혼 속에서 영원하신 하나님과의 교제를 원하는 사람들이 있다. 그러나 아무리 질문을 거듭해 보아도 하나님을 찾기 위해 끌어당기는 힘이 인간 자신들에게서 나오는 것은 아니다. 하나님께서 친히 잡아당기는 힘을 가지고 그들을 끌어당기고 계신 것이다.

왜 하나님의 끌어당기시는 힘이 어떤 사람에게는 작용하고 어떤 사람에게는 작용하지 않는지 우리는 알 수 없다. 그러나 분명한 사실은 자석이 쇠를 끌어당기듯이 하나님께서는 원하시는 영혼을 끌어당기실 수 있다는 것이다. 그리고 하나님께서 이렇게 하실 때에 그 힘은 불가항력적인 것이다. 그러므로 영혼이 하나님을 찾는 것은 하나님께서 그 영혼을 끌어당기시는 때문이다.

이것은 어떻게 작용하는 것인가? 영혼은 이해, 의지, 감정, 상상력 또는 무어라 명칭할 수 없는 신비스러운 활동을 통해서 하나님께 가까이 나아가는 것일까?

이것은 사람의 성격에 따라 다르다. 어떤 이는 지적이고 교리적인 하나님에 대한 지식이라 하고, 어떤 이는 우애 있는 친교, 또 어떤 이는 뜻의 일치, 다른 이는 꿈과 이상, 또 다른 사람은 영감이라고 할 것이다. 더 많은 사람에게 물어보면 여러 가지 다른 대답들이 나오게 된다. 여기에는 각자의 성질과 기질이 주요한 역할을 하는 것이다. 사상과 정의(定義)들에 대해서 예민하게 분석하는 사람은 확고한 교리적 고백에서, 행동파 사람은 실제적 결과를 가져온 자신의 헌신에서, 그리고 천성적으로 긴장을 잘하는 사람은 자신의 성품으로 말미암은 애절한 열망에서, 또 상상력이 풍부하며 공상에 잘 빠지는 사람은 표현과 기발한 심상에서 자기 입장을 견고히 한다. 모든 사람이 자기 나름대로의 주장을 하고 있는 것이다. 이것은 과거나 현재나 다 마찬가지인 것이다. 고전 작품들을 통해서 우리는 훨씬 이전에 살았던 사람들에 대해서 알 수 있다. 즉 만사는 대개 사람들의 각기 다른 풍조, 학파, 경향에 따라 좌우되는 것이 분명하다. 이 사람은 이렇게 하고 저 사람은 저렇게 행하는 것이다. 결코 만장일치를 찾아 볼 수 없다. 단지 어느 누구도 온 마음을 다하여 하나님을 찾지 않는다.

이상의 사실들은 하나님을 찾기 위한 특별한 한 가지 방법만을 선택한다는 것은 오히려 하나님께 나아가는 길, 즉 여러분이 그분과 진실하게 사귐을 가질 수 있는 방편을 막는 것임을 말해 준다. 그리고 하나님의 자녀들은 하나님께 나아가는 모든 길에서 자유로이 활보할 수 있어야 함을 지적해 준다. 아무 것이든지 하나님 아버지의 집에 가는데 방해가 되어서는 안된다.

위의 주장에 대한 근거는 하나님을 발견하는 것은 영혼의 한 부분적인 힘으로써가 아니고 영혼 전체로써만 가능하다는 데 있다. 하나님을 깨닫고 그분을 소유하는 것은 우리의 지식, 의지 상상력이나 우리의 생각이 아니다. 하나님을 깨닫는 것은 그것을 전체적이고 일관성 있게 또 정당하고 실재적으로 알고 바라고 숙고하는 영혼인 것이다. 여러 광선이 비쳐 들어와서 영혼의 생명을 일깨워 주는 한 초점에 모이는데 이러한 작용이 바로 믿음이라는 것이다.

그런데 문제는 인간의 영혼이 죄로 말미암아 타락한 상태에 이르렀다는 점이다.

사람들은 인간의 타락을 단지 도덕적 문제로 취급해 버림으로써 잘못을 범하게 된다. 사실상 타락으로 말미암는 전반적인 손실은 영적인 생활에 부득이하게 일어나는 부작용들을 살펴봄으로써만 완전히 깨닫게 되는 것이다.

인간의 타락 문제는 하나님과 인간 사이에 있어서 훨씬 더 심각하게 다루어진다.

이것은 마음을 **다하고** 힘을 **다하여** 하나님을 사랑하라는 크고 첫째 되는 계명과 관련된다. 그리고 이 계명은 실천 가능한 것이다. 영혼은 이렇게 하기에 합당하게 지어진 것이다. 톡 털어놓고 말해서, 인간의 영혼은 그것이 정상적으로 작용할 때는 전적으로 그리고 전력을 다해서 하나님을 향할 수밖에 없는 것이다. 그러나 죄로 말미암아 인간의 영혼은 특히 이 점에서 전혀 비정상적으로 되고 만 것이다. 게다가 이것에 관하여 영혼 자체는 그것이 비정상적이라는 것을 거의 알지 못하고 있다.

사람이 나쁜 짓, 특히 극악한 짓을 했을 경우라면, 적어도 그는 자기가 죄를 지었다는 사실을 알고 나아가 무릎 꿇고 죄를 고백해야 한다고 생각한다. 심지어 정신적으로도 용의주도한 범죄를 지었을 경우 마음은 우리를 괴롭힐 것이며, 큰 죄를 저질렀을 때에 양심은 거의 모든 경우에 그 잘못을 지적해 준다.

그러나 하나님의 크고 첫째 되는 계명을 어긴 데 관해서는 거의 어느 누구도 가책을 받지 않는다.

수많은 사람들이 밤낮으로 마음을 다하고 힘을 다하여 하나님을 사랑하지 못한, 영적으로 큰 범죄를 지었으면서도 자신들이 죄를 지었다고는 생각조차 하지 않는 것이다.

그리고 자신들이 구속받았다는 것을 깨달은 신자들에게 있어서도 상황은 거의 마찬가지이다. 또 흔히 볼 수 있는 예로서 어떤 사람들은 온종일 기껏해야 아주 적은 시간을 하나님께 드리고, 그들 능력의 극히 일부분을 하나님을 위해 의식적으로 일하고 나서 밤에 하나님께 무릎 꿇을 때에, 자신들이 크고 첫째 되는 계명 중의 10분의 9를 범했다고 할 때의 그러한 죄로서 느끼지 않는 것이다.

인간 각자의 경향과 성질로 말미암아 야기되는 편파적인 행동 역시 마음을 다하여 하나님을 섬기는 데 기여하지 못한다.

말하자면, 지적인 경향이 짙은 사람은 하나님을 알기 위해서, 전력을 다해 교리 공부에 몰두한다.

만일 "영생은 곧 유일하신 참 하나님을 아는 것"이라는 말을 들을 때에 그는 이 말씀을 그런 일에 적용하려 할 것이다. 그리고 그는 지적인 분석에서 얻어지는 것 이외의 지혜에는 조금도 관심을 가지지 않고 단지 머리로 아는 것에만 숙달해 버리게 된다. 그래서 그는 유명한 사상가들이 하나님의 본질, 사역, 위격(位格), 속성 등등에 관해서 자세히 수록해 놓은 교리 체계를 열심히 연구한다. 이 부분에 몰두하고 푹 빠져 든다. 그리고 다른 사람들보다 더 많이 안다는 사실에 자부심을 갖는다. 그는 이런 식으로 해서 하나님에 대한 실제 지식을 얻었다고 생각하는 것이다.

그러나 또 다른 사람은 그런 태도에 대해 반박한다. "아니야, 예수께서 말씀하시기를 하늘에 계신 하나님 아버지의 뜻을 행해야 믿음으로 말미암는 기쁨을 얻는다고 했단 말이야." 그러면서 그는 행동주의자답게 재산을 드려 기꺼이 다른 사람들을 위해 열심히 봉사하며 전심으로 하늘나라 일에 헌신한다. 그러나 그는 모든 교리적인 특성들을 좋아하지 않는다. 그에게 있어서 교리 따위는 전혀 중요치 않다. 가장 중요한 것은 실제적인 행동인 것이다.

세 번째 사람은 교리나 봉사에서는 즐거움을 전혀 못 느끼고 감정의 흐름에만 관심을 가진다. 그래서 그는 자신의 마음이 평정되고 고상한 말을 하며 사랑에 대해 신비한 인식을 하게 될 때에 하나님과 가까이 있는 것이라고 생각한다.

상상은 이상들과 상징들을 중요시하며, 그의 사상이 자신의 영혼의 눈앞에서 어떻게 묘사되는가 하는 것에 가장 즐거움을 느끼는 사람의 환상 활동인 것이다.

사도 바울도 깊은 영적 체험과 삼층천에 이끌려 올라갔을 때 기뻐하지 않았는가?

이에 덧붙여서, 사람들이 중요시하는 것들에는 영감, 기억력을 불러일으키는 것, 영혼 속에 급변하는 감정을 받아들이는 것 등을 들 수 있다. 여기에서 우리는 영혼이 하나님을 사모할 때에 사람들 가운데 일어나는 감동과 반응들이 얼마나 다양한가를 느끼게 된다.

실로 안타까운 점은 이 모든 활동들과 힘과 노력이 모두 하나님의 사랑을 나타내기 위해서 하나님을 사랑하는데 쓰여야 한다는 것을 깨닫는 사람들이 드물다는 사실이다. 오히려 대다수의 하나님의 자녀들이 각자 자신의 취향대로 고집하며, 마음을 다하는 대신 마음의 일부분으로만 하나님을 찾고 그리함으로 자신들과 같지 않는 방면에서 구원을 받으려는 형제들을 비판하는 것이다.

주님께서는 "마음을 다하여"라고 말씀하셨다. 그러나 깨닫지 못한 신자들은 "마음의 일부분만으로"라고 말한다. 그리고는 자신들을 참으로 경건하며 의롭다고 착각하면서, 자신들이 하나님께 드리지 못한 마음의 나머지 부분들이 하나님을 기쁘시게 해드리지 못하는 것이 얼마나 두려운 일인지를 전혀 알지 못하고 있는 것이다.

제 28장

내가 주를 본즉

"영생은 곧 유일하신 참 하나님을 아는 것이니이다." 그런데 여기에서 말하는 하나님에 관한 지식은 지성(intellect)으로 뿐만 아니라 그 지식이 얻어질 수 있는 모든 방법을 총망라한 총괄적인 것이다.

그 지식은 모든 관찰과 지각작용의 종합적 산물이다.

여기에서 하나님을 아는 지식에는 우리의 상상력, 보다 광범위하게 우리의 표상 능력이 또한 작용하는가 하는 문제가 대두된다.

피상적으로 사람들은 이 질문에 대해서 **아니오**라고 단호하게 답변하려 할 것이다.

하나님은 영이시다. 만일 여기에서 "영"이란 표현이 모든 육체성과 물체성을 배제하는 것이라면 우리는 하나님의 모습에 대해서 전혀 아무런 언급을 할 수 없게 된다. 그리고 만일 모습을 전혀 상상할 수 없을진대 사람이 어떻게 하나님에 대해서 표현할 수 있겠는가? 실제로 어떤 이는 이방인들이 하는 것처럼 어떤 형태나 우상 형상을 만들 것이다. 그러나 그것은 단지 인간의 생각에 의한 고안품에 불과한 것이다. 그러한 조각품이 영생이 되는 하나님에 관한 지식을 추구하는 우리에게 만족을 줄 수는 없다. 우리는 실재(reality)를 원하는 것이다.

이에 따라 어떤 이는 하나님은 절대 영적 존재이시므로 하나님에 관해서 상상한다거나 하나님을 유형적인 어떤 형체로 표현할 수 없다고 결론을 내린다.

그러나 아직 이에 대한 설명이 다 끝난 것은 아니다.

이사야 6장 1절에서 이사야는 자신이 본 환상에 관해서 어떻게 말하고 있는가? 그는 자신이 그것을 본 연대까지 언급하면서 "내가 본즉 주께서 높이 들린 보좌에 앉으셨는데 그 옷자락은 성전에 가득하였고"라고 기록해 놓았다.

이사야가 자신 밖에 있는 어떤 것을 보았는지 아니면 자신의 내적 환상 영역에서 그렇게 나타내진 어떤 것을 보았는지에 관해서는 언급하지 않기로 하자. 여하튼 이사야는 하나님에 관한 환상을 보았고 선지서에 그 환상에 대해서 묘사해 놓았던 것이다. 아주 뚜렷하여 이사야 선지자를 사로잡은 중요한 환상은, 그의 나머지 삶을 완전히 변화시켜 준 것이다.

이사야의 선지자로서의 기름부음, 영감과 하나님의 음성에서의 성령의 사역을 존경하는 우리들로서는 이사야를 종으로 부르시고자 하신 소명적 환상을 단지 불건전한 공상의 결과로 취급해 버릴 수는 없는 일이다. 그것은 실재적인 것이며 하나님께서 행하신 일이었다. 그래서 우리는 그 사건에 관해서 다음과 같이 결론을 내린다. 즉 하나님께서 인간들에게 자신을 나타내시기 위한 여러 방법들 가운데 이것은 비록 순간적인 것이긴 하지만 하나님께서 이사야로 하여금 깨달을 수 있게끔 자신을 나타내 보여 주셨던 것이라고.

그러한 예는 많다.

구약성경뿐만 아니라 신약성경에는 천사가 나타난 기사들, 그리고 성육신하시기 전에 그리스도께서 나타나신 사건들이 반복적으로 기록되어 있다.

천사들 역시 하나님 자신과 마찬가지로 형체가 없고 비물질적인 영적 존재들이 아닌가? 그럼에도 불구하고 성경에는 천사들이 나타나서 이야기하고 무슨 일을 행했다는 기록이 여러 차례 나온다. 산헤립의 군대를 쳐부순 천사와 신약시대 사도 베드로를 옥에서 끌어내 준 천사 등이 그 예이다.

더 나아가 예수께서 성육신하시기 전에는 오직 영으로만 존재하셨다. 그런데 그 이전에 자신의 모습을 뚜렷이 나타내신 적이 여러 번 있었다. 한 예로 아브라함은 메시야이신 주님을 자기의 장막 안에 모셔 들여 음식을 대접해 드리며 기쁘시게 해드렸던 것이다.

오늘날 사람들은 그러한 사건들을 비웃으며 순전히 꾸며낸 이야기라고 취급해 버린다. 그러나 보다 이면적인 의미를 추구하는 심리학자들은 그 사실에만 머물지 않고 그 이야기의 훨씬 더 고상하고 본질적인 가치를 인정하고 있다.

예수께서 이 땅에 계셨을 때에 그분께서는 구약성경에 나온 그런 기사들을 문자 그대로 받아들이시며 그 사건들의 중요성을 확증하셨다. 이것을 볼 때에 하나님을 포함한 모든 영적 존재들은 그들이 모습을 나타낼 경우, 비록 그들의 본질은 무형적인 것이지만, 우리 인간에게 인식될 수 있다는 사실을 부인할 사람은 아무도 없는 것이다.

영적 대상들을 구체화시켜 나타내 주는 성경의 기록은 한 가지 특성을 지니고 있다. 즉 그때에 그들은 항상 인간의 모습을 지닌다는 것이다. 능력과 영광의 상징인 그룹(Cherubim)은 짐승의 형상 즉 사자와 비슷하다고 묘사되어 있다. 그러나 인간과의 모든 만남에 있어서, 천사, 메시야, 또한 이사야의 경우 하나님이 자신의 나타나심은 인간의 모습으로, 인간의 복장을 하고 인간이 쓰는 언어를 사용하고 있음을 알 수 있다.

천사가 나타난 어떤 구절에도 그것이 (짐승의 날개를 모방한) 날개를 달고 있었다는 표현은 없는 것이다. 비록 하나님 보좌 주위에 날아다니는 스랍(Seraphim)에 관해서는 날개가 달려 있다는 기록이 있지만 말이다.

이렇게 영적 존재들이 인간 모습으로만 묘사된 데는 큰 의미가 있는 것이다. 왜냐하면 이것은 곧 하나님의 형상을 닮은 인간 창조와 관련되는 것이기 때문이다.

그리스도 자신은 보이지 않는 하나님의 **형상**, 그리고 또 "하나님의 본체의 형상"이라고 불리운다. 그리고 우리가 알고 있는 대로 **인간**은 이 형상을 따라 창조되었다. 이리하여 인간과 이 형상 사이에는 어떤 유사성이 있게 되었다.

하나님께서 인간에게 자신을 직접적으로, 또는 천사들을 통해서 나타내시기 위해서, 자신을 자신의 본체의 형상에게, 그리고 그 특별 형상으로부터 인간에게 넘겨주신 일은 너무나 당연한 처사가 아닌가?

하나님의 형상이 있다는 생각은 영적 존재는 구별할 수도 표현할 수도 없는 것이 아니란 사실을 보여 준다. 그러한 생각은 하나님께서 한결같이 동일한 모습으로(even Sameness) 계시는 것이 아니라, 구별은 되지만 분리는 되지 않는 무한한 생명의 충만함으로 스스로 계신다는 사실을 말해 준다. 그리고 이것이야말로 하나님에 있어서 하나님의 형상이라고 일컬어지는 것이다.

어쨌든 확실한 것은 하나님께서 그분의 형상대로 인간을 창조하시기 이전에 하나님의 형상이 이미 있었다는 사실이다. 그리고 또한 이 형상 속에는 늘 그것에 의해 하나님 자신을 인간의 모습으로 인간에게 계시해 주시기 위해 변화된 전달체가 있었던 것이다.

이것은 마침내 베들레헴에서 예수께서 탄생하신 사실에서 절정에 달한다. 그 이전의 하나님, 천사 등의 인간 모습으로서의 나타나심은 이 결정적 사건의 예표에 불과한 것이다. 또 이렇기 때문에 영생인 하나님에 관한 더 나은 지식을 얻기 위해서는 우리 정신의 표상 구성(representation-making) 상상력을 고려해야 하는 것이다.

이 비밀에 대한 실마리는 영과 물질, 하나님과 이 세상은 서로 대립되므로 반드시 구별되어야만 한다는 점이다. 왜냐하면 우리는 알게 모르게 범신론(汎神論)에 빠져 들기 때문이다. 동시에 한편으로는 하나님 자신께서 세상을 창조하셨다는 사실을 부인해서는 안된다. 세상만물은 영원 전부터 하나님 안에 생각과 말씀이 있었음을 나타내어야 한다.

또한 우리는 인간이 육체와 영혼 두 부분으로 되어 있다는 것과 육신적 죽음 후에는 육체를 떠난 영혼이 부활할 때까지 삶을 영위한다는 사실을 인정해야 한다. 반면 인간의 영혼과 육체는 여러 면에서 서로 단짝이며, 영혼은 육체를 통해서 그 능력을 충분히 발휘할 수 있다는 사실을 기억해야만 한다.

여기에서 삼중 활동 영역이 기인된다. 하나는 완전히 영적인 활동 영역이고 다른 하나는 육체를 통하여 육체의 도움을 받아 하는 활동 영역이다. 그리고 세 번째는 혼합 영역이라 불리는 곳으로, 그곳에서 영은 단순히 영적으로 활동하되 감각적 세계에서 나온 자료를 가지고 활동하는 영역이다.

그런데 비유법 사용은 이에서 제외된다. 비유를 사용할 때 우리는 그것이 현실 밖의 은유적인 것을 의미한다는 것을 잘 알고 있다.

의로운 자는 사자처럼 용감하다고 할 때 실제로 맹수에 관해서 언급하는 것이 아니다. 그러나 꿈은 이런 것들과 전적으로 다른 것이다. 꿈을 꿀 때에 우리는 어떤 모습들을 보게 되는 데 그때에 우리는 거기에 푹 빠져 들어가게 된다. 계속 이야기하며 꿈속에서 누가 우리를 건드리면 진짜 있었던 것처럼 느낀다. 꿈에 나타난 모든 광경들은 너무나 실제적으로 보여지기 때문에 꿈에서 도둑에게 위협을 받으면, 깜짝 놀라 잠에서 깨어난 후에도 자기 옆에 도둑이 실제로 서있다고 생각하게 된다.

가상적인 어떤 것이 우리 감각에 실제적인 것으로 여겨지는 것은 환상의 경우에 더 강렬하다. 그러한 환상들은 어떤 사람의 말대로, 잠자는 동안이 아니라 낮에 완전히 깨어있는 상태에서 꾼 꿈들인 것이다. 특히 동양인들이 환상에 잘 빠지나, 이것은 모든 사람에게 일어나는 일인 것이다.

꿈과 환상은 모두 아주 명백하고 실제적으로 나타나는 것이다. 그리고 이 영역에 있어서 안타까운 일은 과학이 아직 이러한 영적 작용들에 대해서 전혀 알지 못한다는 점이다. 과학이 전혀 관여하지 못하지만 실제적으로 활동하는 영역이 있는 것이다. 이것에 대해서 불신앙적인 과학자들은 의기양양하게 딱 잘라 이러한 모든 실재를 부인해 버린다. 반면 신앙을 가진 과학자들은 이 현상을 설명할 능력이 없음을 인정하고 감사하게도 성경이 그것에 관해서 가르쳐 주는 바를 받아들인다.

따라서 우리는 표상(형상) 구성 기능이 하나님에 관한 지식 확립에 불필요하다고 말해서는 절대로 안된다. 하나님에 대한 지식을 얻는데 인간의 표상 구성 기능이 무슨 필요가 있느냐고 주장하는 지성인은 대담하게 성경의 모든 내용도 부인하는 것이다.

그런데 두 번째 명령은 우리를 구속한다. 즉 우리는 상상에서조차도 구체적인 하나님의 형상을 만들어서는 안된다는 것이다.

하나님에 관한 지식을 위해서, 형상 구성하는 기능은 마치 이사야의 소명이나 아브라함에게 나타나심과 같이 하나님 자신께서 우리 속에 그것을 불러일으키실 때에만 가능한 것이다. 하나님에 대한 지식에 있어 형상구성하는 요소는 궁극적으로 그리스도의 성육신에서 완성되었다. 그리고 그리스도께서는 승천하신 후에 육신을 입으시고, 밧모 섬에 있는 요한에게 모습을 나타내셨다. 이때의 형상은 영감으로 기록된 성경에 우리를 위하여 묘사되어 있다.

이것은 그리스도의 교회에게 주어졌던 유일한 나타나심이었다. 그리고 이것만이 우리의 상상적 기능을 지배할 수 있고, 지배해야만 하는 것이다.

두 번째로 부언할 것은, 하나님의 자녀에게서는 아버지 되시는 하나님의 어떤 것이 보여져야 한다는 것이다.

하나님의 자녀들이 높은 수준에 있으면 있을수록 이 특성이 더 많이 보여질 것이다.

그들이 열매를 맺지 못하면 못할수록 이것이 조금밖에 보여지지 않는다.

하나님의 자녀의 삶이 아주 영적일 때 같은 영성을 가진 다른 하나님의 자녀는 믿음의 형제 속에서 하나님 형상의 일부를 볼 수 있다.

결론적으로, 만일 여러분이 하나님의 자녀라면 여러분도 높은 소명을 받고 있는 것이다. 그것은 상상에 의한 것이 아니며, 하나님의 백성들은 당신의 전인격으로 말미암아 하나님 아버지의 모습을 거기서 보게 되는 것이다.

제 29장

사람이 하나님의 뜻대로 행하면

하나님을 아는 지식에서 성장해 간다는 것은 자신을 하나님의 뜻에 굴복시키는 것에 큰 도움이 된다.

하나님에 관한 지식은 우리의 생각, 상상력, 내적 체험 등에 의해서 얻어진다.

그러나 또한 그 지식의 일부는 우리의 의지(will)를 통해서 얻어진다는 사실을 부인할 수는 없는 것이다.

근세에 와서 의지는, 옛날에는 전혀 그렇게 생각지 못했던 많은 사건들을 설명하는 수단으로 중요시 되어졌다.

영향력 있는 철학의 한 학파는 시금까지도 인간의 의지를 가장 강조하는 나머지 인간의 모든 다른 정신 활동들은 한쪽 구석에 밀어 놓고 별 관심을 쏟지 않는다.

이에 관련된 근본 사상은 인간 정신 중 의지만이 모든 것을 실현하고 실재를 창조하며 스스로 힘으로 나타난다는 것이다. 사람이 더 깊이 문제를 연구하면 할수록 의지는 힘이라는 사실을 더 확고하게 깨닫게 되고, 의지란 모든 다른 기능들을 지배하고 부리는 유일한 힘이라는 것이다.

이것은 역사가 확실히 증명해 주는 사실로서 현재에도 거듭 관찰된다. 모든 삶의 부분에서 강한 의지를 가진 사람은 권세를 장악하고 약자들 위에 군림한다. 사람이 의지가 상당한 힘을 갖고 있음을 알게 된 것은 인간세계에서였다. 동물계에도 마찬가지로 비슷한 현상이 보여지지만 우리가 짐승들에 관해서 알고 있는 지식은 너무나 제한되어 있는 것이다. 그래서 여기서는 인간에게서 보여지는 **의지의** 힘에 대해서부터 시작하는 것이 안전할 것 같다.

그러나 물론 의지를 다룸에 있어서 인간의 의지에서 끝날 수는 없다. **의지**의 현상은 너무나 두드러지고 그 세력은 아주 당당한 것이다. 인간 안에 존재하는 의지는 다만 파생적인 것에 불과한 것이다. 원래 사물의 원상태에 있어서 의지는 인간의 밖에 존재해 있었고 인간 자신은 모든 것을 성취하셨던, 위대하고 높으신 보편적 의지(Universal will)의 산물인 것이다.

지금까지 이 세상에서 하나님으로 경배되어 왔거나 사단으로 비난받아 왔던 것은 이 보편적 의지, 즉 모든 만물의 근원인 위대한 의지력인 것이다.

세상은 지혜나 사랑을 조금도 나타내지 않는다. 세상은 커다란 의지력의 산물에 지나지 않는 것이다. 그러므로 불충분한 상태에 놓여있다.

우리 속에는 영향력을 행사할 작은 규모의 의지가 있으므로 인간이 해야 할 최상의 의무는 자신의 의지를 훈련하고 개발하여 유력한 행동에 적용시키는 것이며 또 이 강하게 연단된 인간 의지를 가지고 스스로 **보편적 의지** 앞에서 자활(自活)하는 것이다.

존재하는 모든 것, 그리고 역사라고 불리는 모든 것은 우리의 전 삶을 하나의 힘으로 귀착시킨다. 숭고한 유일한 것, 우리 속에서 거룩하다고 일컬어질 수 있는 유일한 것은 우리의 개인 의지인 것이다.

이렇게 똑똑한 척 주장하는 철학은 과격하게 모든 종교 특히 기독교 신앙에 위배된다. 그러므로 그 주장에 대해서 더 설명할 필요가 없는 것이다.

그러나 주목해 볼만한 것은 교회에서도 마찬가지로 의지를 앞세우는 유사한 경향을 보이다가 마침내는 모든 다른 기독교 신앙 표현을 의지에 종속시켰다는 사실이다.

이것은 점점 더 교리 설명을 등한히 하고 종교적 감정이나 느낌을 무시한 채 언제나 오직 활동과 힘의 표현 즉 의지 표현에서 기독교 신앙을 추구하는 욕구와 경향을 보여 주었던 교회에 대한 언급인 것이다.

하지만 한때 교회의 이러한 사상과 경향은 우주를 의지의 견지에서 설명했던 철학 사상에서 따오거나 빌려온 것이 아니고 인간 삶에 나타난 일반적인 현상에서 기인한 것이다.

교회사를 살펴볼 때에, 종교개혁 이후 처음, 즉 17세기는 삭막한 **교리**중심시대였다. 그 후 18세기는 감정중심 신앙 시기라 할 수 있다. 그런데 이것들은 둘 다 만족할만한 것이 못되었으므로 기독교는 위험한 지경에 이르게 되었다. 따라서 교회에는 교리 설명을 경시하며 감정주의에 반대하는 다른 극단파가 일어나게 되었다. 즉 사람들은 기독교 신앙을 단지 **의지의 활동** 측면에서만 이해하게 되었던 것이다.

하나님의 율법을 듣기만 하는 자가 아니라 행하는 자가 거룩하게 될 것이다.

"나더러 주여 주여 하는 자마다 다 천국에 들어갈 것이 아니요 다만 하늘에 계신 내 아버지의 뜻대로 행하는 자라야 들어가리라"(마 7:21).

"사람이 하나님의 뜻을 행하려 하면 이 교훈이 하나님께로부터 왔는지 내가 스스로 말함인지 알리라"(요 7:17).

요약해서 신앙에서 의지적 행함을 중요시하는 성경 구절들은 이외에도 상당히 많이 있는 것이다.

그리하여 도처에서 기독교 신앙적 활동에 긍지를 느껴 열심히 행하며 교리주의나 신비주의를 과소평가하여 거들떠보지도 않는 풍조가 일어났다.

이 추세에 박차를 가해준 것은 영국 기독교도들이 솔선했던 것으로 19세기의 기독교 분쟁에서 나타났던 잘 알려진 사실이다.

17세기의 빈틈없는 교리중심 신앙시대는 스위스, 프랑스 그리고 네덜란드가 주축이었다. 그리고 18세기의 감정주의 신앙시대는 독일과 프랑스의 감정주의자들에 의해서 주도되었다. 그러나 19세기에는 영국이 두각을 나타내었다. 실제적 방식과 상업주의 정신 그리고 불굴의 의지력으로써 말이다.

선한 사업에 대한 이러한 열정은 영국에서 유럽대륙으로 전해졌으며, 이 **의지중심적 경향**이 자선사업이나 선교활동에서 이루어 놓은 업적은 다 헤아릴 수 없을 정도로 큰 것이었다.

그것은 새로운 삶을 탄생시키고, 신앙에 있어서 힘을 발휘하고자 하는 새로운 욕망을 불러일으켰다. 동시에 그것은 지성적 교리주의의 삭막하고 무미건조한 결과들과 감정적 신비주의의 연약하고 병적인 열매를 부끄럽게 만들었다. 그 특징으로는 남에게 선을 베풀 마음가짐, 헌신, 힘찬 신앙 등을 들 수 있는데 이것들은 종교 개혁 당시 이후 그때까지 사라졌던 현상들인 것이다.

예리하게 의지 중심 신앙노선을 표명하며 그 주의를 극적으로 실천했던 구세군 교회에서는 불운한 사람들을 위해서 다양한 활동을 하였는데, 그것은 심지어는 불신자 단체에서도 호응을 받을 정도였다.

하지만 이렇게 편파적인 열심은 그만 유감스러운 결과를 자아내고 말았다. 즉 의지에 치우친 신앙은 처음부터 믿음으로 의롭게 된다는 교리를 저버리고 선행으로 구원 얻는다는 오류를 범할 위험을 내포하고 있었던 것이다.

무게 중심이 하나님에게서 너무 멀리 옮겨져 인간 안으로 들어 왔다. 외부적 활동이 내적인 경건생활을 대신했다. 그리고 불신앙적 단체에서 많은 희생적 자선활동을 벌이자 "선한 사업의 복음"을 믿는 이들 활동파 신앙인들은 선행을 별로 하지 않는 기독교 신자들보다는 자신들과 같이 봉사에 뜻을 둔 불신자들에게 더 가까운 정을 느꼈던 것이다.

게다가 한 발자국 더 나아가, 이 **의지적** 복음 안에서는 실제적 종교심, 즉 영원하신 하나님과의 교제 추구가 점점 사라져 갔다는 사실을 부인할 수 없었다.

섬세한 신앙심은 슬프게도 없어져 가고, 경건의 싹은 점점 더 흙에 파묻혀 버리게 되었다.

하나님과 은밀한 동행, 고요히 "주님 안에서 안식을 누리는" 신앙은 설교와 또 일상생활에서 찾아볼 수 없게 되었다. 사실상 그러한 말은 더 이상 들을 수가 없었다.

오로지 행위들(deeds) 그리고 사실들(facts)만이 중요한 것이었다. 그래서 심지어는 선행들도 숫자적, 즉 양으로 평가하고, 그들의 호의에 대해서는 통계에 따라 하나님의 축복이 임하리라고 생각하는 습관을 갖게 되었다.

거기에는 개종자들의 수, 조달된 금액, 사회의 구성원, 음식을 공급받은 굶주린 사람, 옷을 받아 입은 헐벗은 사람, 고침을 받은 병자들에 관해서 각각 기록해 놓은 보고서들이 있었다. 그런데 대다수의 보고서들이 실제보다 훌륭하게 보고되었던 것이다.

따라서 여러분이 이렇게 기독교가 행동만을 위주로 하고 영생인 하나님에 관한 지식이 잊혀버린 책으로 짓밟혀지는 것을 볼 때에, 지성이나 느낌이 아니라 단지 의지를 통해서만 말미암는 하나님에 관한 지식은 잘못된 것이라는 결론을 내리게 된다.

오직 하나님의 뜻을 행하고 또 행하려고 하는 사람만이 영원하신 하나님을 알게 된다.

의지 위주 신앙자들이 열심히 행했으나 하나님을 아는 지식을 얻지 못한 이유에 관해서 다음 장에서 다루기로 한다.

제 30장

하나님을 아는 지식에서 자라감

하나님의 뜻을 행하는 사람은 자연히 주님에 대한 지식에서 자라나게 된다.

두 사람 중 한 사람의 신앙은 완전히 정통주의이나 자신의 생활태도에는 전혀 관심이 없다고 하자. 또 다른 사람은 자신의 생활에는 엄격하나 교리에는 주의를 기울이지 않는다 하자. 그러면 생활 가운데 하나님의 뜻을 행하는 사람이, 남을 놀라게 할 정도로 교리에 대해서 상세한 부분까지 정확하게 알고 있는 사람보다 하나님을 아는데 유리한 입장에 있는 것이다.

기독교적 활동에서 구원을 추구하려고 하는 소위 행동파 기독교인, 즉 실천적 기독교는 아주 올바른 것이다. 사람이 하나님에 관해서 완전한 지식을 얻으려 한다면 하나님의 뜻을 행하는 것이 필수 불가결한 요소들 중의 하나인 때문이다.

만일 하나님을 아는 것이 영생이라면, 이러한 하나님에 관한 지식은 실생활과 절대로 떨어질 수 없는 것이다. 영생은 내세에서 누리는 생명이 아니고 현재 누리는 것임을 다시 한 번 상기하라. 영생은 저수지에서 오는 것이 아니고 물의 근원인 깊은 샘에서 오는 것이다. 그것 자체가 영생인 하나님을 아는 지식은 우리의 실제 행동들, 현실적 존재, 계획들과 행위들과 떨어질래야 떨어질 수 없는 것이다.

여러분이 행하는 모든 것 안에 뜻이 있고 여러분의 행동들이 하나님의 뜻과 일치한다면, 여러분의 하나님을 아는 지식과 그분의 뜻을 행하는 데는 연관성이 있음을 알 수 있다.

이사야 선지자는, 소는 그 임자를 알지만 이스라엘은 알지 못한다(사 1:3)고 말한다. 우리나라 식으로 말한다면 말은 그의 기수를 안다라고 말할 수 있을 것이다. 그러면 어떻게 소가 그 임자를 알며 말이 기수를 알 수 있단 말인가? 분명 조금은 눈에 의해, 조금은 귀에 의해 알지만 대부분 그것들을 부리는 방법을 통해 알게 되는 것이다. 기수가 말 뒤에서 올라타므로 말이 타는 사람을 전혀 보지 못하고 기수가 아무 말도 하지 않음으로 짐승이 말소리나 소리를 전혀 듣지 못했을 때에, 완전히 길들여진 말은 곧 그의 주인을 알며, 안장 위에 올라탄 사람이 주인인지 아니면 다른 사람인지를 즉시 분별해 낸다. 말이 잘 길들여지면 주인의 뜻을 알아차리고 그대로 순응한다. 마침내는 그 기수와 혼연일체가 되어 전쟁터에 나가서 고삐를 늦추어 놓아도 주인의 뜻대로 행동하게 된다. 이와 같이 조심스럽게 훈련 받은 짐승은 그 주인에 관해서 너무나 잘 알게 되어 주인에게 살아서 복종하는 도구로 쓰임 받는다.

이와 마찬가지로 하나님의 뜻대로 살고 하나님의 뜻에 순응하는 삶을 살아온 하나님의 자녀는 그 의지의 힘만으로 본능적인 하나님에 대한 지식을 갖게 된다. 이를테면 그에게 있어서 교리문답서나 신조 따위는 전혀 의미가 없는 것이다.

여기서 우리가 말하고자 하는 것은 이렇게 얻어진 하나님을 아는 지식만이 유일한 지식이라거나, 그것으로 충분하다거나 그것이 완전한 통찰력을 준다거나 하는 것이 아니다. 단지 하나님의 뜻을 행하는 것은 하나님을 아는 지식의 특별한 양상으로, 이것은 다른 어떤 것, 즉 이해나 느낌으로는 도저히 얻을 수 없는, 하나님에 대한 산지식에 반드시 필요하다는 사실을 말하고 있는 것이다.

네게 잘못을 저지른 사람을 용서해 주라.

하나님의 자녀 된 여러분은 이렇게 하는 것이 마땅한 의무임을 아주 잘 알고 있다. 그런데 만일 여러분이 겉으로만 억제하고 악에 대해서 보복하지 않았다면 하나님의 뜻을 이루지 못한 것이다. 기독교인의 용서는 차원이 훨씬 다른 것이다. 기독교인은 아무런 보복이 없는 정직한 용서를 해야만 한다. 마음속에 조금의 분노나 비통함이라도 남아 있다면 하나님께서 명하신 용서를 하지 못한 것이다.

이와 같이 여러분은 여러분을 가장 마음 아프게 해 준 원수까지도 용서해 주어야 한다. 여러분을 저주한 자를 위해 복을 빌어 주고 그를 진실히 사랑해 주는 식의 용서를 해야만 한다.

원수를 **사랑해야**만 한다는 말에 주의하라. 원수에게 당신 자신이 얼마나 관대한가를 보여 주고 또 그렇게 함으로 그를 창피하게 만들기 위해서 그에게 사랑을 나타내지 말라. 여러분은 당신 자신처럼 그를 사랑해야만 하는 것이다. 이 말이 거의 이해가 안될 것이다. 그러나 반드시 필요한 것이다.

여러분은 하나님 앞에서 "우리가 우리에게 죄지은 자를 사하여 준 것 같이 우리 죄를 사하여 주옵시고"라고 기도한다.

이 기도에 의하면 여러분은 자신들이 남을 용서해 준 정도만큼 하나님 앞에서 우리의 죄를 용서받을 수 있는 것이다.

얼핏 이 말은 하나님의 용서의 차원이 우리 인간의 한계를 넘지 못하며, 우리가 남을 용서했기 때문에 그분께서 우리를 용서하시는 것 같이 들린다. 그러나 그것은 복음과 완전히 반대가 되는 생각이다. 여기서 의미하는 것은, 여러분은 감히 자신들이 여러분에게 빚진 자들에게 베풀어준 그 이상으로 하나님께 간구할 수 없다는 것이다.

여러분은 원수를 용서해 줌으로써 하나님의 뜻을 수행하는 가운데 진정한 용서가 무엇인지를 느끼게 된다. 그리고 여러분은 하나님으로부터 용서해 주기 위한 감각능력과 의지를 받게 되고 그리하여 여러분은 하나님을 아는 지식을 갖게 된다. 즉, 여러분을 용서하시고자 하는 하나님의 뜻에 관한 지식을 말이다.

남을 용서하지 않고 하나님의 뜻에도 불구하고 계속 증오심을 품고 있으며, 이리하여 용서하는 문제에 있어서 자기의 의지를 하나님의 뜻에 굴복치 않는 사람은 마침내 하나님께서 어떻게 그를 용서하시는가에 대해 명료하게 보여 주시는 특별한 하나님에 관한 지식을 갖지 못하게 되는 것이다.

이 한 예화에서 여러분은 하나님의 뜻을 준행하는 것이 어떻게 행함과 진실한 가운데 하나님을 아는 지식으로 자라게 하는가 알게 된다.

동시에 여러분은 여기에서 또 다른 것을 깨닫게 된다.

"행위를 중시하는 실천적 복음"(practical Gospel of works)은 부수적인 어떤 일, 즉 일상생활 범주에 속하지 않는 어떤 일을 하는데 특별한 관심을 가진다. 그래서 그것은 "기독교 사업" "기독교 활동"에 대해 흥미를 가지고 말한다. 그것은 한 사람의 직장, 가족과 사회에 관련된 일상생활 이외의 활동들을 의미한다. 열성적인 선교활동, 기독교 교육사업 촉진, 가난한 자 구제, 병자와 눈먼 자들을 돌보는 일 등등이 이를테면 "기독교 사업"이라 불리는 것이다.

그리고 이러한 해석이 부분적으로는 아주 올바른 것이다.

기독교가 생명력과 능력을 온전히 발휘하면 이 모든 일들을 능히 감당하고 남게 된다. 사회의 어두운 구석구석을 밝히는 모든 일이 기독교에 속해 있다. 참되고 진실한 기독교는 일상생활에 감화를 끼치는 정도로 만족하지 않는다. 그것은 복음의 손길을 필요로 하는 모든 일들을 성취시킨다.

그런데 행위를 중시하는 실제적 복음이 크게 잘못한 점이 있다. 즉 그것은 장미 넝쿨이 타고 올라가는 뒷벽은 무너지거나 말거나 전혀 생각지 않고 장미만 잘 자라면 된다고 생각한 점이다.

하나님의 뜻을 행한다 함은 우리의 특별한 삶뿐만 아니라 평범한 삶을 총망라한 **전체적인 삶 가운데** 이루어지게 된다. 평범한 생활 가운데서 하나님을 아는 지식은 특별한 활동들 중에서 얻는 것보다 더 고상하며 훨씬 더 복잡하고 어려운 것이다.

여러분의 개인적 삶, 소명, 업무, 가족 그리고 사회와 사람들과의 만남에 관해서, 하나님의 뜻을 아는 일은 여러분이 결코 끝내 버리지 못하고 죽을 때까지 평생 계속해 나갈 공부인 것이다. 모든 일 가운데 하나님의 뜻을 깨닫고 그 뜻에 굴복하며 가장 상세한 부분까지 철저히 순종하는 힘을 얻는 것은, 매일의 공부 뿐 아니라 성령의 인도를 받아 매일 영적인 싸움에서 승리함으로 말미암는다.

이렇게 매일 자신을 쳐 복종시키며 정성을 다하는 사람은 점점 더 하나님의 뜻을 잘 이해하게 되고 또 그가 얻는 모든 영적 승리로 말미암아 그는 또한 날마다 하나님을 아는 지식에서 자라가게 된다. 그 지식이란 머리의 이해력으로서만이 아니라 인격 전체를 통해서 얻어지는 것이다.

여러분이 점점 하나님과 같이 느끼게 되고 그분과 같이 생각하게 됨에 따라서 여러분은 점점 더 진실한, 하늘에 계신 아버지의 자녀가 되는 것이다. 여러분이 잠깐 동안만 자신의 뜻을 굽히는 것은 하나님의 뜻을 이루는 것이 아니다. 여러분은 담대하게 자신을 쳐 복종시켜 하나님께 굴복해야만 한다. 하나님의 뜻을 행하는 것은 여러분의 마음과 기질이 변화되어 스스로 하나님이 뜻하시는 바를 행하는 것을 말한다. 이렇게 하며 날마다 그것에 관심을 두는 사람은 자신을 아는 지식이 늘어감과 동시에 하나님을 아는 지식에서 자라나게 된다.

여러분이 하나님의 존재와 뜻은 둘이 아니라 하나라는 사실을 염두에 두면 이것을 깨닫게 될 것이다.

하나님의 뜻은 그분의 존재에 대한 유리처럼 맑은 표현인 것이다. 이러므로 하나님의 뜻에 관한 지식은 그것 자체로 하나님 본질에 관한 지식이 될 것이다. 하나님의 뜻과 존재는 떨어질래야 떨어질 수 없는 관계인 것이다.

그러므로 하나님의 뜻에 대한 지식은 하나님의 존재에 대한 지식 자체가 되는 것이다. 여러분이 아무리 십계명을 암송하고 성경 전체에 나온 하나님의 뜻에 관한 모든 구절들을 찾아내었다 하더라도 그것으로 인해서 여러분이 하나님의 뜻을 알았노라고 말하지 못할 것이다. 물론 여러분이 그것을 문자적으로 알았는지 모르지만 그 구절들의 참 뜻은 여러분의 개인적 의지가 하나님의 의지 속으로 들어감에 의해서만 깨달아지는 것이다.

예를 들어 배가 항로를 지나 안전한 항구에 도달하게끔 조종할 줄 아는 사람은 단지 항해술에 관한 책을 읽은 사람이 아니다. 실제로 바다에 나가 배를 타고 풍랑이 이는 가운데서도 배를 몰아 안전하게 항구에 돌아온 사람만이 배를 조종할 줄 안다고 할 수 있는 것과 같다.

이와 같이 하나님의 뜻에 관한 지식은 암기로 학습하여 얻어지는 것이 아니다. 단지 여러분 자신의 의지 기관으로 하나님의 뜻을 파악하여서 스스로 그것을 성취해야만 하는 것이다.

이렇기 때문에 이 "실천적"인 기독교를 마치 아무 소용이 없는 것처럼 비난해서는 안된다. 반대로 기독교에는 그러한 실천적인 활동이 절대 필수적인 것이다. 단지 그 활동에 깊이만 더 첨가하면 된다. 여러분은 그것을 자신의 모든 삶에 적용시켜야만 한다. 더 나아가 하나님의 뜻을 행함으로 말미암는 하나님에 대한 지식은 하나님에 대한 전체적 지식의 단지 한 부분에 지나지 않는다는 사실을 명백히 알아야만 한다. 그것 자체로서 아무 부족이 없는, 부분적인 하나님에 관한 지식은 하나님에 관한 다른 지식 즉 이해력, 감정 그리고 상상력에 의해 얻어지는 그분에 관한 지식에 연관됨에 의해서만 온전한 전체가 되며, 영생인 하나님에 대한 온전한 지식을 이루게 되는 것이다.

날마다 "하나님을 아는 것에 자라는" 것은 주로 하나님의 뜻에 우리의 뜻을 순복함에 따라 얻어진다는 사실을 잊어버리지 말라.

하나님의 뜻에는 두 가지가 있다.

한 가지는 여러분에 **관한** 하나님의 뜻으로 그것은 여러분의 삶, 직업 그리고 삶의 운을 결정해 준다. 하나님의 뜻에 관해서 예수께서는 이렇게 기도하셨다. "나의 원대로 마옵시고 아버지의 원대로 하옵소서"

다른 것은 여러분을 **위한** 하나님의 뜻으로, 자신들이 원해야 하는 방법과 자신들이 해야 하거나 하지 말아야 하는 것에 의한 것이다. 하나님의 뜻에 대하여 예수께서는 이렇게 기도하셨다. "당신의 뜻이 하늘에서 천사들에 의해 이루어진 것 같이 이 땅에서도 저를 통해 이루어지이다."

그리고 만일 여러분이 그것(하나님의 뜻)에 자신을 순복한다면, 여러분으로 하여금 조금씩 하나님을 아는 지식 안에서 **자라나게** 해 주는 것은 두 번째에서 설명한 하나님의 뜻인 것이다.

제 31 장

잔잔한 물가에서

만일 여러분이 하나님에 관한 지식을 얻으려 한다면 의지에 관해서 훨씬 더 면밀히 다루어야만 한다. 의지가 작용하는 영역이 우리 조상들 시대에는 충분히 개발되지 않았다. 그 당시에 문제 삼은 것은 과연 의지는 자유한 것이냐, 아니면 구속적인 것이냐 하는 것이었다. 설교나 교리문답 공부서 조차도 그 이상으로는 인간 의지의 중요성이 취급되지 않았다. 그 뿐만 아니라 지금도 모든 의지에 관한 영역은 개발되지 않은 채로 남겨 두어야 한다고 말하는 사람들이 많지 않은가?

이것은 우리 조상들, 즉 우리 이전 시대에는 의지를 통한 하나님에 관한 지식에서 자라가지 않았다는 것을 말하는 것이 아니다. 어떻게 그럴 수가 있겠는가? 의지는 책에 쓰여지거나 강단에서 가르쳐지는 바에 의해 작용되는 것이 아니다. 여러분의 의지를 움직여 선행을 하게 하는 분은 주님이신 것이다. 너희 안에서 행하시는 이는 하나님이시니 자기의 기쁘신 뜻을 위하여 너희로 소원을 두고 행하게 하시는 것이다(빌 2:13). 그런데 어떻게 여러분의 하나님께서 설교나 책에 얽매이시겠는가?

매일 아침 저녁으로 하나님의 긍휼의 샘에서 나오는 생수로 원기를 회복할 정도로 은혜와 축복을 받고 경건한 일들에 관해서 깊이 묵상해 볼 시간과 통찰력을 가진 사람이 의지에 관한 영혼 능력의 일부분을 하나님께 굴복치 않으므로 죄를 짓는 경우에 대해서 생각해 보려한다. 이런 일은 결과적으로 그 사람의 영혼을 시들게 해버리고 만다. 우리는 의지는 헤아려 알 수 없을 정도로 신비한 것이다. 인간의 의지는 하나님께서 우리 영혼 속에 만들어 놓으신 것이며, 우리 속에 반영된 하나님 형상의 모습이 깊이 아로새겨진 것으로서, 우리가 그것을 하나님께 온전히 내맡기지 않고 인간적인 베일을 쓰고 있으면 결국 허점을 드러내게 되어 하나님의 영광을 가리게 되는 것이다.

게다가 우리의 의지는 아주 힘있는 도구로써, 만일 사람이 분별없이 그것을 사용하면 곧 그것으로 인해 상처를 입게 된다.

우리는 또한 시대를 분별해야만 한다.

아동기와 또 잇따라 오는 청년기가 있는데 그때에 사람들은 본능에 따라서 살며 자신들이 그 이유를 알지 못하면서 하는 행동을 한다.

그러나 말하자면, 앙금이 물에서 사라지는 때가 온다. 그때에 의식의 거울은 깨끗하게 되어 자신의 행동에 대해서 비쳐 보게 된다. 우리가 사는 세대는 우리 선조들의 세대보다 훨씬 더 진보되었다. 전시대의 본능적인 삶이 점점 더 의식적인 삶으로 변화되어 간다. 그리고 이러한 변화에 적응하지 못하면 뒤로 처지고 말게 된다.

교회가 밝아진 의식의 요구에 발맞추어 통찰력을 가지고 과거를 돌이켜 보고 반성하는 대신에 옛것만을 고수할 때에 모든 교회는 스스로 힘을 잃어가게 된다. 그때에 교회는 현실을 타개하지 못하게 되며 교회에서 외쳐지는 설교는 삶을 동요시키고 변화시키는 것에 대처하지 못하게 된다. 교회는 신자들을 무장시키지 못하며 큰 영적 전쟁 가운데 기진맥진하게 되어 마침내는 싸움에서 기권하고 말게 된다.

인간의 의지에 대해서 살펴보고 고려하는 이 시대에, 기독교인들이 의지에 관한 연구를 등한히 한다면 그와 같은 결과를 초래하지 않겠는가?

이제 다시 우리의 본문으로 되돌아오자.

이 글의 목적은 우리 영혼이 그것을 창조하신 하나님과 좀 더 가깝고 은밀한 교제를 하게 되는 데 있다. 우리로 하여금 그것 자체로 영생인 하나님에 관한 지식을 얻게 하는 것이다. 그리고 하나님을 아는 지식 가운데 자라감은 인간의 이해력보다는 의지를 통해서 더욱 잘 성취된다.

이것이 요점인 것이다.

사도 바울은 그것을 아주 명백하게 묘사하고 있다. "주께 합당하게 행하여 범사에 기쁘시게 하고 모든 선한 일에 열매를 맺게 하시며 하나님을 아는 것에 자라게 하시고"(골 1:10).

자신의 뜻을 하나님의 뜻에 굴복시키는 사람은 마침내 그에게 잘못한 사람을 용서해 주는 의지를 갖게 된다. 이리하여 그의 의지는 자신을 용서해 주시는 긍휼의 하나님에 관한 지식에 도달하게 되는 것이다.

하나님에게 있어서, 용서란 그분이 실천해야 할 외적 규율이 아니다. 하나님의 용서는 용서하고자 하는 그분의 의지에서 나온 것이며 이 용서하고자 하는 의지는 하나님 존재에서 나온 것이다. 만일 여러분이 저절로 이와 같이 하게 된다면 여러분은 의지 면에 있어서 하늘에 계신 아버지를 따르게 되는 것이다. 그러면 "하늘에 계신 너희 아버지의 온전하심과 같이 너희도 온전하라"는 예수의 말씀이 이처럼 특별한 점에서 여러분 가운데 실현된다. 그리고 이리하여 여러분이 스스로 하나님의 자녀라고 느끼면서, 여러분은 마음으로 습득한 지식이 아니라 여러분과 하나님 자신과의 밀접한 관계로 인한 하나님을 아는 지식에 도달하게 된다.

여러분은 이러한 지식의 아름다움, 친밀함 그리고 경건함을 알고 있는가? 모든 사람들은 생각하는 능력 또는 시간의 자유에 있어서 서로 같지 않다. 어떤 사람들은 문제점들에 대해서 깊이 또 예리하게 분석하며 연구할 수 있다. 그러나 그렇지 못한 사람들이 훨씬 더 많다. 우리는 후자를 어리석다고 말하려 하지 않는다. 왜냐하면 사람들은 대부분 영광스러운 하나님의 교리에 대해서 아주 상세하게 조사할 수 없기 때문이다. 그들은 전혀 그렇게 할 수 없다. 그들은 그러한 능력이 부족하다.

자유로운 시간 역시 사람마다 다 다르다. 새벽에 집을 나가 밤에 지쳐 귀가하는 노동자가 성경을 공부하기 위하여 낼 수 있는 시간과 온종일 신학에만 열중하는 성직자 또는 신학교수의 연구 시간은 비교가 안되는 것이다. 신학 공부를 하는 데는 예비 지식과 책들과 조용한 장소가 필요한 것이다. 쟁기를 잡고 일하는 농부와 대학 교육을 받고 잘 갖추어진 서재에서 자신의 연구를 계속하는 목회자와의 차이는 상당한 것이다.

만일 여러분이 하나님에 관한 지식을 주로 교육에서 찾고, 이렇게 얻어진 지식이 영생이라고 말한다면 너무나 비참하게 된다. 그렇다면 대부분 공부를 한 사람만이 영생을 얻게 되고, 목자는 양 무리 뒤에서 목적 없이 배회했다는 결론이 나온다.

그러나 여러분은 스스로 이렇게 될 수도 없고 이렇게 되어서는 안된다고 느낀다.

만일 하나님에 관한 지식이 영생이라면, 이 지식의 증가는 모든 사람이 이를 수 있는 모든 방법들, 즉 학자는 서재에서, 노동자는 그 일터에서, 가사에 쫓기는 주부들은 그의 가정에서 얻을 수 있는 방법들에 의해 성취되어야만 하는 것이다.

여러분은 스스로 의지의 중요성과 상대적으로 단순한 지식의 하찮음에 대해서 알게 된다. 많은 지성인들이 거의 함께 하나님을 아는 지식 밖에서 서성대는 인상을 주는 반면에 근면하고 순박한 믿음을 가진 수많은 사람들이 영생의 향기를 내뿜고 있지 않은가?

그리고 여기에서 여러분은 생명 자체의 민감한 신경을 접촉한다.

의지는 모든 사람 속에서 작용한다. 의지는 매일 행동한다. 의지는 모든 것 안에서 모든 것과 더불어 활동하는 것이다. 의지의 활동, 행동, 능력 그리고 의지의 충동과 열정은 널리 퍼져 갈 것이다. 그러나 의지 없이는 아무런 활동, 행동, 그리고 인생에 있어서 아무런 경력도 존재하지 못한다.

여기에서 인간들 간의 모든 차이점들은 사라진다. 모든 사람은 매일 스스로 의지를 대한다. 사람이 외딴 곳에 있거나 평범한 위치에 있거나 어디에 있다 할지라도 인간의 의지는 그곳에서 활동한다.

의지 작용은 독립적인 것이거나 생명에 추가되는 어떤 것이 아니다. 그것은 생명의 모든 동맥에서 고동치는 영혼 자체의 강한 충동인 것이다.

잔잔한 물가에서, 이 의지의 행동은 생명이 다하는 날까지 매일 조용히 계속될 것이다. 모든 사람과 더불어 매순간 그리고 모든 경우에 말이다. 의지 활동은 결코 쉬지 않으며 의지 선택, 의지 결정, 의지 행동의 새로 공급되는 물줄기는 영원히 조용하게 파문을 일으키며 계속될 것이다.

만일 사람들이 하나님의 뜻을 떠나지 않고 점점 더 하나님의 뜻대로 자신의 의지를 따르게 한다면, 모든 사람들이 이 계속되는 의지 활동에 의해서 점점 하나님을 아는 지식 가운데 성장하게 되어 마침내 영생의 더 풍성한 보물과 기쁨을 얻게 되는 것이다.

이것은 학식의 유무나 빈부귀천에 차별을 두지 않는다. 여러분이 신학을 연구할 시간적 여유를 갖고 있는지 아닌지가 문제되지 않는다. 누구든지 자신의 의지를 하나님의 의지에 순복하기만 하면 되는 것이다. 마치 느린 강물이 계속해서 조용히 흘러가듯이, 하나님에 관한 지식은 날마다 그 의지 작용에 의해 풍부해질 수 있다. 왕좌에 앉은 여왕이나 밭 뒤에 있는 머슴이나 서재에서 연구하는 교수나 베틀에 앉아 일하고 있는 사람 등 누구를 막론하고 날마다 영생에서 자라갈 수 있는 것이다.

이 모든 것은 잔잔한 물가에서처럼 조용하게 계속된다. 또한 가장 좋은 점은 일상생활 이외의 다른 특별한 시간이 필요치 않다는 것이다.

모든 지적인 훈련은 특별한 시간을 요구한다. 그것을 위해서 매일의 일과가 침해당하게 된다. 우리 대부분에 있어서 삶이란 결코 쉬지 않고 돌아가는 물레방아인 것이다.

그러나 "여러분의 의지를 굴복시킴" 으로 말미암는 하나님에 대한 지식에 있어서는 이런 모든 것들이 하찮다.

의지는 결코 생활 밖에서 작용하지 않고 반드시 그 안에서 한다. 여러분이 밭뒤로 걸어가든지, 책상 뒤에 서 있든지 집에서 아이들을 돌보든지 병자를 간호하든지 다 마찬가지이다. 그것 모두는 의지의 표현이며 활동인 것이다. 여러분이 하나님의 뜻에 반대하지 않고 여러분의 뜻을 하나님의 뜻에 순응하는 것은 그것에 의해서 여러분이 하나님을 아는 지식에서 자라가며 또 이 지식에 의해서 무사히 영생 안에서 성숙해 갈 수 있는 활동 과정인 것이다.

제 32장

우리 속에 역사하시는 하나님

하나님의 뜻을 이루어 드리기 위해 여러분 자신의 뜻을 복종함으로 여러분은 하나님을 아는 지식에서 자라나게 된다. 그것은 책에 기록된 딱딱한 지식이 아니라 하나님에 관한 살아있는 영혼의 지식 그것 자체가 영생인 지식이다.

이것은 여러 종류의 이유에서 말미암는 것이다. 그러나 중요한 것은 여러분의 의지작용은 자신에 의한 것이 아니고 하나님께서 여러분 속에서 일하심으로 말미암는다는 사실이다. 사도 바울은 "너희 안에서 행하시는 이는 하나님이시니 자기의 기쁘신 뜻을 위하여 너희에게 소원을 두고 행하게 하시나니"(빌 2:13)라고 기록해 놓았다. 먼저 소원을 두고 그 다음에 행하게 하신다. 비록 여러분 자신이 영혼 안에서 이 모든 의지 작용과 의지 활동을 하지만 그렇게 하게끔 역사하시는 분은 하나님이신 것이다.

여기에서 자칫 잘못하면 여러분 자신의 의지작용은 마치 시늉 내는 것에 불과하며 선한 일을 함에 있어서 하나님의 자녀는 기계적으로 움직이는 단순한 꼭두각시 같이 되고 만다. 그러므로 이것에 대해서 예리하고 명백하게 규정짓고 이해하고 넘어가야 한다. 여러분 자신의 자아는 스스로가 아니라 하나님께서 속에서 그렇게 행하게 하심을 따라 작용한다. 그러나 하나님의 역사하심 대로 행하고, 달리는 행치 않으려고 의지를 행사하는 사람은 실제로 여러분 자신인 것이다.

이것을 명백히 알아보는 데는 약간의 노력이 들므로 여러분은 이러한 모든 규정들로 인해 지치지 않기 위해 누군가가 여러분에게 줄 충고를 쉽사리 받아들일지도 모른다. 그러나 만일 여러분이 영적인 게으름을 촉구하는 충고에 따르면, 여러분은 스스로 정당하지 못한 것이다.

의사에게 간단한 신경조직에서 구별해야 할 것이 얼마나 많은지 또는 혈관에서 얼마나 다양한 병균들이 발견되는지 물어보라.

사람이 없어질 육신을 위해서는 그렇게 많이 수고하면서 그것보다 훨씬 더 중요한 영혼을 위해서는 수고하지 않는 것이 마땅한 일이겠는가? 그러나 이 세상에는 그러한 경우가 비일비재하다. 거의 모든 사람은 인체의 구성에 관한 소형의 책자, 가능하다면 삽화가 그려진 책을 소유하고 있다. 그러나 어느 누구도 영혼에 관해서는 책을 읽지 않는다. 무수히 많은 사람에게는 영혼에 관한 모든 조사와 연구가 결핍되어 있다.

그렇다고 사람이 자신의 영혼, 의지, 이해력 그리고 그 자신에 대해서 함부로 말하면 아주 무질서해진다. 이런 식으로 해서는 그가 죽을 때까지 자신의 내적 자아에 대해서 문외한이 되고 만다. 그는 영혼 외의 모든 것에 대해서는 말할 수 있다. 그는 자기의 집, 마을, 도시 심지어는 외국에 대해서는 알고 있지만 자신의 영혼의 방과 아치형 복도들로 통하는 열쇠는 절대로 자유자재로 다룰 수 없다. 사람은 자아에 대한 지식의 부족으로 말미암아 하나님에 대해 잘 모르게 된다. 그러므로 다른 모든 것보다 중요한 영혼을 무시해 버린다.

그러므로 우리는 앞에 언급된 규정을 조심스럽게 다루어야 한다고 단언하는 바이다.

한 순교자가 "나는 주 예수의 이름을 위해 죽겠습니다"라고 말했을 때에, 그는 분명 자기 스스로 이렇게 하기로 한 것이다. 그리고 예수를 위해 죽기로 한 의지 작용은 분명 그 자신의 행동이며 앞으로도 계속 그러한 것이다. 그런데 죽을 각오로 한 그 **자아**(ego)는 그의 본성으로 말미암은 것이 아니고 하나님께서 그 속에서 그렇게 하도록 역사하심으로 말미암은 것이다.

이 사실을 밝게 깨달을 수 있기 위해 배를 예로 들어 보자.

배의 고물에는 키가 있고 키에는 손잡이가 붙어 있어 조종사에 의해 조종된다.

항해 중에 배를 조종하지 않는다면, 배는 바람과 파도에 밀려다니게 된다. 그러다가 배가 뒤집어지면 키도 뒤집어진다. 키가 뒤집어질 때에 손잡이도 뒤집어지게 되며 이에 따라서 키의 손잡이를 잡고 있던 손과 팔이 무의식중에 앞뒤로 움직이게 된다.

의지 없는 사람의 모습을 바라보라.

그는 인생의 바다 위를 표류하고 있다. 바람이 불고 파도가 치는 대로, 즉 환경의 외부 세력과 자신 감정의 내부 영향을 받아 떠내려간다. 삶이 그를 이 방향으로 끌고 가면 저리로 끌려간다. 그에 따라 키도 뒤집히고 손잡이와 키 조정 장치를 잡고 있는 손, 즉 그의 의지도 뒤집히게 되는 것이다.

의지 없는 사람!

그러나 배를 조종할 때는 상황이 다르다. 키 조정 장치를 잡고 있는 사람이 행로를 조정한다. 그는 자신이 가고자 하는 곳을 알고 있다. 바람과 파도가 그의 항해를 방해할 때에 그는 맞서서 대항한다. 그때 그는 손으로 손잡이를 힘껏 잡고 방향을 바꾸어 키로 하여금 바람과 파도를 막도록 한다. 그리하여 배 조정 장치의 조정을 받는 배는 파도나 바람이 지시하는 대로가 아니라 배를 조정하는 사람의 뜻대로 파도를 뚫고 목적지를 향해 전진하게 된다.

인생의 바다를 표류하지 않고 목적지를 향해 배를 조종해 나가는, 의지적 지각과 의지 능력을 가진 인격적인 사람은 이와 같다.

그런데 또 다른 경우가 있다.

키 조정 장치에서 훨씬 떨어진 배 갑판 위에는 선장이 서 있고, 그는 조정 장치에 한 항해사를 배치해 놓았다. 선장은 뱃길과 배가 도착할 장소를 알고 있어야만 한다. 그는 기관실보다 훨씬 높은 곳에 있으므로 배가 우측으로 가야 할지 좌측으로 가야 할지를 기관수보다 더 잘 안다. 따라서 기관수, 즉 항해사가 해야 할 한 가지 의무는 갑판 위에 있는 선장의 명령을 듣고 그 명대로 배를 항해하는 일이다.

인간 영혼에 적용해 볼 때에, 하나님은 갑판 위에 있는 선장이시고 우리는 조정 장치에 있는 항해사이다. 만일 우리가 영혼의 작은 배의 손잡이를 붙들고 하나님의 뜻에 우리의 뜻을 복종시키며 그분께서 명하시는 대로 조정 장치를 움직이면 아무런 위험 없이 바람과 파도를 헤치고 안전하게 소원하던 인생의 항구에 들어가게 되는 것이다.

만일 이것이 평생 계속되면, 우리는 그것에 익숙하게 되어 마침내는 갑판에 계신 선장, 즉 하나님께서 왼쪽으로 가라 하실지 아니면 오른쪽으로 가라고 명령하실지를 추측으로 알게 된다.

이와 같이 우리는 하나님의 뜻을 점점 깨닫게 된다. 그리고 이러한 하나님에 대한 지식은 우리로 하여금 구원의 항구 즉 영생으로 더 가까이 가게 해 주는 것이다.

하나님께서 우리의 자아에게 그렇게 역사하심으로 마침내 우리의 의지가 하나님의 의지와 같아지는 과정은 외적인 것이 아니고 내적인 것이다.

우리는 이 땅 낮은 곳에 살고 하나님께서는 우리와 멀리 떨어진 높은 곳, 즉 하늘에 있는 보좌에 앉으셔서 우리 영혼에게 기계적인 자극을 보내시는 것이 아니다. 이렇게 하기 위해 하나님께서 우리 속에 들어오시는 것이다.

어느 정도 이것은 갑판 위에서 배 항해하는 항해사에게 명령하는 선장과 같다.

외치는 것은 어떤 것인가?

외치는 사람은 공기를 진동시킨다. 공기 진동은 항해사가 서 있는 곳까지 퍼진다. 이 진동하는 공기가 항해사의 귀로 들어가 그의 청신경을 자극한다. 이 청각의 움직임이 두뇌에 전달된다. 이리하여 선장의 직접적이고 계속적인 명령이 동료의 두뇌에까지 퍼지는 것이다.

그런데 하나님께서 우리에게 명령하시는 것은 더 강렬하다.

우리 영혼에 대하여 그리고 영혼 안에서 우리 위에 사역하시는 하나님은 편재(徧在)하고 계신다. 그분은 높이 하늘에 계심과 동시에 우리와 가까이 계신다. 더 나아가 "가까이"란 말도 오히려 표현이 부족하다. 왜냐하면 하나님께서는 우리 모든 사람 속에 계시기 때문이다. 우리 인생 안에 하나님께서 안 계신 곳은 한부분도 없다.

모든 사람에 있어서 그렇다. 그러나 하나님께서 그의 자녀들을 대할 때에 이러한 내적 존재는 훨씬 더 가깝고 보다 더 친밀하다. 왜냐하면 신자 속에서 그분은 성령에 의해서 살고 계시기 때문이다. 만일 지금 여러분이 성령이 하나님 자신이라고 믿는다면, 여러분은 하나님께서 그의 자녀 속에 거하시며, 그 자녀의 가장 은밀한 곳에 그분의 왕좌를 갖고 계셔서 먼 곳이 아니라 신자 자신의 인격 성소 안에서 그의 자아와 교제를 가지는 방법을 이해하게 된다.

하나님께서는 이 자아 위에서 역사하신다. 그분께서는 밤낮으로, 심지어 우리가 그것에 대하여 전혀 알지 못할 때에도 우리 자아 위에서 수고하신다. 하나님은 우리의 조각가이시다. 그분은 우리의 영혼 속에 자신의 형상을 조각하시며 그리하여 우리로 하여금 점점 더 그분 자신을 닮아가게끔 하신다.

이리하여 그분은 우리 자아와 우리 의지를 변화시키신다.

우리 의지를 주장하는 자아(self)를 변화시킴으로 우리 속에서, 우리 의지 위에서 역사하시는 분은 바로 하나님이시다.

이렇게 볼 때에 이러한 자아의 정화 작업과 변화 작업에 의해서 하나님의 뜻이 우리의 뜻 안으로 한결같고 거룩하게 들어오게 된다.

그것은 대부분 우리 안에서 보이지 않게 계속되는 작업이다. 하나님의 손은 아주 유순하고 점잖게 이 내적 작업을 행하신다. 그러나 과정이 전부 그런 것만은 아니다. 때때로 조각가는 대리석을 잘라 버리기도 한다. 그래서 대리석은 쪼개지고 산산조각이 난다. 이것은 마음속에서 격렬한 갈등이 일어나는 때로서 그때에 모든 것은 도덕적인 충격으로 인해서 떨고 요란한 소리를 낸다.

그러나 점잖거나 과격하거나 그것은 모두 조각하는 과정인 것이다. 그리고 영혼의 조각가는 미술 조각가와 같이 앞에 놓여 있는 모델을 보고 작업하시지 않는다. 하나님께서 조각가이심과 동시에 모델이신 것이다. 그분은 자신의 형상대로 우리를 조각하신다.

인간 의지에 대한 하나님의 작업은 우리로 하여금 점점 더 그분의 형상을 닮게 해 주신다. 계속적으로 하나님의 형상을 점점 더 닮아가는 과정은 하나님의 뜻이 우리에게 보다 깊이 들어오게 하는 것이 아니고 무엇이란 말인가? 그리고 이렇게 하나님이 뜻이 우리 뜻 안에 점점 더 깊이 들어오는 것은 하나님에 대한 보다 나은 이해, 그분에 대한 더 깊은 지식, 그리고 그분의 뜻과 목적을 알 수 있는 더 명백한 통찰력을 얻는 것이 아니겠는가?

이리하여 여러분은 종교 서적들이나 설교들을 통해서와는 전혀 다른 방법으로 하나님에 대한 지식을 얻을 수 있다는 것을 깨닫는다.

나중에 왜 서적들과 설교에서 얻는 하나님에 관한 지식 역시 우리 신앙생활에서 없어서는 안될 귀한 것인지 설명하려고 한다. 영혼 속에서 역사하시는 하나님의 사역을 보지 못하는 영적 소경들의 눈이 그 사역의 아름다움과 영광을 보기 위하여 종교 서적들이나 설교들은 반드시 필요하다는 사실이다.

영혼의 생명과 그 속에서 일어나는 하나님 사역의 실제에 깊이 들어감이 없이는 힘과 능력 발휘와 생명 안에 있는 이 능력의 건설적인 결과들도 없는 것이다. 신자들의 영혼이 그러한 상태에 놓이게 되면 교회는 무기력해지고 세상은 우리들을 밀어제친다.

그러므로 우리는 의지, 기꺼이 행하는 마음, 의지를 행사하는 자아, 자아 속에서 행하게 하시는 하나님께 관심을 모아야만 한다.

시인들은 노래에서 감정, 상상력, 영웅적인 용기를 기도한다.

모든 하나님의 자녀는 하늘에 계신 아버지께 감정, 의지력 능력 그리고 영웅적 용기를 간구한다.

제 33장

원하는 것은 행하지 아니하고

아무리 높은 지위에 있는 자, 재능이 많은 자, 가장 힘이 센 자라 할지라도 이 땅에 있는 인간과 우리 주되신 하나님과의 차이는 이루 말로 할 수 없을 만큼 큰 것이다. 이것을 생각해 볼 때에 우리는 "왜 우리가 하나님을 알기 위해 힘써야 하는가!"라고 자포자기적으로 한탄한 사람의 심정을 이해하게 된다. 하나님은 높으시니 우리가 그를 알 수 없다(욥 36:26). 우리가 할 수 있는 모든 일은 알지 못하는 하나님 앞에 무릎 꿇고 경배하는 것이다.

하나님을 참으로 알지 못했던 불안한 아테네 사람들은 "알지 못하는 신"을 위한 제단을 세웠다(행 17:23). 그들은 이미 위하여 제단이 세워진 많은 신들 외에 그들이 이름을 알지 못하는 또 다른 신이 있으므로 그 신께 희생제를 드렸던 것을 뜻하지 않는다. "알지 못하는 신"을 위한 단은 하나의 제도, 견해를 나타낸다.

그들이 주장하는 바는 다음과 같다.

"미네르바나 주피터 신 앞에 경배하는 아테네 시민들이 신들에 관한 모든 이야기들을 확고한 사실로 받아들이면 잘못을 저지르게 된다. 신지식(新知識)에 대한 소문은 자아 기만에 근거한다. 무한한 존재에 대해서는 아무 것도 알려 질 수 없다. 진실로, 무한하신 어떤 분이나 아니면 적어도 무한한 물체가 있는 것이다. 그것이 인격적이든지 사물이든지 간에 우리 인간들에게는 헤아릴 수 없는 신비로 남아지게 된다. 이 무한자를 위대한 '알지 못하는 신'으로 경배하라. 그 대상에게 여러분의 무지함을 고백하고 공공연하게 여러분 자신은 신에 대한 모든 지식을 갖지 못하였음을 인정하라. 그리하면 거룩한 신비주의가 새롭게 여러분을 감동시켜 줄 것이다. 여러분이 갖고 있지 않은 것을 갖고 있는 척 하지 말고, 자신들이 신에 관한 지식을 소개 받고 전수 받은 것처럼 드러내지 말라. 왜냐하면 이것은 단지 자아를 속이며 또한 다른 사람들을 기만하는 것이다. 그리고 이것은 세속적 성직자 정략(政略)의 비결인 것이다."

이것은 아테네 살던 소수 그룹의 생각이었다. 그런데 현재 가장 유능한 사람들, 가장 고귀한 신분을 가진 사람들 가운데서도 많은 사람이 그렇게 생각하고 있다. 그들은 스스로 불가지론자(不可知論者)라고 자처한다. 그들의 목적과 의도는 여러분으로 하여금 자신들은 더 이상 불신앙자들이 아니며 전혀 불경건한 자들이 아니고 오히려 가장 경건한 자들이라는 사실을 이해시키려는 데 있다. 바로 이런 이유로 아주 겸손하고 솔직하게 고백하길 우리가 경배하는 하나님께서는 자신의 높은 위엄에 의해 우리 인간들로부터 하나님에 관한 지식을 거두시는 분이라고 말한다.

이러한 주장은 아주 겸손하고 경건해 보일지 모르지만 지지하기 어려운 것이다.

기독교는 이러한 사람들의 주장과 전혀 반대되는 입장을 취한다.

"너희가 알지 못하고 위하는 그것을 내가 너희에게 알게 하리라"는 아테네에서의 바울의 선포는 이처럼 잘못된 사람들에게 기독교 교리의 표준을 불변적으로 말해 주는 것이다.

확실히 하나님께서 자신을 계시하시지 않으시면 어느 누구도 하나님을 알지 못할 것이다.

그러나 하나님께서는 자신을 나타내 주셨다. 이것이야말로 모든 신자들이 세상에 알려줄 기쁜 소식인 것이다.

그러므로 겉으로 보기에는 경건한 것 같지만 무식한 불가지론자들 앞에서 우리는 담대하게 그리고 잠시의 머뭇거림도 없이, 그리스도의 말씀 "영생은 곧 유일하신 참 하나님을 아는 것이니라"를 강조한다.

그러나 또한 신지식에 대하여 과장된 주장을 하는 이들이 있다.

즉 어떤 지도자들과 평신도들은 망설임이나 조금의 부끄러운 기색도 없이 높고 거룩하신 분, 영원하신 하나님에 대해서 허물없이 이야기한다. 그들은 공중기도에서 하나님께 대한 존경심의 부족을 드러내며 따라서 혐오스러운 감정을 일으킨다.

중심으로 하나님을 두려워하지 않는 사람들은 자신들이 지존자에 대해서 알 수 있는 모든 것을 안다고 생각한다. 그리고 그들은 영원하신 분에 대한 인간의 추론과 그분에 대한 우리의 모든 담화는 단지 진리의 일부를 더듬거리는 것에 불과하다는 사실을 전혀 깨닫지 못한다.

실로 사랑은 모든 두려움을 내쫓는다. 그러나 우선 두려움이 있어야 하고 그 다음에는 그것에 대항해서 싸우는 사랑이 있어야만 한다. 이런 연후에 하나님을 "아바, 아버지!"라고 부르는 신자들이 승리를 얻게 된다.

하나님의 이름에 대한 두려움이 없으면 그 두려움을 타도하기 위한 사랑도 없으며 따라서 그 두 가지 사이에 어떤 싸움도 없게 되며 또한 승리를 얻는 일 역시 없는 것이다. 여기에는 하나님을 아버지로 여기고 어린 아이처럼 "아바, 아버지"라고 부르는 일도 없다. 이 경우 사람들은 하나님에 대해 경솔하게 아는 척하며 지혜로운 척 하지만 신앙의 향기를 내뿜지 못하고 오히려 중요한 신앙의 근원을 질식시켜 버리게 되고 만다.

이런 위험을 피하려면, 우리의 전(全) 내적 존재, 즉 우리는 하나님의 자녀로서 거룩한 하나님의 형상을 좇아 지음 받았다는 점에서, 특히 우리 삶의 목적과 우리를 지으신 뜻에 연관하여 볼 때 하나님에 대한 지식이 절대 필요하다.

우리 삶에 의지적 결단을 주지 못하는, 하나님에 관해 형식적으로 머리로만 아는 지식은 그 밑에 물이 흐르지 않는, 꽁꽁 언 얼음 표면이다.

사람의 의지 작용(willing)에는 이중적인 면이 있다.

하나는 의지 작용 그 자체이다. 또 다른 하나는 그것을 행동으로 바꾸는 의지 작용이다. 그런데 오늘날에는 의지를 실행으로 옮기는 방법을 알고 있는 두 번째 의지 작용에 내적 가치를 두는 경향을 띤다.

오늘날의 이러한 의지적 삶에는 대담하고 잔인한 면이 있다. 오늘날 요구되는 것은 의지를 행사하는 것이다. 의지가 강한 사람은 대담해야만 한다. 그러나 어떤 경우에도 의지는 모든 것을 할 수 있는 능력의 표현이어야만 한다. 뜻이 있는 곳에 길이 있는 것이다. 입센(Ibsen)과 같은 사람의 영향을 받아 의지력을 너무나 편향적으로 몰아간 나머지 이 시대의 많은 사람은 어떤 사물이나 사람의 눈치를 전혀 보지 않고 모든 반대세력에도 불구하고 자신의 의지를 실현하는 것을 영광으로 여긴다.

오늘날의 불굴의 의지의 주인공들과 비교해 볼 때에도 사도 바울과 같은 허약자는 초라해 보인다.

그는 자신의 삶 가운데는 가끔 "내가 행하는 것을 내가 알지 못하노니 곧 내가 원하는 것은 행하지 아니하고 도리어 미워하는 것을 행함이라"(롬 7:15)고 고백해야만 할 때가 있음을 안다고 솔직하게 진술한다.

이 솔직한 주장은 여러 세대를 거쳐 수치스러운 것으로 비난받아 왔다. 그 비난자들은 입술로는 경건한 체하면서 양심을 팔아먹는 자들이다.

하나님께서는 그들의 비난을 심판하실 것이다.

이러한 비난을 별 문제로 하고, 사도 바울의 고백은 일상생활에 있어서 솔직한 표현이다. 우리의 이상은 늘 높은 곳에 있으며, 우리는 늘 그것에 도달해서 그것을 생활에 실천할 능력이 없음을 애통해야 한다는 사실을 언급해 주는 것이다.

마음에는 의지작용이 있고 또 마음의 의지를 우리 삶 가운데 실천하려는 노력이 있는 것이다.

우리 마음에 있는 이 의지작용은 대부분 자유롭다. 자신의 악한 경향을 억제하고 자신의 내적 의지를 하나님의 의지에 순응하는 사람은 자신의 마음에 경건한 성품을 기르는 것이다. 이것 역시 우리 속에 있는 옛성품의 거스리는 것과 더불어 하는 싸움을 포함한다. 그때에 우리가 세속적 삶에서 물러나서 홀로 우리 마음을 충고하면, 하나님의 자녀 된 우리는 내적으로 승리를 하게 되며, 이렇게 자신의 의지를 하나님의 의지에 복종시킴으로 말미암아 행복을 얻게 된다.

그러나 좀 더 거창한 두 번째 싸움이 뒤따른다.

즉 이제 여러분은 세상, 정욕 그리고 악마와의 내적 싸움을 해야 하는 것이다. 계속적으로 일어나는 이 싸움을 위해 여러분은 최선을 다해 굽히지 않고 저항한다. 그러다가 여러분은 자신 속에는 이에 대처해 나갈 능력이 없음을 발견한다. 마침내 여러분은 자신들이 신성하고 솔직하게 하려고 마음먹었으며 또 지금도 하려고 소원하고 있는 것을 포기해 버린다.

너무나도 자주 이러한 유혹이 오기 때문에 여러분은 내적 의지에 대한 모든 액운을 물리칠 수가 없는 것이다.

만일 시험이 오면 쓰러지고 말진대 고상한 신앙 인격을 연마하며 경건한 목적들을 지향한다 한들 무슨 유익이 있느냐고 반문하게 될 것이다.

하지만 이것은 물리쳐져야만 한다. 이것은 자아를 깎아 내리는 것이다. 이것은 삶의 패배를 뜻하는 것이며, 여러분을 거룩한 이상으로 이끌어 주는 중요한 신경을 끊어버리는 것이다.

만일 여러분의 양심이 이 싸움에 대해서 알지 못하면 수없이 패하게 되고 세상적인 방법이 아니라 하나님의 심판에 의해서 양심에 가책을 느끼게 된다.

게다가 하나님의 뜻을 이루고자 하는 인간 내적 의지 작업은 비록 외부의 유혹에 의해 그 목적을 달성하지 못한다 할지라도 아주 가치 있는 일이다.

이 의지작용은 여러분이 하나님의 자녀인 것을 환기시켜 주고 하나님과 더 가까운 교제를 갖도록 하고 하나님에 대한 지식에서 자라게 하며 여러분의 양심을 일깨워 주고 여러분의 이상이 빛나게 하며 그리함으로 여러분이 앞으로 전진하는 것을 도와주는 영혼의 순화 작업인 것이다.

물론 여러분은 마음속에 있는 의지가 행동으로 실천되어 결과적으로 삶의 일부분이 될 때에 훨씬 더 앞으로 나아가게 된다. 그때에 신앙적 도덕 능력이 발휘되고 이에 따라 영웅적 기질이 여러분 속에서 일깨워지며 전능하신 하나님의 모든 승리하시는 능력이 여러분 속에 나타나게 되는 것이다.

그런데 그것은 여러분 속에 있는 의지작용을 변화시킴으로 시작되는 것이다. 슬프고 고통스러운 일들이 생기면 의지 실천이 지연된다.

그러나 그러한 상태에서 조차도 능력 많고 난관을 꿰뚫는 힘을 지닌 양심이 경이로운 일들을 일으킨다. 양심의 활동은 마침내 여러분의 목적을 달성시켜 주며, 여러분으로 하여금 하나님의 뜻을 이루기를 **소원만 하던 의지**에서 벗어나 그분의 거룩한 즐거움을 위해 **행하는 의지**를 갖게 해 준다.

제 34 장

나의 원대로 마옵시고

주기도문의 "뜻이 하늘에서 이룬 것 같이 … 이루어지이다" 구절과 겟세마네 동산에서의 주님의 기도에 나오는 "아버지의 원대로 하옵소서"라는 구절이 영어 성경에서는 똑같이 "Thy will be done"이라고 표현되어 있다. 그런데 두 구절의 의미는 전혀 다른 것이다. 주기도문에서는 그 말이 "하나님이여, 나에 의해 당신의 뜻을 이루소서(Thy will, O God, be done by me)"를 뜻한다. 반면 겟세마네 동산의 기도는 "하나님이여 당신의 뜻이 내게 임하게 하시어, 내 원대로가 아니라 당신께서 원하시는 대로 이루어지게 하옵소서(Let Thy will, O God, come upon me, let things happen with me not as I will, but as thou wilt)"란 뜻이다.

두 번째 기도는 영생인 하나님에 관한 지식을 얻는데 크게 기여한다.

우리가 하나님께서 명령하신 대로 생각하고 말하고 행동함으로 우리의 뜻을 하나님의 뜻과 같게 할 때에, 우리는 하나님을 아는 지식 안에서 자라나게 된다. 왜냐하면 그리함으로 하나님의 뜻이 우리 안에 들어와 우리의 의지를 변화시키며 우리로 하여금 하나님의 형상을 더욱더 잘 닮게 해 주기 때문이다.

그런데 우리가 하나님을 아는 지식 가운데서 자라갈 수 있는 또 다른 방법이 있다. 즉 우리가 하나님께서 우리 각자에 관해 명령하신 것을 행하려 하며, 기꺼이 하나님의 경륜(His council) 가운데 우리의 운명(분복)으로 정해 놓으신 것에 적응하며, 불평이나 잡음 없이 영웅적인 신앙의 용기로써 우리의 분복이 우리에게 가져다 주는 모든 것을 받아들이는 것이다.

그러나 이렇게 하나님을 아는 지식의 성장은 훨씬 더 고통스러운 방법으로 이루어진다.

여기에서 고통이란 우리가 우리의 분복 속에 하나님의 뜻을 받아들임으로 말미암아 그분의 뜻을 수동적으로 견뎌야 하는 고통을 말한다. "나로 하여금 하늘에서 천사가 그렇게 하는 것처럼 당신의 뜻을 이루게 하소서"라는 주기도문의 기도는 우리의 힘을 격려해 주며, 그 뜻에 대해 긴장하게 한다. 우리가 죄를 극복하면 우리 마음에는 큰 즐거움이 넘친다. "내게 일어나는 일들이 나의 원대로가 아니라 당신의 거룩한 뜻대로 이루어지게 하소서"하는 겟세마네 동산의 기도는 하나님께서 명하시고 예정해 놓으신 것을 감수하겠노라고 자신을 맡기는 복종을 요구하는 것이다.

적어도 이처럼 낮아지는 고통의 학교에는 힘이 솟지 않고, 의지를 북돋워 줌과 영웅적인 담대함의 미소 대신에 자아를 완전히 상실케 하는 것으로써 내적 원기 상실과 의지의 억압 그리고 마음에 사무치는 슬픔의 눈물이 있을 뿐이다.

이것은 실로 하나님에 관한 심오한 지식을 얻게 해 주지만, 대부분은 알 수 없고 해결할 수 없는 일들을 동반한 아주 슬픈 방법으로 이루어진다.

특별히 문제가 잠깐의 슬픔으로 끝나지 않고 평생에 걸쳐서 고통스러운 십자가를 져야만 하는 경우에 마음에 충격을 주게 된다.

다음에 나오는 예는 인생에 있어서 반복적으로 일어나는 것이다. 아주 행복한 한 부인이 있었다. 그녀는 남편과 자녀와 더불어 즐겁게 살아갔다. 신앙생활을 하면서 넘치는 행복감을 자주 감사와 찬양으로 표현했다. 그녀가 섬기는 하늘에 계신 아버지의 사랑은 아주 컸다. 하나님께서는 그녀를 아주 행복하게 해 주셨고 그녀의 잔은 넘쳐 흘렀다.

그런데 상황이 돌변했다. 중한 질병이 그녀의 평안을 빼앗아 갔다. 그리고 그녀의 남편과 아이가 갑자기 사망하게 됐다.

이제 모든 것은 다 가버렸다. 그녀는 더 이상 위안 받을 수 없다. 그녀의 깊이 상처받은 영혼은 하나님께 반항하게 된다.

이제까지의 생활은 모두 자아 기만에 불과한 것이었다. 하나님은 사랑이 아니시다. 하나님이 사랑이시라면 어떻게 잔인하게도 그녀를 높은 행복의 언덕에서 사별과 슬픔의 골짜기로 내던져 버릴 수 있단 말인가?

이 당황할 수밖에 없는 고통 가운데서 그녀는 절망적이고 도덕적이고 불신앙적인 말만 한다. "나에게 더 이상 하나님에 관해서 말하지 말라. 잔인한 것은 사랑이 될 수 없는 것이다. 하나님은 계시지 않는다"라고.

인생의 행복이 깨어지자 영혼의 신앙도 깨어지고 만다.

그녀는 자신이 하나님을 알고 있다고 생각했으나 지금 하나님께서 그녀 자신이 상상했던 것과 다르게 모습을 나타내시자 그녀는 모든 신앙을 저버린다.

그녀는 남편, 자녀와 더불어 하나님도 잃어버린다.

여기서 여러분은 고통의 학교를 통해서만 얻을 수 있는 하나님에 관한 지식 증가가 얼마나 어려운 학습인가 알 수 있다.

우리 인생에서 처음으로 아주 무거운 십자가가 우리 어깨에 메어질 때, 우리는 이성을 잃고 어리둥절해 하나님에 관한 모든 지식을 잃어버리게 된다.

하나님의 사랑을 노래하는 시는 너무 아름다워 달콤하게 우리 영혼 속에 스며든다. 오로지 우리에게 축복해 주시고 우리의 삶을 풍요롭게 즐길 수 있게 해주시기 위한 사랑, 우리를 위한 사랑의 하나님이 계시다면, 어느 누구인들 기꺼이 그러한 하나님에 관한 지식을 얻으려 하지 않겠는가? 인간의 삶 가운데 사랑, 오로지 사랑만이 우리에게 보여질 때는 실로 영광스러운 것이다. 우리의 마음이 우리에게 사랑, 행복, 평화만을 주는 어떤 하나님을 소유했다면 얼마나 풍부하겠는가.

그런데 지금 역경, 고통과 예기치 못한 불운, 질병과 슬픔의 날이 동터온다. 과연 하나님의 사랑은 어디 있는 것일까? 어버이와 같이 따스한 하나님의 사랑이 어디 있다는 말인가? 하나님께서는 나의 죽어가는 남편과 사랑하는 아이를 살려주시지 않고 나의 기도에 응답해 주시지도 않고 오히려 고의적으로 나에게서 그들을 빼앗아 버린 것이다. 하나님께서는 나의 가정에 질병을 주시고 또 너무 잔인해서 말로 할 수 없는 일로써, 나의 남편과 사랑하는 아이를 죽이셨다. 그분은 그들을 나의 가슴에서 잡아채어 무덤으로 가게 하셨다.

물론 궁극적으로 우리는 이러한 일들을 통해서 하나님에 관해 더 나은 지식, 즉 하나님께서 우리 인간을 다루시는 방법을 깨닫게 된다. 그러나 우리가 이런 일을 당할 때에 처음으로 느끼는 것은 하나님은 우리가 상상하거나 몽상했던 분이 아니시라는 것이다.

우리가 이제까지 상상해 왔던 하나님에 대한 생각을 벗어 버리고 하나님에 관한 지식이 정화되고 순화되어 또 다른 하나님, 즉 유일하신 참 하나님을 알게 되기까지에는 너무 비참한 영적 싸움이 있게 된다.

첫 번째 학습은 실생활에서 우리가 몸과 마음을 다해서 더 높은 섭리에 굴복하고 우리 자신은 아무 것도 할 수 없는 데 비해 불가능한 것이 전혀 없는 능력 많으신 분 앞에 엎드리는 것이다.

이것이 무시무시해 보이나 바로 이것만이 여러분의 실제 경험 속에 계신 분으로서의 하나님을 발견하는 길인 것이다.

그러나 우리가 단지 십자가를 지는 첫 단계에 있을 때에는 당면한 과제 즉 자신의 행복, 명예, 미래에만 관심을 갖게 되고 하나님은 부차적인 것이다. 우리의 생각에 따라, 우리가 사물의 중심이 되며 하나님은 단지 우리를 행복하게 해 주시기 위해 존재하는 것이다. 하늘에 계신 아버지는 자녀를 위하신다. 하나님의 전능하심은 단지 우리에게 유익을 주시기 위한 것이다.

그런데 이러한 하나님에 대한 인식은 철저히 잘못된 것이다. 이것은 순서를 뒤바꾸어 놓은 것이다. 즉 인간 자신을 하나님의 위치에 올려놓고 하나님을 인간의 종으로 격하시켜 놓은 것이다.

그런데 연단을 통해 이 잘못된 하나님에 관한 지식은 점점 교정되어진다. 슬픔과 비탄에 빠져 낙심한 여러분은 순간적으로 이 위대하신 하나님께서 여러분에게 주의하지 않으시며 여러분의 소원대로 일을 성취시켜 주지 않으신다는 사실을 깨닫게 된다. 그리고 그분의 계획 안에는 여러분이 전혀 좋아하지 않는 목적들도 있다는 것과 필요에 따라, 하나님께서는 그 능력으로 강타를 쳐서 여러분을 파멸시키실 수도 있으며 그분의 계획과 능력있는 사역 안에서 여러분은 차바퀴 밑에 깔리기도 하며, 바람에 휘날리는 먼지에 불과하다는 것을 알게 된다.

그때 여러분은 하나님께 복종하고 의지를 굽힐 수밖에 없다. 여러분은 시련 앞에 아주 무력하게 서 있는다. 찬란한 햇빛과 떠있는 구름만 보이던 하늘에서 여러분은 지금 영혼 속에 어두움을 몰아오고 여러분의 마음에 천둥소리를 내며, 자포자기해 있는 여러분에게 번갯불이 번쩍이는 것이다.

여러분은 이것을 통해서 여러분을 전적으로 압도하는 하나님의 실재와 위엄, 그리고 여러분이 자신의 소유물로 여겨왔던 모든 것들과 여러분 자신을 그분 속에 끌어 들이는, 하나님의 전능하심을 발견하게 된다. 그리고 여러분은 처음으로 살아계신 하나님께 대해 어떻게 행해야 할지를 느끼게 된다.

하나님은 그러한 분이시다.

이제야 비로소 여러분은 하나님을 알게 될 것이다.

그리고 이렇게 알게 된 참 하나님을 이해하기 위해 연구하려는 영혼의 새로운 노력이 시작된다. 전능하신 하나님의 존재와 사역에 대해서 질문해 보고 추측해 보며 심사숙고하게 된다. 그리고 나서 괴로운 심정은 죄의식과 죄, 과거 잘못한 일에 대한 여파, 우리에게 지워진 십자가의 목적, 영원한 나라에서 맺혀질 열매 등에서 그것에 대한 설명을 추구한다. 하나님께서 홀로 우리 속에서 행하신 일들에 대한 해답을 찾으려는 노력은 오랜 시간 계속된다.

영혼의 신앙 추구가 계속됨에 의해 우리는 욥과 같이 친구들의 잘못된 이론을 저버리고 폭풍 가운데 나타나신 하나님 자신으로부터 직접 답변을 받아 하나님의 작정이 온 천체와 시간, 세월을 위해 역사하시며, 모든 피조물이 유일하시고 중심되시며 영원하신 하나님을 위주로 하여 운행되는 방법을 이해하게 된다. 하나님의 예정과 계획은 하늘같이 높으며 결과적으로 우리의 이해를 초월한다는 사실과, 그분의 예정에 대한 확신에 머무르는 것이 아니라 기쁨이나 또는 슬픔을 통해서라도 예정된 삶 속에 들어가는 것이 우리 영혼의 영광이며 환희란 사실을 깨닫게 된다.

이것은 무기력한 소극주의를 물리치고 우리로 하여금 기꺼이 잔을 마실만한 영웅적 용기를 불러일으키며 그리하여 억지로가 아니라 기꺼이 우리가 마셔야 할 잔을 마시게끔 해준다. 예수께서 상한 심령으로, 하나님의 일에 협조하시기 위해서, 기꺼이 골고다에서 죽으시려 했던 것과 같이 우리가 우리를 죽이시려는 하나님의 뜻을 좇아 잔을 마시려 하는 것이야 말로 영생을 찾는 길인 것이다.

그런 사람의 영혼은 전쟁터에서 총에 맞으면서도 자기의 임무를 다하고 죽는 마당에서 장교의 인정해 주는 표정을 보고 흐뭇해 하는 파수병과 같은 것이다.

그가 죽어가면서도 즐거워 할 수 있는 것은 자신을 죽게끔 한 장군은 여전히 그를 사랑한다는 것을 알고 있기 때문인 것이다.

제35장

내가 사랑한다

한 젊은이가 자신이 선택한 아가씨에 대해서 그리고 그녀가 자신이 고른 청년에 대해서 느끼는 사랑이, 특히 첫 단계에서는 때때로 너무나 엄청나고 물불을 가리지 않기 때문에, 사람들은 사랑에는 서로 눈을 멀게 할 만한 신비스러운 힘이 작용한다고 생각한다.

약혼한 남녀가 늘 그런 것은 아니다. 그렇게 별나게 신비한 사랑에 도취되는 것은 오히려 예외적인 일이다. 여기서 고려하고자 하는 지나치고 열중케 하는 사랑이 그 안에 죄스럽거나 관능적인 경향, 또는 저속한 육감적 요소를 지니고 있다고 생각지 말자. 여기서 언급하는 사랑의 황홀경은 단지 사랑하고 있는 사람들에게서 일어나는 것이며, 영혼과 육체 둘 다를 통해서 일어난다. 우리의 죄 많은 생활에서 조차도 육체적 접촉과는 무관하게 이러한 사랑이 잘 이루어 질 수 있다.

남녀가 서로 같이 성실함과 온정으로 이 황홀한 사랑에 빠지면 별문제가 없다. 그럴 경우 가장 가까운 친지들만이 그 비밀을 알게 된다. 반면 흔히 있는 일로 한 아가씨의 가슴에는 사랑이 뜨겁게 불타오르지만 그녀가 사랑하는 청년에게서 그 정도의 반응을 찾아 볼 수 없는 짝사랑인 경우는 아주 비참하게 세상에 드러나고 만다. 약혼하고 진지하게 사랑했던 아가씨가 요즈음 그의 약혼자에게서 부정한 면을 발견하고는 너무나 실망한 나머지 자살함으로써 자기파멸에 이르렀다는 종류의 기사가 이곳 저곳의 신문에 안 실리는 날이 거의 없는 것이다.

이 사랑의 황홀경은 비정상적인 종류의 애정이다. 왜냐하면 거기에 도달한 사람을 정상적인 상태에서 벗어나게 하고, 그의 영혼을 미치게는 아니한다 할지라도 그와 비슷한 상태로 몰아넣기 때문이다.

그러므로 우리는 문두에서 사람이 사랑에 빠지면 물불을 못가리게 된다고 말했다. 그렇게 황홀경에 빠진 사람은 사물을 올바르게 판단할 수 없게 된다. 버거(Burger)는 그의 "레오노라(Leonora)"에서 열렬하게 사랑하는 사람들은 둘 중에 한 가지를 선택해야 한다고 명백히 말한 바 있다. 즉 열렬한 사랑을 서로 주고받거나 아니면 죽음에서 사랑을 발견하든가 해야만 한다는 것이다.

그러나 이것을 너무 이상적인 것으로 여기지 말라.

사랑의 황홀경에 빠져 본 경험이 있는 여성이라야 빼어나게 지체 높은 부인이 되는 것은 아니다. 오히려 반대로 그러한 황홀경을 경험한 사람은 심지어 아주 이기주의적이기도 한 평범한 사람인 것이다. 이러한 경지는 종종 몇 년이 지나면 사라져 버린다.

열정이란 대개 평범한 아가씨를 압도하는 어떤 것이 아니다. 그것은 그녀 전체를 다른 사람이 감싸주기를 거의 미칠 정도로 열렬히 사모하는 것이다.

열정이란 비상한 현상이며 앞으로도 그럴 것이다.

마음에서 용솟음치는 열정, 그것이 좌절될 때에 그 사람으로 하여금 재빨리 그리고 과단성 있게 죽음에 이르게 만드는 것은 인생의 한 표현으로, 모든 사람의 관심을 끌게 된다.

아가서는 그러한 사랑의 황홀경을 묘사해 놓았는데, 그 목적은 그것을 통해 하나님을 위한 인간 영혼의 사랑의 모습을 약술하고자 하는 것이다.

솔로몬이 쓴 아가서는 넓게 펼쳐 있는 성경의 화폭 위에 인상적인 색채로 사랑의 형상을 넓게 수놓고 있다. 이 땅 위에서의 결혼생활은 하나님과 그의 백성, 즉 하나님과 개인 영혼을 붙들어 매주는 끈의 구체적인 표현이다. 심지어 여호와께서는 자신을 이스라엘의 남편이라고 부르시는가 하면 자신이 의로 이스라엘과 약혼했다고 말씀하신다. 거룩하신 하나님에 대한 불신은 우상 숭배이다. 남편과 아내 사이에 하나님께서 주신 사랑은 풍부한 상상력을 발휘해 볼 때에 인간 영혼을 하나님께 매주는 영원한 사랑의 표현인 것이다. 신약에 이것은 그리스도에게 더 잘 적용되어 하나님의 기뻐하시는 자인 주님은 그의 몸 된 교회의 신랑이라 일컬어진다. 그리고 그의 교회는 그를 간절히 사모하는 신부인 것이다.

좀 더 깊이 생각해 보자.

예수님께서 우리에게 사랑의 큰 계명을 말씀해 주실 때에, 그는 우리의 영혼과 감각을 영원하신 분께 향하게 하셨다. 그리고 우리에게 하나님의 사랑에 대해서, 인생에서 보여지는 황홀경을 묘사하는 말로 규정지으셨다. 네 마음을 다하고 목숨을 다하고 뜻을 다하고 힘을 다하여 하나님을 사랑하는 것이 우리로 하여금 더 큰 매력에 빠져 모든 것을 포기하고 사랑의 대상에 대해 알고 발견하고 즐기게 하고 그리함으로 그것에 전적으로 매달리게 하는 사랑의 황홀경과 무엇이 다른가?

남편과 아내 사이의 사랑이 항상 중대한 의미를 가져야 하는 것은, 하나님께서 이 사랑을 통해서 하나님과 인간 영혼 사이의 가장 고차원적인 사랑을 예표로 보여 주신 때문이다.

이것은 이 감도가 예민한 사랑에 거룩하고 고상한 특징을 부여해 준다. 이것은 부부사랑이 조화 있고 고상하게 발전되어 이 땅에서 맛볼 수 있는 가장 순수한 행복을 창조하게끔 해 준다. 그런데 육욕적 사랑에서 부부애는 무섭게 황폐하고 부패하게 된다. 감수성이 예민한 인간의 마음은 평정을 잃고 영혼은 빗나가 반미치광이 상태에 이른다.

하나님과 피조물을 연결해 주는 더 거룩하신 사랑이 이 모든 것 뒤에서 밀고 재촉하신다. 그러나 결합하지 말아야 할 것을 합치고 영혼과 육체를 떼어 놓으며 영혼의 평정을 깨뜨리고 이리하여 가장 좋고 거룩한 부부간의 사랑을 호색과 광포로 부패시키는 것은 오직 우리 육체의 죄 된 성품으로 말미암는 것이다.

그것은 구름에서 순백색으로 내려오다가 땅위의 불순물에 닿을 때 더럽혀지고 마는 눈송이와 같은 것이다.

만일 우리가 하나님을 어떻게 사랑해야 하는지를 이해하려면 가끔 부부간의 사랑에 대해서 곰곰이 생각해 보아야 한다.

영어 성경에서 시편 116편은 내가 여호와를 사랑한다로 시작된다. 그러나 원어상으로는 그렇지 않다. 히브리 성경에는 훨씬 흥미롭게도 단지 "내가 사랑한다"라고 기록되어 있다. "내가 사랑 안에 있다"고 말해도 좋다. 그것은 열렬한 마음에서 사랑의 힘에 의해 들려오는 영혼의 소리이다. 그것은 불가항력적 방법으로 이해하게 되었다는 것을 깨닫는다. 그것은 영혼에서 내적인 활동이 활기를 띠었음을 느끼게 해 준다. 이제 그것은 전혀 알려지지 않았거나 아니면 적어도 그 정도로는 알려지지 않았던 만큼의 내적 활동에 의해 촉진된다. 그것은 이것이 바로 사랑이었음을 알고 깨닫게 해 준다. 그러므로 그것은 황홀한 상태에서 외친다. "나는 사랑한다! 나는 사랑한다! 나는 사랑한다!"라고.

이런 놀라운 내적 활동이 자신이 선택한 젊은이를 뜨겁게 사랑하고 있는 아가씨의 마음을 움직이는 것과 마찬가지로 여기서도 저항할 수 없는 맹활동이 전개된다. 그러나 이 경우에는 그것이 아주 거룩한 방법으로 영혼을 다른 모든 것보다 높은 곳으로 들어 올리며 오로지 영원하신 하나님만 향하게 해 준다.

아가씨에게 있어서 그것은 단지 거룩한 사랑에 대한 희미한 복사에 불과하나 여기에서는 거룩한 사랑 자체인 것이다. 마침내 하나님과 인간 사이를 완전하고 조화 있는 작업으로 품위 있게 연결시켜 줄 영원한 사랑은 이 땅 위에서 영혼으로 하여금 가능한 전력을 다해 하나님을 사랑하게끔 한다.

그것은 상상적인 신비주의가 아니다. 그것은 여러분의 의지적 활동에 의한 하나님에 관한 지식이 아니다. 그것은 신앙교리의 분석을 통한 하나님의 지식이 아니다. 그것은 전율하며 사랑을 구하는 마음의 따뜻한 내적 감정으로 하나님께 나아가는 것이다.

그것은 마음의 고향을 그리워하는 향수병을 가라앉혀 줄 수 있는 것에 대해 동경하는 것이며, 가능한 모든 최선을 다하는 것이며, 아주 큰 실망에 빠지게 되다가 마침내 지금은 참되시고 온전하시고 거룩하신, 우리 마음의 사랑의 대상이신 하나님을 발견하고서 그분을 영혼에 모셔 들이고 이 사랑 안에서 최상의 행복을 누리는 것이다.

여러분은 이러한 사랑과 사람들이 일반적으로 하나님을 사랑한다하는 말에는 차이가 있음을 느낀다.

하나님을 사랑하지 않는 사람이 누구인가? 사실 모든 사람 중에 완전한 무신론자는 없는 것이다. 하나님 안에서 모든 것은 거룩하고 순수하고 고상한 것이다. 하나님 안에는 사랑할 가치 없는 것이 전혀 없고 모든 사람들은 그분이 모든 사람의 사랑을 받을만하다고 느낀다.

그래서 대부분의 사람들은 자신들이 상상할 수 있는 하나님을 사랑한다. 그들은 하나님께 반대하지 않는다. 그들은 하나님 안에서 아름답고 올바르고 선한, 자신들의 이상을 발견한다. 그들은 하나님과 인격적 관계를 맺거나 정신적 애착의 감정을 전혀 느끼지 않은 채, 자신들이 덕이나 정의를 사랑하듯이 하나님을 사랑하는 것이다.

그들은 하나님을 사랑한다고 말하나 그들의 영혼과 마음에 하나님은 존재하고 계시지 아니하며, 마음으로 하나님을 따르려는 생각은 하지 않는다. 거기에는 목마른 사슴이 시냇물을 찾듯이 갈급한 심령으로 하나님을 갈구하는 사랑이 전혀 없는 것이다.

속에 애정이 없는 냉정하고 타산적이고 위선적인 세상의 사랑에 비하여, 성경은 부드러운 신앙심을 가진 영혼의 사랑의 고백을 언급한다. 그것은 하나님을 찾고 발견함으로 마침내 그분에 대한 최고의 따뜻한 사랑으로 불타오르게 되는 것이다. 하나님 없이는 도저히 살 수 없고 스스로 그분에 대해서 생각하고 계속적으로 하나님과 동행하면서 바쁘게 일한다. 그리고 모든 발언은 하나님 한분에 관한 것이다.

이러한 사랑 안에는 신학 사상의 분석, 상상력, 의지의 힘이 우리에게 가져다 줄 수 없는 하나님에 관한 지식이 있다.

우리는 이 사랑 안에서 영생을 누리며 우리가 피조물이 아니라고 생각할 정도로 하나님과 친하게 알게 된다. 마침내 천국에 가서 창조주와 피조물 간의 벽은 허물어지고 우리 속에 하나님이 계시고 그분 안에 우리가 있으므로 가장 거룩한 사랑의 정점에 도달하게 될 것이다.

제 36장

너는 하나님을 마음에 두지 않았다

마음의 깊이가 없는 사람들은 사랑만큼 쉬운 일이 없다고 여긴다.

사람들은 본래 자신을 사랑하는데, 하나님을 사랑하기 위해서는 조금도 노력을 기울이지 않는다. 그러나 이웃을 제 몸처럼 사랑하는 데는 종종 어려움이 따른다. 이것은 사랑하려는 의지와 힘이 부족해서가 아니고 이웃들이 종종 거의 냉정한 태도를 보이기 때문이다.

그러나 이렇게 생각하는 것은 전혀 잘못된 것이다.

하나님을 사랑하는 것이 이웃을 사랑하는 것보다 훨씬 더 어렵다. 실제로 이웃을 사랑하는 사람이 열 명이라면 하나님을 진심으로 사랑하는 사람은 기껏해야 한 명 밖에 안된다고 말해도 과언이 아닐 것이다.

그러므로 예수께서 크고 첫째 되는 계명을 말씀하실 때에 형제 사랑에 대한 사랑의 부족보다는 하나님 사랑하는 것을 우선적으로 내세우셨다. 그리고 성경에서는 거룩하신 하나님을 잊어버리는 것에 대해 계속적으로 호소하고 있다. 사도 바울이 로마인들에게 보내는 편지(롬 3:10-18)에 시편 기자의 탄식 "다 치우쳐 함께 더러운 자가 되고 선을 행하는 자가 없으니 하나도 없도다"(시 14:3)를 반복적으로 기록한 것은 과장된 것이 아니다.

이것은 하나님께 대한 사랑이 인간에게도 옮겨질 수 있다는 사실을 배제하는 것은 아니다. 여러분은 이 사랑이 처음에는 보잘것없다가 후에는 얼마나 강력하고, 보다 뜨거워지게 되는지 명확히 깨닫게 될 때가 있다. 건달들이나 범죄자들 뿐만 아니라 교양 있고 존경할만한 사람들 틈에서 본성대로 성장해 온 한 사람을 잘 살펴보라. 그 사람 속에는 하나님에 대한 생동감 있는 사랑이 전혀 없다. 그는 하나님을 찾지 않는다. 실제로 하나님께서 원하시는 만큼 그분을 사랑하는 사람은 전혀 없는 것이다.

한동안 이것은 서로 다른 것으로 보여졌으나 그러한 허울은 기만적인 것이다.

지난 세기 초, 우리 국민 하층 사회에는 신앙을 우호적으로 생각하며 모든 형태의 무신론주의를 멸시하는 습관이 있었다.

사람들은 경건하다고 인정받기를 바라고 불경건하게 취급받는 것을 싫어했다. 그리고 엄숙한 예식의 경우에는 여전히 주님의 이름이 상기되었다.

이와 마찬가지 부류의 사람들이 지금은 이전보다 더 나빠진 것인가? 그것은 분명 그렇지 않다. 단지 사람들이 점점 더 전통으로부터 벗어나게 된 것이다. 그러나 대체로 오늘날의 사람들은 이전 시대의 사람들과 본질적으로는 마찬가지인 것이다.

단지 차이점은 오늘날에는 불신앙이 대학 강좌와 교단에서 그리고 신문과 공식회의에서 점점 더 뻔뻔스럽게 외쳐진다는 것이다. 과연 그 결과는 어떻게 될 것인가? 정직하고 교양 있는 사람들이 이 신성 모독에 대해서 한번이라도 심각하게 항거해 보았는가?

전혀 아니다.

오히려 그와는 반대로 광범위한 단체에서 모든 신앙은 내던져지고 그와 더불어 오히려 자유 사상을 비방하는데 대한 분개가 일고 있다.

이것은 전혀 이 시대적인 새로운 현상이 아니다. 영적 배교를 했었던 당시, 이스라엘에도 이와 똑같은 상황 속에 놓이게 되었다.

확실한 증거로서, 여러분은 이사야 선지자를 통해서 하나님께서 그 당시의 이스라엘 백성들을 꾸짖는 음성을 들을 수 있다. "네가 누구를 두려워하며 누구로 말미암아 놀랐기에 거짓을 말하며 나를 생각하지 아니하며 이를 마음에 두지 아니하였느냐"(사 57:11).

그러므로 하나님에 대한 사랑의 의미에 대해서 좀 더 깊이 연구할 필요가 있다. 특히 신자라고 자처하는 사람들의 경우에 더욱 그렇다. 그 이유는 사랑이 금처럼 반짝거리는 것들 가운데서 조차도 그 사랑은 단지 도금에 불과한 것들이 있기 때문인 것이다.

우선 여러분은 하나님을 사랑한다는 것은 쉬운 일이 아니라 신앙이 여러분에게 요구하는 가장 어려운 일임을 깨달아야 한다.

일반적으로 사랑이란 다른 사람에게 실제로 많은 관심을 갖고 우리의 최선을 다해서 그들을 행복하게 해 주는 것을 의미한다.

이것은 자비가 베풀어지는 모든 곳에서 나타난다. 이러한 사랑은 불행한 사람들을 위하여 관대하고 거리낌 없이 베풀어진다. 이 시대에 이러한 자선행위가 매우 성행하고 있다는 사실은 기쁜 일이다.

희생과 헌신을 요구하는 자선행위는 그것을 통해 어려운 처지에 있는 많은 사람들의 고통을 덜어 주게 된다.

그러나 우리가 이러한 사랑을 가지고 하나님을 대할 수는 없는 것이다.

여러분의 하나님은 행복하시다. 하나님에게는 부족한 것이 전혀 없으시다. 그분은 전혀 여러분을 필요로 하지 않으신다. 그러므로 여러분이 하나님을 끌어 올 수는 없는 것이다. 고통 받는 사람들을 향한 동정적 사랑으로 행복하신 분인 하나님을 사랑한다는 것은 부당한 일이다.

여기에는 전혀 다른 종류의 사랑이 개입된다. 즉 **여러분이 하나님과 관계를 맺고 있다**는 느낌에서 솟아나는 사랑인 것이다. 여러분은 자신의 근원과 존재 자체 때문에 하나님과 관련이 있는 것이다. 즉 여러분이 그분과 관계있다는 것은 여러분이 하나님의 피조물이기 때문. 따라서 하나님을 제외하면 존재 가치가 없게 되고 여러분의 미래 역시 아무런 의미가 없는 것이다.

마치 여러분이 독립적으로 자신 속에 존재 가치를 가지고 있는 것처럼 생각하는 것은 하나님께 대해 도둑질의 죄를 짓는 것이다. 그것은 마치 마차에서 빠진 바퀴가 스스로 굴러 가려고 하는 것과 같은 것이다.

이런 식으로 사람이 실제로 하나님으로부터 벗어나서 하나님과는 상관없는 독립적인 존재란 생각을 가지고, 하나님께 향하여 그분을 사랑한다고 하는 것은 풍자나 조롱보다 더 나쁜 것이다. 이것은 불법적인 사랑으로서 우리를 하나님 앞에서 경건하게 서지 못하도록 하며, 책망과 비난을 받을만한 행위인 것이다.

하나님을 사랑하는 것은 우리와 하나님 사이를 분리시키는 모든 것을 제거하며 이리하여 우리로 하여금 하나님만을 위하여 사는 존재가 되게 하는 것이다.

하나님을 사랑한다는 것은 피조물 중에서 하나님께로부터 멀어진 것을 하나님께로 이끄는 것이다.

그것은 하나님께로부터 우리를 그분께로 이끄시는 자력(磁力)이 발생할 때에 영혼에서 일어나는 작용이다.

우리에게 조금의 쉴 틈도 주지 않고 늘 우리를 하나님으로부터 멀리 떼어 놓는 모든 것들을 멀리하고 배격함으로써 우리와 하나님과의 관계를 다시 자유롭게 회복시켜 주는 압력이며 경향인 것이다.

우선 우리는 기도에서 이것을 깨닫는다. 사도 바울은 "이는 너희 기도가 막히지 아니하게 하려 함이라"(벧전 3:7)고 말한다. 여러분이 기도하고자 하나 할 수 없는 것은 여러분의 마음과 하나님 사이에 가로막힌 것들이 있기 때문임을 안다. 그때 여러분은 우선 자신들의 생각, 경향, 지각들에서, 그리고 정신에서 그 가로막힌 모든 원인들을 제거해야만 한다. 그러면 하나님께서 여러분에게 되돌아오시고 교제를 회복하시며, 여러분은 기도를 할 수 있게 된다.

그리고 여러분이 기도에서 잠깐 경험하는 바로 이 일이 여러분의 삶 전체에 퍼져야 한다. 이렇게 될 때에 하나님에 대한 참된 사랑이 여러분 마음속에서 느껴지기 시작하는 것이다.

예수께서는 이런 생각을 가지시고 "네 마음을 다하며 목숨을 다하며 뜻을 다하며 힘을 다하여 주 너의 하나님을 사랑하라"고 말씀하셨던 것이다.

인간 정신세계의 모든 내적 조직은 이 네 가지로 구성되어 있다. 이 네 가지가 가끔 다른 이기적이거나 또는 세속적인 관심사에 휩쓸리게 된다.

그러면 그것들은 역반응을 일으킨다. 그것들은 하나님으로부터 떨어져서 작용한다. 그렇게 해서 여러분을 거룩하신 하나님으로부터 격리시킨다. 그런데 하나님을 사랑한다는 것은 여러분이 이런 잘못으로부터 돌이켜서 마음, 목숨, 힘, 뜻 이 네 가지를 모두 방향을 바꾸어서 주 하나님께로 향하게 하는 것이다.

이것은 진정한 의미에서의 희생이 아니다. 왜냐하면 희생이란 자신이 누릴 수 있는 소유물을 기꺼이 다른 사람을 위해서 포기하는 것을 의미하기 때문이다. 그런데 이런 경우는 절대로 그렇게 했다고 말할 수 없는 것이다.

여러분의 마음, 목숨, 뜻, 힘 등은 모두 하나님의 소유물이다.

그러므로 여러분이 아무리 마음, 목숨, 뜻, 그리고 힘을 다해 하나님을 사랑한다고 해도 여러분이 하나님을 위해서 희생한 것은 아무것도 없는 것이다. 여러분은 단지 자신들이 하나님께로부터 가져 온 것들을 그분께 도로 갖다 드린 것뿐이다.

하여튼 여러분이 그런 식으로 하면 여러분의 마음, 목숨, 뜻, 힘 네 가지가 모두 다시 하나님께로 향하게 되고 또한 그분을 섬기게 된다. 그때에 막힌 담은 무너지고 사랑이 승리의 개가를 부르게 된다.

그때에 여러분은 도적질한 것을 되돌려 주는 수줍음을 맛보게 된다. 자랑할 것은 전혀 없고 단지 용서받기 위해서 기도할 뿐이다.

이사야 선지자가 하나님을 마음에 두라고 한 것은 이것을 가리킨다.

사랑은 상징들을 사랑하는 온유하고 품위 있는 행동인 것이다. 그래서 연인들 중에는 사랑하는 사람의 사진이나, 선물로 받은 귀중한 장신구들을 몸에 지니고 다니는 습관이 있다.

사랑하는 사람과 약혼을 하고 이 은밀한 사랑을 잠시라도 다른 사람에게 빼앗기는 일 없이 애인만을 진심으로 사랑하겠노라는 영원한 증표로서 이러한 상징을 몸에 지니고 다니는 것이다.

하나님을 마음에 둔다는 것은 사람이 선택을 하여 하나님께 마음을 드리며, 마음 중심에 하나님의 이름이라는 상징을 두는 것을 뜻한다. 하나님을 위한 마음을 굳게 하고, 계속해서 하나님 한 분만을 위해 정절을 지키는가 살펴보는 것이다.

하나님을 사랑한다는 것은 하나님께 무엇을 가져다 드리는 것을 의미하는 것은 아니다. 오히려 우리가 그분의 소유물이며 따라서 우리가 속해 있는 그분께 헌신함에 있어서만 우리 존재의 목적을 깨달을 수 있기 때문에, 하나님께만 몰두하는 것이다.

냉정하게 타산적인 자세가 아니라 아주 부드러운 사랑에 심취되어 하나님께 헌신하는 것이다. 이것이 바로 크고 첫째 되는 계명이며 하나님을 아는 것이며 자신이 하나님의 자녀라고 느끼는 것이다. 그리고 또 우리 마음속에 부어지는 하나님의 사랑에 내적으로 매혹되는 것이다.

중요한 문제는 이 땅에 사는 경건한 신자들 가운데서 조차도 얼마나 많은 사람이 하나님을 마음에 두고 있느냐 하는 것이다.

제 37 장

다하여(With all)

오늘날은 네 이웃을 네 몸과 같이 사랑하라는 계명이 너무 강조된 나머지 마음, 목숨, 힘, 뜻을 다하여 하나님을 사랑하라는 크고 첫째 되는 계명은 사람들의 뇌리에서 차차 잊혀져 가고 있다. 적어도 주 하나님을 섬길 뿐 아니라 그분을 사랑하는 것이 뭇사람의 가장 큰 임무인 데 비해, 얼마나 많은 사람이 이것을 생각하고 있는가?

심지어 신자들 중에서도 둘째 계명을 첫째 계명의 위치로 바꾸어 놓음으로써 하나님을 사랑하는 것은 헌신과 열정을 잃어버린 무력한 계명으로 전락해 버리고 말았다.

강단에서 하나님에 대한 고귀한 의무가 강론될 때보다, 이웃을 위해 동정과 아량과 자아 희생을 하라는 설교가 외쳐질 때에 더 좋은 반응을 얻게 된다.

이와 같은 주종의 전도는 매우 심각한 문제이다.

하나님을 사랑하는 사람은 또한 그 형제를 사랑한다. 그러나 반대로 이웃을 사랑한다고 해서 그가 반드시 하나님을 사랑한다고 할 수는 없는 것이다.

첫째 계명은 둘째 계명을 보장해 주지만 둘째 계명은 첫째 계명을 지키도록 해 주지는 못한다. 하나님을 사랑하면서 형제는 미워하다는 것은 있을 수 없는 일이다. 그러나 사회의 여러 부류의 사람들이 이웃을 돕는 일에는 앞장서나 하나님께 대해서는 차돌처럼 냉정한 태도를 취하는가 하면 심지어 하나님의 존재마저 부인해 버리는 경우가 비일비재한 것이다.

그러므로 모든 신자들은 하나님을 사랑하라는 크고 첫째 되는 계명을 둘째 계명보다 훨씬 더 중요하게 여겨야 한다.

하나님을 사랑하라는 계명이 다시 교회 강단에서 강력하게 주장되어야 한다. 자신의 임무를 올바로 인식하는 설교자는 매 주일 아주 열렬하게 웅변적으로 교인의 양심에 하나님께 대한 사랑을 호소한다. 마침내 전교인들은 "우리 목사님은 얼마나 하나님을 열정으로 사랑하는가!"라고 말하고 싶은 충동을 느끼게 된다. 이러한 하나님에 대한 사랑은 마치 나무에 불이 붙듯이 교회의 지도층에 있는 임원 전체에게 퍼져 나가게 된다.

이 일은 시급히 시행될 수 있고 또 그래야만 한다. 이 책을 통해서 가능한 한 많은 사람들이 세상적인 일과보다도 하나님과의 교제, 그분에 대한 지식, 사랑의 필요성을 깨닫는 영적인 눈이 열리기를 바란다.

기독교에서 건전한 신앙, 흠잡을 데 없는 행동, 많은 선한 사업이 필요한 것은 두말할 여지가 없다. 그러나 기독교의 정수는 영원하신 하나님과 복된 교제를 나누는 것이다. 황금빛 찬란히 빛나는 하나님께 대한 사랑은 이러한 교제 속에서만 이루어진다.

그런데 사람이 진지하게 하나님께 대한 사랑을 실천하려고 하는 순간, 그는 곧 커다란 난관에 부딪쳐 비틀거린다는 사실을 굳이 숨길 필요가 있겠는가?

이 난관은 이 장의 제목에 나온 두 단어(With all)에 있다. 아니면 두 단어 중 뒤에 나온, **마음을 힘들게 하는 단어**(all)에 있는 것이다.

여러분은 하나님을 사랑하는가? 예수께서는 "네 마음을 다하고 목숨을 다하고 뜻을 다하여 주 너희 하나님을 사랑하라"고 말씀하셨다. 그런데 실상은 성자라 불리는 사람들조차도 생활 가운데 이것을 실천하지 못한다.

죄와 세상은 우리를 하나님으로부터 너무 멀리 분리시켰다. 그래서 기도시간 외에 때때로 하루에 서너 차례 의식적으로 하나님께 대한 사랑을 언급하려면 먼저 우리 영혼을 순화시켜야만 한다. 여기에 덧붙여 교회에서나 집에서 드려지는 기도들 가운데 상당수가 우리 영혼이 하나님과 무관한 상태에서 이루어지고 있다고 말한다면 너무 과장된 것일까?

여러분의 영혼이 적어도 하루에 몇 차례에 걸쳐서 하나님을 사랑하기 위한 시간을 가진다 하자. 그 때에 여러분의 사랑의 열도는 어느 정도이며 시간은 얼마나 오랫동안 지속되는가? 더 나아가 여러분은 얼마나 자주 하나님께 대한 갈급함을 느끼게 되는가?

그 질문에 대해 매일이 아니라 어쩌다 그렇게 된다는 것을 생각해 볼 때에, 그것은 마음, 목숨, 힘, 뜻을 다하여 하나님을 사랑하라는 계명에 얼마나 못 미치는 것인가? '다하여'(all)란 말은 의심 없이 하루 종일을 의미한다. 그러므로 하나님을 위한 사랑이 없어지거나 여러분 속에서 잠자고 있는 시간이 전혀 없어야 하는 것이다.

여기에서 물론 구별되어야만 할 사항이 있다. 즉 우리가 영혼 안에서 하나님께 대한 부드러운 사랑의 감정이 솟아나는 것과 그의 사랑이 우리 심령 속에서 상호 교류되고 있음을 깨닫지 못할 때에도, 마음에서 하나님께 대한 사랑이 치밀어 올라와 말로 번쩍이며 그것이 여러분으로 하여금 죄와 이기심에서 떠나게 하며, 헌신과 담대한 행동을 하도록 해 주고 이 사랑의 영감이 우리들 안에서 작용할 수 있다는 것이다.

어떤 순교자는 하나님께 대한 사랑 때문에 죽음을 감수할 수도 있다. 그러나 죽는 바로 그 순간에 말할 수 없는 고통 아니면 핍박자의 조롱에 마음이 산란해져서 하나님께 대한 진실한 사랑을 잃어버리게 된다.

또한 우리의 사업, 사람과의 교제, 그리고 우리 마음에 가득한 염려들로 압도되어 우리들은 하나님께 그저 스쳐지나가는 말을 건넬 수는 있으나 우리의 영혼과 감각들을 하나님께 집중시킬 수는 전혀 없는 것이다.

한편 종일 명상에만 빠져있는 하나님께 대한 신비주의적인 사랑은 결국 이 세상에서 우리가 맡아 감당해야 할 임무를 소홀히 하게 된다. 이것은 하나님께 대한 사랑을 올바로 실천하지 못하는 것이다.

그러나 이런 사실들에도 불구하고 마음, 목숨, 힘, 뜻을 다하여 하나님을 사랑하라 하는 것은 역시 첫째가는 으뜸 된 계명인 것이다. 우리 중에 누가 이 계명 전체의 극히 일부분이라도 성취했겠는가?

이 크고 첫째 되는 계명을 지킨 분은 단 한 분, 즉 그리스도 외에는 없다.

이웃 사랑에 대한 둘째 계명에 대해서 여러분은 예수 한 분만이 그것을 완전히 성취했음을 느낄 것이다. 많은 성자들조차도 이웃을 사랑함에 있어서 단지 먼발치에서 주님을 뒤좇았을 뿐이다.

여러분이 크고 첫째 되는 계명을 추적해 볼 때에 예수께서 홀로 완성점에 서 계신 것을 알게된다. 모든 사람들 가운데 주님만이 홀로 항상, 일순간의 중단함도 없이 끝까지 마음, 목숨, 뜻, 힘을 다하여 하나님을 사랑했던 것이다.

이것이 주님이 가진 영광의 면류관이다.

그 분 안에 세상의 생명이 있다.

온 세계 속의 수십억의 사람들 가운데 주님 한 분 외에는 이 크고 첫째 되는 계명을 지킨 사람이 없는 것이다.

다만 그리스도께서 이 땅에 오셔서 홀로 그 계명을 성취하신 것이다.

이 순수하고 완전하고 진실한 사랑은 참된 **인간의 마음**, 참된 **인간의 영혼**, 참된 **인간의 의식**에서 나온다. 왜냐하면 하나님께서는 그들이 드리는 사랑의 기쁨을 누리시기 위해 이 지구상에 수많은 인류를 창조하셨기 때문이다.

이것 때문에 하나님께서는 이 세상을 지금도 관용하시며 운행하시는 것이다.

우리도 장차 이 사랑에 도달하게 될 것이다. 우리가 사랑하는 많은 사람들이 이 세상에서는 이 사랑을 이루지 못하지만 장차 영원한 세상에서는 하나님께 대한 완전한 사랑을 할 수 있게 될 것이다.

그리고 또한 우리가 이 세상을 떠나게 될 때에 죄에 대하여 완전히 죽고 하나님께서 우리를 아시는 것처럼 우리가 하나님을 알게 될 때에 그러한 사랑에 도달하게 된다.

우리가 예수 안에서 잠들면, 즉 우리가 죽게 되는 순간에 우리와 예수 사이를 갈라놓는 것이 전혀 없게 될 것이다.

여러분을 예수께 결합시키는 접착력은 무엇인가? 그것은 여러분이 하나님을 사랑하고, 이러한 사랑이 여러분의 심령 속에 넘쳐 흘러 여러분 안에서 역사하며, 여러분이 그것을 가장 귀히 여기고, 자신들의 부족함과 연약함을 인정하고 하나님께 대한 사랑이 여러분을 감동시켜 여러분으로 하여금 최선의 목적을 이루게끔 하는 것이 아니겠는가?

여러분이 예수님의 하나님께 대한 사랑처럼 완벽한 사랑에 몰입할 때에 예수님의 그 사랑을 통해서, 여러분의 마음속에도 하나님을 향한 사랑이 불타오르는 것을 느끼게 되는 것과 또한 이 사랑의 불꽃이 꺼져갈 때마다 예수께서 다시 사랑의 불꽃을 붙여 주신다는 것, 바로 이러한 일들이 그리스도인의 신비한 체험인 것이다.

제38장

네 마음을 다하여

사람의 마음보다 더 깊은 곳에 영혼이 있다. 하나님께서 인간을 살피실 때에는 마음뿐만 아니라 더 깊은 폐부까지도 살피시는 것이다. 예레미야 선지자는 이것에 대하여 '사람의 심장(our heart and our reins)을 감찰하시는 여호와' (렘 11:20)라고 표현하고 있다. 하나님께서는 이처럼 우리의 중심을 보신다.

사람들도 아주 긴장한 상태에서는 때때로 마음이 전부가 아니며 마음을 통과하면 가장 중앙에 있는 **자아**에 이르게 된다고 생각한다. 요나단의 경우를 보라. 사울이 다윗을 죽이려 하자 다윗은 의분하여 그와 그의 집에 충성을 다해 온 사울의 아들 요나단을 찾아온다. 그때에 요나단은 "네 영혼(역주 : 한글 개역본에는 마음이라 번역되어 있으나 영어 성경에는 thy soul로 나옴)의 소원이 무엇이든지 내가 너를 위하여 그것을 이루리라"(삼상 20:4)고 맹세한다.

여러분이 숙고해보면 여러분의 인생에 유일한 가치를 가지고 있는 것은 여러분의 영혼에서 나와 마음으로 나타나는 것과 마음을 지나서 영혼 속으로 들어가게 되는 어떤 것임을 알게 될 것이다.

영혼 밖으로 나아가는 것 역시 상당한 매력을 가지고 있다. 우리가 어떤 사람의 외모에 대해 관심을 덜 가질 때에, 그의 용기, 힘, 헌신과 자아희생에 대하여 더 많은 열망을 느낄 수 있게 된다. 그러나 이런 모든 것들은 점차 사라져 버리게 된다. 그것을 여러분의 생활 속에 흡수시킬 수는 없다. 그리고 대체로 영혼에서 밖으로 나가는 정서와 마음의 표현은 감각보다 더 강하게 표현되지는 않는다. 사람의 마음은 영혼과 관련될 때에만 진실하고 영구적인 가능을 발휘하게 된다.

하지만 이 말은 인간의 마음은 불필요한 것이고 영혼만이 가장 중요하다는 의미는 아니다.

오히려 실상은 그 반대이다. 하나님께서는 인간에게, 영혼의 절대필수적인 기관으로서 마음을 주셨던 것이다.

영혼 속에서 일어나는 감동은 마음을 통해서만 사랑이라고 하는 최상의 가치와 고상한 표현이 가능해지는 것이다.

그러므로 예수께서는 크고 첫째 되는 계명에서 마음을 첫째로 언급하셨다. 즉 "너는 네 마음을 다하여 주 너의 하나님을 사랑하라"고 말씀하신 뒤에, "너는 네 영혼(목숨)을 다하여 주 너의 하나님을 사랑하라"고 말씀하셨다.

그 순서를 뒤바꿀 수는 없는 것이다.

사랑은 인간의 영혼에서 시작하는 것이 아니고 하나님 안에서 시작하는 것이다. 그것은 하나님께로부터 우리에게로 온다. 우리 마음은 그것을 흡수한다. 이렇게 하나님의 사랑이 인간 마음을 통하여 인간 영혼 속으로 들어와 영혼 안에서 하나님에 대한 상호적인 사랑의 삶을 각성시킨다. 그리고는 다시 영혼에서 마음으로 들어가 우리로 하여금 하나님을 사랑하게끔 만든다.

우리가 하나님을 사랑하게 되는 제일 마지막 단계는 단지 우리 마음을 통해서 이루어진다. 우리 마음속에서만 사랑의 불꽃이 점화되어 불타오르게 되는 것이다.

영혼의 사랑은 경배의 특성이 있다. 그러나 마음은 유연함과 따사로움을 준다.

마음을 다하여 하나님을 사랑할 때에 이 사랑은 여러분 속에서 참된 인간의 느낌과 더불어 불타오르기 시작하는 것이다.

이 마음의 사랑은 불가항력적인 상호간의 매력인 것이다. 그러므로 성경에서는 이것을 여러 차례에 걸쳐서 영혼이 하나님께 가까이 나아가는 것이라고 표현하고 있다.

자석이 쇠를 아주 강하게 끌어당김으로써 그 사이에 공간이 존재하지 않을 때 마침내 쇠는 자석에 달라붙게 된다. 사람들 사이에서도 아주 친밀한 인력이 작용해서 마침내 서로를 갈라놓는 요소가 사라져 버리게 되면 마음과 마음, 영혼과 영혼이 서로 합치게끔 된다. 마찬가지로 우리 인간과 하나님 사이를 분리시키는 모든 것이 제거되고 나서야 하나님께 대한 완전한 사랑이 존재하게 되는 것이다. 이 사랑을 통해 우리 마음이, 그리고 우리 마음을 통해서 우리 영혼이 하나님께 붙어 있게 된다.

성경은 되풀이하여 강력한 표현을 사용한다. 그 표현이 너무 강해서 여러분은 그것이 자신들에게도 적용되는가 반문한다. 그러나 하나님의 자녀에게 있어서 이것은 의심의 여지가 없는 것이다. 대체로 우리 영혼과 하나님 사이에 그러한 많은 장애물이 있으면 하나님께 완전히 달라붙을 수 없다. 그러나 하나님의 자녀는 누구나 외로운 중에 하나님의 사랑이 그를 아주 강권적으로 끌어당기며, 그리스도 안에서 하나님과의 축복받은 교제로 그를 매혹해 버림으로, 실제로 하나님과 그와의 거리를 떼어 놓는 모든 것은 다 없어져 버리고 그의 마음이 하나님의 마음에 완전히 밀착되고, 그의 영혼이 즐거워하며 하나님을 느꼈던, 감격적인 중생의 짧은 순간들을 기억하게 된다.

물질계에서 **인력**이라 불리는 것이 영적 생활에서는 **사랑**이라고 불린다.

사랑이란 만들어지거나 탐구되는 것이 아니라 스스로 존재하는 어떤 것이다.

여러분은 다른 사람이 여러분을 사랑하는가 그렇지 않은가를 알 수 있다. 또한 그 사랑의 정도가 강한가 약한가도 느낄 수 있다. 그리고 위대한 사랑이 여러분을 향하여 작용하기 시작할 때에 이 인력의 불가항력성을 깨닫게 된다.

예수께서는 이 사랑의 출발을 "이끄는 것"이라고 하셨다. 하늘 아버지께서는 택하신 자들을 "이끄신다." 구세주께서는 스스로 "내가 모든 사람을 내게로 이끌 것이다"라고 선포하셨다. 그 말은 즉 "내가 큰 은혜와 사랑으로 너희 마음에 역사하여 너희들이 내게 마음을 주며 복종하게 될 것이다"란 뜻이다.

이 사랑에는 초능력이 있다. 그러나 그것은 그 과격성으로 인해 마음에 상처를 주는 것이 아니라 은혜로써 원기를 회복시켜 주는 능력인 것이다. 태양이 꽃망울을 하늘로 향하게 하고 그 열기로 꽃망울이 피게 하듯이 하나님의 사랑은 여러분을 그 사랑으로 향하게 하고 동시에 여러분의 마음이 거룩한 즐거움으로 부풀어 오르게 해 주며 퍽 은혜스러운 감동을 주는 것이다.

만일 여러분이 이 사랑을 흡수하거나 혹은 그렇게 하고자 하는 소원이 있을 때 여러분의 영혼은 행복감을 느끼게 된다. 또한 이 축복된 하나님의 사랑 안에서 우리 마음속에 하나님을 위한 사랑이 순수하고 부드럽게 눈뜨게 된다.

세상에는 비인격적인 사랑이 있다.

우리가 자연을 사랑할 때에 그것은 아름다움으로 우리를 매혹하거나 장엄함으로 우리를 놀라게 한다. 마찬가지로 우리는 과학, 정의 또는 고상하고 좋다는 평을 듣는 모든 것을 사랑할 수 있다.

그러나 이러한 사랑은 안식을 찾을 수 없는 막연하고 일반적인 사랑이다. 왜냐하면 실제 존재하며 사랑을 느끼는 영혼은 인격적인 사랑 안에서만 만족을 느낄 수 있기 때문이다.

지저귀는 새나 가축은 좀 더 온순한 성품을 가지고 있다. 이쪽에서 일정한 대상을 향하여 사랑을 퍼부으면 상대방에서도 반응을 한다. 개가 지닌 매력이 상당한 것은 인격적인 반응이 있기 때문이다. 여러분은 이것을 자연, 과학, 법에서는 발견하지 못하지만 여러분을 위해 목숨을 마다 않는 개에게서는 발견할 수 있다.

그러나 이것은 더 거룩한 사랑의 전주곡에 불과하다. 인간끼리의 사랑은 더 풍부한 언어로 말하고 더 고상한 특성을 나타낸다. 여기에는 높아짐에 있어 다른 정도의 사랑이 있다. 어머니와 자녀 간의 사랑, 아버지와 아들 간의 사랑, 남매간, 결혼하기 전까지 친구간의 사랑, 이와 같은 것들은 때로는 인간의 죄에 의해 오염되기도 하지만 이런 사람들은 이상적인 상태에서는 지상 최고의 사랑인 것이다. 하나님께서는 이런 사랑을 하나님 자신이 그의 택한 백성과 연합하시는 사랑의 상징으로 사용하셨다.

그러나 결혼제도에서 조차도 사랑의 완성은 발견되지 않는다. 부부애는 본성적으로 더 고상해지려는 충동을 느낀다. 마침내 사랑이 가장 존귀하신 하나님을 추구해 나가게 되며, 하나님 자신의 사역에 의해, 여러분 속에서 하나님께 대한 사랑의 불꽃이 점화될 때에만 여러분은 가장 고귀한 사랑에 도달했음을 깨닫게 된다. 그때에는 더 높이 올라갈 수 없으며 그렇게 되기를 바라지도 않게 되며, 결국 가장 큰 행복을 누리게 된다.

그런데 그때에 일어나는 갈등은 여러분이 하나님과 균형을 이루지 못하는데서 온다. 하나님은 모든 것이시지만 여러분은 아무 것도 아니다. 그분은 높고 고귀하시지만 여러분은 그분이 만드신 하찮은 피조물인 것이다. 여러분은 모든 것에 있어서 하나님의 은혜를 덧입고 있다. 그러나 하나님께서는 여러분에게 아무 것도 받으실 수 없는 분이시다.

사람들에게 있어서 사랑은 서로 동등한 위치에서 주고받는 상호적인 것이다. 성숙한 사람과 한 어린아이 사이에는 고상한 인격적 사랑이 개발될 수 없다. 어린 아이는 폭넓게 성숙한 사람만큼 상승할 수 없고 어른은 단순하고 친절한 어린 아이에게 내려갈 수 없다.

그러나 하나님께서는 우리들을 위해 그렇게 해주셨다.

하나님께서는 그리스도 안에서 이것을 행하셨다. 하나님께서는 그리스도 안에서 인간의 몸을 입으시고 이 땅에 오셨다. 그리하여 인간과 하나님 사이의 불균형을 바로 잡으시고 자신을 여러분의 생명에 결합시키고 자신을 여러분 존재에 적응시키며 죄를 짓는 외에, 모든 것에 있어서 인간들과 동등해지셨던 것이다.

이것은 신비스러운 일이다. 이를 통해 예수와 연합하고 그분을 믿고 영혼 속에서 그와 하나가 된 신자들은 불균형의 방해를 전혀 받지 않고 하나님을 진실되게 사랑할 수 있는 것이다.

여러분이 예수께서 여러분에게 모든 것을 주셨으며, 자신들은 주님의 머리에 다시 가시관을 씌울 수 없다고 말할 때, 그리고 하나님께서 그의 택하신 자들에게 단 한 가지를 요구하신다는 것을 알 때에, 이 한 가지 즉 마음을 다하여 하나님을 사랑한다는 것은 어떤 것일까?

그것은 하나님의 마음이 여러분을 끌어당기는 대로 마침내 여러분의 마음이 하나님을 끌어당기게 되는 것이다.

제39장

네 목숨(영혼)을 다하여

만일 네 목숨(영혼)을 다하여 하나님을 사랑하라는 계명이 여러분을 괴롭히며 죄책감을 갖게 하고, 이제까지의 삶을 통하여 하나님을 사랑하는 일에 거의 진전을 하지 못했다면, 여러분은 주님께서 주신 계명에 대해서 보다 큰 관심을 갖고 고려해 보기 바란다.

여러분은 어린 시절부터 크고 첫째 되는 계명을 알고 있었다. 여러분은 그 구절을 암송하고 있으며 그 가운데 뜻을 알 수 없는 단어는 하나도 없을 것이다. 여러분은 주님이 무조건 옳다는 사실을 인정했다. 분명 하나님께 대한 여러분의 사랑에는 전혀 부족함이 없다. 마음, 목숨, 뜻, 힘을 다하여 하나님을 사랑해야 하는 것이다. 사랑에는 한계가 없다. 여러분이 모든 것을 하나님께로부터 받기를 기대하듯이 하나님을 위하여 모든 것을 드려야 한다.

그러나 예수께서는 "너는 모든 것으로 주 너의 하나님을 사랑하라"고 말씀하시지 않고 구분을 해놓으셨다. 마음, 목숨, 뜻, 힘 네 가지로 말이다. 여러분이 이것을 무시할 수 있겠는가? 주님께서는 목적이 있으시기 때문에 이렇게 구분하셨던 것이다. 예수께서는 교회에 꼭 이러한 구분이 필요하다고 생각하셨다. 주님께서는 신자들이 양심적으로 마음, 목숨, 뜻, 힘을 따로따로 다하여 하나님 사랑하기를 소원하셨다. 또한 주님은 하나님의 모든 자녀가 계속해서 이 네 측면에서 하나님을 사랑하고 있는가 검토해 보기를 원하셨던 것이다.

만일 설교와 반성이 풍성하고 따뜻하게 하나님을 사랑하도록 좀 더 진지하게 자신에게 적용하여서 크고 첫째 되는 계명을 지키는 것으로부터 활력을 얻는다면 교회 생활의 잠재의식 속에 진실한 신앙의 뿌리가 싱싱하게 내뻗고 있는 것이다.

우리에게 사랑보다 더 감동을 줄 수 있는 거룩한 힘은 없으며 모든 사랑 중에서 하나님께 대한 사랑이 가장 높은 위치를 차지한다.

그러므로 만일 여러분이 그것을 규율이나 목적 없는 막연한 이상적 사랑의 개념으로 휘발시키지 않는다면 사랑은 온전한 구속인 것이다.

사랑 안에서 존귀하며 노래로 찬미되고 축하되는 모든 것은 먼저 하나님을 사랑하고 하나님께 대한 사랑으로 인해 이웃을 사랑할 때에만 실현되는 것이다.

하나님께 대한 사랑을 시작함에 있어서 먼저 관심을 끄는 것은 예수께서 "네 목숨을 다하여"라고 말씀하시기 전에 "네 마음을 다하여"란 말씀을 하셨다는 것이다. 우리들은 누가 되었든지 이와 다르게 하려고 할 것이다.

우리는 먼저 우리 모든 내적 삶의 중심으로서 "영혼을 다하여"라고 말하고 나서 차츰 "마음을 다하여", 그리고 "뜻을 다하여", 또 "힘을 다하여" 하나님을 사랑하라고 말할 것이다.

그런데 반대로 예수께서는 먼저 마음을 언급하시고 그 다음에 영혼을, 그러고 나서 뜻과 힘을 지적하셨다.

여호와께서 예레미야를 통해서 이스라엘 백성에게 말씀하신 것을 참고해 볼 때에 마음과 영혼의 차이가 분명해 진다.

예레미야 4장에서 한때 하나님의 무시무시한 고통이 이스라엘 백성의 마음에 미친다고 했고 또 다른 때 재앙이 이스라엘 백성의 생명에 미칠 것이라고 분명히 구분되어 있다.

이스라엘 위에 닥칠 고통에 대한 첫 번째 위협은 "네 길과 행위가 이 일들을 부르게 하였나니 이는 네가 악함이라 그 고통이 네 마음에까지 미치느니라"(18절).

고통이 계속됨에 따라 마침내 치명적인 사건을 초래하게 된다. 즉 "칼이 생명에 이르렀나이다"(10절).

이렇게 마음은 정서와 감각들의 장소요, 영혼은 생명 자체의 장소이다.

이것을 사랑에 적용시켜 보라. 감동을 받아들이고 사랑의 고무적 감정을 표현하는 것은 마음이다. 그러나 받아들여진 사랑이 정주하는 곳은 영혼이며 영혼으로부터 사랑의 고무적 충동이 솟아난다.

마음이 없으면 사랑의 즐거움이나 사랑의 인식도 없게 된다. 그리고 만일 여러분의 마음속에 뭔가 좀 더 심오한 것, 여러분의 생명의 근원이 없다면 그리고 여러분의 마음과 영혼을 묶어 주는 끈이 없다면 즐거운 사랑이나 인식된 사랑이 여러분의 **자아**에 영향을 미치지 못한다.

여러분은 귀가 없이는 들을 수 없고 목소리 없이는 말할 수가 없다. 그런데 영혼은 듣는 도구로 마음을 사용하며, 마찬가지로 여러분의 목소리가 들려져야 할 때에는 영혼이 음성을 통해 말하는 것이다.

마음이 없이는 여러분이 사랑을 흡수할 수도 없고 보여줄 수도 없다. 그런데 영혼은 여러분의 마음을 도구로 사용하며 가장 깊고 은밀한 삶에 풍성한 사랑을 시작한다.

그러므로 여러분이 마음을 다하여 하나님을 사랑한다고 말하는 것으로는 충분하지 않은 것이다.

사람은 영혼이 마음속에 들어가지 않는 참된 사랑을 하지 않고도, 마음으로 달콤하게 사랑의 즐거움에 빠져들며 그 안에서 상호적 사랑의 감정이 솟아오르는 것을 느낄 수 있다.

특히 예술에서 이것이 아주 명백히 드러난다.

사람은 인간 고통에 대한 애처로운 곡을 들으면 마침내 순간적으로 크게 감동을 받고 넋을 잃게 된다. 어떤 사람은 노래 가사에 함축되어 있는 필연적 고통에 사로잡혀 그 노래를 듣는 동안 계속 고통스러워한다. 그러나 연주는 곧 끝난다. 그 노래의 감명이 지속되는 것은 잠시 동안 뿐이다. 한 시간 정도가 지나면 모든 것은 다 잊혀지게 되고 마치 아무 일도 없었던 것처럼 우리 일과를 진행할 수 있다. 그때에 마음이 감동을 받지 않은 것은 아니다. 단지 거기에 영혼이 개입되지 않아 영혼이 우리를 감동시키지 않았기 때문인 것이다.

여러분은 계속적으로 인생 속에서 이러한 경우를 보게 된다. 많은 어머니들은 자녀의 눈에 눈물이 고이는 것을 참지 못한다. 어머니들은 그것을 보면 즉시 뭉클해져서 사랑하는 자녀로 하여금 괴로움을 잊어버리게 해 주고 위로해 주기 위해 안간힘을 다할 것이다. 그런데 이것 역시 대부분, 마음의 압박 이상의 것은 아니다. 울던 아이가 웃으면 모든 것은 다시 회복된다. 왜냐하면 자녀에 대한 어머니의 사랑은 영혼의 근원에서 솟아나지 않았기 때문이다. 그녀는 자녀의 영혼을 사랑하는 방법을 알지 못하고 자녀를 구해주는 대신 오히려 그를 망치고 마는 것이다.

또한 하나님의 명예가 더럽혀지게 될 때 불끈 화를 내며 영원하신 하나님께 대해 우호적인 감정을 가지면서도 여전히 하나님이 아닌 자신을 앞세우는 그런 종류의 사랑도 있다. 이것은 마음을 다하여 하나님을 사랑하기는 하나 그것이 영혼에까지는 미치지 못하는 사랑인 것이다.

여러분의 영혼은 여러분의 **자아** 안에 있으며 여러분의 자아는 하나님의 면전에 서 있다. 그러므로 영혼 속에서 해결되어야 할 사항은 하나님께서 과연 여러분 자신을 위해 존재하시는가 아니면 여러분이 하나님 한 분만을 위해 존재하는가 하는 문제인 것이다.

만일 여기에서 여러분이 "저는 후자입니다"라고 답변한다면 얼마나 영광스럽겠는가! 그렇다면 두 번째 질문이 나온다. 그것이 주님의 위엄 앞에 굴복이나 또는 자신의 보잘것없음에 대한 인식에서 나오게 된 것인가 아니면 **하나님께 대한 사랑**으로 말미암는 것인가? 하는 질문인 것이다.

여러분은 아무 것도 할 수 없기 때문에 하나님 한 분 만을 위해 존재하고자 하는가? 아니면 하나님께서 여러분에게 최고의 사랑의 대상이 되시고, 여러분의 모든 존재가 하나님께로 향한 사랑 속에 몰입하게 하기 위하여 다른 것은 포기하려는 것인가?

마음에 의해 사랑이 누려지고 마음을 통하여 하나님을 위한 사랑이 표현된다. 이것을 위해 여러분은 마음이라는 귀중한 도구를 받은 것이다. 그러나 마음을 사용하고, 마음 위에 은혜스러운 사랑을 행사하는 것은 여러분 영혼의 중심에 있는 여러분의 자아인 것이다. 그리고 여러분의 인격은 그곳에서 삼위일체 하나님의 거룩하신 임재 안에서 사는 것이다.

여러분은 자신 속에 하나님께 대한 이러한 사랑을 인식하고 있는가? 만일 그렇다면 여러분은 자신들의 존재, 자아, 인격의 가장 깊은 곳에서 목숨(영혼)을 **다하여** 하나님을 사랑한다고 말하는 의미를 이해하고 있는가?

여러분은 이렇게 하나님을 사랑하되 또한 계속적으로 끊임없이 그렇게 해야만 하는 것이다.

예를 들어 영원히 하나님께 영광을 돌리기보다는 자신이 구원을 받아 행복해지기 위해 영혼과 자아의 일부로만 하나님을 사랑해서는 안된다.

이와 같이 여러분이 하나님으로부터 여러분의 소원, 장래, 자아 인식의 일부분을 철회하는 도적 행위를 계속함으로써 하나님과 자아 사이에 영혼의 분리가 있어서는 안되는 것이다.

"네 목숨을 다하여 주 너의 하나님을 사랑하라"는 명령은 아주 두려운 것이며 또한 아주 포괄적인 것이다. 하나님을 위한 사랑에서 솟아 나오는 것이 아니라면 여러분으로부터 전혀 생명력이 나오지 못하게 될 것이다.

이에 대해서 여러분은 답변한다. "이 계명을 온전히 지키기 위해서는 내가 천사가 되어야지 사람으로서는 불가능하다"라고. 만일 여러분이 사람이란 말에 "죄를 지은 사람"이라는 단서를 붙인다면 그 말은 맞는 것이다.

이것을 위해 인간으로서, 여러분을 위해서 이 하나님께 대한 온전한 사랑을 이루셨던 여러분의 구세주가 계신 것이다.

만일 여러분이 정말 진실한 믿음을 가지고 이 구세주 안에 거한다면 여러분이 가진 사랑의 결핍에도 불구하고 여러분의 영혼은 평안을 누리게 될 것이다.

제40장

네 뜻을 다하여

예수께서 크고 첫째 되는 계명(마 22:37)안에 우리의 마음을 다하여 하나님을 사랑해야만 한다는 명령을 포함시키신다.

예수께서 우리에게 마음과 영혼을 다하여 하나님을 사랑하라는 고상한 이상을 제시하실 때에, 그 말씀을 듣는 순간 우리의 마음과 영혼은 사랑할 마음이 생기게 되기 때문에 우리는 곧 그 말씀을 받아들이게 된다. 그런데 어떻게 뜻을 다하여 사랑할 수 있단 말인가? 여러분의 뜻은 생각하고, 숙고하고, 이해하기 위하여 주어진 것이다. 그런데 어떻게 뜻이 사랑의 기관, 사랑의 도구가 되어서 그것에 의해 사랑이 이루어질 수 있겠는가 하는 의문이 생기게 될 것이다.

너무 많은 사람들이 무심하게 읽는 가운데 이것을 알지 못하게 된다. 그리고 이 크고 첫째 되는 계명에 대한 조목별 연구가 거의 이루어 지지 않고 있다. 그 구절을 성급하게 읽는 중에 마치 우리는 뜻을 다하여 하나님을 섬기기만 하면 되고 사랑하는 일은 마음과 영혼이 해야 하는 것처럼 이해하게 된다.

그러나 절대로 그렇지 않다. 이 구절은 우리가 뜻을 다해 하나님을 섬기라거나 우리 생각을 하나님께 두어야 한다는 말이 아니다. 우리가 지력을 다하여 하나님에 대해 지적인 고백을 해야 한다거나 사람이 어떻게 생각하던지 간에 그의 뜻의 활동을 하나님께로 행해야만 한다고 말하는 것은 아니다. 그 구절은 명백하고 뚜렷하게 우리가 온 뜻을 다하여 하나님을 사랑해야만 한다고 선포하고 있다. 우리의 모든 신앙심은 예수에 의해 사랑이라는 이 강력한 의미에 초점을 맞추어야 하고 이 사랑이 우리 인격 전체에 스며들어야만 한다.

우리의 활력이 중요한 동기, 즉 하나님에 대한 사랑에 의해 인도되는 것은 영혼으로부터 우리 마음과 또한 우리 뜻 안에서인 것이다.

여기에서 뜻은 논리적 사고과정, 명확한 판단, 터득된 이해력을 말하는 것이 아니고 우리의 창조 능력, 상상력, 숙고, 묵상을 내포한 우리 의식의 온전하고 훌륭한 은사를 의미하는 것이다.

힘은 인간에게서보다 자연계에서 훨씬 더 강하게 작용한다. 그러나 자연은 존속한다 할지라도 절대적으로 무의식적인 것이다. 여러분은 고등한 유기적 조직을 가진 동물에서 의식의 발단을 볼 수 있는 것이다. 그러나 가장 고등한 짐승에서 조차도 의식은 극히 미약한 것이다. 하나님 한 분 속에서만 온전한 의식적 삶의 영광은 모든 피조물 가운데서, 독특하게 하나님의 형상을 닮은 인간 속에서만 발견된다.

많은 사람들은 이런 의식이 최고의 수준에 도달하지 못한다. 미친 사람의 의식은 혼미한 것이다. 가엾은 백치를 생각해 볼 때 평범한 사람이 하나님께로부터 부여받은 그의 의식, 자아 의식, 의식 생활이 얼마나 말할 수 없이 큰 축복인가를 알아야 한다. 여러분은 의식을 인간의 마음보다 열등한 것으로 여기지 말아야 한다. 하나님께 대한 봉사에 있어서 마음과 선한 사업만을 중시하고 그것에서 훌륭한 인간 의식을 제거해 버린 모든 종교는 스스로 불구가 되며, 하나님으로부터 그분의 은사를 도둑질해 버림으로써 잘못된 종교로 변질되게 된다.

여기에서 인간의 학문 역시 하나님께로 향하게 하는 것이 기독교 신자의 의무임을 느끼게 된다. 학문의 한 분야, 즉 신학이 하나님에 관한 지식을 목적으로 하여 그 영역을 잘 개척해 나갈 뿐 아니라 모든 분야의 학문이 총괄적으로 하나님의 영광을 드러내게끔 되어야 된다.

학문이 아무리 완전하고 박식하다 할지라도, 하나님을 따로 떼어 놓고 그분의 존재에 대해서 의심을 품게 되거나 그분을 부인하게 되면 그것은 더 이상 학문이 아니라 죄악인 것이다. 왜냐하면 인간이 온 뜻을 다하여 우선 하나님을 사랑해야 하는 큰 계명을 거슬렀기 때문이다.

사랑의 대상에 대해 무관심하거나 무시하는 것은 모든 사랑의 개념에 어긋나는 것이다. 학구적인 탐구에서 하나님께로 향해지는 것을 느끼지 못하고 다른 모든 것 앞에서 학문적 지식으로 하나님께 대한 영광을 강조하기 위해 노력하지 않는 과학자는 크고 첫째 되는 계명을 범하는 것이다.

그리고 오늘날, 과학에 너무 치중한 나머지 혈관에서 하나님 사랑의 전율을 느끼지 못하고 마치 우리가 온 뜻을 다하여 하나님을 사랑해야 하는 큰 계명을 전혀 받지 못한 것처럼 행동하는 것은 불행한 일이다.

교리 규범에도 이것은 똑같이 적용된다.

학자들의 수는 얼마 안되지만, 그들은 각자가 신앙을 고백하도록 요청되어진다.

이것이 무엇을 의미하는가를 깨닫기는 어렵지 않다.

모든 사람은 규범, 즉 주요 사상 체계를 가지고 있고 거기에서 나온 세계관을 가지고 있어서 그것이 아무리 보잘것없다 하더라도 그것을 근거로 하여 생활하고 그것을 위해 싸우고 행동한다.

그러므로 모든 사람이 신앙을 고백하도록 요청받는다는 것은 모든 사람의 삶의 규준이 하나님을 무시해서는 안된다는 것을 의미한다. 삶의 규범에서 하나님이 중심이 되어야 하며 삶의 기준이 하나님께 부합되어야만 하며, 하나님으로부터 나와서 하나님을 추구해 나가는 것이어야만 한다. 이러한 인생관으로부터 모든 나머지 것들은, 그렇게 명하신 하나님에 대한 열렬한 사랑에 순응해야만 한다.

모든 사람이 혼자의 힘으로는 이것을 명백히 할 수 없다. 모든 다른 측면에서 인류는 주요 사상과 근본 확신들을 이전 세대들이 획득해 놓은 지식으로부터 본딴다. 오랫동안의 변치 않는 신조를 갖고 있는 그리스도의 교회 역시 다수결의 원칙에 따른다. 교회에서 모든 사람은 하나님을 아는 지식에 관하여 지나간 이전 세대 사람들의 신앙 경험의 결과를 받아들인다. 그리고 만일 수많은 사람들이 그들의 인생관의 출발점으로서 이러한 교회의 신앙고백 규범들을 받아들이지 않는다면 그 국민은 건전할 수 없는 것이다.

이러한 신앙고백 규범들이 인생관에서 사라지고, 사람들이 그릇된 교육을 받음으로 말미암아 신비주의적인 마음의 사랑과 의지의 행동에 따라 모든 것이 결정될 때 뜻을 다하여 하나님을 사랑하는 것은 퇴락하게 된다.

이런 잘못에 빠지게 되는 사람은 하나님께 대한 사랑에서 자신의 뜻을 분리시킴으로써 하나님께 대한 사랑을 약화시키고, 예수님의 발자취를 따르는 대신 하나님의 계명을 범하고 마는 것이다.

그러나 이것으로 인해 뜻을 다하여 하나님을 사랑하는 것이 끝나버리는 것은 아니다.

학문과 교회 신조를 떠나서 우리의 일상 작업, 친분관계, 대화, 우리가 세우는 계획, 스스로 결정하는 행동방침, 품고 있는 의향, 독서 생활, 사람들과 일에 대한 생각, 신념들, 상상, 예술과 문학 감상, 판단행위, 과거에 대한 견해와 미래에 대한 생각에 있어서 일상적인 평범한 의식 작용이 있는 것이다.

이 모든 것들은 함께 여러 방면의 의식 작용을 형성한다. 그것은 우리 뜻 전체, 우리 사고, 연구, 숙고에 관한 모든 일상 활동 영역의 전당이며 일터인 것이다. 그리고 이 모든 것이 하나님으로부터 떠나서 지속될 수도 있고 아니면 매사에 하나님에 대한 생각과 그의 이름에 대한 사랑으로 점철되어 행해질 수도 있다.

그러므로 예수께서는 우리 각자에게 모든 일을 함에 있어서 하나님을 위할 것을 강력히 주장하시는 것이다.

주님께서는 하나님께 대한 사랑이 단지 우리를 인도하고 방향을 제시하고 지배할 뿐 아니라 우리가 하는 모든 것이 하나님을 기쁘게 하는 것인 줄 알고 기꺼이 그렇게 하게 되길 원하신다. 무엇보다도 우리가 다른 어떤 것을 하고자 할 때에도, 해야만 한다는 의무감에서 뿐만 아니라 하나님을 기쁘게 해 드리고자 하는 자원하는 마음으로 해야만 하는 것이다. 이것은 우리가 하나님의 진노를 막기 위해서나, 그것에 의해 하늘나라를 기업으로 받기 위해서가 아닌 것이다. 단지 하나님께 대한 사랑으로 인해, 그분을 위하기 때문에 우리는 이 귀중한 은사인 의식을 가지고 감히 하나님의 마음을 아프게 해 드릴 계획을 세우거나 수행할 수 없는 것이다.

비록 모든 점에 있어서 우리가 실제적으로는 고차원적인 이상과 동떨어진 생활을 하고 있지만, 하나님을 사랑하는 하나님의 자녀는 이 크고 첫째 되는 계명을 읽고 또 반복해서 읽음으로써 뜻을 다하여 하나님을 사랑하라는 주장에 관심을 갖게 될 것이다. 그 후에 그는 실제로 다른 방법으로 의식생활을 제어하게 될 것이다. 만일 그가 계속 이런 식으로 하여 하나님께 대한 사랑이 그가 연구하고 계획하고 숙고하는 모든 일, 그리고 그가 사용하는 모든 언어에 깊이 파고든다면 날마다 하나님을 더욱 사랑하는 체험을 하게 되며, 자신의 내적 자아에서 영원하신 하나님과의 교제가 점점 은혜 가운데 이루어지게 될 것이다.

제41장

네 힘을 다하여

이 각박한 사회생활에서 아직 선한 것으로 간주되는 사랑에 대해서 피상적인 얼버무림을 하거나 흥분해서 거만을 떠는 것처럼 기독교인을 성나게 하는 것은 없다. 하늘과 땅에서 가장 고귀한 것을 취급함에 있어서, 불신앙적인 그룹이나 절반쯤 믿는 그룹에서, 그것도 특히 전적으로 또는 부분적으로 해방된 여성들이, 점차적으로 복음적 신앙고백에 항거하기 위해서 몇 번이고 고귀한 사랑의 이상을 남용하는 것을 들었을 때엔 더욱 그러하다.

그때에 사랑은 종교의 전부라고 일컬어진다. 아무것도 더 이상 요구되지 않는다. 구약은 아주 무자비스럽다. 잘못한 사람들을 징계하는 바울은 때때로 너무나 가혹하게 보이지만 고린도전서 13장에 있는 사랑의 찬가만은 인기를 끄는 것이다. 사랑의 사도인 요한 한 사람만이 흠모할 만한 대상이다. 왜냐하면 그가 예수를 반대하는 자들을 멸망시키고자 하늘에서 불이 내려오는 것을 원했다거나 요한 2서 10절에 분명히 기록된, 그리스도의 교훈을 부인하는 자를 집에 들이지도 말라는 충고는 사실이 아니며, 그의 서신서들은 근거가 없는 것이기 때문이다. 게다가 사랑의 옹호자들은 예수님이 단지 온유하고 친절한 사랑에 의해서만 행동하셨다고 주장한다. 비록 예수께서 바리새인들에게는 엄격하게 심지어는 예리하게 비판적으로 대하기도 했지만 이것은 바리새인 자신들도 마찬가지이다. 왜냐하면 바리새인들은 오늘날 판에 박힌 형식주의 기독교인들이라 할 수 있는데 그들은 용서를 하지 않기 때문이다. 그들이 말하는 바는 율법을 문자적으로 지키는 것은 법의 밖에, 그리고 사랑의 법 외곽지대에 서 있다는 것이다.

여러분은 이 잘못된 사랑관이 크고 첫째 되는 계명을 말씀하신 주님으로부터 냉혹한 판단을 받게 되리라고 생각지 않는가?

오! 확실히 사랑이, 단지 사랑만이 가치가 있는 것이다. 사랑이야말로 가장 고상한 것이며, 유일하며 최대의 것이다. 그러나 여기에는 단서가 있다. 즉 모든 사랑은 하나님에 대한 사랑으로부터 나와야 한다. 말하자면 여러분의 사랑의 삶 안에서 하나님에 대한 사랑이 제일 앞에 있고, 그리함으로 하나님을 위한 사랑이 자신의 모든 사랑을 지배하게 됨으로써, 마음과 목숨과 뜻을 다하여 하나님을 사랑할 때에 그런 것이다.

하나님을 사랑함에 있어서 마음과 목숨과 뜻만으로는 아주 명백하고 명확하게 표현되지 않았다는 듯이, 주님께서는 여기에 네 번째 요구를 덧붙여 여러분의 양심에 명령하신다. 즉 하나님에 대한 사랑이 여러분의 힘을 다한 것일 때에만 비로소 고상한 이념에 부합하는 것이라고 말이다.

예수께서는 많은 형식적 그리스도인들이 빈번히 범하는 잘못을 저지르지 않는다. 주님께서는 "하나님은 사랑이시다. 그러나 또한 그의 거룩하심을 중요시해야만 한다"고 말씀하시지 않는다. 구세주는 사랑 위에 또는 그 옆에 다른 아무 것도 놓지 않으신다. 하나님께 대한 사랑만으로 아주 충분하다. 주님께서는 이러한 사랑이 대체로 이웃을 향해서만 나타나는 것에 대해서는 반대하신다. 주님께서는 여러분의 사랑 안에서 하나님을 위한 사랑이 가장 우선될 것을 요구하시며 원하신다. 그리고 그분은 하나님을 위한 사랑에는 한계점이 없다는 것과 그 사랑은 힘을 다하는 것이어야만 한다는 사실을 깨닫게 되기를 원하신다.

목숨, 마음, 뜻을 다해서 하나님을 사랑하는 것이 느낌에서 끝나거나 아니면 생각에만 머물러 있게 될지 모른다. 그러나 힘을 다해서 하나님을 사랑해야만 한다고 할 때에 그것은 실제적 삶, 인격적 존재, 인격과 삶의 모든 것을 요구하는 것이다.

'힘' 은 여러분이 가진 모든 것을 의미한다. 그것은 하나님께서 여러분에게 주신 모든 능력이다. 그것은 의지에 따라 표현할 수 있는 능력, 자질, 수단과 행사할 수 있는 영향력, 주어진 시간, 가진 힘을 나타내 보일 수 있는 모든 조건들인 것이다.

마음대로 할 수 있는 이 모든 능력들을 주신 하나님께 대한 책임감을 의식하며 우리가 그 능력들을 행사함에 있어서 무엇보다 하나님께 대한 사랑이 으뜸가는 것이 되어야 한다고 예수님은 명령하고 계신다.

이것을 잘못된 영적 의미로 해석하지 말라.

현재 유행하고 있는 인간적 사상은 하나님께 대한 사랑은 우리가 단지 종교적이고 영적인 일에 몰두하게 될 때에만 표현된다는 생각이다.

이에 따르면 하나님 말씀의 사역자가 되는 사람은 법학이나 약학을 연구하는 사람보다 하나님을 더욱더 사랑한다는 결론이 나온다. 선교에 전념하는 사람은 인쇄업에 전력을 기울이는 사람보다 하나님께 더 헌신하는 것이 된다. 불행한 사람들을 구제하는 기관은 과학적 연구를 하는 기관보다 더 우월한 것이 된다. 요약해서 말하면, 하나님께 대한 사랑은 광범위한 일반은총 범주의 생활에서보다 특별은총 영역에서 예배에 의해 보다 더 우월하게 표현된다는 것이다.

그러나 이러한 생각은 아주 잘못된 것이다. 하나님의 위대하심과 전능하심은 영혼 구원의 좁은 영역에만 제한되고 얽매이는 것이 아니고 인간의 모든 삶에 적용되는 것이다. 하나님께 대한 사랑은 우리 모든 사람들에 의해, 각자의 재능과 소명에 따라 인생의 전 활동 영역에서 동등한 열심과 능력을 다해 표현되어야만 한다.

화가나 조각가는 선교사나 자선가처럼 하나님께 대한 사랑으로 인해, 하나님께 진실된 영광을 돌려드리도록 해야만 한다. 어떤 천한 직업이라 하더라도 여기에 해당되지 않는 것은 없다. 교회 외양간을 지키는 농부는 교회 관리라는 의무감에서 뿐만 아니라 하나님을 위한 사랑으로 인해 늘 힘을 다하여 외양간과 곡창에서 하나님을 섬겨야만 한다. 가정주부는 가정의 훈련된 보모, 또는 외지에서의 여선교사처럼 힘을 다하여 하나님을 사랑할 성스러운 소명을 받은 것이다. 가정주부나 하인은 일반적인 생애라고 경시하고 간호원은 성스러운 직업이라고 단언하는 잘못된 이원론은 하나님께 대한 사랑을 소중히 여기는 것이 아니고 그것을 타락시키는 것이다.

세 가지 죄악이 우리의 삶을 유혹한다. 즉 우리에게 부여된 능력을 사용하지 않거나 오용, 또는 남용하는 것이다. 이 세 가지는 모두 하나님께 대한 사랑을 부인하는 것이다.

하늘의 별 중에 하나님의 영광을 위하지 않는 것이 없듯이 하나님께서 주신 금가루를 갖고 있는 모든 사람은 아이나 어른을 막론하고 하나님의 영광을 위해서 빛을 발하며 반짝거려야만 한다.

그러나 별들도 하지 않는 것을 게으른 사람은 하는 것이다. 여러분은 달란트를 갖고 있으나 그것을 가지고 하나님을 위해서 수익을 증진시키는 대신에, 파묻어 두는 사람을 종종 보게 된다. 여기에서 영원하신 하나님께 대한 사랑을 찾아 볼 수 있을까? 분명히 각자의 숨겨진 달란트를 충분히 개발하는 데는 노력과 자기부정이 요구된다. 그러나 그들이 자신의 사랑하는 하나님을 위해서 이러한 노력, 희생, 자기부정을 할 수 없을 때에, 하나님께 대한 사랑을 어디에서 찾을 수 있단 말인가?

만일 이 은밀한 금가루들이 자기충족이나 나태함의 먼지에 가려져 있는 대신에, 대중이 보는 앞에서 반짝인다면 심지어 그리스도인들 중에서 조차도 하나님의 영광이 훨씬 더 영광스럽게 나타나게 될 것이다.

재능의 오용은 또 다른 것이나 이것 역시 하나님 앞에 죄악되고 하나님께 대한 사랑이 결여된 것이다. 이 경우에는 모든 노력과 희생이 아낌없이 경주되지만, 그 목적이 자신의 지위 확보와 세상에서의 출세, 다른 사람을 즐겁게 하는데 있으며 하나님을 향해서가 아니라 다른 사람들의 존경을 받는 가운데 부유해지기 위한 것이다.

이 경우에 사람들은 밤낮으로 열심히 일하고 수고한다. 그러나 하나님 없이, 하나님에 대한 사랑으로부터가 아니라 이기적인 동기에서 그렇게 한다. 하나님 아버지에 대한 사랑으로 말미암아, 천부께서 자기의 모든 요구 사항을 공급해 주시리라는 사실을 알고 있는 아이처럼 말이다. 그러나 그것은 사람이 자신의 욕구를 충족시키기 위해 노예처럼 일하는 행위에 불과하다. 그것은 재물을 위한 것이지 하나님을 위한 것이 아니다.

이와 같은 상황에서 사람은 하나님과 그의 거룩하심에 반대하는 가운데, 재능의 남용이라는 더 악한 죄에 빠져 들기가 쉽다. 오, 누가 하나님의 이름을 위하여 일등성처럼 반짝였던 사람들과, 거룩한 것을 파괴하며 하나님의 말씀에 도전하고 신앙을 거부하며 마침내 교만을 부리고 심지어 다른 사람들의 신앙까지 파괴하는데 자신들의 뛰어난 재능들을 남용했던 사람들을 구별할 수 있을까? 방종과 허무를 일삼고, 영혼을 하나님으로부터 격리시키기 위해 자신들의 재능을 남용했던 가수들과 화가들을 누가 모르겠는가? 얼마나 많은 재치들이 거룩한 것을 조롱하고 그것을 가소롭게 보이게끔 하기 위하여 남용되었는가? 얼마나 많은 날카로운 통찰력이 거짓말과 부정직을 부추김으로써 속임수와 교활함으로 빠져 들어갔는가? 얼마나 많은 수줍은 아름다움과 사랑스러움이 순수하지 못한 의도와 쾌락을 위한 욕망에 의해 죄악을 범했는가?

하나님께 대한 사랑이 아니라 하나님께 대항하는 증오심이 이 모든 남용들을 통해 나타나 보여진 것이다.

우리에게 맡겨진 은사와 재능들을 사용하지 않거나, 오용 및 남용하는 것에 반대해서 예수께서는 여러분에게 하나님께 대한 사랑을 가장 강력하게 주장하셨다.

예수께서는 이것을 세상 사람들의 양심에 호소하신 것이 아니다. 왜냐하면 세상은 하나님을 알지 못하기 때문에 진정한 사랑을 알지 못하며 모든 참된 사랑은 하나님께 대한 사랑으로부터 나오는 것이기 때문이다.

예수께서는 그의 거룩하신 성호를 고백하는 신자들에게 조금의 부족도 없는 완전한 요구를 하고 계신다. 그리고 주님께서는 여러분의 눈에서 비늘이 떨어져서, 여러분이 영원하신 하나님께 대한 완전한 사랑을 깨닫고 또한 모든 힘을 다해 하나님을 사랑하지 않으면 죄가 된다는 사실을 스스로 알기 전에는 여러분을 결코 놓아 주시지 않는다.

제 42장

하나님을 사랑하지 않는 사람은 하나님을 모른다

하나님을 아는 지식이 영생이다. 하나님을 아는 지식에 영생이 덧붙여지는 것이 아니다. 이 지식 자체가 영생이다. 그러므로 이 지식은 우리가 마음으로 이해하거나 이해하지 못하는 것으로 생각할 수 없고, 또 지적으로 완전히 파악하거나 생생하게 기억하는 것으로 볼 수도 없다. 하나님을 아는 지식이 우리 의식에 점점 더 뚜렷한 모습을 남기는 것은 틀림없지만, 말을 사용하는 형식적이고 관념적인 교묘한 기술이 될 수 없는 지식이다.

그것은 아이가 어머니 아버지를 아는 것처럼, 중생을 통해 우리에게 오는 지식이다. 대담하게 말하자면, 그것은 혈통을 통해, 즉 신적 유전을 통해 전해지는 지식이라고 할 수 있다. 그것은 우리가 하나님의 뜻을 깨달을 때 우리의 의지로 붙드는 지식이다. 영적 경험을 통해, 거의 영감이라고 말할 수 있는 것을 통해 오는 지식이다. 그것은 하나님과 은밀히 동행하는 가운데서 꾸준히 증가하고, 기도 생활을 통해 원숙해지는 지식이다. 그것은 슬픔의 깊은 심연에서, 또 기쁨과 번영의 양지 바른 언덕에서 더욱 풍부해지는 지식이다. 그것은 모르는 사이에 바로 생명의 시내로부터 끊임없이 떠오르는 지식이다. 그것은 우리의 인격을 그 기관(器官)으로 사용하는 지식이며, 성소의 휘장 안으로 들어가거나 휘장을 열고 보듯이, "얼굴과 얼굴을 대하여 보는"(고전 13:12) 기회가 벌써 여기에서 때때로 우리에게 허락되는 지식이다.

물론, 항상 무르익고 더욱더 풍성해지며 흘러넘치는 이 부요한 지식은 때때로 분명하게 알고 있어야 하고, 개인의 신앙고백 뿐 아니라 교회의 신조로도 표현되어야 한다. 이렇게 하지 않으면, 신비주의의 부패가 급속히 일어나 온갖 상상이

판을 치고, 감상적인 태도가 만연하게 된다. 이 지식을 가진 사람은, 교회 안팎에서 무익한 스콜라 철학이 생명의 자리를 차지하는 것이 보이고, 마치 하나님을 아는 지식이 영혼에 스며드는 탄력 있는 생명이 아니라 죽은 사물인 것처럼 논의되는 것이 들릴 때는, 화가 나고 마음이 싸늘하게 식는다.

그런데 이것은 성경의 가르침에 따르는 것이 아니고 오히려 그에 정반대된다.

주님의 사도가 하는 말을 들어보자. "사랑하지 아니하는 자는 하나님을 알지 못하나니 이는 하나님은 사랑이심이라"(요일 4:8).

이 말씀이 그 사실을 좀 강하게 표현하고 있긴 하지만, 사실이 그렇다. 우리는 하나님께서 행하시는 일을 행함으로써 하나님을 아는 지식을 가장 충만히 이해하게 된다.

죄 용서의 문제를 가지고 이 점을 생각해 보자. 그러면 하나님을 아는 이 특별한 지식의 신비를 이해하게 될 것이다.

하나님께서 여러분의 죄를 용서하시느냐 하시지 않느냐 하는 것은, 여러분 개인에게 지금과 영원히 여러분 존재와 미래가 걸린 중요한 문제이다. 그런데 요즘은 마치 그것은 과거의 문제였고 지금은 우리가 어떻게 하면 스스로 죄에서 벗어나고, 성화(聖化)를 이룰 수 있느냐 하는 것이 중요한 문제인 것처럼 다르게 전하고 있다. 그러나 이것은 순전히 자기기만이다. 바울 사도와 교부들이 그 문제를 우리 영혼에 묶어놓았기 때문에, 그 문제는 지금도 우리 영혼에 묶여 있고, 앞으로도 계속 그럴 것이다. 가장 중요한 인생의 문제는 "내가 하나님 앞에서 어떻게 의롭게 될 수 있는가"이다. 죄를 용서함은 죄에 대하여 죽는 데 이르는 길이다. 다른 길은 없다. 죽을 때까지 계속해서 죄를 품고 지낼 우리가 어떻게 하나님의 아들이라고 불리고, 위에 있는 아버지 집에 거할 수 있는가? 이것이, 그리고 이것만이 하나님과 우리의 관계를, 그리고 영원에 대한 우리의 지식을 직접적으로 다루는 중대한 인생 문제이다. 그래서 세상의 수수께끼이며 우리 영혼의 수수께끼인 이 문제는 영원히 그리고 언제나 이 한 가지 사실로 귀착된다. "내게 은혜와 죄 용서함과 온전한 화목이 있는가?"

그리고 무엇보다 주목할 만한 점은, 우리 아버지 하나님께서 사죄를 구하는 짧은 기도를, 우리 **자신이 용서해야 한다**는 규정에 단단히 묶어놓으셨다는 사실이다.

오늘 우리에게 일용할 양식을 주시옵소서라는 기도에 바로 이어서 여러분 영혼의 생명을 위하여 하나님의 사죄라는 일용할 양식을 구하는 기도가 나온다. 그러나 이 기도를 구하려면 반드시 먼저 "**우리가 우리에게 죄 지은 자를 사하여 준 것 같이**" 라고 정직하게 말할 수 있어야 한다.

다른 말로 하자면 이것이다. 여러분에게 잘못한 사람들을 진심으로 용서하게 만드는 지극히 깊은 사랑을 가지고 사랑해야 한다. 그리고 그같이 사랑하는 사람만 하나님을 안다는 것이다. 그 사람은, 하나님께서 여러분의 죄가 주홍 같을지라도 눈과 같이 희게 하고, 여러분의 죄가 산처럼 높이 솟을지라도 바다 깊은 곳에 던져버리시는 그같이 지극히 고귀한 하나님의 사랑으로 하나님을 아는 것이다.

그러므로 너무 대담해서 말하기가 쉽지 않은 중요한 이 사상, 곧 어떻게 하나님께서 우리를 용서하시는지를 우리가 용서를 실행함으로써 배운다는 것, 말하자면 사랑함으로써 하나님을 아는데 우리를 사랑하시는 하나님의 사랑으로 하나님을 알기를 배운다는 사상 자체가, 바로 우리 하나님에게서 나타난다. 그리고 사랑하는 사람은 말이나 감정만으로 사랑하지 않는다. 그 사람은 원수를 사랑하기 때문에 원수를 마음으로부터 전적으로 온전히 용서한다. 그는 원수를 사랑하기 때문에 그로 인해서 하나님을 아는 지식이 자라고 하나님 알기를 배우며, 하나님이 사랑이심을, 그 사랑이 또한 자기를 향한 사랑임을 배운다.

이 사랑이 여러분 자신에게서 시작되는가? 그래서 **여러분이 먼저** 하나님을 사랑하고, 그 다음에 **하나님이** 여러분을 **사랑하시는가**? 전혀 그렇지 않다. 여러분 속에서는 어떤 것도 사랑으로 시작하는 것은 없다. 여러분 영혼 속에서 사랑의 첫 불꽃이 타오르기에 앞서, 거기에 불을 붙이신 것은 언제나 하나님의 손이었다.

여러분은 좀처럼 솔선해서 사람을 용서하기가 어렵다. 여러분이 용서를 한다고 하지만, 사실은 용서를 하는 가운데 죄 짓는 일을 할 수가 있다. 영혼이 완전히 자유로울 수 있을 정도로 순수한 마음으로 사람을 용서하기는 어려운 일이다. 종종 여러분은 세상 사람들이 용서한다는 말을 듣고, 여러분 자신도 세상 사람처럼 용서를 했다고 하는데, 사실은 **우월감**에서 한 경우가 많다. 여러분의 원수가 아주 하찮은 존재여서 그의 잘못을 들추어낼 것도 없다는 것을 보여주기 위해, 그에 대한 미움을 전혀 품고 있지 않은 데서 여러분이 얼마나 덕이 있는 사람인지를 보여 주기 위해, 마음에서 그에 대한 생각을 지워버리고 더 이상 그 때문에 시달리고 싶지 않아서 용서를 한 것이다.

물론 그런 용서는 이름만 같을 뿐, 참된 용서로서 공통점은 전혀 없다. 반면에 우리 아버지께서 생각하시는 것은 아주 참되고 실제적인 깊은 사랑에서 나오는 용서이다. 그래서 여러분은 "하나님께서 나를 이렇게 용서하신다면, 나는 구원을 받았다"고 느낀다. 왜냐하면 그때 내 마음에 이 사랑을 일깨우셨고, 용서하는 이 사랑이 하나님의 사랑으로부터 일어나 내 영혼 속에 넘쳐 흘러들어오도록 하신 분이 바로 하나님이시며, 전에는 하나님의 원수였으나 이제는 그의 자녀가 된 나에 대한 영원한 사랑 때문에 내가 자비를 얻었듯이 이렇게 내가 원수를 용서하는 가운데 하나님을 알게 하시는 분이 바로 하나님이시기 때문이다.

"사랑하지 아니하는 자는 하나님을 알지 못하나니"(요일 4:8)라는 사도의 말을 들을 때, 대개 양심은 자기만족으로 잠이 든다. 왜냐하면 아무것도 사랑하지 않는 사람은 없기 때문입니다. 범죄자들도 동물이나 자식, 아내를 사랑하며, 때로는 자기를 희생하기까지 하는 것으로 알려져 있다.

그러나 "사랑하지 아니하는 자"라고 할 때 그 말은 무슨 뜻인가? 그것은, 사랑으로 살지 않는 사람, 사랑에 의해서 움직이지 않는 사람, 사랑하는 일을 기뻐하지 않는 사람, 불의 시련을 견딜 수 있는 사랑이 없는 사람을 뜻한다.

그래서 사랑은 이 맹렬한 불의 시험을 받는데, 마음에 맞는 사람에 대해서가 아니라 우리를 훼방하는 사람, 사실 원수라고 부를 수 있는 사람에 대해서 시험을 받는다. 그러므로 여러분의 사랑의 진실함은 오직 용서하는 일에서 명백하게 나타난다. 여러분을 기분 나쁘게 하고 방해하며, 여러분의 삶을 비참하게 만드는 사람을 용서하는데서 사랑의 진실성이 드러난다. 사랑하는 것이 의무이기 때문이 아니라 그에 대한 사랑 때문에 그 사람을 사랑하는 이것만이, 하나님 아는 것을 배우도록 만드는 사랑이 여러분 속에 있다는 증거가 된다.

하지만 이런 사랑은 생각할 수 없고, 불가능하며, 간단히 할 수 있는 사랑이 아니라고 여러분은 말한다. 하나님을 위해 용서하고, 내 자신이 죄인이기 때문에 용서하며, 그리스도인의 의무로서 용서하는 것은 할 수 있다. 그러나 순전히 그 사람을 사랑해서 용서한다? 어떻게 그런 일이 있을 수 있는가? 그렇지만 예수께서는 그 사랑을 요구하신다. "너희 원수를 사랑하며 너희를 저주하는 자를 위하여 축복하라"(눅 6:27,28).

여기서 이 문제의 근본을 살펴보는 것이 필요하다.

"네 마음을 다하고 목숨을 다하고 뜻을 다하여 주 너의 하나님을 사랑하라 하셨으니 이것이 크고 첫째 되는 계명이요 둘째도 그와 같으니 네 이웃을 네 자신 같이 사랑하라"(마 22:37-39). 그런데 이 이웃은 어느 때라도 여러분의 원수가 될 수 있을 것이다.

어떻게 이런 일이 있을 수 있겠는가? 내가 이웃을 사랑해야 할 뿐만 아니라, 이 둘째 계명이 어떻게 첫째 계명과 같은가?

그 답은 이것이다. 여러분이 이웃 속에 있는 하나님의 것을 사랑할 때에만 그것이 가능하다. 그 외에는 다른 어떤 것도 없다. 그의 죄를 사랑해서도 안 되고, 여러분에게 지은 그의 죄를 사랑해서도 안 된다. 오히려 그것들을 미워해야 한다. 여러분은 자연을 사랑한다. 하나님의 전능하심과 신성이 자연에 나타나기 때문이다. 여러분은 동물을 사랑한다. 하나님께서 동물을 그처럼 놀랍게 조직하고 동물의 본성을 심어주셨기 때문이다. 그러므로 여러분은 사람으로서 여러분의 이웃을 훨씬 더 사랑해야 한다. 하나님께서 자기 형상을 따라 사람을 지으셨기 때문이고, 하나님께서 사람 안에 지으신 은사와 재능들 때문에, 그리고 사람 속에 심어놓으신 **본질적인 존재의 배아** 때문에, 사람인 이웃을 사랑해야 하는 것이다.

이 모든 것이 망가졌고, 모든 것이 타락하고 못쓰게 되었으며 절망적으로 사탄적이 되었다면, 그의 속에는 더 이상 하나님의 것이 없고, 사랑이 그치며 미움으로 변한다. 사탄은 놀라운 피조물이었다. 그러나 그는 하나님께 받은 모든 것을 망쳐버렸다. 그래서 하나님의 모든 자녀는 이 괴물을 미워한다.

그러나 아무리 철저히 타락했을지라도 사람은 이생에서 사탄과 같은 존재는 아니다. 십자가에 달렸던 강도가 하나님의 보좌 앞에서 기뻐하고 있다. 가장 멀리 떠난 사람을 예수께서는 다시 살리셨다. 그러므로 여러분에게 적용되는 복음은, 모든 사람 안에 곧 여러분의 원수 안에, 생명에 이르는 은혜를 경험할 수 있는 접촉점이 있다는 것이다. 그렇게 할 때에만 복음이 여러분의 구원이 된다. 그래서 하나님을 인해서 진심으로 사랑하는 사람만이 아주 멀리 떠난 죄인 속에 여전히 남아있는 불꽃을 계속해서 사랑할 수가 있다. 그런 사람만이 죄인인 여러분을 사랑하시는 하나님의 영원한 사랑으로 하나님을 알고 사랑하게 된다.

제43장

만드신 만물에 분명히 보여 알려졌나니

하나님을 아는 지식이 어디로부터 오는가라는, 예로부터 내려온 질문에 대해 그리스도의 교회는 두 가지로 답해 왔다. 그 지식은 **자연**으로부터, 그리고 **성경**으로부터 온다고 했다.

이것은 밖으로부터 오는 하나님을 아는 지식을 가리키는데, 추상적인 개념으로 표현될 수 있고, 그러므로 교회의 신조에서 한 자리를 차지하는 지식이다. 그러나 여기에는 영적 경험을 통해, 성도들의 교제를 통해, 그리고 은밀히 하나님과 동행하는데서 개인적으로 오는, 하나님을 경험적으로 아는 지식은 포함되지 않는다.

반면에 밖에서 오는, 하나님을 아는 이 최초의 지식에는 위엄이 있다. 지금은 **자연**이 우리에게 가져다주는 것만을 살펴보자. 한 신앙고백서에서 선언하듯이, 우리 주변의 전 창조계는, 개별적인 피조물 하나하나가 글자로 쓰인 생생한 책과 같다는 것은 아름답고 참된 말이다. 그렇지만 이 자연의 책은 하나님의 속성들, 곧 그의 전능하심과 지혜, 선하심 등의 속성을 알게 하는 것 이상으로 우리를 데려가지 못한다. 영적 나라의 삶에 대해, 성령의 인도를 받는 사람에 대해, 우리가 하나님의 뜻을 아는 것에 대해, 사랑이신 하나님께 더 가까이 이끄는 사랑으로 충만해짐에 대해, 심지어 신비한 묵상에 대해 자연의 책은 아무것도 말해 주지 못한다.

교회의 신조는 우리가 예배하는 하나님이 영광스런 위엄으로 충만하신 분임을 명백히 써서, 세상 앞에 높이 들어 올리는 깃발이다. 그러나 이것은 하나님을 아는 좀 더 친밀한 지식은 아니다. 왜냐하면 그런 친밀한 지식은 자기 인식으로부터, 개인 영혼의 경험으로부터 나오기 때문이다.

이런 점들을 생각하는 가운데, 하나님을 아는 좀 더 친밀한 지식이 전면에 나타나게 되었다. 경건한 책들은 이 세상에게 말을 걸지 않고, 성도들 가운데서 그리고 성도들에게, 곧 그와 비슷한 경험을 하였거나 적어도 향수가 무엇인지 아는 사람들에게 영혼의 경험을 가지고 이야기한다.

그러나 그동안 우리는 이 신비의 성소에서 병적인 감상주의에 빠지지 않도록 하라고 거듭 말해 왔다. 그리고 이제 자연으로부터 오는 하나님에 대한 지식을 다루게 되었는데, 이는 그 지식을 객관적인 것으로 받아들이기 위해서가 아니라 우리의 영적 생활에 짜 넣기 위해서이다.

이 점에서 또한 방황하는 영혼은 종종 불쌍하게도 스스로 빈곤하게 된다.

사람들은 이렇게 말한다. "나는 자연의 움직임에 하나님의 속성들이 나타난다는 사실을 배웠고 동의하였다. 나는 그 사실로부터 하나님은 능력과 지혜와 선하심이 크신 분이라는 것을 추론할 수 있다. 그런데 이 사실을 알게 되므로, 이제 자연의 책에 대한 관계는 끝이 난다. 이 책에서 오는 하나님에 대한 지식은 이것이 전부이다." 이렇게 해서 이 책은 닫혀져 있다. 그래서 자연이 하나님의 위엄에 대해 우리에게 주는 개인적으로 깊이 통찰하는 인상이 없다. 사람은 그런 인상을 찾지 않는다. 그런 인상을 더 이상 중시하지 않는다. 그런데 세상 사람들이 자신들의 피상적인 종교를 위해 되도록이면 **자연**에 호소하는 것을 보면 화가 날 지경이다.

사람들이 우쭐한 태도로, 교회는 이제 전성기가 지나갔고, 하나님의 말씀은 그 의미를 상실하였지만, "자연의 성전에서는" 종교적으로 더 풍성한 것을 향유한다는 말을 들으면 참으로 화가 난다.

물론 이렇게 된 데에는 신자들에게도 잘못이 있다.

그리스도의 교회에 대한 신자들의 바른 평가가 아무리 칭찬할 만하고, 하나님 말씀으로부터 그들에게 오는 보배로운 지식이 아무리 풍성하다 할지라도, "창세로부터 그의 보이지 아니하는 것들 곧 그의 영원하신 능력과 신성이 그가 만드신 만물에(자연에) 분명히 보여 알려졌다"(롬 1:20)는 것도, 마찬가지로 마음에 담아 두어야 할 사실임을 신자들이 잊어서는 안 된다.

여기에서 우리는 하나님을 아는 지식이 발전하는데 세 단계가 있음을 본다.

하나님을 아는 지식은 자연으로부터 시작하고, 그 다음에 하나님의 형상을 따라 창조된 **사람**에게 이르며, 최종적으로는 그리스도에게서 절정에 이른다. 이는 그리스도께서 하나님의 본체의 형상이시기(히 1:3) 때문이다.

하나님을 아는 이 지식은 자연으로부터 시작하고 사람에게서 확장되며, 메시야에게서 완성된다. 이 세 단계는 느슨하게 나란히 놓여있지 않고, 이를 테면 솟아오른 피라미드 모양을 형성하고 있다고 할 수 있을 것이다. 이 피라미드는 자연이 넓은 바닥 부분을 이루고, 인간 생명의 풍부한 전개가 그 위 부분을 형성하며 영원한 말씀의 성육신에서 정점을 이룬다.

사람에 대한 지식을 떠나서는 그리스도를 분명히 보지도 이해하지도 못한다. 그리고 의식 없는 자연을 공감하는 태도로 이해하지 않고서는 사람을 분명하게 보지도 알지도 못한다. 일이 정상적으로 돌아간다면, 신자들은 항상 자연에서 하나님의 위엄을 보고, 인생이나 인류 역사가 자기들 안에서 반복된다는 것을 느끼지 않을 수 없다. 그리고 그럴 때에만 신자가 풍성한 은혜 가운데 하나님을 자기들에게 계시하시는 그리스도를 분명하고 완전하게 그리고 생생하게 알 수 있다.

이 점이 신자들에게 맞는다는 것은, 이와 같이 하나님을 아는 지식이 하나님으로부터 하나님의 자기 계시 가운데서 나왔고 또 계속해서 나온다는 사실 때문이다.

전능하신 하나님께서 의식 없는 자연 가운데서 자신을 계시하기 시작하셨다. 자연을 통한 계시가 완성되었을 때에야 비로소, 하나님은 더 풍성한 자기 계시인 하나님의 형상과 모양을 따라 사람을 지으셨다. 그리고 사람이 타락하고 범죄하여 그 계시를 거의 파괴하였을 때, 비로소 하나님은 가장 풍성한 자기 계시로 **그리스도**를 우리에게 보내셨다.

이제 신성한 이 세 연결고리가 어떻게 서로 조화를 이루는지 살펴보자.

첫째로, 물질적인 세상이 있다. 그 다음에 이 세상 티끌로부터 사람이 창조되었다. 그리고 그 후에야 혈과 육신을 입은 사람으로서 하나님의 아들의 계시가 온다. 여기서 출발점은, 하나님은 보이지 아니하신다는 것이다.

이 점을 잘 알도록 하자. 그리스도 안에 계시는 영원한 분은 보이지 아니한다. 언젠가 우리가 하나님을 얼굴과 얼굴을 대하여 볼 것이라는 말을 명확하게 듣는다. 그렇다. 우리가 서로를 아는 것처럼 하나님을 알게 될 것이다.

가장 고상한 지식은 지적인 지식도 아니고, 영적인 지식도 아니다. 가장 고상한 지식은 **통찰력**, 곧 직접적으로 명확하게 보는 것이다. 중간 매개 없이 보는 것이고, 거울 없이 보는 것이다. 바로 본질적인 존재를 보는 것이다.

이렇게 볼 수 있는 기관이, 아무리 잠복해 있다고는 하지만, 현재 영혼 속에 잠재해 있다는 것은 확실하다. 그러나 이 일이 어떻게 우리에게 이루어질 수 있을까 하는 것은 영원의 신비이다.

지금 시대에는 이 기관을 사용할 수 없는 것 또한 확실한 사실이다. 지금은 제한의 시대, 유한의 시대이다. 즉 형태와 색깔과 차원에 묶여 있는 시대이다. 여호와 하나님께는 경계도, 끝도, 형태도, 차원도 없으시므로, 지금 시대에 하나님은 우리에게 보이지 않으시는 분이다.

우리는 이생에서 하나님을 명확히 볼 수 없다.

이 사실로부터 나오는 질문은, 그럼에도 불구하고 어떻게 해서 장엄하신 하나님이 이생에서 자신을 계시하여 결국 우리가 하나님의 존재를 분명하고 확실하게 볼 수 있게 되느냐는 것이었다. 첫째로 하나님께서 이 목적을 자연 속에서 이루셨는데, 그 자체로는 유한하면서 무한자에 대한 인상을 심어 주는 차원들을 통해 하나님의 전능하심과 신성을 우리에게 계시함으로써 이루셨다. 이것이 소위 **장엄하다**고 하는 것이다. 그리고 둘째로, 사람을 하나님의 형상을 따라 지으면서 사람의 인격적 존재 안에 하나님의 인격적 생명의 양태를 두심으로써 목적을 이루셨다. 그리고 셋째로, 죄로 말미암아 타락하고 훼손된 이 형상을 마침내 그리스도 안에서 창조시의 순수한 상태로 회복하고 또 우리에게 보여 줌으로써 이 목적을 이루셨다.

그렇다면 자연 안에, 그리고 자연 뒤에 바로 하나님이 계신 것이다.

그러므로 자연은 하나님 밖에서 그리고 하나님 없이 스스로 존재하는 완성된 예술 작품이 아니다. 매일 밤 여러분에게 별이 총총한 하늘을 보여주시는 분은 바로 하나님이시다. 빛의 색깔에서, 동식물계의 기이한 일들에서, 장엄한 바다에서, 태풍의 거센 소리에서 매일 하나님의 위엄을 보여 주시고, 심지어 우렁우렁하는 천둥소리 속에서 때로 하나님의 위엄을 듣게 하시는 분은 바로 하나님이시다.

이 모든 것 속에 여러분이 경배하는 하나님이 계시고 활동하신다. 자연계의 생명의 전율 속에 하나님의 신성한 생명의 떨림이 있다. 이 창조계 안에서 움직이는 것은 무엇이든지, 이 창조계 속을 흐르는 것은 무엇이든지, 이 창조계에서 솟아나 여러분에게로 오는 것은 무엇이든지, 그 안에서 하나님의 생명이 활동하는 것이다. 그렇다. 모든 자연은 다름 아니라 살아서 맥박이 뛰는 휘장이다. 그 뒤에 바로 하나님이 숨어 계시면서 휘장의 주름을 통해 하나님의 위엄 있는 모습을 여러분에게 계시하시는 것이다.

바울 사도가 자연 속에서 보이지 아니하는 하나님을 알 뿐만 아니라 **분명히 본다**고 말할 때, 이 진리를 그처럼 심오하게 표현하고 있는 것이다.

이렇게 하나님을 분명하게 본다는 것이 중요한 점이다. 이 스크린을 통해, 이 휘장을 통해, 자연의 이같은 제공을 통해 여러분은 신성이 충만한 전능하신 하나님을 **보아야** 한다.

자연을 온갖 다양한 선과 형태로 이루어진 죽은 왕궁으로 보지 않고, 푸른 하늘과 구름 떼 앞에 서고 지상의 피조물 앞에 서면 여러분이 하나님 앞에 서는 것임을 느끼고 알며, 이 모든 것 속에서 여러분에게 다가오고, 이 모든 것 속에서 여러분에게 말을 거는 분이 바로 하나님이심을 느끼고 알기 위해서는, 이 모든 것을 통해서 하나님의 장엄한 손을 보도록 해야 한다. 종달새가 여러분을 위해 노래하게 만드시는 분은 하나님이시다. 바다를 갈라 거품이 일게 하시는 분은 하나님이시다. 해를 그 장막에서 불러내고, 저녁 무렵에는 그곳으로 다시 돌아가게 하시는 분은 하나님이시다. 밤마다 별을 반짝이게 하시는 분은 하나님이시다. 천둥 속에서 그 음성을 여러분에게 울려내는 분은 하나님이시다. 이 모든 것 속에서 하나님의 생명을 느끼고, 전능하신 하나님을 분명히 보는 사람만 보이지 아니하시는 분의 영광을 안다.

제 44 장

둘째도 그와 같다

하나님은 보이지 아니하시는 분이다. 하나님은 자연의 휘장 뒤에 숨어계신다. 그러나 그 휘장의 주름이 굽이치고 흔들리는 움직임을 통해서 우리는 그 뒤에 계시는 하나님이 우리 가까이에 계심을 인식한다. 자연에서 우리 눈앞에 살아 있고 중얼거리며 맥박이 뛰고 움직이는 모든 것 속에서, 우리는 하나님의 생명의 약동을 느낀다. 성경은 자연을 결코 죽어 있는 것으로 말하지 않는다. 성경은 온갖 방식으로 자연에서 하나님의 음성을 듣게 하고, 하나님의 발자국 소리에 귀를 기울이게 한다. 땅이 떨 때, 그것은 하나님께서 격노하시어 땅의 기초를 흔드시기 때문이다. 어두워진 창공에서 "하나님이 허리를 굽히고 내려오신다." 회오리바람 속에서 "하나님이 그룹을 타고 나셨다." "물의 깊은 심연이" 거품을 일으킬 때, 그것을 꾸짖고 "그 콧김의 바람으로" 물러가게 하시는 분은 하나님이시다. 번개 불은 하나님께서 창공으로 쏘시는 화살이다. 하늘이 어두워지면 별들이 나타나는데, 이는 하나님께서 별들을 불러내시고, 그 가운데 하나도 떨어지지 않게 하시기 때문이다. 하나님은 높은 데서 산에 물을 대신다. 하나님께서 샘들이 솟아나게 하시므로 물이 골짜기 사이로 흐른다. 하나님께서 가축들을 위해 풀이 자라게 하시고, 사람을 위해서는 땅에서 빵이 나오게 하신다. 바다를 갈라 거품이 일게 하시는 분이 하나님이시다. 영적으로 훈련받은 귀를 가진 사람은 하나님께서 어떻게 선한 목자로서 자기 앞서 길을 인도하시는지 살피고, 지팡이와 막대기로 땅을 두드리며 생명의 길로 인도하시는 것을 듣고 그로 말미암아 위로받는다.

그러므로 이 모든 것은 자연을 생생한 시인의 눈으로 보기 위한 것이 아니다. 이교 시인들도 그런 식으로 자연을 묘사하였다. 그것이 아니다. 자연에서도 모든 것은 신앙을 위해 존재한다. 즉 여러분에게 하나님의 영광스런 임재를 계시하고, 이 모든 자연의 생명체 속에서 살아계신 전능한 하나님께서 그의 전능하심과 신성, 위엄에 대한 장엄한 인상을 여러분에게 충만하게 채우기 위해 여러분 주위에 계시고 여러분과 함께 계시다는, 따뜻하고 소중한 느낌을 여러분에게 전달해 주기 위해 이 모든 것이 존재하는 것이다.

그러나 그것이 전부가 아니다.

살아계신 하나님, 곧 자연 속에서 언제나 여러분을 두르고 있고 여러분에게 자신을 드러내시는 하나님은 만물의 영장으로 임명한 **사람**에게서 가장 풍성하게 자신을 계시하신다.

그렇다. 하나님께서 사람 안에서 생명을 계시하는 것은 놀라울 정도로 신성하다. 그래서 "네 마음을 다하고 목숨을 다하고 뜻을 다하여 주 너의 하나님을 사랑하라"(마 22:37)고 말씀하시고 나서, 주님은 이 큰 계명을 전혀 다른 계명으로 바꾸어서 말씀하신다. "이웃을 네 자신과 같이 사랑하라"고 하시며, 이 둘째 계명에 대해서 **그것이 전적으로 첫째 계명과 같다고** 선언하신다. 위엄이 있으신 하나님을 사랑하는 것과 자신의 이웃 안에서 하나님을 사랑하는 것이 하나이고 같은 계명인 것이다.

하나님을 하나님으로 사랑하고, 사람 안에서 혹은 이웃 안에서 하나님을 사랑하는 것이 형태와 성취는 다르지만 계명으로서는 같은 한 계명이다.

잘못된 과학은 마치 죽은 물질로부터 저절로 서서히 식물이 진화하였고, 이내 식물로부터 동물이 그리고 마지막으로는 동물로부터 저절로 사람이 진화하였다는 사상을 사람들에게 점점 더 강요한다. 이 지식에 진화론이라는 이름이 붙여졌고, 다윈은 이 새로운 복음의 선지자라고 불린다.

이 전체 가설은 불신앙적인 사고의 자기기만에 지나지 않는다. 그러나 그 가설에는 이 진리가 있다. 즉 온 창조계는 마치 사람이 제사장으로 봉사해야 하는 성전처럼 우리 주변에 세워져 있다는 것이다. 모든 것이 사람을 가리키고 사람을 필요로 한다. 결국 사람이 이 자연의 성전에 나타날 때, 앞서 간 모든 것이 사람의 도래를 위한 준비에 기여한 것임을 알게 된다. 사람을 일컬어 세계의 축소판이라고 한 것은 전혀 헛된 말이 아니다. 오직 사람에게서 창조가 정점에 이른다. 자연 속에서는 휘장 뒤에 숨어계신 전능한 하나님이 사람안에서는 친히 자신을 계시하여 나타나시는데, 단지 권능과 위엄 가운데서만 나타나시지 않고 그보다는 영으로서 더 많이 나타나신다. 사람에게는 자기 인식이 있고, 분명한 의식이 있다. 하나님을 따라서 하나님의 생각을 생각함이 있고 뜻을 드러냄이 있으며 거룩함에 대한 갈망, 천재성의 번뜩임, 아름다운 것들에 대한 감상, 이상적인 것에 대한 추구가 있으며, 영원한 존재에 대한 진술, 인격적인 한 존재에서 보는 존재의 전체성(구체화), 영원한 존재인 하나님에 대한 생래적인 지식 등이 있다. 이 모든 것이 사람에게만 있는데, 이는 순전히 하나님께서 사람을 자기 형상을 따라 창조하셨기 때문이다.

여러분은 어떤 건축가가 지은 왕궁을 보고 그 건축가를 알 수 있다. 노래를 보고 노래를 지은 시인을 알고, 위대한 사상가를 그의 작품을 보고 알 수 있다. 그러나 여러분이 이 대가들의 실제 모습을 보고 그의 얼굴 모양과 눈빛, 표정을 보았을 때는 그에 대한 인상은 전혀 달라진다.

실상이 그와 같다. 최고의 건축가이자 예술가께서는 먼저 자연에서 자신의 작품을 여러분에게 보이신다. 그 다음에, 두 번째 오셔서는 사람 속에서 그의 형상, 곧 자신의 형상을 여러분에게 보이신다.

단 **한** 사람으로 이것을 계시하는 것은 불가능한 일이다. 그러나 수 세기가 흐르는 동안에 사람에게서 수 백 만 명의 개인들이 태어나고 살다 죽었다. 이 수 백 만 명의 사람들 가운데는 우슬초도 있고 백향목도 있었다. 백향목처럼 사람들의 숲에서 우뚝 솟은 소수의 위대한 예들에서 하나님에 대한 계시가 훨씬 더 뚜렷하게 나타났다. 여러분이 위대한 인물들 가운데서 나타났던 모든 덕과 우수성, 탁월한 재능을 모두 하나로 합칠 때, 위대하고 압도적인 그 전체 모습은 자연 속에서 나타나는 하나님의 계시를 훨씬 더 초월하는 계시를 보여준다.

그것이 진실이다. 죄 때문에 사람 속에 있는 하나님의 형상이 훼손되고 망쳐지지 않았다면, 일이 어떻게 되었겠는가?

지금은 혼란이 있다. 하나님의 형상을 비추는 거울이 깨어져 수많은 금이 가 있다. 하나님의 형상이 오래되어 손상되었고 흐릿해졌다. 그 형상의 특징을 이루는 선과 부분들을 여전히 알아볼 수 있지만, 하나님 형상의 통일된 아름다운 모습이나 깨끗한 품격은 더 이상 볼 수 없다. 그럴지라도 이 형상이 여전히 여러분의 흥미를 일으키고 주의를 끌며 언제나 계속해서 따뜻한 공감을 채우는 것을 생각할 때, 아담이 자기 앞에 있는 하와에게서 손상되지 않은 이 하나님의 형상을 보았을 때 그 모습이 아담에게 어떠했겠는가. 그리고 즉시 그리고 회복할 수 없을 정도로 이 거룩한 형상을 훼손시킨 타락이 얼마나 깊은 것인가를 생각하게 된다.

사실, 사람들에 대한 여러분의 경험은 매우 쓰디쓴 것일 수 있다. 주위의 사람들이 여러분에게 사랑보다는 미움을 일으키는 경우가 많았을 것이다. 그러나 여러분에게 최상의 것을 영구히 주는 역사가 있다. 최상의 인간 삶에 대한 최고로 풍부한 이 계시로 인해 여러분은 다시 사람과 화목하게 된다. 역사의 미술관에서 일반 세상의 영웅과 믿음의 영웅들을 생각해 보라. 사도가 선언하듯이 "우리에게 구름 같이 둘러싼 허다한 증인들이 있으니 모든 무거운 것과 얽매이기 쉬운 죄를 벗어 버려야"(히 12:1) 한다.

이것이 하나님의 계시인데, 타락한 사람에게서도 나타나는 계시이다. 여러분 속에서 사랑이 깨어난다면, 이것은 사람으로서 사람을 사랑하는 것을 묘사하는 말인데, 사랑은 사람 속에서 하나님의 영광을 볼 수 있게 하는 영광스런 미덕이다. 곧 사람의 재능과 사람의 천재성, 사람의 영웅적 행위에서 하나님의 영광이 나타나는데, 특히 인간의 사랑에서 두드러지게 나타난다.

인간의 **사랑**, 그것이 정점이다!

여러분 자신 안에 신비한 어떤 것이 있는데, 이것은 여러분이 인생의 길에서 만나는 또 다른 사람에게 있는 마찬가지로 신비한 어떤 것에 끌려 움직인다. 그럴 때 여러분은 그 사람의 약점을 눈감아주고 죄를 용서하며 못난 것을 더 이상 지적하지 않으며, 사랑이라는 신비한 능력으로 그를 감싸서 약점이 드러나지 않게 한다.

이 사랑이 진실하지 않을 수 있고, 그래서 죄가 될 수 있을지라도, 하나님의 동정의 따듯한 불꽃이 여러분의 마음을 깊이 감동시키고, 하나님의 사랑의 신비가 여러분에게 나타나는 것은 바로 여러분을 사랑하는 사람에 대한 이같이 사랑을 통해서이다.

첫째로, 이 사랑은 선택에 의해 결정된다. 그러면 여러분의 사랑은 제한되고 편협하며 동시에 다른 사람들을 거부한다. 이 사랑은 다른 사람들에 대해서는 더 어두운 무관심으로 주위에 짙은 그림자를 던지는 빛이다. 그것은 사랑이지만 이기심에 사로잡힌 사랑이다. 그것은 하나님으로부터 오는 사랑이지만 하나님을 위한 사랑은 아니다. 우리가 사랑할 가치가 있다고 여기는 몇몇 사람을 위한 사랑은 이웃을 위한 사랑이 아니다. 사람으로서, 하나님의 형상대로 창조된 피조물로서 사람을 사랑하는 사랑이 아니다.

그러나 성령은 이 사랑을 깨끗이 씻고 정련하는 일을 하신다. 사람을 사랑하는 것은 하나님을 사랑하는 것 같이 되어야 한다. 두 사랑 사이에 갈등이 있어서는 안 된다. 그렇지 않으면 사람에 대한 사랑이 여러분 마음속에서 하나님에 대한 사랑을 뒤로 밀어낼 것이다.

그래서 이 사랑은 점점 더 걸러져서 순수해진다. 사람을 사랑하는 것은 사람 안에 있는 하나님께 속한 것을 사랑하고, 마찬가지로 사람을 미워하는 것은 사람 속에 있는 악한 것을 미워하며 악한 것을 견디지 못하고, 진지한 사랑의 힘을 발휘하여 마음에서 악이 사라질 때까지 악을 억누르는 것이다.

그리고 이 사랑은 모든 사람 속에 아무리 깊이 숨겨져 있을지라도 사람의 영혼 속에서 여전히 타오르고 있는 하나님께 속한 것은 무엇이든지 찾아내고, 이 불꽃을 점점 더 키워서 꺼지지 않도록 하는 길을 연다.

아무리 철저히 타락하고 죄로 말미암아 아무리 죽었다고 할지라도, 무덤 이편에 있는 모든 사람 속에는 하나님께서 하나님의 형상을 따라 창조하셨다는 증거가 여전히 남아있고, 이 하나님의 형상이 회복될 수 있다는 사실을 충분히 알 때 이웃에 대한 사랑이 절정에 이른다. 최고급 도자기를 사랑하는 애호가는 그 가치를 알기 때문에 깨어진 도자기 조각들을 다시 붙일 수 있다는 희망을 가지고 아주 조심스럽게 조각들을 모은다.

그럴지라도, 이웃에 대한 사랑은 사람 속에 여전히 남아 있는 하나님께 속한 것에 대한 사랑 이외에 아무것도 아니다.

그래서 둘째 계명은 첫째 계명과 같은 것이다.

제 45장

보이지 아니하는 하나님의 형상

하나님은 영이시다. 그래서 하나님은 보이지 않으신다. 그러나 보이지 아니하는 하나님께서 점점 더 분명하게 자신을 계시하신다.

하나님께서는 자연의 휘장 뒤에서 그리고 그 휘장을 통해서 희미하게 자신을 계시하신다. 그리고 하나님의 형상을 따라 창조하신 **사람** 속에서 좀 더 뚜렷하게 자신을 계시하신다. 보이지 아니하는 하나님의 형상이시요(골 1:15) 그 본체의 형상이신 **그리스도** 안에서 지극히 선명하게 자신을 계시하신다.

사람은 하나님의 초상이 아니라 형상이다. 조각된 것은 선과 색조로 그린 것보다 훨씬 더 실물을 잘 전달한다. 형상은 전체적인 모습을 보여준다. 대리석이나 쇠로 만든 형상은 부피 형태로 실물을 흉내 낸다. 연필이나 붓으로 그린 초상화는 차갑고 딱딱한 대리석이 표현하지 못하는 생명의 온기, 영혼의 불꽃, 표정의 변화를 전하지만, 형상은 더 실물 같고 손으로 만져서 느낄 수 있음으로 인해 더욱 인상적이고 더욱 강력하다.

그러므로 성경은 하나님의 초상이 아니라 보이지 아니하는 하나님의 형상이라고 말한다. 그리고 바로 이 표현에 모든 종교적 활동의 중심이 있다. 하나님께서 자기 형상을 사람에게 주시고, 사람은 그 형상을 타락시킨다. 사람은 자신이 하나님의 형상이 되기를 원한다. **자신이** 하나님의 형상이 되려는 이 욕망은 극악한 죄이다. 그리고 짐승이요 죄의 사람이며 적그리스도인 사탄이 스스로 형상을 세우고 "하나님의 본체의 형상"이신 그리스도께 돌아가야 하는 경배를 하라고 요구할 때, 이 죄가 가장 극단에 이른다.

하나님께서 자신의 형상인 사람에게서 자신을 계시하신 이 사실을 비유나 은유적인 의미로 이해해서는 안 된다. 그것은 초자연적인 현실이다. 그래서 예수께서 빌립에게 이같이 말씀하셨다. "나를 본 자는 아버지를 보았느니라"(요 14:9).

그리고 언젠가 하나님의 모든 자녀는 그리스도를 계신 그대로 볼 것이고, 영화롭게 된 그리스도를 보는 데서 하나님을 친히 얼굴과 얼굴을 대하듯이 볼 것이라는 영광스런 소망이 이 사실에서 나온다. 그리스도를 볼 때, 그리스도 뒤에 그리고 그리스도와 나란히 하나님이 계시는 것을 보지 못하고, 그리스도 안에서 하나님을 볼 것이다.

죄는 죄인들 속에 있는 하나님의 형상을 본래의 모습을 전혀 찾아볼 수 없게 훼손하였다. 이제 하나님께서 단 한 사람, 그리스도 안에서 자신의 온전한 형상을 완벽하게 보여주신다. 이것이 인간 본성에서 가능할 수 있었던 것은, 영원부터 성자께서 성부의 형상이셨기 때문이고, 이 형상의 그림자로서 인간 본성이 땅의 티끌로부터 형성되었기 때문이다.

그러므로 자연에 나타나는 하나님의 계시에 만족하는 사람은 자연이 저주를 받았기 때문에 낙담한다. 혹은 영적 존재인 사람에게서 나타나는 하나님의 계시에 만족하는 사람은 사람이 죄로 죽어 하나님을 아는 참 지식에 이를 수 없고, 우상 숭배와 거짓 교훈에 빠질 수밖에 없기 때문에 낙담한다.

"아들의 소원대로 계시를 받는 자 외에는 아버지를 아는 자가 없느니라"(마 11:27).

그러므로 그리스도는 여전히 우리의 신성한 예배의 중심이시다. 그리스도는 그가 말씀하신 것이나 행하신 것, 고통당하신 것에 의해서뿐만 아니라 그 자신의 인격에 의해서도 예배의 중심이시다. 사도들의 영광은 그들이 생명의 말씀을 듣고 보고 손으로 만진 데 있다.

그리스도는 단지 선지자들 가운데 최고의 선지자이고 사도들 가운데 머리이실 뿐 아니라 그 자신이 우리 신앙의 모든 영광을 몸으로 구현하신 분이시다. "그 안에는 신성의 모든 충만이 육체로 거하시고"(골 2:9). 우리는 그리스도를 따라 자신을 그리스도인이라 부른다. 그의 이름으로 구원이 우리에게 주어진다. 이 세상의 방식을 변화시킨, 거듭나고 생명을 새롭게 하는 능력이 그리스도의 인격과 이름으로부터 나온다. 그리스도를 예배하는 곳에만 참된 기독교가 있다. 그리스도께서는 단지 한때 있었던 위치나 말한 것, 행한 것, 인내한 것이라는 전통으로 다스리시지 않고, 지금도 하나님 우편에 앉아계시면서 나라와 민족과 세대와 가족과 개인에게 사용하시는 실제적인 능력으로써 통치하신다. 그리스도를 위하느냐 아니면 반대하느냐 하는 것이 세상 역사의 흐름을 결정하고, 모든 개인 생활의 운명을 결정한다. 그리스도와 함께 하면 세상은 평안 가운데 기뻐할 것이고, 그리스도를 대적하면 세상은 고난을 당하고 계속해서 괴로움을 겪다가 결국 그리스도에게로 돌아가거나 아니면 계속 그리스도를 대항하는 가운데 스스로 파멸하고 말 것이다.

그러므로 기독교를 약화시키고 그리스도에게서 기독교를 떼어 내거나 기독교에 이교도들의 꾸며낸 철학적 이야기들을 섞으려고 하는 모든 노력은 영적, 도덕적 퇴보에 이를 수밖에 없다.

어떻게든 그리스도라는 최고의 이름을 부처나 공자, 마호메트 등과 같은 선상에 놓거나 다 같은 부류로 말하는 사람은 기독교와 모든 종교를 훼손하는 것이며, 그렇게 함으로써 우리 인류의 행복한 발전도 망치는 것이다. 왜냐하면 이 모든 것이 하나님을 아는 지식에서 꾀어내고, 그 지식을 속이며 참된 하나님의 지식을 잃게 만들기 때문이다. 하나님을 아는 것 자체가 이생과 내세에서 누릴 영원한 생명이지만, 그리스도에게서 멀어지게 하는 것과 그리스도의 이름을 흐리게 만드는 모든 것은 생명을 추구하는 것이 아니라 죽음을 추구하는 것이다.

구원을 위하여 그리스도를 찾는 것은 시작이다. 그러나 **그리스도 안에** 있는 구원이 무엇인지 아는 사람은 구원을 위하여 하나님을 아는 지식을 탐구할 것이다.

어느 날 여러분의 영혼이 모든 죄에서 깨끗해질 것이라는 보증이 그리스도 안에 있고, 죄책이 더 이상 여러분을 괴롭히지 않을 것이라는 확신이 그리스도 안에 있으며, 여러분이 어느 날 영광 가운데서 몸을 돌려받을 것이라는 약속이 그리스도 안에 있고, 거할 곳이 많은 아버지 집에 거하리라는 소망, 곧 영원한 빛이 있는 곳에서 하나님의 모든 성도들과 끝없는 교제를 나누며 지낼 것이라는, 간단히 말해서 여러분이 지금까지 듣지 못했고 보지 못했으며 마음으로 생각도 못했던 것을 가져다 줄 유업을 받으리라는 소망이 바로 그리스도 안에 있다.

그런데 이 모든 것은 다름 아니라 왕궁의 영광과, 거기에 들어갈 수 있는 사람들의 영광이다. 이 **최고의** 영광이 구원인데, 이 구원은 하나님에게서 찾아야 한다. 하나님을 여러분의 하나님으로 소유하는 것, 곧 하나님을 분명히 알고 복된 경배 가운데 살아계신 하나님과 영혼의 교제를 누리는 것, 이것이야말로 모든 영원한 구원의 핵심이고 진수이다.

그러므로 그리스도 안에 구원이 있다. 이는 그리스도께서 여러분을 죄에서 구원하시기 때문이고, 또 여러분이 빛 가운데서 성도들과 함께 기업을 차지하도록 보장하시기 때문이다. 그렇지만 여러분이 보이지 아니하는 하나님의 형상인 그리스도 안에서 하나님을 붙잡을 때에야 비로소 그리스도 안에 있는 구원을 충만히 이해하고, 이 하나님의 형상으로부터 여러분에게 비치는 하나님의 지식 안에서 영원한 생명을 섭취한다.

그리스도께서 여러분을 위해 구원을 준비하고 여러분에게 구원을 가져다 주시며 언젠가는 구원에 들어가게 하시는 것은, 단지 이 놀라운 사역이 완성되고 나면 그리스도께서 무대에서 물러나기 위한 것이 아니다. 영광의 나라에서도 여러분이 하나님을 볼 수 있고 알 수 있으며 즐길 수 있는 분으로서 그리스도께서 거기에 영원히 계시지 않는다면 결코 복이 될 수 없을 것이다.

여러분은 위에 있는 아버지의 집에 들어갈 때까지 이것을 기다릴 필요가 없다.

하나님을 아는 지식은 천국 생활에서 완성될 것이지만, 지금 여기서 시작된다. 우리는 단지 미래의 계시에 대한 약속만을 가지고 있는 것이 아니다. 그리스도 안에서 하나님을 알리는 계시를 받고 있는데, 이것을 우리는 이미 여기서 접할 수 있다.

복음서를 보면 하나님의 형상이 그리스도 안에서 대략적으로 묘사되어 있다. 하나님은 영이시다. 영원한 말씀에 나타난 하나님의 자기 계시가 기록된 말씀으로 우리에게 나타났다.

승천하신 후에도 그리스도는 이 말씀 안에서 계속 살아 계신다. 이 말씀과 함께 하나님의 형상의 모습이 세상 속으로 들어왔다. 그의 모습이 우리 가운데 거하고, 이 말씀 덕분에 우리는 그리스도께서 우리와 동행한다고 말할 만큼 그의 인격과 모습을 아주 익숙하게 알게 되었다. 그리스도께서 공생애 동안 사람들 가운데 다니셨듯이, 그리스도께서 우리 환경 속으로 들어오는 것을 생각해 볼 수 있고, 오래 전에 하신 그의 말씀을 우리에게 적용함으로 마치 그리스도께서 친히 우리에게 말을 거시고 교훈하시고 격려하고 위로하시는 것을 느낄 수가 있다.

그렇지만 이렇게 하는 것도 전부는 아니다.

이 말씀에는 그리스도의 모습만 있는 것이 아니라 그리스도로부터 나온 능력들, 곧 활동과 영향력도 있다. 이 활동과 영향력은 불을 지피는 불꽃처럼 이 영혼에서 저 영혼으로 옮겨가고 사람의 가슴에 불길을 일으키며, 그렇게 해서 신성한 목적을 지니고 영적으로 성별된 사랑의 불이 타오르게 하였다. 이 사랑의 불길은 대대로 확대되어 왔고 오늘날도 여전히 타오르고 있으며, 우리가 그 불길 안에서 살 특권을 받았을 때 우리를 품고 따듯하게 하며, 그리스도의 숨결을 아주 가까이 느끼게 한다.

이 모든 것은 단지 20세기 전에 그리스도께서 나타나신 소극적인 결과가 아니다. 모든 현실 속에서도 이 사랑은 그리스도로부터 직접 나와 우리를 강권하고 그리스도께서 친히 날마다 이 사랑을 부양하고 굳세게 하신다. 새로 태어난 영혼, 우리 마음속에 들어오는 거룩한 생각, 우리가 행할 수 있게 된 모든 선한 행실, 이것은 모두 성령의 놀라운 내주로 말미암아 일어난 하나님의 활동이다.

그리스도께서 오셔서 우리와 함께 거하실 것이다. 그리스도께서는 오셨고 지금도 매일 밤낮으로 오셔서 성도들의 무리 가운데 이렇게 거하심을 확증하신다. 그리스도께서는 우리 각 사람을 아시고 이름으로 부르시며, 우리 마음의 필요에 맞게 자신을 주신다.

이와 같이 보이지 아니하는 하나님의 형상이신 그리스도께서 계속해서 우리에게 자신을 나타내시고, 우리 속에서 시작하신 일을 계속하시며, 인생의 성쇠를 통해서 깊이를 헤아릴 수 없는 하나님의 자비의 바다가 더욱더 영광스럽게 빛나도록 하신다.

진실로, 우리가 그리스도에게서 취하고 그리스도로부터 끌어내는 하나님의 지식이 있다. 그러나 그리스도께서 친히 우리에게 나누어 주시고 가져다 주시는, 우리 영혼의 심연에서 더욱 선명하게 깨닫게 하시는 하나님의 지식은 훨씬 더 많다.

그 지식의 신비는 보이지 아니하는 하나님의 형상이신 그리스도께서 단지 이 형상을 우리에게 보이시고 그 형상으로 우리를 매료시키는 것만이 아니라 이 형상을 우리 자신에, 곧 우리 인격과 우리 영혼에 새기신다는 것이다.

우리 자신의 내적 생명은 그리스도의 내적 생명을 만날 때 편안해진다. 그리스도의 형상은 하나님의 성도들에게 그 모습을 남긴다.

이렇게 그리스도 안에 있는 하나님의 형상이 우리 속에 있는 하나님의 형상을 새롭게 할 때, 이것이 우리가 지상에서 도달할 수 있는 하나님을 아는 최고의 지식이다.

제 46

아버지의 이름이 거룩히 여김을 받으시오며

하나님을 아는 참된 지식은 지적 훈련의 산물이 아니다.

하나님을 아는 지식은, 여러분 영혼이 내적으로 인식하고 경험하는 것에서 출발점을 찾을 때에만 진실한 것이 된다. 여기서는 여러분과 하나님 사이에 일어난 접촉으로부터 모든 것이 나온다. 맹인으로 태어난 사람은 빛에 대한 지식을 가질 수 없다. 마찬가지로, 여러분이 자신 속에서 하나님의 존재를 인식하고 발견하며, 하나님으로부터 나가는 작용들에 의해 하나님의 존재를 정말로 느끼지 않는 한, 여러분은 하나님을 아는 참된 지식을 가질 수 없다. 물론, 이 지식은 접촉하는 감각으로 아는 것이 아니고 영적이고 직접적인 인식에 의해서 알 수 있다. 그래서 추론에 의해서나 다른 사람들이 여러분에게 이야기하는 것에 의해서 알 수 없고, 하나님이 **계시고** 하나님은 크시다는 것을 여러분 자신으로부터 직접 알게 된다.

이 점은 우리 조상들이 겪어온 신앙을 위한 영웅적인 투쟁 속에서 꾸준히 분명하게 고수한 바이다. 압박과 재난 가운데 주님의 장엄한 위엄 앞에서 예배드릴 때마다 영혼에 힘이 생기는 것을 느꼈고, 그래서 하나님께서 친히 사람 속에 하나님의 의식을 새겨놓으셨으며, 이 하나님의 의식 속에 모든 종교의 씨앗이 있다는 사실을 그처럼 강하게 주장한 사람들에게 어떻게 이 사실이 달라질 수 있겠는가.

그러나 박해가 그치고 평화로운 상태가 다시 오자, 하나님에 대한 모든 참된 지식의 현실적이고 영적인 이 배경을 무분별하게 버리고 지나치게 관념적인 개념으로 치우치고 말았다.

이렇게 해서 관념적인 지식, 곧 참된 하나님으로부터 추론한 지식이 영생의 지식을 대신하였다. 이 관념적 지식의 필연적인 결과는 책상물림의 교육이 참된 경건을 대신하고 교회의 생명이 약해지는 것이었다.

교회는 이 지식으로만 서지 않았다. 현실에서 물러나 지성의 관념적 고안물들을 담고 있는 종이의 세계로 들어가는 태도가 고상한 생활의 모든 부문에서 뚜렷하게 나타났다. 예술도, 그리고 예술과 함께 시(詩)도 결국 이 악한 바이러스에 감염되었다. 형태, 가사, 어구, 운율이 생명의 원천으로부터 솟아나오는 귀중한 언어를 대신하였다.

그 다음에, 그런 태도에 반대하는 똑같이 일방적인 반응이 왔다. 이 반응은 감정, 단순한 인상, 기분, 끊임없이 변하는 의견들만 가져왔을 뿐이다. 필연적인 그 결과로, 의식의 약화, 내적 인식의 불분명함, 사고의 혼동과 언어의 혼란이 왔다.

시와 문학에서 형편이 그러했고, 종교에서도 사정이 다르지 않았다. 또한 여기에는 불신자들을 범신론에 빠지게 하고 신자들은 병적인 신비주의에 떨어지게 하는 인식, 기분, 인상밖에 없었다.

이 때문에 종교를 포함한 모든 영역에서 이 모든 것이 인간 생활의 모든 면에 나타나는 강력한 감정의 흐름에 지배를 받는다는 것을 잘 알아야 한다.

감정과 지성의 활동이 적절하게 균형이 잡히고 조화를 이룰 때에야 비로소 일이 바람직하게 된다.

그러나 죄는 이것을 너그럽게 보아주려고 하지 않는다. 죄는 끊임없이 균형을 깨트리고 조화를 내쫓는다. 다음으로, 먼저 지성이 감정을 죽이는 시간이 오고, 이때로부터 감정이 지성을 잠재우는 시기가 온다. 그리고 이 모든 사실에 직면하면, 모든 남용을 판단하고 균형과 조화의 회복을 열성적으로 강조하는 설교자의 신성한 외침이 늘 있다.

하나님을 아는 지식에 대한 이같이 일련의 생각들에서 은밀한 교제의 활동이 모든 면에서 나타났다. 상상력, 영감, 의지의 작용, 사랑, 그리고 자연으로부터, 사람으로부터, 그리고 마지막으로 그리스도로부터 받는 인상이 하나님을 아는 참된 지식을 갖는데 어떻게 기여하는가는 지금까지 충분히 생각하였다.

첫째로, 하나님의 은밀한 활동의 현실은 명백하게 알 수 있어야 하는데, 우리 시대는 이 방면에 배움이 있기 때문에 이 일이 더욱 쉽게 이루어졌다. 그러므로 내적 활동의 현실을 이같이 주장하는 것은 이 시대의 대중적인 생각과 일치한다.

또한 종교의 영역에서, 개념들만 쓸데없이 만지작거리다 보니 결국 일반 지성이 배척되고 말았다. 사람들은 느낄 수 있고, 다룰 수 있으며 즉시 누리고, 우리 전 인격에 기분 좋게 영향을 미칠 수 있는 것을 갈망한다.

그러나 사람들이 이것에 만족하고 지낸다면 그것은 이내 사람에게 앙갚음을 할, 용서할 수 없는 잘못이 될 것이다. 성경은 이런 태도를 허용하지 않는다. 교회는 이것에 항의하고, 하나님의 자녀라면 누구나 그 이상의 것을 요구한다.

성경에서 여호와의 이름이 지닌 의미는 크고 광대하다. 그 이름이 우리를 감정의 조류에서 불러내어 더 고귀하고 더 분명한 의식에 이르게 한다.

감각은 하나님의 선물이다. 그러나 우리 속에 있는 하나님의 형상의 한 특징으로서 의식은 감각보다 훨씬 뛰어나다. 감각은 재료를 구비하는 것 이상의 일을 할 수 없다. 의식은 이 재료를 통해서 생각하고, 이 재료를 배열하며 뚜렷한 형태로 바꾸어 놓는다. 식물도 감수성이 강하고, 동물이 갖는 감각은 때로 훨씬 더 훌륭하다. 그러나 동물도 식물도 받지 못한 것은 더 고등한 의식이라는, 영광스런 이 능력이다. 이 능력이 있으므로 사람은 자기 속에서 우주를 포착할 수 있으며, 그 우주를 통해서 보고 사물의 의미를 판단하며, 사물들을 감상하고 자기 생각에 반영할 수 있다.

이 의식이 사람을 왕으로 만드는 것이다. 왜냐하면 이 의식을 가지고 사람이 행동하고 다스리기 때문이다.

의식은 온갖 형태를 갖는다. 예술을 위한 형태, 도덕을 위한 형태, 그리고 종교생활을 위한 형태를 갖는다. 그러나 이 모든 형태들이 있지만, 사람이 자신을 돌아보고, 그래서 위대한 행동을 할 수 있고, 영원한 말씀의 영역에까지 올라서게 만드는 것은 언제나 첫째로 그 형태들 속에 있는 의식이다.

그러므로 신비주의에 지나치게 몰두하는 것은 언제나 타락으로 끝이 났다. 그래서 우리 종교의 신성한 보물을 우리 의식의 정점에까지 높이기 위해서는 그리스도의 교회에서 때때로 신성한 외침이 나가야 한다.

그 이상의 것이 없다면, 신비주의는 어둠이요 혼돈이고, 밤의 암흑이다. 우리 의식에 빛이 있다.

하나님을 아는 지식을 위하여, 제일 먼저 하나님이라는 이름에 의하여 이 빛에 먼저 불이 켜진다.

여러분이 영원하신 분 앞에 무릎을 꿇고 하나님이라는 우주적인 용어를 써서 그분께 말을 걸고, 이어서 하나님을 아바 **아버지**라고 부를 때, 여러분은 즉시 이 의식을 지각한다.

뜻을 담아 하나님께 조용히 말을 걸고, 아버지라는 이름으로 하나님을 불러 "사랑하는 아버지여" 하고 속삭이는 사람은 이 이름 안에서 한 사상의 세계가 마음에서 흘러나오고, 그로 말미암아 어떻게 하나님께서 그 높은 곳에서 자기 영혼에게 가까이 오시는지를 즉각 인식한다.

이름이란 내가 어떤 사람에게 말을 거는 수단이고, 아는 사람에게만 말을 걸 때 사용할 수 있는 수단이다. 그래서 이름은 그 사람의 지식과 직접적으로 연관된다. 이름은 나에게 인격으로 나타나는 존재를 한 마디로 간단하게 요약하는 것이다. 사람의 이름이 특별한 의미를 담고 있지 않아 더 이상 아무것도 표현하지 않게 될지라도, 우리는 길거리에서 스쳐 지나가는 모르는 사람과, 누군가가 이름을 불러 말을 거는 사람과 다르게 본다.

여호와라는 이름이 하나님의 존재를 나타내는 표현인 한에는, 이 사실이 훨씬 더 고상한 의미로 우리 하나님께 적용될 수 있다. 하나님을 여호와라는 언약의 이름으로 불러 보라. 어린아이로서 하나님을 우리 아버지라고 불러 보라. 혹은 아버지와 아들과 성령이라는 전체 이름으로 하나님을 불러 보라. 그러면 이 이름 안에서 그 존재가 표현된다. 여러분이 이 이름을 고안해 내지 않았다. 하나님께서 이 이름을 자신에게 붙였고 여러분에게 계시하셨다. 하나님을 여러분에게 더 가까이 모셔오고 하나님을 여러분의 의식 속으로 모셔 들이며 하나님을 여러분에게 설명해 주는 이 이름 안에서 하나님에 대한 요약된 지식이 여러분에게 이른다.

영원한 존재에 대한 이름이 없다면, 종교와 우상 숭배가 혼합된다. 다음에는 모든 것이 어두운 종교적 인식으로 끝이 나고, 그 다음에는 범신론의 바다가 여러분에게 나타난다. 인격적인 하나님에 대한 인격적인 지식은 더욱더 잃고 만다.

그러나 여호와의 이름이 있으면, 구별이 생긴다. 거짓과 참 종교가 대비된다. 여러분은 인격적인 하나님 앞에 사람으로 서게 되고 여러분이 상관하는 분을 안다.

물론, 여러분이 이 이름이 헛된 소리로 사라지도록 하지 않을 경우에 해당되는 말이다. 왜냐하면 그렇게 하는 것은 죄를 짓는 것이기 때문이다. 우리 아버지라는 말을 아버지 하나님에 대해서나, 아버지라는 이름이 함축하고 있는 것에 대해서 아무 생각도 없이 기계적으로 부를 수가 있다. 계속적인 반복으로 영적 의식을 둔화시키고 그래서 신성한 소리를 생각 없이 의미 없게 성급하게 사용하는 것은 악한 습관이다. 여러분이 거룩한 이름들을 공경심이 없이 반복하다가, 중요한 순간에 자신을 돌아보며 그 이름들에 여러분의 영혼을 담게 되면 그 이름들 속에서 반짝이는 부(富)를 보고 깜짝 놀라게 될 때까지 그 습관은 계속된다.

여러분이 이런 경우에 이르게 되면, 그때 여호와의 이름이 여러분 의식 속에서 불이 붙은 횃불이 되고, 숨어있던 하나님의 존재가 감정의 어둠으로부터 서서히 여러분 앞에 흐릿하게 나타나고 점점 더 선명해진다. 그러면 여러분은 하나님 앞에 한 사람으로 서고, 하나님의 이름은 언제나 바로 그때 여러분의 마음이 필요로 하는 만큼 하나님의 존재를 설명해준다.

그러나 그때, 우리의 생각하는 의식은 하나님의 이름을 더듬거리는 것으로 만족할 수 없고 만족해서도 안 된다. 그때, 하나님의 이름은, 그 이름이 함축하고 있는 것을 생각해 내는 바다가 되며, 우리 의식의 시야가 허용하는 만큼, 하나님을 분명하게 우리 의식에 설명하는 바다가 된다.

누구나 이 일을 똑같이 다 잘 할 수 있는 것은 아니다. 흡수하는 의식의 용량은 사람에 따라 매우 제한되어 있고, 어떤 사람은 그 용량이 매우 크다. 사실 우리는 각각의 의식의 정도만큼만 이 하나님의 지식을 이해할 뿐이다.

그러나 우리는 의식의 역량만큼 세상 사물을 이해하고 과학의 모든 부문을 이해하면서도, 여호와의 이름에 관해서는 그같이 하기를 소홀히 해서는 안 된다.

하나님의 이름이 **거룩히 여김을 받으시도록** 해야 한다.

그러므로 여호와의 이름에 무관심한 것은 우리 하나님의 이름이 거룩히 여김을 받도록 하는 일에 정반대되는 일이다.

제 47장

아버지와 아들과 성령의 이름

지금까지 여러분이 모르고 있는 어떤 사람이 혹은 알고는 있지만 존칭을 쓰던 사람이 그냥 편하게 이름을 부르라고 하면, 그 즉시 사회적인 교제에 놀라운 친밀감이 생긴다. 성을 떼고 대신 세례명을 쓰면, 여러분은 훨씬 더 친밀한 사이가 되었다고 느낀다.

아이들은 이런 변화를 모른다. 어린아이들은 커서 신발을 못 신게 되었을 때에야 비로소, 유아기의 습관을 버리고 의도적으로 다른 사람과 일정한 거리를 두어 자신들이 좀 더 자유롭게 될 수 있도록 하는 다양한 형태의 예의를 차릴 수 있게 된다. 그러나 후에, 좀 더 친밀하게 알고 지내는 것이 우정으로 발전했기 때문이든지 아니면 연합해서 공동으로 어떤 일을 하면서 거리감이 줄어들었기 때문이든지 간에 직함을 떼고 처음으로 서로를 이름으로 부를 때, 우리는 서로 가까워졌다는 것을 느낀다. 거기에 상호 신뢰가 생긴 것인데, 그동안 상호 신뢰가 나타날 만한 기회가 필요했던 것이다.

대체로, 자신을 이름으로 부르라고 허락하는 사람의 지위가 높으면 높을수록 소원한 사이에서 친밀한 교제의 관계로 발전하는 도약도 그만큼 크다. 우리가 어떤 사람을 성으로 부를 때 사실은 그 일도 크다. 그러나 그 사람을 개인 이름으로 부른다는 것은 더 큰 일이다. 여성들 사이에서, 어린아이들의 경우도 마찬가지인데, 개인 이름 곧 세례명을 사용하고 성을 사용하는 경우는 거의 없고, 대체로 남자들 사이에서는 성을 부르는 것이 유행이고, 그래서 개인 이름을 부른다는 것은 지극히 친한 사이임을 나타내는 표시라는 것이 차이점이다. 가족생활에서는 좀 더 격식을 갖추는 호칭은 사용하지 않는다. 모든 것이 세례명에 의해 돌아가거나 다른 사람과 갖는 관계를 표현하는 전혀 다른 이름을 사용하므로 성은 아무런 의미를 갖지 않을 것이다. 이렇게 해서 우리는 결국 어머니라는 이름과 아버지라는 이름을 사용하게 된다. 우리는 남편이라는 말을 하고 아내라는 말을 하며, 부모들은 "내 아이"라고 말한다. 이 이름들이 가족 안에서 보통 사용될 때 그것은 단순한 소리 이상의 의미를 지니며 상호 관계의 본질적인 어떤 것을 표현한다. 이 이름들은 우리가 의사나 목사, 교회 관리인 같은 사람들을 부를 때의 이름과 다소 같은 면을 갖는다. 그 이름을 부를 때 우리는 그 사람을 의미하지 않고 그의 직무를 의미한다. 그러나 후자의 경우에는, 그 사람과 그 사람이 우리와 맺고 있는 관계가 분리되지만, 아버지라는 이름과 어머니라는 이름, 그리고 "내 아이"라는 이름에는 이런 우수한 특성이 들어 있다. 이 이름들은 그 사람을 나타내고 또 그들과 우리가 맺고 있는 관계를 나타내며 따라서 이름이 표현할 수 있는 최상의 것을 표시한다.

그러면 이런 사실들을 알고 난 후에 우리가 하나님을 "우리 아버지" 혹은 "아바, 사랑하는 아버지"라고 부른다면, 아버지라는 이름이 하나님의 자녀에게 주는 최고의 특전임을 전보다 훨씬 더 잘 알게 된다.

우리가 영원하신 분을 가리키기 위해서 사용하는 이름이 다 똑같이 애정이 담겨있고 친밀한 것은 아니다.

"하나님"이란 막연한 이름은 아무것도 가깝게 만들어주지 않는다. 단순히 "하나님"이란 말은 인류를 초월하는 지극히 높은 존재를 가리킨다. 그러나 그 말 자체는 아무것도 나타내지 않고 아무것도 계시하지 않으며 어떤 독특한 관계를 전혀 표시하지 않는다. 다만 우리가 하나님이라는 이름 앞에 "나의"라는 말을 붙여 "나의 하나님" 혹은 "언약의 하나님"이라고 부를 때, 그 단어가 의미 있게 되고 생기가 넘친다.

이 사실이 "지극히 높으신 이"라는 이름에도 적용된다. 성경에서 이 이름은 특별히 이스라엘 밖에 있는 사회에서 사용된다. 이 이름은 멜기세덱과 관련해서, 다니엘이 지냈던 이교 세계에서는 느부갓네살과 관련해서(사 14:14), 그리고 선한 천사들과 악한 천사들과 관련해서 나온다. 시편 82:6에서는 천사들을 "지존자의 아들들"이라고 부른다. 가브리엘은 마리아를 덮을 "지극히 높으신 이의 능력"에 대해 이야기하고, 마찬가지로 귀신들도 예수님을 "지극히 높으신 하나님의 아들"(눅 8:28)이라고 부른다. 이것은 자연스러운 일이다. 지극히 높으신 이라는 이름은, 우리 하나님은 모든 피조물보다 훨씬 뛰어나신 분이라는 것을 가리킨다. 그러나 하나님을 우리와 더 친밀하게 만들어 주거나 사람을 하나님의 은밀한 교제에 들어가게 하는 이름은 아니다.

하나님께서 자신을 전능하신 이로, 여호와로, 우리 주님으로 계시하실 때는 문제가 전혀 달라진다.

족장들이 하나님을 전능하신 하나님이란 이름으로 부르도록 허락을 받았는데, 이 이름은 보호와, 위험한 때의 피난처, 주신 약속에 관한 보장, 우리를 위해 모든 반대를 깨트릴 언약의 또 다른 당사자에 대해 이야기한다. 하나님을 **높은 망대**, 혹은 **피난처**, 우리의 **반석**, 그 장막 안에 우리가 거할 하나님으로, 우리의 은신처가 되시는 하나님 등 다양한 이름으로 언급하는데서 이 이름이 풍부하게 발전한 것이 나타난다. 그것은 모두 이 한 가지 개념에서 발전한 것이다. **전능하신 하나님**이란 우리를 돌보시고 우리의 유익을 위해 일하시는 전능하심을 의미한다.

똑같은 사실은 **여호와**라는 이름에 적용된다.

이 이름은 또한 단순한 소리가 아니라 존재를 표현하고, 특별히 하나님이라는 존재 안에 있는 것, 곧, 인생의 끊임없는 변화, 불안정, 변하기 쉬움, 결국 유한성 때문에 임하는 불안에 직면해서 우리를 위로하는데 필요한 것을 나타낸다.

주위의 모든 것은 결국 지나가 버리고 만다. 주위의 변하는 모든 것에 따라 끊임없이 우리 자신도 변한다. 봄이 여름으로 넘어가기가 무섭게 가을이 가까이 와 있으며, 곧 이어 죽음의 잠인 겨울로 넘어간다. 이 사실은 불멸을 바라는 우리 내적 존재와 갈등을 일으킨다. 우리의 내적 존재는 노년에는 의식에 장애를 겪으면서 자신을 아이로 생각한다. 그리고 여전히 주위와 우리 속에서 발생하는 이런 변화는 끊임없이 계속된다. 아무것도 확실한 것이 없다. 그것은 마치 우리를 흔들고 저항할 수 없이 앞으로 밀고 나가는 요동치는 파도와 같다.

이 쉬지 않는 바다 한 가운데서, 여호와 곧 "나는 스스로 있는 자니라"는 이 놀라운 이름은 지속하는 것, 머무르는 것, 영원한 것, 변치 않는 것을 계시하며 반석이라는 이름과 합하여진다. 그래서 이 이름이 계시하는 바의 결과는, 여호와라는 이름을 알고, 여호와를 붙잡은 사람, 하나님 안에 정점(定點)을 둔 사람은 그로 말미암아 인생의 바다에서 끊임없이 요동치는 파도에 아랑곳하지 않고 자기가 예배하는 하나님 안에서 영원을 붙잡는다는 것이다. 여호와를 아는 것이 영원한 생명을 갖는 것이다.

이 사실은 "주"라는 이름에도 그대로 적용된다.

하나님이라고만 부르는 사람은 자신이 하나님과 맺고 있는 관계에 대해서는 아무것도 이야기하지 않는 것이다. 그러나 "주 우리 하나님" 혹은 "주 하나님"이라고 말하는 사람은 자신이 이 영원하신 분과 맺고 있는 관계를 증거 하는 것이다. 그 사람은 하나님의 소유요 하나님의 종이다. 그 사람은 하나님으로부터 명령과 지시 받기를 기대한다. 그는 하나님이 자신의 주이시기 때문에 하나님을 위해 살아야 하고, 그러므로 자신이 하나님을 위하여 존재한다는 것을 안다.

그러나 이것도 전부가 아니다.

우리를 찾고 끌어당긴 하나님의 사랑은 이 이름은 계시하는 일에서 훨씬 많은 진전을 이루었고, 처음에는 신약에서 계시되지 않는 **아버지라는 이름**을 이스라엘이 알도록 가르쳤다. 하나님께서 말라기를 통해 "내가 아버지일진대 나를 공경함이 어디 있느냐"(1:6)고 말씀하셨을 때, 이 한 마디 말에서, 이스라엘에서는 아버지라는 이름의 의식과 의미를 분명하게 알고 있었다는 것이 나타난다. 심지어 그 말에서 **아이**라는 대조도 느낄 수 있었다. 사실 이 말이 이미 다윗에게 말하여 지지 않았는가? "나는 그에게 **아버지**가 되고 그는 내게 **아들**이 되리니"(삼하 7:14).

영원하신 분께서 아버지라는 이름으로 우리에게 가까이 오신다는 것을 이제는 모든 사람이 안다. 마치 하나님과 우리 사이의 거리가 다 사라지는 것 같다. 마치 이 이름으로 하나님께서 친히 우리를 따뜻한 신뢰, 가까운 사귐, 친밀한 교제에 들어오도록 초대하시는 것 같다. 어머니라는 이름이 사용되었다면 훨씬 친밀하게 이런 일을 했을 것이다. 그러나 어머니라는 이름은 어린아이와 청소년과 좀 더 밀접하게 결합되어 있고 아버지라는 이름은 인생의 모든 시기와 관련되어 있기 때문에, 그런 점을 그렇게 풍부하게 나타내지는 못했을 것이다. 게다가 하나님 아버지라는 이름에는 어머니라는 이름이 갖는 부드러움과 아버지라는 이름이 갖는 깊은 친밀함을 모두 간직하고 있다. "여인이 그 젖 먹는 자식을 잊을지라도 나는 너를 잊지 아니할 것이라"(사 49:15).

아버지라는 이름을 사용할 때에만 내적 종교의 풍부함과 충만함이 다 드러난다. 왜냐하면 가족으로서 생활이 영위될 때, 하나님과의 지속적인 교제가 시작되고, 마음을 털어놓는 일과 신뢰와 사랑으로 하나님을 굳게 붙드는 일, 기도로 하나님과 교제하는 일이 시작되기 때문이다.

이뿐 아니라 아버지라는 이름에는 자녀라는 이름이 들어 있다. "아바 아버지"라는 이름을 사용하게 되면, 사람이 하나님의 자녀라는 놀라운 사실을 발견하게 된다. 이 이름을 사용할 때, 우리 혈통의 고귀성, 곧 우리가 주변의 의식이 없는 모든 피조물보다 높은 왕 같은 족속임이 드러나고, 삶의 모든 것을 변화시키는 사상, 곧 우리의 진정한 삶은 이 세상에 있지 않다는 것, 곧 그것은 하나님과 함께 하는 삶이고, 하나님으로 말미암는 삶이며 하나님 안에 있는 삶이라는 것이 드러난다.

이 이름을 사용할 때, 마지막 단계가 가능해진다. 그래서 마침내 아버지와 아들과 성령, 삼위일체이라는 충만한 계시가 온다.

이 이름에 의해서 우리가 하나님과 맺고 있는 관계는 즉시 하나님의 존재 자체와 연결된다.

아버지라는 이름이 자체로는 하나님의 존재 바깥에 서있을 수 있고, 단지 인간의 가족생활에서 호칭을 빌려온 것 뿐일 수 있다. 그렇게 받아들인다면, 여러분이 가정에서 아버지의 자녀이듯이, 마찬가지로 하나님께서는 아버지로서 여러분을 지키신다는 뜻이 내포될 것이다.

그러나 이제 이 모든 것이 즉시 달라진다.

자, 하나님은 영원부터 그 자신 안에서 아버지이시고, 이 하나님의 존재 안에 아들이 있다. 그래서 지상의 가정생활에서 알려진 것은 단지 영원부터 하나님의 존재 안에 있는 것을 반영하는 것일 뿐이다. 이와 같이 더 이상 비교할 것은 없다. 그 현실이 아버지라는 이름에서 표현되어 있을 뿐이다. 그래서 우리를 하나님의 자녀라 부를 수 있다면, 이 이름은 가족생활과 비교해서 오는 것이 아니라 하나님의 형상으로부터 직접 오는 것이다.

하나님은 단순히 우리 아버지라 불리는 것이 아니라 영원히 우리 아버지이시다. 마찬가지로 여러분은 단지 하나님의 자녀라 불리는 것이 아니라 하나님으로 말미암아 생기고 태어났으므로, 여러분은 하나님의 **자녀이다**.

자, 이것이 구원이다.

그러므로 삼위일체에 대한 고백을 단지 교리적인 문제로만 보는 사람은 아버지와 아들과 성령이라는 계시 안에 있는 것을 결코 깊이 헤아리지 못한다.

오직 삼위일체 하나님만이 우리 영혼의 부요 기쁨이시다.

제 48장

높은 데 거하며 땅의 것들을 보는 자

하나님께 가까이 가려는 사람이 하나님과 적절한 거리를 유지하는 법을 모른다면 거기에도 죄가 있는 것이다.

때로 이 점이 슬프게도 다른 사람들 앞에서 기도하거나 함께 기도할 때 분명하게 나타나고, "주님을"(thee)과 "주님이"(thou)라는 말 대신에 "당신"(you)이라는 말을 사용하는데서 바로 나타난다.

이 사실에 너무 놀라지 않기를 바란다.

지금도 여전히 인사말에 두 가지 형태, 곧 좀 더 일반적인 형태와 좀 더 관습적인 형태를 가지고 있는 나라들에서는, 하나님께 기도할 때 좀 더 친밀한 형태를 사용하는 것이 언제나 변하지 않는 습관이었다. "하늘에 계신 우리 아버지여 이름이 거룩히 여김을 받으시오며"(마 6:9).

예전에, 네덜란드 아이는 아버지에게 **당신(you)**, **당신의(your)** 라는 말을 썼다. 그러나 지금은 아버지에게 아버지를(thee)과 아버지가(thou) 아닌 다른 말을 사용하면 제 5계명을 범하는 것으로 간주될 것이다. 육신의 아버지에게 이야기할 때에도 언어를 잘 판단하면 품위 없는 말투를 피하게 되는데, 사람이 하나님을 지나치게 친숙한 말로 부르면 하늘에 계신 아버지 앞에서 공경심이 부족한 것으로 보인다. 친숙한 말투를 쓰면 기도하는 사람이 하나님과 매우 친밀하게 대화하고 있음을 은근히 보여준다. 그런데 하나님께 대한 공경심이 없이 그런 말투를 사용한다면, 그것은 **죄**가 된다. 그점은 인정해야 하지만, 우리 하나님께 은밀히 기도하는데 있어서, 전자의 좀 더 친숙한 말을 사용하지 못한다면, 그것은 손실이다.

고귀한 것과 평범한 것은 다같이 자연스럽게 공통된 어떤 특징을 갖는다. 보좌에 앉은 왕은 신분이 높고, 그의 시종은 평범하다. 그럴지라도 이 둘에게 공통점이 있다. 즉 왕이나 시종이나 그들의 성은 좀처럼 사용되지 않고, 대체로 세례명으로 이름이 불린다는 것이다. 사람들은 잉글랜드 왕 조지라고 부른다. 그의 성이 윈저라는 것을 생각하는 사람은 아무도 없다. 마찬가지로 시종을 아는 사람은 누구나 그의 세례명으로 안다. 그러나 세금을 내는 경우에는 세금 내는 본인의 이름으로 종종 성이 사용된다.

여기에는 숨은 이유가 있다.

고귀한 것은 우리 삶의 일반적인 한계에서 벗어나고, 고귀한 것 밑으로 떨어지는 것도 마찬가지이다.

이사야서에서 "지극히 존귀하며 영원히 거하시며 거룩하다 이름하는 이가 이와 같이 말씀하시되 내가 높고 거룩한 곳에 있으며 또한 통회하고 마음이 겸손한 자와 함께 있나니"(57:15) 라는 말씀을 읽을 때, 여기에서 높은 자와 낮은 자가 함께 언급된다.

우리 일반 생활에는 어떤 한계와 형태, 어떤 범위가 있고, 잘 알려진 모습과 외관들이 있다. 이 모든 것들이 합해서 우리 인간 생활을 형성한다. 그리고 전능하신 하나님을 인간 차원으로 끌어내리는 이교적인 것은 모두 죄이다. 그래서 사람의 모양이나 동물의 모양으로 형상을 만들고, 이것을 예배하는데, 이렇게 되면 인간 생활과 신적 생활의 깊은 차이가 아무 소용이 없게 된다.

이와 달리, 성령께서는 "존귀한 자"의 거룩한 영역, 곧 우리의 세상적인 생활보다 훨씬 높은 데로 나가는 생활의 영역을 드러낸다. 이미 자연은 우리 위에 펼쳐진 궁창에서, 급히 위로 솟아오르는 수증기에서, 그리고 빽빽한 검은 구름들 사이로 우렁우렁하는 강력한 천둥소리 속에서 그 고유한 모습을 보여 준다. 천둥을 동반한 심한 폭풍우나, 바다에 사납게 날뛰는 태풍, 땅이 발 밑에서 진동하게 만드는 지진, 용암을 뿜어내는 화산을 대할 때, 모든 사람은 우리 인간 생활의 한계를 넘어서는 능력을 느낀다. 이런 것들은 우리보다 높고 강력한 세계의 존재를 설명해준다. 그러므로 이 모든 것이 우리가 "존귀하다"고 부르는 자리를 차지한다.

우리가 영혼과 마음을 높여 천사들과, 영원한 빛 가운데 거하는 복된 존재들의 세계를 생각할 때 "존귀함"은 더 높은 곳으로 오른다.

그러나 지극히 높으신 이, 곧 위엄이 있으신 우리 하나님은 훨씬 더 높은 곳에 계신다. 하나님께서 친히 하나님의 궁전과 전능하신 하나님의 보좌에 대해 예언으로 말씀하신 묘사는 우리 일상생활의 모든 한계를 훨씬 뛰어넘는다. 여기에서 우리는 완전함에서 도무지 **능가할 수 없는 분**을 깨닫고 자발적으로 그에게 영광을 돌린다.

우리가 계속해서 사람으로 있고, 하나님은 하나님으로 계시도록 하고, 창조주께서 피조물 위에 높이 계시는 거리를 결코 잊지 않으려면 그같이 해야 한다.

이 거리를 인정할 때, 예배에서 공경심이 일어나고, 하나님의 높은 보좌 앞에서 겸손한 마음으로 무릎을 꿇게 된다.

그러나 높고 존귀하고 거룩한 곳에 거하시는 이 하나님께서는 또한 통회하고 겸손한 마음을 지닌 사람과 함께 거하신다. 높은 곳에 거하시는 이 하나님께서 또한 스스로 낮추시어 하늘과 땅에 있는 것들을 살피신다(시 113:6).

사람들 가운데서는, 가난한 자들과 종들이 사회적 지위가 낮은 사람들에게서보다 오히려 그 지위가 확실한 사람들에게 훨씬 더 존중을 받는 일이 종종 있다. 한 신하가 왕에게 가까이 갔을 때 왕이 아주 친절하게 말을 걸면 대체로 신하는 놀라기 마련이다.

주 하나님은 높고 존귀하신 분이며 모든 사람보다 뛰어나신 분이므로, 하나님께서 친히 자기 피조물을 돌아보실 때 하나님의 거룩한 친밀함으로 사람을 새롭게 하고 위로하는 것은 전혀 모순이 아니고 앞에서 말한 것과 같은 일이다.

바로 이런 이유에서 우리 각 사람은 예외적인 신성한 존재가 된다.

영원한 분과 친밀하게 지내는 것은 언제나 하나님께서 우리에게 주셔야 하는 것이지, 피조물이 감히 요구할 수 있는 것이 아니다. 사람이 자기편에서 감히 공경의 경계선을 없애버리려 하면 하나님께서 그를 내쫓으신다. 사람이 하나님의 높으심을 희생해가면서 자신을 높이면, 하나님과 은밀히 교제하는 모든 것이 방해를 받게 된다. 그렇게 되면 결국 무한하신 분, 더 고귀하신 분 뒤에서 내용 없는 이름, 곧 의미 없는 소리를 외치는 것뿐이고, 그렇게 하면 결국 그는 하나님과 아버지를 잃어버린 것이다.

그래서 우리 아버지 하나님은 우리를 엄숙한 제한 아래 두신다. 우리는 은혜로 하나님을 "우리 아버지"라고 부를 수 있게 되었다. 그러나 공경심을 마음에 품도록 하기 위해 곧 바로 "하늘에 계신"이라는 말이 나온다. 이는 하이델베르크 요리문답이 우리에게 경고하는 대로, "우리가 천상의 위엄을 땅의 것으로 생각하지 않도록" 하기 위함이다.

우리 하나님은 높으신 분이고, 높이 거하시는 거룩하고 존귀하신 분이다. 그런데 이런 하나님께서 스스로 낮추어 땅의 것들을 살피시므로 사람이 하나님과 은밀히 교제하는 데에는 우리와 하나님 사이를 갈라 놓는 거리를 극복하기 위한 이중의 노력이 일어나는 것이다.

한 가지는 하나님께서 우리에게 내려오시는 것이고, 둘째는 우리가 영혼을 하나님께 들어 올리는 것이다.

여기에서 전자의 일이 먼저 시작되고,후자의 일이 그 뒤를 따른다.

타락 후 낙원에서 하나님이 아담에게 내려오셨다. 이렇게 하나님 편에서 우리에게로 몸을 구부리는 것은 모든 계시를 통해서 계속된다. 베들레헴 말구유에서 하나님께서 이같이 전 인류를 위하여 내려오심이 절정에 이른다. 예루살렘 오순절 날에, 성령께서 사람들의 마음에 내려오셨다. 지금도 하나님의 이 내려오심은 사망에서 생명으로 넘어가는 모든 영혼에게 계속된다. 그 다음에는 하나님께서 사람의 마음에 거처를 정하신다. 하나님께서는 말할 수 없는 탄식으로 우리를 위해 기도하시고 우리 안에서 기도하신다. 높은 곳에 거하시는 하나님이 또한 통회하는 마음 안에 거하신다.

그 다음에, 이와 나란히 우리 영혼을 하나님께 들어 올리는 일이 진행된다. "여호와여 나의 영혼을 들어 올리나이다"(시 25:1, 개역개정은 "나의 영혼이 주를 우러러보나이다" - 역자주). 이때 우리가 구하는 것은 우리가 여호와의 전에 거함으로 높은 망대이신 하나님께 피하고, 거룩하신 자와 함께 거하기 위해 이 세상 바깥에 사는 것이다. "위의 것을 찾으라 거기는 그리스도께서 계시느니라"(골 3:1). 그리고 "너로 위에 있는 자들 가운데에 왕래하게 하리라"(슥 3:7, 개역개정은 "너로 여기 섰는 자들 가운데에 왕래하게 하리라" - 역자주).

하나님께서 여러분에게 내려오실 때는, 다곤 신상과 같은 여러분 자신의 우상을 내버려야 한다. 그러나 이렇게 할 때, 곧 여러분이 마음으로 통회할 때, 여러분이 스스로 생각한 높은 위치에서 자신을 좀 더 겸손하게 보는 평가로 내려왔을 때, 가로막는 담이 무너지고, 거리가 줄어들며, 마침내는 하나님께서 여러분 마음속에서 여러분과 함께 계시다는 것을 느끼며, 여러분이 **하나님께 가까이 있음**을 느끼는 순간이 온다.

그 결과 하나님께 지극히 가까이 있는 사람들에게는 전능하신 하나님 앞에서 갖는 공경심이 아주 생생하고 뚜렷하게 나타난다. 반면에, 하나님과 은밀히 교제하는 일을 경험해 본 적이 없는 많은 사람들은 주 우리 하나님 앞에서 갖는 모든 건전한 두려움, 모든 경외심이 점점 더 사라져서, 하나님의 거룩한 이름을 일상적인 대화에서 아무 의미 없는 허사로 사용함으로써 계속해서 하나님의 이름을 분별없고 생각 없이 욕되게 하는 자리에 이르게 된다.

높고 존귀하신 하나님께서 자신의 무익한 피조물에게 하나님의 내밀한 일을 알게 하시고, 피조물이 자기의 은밀한 영역으로 들어오도록 허락하시며, 하나님의 장막에 들어오도록 하시고, 피조물의 마음을 찾아가시고, 이 은혜를 감사함으로 받고 경배의 찬양을 드리는 자들만 이 놀라운 특권의 기쁨을 맛보도록 하시는 것은 **은혜**로, 순전히 **은혜**로 되는 일이다.

이 약속은 높고 존귀하신 분의 처소, 곧 아버지의 집에서 하나님과 함께 거하기 위해 이 세상의 상태에서 하늘의 상태로 넘어가려고 하는 자들만의 것이다.

제49장

내가 고난을 받기 전에는 그릇 행하였더니

인생의 기쁨과 슬픔이라는 밀물과 썰물을 통해서 우리에게 오는, 매우 개인적인 하나님에 대한 지식이 또한 있다.

그러나 이것을 과장해서는 안 된다.

실망과 슬픔이 대체로 영혼으로 하나님을 향하게 하고, 고통은 언제나 사람을 온전케 한다는 이 사상은 경험적인 측면에서 아주 크게 반박된다. 뜻밖에 심각하게 닥치는 큰 재난이나, 역병의 발생, 배를 파선시킬 듯한 폭풍우, 파괴적인 지진, 또한 개인적인 병으로 인한 예기치 않은 죽음의 위협은 생각 없이 지내던 세상과 그 세상에 살던 사람들로 하여금 자기들이 상관해야 하는 하나님이 계시다는 사실에 한동안 마음을 쓰게 하는 것은 확실하다. 그러나 위험이 지나고 나면, 받았던 약한 인상이 사라지는데 불과 며칠 걸리지 않는다. 예를 들면, 역병으로부터 구출을 받고나면, 뻔뻔스러운 세속적인 태도가 전보다 더 경건치 않은 모습을 드러내는 경우가 드물지 않다. 일은 다시 다 잘 되었다. 그들은 마음으로 두려워했던 것을 한동안 거의 부끄러워하다시피 하였다. 이제는 다시 자기들이 자기 운명의 주인이 되었고, 전과 같은 불운이 다시 오기 전에 인생을 즐길 기회를 늘리려고 할 것이다. 혹은 사람들이 이번처럼 심하게 요동하지 않고 손실을 조심스럽게 피한 곳에서는 재난 후에 이전의 충족하던 상태로 돌아가는 일이 거의 자동적으로 이루어졌고, 하나님을 정면으로 **반대하는** 것은 아니지만 여전히 삶이 하나님 **없이** 다시 돌아가게 되었다.

삶이 이런 재난으로 멈추지 않은 것은 종종 있었던 일이다. 인생의 큰 역경으로 인해 전에는 일반적인 믿음이라도 가졌던 영혼이 적극적인 무신론에 빠지는 경우가 결코 드물지 않다. 지금까지 그 사람은 곤경의 때에 하나님께 부르짖어야 하고, 그러면 고난으로부터 구원해주실 것이 확실하다는 신념을 가지고 살았다. 남편이나 자녀의 병상에서 "하나님이여 이들을 구원하여 주소서" 하고 기도하였다. 그런데 그 기도가 아무 소용이 없다는 것이 분명해지고, 무정한 죽음이 사랑하는 사람을 끌고 무덤으로 들어가 버렸을 때, 온 영혼이 하나님을 대항하여 일어난다. "고난에 처해서 내가 기도했는데 아무 소용이 없다. 그렇다면 하나님은 없는 것이다. 혹 하나님이 있을 수 있다면, 그는 사랑의 하나님**일 리가 없다**." 그래서 실망한 영혼은 하나님을 저주하며 하나님을 **대항하는** 삶을 산다.

고난이 사람을 온전케 하고 매우 진실하게 만드는 것은 오직 그 마음에 미리 은혜에 대한 지식이 있을 때뿐이다. 따라서 세상의 거듭나지 않은 자녀에게는 그런 일이 없다. 사실 고난은 또한 방황하는 사람을 멈춰 세우고 변화시키는 일에 하나님이 사용하시는 수단이 될 수가 있다. 그러나 그때조차도, 그 영혼 속에 일어나는 변화는 하나님의 은혜의 사역으로 말미암은 것이고, 이 일과 관련해서 고난은 단지 보조적인 수단일 뿐이다.

욥이 재 가운데 앉아 있을 때, 아내가 서슴지 않고 그에게 이같이 말했다. "하나님을 욕하고 죽으라." 고난에서 구원을 받은 후에 하나님 앞에 "고난당하기 전에는 내가 그릇 행하였더니 이제는 주의 말씀을 지키나이다"(시 119:67)고 말할 수 있는 것은 시편 기자처럼 하늘의 은혜를 받은 영혼뿐이다.

기쁨과 번영 가운데 있을 때 문제가 더 심각하다.

일반적으로 볼 때, 매일 생계를 유지하기 위해 수고해야 하는 사람들보다 편하게 살 수 있는 사회 계층들이 하나님에게서 더 멀리 떨어져 있다.

부자와 거지 나사로 사이에서 보는 뚜렷한 대비는 모든 시대, 모든 사람들에게서 널리 볼 수 있었다. 빛나는 아름다움, 넘치는 건강, 직업이나 사업에서 중단 없는 번영, 가정의 큰 행복, 풍부한 물질적인 부요, 그래서 근심과 걱정을 전혀 모르는 상태가 참된 경건을 기를 수 있는 것을 거의 본 적이 없다. 오히려 이 모든 조건으로 말미암아 사람은 마음이 높아져 자충족감에 빠지고 자신을 높게 평가하며, 그렇게 하는 가운데 하나님께 가까이 가기보다는 하나님에게서 멀어졌다.

그런 것이 개인들에게 일어난 현실이고, 많은 세대를 통해서 가족들에게 해당된 사실이며, 모든 민족들에게 적용된 사실이었다. 백성들에게 평화가 장구하면, 국가의 힘이 강력해지면, 나라에 부가 차고 넘치면, 거의 언제나 같은 속도로 나라는 영적으로 후퇴하였다. 네덜란드 사람들이 영적 자유를 위해 오랜 동안 힘들게 싸워야 했을 때, 종교와 공중도덕은 높은 상태를 유지했다. 그러나 18세기에 사방에서 금이 흘러 들어오고 부가 삶의 법이 되었을 때, 사람들이 방종과 감각적인 쾌락을 탐닉하는데 얼마나 깊이 빠졌는지 모른다. 절제와 극기로 말미암아 강대해졌고 사치와 쾌락의 탐닉이 시작되기 전까지 강국을 유지하다가 안으로부터 국가의 타락과 밖에서 야만족의 침입으로 종말을 맞이한 세상의 강력한 로마제국에 일찍이 있었던 것처럼, 그 일이 우리에게도 일어났다.

물질적 복에 대한 진심어린 감사로 인해 하나님께 더욱 깊은 애정으로 연합된 개인들과 가족들, 세대들이 있다. 그러나 이것은 순전히 은혜가 선행되었고, 인생에서 이런 번영에 은혜가 따랐기 때문이었다. 솔로몬은 하나님의 자녀들일지라도 어떻게 번영이 영적 쇠퇴를 일으킬 수 있는지를 보여 주는 역사적 표본으로 지금도 존재한다. 사탄이 번영을, 그 번영을 주시는 분에게 대항하는 무기로 바꾸는 일에 성공하지 못하는 예는 드물다. 그렇지만 하나님의 자녀는 기쁨에서나 슬픔에서나 다 같이 하나님을 아는 지식을 더 깊이 경험하되, 기쁨에서는 소극적으로 슬픔에서는 적극적으로 그 지식을 경험하는 매우 유익한 수단을 제공받는다. 하나님의 자녀가 자기의 길을 조사해 보면서, 기쁨과 풍요의 날들을 지나는 동안 기도가 많이 기계적이 되고, 교만한 마음이 생기며 하나님보다는 자신을 더 신뢰하고, 하나님과 은밀히 교제하는 일이 점점 드물어지는 위험을 알아챌 때, 진실한 하나님의 자녀라면 그 위험으로 인해 마음과 지성의 경향을 바꿀 것이다. 그러면 그의 마음이 때때로 세상의 좋은 것들에 강하게 쏠렸지만, 이제는 그런 것들을 두려워하기 시작할 것이다. 하나님과 이 세상 재물이 함께 하지 못하고, 오히려 서로 대적한다는 것을 이제는 더 분명히 알게 된다. 그는 재물 자체가 잘못된 것이 아님을 안다. 왜냐하면 낙원에 부요가 있고, 하늘에 계신 아버지 집에는 부요밖에 없기 때문이다. 그러나 우리 마음에 있는 죄 때문에 재물이 우리에게 해악을 끼치고 하나님을 대적하는 힘으로 변하는 것이다.

이와 같이 하나님은 그 자녀에게 언제나 더욱 **영적인** 분이 되신다. 그가 영적 생활의 대가와 의미, 귀중한 가치를 대비를 통해 전보다 더 잘 이해하는 법을 배우는 것은 영이신 하나님 안에서이다.

그래서 하나님의 성도들 가운데는, 부한 중에도 하나님에 대하여 더 부하여지고, 하나님의 교회와 하나님의 가난한 자들의 유익을 위하여 하나님의 이름으로 맡은 재물의 청지기로서만 지낸 사람들이 있어 왔다. 선을 행하려는 추진력이, 자신이 재물 때문에 하나님에게서 멀어지지 않을까 하는 두려움에서 나온 예가 드물지 않았다.

하나님에 대한 영적 지식을 이미 가지고 있는 사람이 슬픔에 압도되어 큰 고통 가운데서 배우는 하나님에 대한 지식은 더욱 깊다.

심한 고난은 의기양양한 자만심을 무너뜨린다. 그런 고난을 당할 때, 건강이나 생활 상태, 혹은 가족, 장래의 전망을 맹렬하게 공격하는데 우리 힘으로 당해낼 수 없는 세력들이 있다는 것을 깨닫게 된다. 죽음, 질병, 비방, 분노, 미움 혹은 여러분이 좋아하는 것들을 이런 세력이라고 해보자. 이 세력들이 와서 여러분을 위협하거나 생활의 행복을 깨트릴 때, 여러분이 통제할 수 없고 이길 수 없는, 여러분보다 힘이 강한 세력이라는 것을 느끼게 된다. 이 세력들이 여러분에게 알려주는 것은 하나님께서 여러분과 세상에 대해서 행사하시는 참된 힘이 어떤 것인지에 대한 것이다.

인생이 순탄하게 가는 한, 여러분은 정말로 하나님에 관해서 알고 하나님을 예배하며 여러분 영혼의 내적 생활에 작용하는 하나님의 영적 힘을 깨닫는다. 그러나 여러분이 외적 생활에서 실제로 경험하는 것으로부터 하나님의 힘의 존재를 느끼게 되면, 문제는 전혀 달라진다.

이생에서 고난은 파괴를 만든다. 고난은 여러분의 삶을 파괴한다. 세력이 밖에서 여러분의 삶으로 들어와 황폐와 고통을 일으키는 것을 보고 경험하며 느낀다. 여러분에게는 그 세력에 맞서 싸울 수 있는 힘이 없다. 이제 이렇게 무력한 가운데서 하나님만이 여러분을 구원하실 수 있고 여러분을 대항하여 맞선 악한 세력들을 격퇴시킬 수 있는 힘이라는 것을 비로소 발견한다.

이렇게 해서 여러분의 삶은, 파괴적인 세력이 여러분과 여러분의 하나님에게 맞서 싸우며, 하나님의 구원하시는 힘이 여러분 편에 서서 전투에 개입하는 전쟁터가 된다. 처음에는 여러분은 계속해서 나름대로 역할을 해본다. 그러나 그 세력이 너무 맹렬해지면, 여러분의 힘이 부족해서 결국은 완전히 수동적이 되고, 오직 하나님께서 그의 천사들과 함께 여러분의 구원을 위해 싸우시는 것을 느끼고 인식하게 된다.

이 세력들이, 사탄이 여러분을 넘어뜨리기 위해 사용하는 죄의 덫일 때, 이 싸움은 매우 고상하고 거룩한 것이어서, 결국 여러분은 마치 모든 천사와 모든 마귀들이 여러분 영혼 속에서 죄의 세력과 하나님의 능력 가운데 누가 승리를 하는지 긴장한 눈으로 지켜보는 것 같은 기분을 느끼게 된다.

그러나 사탄은 고통으로 여러분을 해하려고 하지만 결국에는 하나님의 뜻에 의해서 여러분이 그 고난으로 말미암아 오히려 승리의 노래를 하게 될 때, 싸움은 외적인 고통으로 인해 고귀한 성격을 지닐 수 있다. 왜냐하면, 그때에는 이 외적 싸움을 통해서 여러분이 훨씬 더 풍성한 지식에 도달하기 때문이다. 즉 사탄이 여러분에게 어떤 일이 닥치게 할지라도, 하나님께서 사랑으로 허락하시는 것 외에는 어떤 것도 시행되지 않으며, 하나님의 허락 하에 사탄이 가져오는 것은 혹독한 시련 가운데 여러분을 정결케 하는 일일 뿐이며, 키질하여 잡것을 갈라내는 과정이고, 여러분 믿음의 힘이 드러나도록 하는 과정이고, 영적으로 영웅적인 행위를 하도록 고무시키는 과정이며, 여러분을 하나님께 묶는 유대보다 더 높게 평가한 결속들을 해체하고, 앞으로 닥칠 더 큰 시험들에 맞설 수 있도록 힘을 강화하는 과정이며, 여러분의 영혼이 더 높은 세계에 닻을 내리는 일이고, 여러분이 스스로 자기를 낮추게 하는 일이다. 그렇게 하여 여러분 마음속에서도 하나님만 높임을 받을 수 있도록 하는 과정일 뿐임을 알게 될 것이다.

여러분이 고난으로부터 구원받을 것이냐 혹은 고난에 굴복하고 말 것이냐 하는 것이 더 이상 중요한 문제가 아니다. 하나님께서 여러분을 고난에서 구원하신다면, 외적인 승리가 있다. 이런 외적인 승리는 사망과 역병, 비방과 분노, 사탄과 운명을 지배하시는 주님의 최고의 권세가 영광스럽게 나타나도록 하기 위해 때로 필요하다.

그러나 이 구원이 중요한 점이 아니다.

하나님의 주권의 나타나는 것이 장차 올 세상의 때까지 연기될지라도 하나님의 구원은 틀림없이 당신을 만족시킬 것이다. 당면한 주요 관심사는 여러분 속에서 거뭇해졌던 금이 다시 반짝이게 될 수 있다는 것이고, 시련에서 벗어날 때 맹렬한 시련에 들어갈 때보다 영적으로 더 부요로워지게 된다는 것, 여러분으로 인해 사탄은 패자가 되고 하나님은 승자가 되시리라는 것, 그리고 하나님이 여러분 영혼에 더욱 분명하고 더욱 친밀하게 계시되리라는 것, 그래서 결국에는 다윗의 영혼이 그러했던 것처럼 여러분도 이 같은 증거의 말을 하게 된다는 것이다. "고난당하기 전에는 내가 그릇 행하였더니 이제는 주의 말씀을 지키나이다"(시 119:67). "주의 이름에만 영광을 돌리소서"(시 115:1).

제50장

사유하심이 주께 있음은 주를 경외하게 하심이니이다

하나님을 아는 지식에 이르는 또 한 가지 길이 있다. 이것은 매우 섬세하고 조심스럽게 다루어야 하는 길이다. 그 길이란, 죄의 깊은 골짜기를 지나가는 것으로, 하나님을 아는 지식에 이르는 두려운 길을 뜻한다.

우리가 지금 여기서 생각하고 있는 바를 예수님의 이 한 마디가 즉각 설명해 줄 수 있다. 그것은 예수께서 바리새인 시몬에게 하신 말씀이다. "사함을 받는 일이 적은 자는 적게 사랑하느니라"(눅 7:47).

이 말씀으로써 예수님은 두 사람이 마주 대하도록 하신다. 한편에는 나인 성의 가장 명예로운 시민이요 집주인인 시몬이 있고, 다른 편에는 이 작은 성읍에서 공공연한 죄인으로 평판이 아주 나쁜 여자가 있다. 사실 상황이 이러했다. 그 여자는 더 많은 죄를 지었으므로 더 많이 용서함을 받았고, 그 결과 그 여자는 예수님을 더 많이 사랑한 것이다. 반면에 죄를 덜 지은, 덕행이 높은 시몬은 적게 용서를 받았고 그 결과 예수님을 적게 사랑한 것이다.

자, 이렇게 그리스도에 대한 사랑이 생생한 하나님의 지식을 일으키는 지극히 풍성한 원천 가운데 하나라면, 죄의 깊은 골짜기를 지나가는 길이 공공연한 죄인인 이 여자에게는 결과적으로 많은 사함을 받게 되는 길이었고, 더 깊고 풍성한 하나님의 지식에 도달하는 수단이 된 것이다.

책을 통해서만 하나님의 지식을 추구하려고 애쓰는 사람은 이 지식을 경험할 수 없고 예수님의 강력한 이 말씀을 결코 감당하지 못할 것이다. 반면에, 하나님을 아는 지식이 하나님에 대한 사랑에 의해 가장 효과적으로 길러지고 전달된다는 것을 경험을 통해서 아는 사람은 예수님의 이 말씀을 감사한 마음으로 받는다. 그렇지만 그 말씀 앞에서 몸을 떤다.

죄의 어두운 성격은 거룩함과 뚜렷이 대비된다. 그래서 한 동안 영혼은, 죄의 어두운 길이 어떻게 하나님께 대한 더 풍성한 지식에 이르는 길이 될 수 있는지를 이해하기 위해 스스로를 해치지 않을 수 없다.

그런데 하나님에 대한 더 풍부한 지식에 이르는 이 방식에 대해 우리는 좀 더 겸손하게 말할 필요가 있다. 우리들 가운데서도 예수님의 이 말씀을 때로 사탄적으로 악용하고 부끄러운 줄도 모르고 "나는 영광스럽게 죄를 지었고, 그래서 그 다음에는 은혜를 발견하는 복된 시간을 가졌다"고 은근히 말하는 사람들이 있었기 때문에 처음에 이 방식을 들을 때 물리쳐 버리게 된다.

그런 마귀적인 발언은 우리 하나님의 자비를 비방하는 것이나 다름없다. 이렇게 예수님의 말씀을 끔찍하게 악용하는 것을 보고서 지극히 조심하지 않을 수 없지만, 그럴지라도 이 말씀에서 번쩍이는 하늘의 보화를 묻어 두어서는 안 된다. 죄가 많으면 사함이 많고 그것은 더 많은 사랑에 이르고 그로 말미암아 하나님에 대한 더 풍성한 지식에 이를 수 있다는 것은 여전히 참말이다.

십자가에 달린 강도가 받은 더할 수 없이 큰 복과 예수께서 그가 예수님과 함께 낙원에 있으리라고 하신 약속을 이해할 수 있는 열쇠를 제공하는 것은 이 말씀뿐이다.

그것은 다윗이 시편 130:4에 쓴 것과 근본적으로 같다. "사유하심이 주께 있음은 주를 경외하게 하심이니이다." "네가 주를 경외한다면 주께 사유하심이 있다"는 것이 아니다.

사랑으로 신실하게 주님을 봉사하는 것은 죄에 대한 사유하심으로부터 생긴다.

죄, 사유하심, 사랑, 그리고 이 사랑에서 나오는 하나님을 아는 지식, 이것은 거룩한 한 줄에 꿰어 있는 네 개의 구슬이다.

사실, 복음 전체는 이 같은 사실을 인정하는 것에 근거하고 있고, 또 옛적 믿음의 영웅인 어거스틴의 외침, 펠릭스 쿨파(Felix culp: "복된 죄여" 라는 라틴어 - 역자주) 곧 "타락에는 영광스런 것이 있다"는 말에 기초하고 있다. 이것은 사람으로서는 결코 생각해낼 수 없는 말이다.

하나님의 천사들은 죄를 알지 못한다. 그러므로 그들은 사유하심도 알지 못하고, 따라서 그들은 사유함으로부터 생기는 친밀한 사랑을 알지 못한다. 천사들은 이같이 더 친밀한 애정에서 일어나는 하나님에 대한 풍성한 지식도 갖지 못한다. 천사들은 이런 일에 외인으로 서있다. 그래서 사도는 이 신비에 관해 천사들이, 말하자면 질투할 정도로 "살펴보기를"(벧전 1:12) 원한다고 말한다.

하나님의 존재와 속성에 대한 계시가 속죄의 위대한 사역에서 나타날 때, 낙원에서 이루어진 첫 계시보다 훨씬 더 풍성하고 친밀하고 현저한 것은 확실하다.

죄인에 대한 우리 하나님의 은혜, 자비, 동정으로 인해 우리는 하나님의 마음을 들여다보게 되는데, 죄를 떠나서는 그런 일이 없었을 것이다.

우리가 그리스도 안에서 그리고 그리스도를 통해서 받는 하나님의 지식은 하나님에 대한 다른 모든 지식을 훨씬 뛰어넘는다. 그리고 성경에서, 아들 하나님을 이 세상에 보내심은 오직 죄로 말미암아 일어나는 일이다.

구약과 신약의 성도들 가운데서 누구든지 깊은 감동을 받아 하나님에 대한 사랑을 이야기한 말은, 모두 여호와의 남녀 종들이 죄 씻음을 받고 자신들의 비참함에서 구원받았다는 마음의 감격적인 경험으로부터 나오는 것이다. 죄가 세상을 삼켜 버리지 않았다면, 이러한 화해와 성화, 비참함으로부터 구원을 생각할 수 없었을 것이다.

여러분이 개심하지 않은 사람들에게서 보는 하나님에 대한 무관심은 구속받은 자들이 하나님께 보이는 애정 어린 헌신과 다르다는 사실을 지금도 종종 보게 된다. 그것은 개심하지 않은 자들이 자신들의 죄를 전혀 생각지 않지만, 구속받은 자들은 죄에 대한 이런 지식으로부터 하나님을 아는 지식으로 올라가기 위해서 언제나 자신들의 잃어버린 지위에 대한 지식으로부터 출발한다는 점에서 다르다.

하나님의 천사들에게는 하나님에 대한 사랑이 죄와 상관없이 지극히 순수하게 작용한다. 그러나 하나님에 대한 천사들의 사랑이 아무리 영광스러울지라도 그것은 구속받은 죄인이 구주 하나님에 대해 갖는 사랑과는 다르고 그보다는 덜하다.

아담이 타락하지 않았다면 그래서 그리스도께서 오시지 않았더라면 어떻게 계시가 나타났을까 라고 말하는 것은 적절치 않을 것이다. 그러나 이것만큼은 확실하다. 즉 하나님의 무한한 자비에 대한 풍부한 지식은 우리에게 최고의 지식이며, 하나님에 대한 이 최고의 지식은 죄와 비참함으로 낙원이 파멸되었다는 것과 직접적으로 연결되어 있다는 것이다.

그리고 이것은 모든 개인의 경우에 적용되는 사실이다.

특별히 요즘 스스로를 그리스도인이라고 하는 많은 사람들이 죄에 대한 지식을 별로 생각지 않는다. 그들은 종교적으로 양육되었고, 공공연히 죄를 짓는 일을 하지 않았다. 그래서 죄가 그들에게 아무 짐이 되지 않는다. 그 결과, 그들 사이에 화해의 필요성에 대한 의식이 많이 사라졌다. 십자가가 그들에게는 전혀 다른 방식으로 영향을 끼친다. 그들에게 기독교 신앙은 높은 이상과 선한 활동들 가운데 하나이다. 이런 태도가 낳은 슬픈 결과는 이들이 하나님에 대한 친밀하고 소중히 여기는 신비한 사랑을 점점 잃게 되는 것이고, "허물의 사함을 받고 자신의 죄가 가려진 자는 복이 있도다"(시 32:1)고 하는 행복한 상태를 전혀 모른다는 것이다.

그러나 하나님의 율법의 엄한 요구를 예민하게 의식해서든지 아니면 하나님께서 그들에게 범죄할 자유를 주셨기 때문이든지 간에 죄에 대한 지식에 깊이 들어간 사람들이 있다. 그러나 이들은 결국 가던 길을 멈추게 되었고, 그들 속에서 뜨겁게 화해를 갈망하는 욕구가 일어나는 것을 느꼈다. 이제 이들은 구주에게서 이 화해를 발견하였고, 그 영혼이 주님의 긍휼에 대한 찬양과 경배로 뜨거워진다. 그들은 하나님의 깊이를 헤아릴 수 없는 자비로 인한 하나님에 대한 사랑이 그들 속에서 점점 더 뜨거워지는 것을 느낀다. 그들은 자기들의 죄가 더 큼에 따라 하늘에 계신 아버지 하나님과 더 풍성한 교제를 갖게 되고, 하나님의 거룩하신 이름에 대해서도 더 풍성한 지식을 갖게 된다.

이렇게 되기 위해서 언제나 더욱 극악한 죄를 지을 필요성이 있다고 말하는 것은 결코 아니다. 일반적인 죄라도 그것을 보는 더 깊은 통찰이 화해를 갈망하는 불같은 소원을 일으킬 수 있는 것이다. 그럴지라도, 모든 사도들 가운데서 바울 사도가 구원받은 자들의 이 사랑을 가장 열렬하게 자랑한 것은 순전히 그가 하나님의 교회를 핍박하였으므로 자신을 죄인 가운데 괴수로 느낀 때문이라는 사실은 여전히 남아 있다.

마찬가지로 사람이 죄에 깊이 빠졌다가 진정으로 그리고 철저히 회심하였을 때, 화해에 대한 갈망과 이에 대한 깊은 감사에서 나오는 사랑이 그 안에서 강렬하게 일어나 다른 사람들을 놀라운 온기로 아주 유익한 영향을 끼치고, 때로 심지어는 그의 내적 생활 속에 있는 온기를 부러워하여 그를 시기할 만큼 된다는 것도 여전히 사실이다.

그러면 우리는 그 은혜를 받기 위해 죄를 지어야 하고, 죄를 지으면 하나님에 대한 사랑과 지식이 더 늘어날 수 있는가?

전혀 그렇지 않다.

그 질문 자체가 마귀적이다. 그 질문을 꺼내는 사람은 하나님을 사랑하지 않는다. 그는 하나님의 사랑을 공공연히 모욕하는 것이다.

그러나 이것은 다음과 같은 사실을 함축하고 있다. 즉 하나님의 자녀는 각각 자기 마음의 죄됨에 대한 지식을 더 깊게 이해하고, 자신의 은밀한 죄를 못 본 척 넘기지 않도록 할 필요가 있다. 또 때때로 자기 마음의 모든 죄에 대해 다시 풍성한 속죄를 적용하고, 그렇게 함으로 사유하심이 얼마나 끝없이 필요하고 또 자신이 얼마나 끝없이 용서받는가를 더욱더 예민하게 느끼게 될 필요가 있다는 것이다.

여기에는 두 가지 길이 있다.

한 가지는 자신의 죄를 지극히 적은 것으로 생각하고 죄의 책임이 있다는 말을 들으면 화를 내고, 자신이 많은 죄에 대해 책임이 있다고 하는 말을 듣고 싶어 하지 않는다. 그는 꼿꼿이 서서 자신을 성도로 생각한다.

자, 이것은 사람의 죄를 덮어 가리는 방법이다. 화해를 갈망하는 것도 아니고 화해와 사랑에 감사하는 것도 아니며 따라서 하나님을 아는 지식에서는 여전히 아주 멀리 있다.

그러나 또 다른 길이 있는데, 곧 겸손한 방법이다. 이 길에서 하나님의 자녀는 자신을 믿지 않는다. 누군가가 자신의 죄를 지적해 주면 감사하고, 자신의 마음을 훨씬 더 면밀하게 살피되 자기 영혼의 과거와 현재 상태를 살핀다. 그래서 여기에는 때때로 화해의 필요가 새로 생기고, 받은 사유함에 대한 기쁨도 새로 생기며, 자비하신 하나님께 대한 사랑이 더욱 생기고, 그래서 구주 하나님에 대한 지식을 더욱더 깊게 이해하게 된다.

그 다음에 이 이상의 것이 있다.

그리스도인으로서 바리새인 시몬을 본받아 스스로를 의인으로 간주하는 사람은 예수께서 죄인의 편을 드는 것이 견딜 수 없다. 왜냐하면 자신의 의를 자랑하는 생각이 있기 때문이다. 이런 생각에는 아버지가 돌아온 탕자에게 보인 동정이 들어설 여지가 전혀 없다.

반면에 자신의 죄에 대해 더 깊은 지식을 갖게 되면, 여러분은 자신이 하찮다고 느끼지만 매일 화해의 잔으로부터 새로운 한 모금을 마심으로 기운을 회복하고, 하나님의 천사들이 죄인 하나에 대해 갖는 기쁨, 곧 회개할 것이 없는 의인 아흔아홉에 대한 기쁨보다 더 큰 기쁨이 마음에 일어나게 된다.

결국 이것이 복음이다!

제51장

내가 죄를 주께 인정하나이다

죄인인 우리는 하나님께 감사드려야 할 하나님의 뜻, 곧 결국에는 죄가 우리를 하나님에 대한 더 깊은 지식으로 인도하는 수단이 되지 않을 수 없고, 하나님의 위엄이 우리를 위해 더 밝게 빛나도록 하지 않을 수 없게 하는 하나님의 정하신 뜻이 무엇인지 깨닫기 어렵다.

사탄과, 사람으로 죄짓도록 시험하는 사탄의 종자인 마귀들이 이 하나님의 뜻을 악용하고 하나님을 대항하여 죄와 종교를 뒤섞는 일을 할지라도, 그 때문에 이 뜻의 영광이 결코 어두워지지 않는다.

또한 만약에 먼저 사탄이 타락하고 그 뒤에 아담이 타락하지 않았더라면, 주 하나님께서 지금 우리로서는 알 수 없는 또 다른 길, 곧 하나님의 이름과 존재에 대한 훨씬 더 친밀한 지식은 아닐지라도 마찬가지로 깊은 지식으로 우리를 인도할 또 다른 길을 열지 않으셨을 지에 대해서는 우리 중 아무도 말할 수가 없다.

그러나 이 같은 사실을 돌아본다고 해서 우리가 한 걸음이라도 앞으로 나가는 것은 아니다. 사실 우리는 죄악된 세상에 죄 가운데서 태어났다. 우리는 이 죄악된 세상을 고려해야 한다. 이것이 현실이므로, 우리는 하나님께서 악으로부터 선이 나오도록 하시고 심지어는 죄를 사용해서 하나님의 자녀의 내적 인식 속에 하나님의 이름과 존재에 대한 지식을 풍성하게 하신다는 사실에 대해 하나님께 감사드려야 한다.

순탄할 때의 하나님의 복과 곤경 때의 하나님의 도움보다 **은혜**, **동정**, **자비**가 하나님의 사랑의 더 깊은 면을 형성한다. 그렇지만 이 은혜와 동정에 대한 지식은 화해의 기쁨을 맛보았고 자신이 하나님의 피조물일 뿐만 아니라 또한 하나님의 **구속 받은 자** 라는 것을 알고 있는 사람만 알 수 있다.

그리스도 밖에 있는 자는 결코 알지 못한 하나님의 이름과 존재에 대한 지식이 그리스도 안에서 우리에게 왔고, 골고다뿐 아니라 베들레헴도 오직 죄인들의 구원에서만 그 의미가 해명되었다.

그러나 이것만이 아니다.

전능하신 하나님에 대한 지식도 죄로 말미암아 크게 풍성하게 되었다. 사도가 이같이 말하고 있기 때문이다(엡 1:19). "그리스도의 능력의 지극히 크심이 그의 힘의 위력으로 역사하심을 따라 그리스도의 부활과 믿는 자의 중생에서 우리에게 계시되었으니"(개역개정은 "그의 힘의 위력으로 역사하심을 따라 믿는 우리에게 베푸신 능력의 지극히 크심이 어떠한 것을 너희로 알게 하시기를 구하노라" - 역자주).

하나님의 위엄과 전능하심은 창조에서보다 재창조에서 더 크게 나타난다. 아무것도 없는데서 맨 처음 존재를 불러내신 일보다 그리스도를 죽은 자들 가운데서 일으키신 일에서 하나님의 능력이 더 강력하게 나타난다. 죽음이 없었으면 부활이 없었을 것이고, 타락이 없었으면 재창조도 없었을 것이다. 타락과 죽음이 다같이 죄에서만 시작되므로, 우리가 죄인이 아니었더라면, 부활과 재창조에서 나타나는 하나님의 전능하심에 대한 더 높은 이 계시가 이같이 오지 않았을 것이다.

이 사실이 함축하고 있는 바를 다 이해하려면, 우리는 한 걸음 더 내려가야 하고, 하나님의 손 안에서 죄가 하나님의 거룩함에 대한 우리 의식을 더욱 예민하고 분명하게 만드는 수단이 된다는 점을 또한 깨달아야 한다.

물론 우리는 회개하지 않은 상태에서 여전히 죄의 길로 행하는 사람들에 대해서는 지금 생각하지 않는다. 이와 관련해서 우리는 구속받은 자들, 곧 하나님을 아는 데서 영생을 발견한 사람들만 다룬다.

죄의 역사가 그들의 경우에 어떻게 진행되었고, 지금은 어떻게 진행되고 있는가?

여기서 두 부류의 사람을 따로 구별해야 한다. 아주 눈에 띠게 죄를 저지른 사람들이 있고, 일반적인 죄의 생활의 범위 내에 머물러 있는 사람들이 있다. 막달라 마리아와 살로메는 한 부류에 있을 수 없다. 주님을 세 번 부인한 베드로는 구속주에게 끝까지 신실한 요한과는 전혀 다른 내적 갈등을 겪었다.

아주 멀리 빗나갔다가 회개한 죄인이 일반적인 범위 안에 머물러 있던 죄인에게 때로 질투를 일으킬 수 있다. 전자는 마음에 훨씬 더 깊은 감동을 받고, 변화하는 과정에서 겪는 그 싸움도 그만큼 더 영웅적이다. 마침내 죄의 짐이 그의 어깨에서 벗겨질 때 은혜를 기뻐하는 그의 기쁨은 훨씬 더 풍성하다. 돌아오는 탕자는 집에 남아있던 아들에게는 없는 것이 있다.

그렇지만, 이렇게 표현할 수 있다면, 온화하고 조용한 죄인은 은혜의 잔을 완전히 비울 수 없는 것으로 생각한다면 그것은 잘못된 생각이다. 술 취함, 부도덕, 부정직 같은 현저한 죄를 지은 사람은 이런 지나친 방탕을 자신의 실제적인 진정한 죄로 생각하고 그 뒤에 있는 자신의 죄 된 본성은 고려하지 않을 큰 위험이 있다. 그래서 죄악 된 행실에서 눈에 띄게 회심한 그런 죄인들이 실제로 그런 죄에서는 떠났지만 마음과 생활의 성화에서는 조금도 진보를 보이지 않는 일이 종종 일어난다. 반면에, 사람들 보기에 비난할 만한 일이 없이 살던 사람이 회개한 후에는 마음에 숨겨진 작은 죄도 아주 예민하게 보고, 그런 믿음의 결과로 아주 풍성한 기독교인의 생활을 드러내 보이는 사람들을 종종 보게 된다. 큰 죄로부터 돌이킨 사람은 일생 동안 계속해서 무거운 추만을 가지고 죄를 따지고, 별로 눈에 띄지 않는 죄에서 돌이킨 사람은 아주 작은 추를 가지고 죄를 따진다.

이것이 모든 경우에 해당되는 것은 아니다. 자신이 큰 죄들로부터 계속 자유로워졌기 때문에, 그런 이유로 자신들이 영광스런 기록을 가진 것으로만 생각을 해서 교만이나 조용한 이기심 같은 일반적인 죄들은 일생 끝까지 가져가며, 그런 죄들에 대해 한 번도 심각하게 투쟁하지 않는 사람들이 있는데, 슬프게도 그런 사람이 적지 않다.

반면에, 좀 더 좁은 의미에서 구속받은 자들을 생각해 보자. 그는 죄에 대하여 양심이 매우 예민해서 자신의 마음을 살피는 것으로도 안심하지 못하고, 끝에 가서 때때로 하나님께 자신의 숨은 죄를 알려 주시고 그 죄들을 용서해 주시라고 기도한다.

이는, 우리 마음이 우리를 정죄하지 않을 때에도 하나님은 우리 마음보다 크시고 모든 것을 아시며, 심지어 우리 영혼의 가장 깊은 곳에 숨어 있는 것들도 아시기 때문이다.

그러나 죄에 대한 내적 갈등이 우리 안에서 어떤 방식으로나 어떤 정도로든 일어날 때는, 그것은 언제나 우리 양심의 고소와 함께 시작된다. 이 같은 양심의 불안 가운데서 우리를 괴롭게 하는 것은 언제나 우리 죄에 대해 우리를 신랄하게 비난하는 하나님의 음성이다.

이 사실은 아직까지 완전히 꺼지지 않은 양심을 가지고 시작하는 세상 사람들에게도 부분적으로 해당된다. 그들은 양심 속에서 하나님의 음성을 인식하지 못한다. 그들은 하나님의 목소리에서 그들의 육적 본성이 갈구하는 것에 대항하는 영적 본성의 저항을 듣고 계속해서 자유롭게 죄를 짓기 위해 양심을 마비시킨다. 그렇지 않으면 그 소리에서 자신의 더 나은 자아의 충동을 보고서, 자신들이 고상한 삶을 살도록 훈련한다고 생각한다. 이런 태도의 결과 사회적으로 훌륭한 모습과 칭찬할 만한 자제심이 많이 나타나지만, 그들이 그 명예를 자신의 것으로 주장하고, 하나님에게 돌리지 않는 한, 영생을 위한 열매는 맺지 못한다.

그러나 구속받은 자들에게는 양심이 전혀 다르게 작용한다.

괴로운 양심이 그들에게 발휘하는 첫 번째 효과는 그들이 깜짝 놀라고, 자기들이 지은 죄에 화를 내게 된다는 것이다. 그들은 자기들이 소중한 것을 망쳐버리지 않았기를 바라며, 이제 하나님 앞에 당황하며 부끄러워하며 선다.

이것이 기도할 마음을 일으킨다.

그날의 염려와 수고 가운데서도 그들은 하나님께서 자기의 죄를 반대하신다는 것을 알고 있다. 그러나 일반적으로 사람들을 만나는 일과 일터에서는 그들의 주의를 딴 데로 돌리는 일이 워낙 많아서 그들은 그 생각을 쉽게 잊는다.

그러나 세상 사람들과 다르게 그들에게는 **여전히 기도한다**는 점이 있다. 하루가 끝나고, 잠자리에 들기 전에 하나님 앞에 무릎을 꿇는 시점이 되면, 한 가지 장애가 있음을 안다. 자기 마음과 하나님 사이에 잘못된 것이 있어서 감히 하나님 앞에 나설 수 없음을 느끼고, 기도를 잘 하지 못한다.

그리고 나서 결정의 순간이 온다.

그들이 기도를 그만 두면, 그들의 양심이 마취제를 마시게 된다. 하나님께서 그들을 구원하시지 않으면 그들은 길을 잃고 만다.

시편 32:2이 그 뒤에 따라오는 바를 기술하고 있다. "내가 입을 열지 아니할 때에 종일 신음하므로 내 뼈가 쇠하였도다."

그러나 다윗은 약해지지 않고 계속해서 싸워 나갔다. 그는 자신이 아무리 부끄러울지라도 자기 하나님 앞에 무릎을 꿇었다. 이 시편 32:5에는 이 같은 기록이 들어 있다. "내가 이르기를 내 허물을 여호와께 자복하리라 하고 주께 내 죄를 아뢰고 내 죄악을 숨기지 아니하였더니 곧 주께서 내 죄악을 사하셨나이다."

그 영혼이 모든 사실에도 불구하고 포기하지 않고 무릎을 꿇고 자기 죄 때문에 하나님께 부르짖자 복이 온다. "이로 말미암아 모든 경건한 자는 주를 만날 기회를 얻어서 주께 기도할지라 진실로 홍수가 범람할지라도 그에게 미치지 못하리이다"(32:6).

이같이 영혼이 통회하는 가운데, 과거 어느 때보다도 강렬하게 하나님의 거룩하심을 깨닫는다.

더 이상 그것은 율법의 계명으로부터 논리적으로 생각하고 추론한 하나님의 거룩하심이 아니다. 계명의 정결함에 감탄하느라 잊어버린 거룩함이 아니다. 우리의 양심으로 우리를 맹렬히 공격하신 분은 바로 **거룩한 하나님**이셨다. 자신의 거룩함에 따라 우리의 죄를 신랄하게 비판함으로써 우리를 시험하고, 자기비난과 회개의 고통 속에서 그 거룩함을 맛보게 하신 분은 바로 **거룩한 하나님**이셨다.

이때 하나님의 거룩하심이 우리에게 빛으로 나타났고, 이 빛은 저절로 우리 죄의 그림자와 뚜렷하게 대조를 이룬다. 하나님의 거룩하심은 우리 죄로 인한 죽음에 대립하고, 생명을 소생시키는 활기찬 힘으로 우리에게 나타났다.

이 거룩하심은 명확하고 구체적인 죄의 냉혹한 정죄 속에서, 우리를 위하는 명확하고 구체적인 모습으로 나타났다. 우리가 이 거룩하심을 이같이 명확한 형태로 파악하고 나면, 이 거룩하심은 우리에게 거룩함의 무한한 영역을 밝혀 보여주는데, 이 영역이 명확한 이 죄가 나온 우리 영혼의 어두운 배경을 덮는다.

이 거룩함이 단지 우리 위에 떠 있는 것이 아니라 우리에게 굳게 결합되었다. 그래서 정죄 받은 우리 영혼이 거룩하신 하나님과 직접 접촉하게 된 것이다.

이 하나님의 거룩하심이 우리가 대하는 하나님의 생생하고 확실한 지식을 가져다 주었다.

죄가 두려운 것이었지만, 하나님께서는 죄로 말미암아 여러분이 하나님의 거룩하심을 더 잘 알게 만드셨다.

제52장

하나님이 사람들의 은밀한 것을 심판하시는 그 날

하나님과 함께 지내고 하나님을 아는 지식을 얻기 위해 일부러 시간을 내는 사람들의 수가 이제는 거의 사라졌다고 할 만큼 소수라는 사실을 인정하지 않을 수 없을 것이다.

하나님과 은밀히 만나는 이 실제적인 생활은 그만 둔 채로 사람들은 기도하고, 교회에 출석하고, 선한 일을 하는 것을 계속할 수가 있다. 사람들이 갖가지 환경과 기회에 수많은 기도를 드리는데, 영혼이 하나님 앞에 나아가지 않고 하나님께서도 영혼에게 나타나시지 않는 기도를 드린다. 사람들이 끊임없이 교회에 갔다가 집으로 돌아가는데, 한 순간이라도 하나님의 얼굴을 구한 적도 없고 하나님을 만난 적도 없이 그 일을 되풀이 한다. 성례가 시행되고 설교가 전해지는 가운데, 마음이 하나님의 일들을 대하고 있었을지라도 마음이 스스로 하나님을 만나 대화를 나눈 것은 아니다. 선한 행실에 대해서는, 하루 종일 선행을 하면서도 선행을 하도록 마음을 감화하신 하나님에 대해서는 한 번도 생각지 않을 수가 있다는 것은 거의 말할 필요가 없는 사실일 것이다.

아, 이렇게 실생활에서 하나님을 부지런히 만나는 일이 그토록 적다.

그동안 우리는 기도하고, 교회를 위해서 살고 선한 행실을 하는, 스스로 그리스도인이라고 하는 신자들만을 고려하였다. 그러나 이번에는 나쁜 의미에서 세속적이지 않고 진지하게 사고하려고 하고 덕을 존중하며 고상한 이상에 열광하지만 종교는 한쪽으로 제쳐두는, 교회에 다니지 않는 사람들을 한번 생각해 보자. 여러분은 그런 사람들 가운데서 지극히 고결한 최고의 사람들에게서조차 하나님과 대화하는 사람이 있는 것을 보는가? 여기에서 그치지 않고 한 걸음 더 나아가서, 순전히 일을 위해 살고, 일이 끝나면 쾌락을 위해 사는 사람들을 생각해 볼 때, 하나님과 대화하며 지낸다는 그런 일이 그들에게는 이제는 더 이상 없다는 사실에 여러분은 충격을 받지 않는가? 사회에서 대놓고 악하고 불경건하게 지내는 집단과, 또 이들과 함께 좀 더 고상한 모든 관심사에 무관심한 사람들은 물론 여기서 제외한다. 하나님의 임재를 경험하는 생활에 지극히 적은 시간 밖에 내지 않는 사람들의 수도 통탄할 정도로 적다는 사실은 충분히 증명된다.

그리고 우리가 이렇게 말할 있다면, 그 사실이 이 세상을 사랑하시는 하나님께는 참으로 고통스러우실 것이라고 느낀다. "하나님이 세상을 이처럼 사랑하사 독생자를 주셨으니"(요 3:16). 하나님께서는 이 세상이 하나님을 알고 보답으로 하나님을 사랑할 수 있는 능력을 세상에 주셨다. 세상에서 적은 무리만 그리스도인이라는 이름을 지니고 산다. 그리고 세례를 받고 사는 이 적은 무리 가운데서 하나님께 마음과 영혼을 돌리고 하나님과 은밀히 교제하는 일을 경험하는 사람은 거의 없고, 그 수도 나날이 갈수록 적어진다. 나머지 모든 사람들은 그 일에 신경 쓰지 않는다. 그들의 마음에는 다른 일들이 가득 차 있다. 하나님의 이름과 그 존재를 아는 지식을 그들은 멸시한다.

그러나 성경에 따를 때 확실한 사실은 이것이다. 즉 조만간 하나님께서 강제로 각 사람으로 하여금 홀로 하나님을 대하도록, 그리고 오직 하나님만 대하도록 만드실 때가 모든 사람에게 온다는 것이다.

하나님께서 이 일을 위한 날을 정해두셨다.

이 날이 오면, 그 날에는 누가 되었든지 하나님 앞에 나타나야 하고, 하나님께서 그를 위엄으로 압도하며 온통 사로잡을 것이므로, 그는 하나님 외에 다른 어떤 것을 생각할 수 없을 것이다.

그 날은 심판의 날이다.

이 심판의 날을 묘사하는 일에서, 예술이 많은 해를 끼쳤다.

예술은 보이는 형태를 통해서 밖에 표현할 수가 없었다. 그래서 이 표현을 위해 예술은 세상 법정으로부터 그 재료와 모양을 빌려와서, 지금까지 세상에 살았던 수백만, 수천만의 모든 사람들을 피고인들로 하나님의 거룩한 법정 앞에 세웠다.

예술은 연필이나 붓으로 장엄하게 표현하는 것 외에 달리 어떤 것을 할 수 없었다.

그러나 여기에는 근본적으로 영적인 의미가 담긴 것이 외적으로 표현된 것임을 잊어서는 안 된다. 그리고 심판에서 이 영적 활동은 그림으로 표현될 수 없었다는 점도 잊어서는 안 된다.

불신앙이 들어오고 심판의 날이 정해졌다는 것이 부인되었을 때, 예술은 그것을 외적으로 표현하여 그 문제 자체를 조롱하고, 그 일의 불가능성을 보여 주는 기회로 삼았다. 이 수백만, 수천만의 사람들이 서 있을 공간이 어디에 있단 말인가? 단 한 사람의 일생에 대해 그의 말과 생각 하나하나에 대해 재판하려면 얼마나 많은 시간이 걸려야 하겠는가? 하루 동안에 심판을 한다고 하는데, 단 한 가족을 심판하는데도 일 년은 걸릴 것이라고 조롱한다.

신앙고백서가 심판의 영적 성격을 생각하고서 그 날을 양심의 책들이 펼쳐지는 것으로 이야기했을 때, 좀 더 사실에 가까운 말을 한 것이다.

그와 같이 이해할 때, 심판이란 모든 사람의 전 생애를 한 번에 분명하게 조사하여 보는 것이다. 그 자리에서 전체를 보는 것이다. 그 앞에서 우리는 매 순간 계산하지 않은 청구서를 가지고 셈할 뿐이다.

심판은 셈을 청산하는 일이다. 이 청구서에는 여러분이 하나님께 빚지고 있는 것과 하나님께서 여러분의 행실을 선악간에 따라 갚아야 할 것이 나란히 적혀 있다.

이것이 **성경**이 가르치고 있는 바이다.

사도는 이렇게 말한다. "우리가 다 반드시 그리스도의 심판대 앞에 나타나게 되어 각각 선악간에 그 몸으로 행한 것을 따라 받으려 함이라" (고후 5:10).

회계사라면 누구나 여기서 셈한다는 것이 무엇을 의미하는지, 셈하는 일에 어떤 것이 포함되는지를 다 안다. 즉 심판 때에 하나님께서는 통틀어 설명과 증거를 첨부해서 하나님의 청구서를 우리에게 제시하실 것이고, 우리는 그 계산이 정확하고 옳다는 것을 양심으로 확신하게 될 것이다.

그것은 전체 성적이 되고, 어렸을 때부터 시작된 우리 인생의 전체 이력서가 될 것이다. 갑작스럽게 우리 앞에 나타나지만 한 점 의심을 제기할 수 없을 만큼 확실한 이력서가 될 것이다.

오늘날 보편적으로 사용되는 자동계산기에서는, 입력하는 아라비아 숫자는 무엇이든지 즉각 나타나 보이고, 더하기를 하면 덧셈이 자동적으로 이루어진다.

이것이 여러분의 삶을 나타내는 상(像)이다. 인생 내내 날마다 나타난 숫자에 조금 주의를 기울이지 않은 사람은 심판의 날에 갑작스럽게 나타난 전체 숫자를 보게 될 것이다. 전혀 생각지 않았고 혹은 그냥 잊고 지냈고, 거기에 대해 아무 말도 할 수 없는 숫자를 보게 될 것이다. 그 숫자를 조사할 기회는 가질 수 있지만 아무 소용이 없을 것이다. 이 계산서에 실수가 있으리라고는 조금도 생각할 수가 없다. 양심의 빛이 갑작스럽게 환하게 밝아져 여러분 일생을 비추고 지나가면, 여러분은 하나님은 의로우시다고 인정하는 것 외에 아무것도 할 수 없을 것이다.

예수를 믿는다고 하면서 깊은 잠에 빠져 있는 사람들은 이 사실에도 불구하고 아무런 염려도 하지 않는다.

세상 끝날은 그들에게 두려움에 사로잡히게 할 잔고 부족을 보여 줄 것이다. 그러나 이에 대해 그리스도의 속죄가 그들을 위해 서고, 모든 것을 덮어 준다. 그들의 재판장이 그들의 구주이시다. 그래서 저주에서 해방된 그들이 영원한 복락에 들어간다.

그러나 그리스도 밖에서 죽은 자들에게는 이렇게 양심의 책이 펼쳐지는 것이 두려운 일이 될 것이다. 그때에는 그런 사람이 회개하기에는 너무 늦을 것이다. 그는 그리스도 안에 숨을 수 없고, 그리스도의 속죄에 참여할 수도 없다. 이루 헤아릴 수 없이 많은 자신의 죄책을 볼지라도 자신의 대변에 아무것도 남은 것이 없다. 그는 자기 양심이 낭독하는 선고에 굴복하지 않을 수 없다.

이 사실이 심판의 영원한 두려움이 될 것이다. 이 사실이 그의 가장 깊은 영혼 속에서 죽지도 않고 끊임없이 갉아먹는 벌레가 될 것이다. 이것이 그의 양심 속에서 결코 꺼지지 않은 불길이 될 것이다.

여기에 외적인 어떤 고문도 부가되지 않을 것이다. 속에 있는 불 자체가 영원한 형벌이고, 이같은 내적 자아의 소멸이 암처럼 그의 전 존재를 파괴하며, 그의 전 생애와 전존재를 타락시킬 것이다.

이것이 이 땅에서 하나님을 **알려고 하지** 않았던 사람들에게 "하나님을 아는 지식"이 될 것이다.

하나님을 아는 이 지식은 두 가지이다.

한편으로 이 땅에서 구원하는 하나님의 지식은 믿음을 통해서 온다. "영생은 곧 유일하신 참 하나님을 아는 것이니이다"(요 17:3).

다른 한편으로, 죽음 뒤에, 심판 때에만 오는 하나님의 지식이 있다. 그렇기 때문에 그것은 영생이 아니라 영원한 죽음밖에 가져오지 않는 하나님에 대한 지식이다.

세상에서 사람들은 하나님이 없다, 혹은 하나님은 우리에 대해 아무것도 모른다, 혹은 하나님에 관해 관심을 가질 필요가 전혀 없다는 말을 함부로 하였다. 그러나 죽은 뒤에 사람들은 즉시 이렇게 무시한 하나님 앞에 서서, 모든 것에 미치는 하나님의 임재에 두려움을 느끼고, 숨으려고 해볼지라도 하나님 앞에서 더 이상 벗어날 수가 없다.

이것이 심판의 끝은 아니다. 그 직후에 옛날 일을 잊어버리고, 하나님이 없었던 것처럼 다시 생활을 계속할 수 있는 것이 아니다. 아니, 실제 심판의 때에 사람이 하나님에 대해서 받은, 자기를 파괴하는 인상이 계속되고 다시는 지워지지 않는 것이다.

마귀들에 대해서는, 그들이 하나님을 잘 알고, 두려워 떤다고 기록되어 있다. 그와 같이 이생에서 하나님을 회피하고 산 사람들은 심판 때에 그리고 심판 후에 자신들이 잘못 생각했다는 두려운 사실을 알게 될 것이다. 그들 눈앞에 펼쳐진 대로, 하나님께서 실제로 계시다는 것을 알고 그들도 두려워 떨 것이다.

사람은 이생의 육신적인 일들의 휘장 뒤에서 그리고 세상적인 한계들의 안개 뒤에서, 마치 하나님을 보지 못하는 것처럼 자신을 숨길 수 있고, 일부러 하나님을 보려고 하지 않기 때문에 하나님이 없다고 스스로를 설득할 수가 있다.

그러나 이 모든 일은 죽음으로 끝이 난다. 그때는 이 휘장이 위로부터 아래로 찢어지고, 안개들이 걷힌다. 그러면 모든 겉모습이 그치고, 주 하나님의 위엄이 나타나며 아주 찬란하게 계시된다.

일생 동안 무시했던 하나님의 지식이 이때 자연히 나타나고, 망한 사람들에게 충만하게 몰려온다. 그러나 그것은 죄인을 거절하는 지식이다. 여러분을 하나님께로 가까이 이끌지 않고 오히려 하나님의 두려우심 앞에서 뒤로 물러나게 하는 지식이다. 여러분이 어디를 둘러볼지라도, 하나님의 위엄을 피하여 숨을 곳을 찾을 수가 없다.

그때는 하나님을 아는 지식이 여러분에게 기운을 북돋우고 소중히 품는 햇빛이 아니라 여러분을 태워 시들게 하는 햇빛이 된다.

성경은 이것을 지옥이라고 부른다. 이것은 지옥이지만 하나님께서 거룩한 임재로 말미암아 생기는 지옥일 뿐이다. 하나님을 무효로 만들 수 있다면, 혹은 하나님에게서 물러날 수 있다면, 혹은 하나님에게서 숨을 수 있다면 지옥이 끝이 날 것이다.

그러나 그것은 불가능한 일이다.

하나님의 거룩한 임재가 끊임없이 여러분에 범람할 것이고, 그것이 여러분에게 영원한 죽음을 될 것이다.

그러므로 이 세상에 있을 때 그리스도 안에서 하나님을 아는 지식을 찾은 사람에게는 그 지식이 좋다. 죽은 후에, 이 지식으로 말미암아 그는 하나님의 자비를 맛보게 될 것이다.

그러나 심판 때 하나님을 처음으로 아는 자에게는 화가 있을 것이다. 그에게 하나님을 아는 이 지식은 고문이 될 것이다.

제 53장

죽을 때 하나님을 경배하였다

무덤 저편에 있는 것을 아는 것과 관련해서, 죽는 순간은 깊은 의미를 지니고 있다. 우리가 죽거나 다른 사람이 죽는 방식도 하나님을 아는 우리의 지식에 기여를 한다. 보통 때 하나님과 우리 사이에 있는 많은 것들이 그때에는 사라진다. 그때에 사람은 보이지 않는 생명에 들어가는 입구에 선다. 그리고 "예루살렘아 우리 발이 네 성문 안에 섰도다"(시 122:2)는 시편 기자의 말은 또한 **새** 예루살렘의 문으로 들어가는 일에 적용될 수 있다.

그러나 여기서 죽는 것은 실제적인 의미로만 받아들여야 한다. 죽는 것은 하나의 행위이다. 태어날 때 사람은 수동적이다. 그 다음에야 삶이 시작된다. 그러나 끝이 오고, 하나님께서 우리에게 이생을 떠나고 장차 올 생명에 들어가게 하시는 데서 완성의 때에 이르도록 특권을 주셨을 때, 하나님의 종들은 자신들의 뜻에 어긋나게 죽음에 끌려 나가지 않고 **자발적으로 나가야 하고**, 그같이 함으로써 자신들의 믿음의 수고의 열매를 나타내야 한다. 초기 그리스도인들은 자신들의 고인을 옮길 때 찬송을 불렀다. 사도 바울은 이렇게 외쳤다. "죽는 것도 유익함이라 그리스도와 함께 있는 것이 훨씬 더 좋은 일이라"(빌 1:21,23). 이와 같이 죽는 일은 마지막 싸움이었지만, 그것은 습격자인 죽음에 대항하여 자신의 생명을 방어하는 사람의 죽음이 아니라, 자기 하나님을 만나기 위해 기쁨으로 용감하게 앞으로 나간 영웅의 싸움이었다.

참으로, 우리는 죽음을 요구할 수 없다. 죽는 그 순간까지 생명을 조심하는 것이 우리의 본분이다. 자살은 죽는 것이 아니다. 자신을 없애버리는 것, 곧 자신을 파멸시키는 행위이다. 죽는 것은 용기를 나타내는 일이다. 자살은 비겁한 일이고, 항복하는 것이다. 계속해서 수행해야 하는 삶의 투쟁을 더 이상 하지 않겠다는 것이고, 대열에서 이탈하는 것이다. 그러나 마지막 순간까지 희망과 기회가 있는 한, 하나님께서 오라고 부르실 때까지는 이 땅에서 하나님께 대한 봉사를 연장하기 위해 가능한 모든 것을 시도해야 한다. 하나님께서 부르실 때는 슬픈 한숨보다는 거룩한 기쁨의 미소를 짓는 것이 더 적합한 일이다. 믿는 사람은 자기는 이 세상에 속하지 않았고 자신의 고향은 하늘에 있다는 것을 언제나 고백한 사람이다. 죽는 일이 일어난다는 의미는 이것이다. 죽을 때, 믿음으로 행한 우리의 모든 삶에 도장이 찍혀지는 것이다. 하나님의 자녀에게는 죽는 것이 바로 영원한 생명에 들어가는 것이다.

죽음이 **행위**가 아니라면 그렇게 될 수가 없다. 우리는 죽음에 따라잡혀 목숨을 빼앗겨서는 안 된다. 우리는 부르시는 하나님의 음성을 듣고 이같이 대답해야 한다. "보십시오. 주님, 제가 여기 있습니다. 주님께서 우리가 오기를 기다리고 계시며, 주께서 우리를 인도하여 이 어둠 속을 지나 빛으로 데려가신다는 것을 알므로 이제 사망의 어두운 골짜기를 용감하게 들어가고, 골짜기를 끝까지 지나가겠나이다."

그렇지만, 그런 이상적인 죽음이 자주 있는 것이 아님을 덧붙이지 않을 수 없다. 죽음의 고통과 슬픔이 죽음에서 이상적인 모습과, 죽음의 고귀하고 거룩한 성격을 빼앗아가는 경우가 종종 있다. 혼수상태가 끼어드는 경우가 드물지 않다. 그렇게 되면 죽음이 자발적이고 의식적인 **영혼의 행위**가 될 가능성은 없다. 심지어 진정제를 투여하면 죽음이 잠자듯이 조용히 이루어지기도 한다.

그러나 이 문제에서 당사자 자신이 책임 있는 결정을 할 수 없는 한, 하나님의 자녀의 입장에서 그처럼 남자답게 죽을 수 없는 일을 비난해서는 안 된다. 이 일에서 최고의 결정권자는 하나님이시다. 사실, 주님께서는 그처럼 믿음을 보이며 영웅적으로 죽는 일을 허락지 않으시는 경우가 종종 있다.

다만 이 문제에 어쩔 수 없이 동의하는 일이 있어서는 안 될 것이다.

성경은 언제나 감상적인 면을 피한다. 그래서 죽음에 관해서 거의 말을 하지 않는다. 사실 성경은 그리스도께서 골고다에서 죽으신 것과 야곱의 죽음에 대해서만 개략적으로 기술한다. 그런데 야곱에 대해서는, 그가 죽음이 가까이 왔다는 것을 알고서 "힘을 내어 침상에 앉아 요셉의 각 아들에게 축복하고 그 지팡이 머리에 의지하여 경배하였다"(히 11:21, 개역개정에는 "힘을 내어 침상에 앉아"라는 말이 없음 - 역자주)는 말을 듣는다.

야곱은 **힘을 냈다**. 말하자면 그는 자신이 약함과 고통에 무너지도록 허락지 않았다는 것이다. 야곱은 죽으면서 하나님께 영광을 돌리기 위해 약함과 고통에 맞서 싸우고, 자신을 추스르며 스러져가는 마지막 힘을 끌어 모았다. 그는 자신에 대해서, 자신의 상태에 대해서, 마지막 숨을 내쉬는 것에 대해 전혀 생각지 않았다. 심지어 자기 아들들에게 축복할 때에도, 그것은 단지 가족적인 일이 아니다. 다 같이 이스라엘 지파의 머리들이 될 자기 아들들을 통해서 하나님의 나라가 어떻게 올지, 그 나라가 어떻게 번성하고, 어느 날 메시야가 오실지에 대해 거룩한 예언을 한 것이다. "실로가 오시기까지"(창 49:10). 이것이 그의 예언의 정점이었다. 그는 자기 아들들에게 복을 빌지만, 그의 아들들 안에서 그리고 아들들을 통해서 그의 예언은 하나님의 나라가 오는 것을 가리키고 있다.

그러므로 히브리서에서는 이것이 야곱의 지극히 위대한 믿음의 행위로 기술된다. "믿음으로 야곱은 죽을 때에 요셉의 각 아들에게 축복하고 경배하였으며."

죽을 때 어둠이 영혼을 감쌀 수 있음을 부인할 수 없다. 사탄이 우리가 죽는 시간에 풀려나서 우리를 괴롭게 할 수도 있다. 그러나 대체로, 삶은 우리의 믿음을 확신하기 위해 존재하고, 우리가 죽을 때 하나님을 영화롭게 하기 위해 이 믿음의 확신에 대한 열매가 나타나는 것이라고 말해야 할 것이다.

그러므로 죽을 때, 사람이 고통과 약함에 수동적으로 당하는 것이라고 생각해서는 안 된다. 죽을 때, 의지와 용기, 믿음의 회복하는 힘을 발휘하여 육신의 약함에 맞서 계속해서 싸워야 한다. 이 거룩한 순간에, 육신이 아니라 영혼이 이겨야 한다. 야곱이 한 일이 이것이다. 야곱은 경건하게 죽기 위해서 힘을 냈다. 이렇게 하지 않았더라면, 필시 그는 의식이 별로 없는 상태에서 가버렸을 수도 있다. 그러나 야곱은 그렇게 하지 않았다. 그의 강한 영이 스스로를 흔들어 깨웠다. 그리고 그렇게 하여 죽을 때 하나님을 영화롭게 해드렸다.

그 죽음은 지금도 모든 그리스도인에게 본보기로서 수용된다.

그러나 그런 죽음에는 또한 하나님과의 만남이 있다. 죽음 전에 이 만남은 죽는 사람과 임종을 지키는 사람들에게 하나님에 대한 지식을 풍부하게 만들어 준다.

사람이 조용히 평화스럽게 잠드는 것을 가장 바람직하게 죽는 방식이라고 흔히들 말하는데, 사실 그것은 생명에 대한 지적인 표시를 전혀 보이지 않은 채 사람이 의식이 없는 상태에서 죽는 것을 의미한다.

그런데, 이것은 불신자들에게도 똑같이 일어날 수 있는 일이다. 예수 없이 죽은 사람들에 대해서, 그들이 조용히 그리고 평온한 가운데 죽었다, 어쩌면 많은 하나님의 자녀보다 염려와 의심의 고통을 덜 겪은 채 죽었다고 하는 말을 듣는다.

그들에 대해 진지한 이야기는 아무것도 하지 못하였다. 그들 스스로 아무것도 염려하지 않는다고 말하였다. 의사는 계속해서 그들에게 일이 심각한 것이 아니라고 안심시켰다. 이렇게 해서 죽음의 공포에 대해서 아무것도 모른 채 죽음이 일반적인 방식으로 삶 가운데서 일어났다.

그리고 다른 사람들은 이것을 보고서, 결국 죽음이란 아무것도 아니고, 죽음은 아주 조용하고 유순한 것이라는 인상을 받는다. 그 다음에는 꽃들이 관위에 놓여진다. 그 다음에는 의례히 사람들의 조문이 이어지는데, 아무도 죽음을 이야기하지 않는다. 장례 후에는, 다시 온갖 이야기를 떠들어대지만, 영원한 것을 다루는 이야기는 제외된다.

이와 같이 죽음에 대한 큰 교훈이 아무 쓸데없게 된다. 죽음이 더 이상 깊고 진지한 이야기를 하지 않게 된다. 그리고 생사를 주관하시는 하나님을 기억하지 않는다.

이것은 우리 그리스도인들이 묵인해서는 안 되는 악이다. 그렇지만 우리가 세상 방식을 본따서 죽은 자들에 대해 "조용하고 평온하게" 갔다고 말할 때, 우리가 바로 그런 일을 하는 것이다.

그리스도인에게서 임종은 조용하고 평온하게 가는 것이 아니라 구주 안에서 싸우고 정복하는 것이 되어야 한다.

이 사실을 직면하려 하지 않고 어떻게 해서든지 환자가 마지막에 아주 진지하고 고통스러운 생각을 하지 않도록 하는 일에만 신경 쓰는 사람은 자비를 베푸는 것이 아니라 불신앙으로 잔인한 일을 하는 것이다.

죽을 때 야곱은 경배를 하였다.

죽음을 맞이할 때 사람은 기도할 수 있다. 마지막 싸움을 위해 도움을 구해야 한다. 자기에 속한 사람들, 두고 떠나야 하는 사람들을 위해 기도해야 한다. 하나님 나라를 위해 기도해야 한다. 임종 때 드리는 그런 기도는, 사람이 이같이 의식적으로 하나님의 얼굴 앞에 나타나면 모든 휘장이 사라지고, 영원한 빛의 궁전에서 자기를 기다리는 하나님께 마지막 탄원을 보낸다는 점에서 언제나 영광스럽다. 그런 기도는 곁에 있는 사람들에게 기도하기를 가르친다. 그런 기도는 매우 강력한 설득력을 갖는다.

그렇지만 야곱은 그 이상의 일을 하였다.

죽을 때 그는 경배하였다. 죽음에 이르러서, 야곱은 자기 하나님께 예배의 제사를 드리지 않을 수 없음을 느꼈다. 하나님께 찬양과 감사와 영예를 드리기 위해, 자기 하나님의 크심과 위엄에, 하나님의 은혜와 자비에 몰입하기 위해, 그리고 일생 동안 할 수 있었던 것보다 나은 방식으로 하나님께 입술의 열매를 드리기 위해 예배의 제사를 드리지 않을 수 없다는 것을 느꼈다.

임종시에 드리는 그같이 엄숙한 예배는 우리가 일생 동안 드려왔던 예배의 요약이다. 우리가, 하나님의 천사들과 하늘에 있는 성도들 가운데서 하나님께 크고 영광스러운 이름의 명예를 돌려드리기 직전인 임종 때만큼 예배드릴 필요를 강력하게 느끼는 때는 없을 것이다.

임종 때 드리는 그런 예배에서, 그전까지 습득했던 모든 하나님에 대한 지식이 응집되고, 그런 순간에 하나님에 대한 이 지식이 놀라울 정도로 밝아지고 풍성하고 깊어진다. 이때, 지금까지 알아왔던 것보다 더 분명하게 하나님을 알게 된다. 그것은 거의 얼굴과 얼굴을 대하여 하나님을 보는 것과 같다.

그리고 이 예배로부터, 병상에서 시중들고 지켜보는 사람들에게 복된 결과가 온다.

임종시에 사랑하는 마음이 강렬하게 일어난다. 슬픔의 고통이 이미 마음에서부터 시작되며, 이로 인해 마음은 그 어느 때보다 감수성이 예민해지게 된다. 이런 순간에 마음이 받아들이는 인상은 저항할 수 없을 만큼 강렬하다.

우리는 사랑하는 사람들이 예수님을 믿는 것을 알고 신뢰한다. 그러나 믿는다는 증거를 보지 못하고 오히려 그들의 편협한 태도와 죄에서 그 반대의 면을 보는 경우가 종종 있다.

그러나 죽음의 순간이 왔을 때, 아이들은 아버지에게서, 남편은 아내에게서, 이 애처로운 순간에 믿음이 쇠약해지지 않고 그대로 있으며, 영원의 문 앞에서 믿음의 말이 더 활기차고 강렬해지는 것을 본다. 그것은 마치 사람이 하나님을 따라 나가는, 죽어가는 자의 영혼에서 나오는 발언을 듣는 것 같다. 이 순간에 죽어가는 자가 임종시 예배에서 드리는 기도와 간구를 통해, 여러분은 하나님의 존전 앞에 서게 되고, 하나님의 임재를 과거 그 어느 때보다 가깝게 느끼게 된다.

삶이 달랐다면, 죽어가는 것은 보통의 죽음과는 전혀 달라질 수 있을 것이다.

그때는 믿음이 더욱 효과적으로 깨어날 것이다. 그래서 죽어갈 때, 하나님의 자녀는 하나님과 자신의 사랑하는 사람들에게 이행해야 할 의무가 자기에게 여전히 있다는 것을 알 것이다.

그때, 죽음은 보통의 죽음보다 훨씬 더 많은 일을 할 것이다. 거룩한 진실을 전하는 일을 할 것이다. 그래서 그 죽음의 열매는 뒤에 남은 사람들의 삶에서 하나님의 영광이 나타나도록 하는 효과를 발휘할 것이다.

제 54장

금식과 기도에 열중하라

대부분의 개신교인들이 금식은 행하지 않으면서, 자발적으로 성경을 따라 사는 것을 믿음과 생활의 유일한 준칙이라고 쉽게 말하는 것은 앞뒤가 맞지 않는 얘기이다.

금식은 구약에서만이 아니라 신약에서도 성경적인 생활의 규칙인 것이 분명하다. 그리스도께서 친히 사십일을 밤낮으로 금식하셨다. 고린도전서에서 사도 바울은 하나님의 자녀들에게 기도뿐만 아니라 금식에도 전념하라고 권면한다(7:5, 흠정역 성경은 "ye may give yourselves to fasting and prayer" 이라고 해서 금식과 기도를 언급하나 한글개역개정에서는 금식은 생략되고 기도만 언급한다 - 역자주). 뿐만 아니라 그리스도께서는 악한 영들이 있는데, 이런 영들이 "기도와 금식 외에" 다른 것으로는 나갈 수 없다고 말씀하셨다(막 9:29, 흠정역 성경은 "This kind can come forth by nothing, but by prayer and fasting" 이라고 해서 기도와 금식을 나란히 언급하나 개역개정은 금식을 생략하고 기도만 언급한다 - 역자주).

이에 대해, 예수께서 지상 사역을 하실 때 이 질문이 제기되었다. "바리새인의 제자들은 금식하는데 **어찌하여 당신의 제자들은 금식하지 아니하나이까**" (막 2:18). 이 말씀을 근거로 당시 주님의 제자들은 유대인의 금식을 지키지 않았다는 말을 할 수 있을지 모르지만, 예수께서 그들에게 하신 답변은 이것이다. "신랑을 빼앗길 날이 이르리니 그 날에는 **금식할 것이니라**" (2:20).

역사를 살펴보면, 처음부터 금식이 그리스도의 교회 안에서 시행되어왔음을 알 수 있다. 안디옥에서 예수님을 따르는 자들이 처음으로 그리스도인이라 불렸다. 사도행전은 안디옥에 있는 이 교회에 대해, 그곳의 그리스도인들이 "금식하며 기도하였고" (행 13:3), 그렇게 하는 동안에 성령께서 그들에게 계시를 주셨다고 말한다. 로마 교회와 헬라 교회, 네스토리우스 교회들에서는 금식이 실행되었다는 것은 잘 알려진 사실이다. 그리고 종교개혁 시대에는 기도와 금식이 병행되었다는 것도 잘 알려진 사실이다.

그러므로 성경과 역사가 금식에 부여하는 의미를 생각할 때, 우리 가운데서 금식이 거의 폐지되었다는 것과, 하나님을 아는 사람들이나 그리스도의 몸인 교회들이 신앙생활의 습관으로서 금식을 행하지 않는다는 것은 잘못된 일이 아닌가?

호세아 시대에 이스라엘에서 그랬던 것과 같이, 우리도 늘 "나의 하나님이여 우리 이스라엘이 주를 아나이다"(호 8:2)고 말한다. 그런데 성경에서 하나님을 아는 지식은 기도로써, 금식이 따르는 기도로써 크게 진보한다고 가르치므로, 하나님을 안다고 하는 우리가 금식을 소홀히 한다면 부족한 점이 있는 것이 아닌가?

이 문제에 대한 답변이 이사야서에 있다(58:6).

이사야 시대에 유다에 금식이 많이 행해졌다. 그렇지만 여호와께서는 선지자를 통해서 그런 금식을 받지 않으신다고 증거하셨으며, 이어서 이같이 말씀하신다. "이것이 어찌 내가 기뻐하는 금식이 되겠으며 이것이 어찌 사람이 자기의 마음을 괴롭게 하는 날이 되겠느냐 그의 머리를 갈대 같이 숙이고 굵은 베와 재를 펴는 것을 어찌 금식이라 하겠으며 여호와께 열납될 날이라 하겠느냐." 다음에 거기에 대해서 이같이 말씀하신다. "내가 기뻐하는 금식은 흉악의 결박을 풀어 주며 멍에의 줄을 끌러 주며 압제 당하는 자를 자유하게 하며 모든 멍에를 꺾는 것이 아니겠느냐 또 주린 자에게 네 양식을 나누어 주며 유리하는 빈민을 집에 들이며 헐벗은 자를 보면 입히며 또 네 골육을 피하여 스스로 숨지 아니하는 것이 아니겠느냐 그리하면 네 빛이 새벽 같이 비칠 것이며 네 치유가 급속할 것이라"(58:6-8).

금식에 있어서 죽은 형식주의에 대한 이같이 강한 항의가 우리 가운데 형식적인 금식에 대한 반감을 당연히 일으켰다. 형식으로서 금식, 순전히 육체적인 연습에 지나지 않는 금식, 세상 앞에 보이기 위한 금식은 사람을 성결케 하지 못한다. 사실 그런 금식은 하나님을 욕되게 하는 일을 할 수 있다. 이런 점 때문에 예수께서 산상보훈에서 이같이 경고하신 것이다. "금식할 때에 너희는 외식하는 자들과 같이 슬픈 기색을 보이지 말라 머리에 기름을 바르고 얼굴을 씻으라 이는 금식하는 자로 사람에게 보이지 않고 오직 은밀한 중에 계신 네 아버지께 보이게 하려 함이라"(마 6:16-18). 확실히 이것은 "은밀한 중에 보시는 네 아버지께서 갚으시리라"는 말씀과 똑같이 강조되는 교훈이다.

그러므로 우리가 한편으로는 금식에서 죽은 형식주의를 반대하지만, 다른 한편으로는 하나님께서 명하신 참된 금식을 실천하는 것이 바른 태도이다.

그런데 여러분 자신의 과거를 생각할 때나 교회를 둘러볼 때, 우리가 형식적이고 죽은 금식을 아주 신중하게 버리면서, 하나님께서 명하신, 참되고 경건한 금식도 함께 완전히 버려버렸다는 것 외에 다른 결론을 낼 수 있겠는가?

이 점 때문에 많은 영적 손실이 발생했다고 볼 수 있다.

우리는 영생을 바란다. "영생은 곧 유일하신 참 하나님을 아는 것이니이다"(요 17:3). 유일하신 참 하나님을 아는 이 지식은 다름 아닌 기도로써 부양되고 살지게 된다. 기도가 더 친밀해지고 심오해지는 것은 특별히 금식을 통해서이다. 금식을 소홀히 하므로 우리의 기도가 열정을 잃어버리고, 이렇게 해서 항상 원숙해가는 하나님을 아는 지식, 영생인 이 지식에서 손실을 겪는다는 부끄러운 결론을 피할 길이 있겠는가?

이 사실이 여러분 개인과 여러분 가족에게 적용된다면, 교회에도 그대로 적용되지 않겠는가? 우리 교회들에서도 금식과 기도 외에는 쫓겨나가지 않는 악한 영들의 무리가 두루 퍼져있는 것을 거듭거듭 볼 때에, 금식을 행하지 않는 것이 그런 악한 영들이 계속해서 교회의 생명을 괴롭히는 여러 원인 가운데 하나라고 말하는 것이 무리한 얘기이겠는가?

그렇다면 일주일 가운데 한 날을 정하여 금식을 시행하는 것을 생활의 규칙으로 다시 받아들여야 하지 않겠는가? 금식 자체를 반대할 일은 없을 것이다. 그러나 우리가 의도하든 하지 않든지 간에 금식이 곧 형식주의로 떨어지게 되는 것을 두려워해야 한다.

이사야서와 고린도전서(7:5)에서 나타나는 대로, 금식은, 영적인 의미로 이해할 때, 음식을 일시적으로 금하는 것보다 훨씬 더 넓은 근거를 지니고 있다. 금식은 몸에게서 영혼을 지배하려는 지배권을 빼앗아서 몸을 지배하는 권한을 영혼에게 다시 돌려주는 것을 목표로 삼는다.

여러분도 알다시피, 몸에 힘을 주고 소중히 기르는 모든 것에는 영혼의 생명의 투명함과 신축성을 억누르는 경향이 있다. 우리 생명에서 세상으로 향하는 면은 우리 생명에서 하나님께로 향하는 면과 좀처럼 조화를 이루지 못한다.

일반적으로, 여러분은 혼자 있을 때가 주변의 집단과 함께 있을 때보다 하나님께 더 가까이 있는 것을 느낀다. 연회장에 있을 때, 여러분은 침실에 있을 때보다 하나님에게서 멀리 있다. 재산을 늘리는 일에 노심초사할 때, 여러분은 가난한 자들에게 돈을 줄 때보다 하나님의 가까이 계심을 덜 느낀다. 여러분이 굶주린 자에게 먹을 것을 줄 때가 가족과 함께 혹은 손님들과 함께 진수성찬을 맛볼 때보다 하나님께 더 가까이 있는 것이다. 간단히 말해서, 하나님에 대한 생각은 여러분이 세상에서 즐거움을 적게 찾으면 찾을수록 여러분에게 더 가까이 온다는 것과, 여러분이 세상의 염려와 오락거리들에서 더 멀리 떨어질수록 하나님과 은밀히 교제하는 것이 더 친밀해진다는 것은 모든 사람이 경험으로 확증하는 바이다.

그런데 이렇게 말한다고 해서, 하나님을 알기 위해서는 여러분이 세상으로부터 물러나야 한다고 추론해서는 안 된다.

그것이 은둔자와 명상하는 수도사들이 생각한 점이다. 그것은 잘못된 생각이다. 왜냐하면 "기도와 금식"이 하나님을 찾는 방법들 중의 하나이지만, 그 외에도 바쁜 생활 가운데서 생각할 수 있는 방법들이 많이 있기 때문이다.

다른 그 방법들에 대해서는 책의 앞부분에서 다루었다. 따라서 그 방법들을 다시 언급할 필요는 없을 것이다. 그러나 유일하신 참 하나님을 아는 지식을 얻기 위해서는 단 한 가지 방법이라도 사용하지 않은 채 두어서는 안 되고, 그렇게 해서 우리가 하나님을 섬기고, 하나님께서 "기도와 금식"을 행하는 일에서 뿐 아니라 우리 가족과 환경 가운데서도 즐기도록 주시는 것을 누리도록 해야 한다는 것은 우리 삶의 영구한 규칙이 되어야 한다.

그렇다면, 때때로 우리가 몸과 세상의 지배하는 힘으로부터 영혼을 떼놓음으로써 위로부터 오는 영향력을 더욱 쉽게 받을 수 있도록 한다면, 그것이 우리에게 큰 도움이 되리라는 것은 부인할 수 없을 것이다. 이와 관련해서, 어떤 사람은 시간을 정해놓고 일상생활에서 물러나 금식할 필요를 더 느낄 것이고, 또 어떤 사람은 불안하고 생각이 깊어지는 때에야 비로소 금식의 필요성을 느낄 것이다. 이 문제에서, 모든 사람은 자신의 양심을 믿어야 한다. 이 점은 기질과 환경에 좌우된다. 이 문제에서는 아무도 자기 형제를 판단해서는 안 된다.

그러나 이 문제 자체는 우리의 생활 습관으로 마땅히 받아들일 만한 것이다. 하나님을 더욱더 친밀히 아는 지식을 가질 때에만 비로소 이 영생을 즐길 수가 있다. 하나님을 더욱더 친밀히 아는 이 지식을, 여러분은 숨은 기도 생활에서 더 구체적으로 발견하게 된다. 여러분을 압박하는 몸과 환경의 지배하는 힘에 직면해서, 숨은 기도 생활이 필요하다. 그래서 올바르게 이해한 금식을 통해서 영혼이 새롭게 힘을 얻도록 해야 한다.

먹고 마시는 것을 절제하는 것이 이런 점에서 도움이 된다는 사실은, 여러분이 연회장으로부터 돌아올 때 기도하고 싶은 생각이 적어지는 것을 경험하는 것으로부터 분명히 알 수 있을 것이다. 여러분과 여러분 마음 사이에 끼는 안개를 더욱더 두껍게 만드는 것에는 결코 먹고 마시는 것을 즐기는 것만이 아니라 장식과 의복에 지나치게 사치하는 것, 온갖 종류의 오락과 감각을 만족시키는 일 또한 포함된다. 또한 자발적이든 타의에 의한 것이든 간에 재물에 대한 관심도 해로운 영향을 끼친다.

그러므로 기도를 성결하게 하고 더욱더 뜨겁게 만드는 금식은 결코 먹고 마시는 것을 몸에서 멀리하는 것으로만 되지 않는다. 그것은 또한 돈의 지배력으로부터 자신을 떼어놓기 위해 넉넉하게 구제함으로써, 단순하고 절제하는 생활에 있고, 자기를 기쁘게 하는 데서 자유로워지는 일에 있으며, 환경의 지배로부터 물러나고 자신을 자유롭게 하는 데에 있다.

바로 이것이, 이사야가 금식을 흉악의 결박을 풀고 주린 자에게 양식을 주는 것으로 확대하였을 때 하나님께서 그를 통해 증거 하시는 바이다.

때때로 영혼은 모든 결박을 벗어던지고 자유롭게 되어야 한다. 그때, 문들이 머리를 들고, 영원한 문들이 열리며, 하나님께서 우리에게 가까이 오시고, 우리 영혼이 하나님께로 가까이 가며, 영생인 하나님을 아는 지식이 우리 마음의 성소에서 피어난다.

제55장

우리 기도가 상달되지 못하게 하시고

아이가 아버지에게 무언가를 달라고 할 때, 아이는 먼저 아버지를 찾고, 찾은 다음에야 자기가 원하는 바를 아버지에게 구한다. 아버지를 찾기도 전에 말하기 시작한다는 것은 유치하고 어리석은 일로서, 생각 없이 고집을 피운다는 증거이다.

기도에 있어서 이와 관련하여 알아야 할 일이 없는가?

하나님의 자녀로 하늘에 계신 아버지에게 기도하려 하고 하나님께 믿음으로 무엇을 구하는 자는 먼저 하나님께 가고 하나님을 찾아야 한다. 그리고 하나님을 찾았을 때에만 자기가 원하는 바를 하나님께 구할 수가 있다.

기도와 관련해서, 종종 이 점을 별로 생각하지 않는데, 때로 우리 자신의 기도와 다른 사람들의 기도에서 이 점을 보게 된다. 즉 살아 계신 하나님께 말을 걸고 기도하기 보다는 허공에 대고 기도하는 일이 많다는 것이다. 특별히 즉흥적으로 다른 사람들과 함께 드리는 기도에서 그렇고, 특히 교회에서 위엄으로 옷 입으신 지극히 높으신 하나님께 실제로 말하기보다 때로 따지고 주장하는 경우가 더 많다는 사실을 부인할 수 없을 것이다.

은밀히 드리는 기도에 대해서는 할 말이 더 없다. 이에 대해서 사람마다 자기 방식대로 드리는 기도에 대해 말하고, 또 다른 사람들은 은밀히 드리는 기도에 대해서 자기들 나름대로 말을 할 수 있을 것이다. 그러나 사람이 이 점에만 국한해서 생각할지라도, 기도의 응답이 없는 것에 관해 형제의 귀에 속삭이는 불평들이 아주 많다는 사실은, 때로 은밀히 드리는 기도에서조차, 영혼이 하나님을 만났다고 의식하기도 전에 이미 중얼거리나 말하기 시작한다는 주장이 옳다는 것을 입증한다.

많이 기도하고 오래 기도하는 것이 이 습관을 부추긴다. 눈을 감고 손을 모으고 이제 그동안 마음으로 배워 온 형식적인 기도를 시작한다. 불손하게 드리는 것은 아니지만, 그렇다고 우리가 하나님 앞에 있다는 데서 오는 아주 깊은 공경심을 가지고 드리는 것도 아닌 것은 확실하다. 심지어 목소리를 보나 기도의 어조를 보나 때로 여러분은 기도가 단순히 형식이지 하나님께 말씀을 드리는 것이 결코 아닌 것을 느낀다.

그래서 성경은, 모든 기도가 다 그처럼 하나님께 드리는 기도는 아닌 것을 거듭 보여준다.

성경은 우리의 기도가 응답을 받지 못하는 때에 대해서 이야기하고, 여호와의 이 같은 말씀을 듣게 한다. "너희가 많이 기도할지라도 내가 듣지 아니하리라"(사 1:15). 또한 성경은 예레미야 선지자의 불평을 기록하고 있다. "주께서 구름으로 자신을 가리사 기도가 상달되지 못하게 하시고"(애 3:44).

그때는 하늘이 놋쇠 같아서, 열리는 일도 자물쇠가 풀리는 일도 없고, 가까이하거나 들어가는 일도 없고, 은혜와 간구의 영도 없다.

시온에서는 "하나님의 거룩한 지성소"가 있었다. 그래서 경건한 유대인이 산에서 헤매거나 요단강으로 인해 발이 묶였을 때, 그는 돌이켜 지성소를 향하여 기도하였다(시 28:2). 이스라엘이 포로로 잡혀가 있을 때, 그들도 마찬가지로 시온을 바라보며 기도하였다.

이 습관의 잔재로서, 오늘날도 사람들이 간절한 기도를 드리기 위해서는 집에 머물지 않고 예배당으로 가는 것이 많은 나라에 습관으로 있다. 이 목적을 위해 예배당의 문이 하루 종일 열려 있다. 그래서 사람들은 그처럼 장중한 예배당 건물에 엄숙하게 홀로 찾아와, 그런 인상적인 곳에서는 하나님의 가까이 하심이 더욱 효과적으로 나타날 것으로 기대하고 사람들 모르게 은밀한 곳에서 무릎을 꿇는다.

특별히 대가족 식구들과 함께 좁은 집안에서 지내야 하는 사람에게는 이것이 좋은 점이 있다는 것은 부인할 수 없는 사실이다. 그렇지만 집에서도 언제든지 마음대로 사용할 수 있는 빈방이 있어서 문을 걸어 잠그고 얼마 동안 홀로 하나님과 지낼 수 있는 사람은 그렇게 할 필요가 전혀 없다. 그러나 대부분의 사람들은 그런 행운을 누리고 있지 못하다. 이런 경우에, 사람들은 거의 홀로 지내거나 조용히 지낼 수 없으며 기도에 크게 도움이 될, 그런 은밀한 곳을 거의 찾을 수 없다. 신앙의 높은 경지에 있는 사람은 그처럼 빈 예배당에서 조용히 드리는 기도를 소위 신성한 곳에 지나치게 중대한 의미를 부여하는 증거로 보고 비난할 수가 있다. 그러나 그렇게 말하는 사람은 아마도 집안에서 개인적인 기도를 위해서 조용한 시간을 거의 낼 수 없는 고통스런 생활을 경험하지 못하였을 것이다.

그러나 이와 같이 집에서 겪는 어려움은 별 문제로 하고, 이스라엘에서는 하나님께서 친히 거룩한 지성소를 정하시고 신실한 사람들에게 마음을 그리로 향하라고 명하셨음을 잊어서는 안 된다.

이렇게 하신 데에는 형식적으로 입으로만 중얼거리는데서 참된 기도 즉 **하나님께 말씀을 드리는데** 이르게 하려는 교육적인 목적이 어느 정도 있다.

이와 같이 기도할 수 있기 위해 먼저 영혼의 눈으로 하나님을 바라보고, 반드시 자신의 영혼과 하나님이 연결된 후에야 기도를 시작하는 경건한 유대인이 어느 시대에나 있었다.

먼저 하나님을 찾고 이제 하나님께 말씀을 드릴 수 있다는 것을 확인하지도 않고 기도를 하는 것은 사실상 기도를 어설프게 흉내내는 것에 지나지 않는다.

기도하려고 하는 사람은 바로 그 순간에 하나님께서 자신의 기도하는 목소리에 주의하고, 우리의 기도에 귀를 기울이시며 우리의 간구를 경청하신다는 것을 알아야 한다. 기도하기 전에, 자신이 하나님 앞에 섰다는 것을 충분히 의식하지 않는 한, 이런 영적 의식이 여러분에게 일어날 수 없다.

하나님의 자녀는 언제나 예수의 이름으로 기도한다. 하나님과 화목하지 않고 구속받지 않는다면, 그는 하나님께서 그의 기도에 귀 기울이심을 얻지 못하기 때문에 예수의 이름으로 기도해야 한다. 그러나 사람이 먼저 거룩하신 분 앞에 서고, 자신이 하나님 앞에 가까이 갈 권한이 전혀 없다는 것을 느끼고 따라서 오직 그리스도로 감싸여서 하나님 앞에 나타나지 않는다면 이렇게 예수의 이름으로 기도하는 것은 아무 뜻 없이 하는 말이 된다.

여기서 그 어려움을 제기하는 것은 하나님의 편재성이다.

하나님은 시간이나 장소나 어디에도 매이지 않고 어디에나 계신다는 것이 믿음의 인식이다. 그래서 이 사실 때문에 사람들이 먼저 하나님께 생각을 집중하고, 하나님을 자기 앞에 모시며 하나님을 만날 때까지 찾는 일도 없이 공중에 대고 이야기하는 경향이 있는지도 모른다.

그러나 하나님께서는 그의 말씀에서 다르게 가르치신다.

성경에서 아주 영광스런 용어로 하나님의 편재하심을 우리에게 계시하지만, 이것은 기도에 관해서 우리가 어디에 있든지 하나님을 찾을 수 있다는 것 외에 다른 어떤 의미를 갖지 않는다. 그러나 또한 성경은, 우리가 어떤 장소에 있든지 살아계신 하나님, 곧 우리의 앞뒤를 두르시고, 우리의 길과 눕는 것을 아시고, 우리의 모든 행위를 익히 아시는(시 139:3,5) 하나님을 대하고 있다는 사실도 강하게 계시한다.

그리고 이 모든 사실과 함께 성경은 언제나 우리에게 **위를 보라고** 가리킨다. 기도할 때 우리는 영혼을 **위로 들어 올려**야 한다. 기도할 때 생각을 하늘로 향해야 한다. 거기에는 하나님의 위엄이 빛나는 은혜의 보좌가 있다. 우리의 기도가 올라가는 곳은 하늘에 있는 궁정이다. 우리에게 귀를 기울이시는 분은 살아 계신 인격적인 하나님이시고, 우리 영혼이 마땅히 향해야 하는 분도 살아 계신 인격적인 하나님이시다.

사실 이 점에서 여러분의 상상력은 도움이 되지 못한다. 하나님은 영이시고, 그래서 예배하는 자는 신령과 진정으로 하나님을 예배해야 하기 때문이다. 그러나 하나님을 하늘에 계신 자기 아버지로 아는 사람은 또한 자신이 모든 곳에 확대되어 펼쳐지는 어떤 세력을 대하는 것이 아니라 언약의 하나님, 자신의 주요 왕이신 하나님을 대하고 있음을 안다. 그래서 그는 효과적인 기도를 위해 하나님과 은밀히 교제하는 것을 회복하고 하나님과 다시 친교를 이루기 전까지는 쉴 수 없다는 것을 안다.

전보도 전화도 없던 이전 시대에는, 이 사실이 지금보다 훨씬 더 불가해한 일처럼 보였다. 반면에 우리 시대에는, 약한 금속선 외에는 아무것에도 도움 받지 않고서 엄청난 먼 거리에서도 사람들끼리 의사를 소통할 수 있음을 경험으로 안다. 그리고 이 선조차도 사라져버렸다. 이제는 무선전신이 등장하였는데, 이 무선전신은 그 놀라운 작용에서 우리의 기도를 아름답게 상징하게 되었다. 우리의 기도는 어떤 중간 매체도 없이 하나님과 교제를 갖는 것이다.

또한 소위 정신감응(telepathy)이라는 것이 여기서 우리에게 도움이 된다. 멀리 떨어져 있는 사람들이 영혼과 영혼으로 교제할 수 있고 상대의 생각을 알 수 있다는 믿을 만한 이 사실은, 어떻게 우리 영혼이 하나님과 교제를 가질 수 있고 생각을 알 수 있는지를 보여주는 하나의 실례이다. 인간 영혼이 이미 이런 일을 할 수 있다고 한다면, 하나님은 이런 영적 교제의 수단들보다 무한히 더 크신 분이기 때문에 얼마든지 그와 같은 교제가 가능한 것이다.

문제의 요점은, 기도할 때 우리는 이 친교가 반드시 필요함을 알아야 하지만, 하나님과의 연결을 확보하기 전에는, 하나님과의 의사소통, 하나님과의 접촉을 확보하기 전에는 기도를 시작해서는 안 된다는 것이다.

예레미야가, 하나님께서 자신을 구름으로 가리셨기 때문에 자기 기도가 "상달되지" 못하였다고 불평할 때, 그 말을 통해 자기가 이 교제를 가지려 했지만 하나님을 만날 수 없음을 알았다는 것을 보여 준다.

사람이 전화기 앞에서 전화교환국으로 전화를 할 때 선이 끊어져 있으면 응답이 없다. 그렇듯이 기도하는 사람이 하늘 앞에 서서 대답을 듣고자 하나님의 등 뒤에서 부르며 교제가 시작되기를 구하지만 생명의 신호가 돌아오지 않는다.

이제 하나님과 연결되어 있지 않다면, 여러분의 기도는 상달되지 않는다. 잘못은 여러분에게 있다. 그것은 여러분의 죄 때문이거나 생각이 이리 저리 헤매기 때문일 수 있고, 세상적인 일에 몰두해 있거나 마음의 상태가 잘못되어 있기 때문일 수 있으며, 여러분의 영혼이 피상적이고 형식적인 상태에 있기 때문일 수도 있다.

순전히 습관적으로 기도하는 사람은 이런 점에 전혀 주의를 기울이지 않는다. 그는 하나님과 연결되었다는 느낌이나 의식이 없어도, 심지어 자기 기도가 상달되지 못한다는 것을 알면서도 아무튼 기도한다. 그는 자기가 기도했다고 말하고 그것으로 끝이다.

그러나 진정으로 경건하게 기도하는 사람은 그런 식으로 행동하지 않는다. 기도에 장애가 있다고 느끼면, 자신과 하나님 사이에 구름이 끼어 있다는 것을 알면, 그는 자신을 돌아보고 하나님 앞에 자신을 낮추고 구주의 피 뿌리심을 구한다. 그때 하나님과 연결되고, 하늘 문이 그에게 열린다. 그래서 결국 그의 기도가 상달되고 거룩하신 하나님 앞에 올라간다.

이것이 성실한 기도 생활에서 오는 성결케 하는 능력이다.

처음에 기도를 전혀 하지 못할지라도, 기도를 시작하고 은혜의 보좌 앞에 확실히 이르기 전에는 아무도 기도를 끝내고 일어나서는 안 된다.

그리고 이렇게 씨름하는 가운데서, 죄를 버리는 일이 일어나고 그리스도 안에서 다시 은혜를 받게 된다.

제56장

아들의 소원대로 계시를 받는 자

로마서에서 "창세로부터 그의 보이지 아니하는 것들이 그가 만드신 만물에 분명히 보여 알려졌나니"(1:20)라는 말씀을 읽고, 마태복음에서는 "아들과 또 아들의 소원대로 계시를 받는 자 외에는 아버지를 아는 자가 없느니라"(11:27)는 말씀을 읽게 되는데, 이 둘이 서로 상충하는 것처럼 보이지만 전혀 서로 모순되지 않는다.

모든 사람이 온갖 방식을 통해 얻을 수 있는 하나님에 대한 지식이 있다. 이것은 단지 낙원에서만 가능했던 것이 아니라 이 타락한 세상에서, 심지어 세상에서 이교 국가의 저주로 어두워진 곳에서도 여전히 가능한 일이다. "하늘이 하나님의 영광을 선포하고 궁창이 그의 손으로 하신 일을 나타내는도다 날은 날에게 말하고 밤은 밤에게 지식을 전하니"(시 19:1,2). 그래서 온 세상에서, 하늘의 목소리를 듣지 못하는 언어도 없고 나라도 없으며 백성도 없다. 생명으로 고동치는 자연이 일부러 귀를 닫지 않는 사람이라면 누구에게나 소리를 발할 뿐 아니라, 모든 백성, 모든 민족들에게 양심을 통해 전하는 하나님의 목소리가 또한 있다. 사도 바울은 낙원에 있던 처음 창조 받은 두 사람에게가 아니라 타락한 가이사랴 시대의 이교도들에 대해, "그 생각들이 서로 혹은 고발하며 혹은 변명하여 그 마음에 새긴 율법의 행위를 나타내느니라"(롬 2:15)고 증거 한다. 하나님을 아는 지식과 하나님의 뜻에 대한 지식이 이교도들 사이에서는 종종 우상 숭배와 저속한 종교 형태로 나타날 수 있다. 그리고 그들의 우상 숭배와 저속한 종교 형태를 일으키는 충동은 다름 아니라 자연과 양심에서 들리는 하나님의 음성에 대한 잘못된 해석이다. 이것이 바로 종교의 씨앗으로, 하나님을 아는 타고난 지식이며, 주어진 하나님의 지식이다. 우리 조상들은 늘 이 점을 고백하였다. 이 점을 고백하는 것은 타락한 사람을 영광스럽게 하기 위해서가 아니라 그 반대로 죄인이 하나님 앞에서 변명할 수 없게 만들기 위해서이다. 눈이 충분히 열려 있고 양심이 순수하게 반응하는 사람이 자신의 가장 깊은 내면에서, 그리고 자기 주변의 자연과 역사의 모든 곳에서 여호와 하나님의 영원하신 능력과 신성을 인식한다는 바로 그 이유 때문에, 그와 같이 타락한 인류와 그 인류 가운데 모든 죄인이 하나님 앞에서 그처럼 깊은 죄의 책임을 지고 서게 된다.

그런데 이 모든 사실 앞에서 그리스도께서 "아들과 또 아들의 소원대로 계시를 받는 자 외에는 아버지를 아는 자가 없느니라"(마 11:27)고 강하게 말씀하신 사실은 어떻게 설명할 수 있는가?

그 말씀은 사람이 아들을 통해서 아는 것을 제외하고는 하나님을 아는 지식을 일체 가질 수 없다거나 아들로부터 하나님을 계시 받은 자 외에는 아버지 하나님을 아무도 모른다는 뜻으로 하신 것이 아니다.

사탄과 그의 종자들에 대해서는 그들이 하나님을 알고 떤다고 분명하게 기술되었다. 그리고 그들은 그럴 수밖에 없다. 왜냐하면 사탄의 타락은 다름 아닌 하나님께 대한 반역, 곧 하나님을 왕위에서 밀어내고 자기가 그 자리에 앉으려고 하는 악한 욕망 때문이었다. 사탄이 하나님의 존재와 하나님의 전능하심을 알지 못했다면 어떻게 그런 것을 생각할 수 있었겠는가? 그러나 사탄이 하나님을 알고 있긴 하지만 아버지로는 결코 알지 않았다는 것을 모든 사람이 느낀다는 것 또한 확실한 사실이다.

하나님을 아는 자는 위로를 받고 하나님과 화목한다. 반면에 사탄은 하나님을 생각할 때마다 두려워 떤다. 아버지를 아는 지식이 풍성해지면 평안과 영원한 안식을 준다. 사탄이 하나님에 대해 아는 지식은 그를 떨게 만든다. 세상의 범죄자는 자기 양심을 무마시키고 하나님을 잊기 위해 수면제를 복용할 수 있지만 사탄은 그렇게 할 수 없다는 이것이 사탄과 세상의 큰 죄인 사이의 차이점이다. 모든 것을 잊게 하는 죄의 수면제를 한 모금 마시는 것이 사탄에게는 생각할 수 없는 일이다. 사탄은 하나님의 전능하신 임재를 의식하고 있기 때문에 때때로 하나님께 큰소리로 부르짖으며, 바로 이 이유 때문에 두려워 떤다. 바깥 어두운 데 버려진 이들의 비참한 상태가 바로 이것으로 설명된다. 여기 세상에서는 불경건한 자들이 양심을 잠재울 수 있고 죄를 지으면서도 조금도 불안해하지 않고 예사로이 살 수 있다. 양심이 철저히 마비된 사람들이 있다. 그래서 그들은 이따금씩 감정이 격해질 때에만 하나님의 분노를 느끼고, 나머지 시간은 하나님 없이, 하나님에 대한 두려움도 없이 끊임없이 죄를 지며 산다. 이는 순전히 그들은 눈을 감고 귀를 닫고 지내기 때문이다.

그러나 일단 이생이 끝나고 그들이 영원에 들어가면, 이런 생각도 끝이 날 것이다. 그때에는 그들의 눈이 다시는 감을 수 없을 만큼 크게 떠지고, 그들의 귀는 다시는 닫을 수 없을 만큼 크게 열릴 것이다. 그래서 크게 뜬 눈과 열린 귀를 가지고 전능하신 하나님을 영원히 대해야 하는 것이 그들의 비참한 운명이 될 것이다.

그 다음에, 기록된 대로 아들이 아버지를 계시해 주지 않으면 우리 가운데 아무도 아버지를 알 수 없다면, 이것은 모든 사람이 도달할 수 있는 하나님에 대한 일반적인 지식을 가리키는 것이 아님이 분명하다. 그보다는 죄인이 그리스도 안에서 하나님과 화목하고, 하나님의 자녀가 되어 하나님을 아버지로 그리고 자신을 이 하늘 아버지의 자녀로 아는 것을 배우기 전까지는 결코 알 수 없는 하나님의 영원한 자비에 대한 지식을 가리키는 것이 확실하다.

그러므로 여기에는 기계적으로 배우는 어떤 교리에 대한 언급이 전혀 없고, 우리가 일반적으로 말하는 계시에 대한 언급이 전혀 없다. 그보다는 구속받고 하나님과 화목하게 된 존재의 영적 경험이 가져다 주는 지식을 여기서 말하고 있다.

우리가 알 수 있도록 주신 계시가 또한 여기에 속하는 것이 분명하다. 우리는 하나님의 아들이 오셨고, 우리가 참된 자를 알 수 있도록 우리에게 지각을 주셨다는(요일 5:20) 것을 안다. 모든 계시는 하나님 말씀으로부터 시작된다. 예수께서 오셨을 때 온 나라를 다니며 하나님 나라의 복음을 전파하셨다. 복음은 장차 올 구원의 기쁜 **소식**이고, 선포된 구속의 기쁜 **소식**이다.

그러나 이 복음 전파, 이 소식, 복음의 말씀 자체로는 충분하지 않다. 이런 것을 마음으로 배우고 머리로 기억하면서도 하나님 아버지에 대한 좀 더 친밀한 지식은 조금도 얻지 못할 수가 있다.

이 교리를 보류하거나 저항하는 일이 없이 받아들일 수 있지만, 교리 자체가 우리를 "주여 주여" 하고 부르는 것 이상으로 끌고 가지는 못한다. 그것은 마치 호세아 시대에 모든 백성들이 "하나님이여 우리 이스라엘이 주를 아나이다" 하고 말하였지만, 실은 그들이 하나님을 **알지 못했기** 때문에 하나님의 진노가 그들을 대하여 불같이 일어났던 때와 같다.

영화롭게 된 그리스도께서 성령을 통해 화목케 하시는 그의 풍성을 우리에게 주시고, 죄인인 우리를 찾아 하나님의 자녀로 삼으실 때에만 이 지식이 온다. 그리고 그리스도께서 우리를 하나님의 자녀로 삼으셨을 때에만, 하나님 아버지를 아는 지식이 복되고 영광스런 우리 지식이 되었다.

그렇지만 이 말씀도 전부가 아니다.

그리스도께서는 구속의 사역을 통해서만 우리에게 오시는 것이 아니다. 그리스도께서는 만물보다 먼저 하나님과 함께 계셨고 하나님이신 영원한 말씀이시다. 자연이 담고 있는 하나님의 소리와 함께 모든 자연은 그리스도께서 창조하신 것이다. 그리스도는 말씀이시다. 따라서 그리스도가 없으시다면 자연으로부터 아무 소리도 나가지 않는다. 이 영원하신 말씀을 떠나면 자연은 죽고 벙어리가 되어서 우리에게 아무 말도 전하지 못할 것이다.

이것만이 아니다.

자연이 영원하신 하나님의 말씀으로 창조되고 언어로 활기를 띠게 되었을 뿐만 아니라 자연 가운데 있는 인류로서 우리 자신도 그리스도가 없었다면 이 세상에 들어오지 못하였다. 게다가 우리 인간 본성의 모든 영역이 그리스도로부터 나왔다. 우리 자신도 그리스도로 말미암아 창조되었기 때문이다. 그리고 특별히 우리의 모든 영적 성향과 자연을 듣고 이해하는 능력도 그리스도께서 우리에게 심어주신 것이다.

그리고 이 사실은 우리의 도덕적 본성에도 적용된다. 우리의 양심은 그리스도에게서 온 것이다. 그리스도 자신이 인류의 양심이시다. 우리 마음이 도덕적 세계 질서와 갖는 교제, 즉 선과 악, 옳고 그름에 대한 인식, 사람을 두렵게 만드는 것과 아름다움에 매혹되게 하는 것, 이기심과 사랑, 빛과 어둠에 대한 인식, 이 모든 것이 영원한 말씀을 통해 우리에게 온 것이다.

그러므로 이것을 우리가 그리스도와 상관없이 하나님을 알았다는 것을 뜻하는 말로 이해해서는 안 된다. 우리가 다른 원천들을 통해서 이미 알고 있는 이 하나님이 그리스도 안에서, 그리스도를 통해서만이 우리에게 아버지로 계시된다. 하나님 아버지에 대한 지식을 기르는 발판이 되는, 하나님을 아는 지식의 폭넓은 기초는 영원한 말씀으로부터 온다. 아버지에 대한 지식은 하늘에서 우리에게 떨어져 내려오는 꽃이 아니고, 그리스도께서 우리 인간 본성의 마른 줄기에 묶어놓은 꽃이 아니다. 그보다는 메마른 인간 본성이 그리스도로 말미암아 새 생명을 얻어 활기를 띠게 되었고, 그래서 자연을 통해 우리에게 온 하나님을 아는 지식에, 그리고 우리가 영원한 말씀으로부터 창조된 덕분에 생긴 양심을 통해 우리에게 온 하나님을 아는 지식에 아버지에 대한 지식이 접붙여진 것이다.

이와 같이 내적으로는 연결되어 있지 않고 외적으로만 나란히 연결되어 있는 두 가지 지식이 있는 것이 아니다. 그보다는 영원한 말씀으로부터 오는 하나님에 대한 한 가지 지식이 있는데, 자연과 양심을 통해서 우리 안에 생기는 이 지식이 이제는 메시야의 구속 사역 안에서 그리고 구속 사역을 통해서 향상되어 아버지에 대한 지식에 이른 것이다.

그러므로 회심한 사람이 마치 그리스도의 구속 사역만이 그리스도의 영광을 나타내는 것으로 생각해서 그 사역에 만족하고, 그 이후로는, 자연과 양심으로부터 오는 하나님에 대한 지식은 세상에 속한 것으로 두는 것은 우리의 신앙을 훼손하는 일이다.

그렇게 하기보다는, 그리스도 안에서 하나님의 자녀로 하나님과 화목하고 하늘에 계신 자기 아버지 앞에 무릎을 꿇는 사람은 그리스도 안에서 자기에게 온 이 빛이 자기 주변의 자연에서 그리고 자기 인간 본성에서 들리는 하나님의 목소리에 반영되도록 해야 한다. 이 두 가지에서 들리는 하나님의 목소리도 그리스도에게서 온 것이다.

바로 이런 이유 때문에, 요한복음은 그리스도와 맺고 있는 이 관계에 우리의 주의를 집중시키는 일부터 시작한다. 이 관계는 세상의 창조와 자연의 창조, 우리 사람의 창조에서 이미 형성된 것이다.

그 결과는, 자연에서 들리는 이 하나님의 소리와 우리 양심에서 들리는 이 하나님의 소리가, 그리스도 안에서 얻은 화목 덕택에 전혀 다르게 들리며, 더 분명하게 들리고 그 의미가 더 확실해지며 이제 열린 귀를 통해 순전하게 들린다는 것이다. 우리가 이 사실을 인식하면, 은혜의 생명과 자연의 생명이 영광스런 조화를 이루는 가운데 결합이 되고, 온 세계와 우리 자신의 삶을 포함한 역사의 모든 것이 우리가 그 아들 안에서 예배하는 아버지 하나님을 나타내는 강력한 **하나의** 계시가 된다.

제57장

내가 항상 주와 함께 하리라

여러분이 한 방에 어떤 사람과 가까이 앉아 있으면서도, 마음으로만 한번 가까이 해볼까 생각할 뿐 대화 한 마디 안 하며 지낼 수가 있다. 특별히 긴 철도 여행에서, 여러분은 상당히 좁은 공간에 이름도 모르고 직업도 모르는 사람들과 하루 이상 갇혀 지내면서 말 한 마디 나누지 않을 수 있다.

그러나 반면에, 여러분은 아주 멀리 떨어져 있어서 상대를 전혀 볼 수 없고 어떻게 지내는지 알 수 없으며, 소리를 질러서 듣게 할 수도 없고 상대방의 말을 들을 수도 없지만, 끊임없이 그 사람과 대화를 나누며 그가 생각하는 것을 거의 그대로 알고, 영으로 그와 지극히 친밀한 교제를 나눌 수가 있다. 이 말이 이상하게 들릴 수 있을 것이다. 그러나 사랑하는 아이를 잃은 엄마가, 아이가 죽은 처음 몇 시간, 그러니까 사랑하는 아이가 엄마에게서 무한히 멀리 떠난 그때만큼 영혼으로 아이와 가깝게 있을 수 있는 때가 없다는 것은 사실이다.

공간적으로 그리고 신체적으로 함께 있으면, 서로의 영혼이 친밀한 교제를 갖는데 크게 도움이 될 수 있다. 얼굴 표정을 볼 수 있고, 특별히 눈빛과 서로의 생각을 교환할 수 있기 때문이다. 그러나 우리가 어떤 사람과 마음으로 사귀는 것은 반드시 이렇게 공간적으로 함께 있어야 되는 것은 아니다. 친구의 모습을 보기를 간절히 바라게 만드는 것은, 바로 영혼으로 갖는 친밀한 사귐이다. 우리 인성은 영혼과 몸으로 구성되어 있으므로, 영혼의 교제에서 충분한 만족을 얻는데, 영혼으로 친하면 신체적으로 함께 지내는 것도 즐기게 된다. 영광의 영역에서도, 우리가 하나님의 성도들과 갖는 사귐은 영화롭게 된 몸을 가지고 서로를 볼 때에야 비로소 가장 복된 절정에 이를 것이다. 하늘의 아버지 집에 있는 복 받은 자들의 사귐은 죽은 자의 부활 때까지는 일시적인 성격을 띠고, 그리스도께서 다시 오실 때 완성될 것이다. 신체적으로 함께 있고, 서로를 볼 수 있다는 것의 의미가 아무리 중요하다고 할지라도, 우리 영혼이 다른 사람의 영혼과 친밀하게 지내는 것은 거기에 좌우되지 않는다. 하나님께서는 우리를 창조하실 때, 서로 떨어져 있을지라도 친밀한 교제를 나눌 수 있도록 창조하셨다. 글을 쓰거나 직접 전화로 이야기를 주고받음으로 교제할 수가 있다. 그러나 이런 매개체의 도움이 전혀 없이도, 순전히 영적으로, 순전히 느낌과 인식, 생각과 상상력으로 교제를 나눌 수가 있다.

순전히 서로 얼굴을 봄으로써만 갖는 사귐은 인간적인 사귐이 아니다. 인격과 인격의 교제는 언제나 영에서 영으로, 마음에서 마음으로 이어지는 것이 되어야 한다. 우리가 어떤 사람과 가까이 지내는가 아니면 멀게 지내는가, 혹은 우리가 그에게 낯선 사람인가 아닌가 하는 문제는 거리나 신체적으로 함께함에 의해 결정되는 것이 아니라 순전히 영적인 친밀함이나 영적인 거리감으로 결정된다.

오랫동안 떨어져 있다가, 죽기 전에 만나 작별 인사를 하면서, 사람은 "항상 당신과 함께 하겠다"고 말할 수 있다. 죽은 아이를 둔 어머니와, 남편을 사별한 과부는 이 말을 그대로 지켰다.

아이와 남편은 세상에서 떠나갔지만 사귐은 그대로 있고, 다시 만나기를 기다리고 있다.

그러므로 아삽의 시에서 "내가 항상 주와 함께 하니"(73:23)라는 말씀을 읽을 때, 이 말을 영적인 교제를 갖는다는 의미로 이해해야 한다.

물론 우리는 공간적으로 하나님과 떨어져 있을 수 없다. 우리는 하나님께서 우리 가까이 계시지 않는 어떤 곳에 있을 수 없다. 하나님께서는 우리를 앞뒤로 두르신다. 우리가 주의 영을 떠나 어디로 가며 주의 앞에서 어디로 피할 수 있겠는가? 우리는 하나님의 앞을 피할 수가 없다. "스올에 내 자리를 펼지라도 거기 계시니이다 내가 새벽 날개를 치며 바다 끝에 가서 거주할지라도 거기서도 주의 손이 나를 인도하시며 주의 오른손이 나를 붙드시리이다"(시 139:8-10) 하고 다윗은 말한다.

하나님은 결코 우리에게서 멀리 계시지 않는다. 하나님은 우리에게서 멀리 계실 수 없고 우리도 하나님에게서 멀리 있을 수 없다. 하나님은 어디에나 계시는 하나님이시기 때문이다. 모든 순간에, 하나님의 전능하신 능력이 우리 안에서 그리고 우리에게 작용한다. 따라서 우리의 맥박이 뛸 때마다, 우리의 신경조직이 떨 때마다, 숨을 쉴 때마다 우리는 하나님께 가까이 있는 것이다.

그러나 이렇게 하나님이 어디에나 계신다고 해서 우리의 영이 하나님의 영과 교제하는 일이 저절로 생기는 것은 아니다.

이것을 위해서는 두 가지가 필요하다.

첫째로, 하나님께서 우리에게 가까이 오셔서 우리 영과 마음에 성령의 임재의 표시를 알려주셔야 한다. 둘째로, 우리가 마음을 열어 성령께서 들어오셔서, 우리 마음이 하나님께로 향하여 하나님을 찾도록 하고, 하나님을 찾을 때까지 쉬지 않도록 해야 한다.

하나님의 영이 우리 영에 가까이 오신다는 이 첫 번째 부분이 피상적인 인상을 주는 것에 그칠 수가 있다. 이런 의미에서, 양심을 통해서든 인생의 현저한 사건들과 관련해서든 하나님에게서 오는 충동을 때로 자기 영혼 속에서 의식하지 못하는 사람은 거의 없다. 심지어 죄를 짓는 가운데서도 우리는 이런 충동을 의식해 왔다.

그러나 하나님께서 우리에게 자신을 밝히고 나타내시며, 우리 안에 거하면서 자신을 우리 마음의 은밀한 친구로 알리시면, 이 문제는 전혀 달라진다.

그때에야 비로소 하나님과 은밀히 행하는 일이 가능해지고, 하나님께서 우리를 다스리는 주가 되시어 우리 영혼에 교제를 허락하시기도 하고 보류하시기도 한다. 하나님과의 사귐을 갖는 사람은 그로 말미암아 모든 특권들 위에 가장 고귀한 가치를 지닌, 하나님이 주시는 하늘의 고귀한 은혜를 받는 특권을 받는 것이라고 생각해야 한다.

우리가 이 복을 높이 평가하느냐 하는 것은 우리도 하나님께로 마음을 열고, 생활의 한결 같은 은혜를 단지 이따금 구하는 것이 아니라 지속적으로 구하고 하나님과의 이 친밀하고 은밀한 교제를 즐기는가, 그렇지 않은가에 의해 나타날 것이다.

"내가 항상 주와 함께 하니"(시 73:23) 라는 아삽의 시에서, "항상"이라는 단어를 "때때로" "이따금" "간혹"의 의미로 해석해서는 안 되고, "항상" "줄곧" "쉼 없이"라는 뜻으로 해석해야 한다.

그는 하나님과의 교제의 복됨을 맛보고 즐겼지만 이따금씩 그렇게 했을 뿐이다. 그가 한 때는 하나님께 가까이 하였으나 또 다시 하나님에게서 멀어졌고, 그로 말미암아 그의 영혼이 헤매었다. 그는 자기 영혼이 길을 잃었고, 자신이 하나님의 자녀들을 불성실하게 대하는 지경에까지 이르렀다는 것을 느꼈다. 그는 성소에 들어가고 난 다음에서야 이 큰 혼란에서 돌아오게 되었고 마음을 열어 다시 하나님과 교제를 나누게 되었다. 이제 영혼의 쓰라린 경험으로 깨달음을 얻은 그는, 전과는 다르게 행하겠다고 마음으로 굳은 결심을 한다. 단지 지금까지 해오던 것처럼, 마음을 분산시키는 온갖 일들 가운데서 한 때 하나님과의 교제를 구하다가 다시 하나님에게서 떨어져 나와 길을 헤매는 식으로 하지 않고, 지금부터 계속해서 줄곧, 간단없이 쉼 없이 하나님과 함께 있겠다고 한 것이다. 이것이 "항상" 이라는 단어가 의미하는 바이다.

이 선언은 그가 이제부터는 상상력을 깊게 신비하게 발휘하여 거룩한 명상에 몰두함으로 신적 존재와의 교제에 전념하겠다고 말하는 것이 아니다.

매우 조심해서 그런 일을 한다면, 은밀한 기도의 결과로 그와 같이 무한자를 영적으로 보는 일에 몰두하는 것이 그것대로 가치가 있을 수 있다. 그러나 이것은 항상 하나님께 가까이 간다는 것이 의미하는 바는 아니다.

그런 거룩하고 신비한 명상을 하는 동안에는 영의 다른 모든 작용은 쉬기 때문에 그런 것을 의미할 수가 없다. 그렇게 할 경우 우리는 세상에서 행해야 하는 우리 직무 앞에서 무력하게 될 것이고, 따라서 하나님의 뜻을 행하는 일은 더 이상 불가능하게 될 것이다.

그렇게 되어서는 안 된다. 사람이 하나님께 가까이 가는 교제는 우리 생활을 온전히 힘있게 수행하는 가운데 현실적으로 이루어져야 한다. 그 교제는 우리의 느낌, 인식, 기분, 사고, 상상, 의지, 활동, 말에 스며들어야 하고 그것들이 살아나도록 해야 한다. 우리 삶의 이질적인 요소로 있어서는 안 되고 우리 존재와 삶 전체에 걸쳐 숨 쉬는 열정이 되어야 한다. 이것이 우리가 사람과 갖는 교제에서는 불가능하고 다만 우리 하나님과 갖는 교제에서만 가능한 일이다. 왜냐하면 피조물로서 모든 거룩한 것과 생명이 있는 모든 소산은 하나님 안에 있고, 하나님으로부터 나오며, 하나님을 통해서 나오기 때문이다.

그러므로 가만히 앉아 생각하는 것은 아삽이 원한 것이 아니다. 그가 원한 것은 항상 감사드리며, 스스로 고양되어 경건하게 하나님께로 향하는 마음과 생각의 기조와 근본적인 경향이다. 울부짖는 기도는 충분치 않다. 이런 기도는 이따금씩만 영혼에서 나온다. 필요한 것은 항상, 모든 일에서 우리의 기대가 하나님으로부터 나와야 하는 것이고, 또 우리가 항상 모든 것에 대해 하나님께 감사를 드려야 한다는 것이다. 이것은 하나님께서 우리의 마음을 고무시켜 행하도록 하는 것이다. 그것은 항상 신실하신 아버지와 교제하는 것이고, 따라서 하나님께서 어느 때 우리에게 나타나실지라도 언제든지 우리가 그것을 전혀 낯설게 여기지 않는 것이다.

우리가 있는 곳에 항상 우리 **자아**가 함께 있고 생활의 모든 일에 우리의 자아를 참여시키듯이 하나님에 대한 생각, 영혼을 하나님께로 들어 올리는 것, 하나님에 대한 믿음, 하나님에 대한 사랑이 모든 일 안에 그리고 모든 일과 함께 작용하도록 해야 한다. 이렇게 하는 것이 하나님을 떠나 곁길로 가는 것을 막고 우리 영혼이 항상 하나님을 가까이 하는 습관이 들게 한다.

이 사실은 하나님을 떠나 사는 사람이 다시 하나님과의 교제를 회복하기까지는 마음 아픈 공허, 곧 하나님을 떠나 방황하며 따라서 결코 안식을 얻지 못하는 때를 느낀다는 점에서 아주 뚜렷하게 나타난다.

제 58 장

내가 주께 피하여 숨었나이다

암탉은 **위험이 가까이 오기 전까지는** 제 병아리들이 눈앞에서 자유롭게 돌아다니도록 둔다. 그러나 위험이 가까이 오면 즉시 암탉은 날개를 펼치고 새끼들에게 자기에게로 오라고 꼬꼬 하고 소리치며 마지막 새끼가 날개 아래로 모이기까지 마음을 놓지 않는다. 그리고 동물이 어미로서 갖는 신실함으로 어린 새끼들을 모두 보호한다.

그런데 그때 병아리가 스스로 어미 닭에게로 **피하지** 않는다.

병아리 스스로 위험이 가까이 오는 것을 볼 때에야 비로소 어미의 날개 아래 보호를 받기 위해 어미에게로 달려가서 **피한다**.

예수께서 시온에 대해 애처로운 심정으로 "예루살렘아 예루살렘아" 하고 외치신 것은 두 번에 걸쳐 질책하시는 것이다. 그 말씀은 이스라엘이 위험이 가까이 오는 것을 전혀 짐작하지 못한 것과, 방어를 구하되 하나님에게서 찾지 않고 오직 사람에게서만 구한 것에 대해 책망하였다.

곤경의 때에 이스라엘 백성들은 하나님께 부르짖고 자기 조상의 하나님께 도움과 구원을 부르짖는 기도와 간구를 드렸어야 하고, 그 부르짖음에 대한 응답을 기다릴 것이 없이 자기들에게로 닥치는 파멸의 홍수의 물이 일어나기 시작하자마자 온 영혼으로 하나님께로 피했어야 했다.

그러나 백성들은 그렇게 하지 않았다. 그들은 자신의 힘을 믿었고 그 위험을 가볍게 보았다. 그때 백성들이 하나님께 부르짖기보다는 하나님께서 자기 백성들에게 소리치셨다. "이스라엘아 내게로 도망하라 내가 네 방패가 되게 하라." 하나님께서는 한 번이 아니라 여러 번에 걸쳐 이같이 외치셨다. 그리고 이스라엘은 자기 하나님께서 그같이 외치는 소리와 부추기는 말을 들었지만 마음을 완고하게 하고 들으려 하지 않았다. 그때서야 하나님께서 그들을 버리시는 심판을 하셨다. "암탉이 그 새끼를 날개 아래에 모음 같이 내가 네 자녀를 모으려 한 일이 몇 번이더냐 그러나 너희가 원하지 아니하였도다 보라 너희 집이 황폐하여 버려진 바 되리라"(마 23:37,38). 이 심판의 말을 듣고도 이스라엘은 스스로 책망하고 부끄러워하며 울지 않았고 오히려 골고다에 십자가를 세웠다. 자기 백성을 위하여 우신 분은 하나님이시었다.

여기서 여러분은 온갖 영적 상태를 보게 된다.

하나님을 알지 못하고 하나님께서도 알지 못하는 어떤 사람이 위험 가운데서 지내다가 배가 가라앉게 될 즈음에서야 비로소 "하나님 살려주세요" 하고 소리치지만, 그 외침과 함께 폭풍우 속으로 사라지고 마는 경우가 있을 것이다.

어떤 사람은 위험에 처해서 용감하게 위험에 맞서 싸우지만 하나님을 전혀 모를 수가 있다.

또 어떤 사람은 곤경의 때에 하나님의 경고하시는 소리를 듣지만 그 소리에 귀를 기울이지 않는다.

그런가 하면, 심한 고난의 때에 스스로 하나님께 피하려 하고 하나님께 부르짖으며 하나님의 소리를 듣고, 그래서 자기 하나님께 피하고 그 날개 아래 숨으며 하나님의 신실한 보호를 받으므로 그 영혼이 구원을 받는 사람들도 있다.

이 마지막 사람들만이 실로 그 영혼으로부터 이같이 확신을 가지고 외칠 수가 있다. "여호와여 내가 주께 피하여 숨었나이다"(시 143:9).

병아리들이 어미 닭의 날개 아래로 기어들어 갔을 때, 가까이 온 매는 더 이상 병아리들을 보지 못하고 화가 나 있는 어미 닭만 볼뿐이다. 어린 아이가 어머니에게 달려가서 어머니 옷자락에 숨으면 아이를 공격하던 사람은 더 이상 무력한 아이를 상대하지 못하고 아이의 편을 들고 나서는 암사자 같은 어머니를 대해야 한다. 그와 같이 하나님의 자녀가 하나님께로 숨으면 그 싸움은 더 이상 그 자녀와 세상의 싸움이 아니라 이 세상과 하나님의 싸움이 된다.

하나님께 피하여 숨는 것은 하나님의 장막에 거하고 하나님과 은밀히 지내는 것의 은밀한 은혜를 아는 것과는 다르다.

피하여 숨는다는 것은 고정된 상태가 아니라 언제나 일시적인 것이다. 여러분은 천둥을 동반한 폭풍우를 만나면 피하여 숨지만, 곧 해가 다시 비치면 숨었던 곳에서 나와 계속해서 여러분의 길을 간다. 병아리들은 매가 공중에 맴돌면 어미 닭에게 피하여 숨지만 매가 사라지만 다시 밖으로 뛰어나온다. 그래서 하나님을 아는 사람의 영혼은 고난이 지속되는 한 하나님께 피하여 숨는다. 그러나 고난이 지나가면 더 이상 숨을 필요가 없다.

하나님께 피하여 숨는 것은 일상적인 일이 아니라 특별한 어떤 때에 해당하는 상태이다. "이 재앙들이 지나기까지"(시 57:1) 혹은 이사야서에서 말한 대로 "분노가 지나기까지"(26:20) 숨는 것이다.

고난과 염려는 우리 일생을 따라다닌다. 그래서 우리의 십자가를 매일 새롭게 져야 한다. 그러나 대체로 매일의 생활에서 하나님의 자녀는 하나님의 보호를 확신하고서 평온한 심정으로 자기 길을 가야 한다. 그는 하나님께서 자기를 위해 싸우시며, 자기의 그늘이 되신다는 것을 알고, 하나님께서 선한 목자로서 자신을 인도하시고, 맹렬한 공격이 닥칠 때는 하나님께서 보호물로 자기를 가리신다는 것을 안다.

그럴 때 그는 진실로 하나님과 함께 거하며 하나님은 그를 버리시지 않는다. 그러나 그것은 일상적인 활동에서 믿음이 발휘되는 것이고, 하나님의 신실하심이 작용하고 하나님 자녀의 신뢰하는 확신이 작용하는 것이다.

그러나 **숨는 것**은 그 이상의 다른 어떤 것, 공포의 시간과 관련된 것이다. 물이 목에까지 찼을 때, 어두운 공포가 갑작스럽게 영혼을 덮쳤을 때, 도망갈 길이 전혀 없을 때, 마음에 어두운 밤이 자리 잡을 때, 믿음이 더 이상 스스로를 확신할 수 없을 때가 있다.

그때 영웅적인 용기를 내어 자신을 추스르고 위험의 순간에 어린아이가 엄마에게 달려가 엄마 치맛자락에 숨듯이, 영혼이 하나님께로 도망하여 하나님께 바싹 달라붙고 하나님의 성소에 숨고 하나님께 피하는 것이다.

이렇게 할 때 영혼은 다른 아무것도 생각하지 않고 계획을 짤 시간도 갖지 않은 채, 오직 하나님께 숨고 하나님 곁에서 안전하게 지내며 하나님에게서 구원을 얻으려는 이 한 가지만 추구한다.

믿음의 절망으로서 그런 일이 있을 수 있다면, 그때에 하나님께 피하여 숨는 것은 절망적인 행동으로 볼 수도 있을 것이다.

믿음에서는 절망이 없을지라도, 하나님의 자녀가 불안한 가운데 스스로에 대해 낙담하고, 밖에서 오는 모든 도움과 구원에 대해 절망하며, 다른 때에는 마음대로 사용할 수 있었던 일반적인 능력과 은사가 작용하는 것을 단념하고 심지어는 방어나 저항을 계획하는 방법마저 포기한다는 점에서 절망이 있다. 이는 닥쳐

오는 일이 너무 강해서 자기가 틀림없이 패할 수밖에 없으므로 마주할 수 없다는 것을 느끼기 때문이다. 그래서 또 다른 하찮은 위험도 무릅쓸 만한 용기가 남아 있지 않아 창과 방패를 던져 버리고 무력하고 절망적인 상태에서 하나님께로 피하며 "하나님이여 주께서 나를 위해 싸워주소서" 하고 간구하며 이제 하나님께 피하여 숨는다.

하나님께 피하여 숨는 자는 자신의 주장을 하나님께 맡겨 버린 자이다. 그는 그 주장으로부터 스스로 물러난다. 자신의 모든 지원과 소망을 하나님의 공의에 맡긴다. 하나님께서 모든 것을 바로 잡으셨다는 것을 분명히 알게 되었을 때에야 비로소 그는 자신의 주장을 마무리 짓기 위해 숨었던 곳에서 나온다.

그러므로 이같이 하나님께 피하여 숨는 것은 일이 잘못되어 갈 때마다 영혼에게 일어나는 행동이 아니다. 그것은 지극히 곤혹스럽고 고통스런 환경에서만 일어나는 행동이다.

다윗은 영혼이 자기 속에서 짓눌릴 때에야 비로소 이같이 외치지 않을 수 없었다. "내 마음이 내 속에서 참담하니이다"(시 143:4). 그래서 그는 "죽은 지 오랜 자 같이 암흑 속에 있었나이다"고 하고 마음으로부터 쥐어짜듯이 도움을 부르짖었고, 그리스도의 군사들이 그와 같은 고난의 순간에 짓눌린 마음으로부터 울려 내었던 것과 같은 말을 사용할 수 있었다.

그러나 일상적인 생활을 하는 가운데서도 숨막힐 듯한 불안과 곤경의 때에 하나님께 피하여 숨는 일도 있다. 왜냐하면 다윗의 경우에서와 같은, 하나님의 싸움을 싸우라는 부르심은 신자들에게 드문 일이지만, 이러한 싸움의 성격이 모든 가족에게서 또 일상적인 생활에서 되풀이되기 때문이다.

세상에서 절망과 자살로 이끄는 치명적인 불안의 예들은 거의 수를 헤아릴 수 없이 많다. 절망으로 인해서 세상 사람을 자살로 끌고 가는 불안이 신자에게는 자기 하나님께로 피하여 숨게 만든다는 이 사실이 믿음에서 주목할 만한 점이다.

세상 사람이나 하나님의 자녀나 다 같이 포기한다. 그러나 세상 사람은 단지 고난에서 벗어나기 위해 자기 파멸로 종결지으려고 하지만, 이때 신자의 영혼에는 영생의 소망이 빛을 비추고, 그래서 그도 자신을 버리려고 하는데 다만 자신의 능력과 역량에서 어떤 것이 나오기를 전혀 기대하지 않고 모든 것을 자기 하나님의 손에 맡김으로써 자기를 버리려고 한다.

그런데 하나님의 자녀는 치명적인 병에 걸리고 고통을 겪으며, 더 이상 그 고통을 견딜 수 없고 더 이상 약의 도움을 받을 수도 없게 될 수 있지만 자기 하나님께 피하여 숨을 수 있기 때문에, 죽음에 끝까지 저항할 수가 있다. 이와 같이 통절한 슬픔으로, 괴로운 죄로, 끝없이 이어지는 역경으로, 가난으로 가정에 절망이 있을 수 있다. 그리고 다시는 명예를 회복할 수 없고 그래서 사는 것이 짐이 될 만큼 아주 깊고 무자비한 조소와 비방으로 인해 큰 슬픔을 당할 수도 있다.

이 모든 일에 하나님의 대의가 연루될 수가 있다. 그러나 대체로, 이 모든 두려운 어둠이 일상적인 생활에서 갑자기 불쑥 나타나는 일은 없다. 문제 자체는 하나님을 위한 싸움과 상관없을지라도, 순전히 이 슬픈 고통들이 하나님 자녀의 마음에 있는 믿음을 흔들기 때문에 이 싸움이 일어난다.

그때에는 그것이 다름이 아니라 믿음의 싸움이 될 수 있다. 세상의 권세와 믿음이 나타내는 힘과의 전투가 될 수 있다. 불안이 믿음을 쳐서 잠잠하게 만들지라도, 믿음은 이 치명적인 두려움에 맞서서 계속해서 하나님께 도움을 부르짖을 것이다.

이 모든 경우에 믿음은 그 두려움에 저항하는 것부터 시작하고, 그 다음에는 힘이 있는 한 그 두려움과 맞서 싸운다. 결국 믿음이 더 이상 아무 일도 할 수 없고 이제 곧 믿음이 힘을 잃을 것을 느낄 때, 믿음이 마지막으로 영웅적인 노력을 발휘하고 그로 인해 승리를 거둔다. 이때 믿음은 자신이 싸우는 것을 포기하고 그 모든 것을 주님께 맡기는 것이고, 폭풍우로 인해 이리 저리 뒹굴며 괴로움을 당하는 자가 하나님께 피하여 숨고, 하나님께서 그의 상처를 싸매시는 것이다.

제59장

주께서 내게 응답지 아니하시나이다

참된 기도는 응답을 구한다. 위로부터 오는 응답, 하나님으로부터 오는 응답을 구한다.

모든 기도가 다 응답을 받는 것은 아니다. 순전히 형식적으로 말을 중얼거리는 것과 영혼을 쏟아 간절히 간구하는 것은 큰 차이가 있다.

형식적인 기도는 장점이라곤 아무것도 없다고 말한다면, 크게 잘못하는 생각하는 것이다. 형식적인 기도에는 기도를 유지하는 힘이 있다. 형식적인 기도가 계속되다가도, 위로부터 오는 불꽃이 갑작스럽게 이 생기 없는 기도에 들어오면, 그 즉시 형식적인 기도에서 참된 기도가 불길처럼 일어나게 된다.

그러나 이렇게 순전히 형식적으로 기도하는 사람은 기도하지 않는 것이 낫다고 하는 것이 아주 틀린 말이지만, 생명이 없는 기도는 병든 기도라는 사실 또한 마찬가지로 강조해야 한다. 열렬히 기도를 드리는 사람이라면 그런 기도에 대해 즉시 정결케 하는 속죄의 능력을 간구하게 될 것이다.

여러분이 기도의 진정한 성격을 알아보려면, 무엇보다 먼저 형식적인 기도에 대한 생각을 깨끗이 잊어버리고 오로지 영혼의 참된 간구에만 주의를 집중하고, 모든 간구에서 기도하는 사람은 **응답**을 기다린다는 이 확고한 원칙을 적용하도록 해야 한다. 옛적에는 그 응답이 계시로 주어졌고, 영혼 속에 하시는 말씀으로, 이상으로 혹은 천사의 나타남으로 주어졌다. 혹은 이제는 흔히 갑작스럽게 어떤 사람을 만남을 통해서 혹은 성령께서 우리 속에 일으키시는 영혼의 느낌을 통해서 기도에 직접적인 응답을 받기도 한다.

그러나 응답을 기다리는 사람은 언제나 경건하게 기도하는 사람이다.

응답은, 신자가 기도로 무엇인가를 구할 때뿐만 아니라 예배드리며 찬송을 부르거나 감사를 드릴 때에도 구하는 것이다. 왜냐하면 예배드리고 찬송과 감사를 드리는 사람도 단지 하나님의 이름과 위엄에 영광을 돌리기 위해서만 그같이 하는 것이 아니라 자기가 예배하는 하나님께서 그의 영혼과 입술에서 나오는 예배와 감사를 받으시기를 간절히 바라기 때문이다. 그리고 이 경배와 찬송과 예배를 성경에서 제사라고 부른다. 호세아서에서는 이것을 가리켜 "입술의 송아지"(14:2, 개역개정은 "입술의 열매" - 역자주)라고 부르고, 이사야서에서는 "입술의 열매"(57:19)라고 한다. 이렇게 표현하는 것은 그런 예배가 함축하고 있는, 분명한 제사적 의미를 나타내기 위해서이다. 역사상 최초로 형제를 살해한 사건에 대한 역사적 기록을 보면, 거기에 하나님께서 받으시는 제사가 있고 또 하나님께서 물리치시는 제사가 있는 것을 알 수 있다. 제사를 드릴 때는 반드시 사람이 마음으로 **하나님으로부터 응답**을 기다린다는 사실이 가인의 분노에서만큼 분명하게 나타나는 데는 없다.

그러나 이 응답이 언제나 오는 것은 아니다. 때로는 그 응답이 지연되기도 한다. 마음의 슬픔과 영혼의 고통 가운데 있을 때, 하나님으로부터 오는 응답의 지연만큼 고통스럽고 견디기 어려운 것은 없다.

욥의 불평 가운데서 그 사실을 보도록 하자. "내가 주께 부르짖으나 주께서 대답하지 아니하시오며 내가 섰사오나 주께서 나를 돌아보지 아니하시나이다"(30:20). 이 점은 메시야의 불평을 담고 있는 시편 23편에서 훨씬 뚜렷하게 나타난다. "내 하나님이여 내 하나님이여 어찌하여 나를 버리셨나이까 내 하나님이여 내가 낮에도 부르짖고 밤에도 잠잠하지 아니하오나 응답하지 아니하시나이다." 혹은 미가서에서 말하는 것과 같이 "선견자가 부끄러워할 것은 하나님이 응답하지 아니하심이다."

그러므로 하나님으로부터 응답을 받지 못하는 것이 언제나 기도하는 사람의 잘못인 것은 아니다. 적어도 메시야에게 있어서는 그렇게 생각할 수 없다. 사람은 누구나 자신의 기도 생활을 돌이켜 볼 때, 자신이 양심적으로 부끄러운 경우에도 응답을 받은 적이 있고, 반면에 진심으로 간절히 기도한 경우에 하나님으로부터 응답이 오지 않은 때도 드물지 않다는 것을 안다.

많은 경우에 하나님으로부터 응답이 오지 않는 것은 우리 기도가 사실은 입술로 범하는 죄이기 때문이었다. 하나님 편에서 응답하시지 않는 것은, 많은 경우에 기도하는 사람의 마음에 있는 죄악 된 성향 때문인 것이 분명하다.

그러나 기도하는 사람 편에서 죄가 하나님께서 기도에 대한 응답을 보류하시는 유일한 이유라고 하는 것은 옳지 않다.

이스라엘의 지극히 경건한 성도들은 하나님께서 자기의 기도에 응답하시지 않는다고 거듭 불평하였다. 이것이 언제나 그들 마음에 깊은 슬픔을 일으키는 원인이었고, 이처럼 아주 깊은 슬픔이 있다는 것은 그들의 기도가 그만큼 간절하고 진실하였음을 보여 주는 증거였다.

예수께서 십자가에서 외치신 **어찌하여 나를 버리셨나이까** 하는 외침은 인간 영혼의 슬픔이 도달할 수 있는 가장 높은 지점을 보여 준다. 하나님 편에서 응답을 보류하는 것이 **의도적**일 수 있다는 것이 골고다에서만큼 분명하게 나타날 수 있는 경우는 없었다.

갈멜 산에서 논쟁이 되고 있던 문제는 하늘로부터 응답을 받느냐 받지 못하느냐 하는 것이었다. 엘리야와 바알 선지자들은 다같이 하나님이 살아 계시므로 사람이 기도하면 하나님의 살아 계신다는 표시로 하나님 편에서 기도의 응답이 와야 한다는 것을 인정하였다.

바알 제사장들은 바알에게 이 응답을 구하였고 엘리야는 여호와 하나님께 구하였다. 수많은 사람들이 하루 종일 "바알이여 우리에게 응답하소서 우리에게 응답하소서" 하고 부르짖었다(왕상 18:26). 그들은 응답이 없자 칼과 창으로 자기 몸을 베기까지 하였다. 그 다음에 엘리야가 기도하였고 하나님께서 불로써 응답하셨다.

여기에서 걸린 문제는 하나님께 기도를 드리면 하나님께서 응답**하실 수 있느냐** 하는 것이었다. 존재하지 않고 생명이 없는 하나님은 응답할 수 없다. 영광 가운데 살아계시는 여호와는 응답하실 수 있으셨고, 두려운 응답이 하늘로부터 불로써 내려왔다.

그러나 응답하는 능력만으로 다 되는 것은 아니다. 하나님께서 또한 응답**하시려고** 해야 한다. 그래서 **버리셨다**는 것은 때로 하나님께서는 의도적으로 들으려고 하시지 않는다는 두려운 진실을 가장 고상하게 표현하는 말이다. 그런데, 그때는 우연히 혹은 실수로 안 들으시는 것이 아니라 하나님의 지혜와 계획에 따라 응답을 보류하시는 것이다.

하나님은 자기 자녀가 계속 부르짖는 때에도 응답을 보류하시고, 지극히 진실된 예배자가 하나님 앞에서 영혼을 쏟아 기도하는 때에도 응답을 미루시고, 심지어 하나님의 사랑하시는 아드님께서 십자가에서 부르짖을 때에도 응답을 보류하신다.

그러므로 십자가에서 들리는 바로 그 외침에서, 부르짖지만 응답을 받지 못하는 모든 영혼이 위로를 발견한다. 그렇지 않으면 하나님의 침묵 앞에서 영혼이 쉽게 절망에 빠질 수 있을 것이다. 그러나 이제 하나님의 친 아드님의 기도조차 응답되지 않았다는 것이 나타나듯이, 우리도 성자 하나님과 함께 고려될 때 어찌 죄인의 기도가 응답되지 않는다고 불평하거나 낙망에 빠져서야 되겠는가?

그렇다면 기도에 응답한다는 것은 하나님 편에서 승낙하지 않는 것이나 제멋대로 처리하는 것은 아닌가?

절대로 그렇지 않다. 하나님께 대해서는 결코 그런 생각을 할 수 없다. 이처럼 우리의 기도에 대한 응답을 하나님 편에서 보류하는 것은 하나님께서 그 자녀의 영혼을 두르시는 사랑과 생명에서 나오는 처사이다.

우리가 기도 생활에서 하나님 자신을 구하지 않고 하나님의 선물을 구한다는 점에 위험 요소가 있다. 우리의 기도는 거의 언제나 하나님의 도움이나 구조, 하나님의 구원하시고 복 주시는 능력을 구한다. 우리의 기도는 우리 자신을 보는 데서, 우리 자신의 관심사와 곤경에 처한 우리 상태에서 눈길을 돌려 무엇보다 하나님 자신을 대하는 것을 목표로 하는 단계에 좀처럼 이르지 못한다.

우리 하늘 아버지께서 우리에게 이 일에 지침을 주신다. 그 지침은 우리에게 먼저 하나님의 이름이 거룩히 여김을 받도록 구하고, 하나님의 나라가 임하기를, 하나님의 뜻이 이루어지기를 구하고, 그 다음에서야 우리에게 매일의 양식을 주시기를, 우리의 죄를 용서해 주시기를, 우리를 악에서 구해 주시기를 기도하라고 가르친다.

그러나 우리가 이 기도를 할 때에조차 하늘 아버지의 이 신성한 고지에 좀처럼 서지 못한다는 사실이 우리 영혼의 비참한 상태를 보여 준다. 이런 우리의 상태가 하나님과 우리 영혼 사이에 있는 부드러운 사랑의 생명을 해친다.

곤경의 때에 도움을 구하는 기도를 하는 것은 지극히 자연스러운 일이다. 그런데 그 기도는 언제나 우리가 자신에 대해 갖고 있는 사랑에서 나온다. 그 경우에 하나님은 우리를 돕고, 구조하고 구원해야 하는 분이다. 그래서 때때로 마치 하나님께서 단지 우리를 위해, 우리의 유익을 위해, 곧 우리를 고난으로부터 구원하기 위해서만 존재하는 것처럼 보인다.

사랑은 다르다.

기도에서 나타나는 하나님께 대한 사랑은 무엇보다 먼저 우리는 하나님의 이름, 하나님의 명예, 하나님의 전능하신 능력을 영화롭게 하는 것에 관심을 갖는 것이다.

사랑만이 영혼을 부요하게 하고 존귀하게 만드는 것이 사실이라면, 여호와 하나님께서 잠시 동안 우리 기도에 대한 응답을 보류하심으로써 우리를 사랑의 생활에 더 깊이 들어가게 하고 기도에 들어 있는 이기주의를 억제하며, 기도 생활에서도 사랑을 북돋우실 때, 그것은 은혜이고, 은혜를 주시려는 것이다. 그러므로 여러분의 기도에 대한 응답이 늦어질 때에 영혼이 낙심하지 않도록 해야 한다. 기도의 응답이 반드시 즉시 와야 할 필요가 없다는 것과, 아주 많은 경우에 응답이 뒤늦게 나타났다는 것, 하나님께서는 자신이 정하신 때에 응답을 보내셨다는 사실을 그만 두고라도, 하나님께서 여러분에게 응답하지 않을 때 낙심하지 않아야 할 이유가 그 한 가지만은 아니다.

구약 시대와 신약 시대에서 다 같이 하나님의 성도들을 사로잡았던 사실을 **여러분에게서는** 면제해야 할 이유가 있겠는가. 여러분의 구주께서 십자가 위에서 죽음의 어두운 시간에 어떤 일을 겪으셨는가?

여러분의 영혼이 부르짖을 때 하나님 편에서 이렇게 응답을 보류하시는 것은 하나님께서 여러분이 자신을 사랑하는 것보다 더 여러분의 영혼을 사랑하신다는 표시가 될 수 있다. 그것은 하나님께서 여러분 영혼의 생명과 여러분의 기도 생활을 더 높은 우월한 위치로 올리기 원하신다는 표시이고, 하나님께서 여러분을 더 깊은 사랑의 길로 들어가게 하시고자 한다는 표시이며, 여러분의 기도에 응답하지 않으심으로써 하나님께서 여러분이 더 낫게 기도하고 더 간절히 간구하며, 그 다음에 훨씬 더 영광스러운 응답을 받을 영광스러운 미래를 여러분을 위해 준비하신다는 표시이다.

여러분을 사랑하는 사람의 편에서 일시적으로 응답을 보류하는 것이 더 깊은 사랑을 불러일으키는 방법이 되는 것을 사람들 가운데서도 자주 보게 되는 현실이다. 그렇다면, 그분 자신이 사랑이시고, 이처럼 여러분과 하나님 사이에 구름을 가림으로 여러분이 더 고귀하고 풍성하게 사랑을 누리도록 이끄시는 하나님에게는 이 사실이 얼마나 더 해당되겠는가!

제 60장

시대의 흐름이 주께 속하였도다

한 해가 마무리 되면, 여러분 인생과 여러분의 날수에 또 한 가지 제한이 추가된 것이다.

여러분 인생의 할당된 기간 안에 새로운 한 해가 들어왔다. 1903년이 왔었고, 이 해는 12달, 52주, 365일 동안에 걸쳐 있었다. 그러나 이제 그 해가 끝이 났다. 그 해는 가버렸고 다시는 돌아오지 않을 것이다. 이제 여러분은 1904년에 들어섰고, 무의식적으로 금년이 여러분과 여러분의 가족에게 무엇을 가져다 줄 것인지 묻는다. 여러분의 인생이 금년을 다 채우지 못할지, 금년을 넘어서 살지 모른다. 새해 벽두에 이 사실을 생각할 때 저절로 여러분은 하늘에 계신 아버지를 우러러보며, 무엇을 구하기보다는 많은 것을 의탁하고 젖 뗀 어린아이처럼 평온한 심정으로 하나님께서 여러분과 여러분의 사랑하는 사람들에게 무엇을 가져다 주실지 기다리게 된다.

"시대의 흐름이 주께 속하였도다"(합 3:6, 개역개정은 "그의 행하심이 예로부터 그러하시도다" - 역자주)고 선지자는 선언한다. 하나님께서는 여러 세기를 시계의 숫자판처럼 매 시간, 매 분을 재고 세신다. 여러분은 짧디짧은 시간 속에서 도움을 필요로 하는 작은 자이다. 하나님은 영원 속에서 천년을 하루 같이 지내시는 분이다. 여러분이 시간을 계산하는 것과 하나님께서 시간을 헤아리는 것 사이에는 도무지 비교할 것이 없다. 하나님께는 시간이 언제나 솟아나고 끓어오르며, 년중 끊임없이 풍성하게 흘러넘치는 영원의 샘이지만, 여러분에게 시간은 초침의 째깍째깍 하는 소리에서 들을 수 있듯이, 똑똑 떨어지는 순간이다. 여러분은 기다려야 할 때는, 때로 단 오 분도 얼마나 견딜 수 없게 길게 느껴지는지 모른다.

여러분과 하나님 사이의 이 거대한 차이를 결코 잊어서는 안 된다. 우리의 시간과 하나님의 영원 사이에 관계가 존재해야 하고 또 존재한다는 것을 알지만, 그 사이의 관계를 우리가 결코 명확히 알 수 없을 만큼 그 차이는 크다. 여러분이 그리스도 안에서 행복하게 죽는다면, 여러분도 어느 날 이 영원에 들어가 거기서 큰일들을 영원히 누리게 될 것이 확실하다. 그럴지라도 여러분이 누리는 그 영원이 결코 하나님의 영원이 되지는 않을 것이다. 그때가 되면 여러분이 영원히 살지라도, 여러분에게는 시작한 때가 있었지만 하나님께는 시작이 없으시다. "산이 생기기 전, 영원부터 영원까지 주는 하나님이시니이다"(시 90:1). 이 사실은 결코 여러분에게 적용되지 않는다.

주어진 시간만큼 사는 여러분과 시대의 흐름을 주관하시는 하나님 사이에서 이 차이가 아무리 생각할 수 없을 만큼 클지라도, 하나님께서 요람에서부터 무덤까지 이르는 여러분의 일생의 기간을 해와 달과 날과 시간과 분으로 쪼개고, 그렇게 함으로써 그렇지 않았다면 너무도 짧을 일생에 넓고 긴 기간과 풍부한 범위를 주셔서, 여러분이 몇 해 안 되는 짧은 인생의 웅덩이에서 목욕을 하면서도 마치 큰 바다에서처럼 지내게 만드시는 것은 하나님의 은혜이다.

시간도, 시간을 해와 날로 구분하는 것도 여러분이 발명하지 않았다. 그것은 하나님께서 여러분을 위해 정하셨다. "저녁이 되고 아침이 되니 이는 첫째 날이니라"는 것이 창조시의 말씀이다. 이 말씀에 의해서, 사람이 아직 이 땅에 나타나기 전에, 시간의 전 질서와 구분이 여러분을 위해 정해진 것이다. 해와 달과 지구의 자전, 그리고 여러분 정맥 속의 맥박은 여러분의 일생을 분과 초로 분해할 목적으로 배열된 것이다. 그리고 하나님께서 은혜와 인자로 여러분을 위해 또 여러분 때문에 과거에, 이제 현재에, 그리고 머지않은 미래에 인생이라는 부를 창조하신 것은 놀라울 정도로 단순하게 설계된 이 놀라운 수단을 통해서이다. 그 자체로는 너무나 짧은 여러분의 인생이, 이 수단으로 말미암아, 과거를 회고하거나 미래를 전망하는 일에서 다 같이 거의 무한히 길고 원대하게 되는 것이다.

이제 다시 여러분 뒤에 있게 된 한 해도, 너무 길어서 이 해 동안에 분명하게 기억할 수 있는 의미 있는 날들은 며칠 밖에 되지 않는 것처럼 느껴지고, 시작되는 새해는 마치 결코 끝나지 않을 것 같은 인상을 받는다.

그렇다. 그뿐 아니라, 영원하신 하나님은 여러분의 인생을 구분함으로 부요롭게 하셨고 그럼으로써 여러분 생각 속에서 인생을 대단히 크게 확장하셨을 뿐만 아니라 세밀하게 나눈 여러분의 일생을, 하나님으로서 신실함과 아버지로서 사랑을 가지고 관여하셨고 지금도 끊임없이 관여하신다.

주마다, 나날이 그리고 아침이 밝을 때마다 저녁이 되어 별들이 반짝일 때마다 하나님의 자비와 사랑은 여러분 위에 있다. 시간마다 하나님께서는 여러분의 가는 길에 앞서 행하신다. 여러분의 시간이 분과 초로 잘게 나누어져 진행되는 동안에 내내 여러분 심장 속에서 피가 뛰는 것은 하나님의 행하시는 일이다. 하나님께서는 여러분 마음으로부터 하나님께로 향하는 모든 한숨을 하나도 놓치지 않으신다.

하나님은 영구한 시대의 아버지이시다. 순전히 은혜로, 자기 자녀를 부요케 하기 위해 자녀의 일생을 분으로 잘게 나누시고, 여러분을 보호하시기 위해 은혜를 가지고 매분, 매초 자녀의 시간 안으로 들어가시는 분이시다.

그러나 이렇게 하나님께서 친히 여러분의 인생을 나누고 매분, 매초 은혜를 가지고 시간 안으로 들어가신다면, 다른 한편으로 일시적으로 나누어진 이생에서부터 시작하여 시대의 진행이 끝난 후에까지 이르러 여러분 자신을 영원으로 들어 올리는 것은 여러분에게 지워진 의무이다.

요한계시록을 보면(10:6), 바닷가에 선 천사가 손을 하늘로 향하여 들고 "세세토록 살아 계신 이를 가리켜 맹세하여 이르되 지체하지 아니하리라"고 하는 것이 나온다.

시간은 하나님께서 은혜로 우리에게 주신 존재의 형식이다. 그러나 시간은 실재하지 않는다. 영원만이 실재한다. 우리의 운명은 오직 영원 안에 존재하고, 영원의 관점에서만 여러분의 존재, 여러분의 미래, 여러분의 운명을 이해할 수 있다.

여러분이 여러분의 인생을 어떻게 생각할지라도, 여러분은 인생은 그 자체로는 이해할 수가 없다. 여러분이 살아온 모든 해수를 포함한 여러분의 전 인생은, 하나님 앞에서 하나의 계획이며 설계이고 하나의 통일체이다. 이 계획, 이 설계는 여러분이 태어나면서부터 시작한 것이 아니다. 그것은 여러분의 부모와 조부모의 인생에까지 뒤로 거슬러 올라간다. 그와 마찬가지로, 앞을 내다볼 때, 이 계획은 여러분의 죽음으로 끝나지 않고 죽음과 무덤을 가로질러 영원에까지 확장된다. 여러분이 이 세상에서 칠십이나 팔십 세를 살지라도, 여러분 인생에서 땅에 사는 부분은 여러분 앞에 있는 영원의 무궁한 해수에 비교할 때는 거의 아무것도 없는 것처럼 줄어든다. 땅에서 사는 여러분의 전 생애는 첫 번째 역으로 가는 노선을 출발하는 것에 지나지 않는다. 그 첫 번째 역에 가서 영원한 생명의 들판을 지나가는 참된 여행이 시작될 것이다.

이 사실을 분명하고 명확하게 이해하지 못하는 것이, 이 짧은 지상 생애를 여행하면서 그토록 많은 사람들이 몇 번이고 낙담에 빠지게 되는 주요 원인이다.

여러분 인생의 세월은 결코 그 자체로는 이해할 수가 없다. 여러분 인생의 모든 순간은 이 세상의 여러분의 삶과 이후의 여러분의 삶과 관련해서 보아야 한다. 이는 여러분의 삶이 그렇게, 바로 하나님 앞에 놓여 있기 때문이고, 여러분의 삶이 그렇기 때문에, 달리는 설명할 수가 없는 것이다.

여러분을 지으시고 조직하고 영원을 위해 준비시키시는 분은 하나님이시다. 여러분의 마음을 지으시고, 여러분의 인격을 조직하시며, 여러분 속에 영원을 위한 영을 준비하심에 있어서 시대의 흐름은 하나님께 속한 것이다. 지금 여러분에게 기쁨과 사랑을 제공해 줄 어떤 것도 이 세상에서의 표준이 아니다. 그보다는 시대가 흘러가는 동안 여러분이 장차 이르게 되는 모습이 여러분 생명과 존재에 대한 하나님의 계획을 결정한다.

이 오랜 길을 가는 동안 하나님께서는 여러분을 인도하여 이번에는 어둠과 골짜기를 지나게 하시고 그 다음에는 하나님의 거룩한 산에 햇빛을 받으며 지나게 하신다. 그러나 여러분에 관한 하나님의 계획, 하나님의 설계는 언제나 끝까지 간다. 금년이 여러분에게 가져다 줄 것을 결정하는 것은 금년에 여러분을 미소짓게 할 것이 아니라 여러분에 관한 하나님의 영원한 계획을 성취하기 위해 일어나야 하는 것이다. 왜 그래야 하는지를 지금은 알 수 없고, 내세에 가면 알게 될 것이다.

이 점을 잊고 사는 사람은 평안이 없다. 하나님의 이같이 행하심을 온 영혼으로 이해하는 사람은 무슨 일이 오든지 아버지의 신실하심 안에서 평안을 누린다.

이제 시간이라는 좁은 범위 안에 사로잡혀서 여러분이 계속해서 한 날, 한 주를 세며, 그 날에 일이 잘못되거나 실망 외에 아무것도 가져다주지 않을 때마다 괴로워하게 되면, 여러분은 우유부단과 우울함에 빠지고 만다. 그렇게 되면 삶은 끊임없이 불평을 늘어놓고 계속해서 울부짖고 슬퍼하게 된다. 그리고 모든 것을 어둡게 보는 습관이 여러분을 삼켜버린다. 그렇게 되면 믿음의 용기도, 여러분의 운명을 성취할 영감도, 하나님을 한껏 기뻐함도 없다. 이 때문에 수많은 사람들이 냉담한 심정으로 무관심하게 되거나 인생 끝나는 날까지 끊임없이 우울과 낙담에 대항하는 피곤한 싸움을 하게 된다. 그렇게 사는 사람은 바람 부는 날 공놀이를 하는 사람과 무엇이 다르겠는가! 그는 사람으로서 존엄을 지키지 못하고 얼마나 아래로 내려앉고 말겠는가! 이는 선지자가 "하나님이 사람들에게는 영원을 사모하는 마음을 주셨느니라"(전 3:11)고 말하고 있기 때문이다. "영원을 사모하는 마음을 주셨다"는 것은 하나님께서 우리 주변을 맴도는 시간의 조각들의 소용돌이에서부터 우리를 변치 않는 영원으로 끌어올리는 능력을 우리 안에 심어주셨다는 의미가 아니고 무엇이겠는가?

이 "영원을 사모하는 마음"이 있기 때문에 하나님의 모든 자녀는 그러므로 새로 시작되는 이 해를 용감하게 마주하도록 해야 한다. 하나님의 자녀는 자신이 영원하신 하나님을 예배한다는 것을 알고, 그러므로 하나님께서 어느 날 영원이 임할 때 우리에게 요구할 것에 맞게 우리의 인생을 설계하시고 또한 거기에 맞게 인도하신다는 것을 안다. 하나님의 자녀는 자신의 마음이 행복을 갈망하므로 금년이 평안하고 기쁘기를 기도한다. 그러나 금년에 하나님께서 자신을 용광로 속에 두시거나 더 예리한 칼날을 자신의 영혼의 다이아몬드에 대시는 기간을 지나야 한다면, 비록 많은 눈물을 흘리겠지만 그는 고귀하게 견딤으로 믿음이 굳세어질 것이다. 왜냐하면 그가 이때 이 곤경에 처해 있은 것은, 금년이 달리 진행될 수 없으며, 만일 금년이 달리 진행된다면 그의 인생은 영원히 실패가 될 것이 분명하기 때문이다.

고통스러운 수술을 받아야 하는 것은 힘든 일이다. 그러나 환자는 기꺼이 수술을 받고 많은 돈을 의사에게 지불한다. 이는 철저한 수술만이 자기를 살릴 수 있다는 것을 알기 때문이다.

하나님의 자녀도 하늘에 계신 아버지 앞에 꼭 이와 같이 서 있다. 하나님의 자녀가 아니라 하나님만이 금년에 그에게 무엇이 절대로 필요한지, 그리고 하나님의 영원히 형성하시는 일에 비추어 볼 때 금년이 하나님의 자녀에게 무엇을 가져다주어야 하는지 아신다. 금년에 그와 같은 하나님의 수술이 필요한 것임을 안다면 그는 투덜거리거나 불평하지 않고 기꺼이 자신을 하나님께 맡길 것이다. 슬픔의 파도가 자기를 덮칠지라도, 하나님께서 하시는 일이 하나님의 명예와 자신의 지극히 고귀한 선을 위해 마땅히 행해져야 한다는 것을 알기에 하나님을 기뻐하는 것이다.

제 61장

현악기와 관악기로 하나님을 찬양하라

성경은, 영혼을 하나님께 가도록 재촉하고 몰아가는 일을 결코 억제하지 못한다.

절제와 정결에 대한 고상한 명령과, 교만하지 말고 겸손히 자기 길을 행하라는 강조와 같은 하나님 말씀에서 여러분에게 강조하는 것은 다름 아니라 모든 방법을 동원하여 돈의 무서운 능력에 대항하도록 조심하고, 넉넉한 구제를 통해 여러분의 재물을 성별하라는 아주 분명한 교훈이다. 그러나 이 모든 가운데 어떤 것도, 하나님 말씀에서 예외를 두지 않고 끊임없이 여러분에게 하나님을 예배하고, 하나님과의 교제에 힘을 쓰며, 영혼이 하나님을 가까이 하도록 성령으로 명령하시는 강력한 힘에 비교할 수 없다.

심지어 성경은 훨씬 더 높은 관점에 서기도 한다.

성경의 평가에서 볼 때, 성도들이 하나님을 찬송하는 것으로 충분치 않다. 절대적인 의미에서 위엄과 권능은 하나님의 것이다. **모든** 사람은 하나님의 이름을 영화롭게 해야 한다. 그러나 그렇게 한다고 해도, 하나님께 찬송을 드려야 하는 존재의 범위를 충분히 다 말한 것은 아니다. 성경은 이 범위에 모든 사람과 더불어 천군들도 포함시킨다. "그에게 수종들며 그의 뜻을 행하는 모든 천군이여 여호와를 송축하라"(시 103:21). 곧 모든 그룹들과 천사장들, 스랍들도 하나님을 찬송해야 한다.

그 다음에 이 범위는 생명이 없는 창조물도 포함시키기 위해 다시 하늘에서 내려온다. 호흡이 있는 모든 것은 여호와를 찬양해야 한다. 하나님이 통치하시는 모든 곳에 있는 하나님의 모든 작품들은 하나님의 명성을 영화롭게 해야 한다.

"해와 달아 그를 찬양하며 밝은 별들아 다 그를 찬양할지어다" "눈과 안개와 그의 말씀을 따르는 광풍이여, 여호와를 찬양하라"(시 148:3,8). 산들과 작은 산들, 레바논의 백향목들, 짐승과 모든 가축과 기는 것과 가지들 사이에서 노래하는 새들, 이 모든 것이 하나님을 크시다 하며, 이 모든 것이 하나님을 찬송하지 않을 수 없다. 그러므로 찬송과 찬미의 소리가 들리지 않는 곳은 백성이 없고 언어가 없는 곳이다. "여호와 우리 주여 주의 이름이 온 땅에 어찌 그리 아름다운지요"(8:9). 이와 같이 사람인 여러분은 창조물 가운데서 아름다운 선율과 함께 목소리를 내는 찬송을 여호와께 드려야 한다. 자연의 이 음악은 여러분이 하나님을 찬양하도록 부추기며, 여러분의 찬송과 경배에 즉시 메아리로 화답하며 그 메아리는 온 천체에 울려퍼진다.

이 세상은 말 못하는 죽은 창조계가 아니라 살아 있고, 말을 하는 창조계이다. 창조계의 이 언어와 음악을 이해하는 귀를 가진 사람은 그 속에서, 자기 마음속의 경배의 음악과 언어에 완전히 일치하는 예배하는 시냇물 소리를 듣는다.

성경은, 소리 세계의 정서적 영역에서 그리고 음악적 예술이라는 자원에서, 신성한 노래라는 인생의 보배에서 이 둘 사이, 곧 여러분 마음속의 충동들과, 창조계에서 들리는 음의 파동들 사이를 연결시켰다. 시편마다 여러분에게 창조계에서 나오는 하나님의 소리를 듣고 여러분 자신도 소리를 높여 하나님을 찬양할 뿐만 아니라 관악기와 현악기로 하나님을 찬양하고(시 150:4), 비파와 수금으로, 높은 소리를 내는 심벌즈와 기쁜 소리로 하나님을 찬양하라고 요구한다.

그러므로 악기로 연주하는 것은 보조적인 것이 아니라 예배의 필수적인 부분을 구성한다. 악기는 여러분이 자유롭게 쓰도록 하나님께서 주신 것으로, 하나님을 찬송하고 경배하는 일을 더욱 풍성하게 즐기고, 또한 음악의 세계를 통해서 여러분의 영혼이 하나님께 더 가까이 가도록 하는 수단이다.

예배당에서 사람 목소리로만 찬양하는 것이 엄숙하고 깊은 인상을 줄 수 있다고 하더라도, 그때조차도 이 사람의 노래는 예술이고, 따라서 이 노래를 예술적으로 훈련하고 발전시킬 때는 장점을 개선하고 효과를 얻는다.

목에서 나오는 즐거운 소리와 하프에서 나오는 즐거운 소리가 다같이 조화를 이루는데, 이 조화는 하나님께서 여러분 주변의 놀라운 세계에 심어 놓으신 것이며, 여러분이 이때는 여러분의 목을 통해서 저때는 오르간이나 하프를 연주함으로써 조화를 되살리고, 여러분 마음의 세계와 조화를 이루며 움직이도록 한다.

이 목적을 위해 여러분이 금속 악기를 치든지, 현을 켜서 울리게 하든지 혹은 숨을 불어넣어 플루트나 트럼펫으로 소리를 내든지 간에, 그것은 언제나 어떤 움직임, 곧 여러분 영혼 속의 충동을 나타내는 것인데, 그것은 모든 영역에서 여러분을 두르고 있는 소리 세계의 목소리로 뜻을 나타내는 것이다.

가수도 하프 연주자도 이 소리 세계를 창조하지는 못한다. 하나님이 이 소리 세계를 창조하셨다. 소리 세계는 첫 사람이 처음에 에덴동산에서 나뭇가지들 사이에서 나는 즐거운 소리를 처음으로 듣기 전에 거기에 있었다. 이 소리의 세계는 공기 중에 싸여 있고 진동과 음파에 민감하게 반응하며 여러분 주변을 온통 두르고 있다. 그리고 이 소리의 세계가 사람인 여러분에게 주어져서, 여러분은 목소리나 손으로 이 놀라운 세계가 진동을 통해서 움직이도록 만들 수 있다.

여러분이 목구멍이나 손으로 악기를 연주하여 이 소리가 움직이게 할 때, 그것은 마치 음파, 곧 하나의 동작인 여러분 마음속의 노래가 악기에서 흘러나오며, 악기로부터 메아리를 울려내게 하고, 그 소리를 실어 나르고, 악기로 말미암아 편해지고 놀랍게 풍성해지는 것과 같다. 그 사실 때문에, 다른 사람들이 같은 순간에 여러분들과 함께 비슷한 정서와 경험, 비슷한 영혼의 기분을 겪고, 그래서 노래와 오르간 연주를 통한 여러분의 찬양과 경배가 흐르면서 다른 사람의 찬양과 경배와 합쳐져 사랑의 경배와 찬양의 거대한 시내를 형성하게 된다.

그뿐 아니라, 이 진동과 음파는 외부로부터 오는 힘으로 여러분에게 작용하고 무한한 공간으로 사라지기 때문에, 그것은 마치 "목소리가 현악기 소리와 결합될 수 있을 때" 이 영광으로 인해 여러분이 하나님과 친교를 나누게 되는 것처럼 보인다. 이때는 이 찬양과 경배가 땅에서부터 올라가 하늘을 지나, 천사들이 금빛 기타를 치며, 모든 것이 합쳐져 거대한 찬양과 경배의 합창을 이루어 하나님 보좌 주변에서 울려 퍼지는 곳에까지 이른다.

하나님께서는 인간의 목구멍과 소리를 아주 놀랍게 적응시켜 조화로운 소리의 세계를 이루셨다. 세상에서 인간의 사랑스런 목소리만큼 즐거운 소리는 없다.

그것은 고르지 않게 분배된 은사이다. 남쪽의 기후를 지닌 나라들의 사람들은 북쪽 나라 사람들보다 더 감미로운 목소리를 부여받았다. 심지어 같은 지역에서도, 그 차이는 불협화음의 거리 노래와 재능 있는 가수의 율동적이고 세련된 목소리 사이만큼이나 현저하다.

그러나 어떤 차이가 나타나든지 간에, 인간의 목소리는 놀랄 만한 범위에서 천상에서 나오는 듯한 즐거운 소리를 낸다. 오직 장차 올 영광의 나라에서만, 인간의 소리는 여호와의 보좌 앞에서 지극히 정결하게 그리고 표현과 운율이 지극히 풍부하게 들릴 것이다.

그렇지만 인간 목소리 자체로는 충분하지 않다. 그래서 하나님께서 인간의 목소리를 주시면서 음악적 도구를 통해 놀랍게 보완하도록 하셨다.

놋쇠 조각, 팽팽하게 잡아 늘인 짐승 가죽, 여러 가지 줄, 짐승 머리에서 취한 뿔피리, 심지어 강가에서 자른 갈대 피리에 이르기까지, 이런 것이 언뜻 보기에 변변찮은 것 같지만, 하나님께서 인간 목소리를 위한 보조물로 친히 사람에게 정해주신 것으로, 사람의 목소리를 거대한 합창에 결합시키고, 인간의 마음을 주변의 소리 세계와 협력하고 조화를 이루도록 만드는, 효과가 뛰어난 영광스런 수단이다.

여기에서도 죄가 작용하고 작용해 왔다. 음악적 예술은 하나님을 위해서가 아니라 사람을 위해서 존재할 목적으로 발전해 왔다. 귀를 즐겁게 하는 것 이상의 고귀한 소명을 추구하지 않는 예술은 사람의 정서가 거룩하지 않은 기분을 경험하게 하고 고귀한 목적이 없이 많은 쾌락만을 제공한다.

예술 작품들을, 심지어 하나님을 영화롭게 하고 거룩한 것을 고무시킬 목적으로 만든 작품들마저 순전히 자신의 쾌락을 위해서 오용하는 죄는 하나님을 떠난 대중보다 음악의 대가들에게서 분명히 적게 나타난다.

바로 이 사실 때문에 세속 음악을 혐오하게 되는데, 이런 혐오는 좀 더 경건한 세대들에게서 분명히 나타난다. 그리고 이 사실은 유익한 면이 있다. 왜냐하면 음악은 선악 간에 미치는 영향력이 적지 않고, 저속한 음악은 타락시키는 힘이 있기 때문이다. 저속한 음악은 수많은 사람을 희생시킨다.

그러나 이런 오용 때문에 하나님의 자녀들이 교회의 예배에서 성악과 기악을 제외시키는 일을 장려해서는 안 된다.

그보다는 경건한 집단에서 목소리와 현악기를 거룩하게 사용함으로써 이러한 오용을 상쇄시키도록 해야 한다.

그러므로 신성한 음악이 부흥한다는 것은 언제나 삶에서 더욱 고귀한 영감을 받았다는 표시이다.

하나님의 영광을 위해 노래하는 일도 악기를 연주하는 일도 하지 않는 기독교 국가는 스스로 약해진다.

제62장

그의 장막은 살렘에 있음이여

살렘은 예루살렘의 준말이다. "그의 장막은 살렘에 있음이여"라는 말은 첫째로 문자적인 의미로 광야에서 이곳저곳으로 옮겨 다니며 이번에는 여기서 머물다가 다음에는 저기서 머물렀고, 그러다가 마침내 시온산 꼭대기로 옮겨진 장막을 뜻하고, 따라서 여호와 하나님의 거처는 예루살렘 성벽 안에 있다는 뜻이다.

여기에서 우리에게 이상하게 생각되는 점이 있어 다음과 같은 질문이 자연스럽게 일어난다. 우리 하나님은 **어디에나 계시는** 하나님이신데, 어떻게 동시에 한 특정한 도시에, 한 특정한 산꼭대기에, 한 장막이나 성전에 또한 계실 수가 있는가? 그리고 또한 이 의문도 생긴다. 구약 시대에 하나님께서 땅에서 살렘에 자기의 장막을 두시고 시온에 자기 거처를 두셨다면, 구약 시대의 이스라엘이 지금 우리보다 더 부요로웠던 것이 아닌가? 그렇다면 우리는 앞으로 나갔다기보다는 뒤로 후퇴한 것이 아닌가? 땅에 있는 예루살렘에 대해 더 이상 아무 얘기도 하지 않는 복음은 지상에서 하나님의 임재의 자리를 가리킬 수 있는 그림자인 의식(儀式)들보다 사실은 더 빈곤한 것이 아닌가?

특별히 시편에서, 시온에서 기다리는 "찬송"(시 65:1)과 하나님의 성전의 "문지기"(85:10)에 대해 읽을 때, 모든 하나님의 자녀의 분명한 통찰이 크게 요구된다. 비록 사람이 어렸을 때 이 문장들을 배우고 별 생각 없이 암송할지라도, 나이가 들면 의식은 뜻을 더욱더 분명하게 알기를 요구한다.

이같이 분명한 생각은 역사 공부를 통해서 갖추어지는 것이 아니다. 여기서 모든 것은 여러분이 살아계신 하나님과 의도적으로 인격적인 교제를 갖고 친교를 나누는데 달려 있고, 모든 종교의 핵심이라고 할 수 있는, 더욱더 끊임없이 하나님과 접촉하려는 영혼의 절박한 노력에 달려 있다.

여기서 여러분은 여러분의 지각으로는 결코 해결할 수 없고, 그 앞에서는 모든 과학도 속수무책인 대립(antithesis), 즉 하나님의 **무한성**과 모든 피조물의 **유한성** 사이의 지배적인 대립을 항상 만난다.

그동안 이 대립 사이의 간격을 메우기 위한 시도가 두 가지 길에서 진행되어 왔었다.

한 가지는 사람이 그 간격을 메우려고 헛되이 시도하였고, 또 한 가지는 하나님이 실행하셨다.

그 간격을 메우는 일을 이교도들이 헛되이 시도하였는데, 그들은 전능하신 분의 무한성을 형상이라는 유한한 형태에 국한시켰고, 그 결과 사람의 영이 무감각하게 되었고 결국 우상 숭배를 고착화시켰다.

그러나 하나님께서는 그 간격을 메우는 일을 하셨다. 자신에 대한 예배를 처음부터 한 장소에 집중시키고, 시온에 있는 성전에서 자신을 나타내는 일체의 형상을 금하시며, 예배의 영적 성격을 유지하심으로써 다신교와 우상 숭배를 뒤엎으셨다. 결국 그림자의 시대가 그 소명을 완수한 후에 하나님께서 우리에게 성육신하신 말씀 안에서 성전을 주시고, 오순절날에 이 성전을 자신의 모든 회중으로, 새 언약의 이스라엘로 확대시키신 데서 이 일을 이루셨다.

하나님의 이 놀라운 방식을 따라 그 목적이 성취되었다. 그래서 이제는 하나님의 무한성이나 편재성이 조금도 약화되지 않은 채, 하나님의 자녀들은 자기들이 그리스도 안에서 하나님을 만나려고 해야 한다는 것을 잘 알고 있으며, 성도들의 교제 안에서 하나님과의 사귐을 누릴 수 있고, 성령을 통하여 자신들의 마음이 성령 안에서 더욱더 하나님의 처소가 되어간다는 것을 잘 안다.

이 사실을 따라가다 보면 결국 이르게 되는 분명한 생각은, 하나님의 자녀가 어떤 어둠 속에 있든지 어떤 고난을 당하든지 간에, 자기 하나님이 자기에게서 멀리 계셔서 기도 가운데 하나님을 가까이 뵐 수 없다는 생각으로 괴로워할 일이 전혀 없다는 것이다.

하나님의 자녀는 자기가 어디에서 무릎을 꿇든지 하나님이 거기 계시며, 가까이 계셔서 자신의 기도를 들으신다는 것을 알며, 하나님께서 자기를 살피시고 자신의 행위를 속속들이 아시며, 따라서 마음의 줄이 하나님도 모르는 사이에 슬픔이나 기쁨을 당하여 어떤 소리를 내게 되는 일은 없다는 것을 안다. “나의 모든 길과 내가 눕는 것을 살펴보셨으므로 나의 모든 행위를 익히 아시오니 여호와여 내 혀의 말을 알지 못하시는 것이 하나도 없으시니이다"(시 139:3).

그러나 또 한편 하나님의 자녀는 끊임없이 하나님의 위엄과 높으심을 의식하며 지낸다. 하나님께서 우리에게 내려오셨다고 해서 하나님의 영광과 거룩하심을 결코 잊어서는 안 된다. 그래서 이 목적을 위해 하나님께서는, 우리 각 사람에게 지극히 가까이 계시는 그 하나님께서 하늘의 보좌에 오르셨고, 거기에서 홀로 자신의 위엄을 드러내시며, 단 한순간도 우리 인간 생명의 왜소함과 하찮음과 유한함에 묻히는 일이 없음을 우리가 깨닫도록 하셨다.

하늘의 생명과 여기 이 땅에서의 생명이 우리 의식에는 분명하게 분리되어 있다. 그래서 여기 이 땅에서가 아니라 오직 죽음의 문을 통과했을 때에야 비로소 우리는 위에 있는 예루살렘에서 충만한 영광 가운데 계신 하나님을 볼 것이다.

이 두 생명 사이에 변화가 있다. 그리스도 안에 있는 변화, 성도 회중 가운데서의 변화, 우리 마음에 성령의 내주하심으로 인한 변화가 있다. 이것이 지금 살렘에 있는 장막이며, 이것이 시온에 있는 하나님의 처소이고, 자기 백성 이스라엘 가운데 있는 하나님의 임재이다.

이 사실이 앞뒤로 작용한다.

그리스도 안에서 우리 몸은 하늘에 올라갔고, 성령은 우리 마음에 내려오셨다. 그래서 그리스도 안에서와 같이 성령 안에서도 하나님께서 우리의 예배를 받으신다.

여기에 신비가 있다.

그리스도는 인자요 우리 중의 하나이시며 우리의 형제로서 우리 가까이 계시고 우리의 본성을 가지고 하늘에 들어가셨고, 하나님 밖에 계시지 않고 그 자신이 하나님이시며, 그로 말미암아 하나님과 사람의 자녀들 사이에 생각할 수 있는 가장 친밀한 교제를 이루셨다.

또 한편으로, 그리스도께서 모든 사람을 위하시듯이, 성령께서는 내려오셔서 하나님의 모든 자녀의 마음 속에 거처를 정하시고 그렇게 해서 우리 영혼의 은밀한 곳에 살렘을 세우신다. 그곳에서 하나님께서 친히 거하시며, 그곳에서 하나님의 거룩한 생명이 우리를 감화하시고 더욱 고귀하고 거룩한 정서와 기분과 충동을 일으키신다.

이 둘은 끊임없이 서로에게 영향을 주고 서로를 보완한다.

그래서 성령이 없이는 그리스도와의 교제가 없고, 반대로 그리스도 안에서 하나님과의 교제라는 토대가 없이는 성령의 내주하심도 없다.

우리의 본성은 하늘에서 그리스도 안에 있고, 성령은 땅에서 우리 마음에 계신다.

이와 같이 거룩한 생활의 다리를 하나님께서 친히 놓으셨는데, 다리의 한쪽 끝은 하늘에 닻을 내렸고, 다른 쪽은 우리 마음의 중심에 놓여있다.

그러나 다리를 받치는 두 지점은 또 결합되는 지점을 필요로 한다. 그리고 그 지점은 성도들의 회중 안에 있다.

사람은 누구나 지상의 성도들과 접촉할 때 하나님과의 교제가 자연히 더욱 현실적이 되는 것을 느끼며, 여러분은 오직 이 세상 사람들과만 만날 때 어떻게 이 교제의 명료함과 평온함이 줄어드는지를 스스로 느낀다.

성찬의 깊은 즐거움은 이 교제의 중심으로부터 신자에게 온다. 이 성례는 신자에게 그리스도의 영광을 증거하되, 신자들의 회중 밖에서가 아니라 회중 안에서 증거한다. 그러므로 그리스도께서 잡히시던 밤에 떡을 떼고 포도주를 따르며 거룩한 만찬을 제정하셨을 때만큼 이 제도가 거룩하고 고귀하게 사람에게 전해질 수 없었을 것이다.

우리 영혼과 하나님 사이에 교제가 이루어지는 중심이 여기에 있고, 그 교제에 이르는 모든 길들이 합류하는 지점이 여기에 있다.

그러므로 의견 차이로 인해 그리고 자신의 특정 견해의 옳음을 열렬히 주장함으로 인해 교회 안팎에서 하나님의 성도들과의 교제를 약화시키고 희미하게 하는 사람들의 죄악된 행위만큼 가증스러운 것은 없다.

우리 구주께서는 우리에게 서로 **사랑하라**는 새 계명을 주셨다. 그리스도께서 우리에게 명하신 이 새로운 사랑은 땅에서 생각할 수 있는 것 가운데 가장 부드러운 사랑이다. 왜냐하면 우리 하나님께서 우리에게 가까이 오시고 우리를 자신에게까지 높이시려는 것이 바로 이 새로운 사랑 가운데서 하시는 일이기 때문이다.

그런데 이 새로운 사랑을 이해하지 못하고, 자신의 특정 견해를 선전하는데 교회와 이 거룩한 사랑의 교제를 이용하는 사람은 살렘을 파괴하는 일밖에 하지 못한다. 그는 하나님의 장막을 헛되게 만들고, 할 수 있는 한 하나님과의 교제를 방해할 뿐이다.

제63장

밤이 깊었다

회심 후에, 곧 우리 구주에게로 불려온 후에, 우리는 죽을 때까지는 여기 이 세상에서 중간 상태에서 지낸다.

"밤이 깊고 낮이 가까웠다"(롬 13:12). 그렇지만 아직 한낮은 아니다. 한낮은 오직 그리스도의 영광이 온 영역에 비칠 때에만 온다. 그때까지 우리는, 사실 여전히 여명 속에서 걷고 있지만 한낮을 향하여 항상 가까이 가고 있는 것이다. 우리가 진정으로 빛 가운데서 행하지만 그 빛이 아직은 희미하다.

그러므로 회심 후에도 우리는 일시적으로 계속해서 어느 정도 잠자는 상태에 있고, 그래서 그 잠의 여파에서 점차 벗어날 수 있을 뿐이다.

이 점은 지금도 그렇고, 사도 바울의 시대, 곧 회심의 변화, 특별히 외적인 조건들에 관한 회심의 변화가 지금보다는 훨씬 더 압도적이었던 그 시대에도 그랬다. 자신에 대해서 그리고 로마에 있는 개종자들에게 이야기하면서 사도는 이 사실을 강조하여 선언한다. "이 시기를 알거니와(로마의 개종자들이 회심한 후로 많은 시간이 흘렀다) 자다가(여전히 우리는 자고 있다) 깰 때가 벌써 되었으니 이는 이제 우리의 구원이 처음 믿을 때보다 가까웠음이라." 그러고 나서 이 말씀을 덧붙인다. "밤이 깊고 낮이 가까웠다"(롬 13:11,12).

물론 이 사실이, 오늘 회심하였고 내일 구주 안에서 잠드는 사람은 자신의 영원히 복된 지위를 확신할 수 있다는 논쟁의 여지가 없는 진리를 전혀 손상시키지 않는다. 그러나 그 사실은, 회심 후에 땅에서 오래 사는 사람은 여명처럼 희미한 빛에서 점차 더 밝은 빛으로 가고, 밤의 그늘에서 더욱더 멀리 떠나고 계속해서 한낮이 가까이 오는 것을 느낀다는 것을 강조한다.

자연에서는 밤이 갑작스럽게 떠나고, 갑작스럽게 정오의 태양이 비치면서 한낮이 되는 일이 없다. 자연에는 어둠에서 희미한 빛으로, 새벽의 여명에서 한낮으로 점차 옮겨가는 전이의 과정이 있다. 세상에서 어떤 곳은 다른 곳보다 전이의 과정이 좀 더 길게 지속되는 곳이 있지만, 전이의 과정은 모든 곳에서 일어난다.

그리고 그것은 영적 생활에도 적용된다. 사람은 사고, 성향, 행동, 매일의 생활의 태도에서 한 번에 아주 거룩하게 되지 않는다. 사람은 하나님의 생명에서 멀리 떠나 있다가, 단 한 번에 하나님과 충만한 교제에 들어가지 않는다. 영혼에 밤이 있다가, 회심 후에 해가 즉시 정점에 뜨지 않는다. 여기에도 점차 옮겨가는 전이가 있다. 여기에서도 해가 처음 광선을 비치는 것으로부터 시작하고, 처음에는 구름이 갈라지고, 안개가 걷히며 더 밝은 빛이 영혼의 눈을 비춘다. 그 다음에는 빛이 더욱더 밝아진다. 은혜에서 은혜로 나아가는 것이다. 어떤 사람은 다른 사람보다 더 빨리 은혜를 받아간다. 처음에는 잘못과 죄의 잠에서 깨어난다. 그 다음에는 이 잠에서 벗어난다. 그 후에는 잠자리에서 일어난다. 그러고 나서 즉시 빛으로 들어간다.

이렇게 옮겨가는 전이에는 그리스도의 생명이 끊임없이 움직이는 일이 숨어 있다. 이 전이는 조용히 서 있거나 우리가 현재 있는 곳에 그대로 있는 것이 아니라 계속해서 앞으로 나아간다.

처음에 그것은 야곱에게서 뜨는 별이다. 그리고 곧이어 그것은 지평선에 뜨는 구원의 태양이다. 그리고 마지막으로 그 태양은 어둠 속에서 방황하던 사람들에게 광휘로운 빛을 뿌린다.

그런 빛이 없다는 것이 끝없는 밤을 의미할 사람들에게 그 전이는 개가와 승리가 이어지는 것이다. 그것은 점점 더 밝아지는 빛이다. 즉 계속해서 더 높이 오르고 점차 더 뚜렷해지는 빛이다. 여러분의 영혼의 눈이 은혜의 더 강한 빛에 점차 적응되어가는 가운데 이 빛에 의하여 하나님의 풍성한 자비를 더 분명하게 보는 통찰을 얻지 못한다면 그리스도인으로서 여러분의 삶은 이 세상에서 별 가치가 없을 것이다.

여기에는 세 가지의 증가가 있다.

내적 힘에서 증가가 있고, 하나님 나라의 능력을 더 효과적으로 증시하는 일에서 증가가 있으며, 하나님과의 교제에서 증가가 있다. 즉 모든 종교의 핵심에서 증가하는 일이 있다.

더욱 풍성한 힘이 하나님 나라에서부터 여러분에게로 흘러가므로, 내적 힘이 증가된다. 밤이 깊고 더 밝은 빛이 이미 여러분 영혼에 비치고 있다. 이것이 하나님께서 여러분 개인의 삶에서 여러분에게 보여주는 하나님의 은혜이다. 더 밝은 빛이 여러분 마음속의 하늘에서 빛나고 있다. 밤은 점점 줄어들고 낮이 점점 더 길어지며, 낮에는 더 밝고 풍성한 빛이 여러분의 길을 비추었다.

그러나 이렇게 내적 힘이 증가하면 반드시 여러분의 능력을 나타내는 일에 증가가 따른다. 날이 밝기 전에 여행해야 하는 사람은 길을 가는 것이 더디다. 그러나 길을 비추는 빛이 더 밝아지면 걸음을 빨리 할 수가 있다. 여기에서 사도의 다음과 같은 교훈이 나온 것이다. "그러므로 우리가 어둠의 일을 벗고 빛의 갑옷을 입자 낮에와 같이 단정히 행하자."

빛과 어둠이 영혼 속에서 싸우는 동안, 우리는 항상 주저하며 발을 헛디딘다. 그러나 한낮의 빛이 우리 길에 비치면, 우리는 도덕적인 용기를 얻고 더욱 활기차게 된다. 거룩하고 용감한 정신이 우리에게 들어온다. 우리에게서 좀 더 밝은 빛이 나와 우리의 사랑하는 사람들과 친구들을 비춘다. 걸음이 비틀거리지 않고 더욱 확고해진다. 절반 정도만 해보고 마는 것이 아니라 끝까지 가고 마무리 짓는다.

그러나 이것으로 끝이 아니다.

우리의 **도덕적** 발전이 아무리 높은 수준에 이를지라도, 그리스도인으로서 우리 성품의 발전이 훨씬 더 중요하다. 그리고 속에 있는 하늘의 빛이 더 밝게 빛남으로써 우리에게 가져다주는 가장 부요한 유익은 하나님과의 친교에서 그 친밀함과 애정이 더욱 증가되는 것이다.

잘못과 죄의 긴장으로 말미암아 어둡고 불안한 밤이 인류의 마음을 무겁게 누른다.

인류가 나름대로 하나님을 찾으려고 애쓰지만 그 길에서 하나님을 알지 못하고 보지 못하며, 하나님의 거룩한 임재를 전혀 발견하지 못할지라도, 하나님은 계신다. 그것도 가까이 계신다.

인류를 둘러싸고 있고 인류를 괴롭히는 것은 두려운 어둠이다. 그 어둠 속에서 불확실함과 불안, 의심이 뱀처럼 마음에 숨어든다.

이 두려운 어둠이야말로, 온갖 우상 숭배와 모든 이교도의 번민을 설명해 준다. 그러므로 시므온은 그리스도를 "빛"으로, 하늘 보좌에서 내려와 이방인의 어두워진 눈을 밝히는, 크고 놀랍도록 아름다운 빛으로 자랑한다.

사람들에게 있는 가장 두려운 어둠은 그들이 하나님을 알지 못한다는 것이고, 영원한 밤이 그들을 하나님과 차단하고 있고, 위로부터 한 줄기 빛도 그들의 길을 비추지 않는다는 것이며, 그들이 세상에서 하나님도 없이 지내다가 이 세상을 떠나면 하나님의 심판 자리에 이른다는 것이다.

그래서 회심하는 사람은 누구나 **빛의 자녀**라고 불리는 것이다.

구속받은 자는 단지 빛 안에서 행하는 것만이 아니라 그 빛으로부터 하나님의 자녀로 태어난다.

영혼 속에서 위로부터 비치는 빛이 있으면, 비록 영혼이 한 줄기 광선밖에 잡지 못할지라도 그것은 내적인 부가 된다. 그것은 두려움에 대하여 평안이고 불안에 대하여 안식이며 절망에 대하여 확신이고 내적 약함에 대하여 용기이다.

이 빛이 하나님 자녀의 가는 길을 비춘다. 이 빛은 하나님의 자녀가 자신의 마음을 알고 동료의 마음도 알게 해준다. 이 빛은 허영심을 갖지 않도록 지혜를 가져다준다. 이 빛은 그의 전 존재를 부유하게 만든다.

그러나 무엇보다 고귀하고 거룩한 점은 이 빛이 점차 그에게 하나님께 가까이 가는 길을 보여준다는 사실이다. 이 빛은 그를 하나님에게서 분리시키고 내쫓았던 금령을 해제한다. 이제 하나님의 자녀가 하나님과 은밀히 동행하는 일을 시작하게 하고, 그의 일생의 길에서 단계마다 하나님을 자기를 사랑하시는 아버지로, 자기를 인도하시는 목자로 발견하는 복되고 애정 어린 생활을 점차로 시작한다.

하나님과 함께 함, 곧 여호와의 장막에 거함이었던 이 교제는 과거에 일시적으로 그랬던 상태를 계속해서 유지하는 것이 아니라, 앞으로 나아가고 전진하며 향상하고, 애정과 따뜻함과 명료함이 증가한다.

영혼의 눈으로 볼 때 자기와 하나님 사이를 갈랐던 밤이 깊었을 뿐만 아니라 또한 자신이 그 밤으로부터 계속해서 멀어지기도 한다. 그것은 자신이 그 밤으로부터 계속해서 밝아지는 낮으로 끊임없이 옮겨가는 것이다. 그러다 보면 마침내 하나님을 만나 교제하는 날이 온다. 이 교제를 세상은 알지 못하고 이해하지 못하지만 하나님의 자녀에게는 가장 고귀한 현실이고, 자기 생명의 힘이 끊임없이 더욱더 풍성하게 흘러나오는 샘이다.

그런데 슬픈 사실은 회심 후에도 여전히 잠자는 것을 좋아하며 따라서 더욱더 친밀해지는 하나님과의 이 교제에 대해서 아무것도 모르는 그리스도인들이 너무나 많다는 것이다.

이들은 형제들 가운데 병든 자들이고, 그들에게서는 아무런 미덕도 나올 수 없다.

그런가 하면, 조금도 가만히 있지 않고 하나님을 찬양하는 사람들이 있다. 무한자의 비밀을 더욱더 깊이 이해하고, 아침에 깰 때마다 하나님을 만나며 하루 종일 일하는 가운데 하나님과 함께 지내며 밤에 잠자리로 물러날 때에도 하나님과 함께 하는 사람들이 있다.

그래서 이들은 세상의 소금이며, 성도들 가운데서도 하나님의 교회의 소금으로, 하나님의 교회를 세속으로부터 보존하고 하나님의 회중을 죽음으로부터 보존한다.

제64장

세상에 하나님이 없다면

하나님을 부정하는 일이 증가하고 있다. 이 부정은 이제 광장에 기세 좋게 들어가서 모든 가면을 옆으로 치워버린다. 이 부정이 단지 각 개인들로만 활동하는 것이 아니라 영향력 있는 광범위한 집단을 이루어서 활동한다.

20여 년 전에는 달랐다. 무신론자 개인이 여기저기에서 하나님을 부정하는 말을 공공연히 하면 사람들의 반감을 불러일으켰고, 많은 사람들이 딱 질색을 하였다. 그리고 그때에도 많은 사람들이 사실은 대체로 모든 종교와 관계를 끊은 사람들이지만, 그들 중 누구라도 무신론자라는 것을 암시하는 말이라도 들으면 화를 냈을 것이다. 그들은 확실히 요즘 사람들이 하는 것과는 달랐다. 그들은 하나님의 일들에 관한 여러분의 견해를 버렸다. 그러나 그들이 말하였듯이, 그들의 영혼은 영원하신 분을 향하여 항상 열려 있었고 그들의 마음의 욕망은 여전히 알 수 없는 분, 무한자를 추구하였다.

그러나 이제는 그 걸음이 한 단계 더 나아갔다. 신앙적인 사람이라는 겉모습마저도 전혀 두려움 없이 치워버릴 수 있게 되었다. 무신론자들은 자기들이 추측해 보는 것보다 훨씬 더 수가 많다는 것을, 특별히 교양 있는 계층에서 많다는 것을 알았다. 자기들이 하나님을 부정하는 것을 공개적으로 밝히고 나와도 그것을 여론이 잠잠히 받아들이고, 때로는 그것을 정직을 나타내는 증거로 여기고 환호하기까지 한다는 것을 안다. 심지어 신실한 사람들 가운데서도 하나님을 부인하는 사람들의 수가 증가한다는 사실에 아주 익숙해져서, 우리는 과거에 이와 같은 공개적인 하나님에 대한 부정을 들었을 때 느꼈던 전율을 더 이상 기억하지 못할 정도가 되었다.

이것은 의미심장한 사실이다.

처음에 아이가 자기 아버지나 어머니를 누가 나쁘게 이야기하면, 아이는 거기에 대해 반감을 느낀다. 그런데 세월이 지나면서 자기 부모에 관해 그런 말을 자꾸 들으면서 자라고 그 말을 들어도 그냥 잠잠히 지낼 수 있게 되면, 아이는 도덕적 상실을 겪은 것이다.

이 사실은 자신들의 왕이나 정부에 관한 사람들의 태도에도 그대로 적용된다.

처음에 왕의 위엄이 침해되기 시작할 때는 백성들 가운데서 참을 수 없는 분노가 표출된다는 이야기를 들을 것이다. 그러나 사람이 왕의 위엄을 침해하는 발언을 일상적으로 하는 집단에 끊임없이 드나들면, 결국 그 사람은 그런 말에 더 이상 영향을 받지 않게 된다. 고귀한 것에 대한 존경심이 사라진 것이다.

이와 같이, 사람들이 하나님을 부인하는 생각에 아주 익숙해져서 그런 부정에 대해 더 이상 항의가 일어나지 않을 때 사람들은 그들의 날개를 아름답게 한 금가루를 적지 않게 잃어버린 것이다.

특별히 이와 관련해서, "악한 대화는 좋은 예절을 타락시킨다"는 것을 기억할 필요가 있다.

여기서, 전혀 눈치 채지 못하게, 고귀한 열망을 꺼트리고, 신앙고백의 발랄함을 마비시키는 독이 작용한다.

"세상에서 하나님 없이" 사는 것은 하나님에 대한 이 같은 부정이 나타날 수 있는 가장 위험한 형태는 아니다. 많은 사람들이 순전히 무관심 때문에 생긴 무신론자들이다. 그들은 아무것에도 관심이 없다. 그런가 하면 많은 사람들은 자신들의 죄악된 쾌락을 추구하기 때문에 괴로운 양심을 참고 견디고 싶지 않아서 하나님을 부인한다. 또 많은 사람들은 스스로 지혜롭다고 생각하기 때문에 마음이 너무 높아져서 하나님 앞에 절을 할 수 없기 때문에 무신론자가 된 것이다. 그러나 이 세 그룹에 속한 사람들은 적의를 가지고 신앙을 공격하는 주장을 펼치기보다는 하나님에 관해 침묵을 지킬 뿐이다. 이들은 세상에서 하나님 없이 살지만, 세상에서 하나님을 내쫓으려고 할 정도까지 광신적인 무신론자들은 아니다.

사정이 이쯤 되면, 영적인 심취는 최고조에 이르게 되고, 회복될 전망은 사라진다.

이같이 하나님을 부인하는 광신적인 행위가 때로 대중적인 반응을 얻기도 한다. 그래서 어떤 사람들이 하나님을 믿는 신앙을 비방하고 우습게 보이도록 하기 위해 부끄러운 제목을 붙인 소책자를 고의로 유포시키는 일을 하는데, 이것은 국가 생활에 아주 심각한 위협이 된다.

이것은, 모르는 사이에 해를 끼치고 국가의 탄력성을 깨트리는 독이 국가 생활에 있다는 것을 은연중 드러낸다.

이교도들 가운데서는, 그같이 신들을 비방하는 일은 먼저 처벌할 수 있게 되어 있었다. 처음에는 강대하였다가 후에 쇠락한 거의 모든 나라에서, 그 역사를 보면 이 슬픈 과정이 나타난다. 그 나라가 처음에는 부유하게 되고, 그 부로부터 도덕적 부패가 일어났고, 도덕적 부패는 결국 종교적 무관심에 이르게 되고, 그 다음에는 좀 더 교양 있는 집단에서 사람들이 "세상에서 하나님 없이" 살았다. 그리고 결국 모든 종교를 부정하는 광신적인 행위가 일어나고 그로 말미암아 결국 사람들은 아주 타락하게 되었고 수치스러운 파멸에 이르고 말았다.

사도 바울의 시대에, 에베소에 만연해 있던 불경건의 상태에서 그리스도께로 돌아온 사람들에게 바울 사도는 그들을 알았기 때문에 그들도 전에는 세상에서 소망 없고 하나님도 없이 살았다고 말했다(엡 2:12).

그리고 이것이 우리 주변에서 두루 보게 되는 고통스러운 방식으로 나타난다.

여기서 우리는 정도의 차이를 보게 된다.

해마다 하나님에 대해 조금도 생각지 않고 아무 말도 하지 않은 채 사는 사람들이 있다. 신앙 서적은 단 한 권도 집에 가지고 들어오지 않는다. 이들은 가정예배를 드리지 않고 자녀들이 아무 종교도 없이 자라게 한다. 그들은 세례에 대해 아무 관심이 없고, 교회 밖에서 결혼을 한다. 그들은 사람들이 개를 묻듯이 아무 생각 없이 고인의 장례를 치른다. 그들은 세상에서 하나님 없이 삶을 마친다.

그러나 대부분의 사람들은 아직 그 정도까지 가지는 않았다. 특별히 결혼에서, 사람들이 아직까지는 엄숙한 교회 예배 없이 혼인식을 치를 수는 없다. 병 들었을 때나 죽음의 위험에 닥쳐서나 위기를 만났을 때, 그들은 여전히 때로 하나님의 이름을 부른다. 그들 가운데는 자라나는 자녀들을 위해 종교를 없어도 좋을 것으로 생각지 않고 하인들에게 예배당에 갈 시간을 주는 사람들도 있다. 그러나 이 소수의 예외적인 경우를 제쳐 놓고, 그들은 전혀 "세상에서 하나님 없이" 산다.

그런데 무엇보다 나쁜 것은 그들이 해가 바뀌어도 계속해서 이런 방식으로 살 수 있고, 그것을 불행하게 느끼지 않는다는 것이다. 더욱 고귀한 삶의 교제에 대한 필요성이 그들 마음에서 거의 완전히 사라져 버린 것이다. 그래서 그들은 하나님과 함께 하는 삶을 그리워하지 않는다. 하나님 없이 사는 삶이 그들에게는 제 2의 천성이 되어버렸다. 그 삶이 끝나면 모든 것이 끝난다. 그들 속에는 더욱 고귀한 것들을 갈망하는 향수가 없다. 그들은 이 쾌락에서 저 쾌락으로 옮겨 다닐 뿐이다. 여러분이 그들에게 아무리 적게라도 신앙을 전해 주려 해도 그것이 그들에게 전혀 만족을 주지 못하고 오히려 짐이 될 것이다.

로마 제국이라는 쇠퇴하는 이교 세계에서 거의 2천년 동안 두루 퍼진 바로 그 마음과 정신의 경향이 오늘날 철저히 세상에 속한 이 사람들을 정복해 버렸다.

이렇다고 해서 이들이 고귀한 노력을 일체 하지 못하는 것은 아니다. 그들은 예술을 사랑한다. 철학 활동에도 참여한다. 일반적으로 사람들의 발전에 대해서, 그들은 알고 있는 만큼 거기에 대해 열광적이다. 때로 그들 속에서 시적 재능을 일깨우는 고매한 이상들을 맹목적으로 사랑하기도 한다.

그러나 이처럼 더욱 고상하고 더욱 이상적인 삶이, 그들을 예배하는 데로 나아가게 하기보다는 모든 종교를 여가 활동으로 해석하게 만드는 계기가 될 뿐이다.

종교가 비천한 생활을 하는 적게 가진 사람들에게 유익할 수가 있다. 상위 계층의 사람들은 너무 잘 살아서 종교가 필요 없게 되어버린 것이다. "세상에서 하나님 없이 사는" 것이 그들의 눈에는 세상에서 더 높은 위치에 이르는 수단으로 보인다.

여기서는 사랑만이 구원을 가져올 수 있다.

그럼에도 불구하고 에베소에서 "세상에서 하나님 없이" 살던 많은 사람들이 그리스도께로 돌아왔는데, 질책이나 무서운 심판을 통해서가 아니라 사도가 그들을 책망할 때 품었던 그 사랑을 통해서 돌아왔다.

세상에서 하나님과 함께 하는 삶의 현실이 그 사도의 사랑에서 나타났다. 그들의 마음을 녹이고 사로잡은 것은 세상에서 하나님과 함께 하는 삶을 보여 준 그 현실이다.

물론 이 "현실"이 사도신경과 분리된 것이 아니다. 사도 바울만큼 복음의 진리와 사실을 위대하게 증거한 사람은 없다. 하나님과 함께 하는 이 삶의 현실이 아무 형태가 없는 것이 아니다. 설교, 세례, 성찬이 그동안 늘 전면에 나타났다. 그러나 사도신경과 여러 목회 형태 뒤에는 성령의 사역 곧 성령께서 마음에 내주하심과, 하나님과 끊임없이 교제하는 생활이 있었다(이것이 그 능력을 설명해 주는 이유이다).

그렇다면 오늘날 하나님의 교회가 이렇게 불경건을 널리 퍼트리는 이 방식에 다시 울타리를 치려고 하면, 교회는 신조들을 굳게 지켜야 하고, 교회의 신성한 사역을 계속해서 성실히 수행해야 한다. 그러나 다른 모든 것보다 앞서 교회는 이런 형태들의 배후에 있는 핵심을 놓치지 않도록 해야 하고, 젊은이들과 나이든 사람들에게 하나님과 함께 하는 생활의 고귀한 영적 현실을 장려하도록 해야 한다.

그렇게 하려면 노력이 필요하다.

여러분이 이 세상에서 살아야 하기 때문이다. 죽을 때에는 하나님께서 여러분을 불러내실 것이다. 그리고 이 세상에서는 거의 모든 것이 여러분을 하나님에게서 멀리 떼어 놓는다. 부와 시험만이 그런 일을 하는 것이 아니라 끊임없는 일상 활동, 노력을 요하는 힘든 노동, 다양한 관심사, 많은 염려와 슬픔도 여러분을 하나님에게서 끌어낸다.

그리스도인들 가운데서 스스로 그리스도인이라고 생각하면서도 하루에 몇 시간씩, 때로는 온 종일 하나님을 생각하지 않고 사는 사람들이 너무 많은 것이 바로 이런 이유 때문이다. 심지어 기도하는 순간에도 마음이 이리저리 방황한다. 그들은 하나님을 가까이 하고, 끊임없는 성령의 교제 가운데서 하나님과 함께 사는 것이 무엇인지 거의 모른다.

이러한 부족이 신실하게 신앙을 고백한다고 해서 고쳐질 수 없고, 끊임없이 전도를 한다고 해서 고쳐질 수 있는 것도 아니다.

많은 활동과 선행이 세상에서 하나님과 함께 하는 생활 현실을 대신할 수 없다.

기름을 계속해서 채우지 않고서는 등불을 켤 수가 없다.

세상에서 불신앙을 막을 수 있는 힘과 능력은 우리에게 있지 않고 오직 하나님께만 있다. 하나님의 힘이 여러분의 마음을 분발하게 하실 때, 성령께서 여러분의 마음을 움직이게 하실 때, 이 세상 가운데서 하나님께 가까이 하고 하나님과 함께 생활하는 것이 여러분의 제2의 천성이 되고, 거듭난 성품이 되었을 때에만, 이 싸움에서 여러분이 하나님의 손에 들린 도구가 될 수 있다.

제 65장

나는 너희 중에 행하리라

개인적으로 뿐만 아니라 **집단적으로**도 여러분은 하나님과 생생한 교제를 하며 지내야 한다.

개인은 우리 자신의 마음의 세계만을 다루는 것이다. **집단**은 우리가 다 같이 경험하고, 확고한 유대에 의해 연결된 다른 사람들과 함께 겪는 모든 것이다. 여러분은 가정에서, 교회에서, 국가에서 그리고 사업이나 직업에서 집단생활을 한다. 여러분이 가족과의 생생한 교제를 여러분만 은밀히 갖는 것으로는 충분치 않다. 여러분의 가정생활, 교회생활, 사회생활에서도 하나님과의 이 교제가 여러분의 힘이 되어야 한다. 그리고 하나님과의 이 교제는 이같이 표현되어야 한다. 즉 **하나님께서 여러분과 동행하시고 여러분이 하나님과 동행한다**.

첫 번째와 같이 해야 할 뿐만 아니라 두 번째와 같이도 해야 한다.

여러분이 개인적으로나 집단적으로 하나님의 뒤를 따라 꾸준히 나아가는 복된 경험을 하는 것으로 결코 충분하지 않다. 언제나 이것은 **멀리 떨어져서** 하나님과 교제하는 습관이 될 수 있다. 그 반대로, 생활의 길에서 함께 가는 것은 여러분이 하나님께로 가고 하나님께서 여러분에게 오시는 것을 요구하며, 거룩한 만남이 상호적인 것이 되어야 한다. 그러면 여러분이 하나님의 손을 잡고서 인생의 여행을 계속하게 된다.

여러분이 개인적으로 이렇게 하고 있다면 여러분은 진정으로 그리스도인이다. 여러분의 가정이 이렇게 하고 있다면, 여러분은 그리스도인의 가정에서 생활하고 있는 것이다. 여러분의 교회가 이렇게 하고 있다면, 여러분은 단지 이름만이 아니라 실질적으로 기독교적인 교회 생활을 누리고 있는 것이다. 그리고 사회 집단이나 정치 집단에서 여러분이 직업이나 신념 때문에 접촉하고 있는 사람들과 이 경험을 하고 있다면, 거기에 기독교의 깃발이 높이 세워진 것만이 아니라 여러분이 다른 사람들과 함께 애쓰며 노력하는 참된 기독교적 운동이 이루어지고 있는 것이다.

하나님께서 모세와 이스라엘에게 이같이 말씀하셨다. "나는 너희 중에 행하리라"(레 26:12). 아브라함에 대해서는 그가개인적으로 그가 하나님과 동행하였다고 말한다. 그러나 모세에 대해서 이야기할 때는, 하나님께서 그의 백성과 **집단적으로** 교제하신 것이 언급된다. 그래서 "내가 너와 함께 하리니, 너는 내 백성의 목자라"고 말하지 않고 전혀 다르게 "나는 너희 중에 행할 것이라"고 한다. 여호와께서 자기 백성과 함께 나가시므로, 백성들이 가는 모든 길에서 하나님께서 가까이 계심과 하나님과 교제하는 것을 알도록 하신 것이다.

이렇게 해서 서로 교제하고, 거룩한 사랑의 방식으로 함께 행하는 것이 있을 수 있다. 사람 편에서는 **죄 가운데** 있으면서도 하나님과 동행할 수 있고, 하나님 편에서는 **분노 가운데서**도 자기 백성과 동행할 수 있는 것이다.

"내게 대항할진대 나 곧 나도 너희에게 대항하여 너희 죄로 말미암아 너희를 칠 배나 더 치리라"(레 26:23,24).

여기서 "대항함"은 소위 반감을 갖는다는 것이다.

여러분은 기질적으로 여러분과 맞지 않는 어떤 사람, 곧 같이 있는 것만으로도 마음이 불편하고 어서 떠나가기를 바라는 사람과 길에서 동행할 수가 있다. 가는 길에 하나님께서 자기와 함께 하시는 것을 느끼고 알면서도 여전히 죄에 끌리는 사람은 하나님의 임재가 불편하게 느껴진다. 마치 장난치고 싶은 아이가 아버지나 어머니가 가까이 있는 한 감히 잘못을 할 생각을 하지 못하는 것처럼, 그리스도인은 하나님께서 가까이 계시는 것을 느끼는 한 악한 계획을 감히 실행하지 못한다.

그가 하나님을 앞지를 수만 있다면 그렇게 할 것이다. 그러나 그것은 불가능한 일이다. 그는 하나님을 보지 않기 위해 눈을 감을 수 있지만 그때에도 하나님께서는 계속해서 그의 양심에 하나님의 임재를 계시하신다.

이것이 죄를 **지으려고** 하지만 하나님께서 길을 막으시기 때문에 죄를 **행할 수 없는,** 거룩하지 못한 싸움을 하게 되는 원인이다. 여러분이 죄를 놓아주지 않을 때, 하나님에 대한 대항심, 곧 하나님의 가까이 계심에 대한 아주 죄악적인 반감이 여러분 마음속에 생기게 되는 것이다. 그 성향, 곧 마음으로 하나님을 구하려고 하지 않고 오히려 마음에서 하나님을 제거하려는 경향만큼 하나님을 노하게 하는 것이 없기 때문에, 여러분을 향한 하나님의 은총도 마찬가지로 거룩한 반감으로 변하는 것이다. 그래서 여러분은 인생길에서 적의와 괴로움을 품고서 성령을 슬프시게 하며 하나님과 동행한다.

이 일이 세상의 자녀에게는 일어나지 않는다.

세상의 자녀는 하나님과 동행하지 않는다. 그는 인생길을 자기 혼자 여행한다. 그는 하나님의 가까이 하심에 대해 아무것도 알지도 못하고, 느끼지도 보지도 못한다. 그러므로 세상의 자녀는 이런 식으로 죄를 **지을 수 없다**.

여기서 하나님의 자녀를 크게 위협하며 잘못된 길로 인도하는 것은 이 대항심, 곧 이 반감이 여러분의 특정한 어떤 죄에서 나타난다는 것이다. 그렇게 해서 여러 가지 왜곡된 상태들이 일어난다. 즉 여러분이 다른 모든 길에서는 하나님을 구하고, 봉사에 열심이며 기도 생활을 착실하게 한다. 그러나 종종 그 특정한 죄가 여러분 속에서 다시 깨어나면, 즉시 균형이 사라지고, 하나님이 계속해서 여러분과 함께 하신다는 것을 알고 있기 때문에 그 복된 하나님의 가까이 하심이 더 이상 위로가 되지 못하고 여러분의 죄짓는 일에 방해거리만 되고 만다. 그때 여러분이 계속해서 죄를 고집하고 나가면, 아주 두려운 반감이 뒤따르며, 심지어는 하나님에 대한 험악한 반감이 뒤따르게 된다.

이것은 여러분이 힘이 약해서 죄를 범하게 되는 경우와 다르다. 왜냐하면 죄가 여러분의 마음 문 앞에 쭈그리고 있을 때, 마음이 하나님께 피하려고 하기 때문이다. 그때 여러분은 사탄이 여러분을 망치려고 하는 것을 알고서 하나님께서 여러분을 사탄으로부터 보호해주시도록 하나님을 더욱더 굳게 붙잡는다.

여러분이 그런 경우에 떨어질 수 있을지라도, 그런 가운데서 여러분은 곁에서 동행하시는 보이지 아니하는 동무에게 피하게 될 것이다. 하나님께 사죄와 도움을 구할 것이다. 여러분을 무엇으로 지으셨는지 아는 그분께서 여러분을 동정하시고 파멸에서 지키실 것이다.

그러나 그때 여러분 편에서 진지한 노력이 있어야 한다. 여러분이 길에서 하나님과 동행하고 하나님을 뒤따르며 하나님께서 여러분을 따라주실 것으로 기대하고 여러분 멋대로 길을 택하지 않아야 한다.

역사에서 그리고 현재 하나님의 행하시는 바는 전적으로 하나님 나라로 인도하는 것이고, 그렇게 해서 결국 하나님의 이름을 높이게 하시는 것이다.

지금 여러분 인생의 "길"은 무엇인가? 여러분 인생의 목적은 무엇인가? 여러분의 길은 어디로 가고 있는가?

하나님의 자녀는 날마다 이렇게 기도한다. "아버지의 이름이 거룩히 여김을 받으시오며 아버지의 나라가 임하옵시고 아버지의 뜻이 이루어지이다." 이 세 가지 기도가 단순히 말에 그치지 않고 하나님의 자녀의 나침반이라면, 그의 인생의 길은 하나님의 길과 일치할 것이다. 그때 여러분은 같은 종착지를 바라보며 같은 방향에서 하나님과 동행하게 될 것이다. 여러분의 하나님은 무한히 크신 분이고, 여러분은 살같이 빠르게 지나는 인생을 사는 지극히 하찮은 존재이다. 그럼에도 불구하고, 여러분은 물방울들 가운데 하나로 하나님의 대양에서 파도를 따라 간다.

그렇게 되면 여러분의 전 인생과 삶은 하나님의 크신 계획을 이루는 방향으로 움직이고, 그래서 여러분은 하나님께서 여러분과 동행하시는 동안에 서로 거룩한 사랑으로 결합되어 하나님과 동행할 수가 있다.

그러나 보통 이것은 여러분이 교회의 집단적인 교제 안에 있을 때에만 가능한 일이다. 지금까지 포도즙 짜는 통을 밟으신 분은 홀로 한 분 하나님이시다. 다른 모든 일꾼들은 모범을 보고 따라왔고, 동정, 친구 관계, 하나님의 백성이라고 하는 사람들과의 교제에 의지해서 따라왔다. 이것은 어떤 집단도 자기들 마음대로 스스로에게 붙일 수 없는 거룩한 명칭이고, 하나님께서 그의 은총을 받은 사람들 가운데서 친히 행하시는 곳에서만 실재하는 명칭이다.

그때 하나님께서 여러분과 동행하시고 여러분이 하나님과 동행하는 것을 여러분이 만족스럽게 느끼지 못하다. 그러나 그때 여러분은 하나님께서 여러분의 아내에게, 남편에게, 자녀에게, 여러분 교회의 목사에게, 교회 직원들에게, 여러분 사회와 협회에 가까이 계심을 똑같이 느낀다. 그러면 여러분은 하나님의 가까이 계심을 서로가 더 분명하고 생생하게 느끼도록 해 준다. 그러면 여러분은 그 사실에 대해 잠잠히 있을 수 없다. 여러분은 함께 그 사실을 즐긴다. 여러분은 힘을 합하여 하나님의 길로 나가고 하나님의 명예를 높이고자 하는 거룩한 충동을 함께 하나님으로부터 받는다.

그때 하나님은 여러분 마음에 가까이 계실 뿐만 아니라 여러분 가운데에도 계신다. 하나님은 여러분 모두의 사업의 중심이시고, 여러분을 함께 묶는 끈이시다. 이때는 마음의 경건한 기분만 있는 것이 아니라 경건한 생활이 있고, 경건한 목적, 경건한 협력이 있다. 그리고 이로부터 모든 부문에서 세상을 이기고 덕들을 비추는 거룩한 활동이 나오는데, 이 덕들은 우리에게서 나오는 것이 아니라 우리 가운데서 행하시는 하나님에게서 나와 우리 속에서 타오르는 것이다. 이는 하나님께서 우리의 빛의 원천이시오 우리의 힘과 우리 생활의 원천이시기 때문이다.

제66장

하나님을 굳게 붙잡음

죄가 종교에서만큼 빠르게 번식되는 곳은 없다.

삼위일체 하나님에 대한 예배로서 종교는 우리 인간의 마음을 부요하게 하는 가장 고귀한 최상의 것이다. 그런데 최상의 것은 언제나 가장 먼저 타락하기 쉽다.

전능하신 하나님께서 지으셨고 지지하시는 세상에서 유럽과 미국의 밖을 보면, 수백만의 사람들이 끊임없이 죽고 대체되는데, 이들은 이렇게 세상에 오고 가면서 구원의 비밀을 모르고 여전히 거기에서 철저히 소외되어 있다. 그동안 선교가 꽤 진척되었다고 하지만 아시와 아프리카의 수백만의 사람들에 비하고 이슬람과 이교도의 연합 세력들에 비할 때 어떤가?

특별히 아시아의 수많은 사람들은 사실 대부분의 유럽 민족들에 비해 본래 종교적 인상들을 민감하게 받아들인다. 그런데 그들은 자신들의 길을 택해 나갔고, 그래서 하나님의 길에 대한 모든 참된 지식에 대해서는 깜깜하다. 하나님께서 자기 보좌에서 아시아와 아프리카의 이 수많은 사람들을 내려다보시는 아침저녁마다, 천군들의 경배와 찬양의 합창에 대한 메아리가 이들 가운데서는 들리지 않는다. 그들은 온갖 것들 앞에 무릎을 꿇으면서도 삼위일체 하나님 앞에는 무릎을 꿇지 않는다.

아시아와 아프리카에 있는 이 깜깜한 어둠에 비할 때 유럽과 미국에는 빛이 있다는 말이 참으로 맞다. 세상의 이 지역들에서 세례와 성찬이 시행되는 마을을 한 군데도 찾아볼 수 없고, 크든지 작든지 간에 그리스도의 교회가 전혀 없으며 하나님을 가까이 하며 사는 경건한 영혼들을 찾아볼 수 없다.

그러나 그렇다고 해서 인구가 빽빽한 도시들과 더 큰 마을들에서 사람들의 대다수가 하나님께 대한 예배에서 완전히 멀어져 있거나 영적 열정이 없는 채 외형적으로만 예배를 드리는 일은 숨겨질 수 있는가?

이 같은 신앙의 퇴보와 타락이 지극히 심각할 정도로 일어났을 때, 하나님께 대한 예배를 정화하고 개혁하고 변화시키기 위한 엄청난 노력이 기울어졌고, 처음에는 이 노력이 놀라운 효과를 나타내었다. 그러나 오늘날 종교 세계에 널리 퍼져있는 상태를 보라. 우리가 새로운 낙심거리에 직면해 있지 않다고, 또 소위 기독교 국가라고 하는 나라들의 인구 절반이 내적이고 영적인 신앙에서 다시 멀어져 있지 않다고 말할 수 있는가?

불신앙의 팽배로 인해, 그리고 기상 신호에 의해 기독교의 부흥이 일어났고, 다행히도 이 부흥이 여전히 진행 중이라는 것은 사실이다. 그러나 아주 불쾌한 사실은, 부흥한 바로 그 집단들 속에서 여러분이 냉담함과 형식주의, 신성한 열정의 결핍을 다시 본다는 것이다.

그리고 결국 여러분이 여전히 하나님께 대한 예배를 지속하는 가족들이라는 지극히 좁은 집단을 보고, 그 예배에서 영적 생활이 어느 정도의 따뜻함을 확보하고 유지하는지 세심하게 살펴 볼 때, 변함없이 실망이 우리를 기다리고 있고, 이것이 이 사람들이 자기의 하나님과 아버지에 대해 느끼고 자기 하나님을 위해 따로 남겨둘 수 있는 전부인가라는 것을 거듭 자문하지 않을 수 없다.

그렇다. 마지막으로 여러분 자신의 가정을 보고 자신의 마음을 면밀히 살펴보며, 하나님과 함께 살고 하나님을 위하여 사는 영적 생활이 가정과 마음에 있는지, 하나님의 아버지로서의 신실함을 생각할 때 어떠해야 했는지를 자문할 때, 내적으로 애정 깊은 경건이 부단히 증진되는 일이 과연 우리에게 불가능했는지를 자문하지 않을 수 없게 만드는 절망적인 부르짖음을 절망적으로 생각하지 않을 사람이 어디 있겠는가?

이 질문에 대해 긍정적인 답변은 부분적으로밖에 할 수 없다.

죄는 기력을 빼앗고 약화시키는 힘이 워낙 강력해서 매우 경건한 집단에서조차 참된 내적이 신앙이 낮은 수준에 머물러 있고, 예외적으로 긴장을 하지 않을 수 없을 때에만 그 수준이 조금 올라갈 뿐이다.

이 모든 것의 슬픈 결과는 하나님께서 참으로 매일 아침저녁으로 이 세상을 내려다보시며 지구상의 수많은 사람들을 끊임없이 신실하게 보살피고 부양하시지만, 순전한 사랑으로 경배하는 시는 여기저기에서 오직 경건한 심정으로부터만 하나님께로 올라간다.

그럼에도 불구하고, 하나님께서는 대대에 걸쳐 영원하신 사랑을 가지고 계속해서 그의 말씀으로 우리를 내적으로 참되고 모든 것이 충족한 이 충만한 종교로 부르시고 가까이 이끄신다. 이 종교는 "네 하나님 여호와를 굳게 붙잡으라"(신 30:20, 개역개정은 "네 하나님 여호와를 사랑하라" - 역자주)는 최고의 계명으로 생생하게 표현된다.

이것은 어머니 품에 있는 어린아이의 모습이다. 말 그대로 어머니를 붙잡고 어머니께 매달리며 어머니 생명의 온기를 소중히 여기고 어머니의 젖을 먹고 만족하며 어머니에게서 떨어져 있다고 느끼는 순간 우는 어린아이의 모습을 그리고 있는 상(像)이다.

여러분이 하나님을 의지하고 굳게 붙들어야 한다는 이 최고의 계명은 순전히 외적인 신앙과, 신앙을 순전히 형식적으로 변형시키려고 하는 모든 노력에 대항하도록 만든다.

이 계명이 하나님에 대해 생각하는 것을 배제하는 것은 아니다. 다만 하나님과 이지적으로 교제하는 것 자체가 신앙은 아니라고 강조하는 것이다. 이 계명은 여러분이 세상 앞에서 하나님의 이름을 고백하도록 요구한다. 그러나 또한 이 계명은 여러분이 이렇게 하나님의 이름을 고백하는 것이 신앙의 전부라고 생각하도록 허용하지 않는다. 이 계명은 거룩한 생활과 선한 일에 열심할 것을 요구하지만, 참된 경건이 언제나 이런 것으로 만족될 수 있다는 망상을 버리게 한다. 여러분은 종교의 외적 형태들을 도의상 견지해야 한다고 열심히 생각하지만, 이 계명은 여러분이 항상 이 외적 형태들을 종교의 핵심으로 혼동하는 것에 대해서는 반대한다. 하나님을 위한 열정적인 활동을 떠나서 신앙을 생각할 수 없다. 그러나 이 계명을 생각할 때, 여러분이 인생의 전부를 하나님께 바친다고 할지라도 사랑이 없다면 여러분은 여전히 "소리 나는 구리와 울리는 꽹과리"에 지나지 않을 것이라는 인상을 계속 생각지 않을 수 없다.

여러분이 영혼으로 하나님과 은밀히 행하고 교제하는 데 이르지 않는 한, 이 계명은 여러분이 참된 신앙을 가졌다고 자랑하는 것을 묵인하거나 허용하지 않을 것이다.

때때로 진지하고 열정적인 기도로 그리스도 안에서 하나님과 개인적인 교제를 갖는 것이 여러분 영혼에 하늘 양식이 되는 은혜를 인해서 하나님께 감사드릴 수 있을지라도, 그처럼 이따금 하나님을 찾는 것은 참된 신앙도, 충만한 신앙도 아니라는 것을 이 계명은 계속해서 이야기한다. 참된 신앙은 여러분이 중단 없이 하나님을 굳게 붙잡으라고, 말하자면 항상 하나님께 매달리라고 요구하기 때문이다.

그처럼 하나님께 매달린다는 것은 순간마다 여러분이 마음으로 하나님께서 여러분과 함께 계신다는 것을 느끼고, 그래서 여러분이 항상 하나님을 기대하고, 영혼의 모든 힘을 써서 하나님을 **굳게 붙잡아야** 하겠다고 느끼는 것을 의미한다.

그러나 사실, 여기 이 땅에서 지극히 성도다운 삶을 사는 사람들도 영혼의 그런 상태가 무덤 이편에서는 불가능하다고 고백할 것이다. 우리의 마음은 그런 상태에 맞게 조율되어 있지 않고 우리 주변의 삶은 그런 정신으로 영위되지 않는다. 전혀 그렇지 않다. 이런 고백을 하면서 스스로를 자책하고 부끄럽게 생각한다면, 이 점을 공공연히 솔직하게 인정하는 것은 정직한 태도이다.

이 최고의 선에 도달하려고 애쓴 사람들이 사실 있었다. 그처럼 오직 하나님께만 매달리기 위해 모든 시대에 여러 사람들이 세상을 버리고 작은 수도원이나 암자에 숨어 살았다. 그러나 그들이 그와 같은 은둔으로 세상과 단절할 수 있었지만, 그들은 그곳에 자신들의 마음을 가져갔는데, 그들이 하나님과 더욱더 친밀한 교제를 갖는 것을 끊임없이 방해한 것은 바로 그 마음이었다.

이것은 낙원에서 가능한 일이었다. 온전케 된 하늘에 있는 성도들의 회중에서 가능하게 되었다.

그러나 이 세상에서는 이를 수 없는 것이다. 세상 생활에서 물러나는 것이 우리가 사는 지역에서 물러나는 것에 있지 않다. 우리는 오히려 우리가 사는 곳에서 이 부르심을 성취하고 하나님을 봉사할 수가 있다. 또한 우리 마음에서 물러나는 것도 불가능한 일이다. 우리 마음은 우리가 가는 곳에 항상 따라간다.

그러나 하나님은 우리를 아신다. 하나님께서는 우리가 무엇으로 지어진 줄을 아신다. 우리가 티끌에 지나지 않는다는 것을 언제나 기억하신다. 이 최고의 선에 도달할 수 없는 우리의 죄 된 결핍, 죄 때문에 결코 도달할 수 없는 이 결핍을 하나님께서 죄사함의 은혜로 덮으신다.

여러분은 여기에 만족해서는 안 된다. 그것으로 마음을 놓아서도 안 된다. 여러분은 신앙의 결점을 명백히 보아야 한다. 여러분은 자신을 비난해야 한다. 이렇게 자신을 책망하는 것이 실 생활에서 이같이 하나님과 친밀한 교제를 이룰 수 있기를 날마다 더욱 간절히 기도하게 만들 것이다.

바로 이 점에서 피상적인 신앙과 참된 신앙의 차이가 나타난다.

피상적으로 예배하는 자는 자신이 그처럼 끊임없이 하나님을 굳게 붙드는 자리에 결코 이를 수 없다는 것을 안다. 그와 같이 그는 평탄한 길을 조용하고 태평하게 추구하기 때문에 하나님과 은밀히 동행하는 것은 결코 알지 못한다.

반면에 더 깊고 더 진실된 경건의 입장에서 볼 때, 신실한 사랑의 하나님 아버지와 갖는 이 친교가 그처럼 자주 중단된다는 것은 참으로 슬픈 일이다. 경건한 영혼은 자신이 다시 하나님을 놓쳤다는 것을 알 때마다 두려워 떤다. 그는 자신을 책망하고, 중단된 이 교제를 다시 시작하기 위해 자신을 추스른다. 그리고 그 결과, 하나님과 함께 지내고 하나님께 더 가까이 가는 시간은 늘고, 하나님과의 교제가 중단되는 일은 더 적어진다.

마음을 다하여, 영혼을 다하여 뜻을 다하여 여호와를 굳게 붙드는 것이 처음에는 어쩌면 겨우 한 달에 한 번 맛볼 수 있는 하늘의 기쁨이 된다. 그러다가 점차로 한 주도 거르지 않고 끊임없이 하나님과 교제할 수 있게 된다. 점차 하나님과의 교제로 영혼이 거의 매일 같이 고양된다. 이렇게 되면 하루에도 몇 번씩 하나님 안에 있는 기쁨을 누리고, 밤중에 깨어날 때에도 하나님께서 가까이 계심을 느끼게 된다.

그렇게 하더라도 그 최고의 선에는 여전히 우리가 도달할 수 없지만, 이처럼 하나님을 굳게 붙드는 것이 우리 생활에서 더욱더 넓은 범위를 차지하기 시작한다.

그래서 홀로 하나님과 친밀히 교제하는 것뿐만 아니라 **한창 바쁜 생활 가운데서도** 하나님과 친밀한 교제를 나누는 것이 영혼의 전리품이 된다.

그러면 이제 더 이상 아삽을 흉내 내어 "하나님께 가까이 함이 내게 복이라"(시 73:28)고 노래하지 않고, 자신이 마음으로 복된 경험을 하였으므로 아삽처럼 그같이 노래하게 된다.

제67장

사무엘이 아직 여호와를 알지 못하였다

어떤 사람이 여러분에 누군가를 이야기하면서 그를 **아는지** 물을 때, 그 의미는 두 가지가 될 수 있다. 묻는 의미가 그냥 여러분이 그 사람을 만났다면 그를 알겠는지 하고, 별 생각 없이 묻는 것일 수가 있다. 그 질문이 그 사람의 성격에 관한 것이라면, 여러분이 그 사람을 **알고 있는지**를 묻는 의미가 된다.

여러분이 해외로 떠나기 전 날에 아주 중요한 문서를 여러분에게 맡기면서 그곳에 사는 어떤 사람에게 전달해달라고 부탁하는 사람이 여러분이 그 사람이 누군지 아느냐고 믈을 때는 여러분이 그 문서를 엉뚱한 사람에게 전달하는 것을 막기 위해서 묻는 것이다. 반면에 한 사람이 이 사람이나 저 사람과 어떤 사업을 하려는 일에 관해 자기 아버지에게 의견을 구하는 경우라면, 그에 대해 "그 사람을 아니?"라고 묻는 아버지의 질문은 "그 사람이 존경할 만하고 믿을 만한 사람이며, 그 방면에 유능한 사람이라고 확신하니?"라는 뜻일 것이다.

성경에서, 종교에서 그리고 하나님을 아는 지식에서 이 용어를 사용할 때는, 어떤 사람을 개인적으로 **안다**는 문제에 나타나는 이같이 매우 다른 두 의미를 고려해야 한다.

"안다"는 것은 언제나 근본적으로 어떤 **차이**를 인지하는 것이다. 식물학을 잘 알지 못하는 사람은 밖에 나가면 나무와 관목들밖에 보지 못한다. 반면에 떡갈나무와 너도밤나무, 서양협죽도와 철쭉, 재스민과 스노우볼, 베고니아와 헬리오트로프의 차이를 배운 사람은 자기가 보고 있는 꽃이 무엇인지 알며, 이같이 풍부한 지식을 즐기는 법을 배운 사람이다. 여러분이 낯선 도시에 사람들이 빽빽한 거리를 지나가는 경우, 여러분은 온통 여러분을 둘러싸고 있고, 아무 말도 걸지 않는 지나가는 사람들밖에 보지 못한다. 반면에 여러분이 고향 거리를 걸어갈 때는 거의 모든 사람을 익숙하게 알고 있고, 때로는 아주 작은 꼬마아이까지도 이름을 알고 부를 수 있다.

그러나 이것은 한 사람과 또 다른 사람의 **차이** 이상을 넘어가지 않는다. 여러분이 그 사람들 곁을 지나갈 때 그들을 몰라보는 실수를 하지 않는다. 여러분은 그들의 외모를 익숙히 알고 있다. 그들을 보는 순간 즉시 그들을 알아본다.

반면에, 여러분이 한 사람의 성격, 그의 내적 생활, 노력, 목표가 무엇인지 판단할 수 있을 만큼 가깝고 친밀한 지식을 의미한다면, 전혀 다른 **구별**을 뜻하는 것이다. 이것은 얼굴의 특징과 외모의 차이가 아니라 그의 말과 느낌에 대한 지식을 말한다. 이때 지식은 **조사**, 곧 어떤 사람의 내적 존재까지 깊게 파고드는 것이 된다.

사무엘 3:7에서 사무엘이 아직 여호와를 "알지" 못하였다는 글을 읽을 때, 그것은 첫 번째의 외적 지식만을 의미한다. 그것은 오직 하나님과의 은밀한 교제에서만 오는 거룩한 존재에 대한 깊고 참된 지식을 결코 가리키지 않는다.

밤에 깨어 있을 때 사무엘은 누군가 자기 이름을 부르는 것을 들었다. 그는 엘리 제사장이 자기를 부르는 것으로 여길 만큼 아주 분명하게 부르는 소리를 들었다. 그러나 사무엘은 하나님에게서 오는 부름과 사람이 부르는 소리의 **차이**를 아직 알지 못하였다. 그래서 세 번에 걸쳐서 사무엘은 엘리에게 가서 "당신이 나를 부르셨나이다" 하고 말했다. 엘리가 사무엘에게 자기가 부르지 않았다고 거듭 말하였고, 마지막에는 이것이 혹시는 하나님께서 부르시는 것일 수도 있다고 알려주었을 때에야 비로소 사무엘에게 새로운 깨달음이 생겼고, 그 목소리가 하나님의 음성인 것을 알게 되었다.

목소리는 놀라운 신비이다. 사람마다 자기 목소리를 지니고 있다. 여러분이 깜깜한 데서 아버지나 남편, 형제의 목소리를 즉각 알아차릴 수 있는 것은 바로 이 점 때문이다. 우리가 이 목소리와 저 목소리의 차이를 구별할 수 있는 능력이 있듯이, 사람마다 그리고 아이마다 자신만의 목소리를 지니고 있다는 것도 아주 놀라운 사실이다.

하나님께서도 하나님의 목소리를 가지고 계신다. 그래서 우리가 하나님의 목소리와 사람의 목소리를 구별할 수가 있다. 이 차이를 알지 못하는 사람은 아직 하나님을 알지 못하는 것이다. 이 차이를 아는 사람은 하나님을 안다. 하나님과의 친밀한 교제에 앞서 일어나는 것은 하나님에 대한 이 외적인 지식이다. 그리고 이 외적인 지식은 점차 하나님의 속성에 대한 부요하고 충만한 지식에 이르게 되는데, 이 지식이 곧 영생이다.

이 하나님의 지식에는 두 가지 시여 방식이 있다. 구약과 신약에 나타나는 첫 번째 방식은 족장들과 선지자들, 사도들의 몫이었다. 그들은 하나님으로부터 특별 계시를 받았다. 하나님께서는 꿈, 이상, 출현을 통해서 그리고 마음으로 들리는 말이나 귀에 들리는 말을 통해서 그들에게 말씀하셨다. 물론 이 방식이 이런 식으로 계속 진행되었더라면, 우리 각 사람은 개인적으로 하나님의 음성을 들었을지도 모른다.

하나님께서는 그렇게 하기를 기뻐하시지 않았다. 하나님께서 먼저 선지자들과 사도들에게 개인적으로 들을 수 있는 목소리나 볼 수 있는 모습으로 자기 계시를 주셨고, 끝으로 성육신하신 말씀으로 주셨다.

그러나 후에 이 방법이 바뀌었다. 그때 주신 계시가 수집되어 성경이 되었고, 이렇게 온전히 다 합쳐진 계시는 그 이후로 모든 신자에게 공익이 되고, 그리스도의 전교회에 영구한 보배가 되었다.

이렇다고 해서, 이제는 하나님과의 은밀한 교제가 더 이상 없다고 말하는 것도 아니고, 이제는 하나님께서 각 사람에게 개인적으로 길을 인도하고 지시하는 일이 있을 수 없다고 말하는 것도 아니다. 그러나 무엇인가 계시에 추가되는 일은 더 이상 없다. 계시된 진리가 증가되는 일은 없다. 계시를 더 받는 일이 가능하다고 생각하는 병적인 신비주의는 이 19세기 동안에 성경에 단 한 줄도 보태지 못하였다.

이 때문에 우리에게 하나님을 아는 방법은 사무엘에게 그랬던 것과는 다르다.

우리에게는 **성경**이 하나님의 음성이다. 우리는 더 이상 하나님께서 우리 이름을 부르시는 것을 듣지 못한다. 더 이상 우리는 **들리는 음성을 통해** 위로부터 비추는 빛을 받지 않는다.

그러나 동일한 이 차이는 계속 간다.

성경은 모든 사람에게 이야기한다. 그러나 거기에는 이 차이가 있다. 어떤 사람은 성경을 읽을지라도 하나님을 알지 못하면 성경에서 하나님의 음성을 듣지 못할 것이다. 그런가 하면 어떤 사람은 똑같은 성경을 읽으면서 은혜로 하나님을 알게 되었기 때문에 성경에서 하나님의 음성을 들을 것이다.

그런 점에서 다음의 사실은 이해하기 어렵다. 하나님 말씀의 신비를 알도록 허락받았고 그래서 날마다 여러분 속에서 하나님의 말씀이 작용하는 복된 경험을 함으로써 흔들리지 않은 굳건한 신앙에 이른 여러분이 그토록 많은 가정에서 성경을 옆으로 치워버렸다는 사실과, 어떤 사람들은 여전히 성경을 읽지만 성경에서 특별히 주목할 만한 아무것도 발견하지 못한다는 사실, 여러분이 사람은 누구나 하나님의 말씀에 복종해야 할 의무가 있다고 주장할 때 격렬한 반대를 받는다는 사실에 깜작 놀란다.

그리고 이보다 더 단순한 사실은 없다. 성경과 관계를 끊은 사람들은 하나님을 알지 못한다. 그들은 하나님의 음성을 구별하지도 깨닫지도 못한다. 그들은 성경에서 전능하신 하나님께서 그들을 부르시고 그들에게 말씀하신다는 것을 인식하지도 느끼지도 못한다.

이 때문에 분리가 생긴다. 이 사실이 깊은 골짜기를 판다. 이 사실 때문에 같은 땅에서 인구의 이 부분과 저 부분 사이에 구분이 일어난다. 이 점이, 하나님을 알지 못하고 따라서 성경에서 하나님의 말씀도 음성도 듣지 못하는 이 사람들이 그리스도 교회의 세례 받은 교인들이라는 사실 때문에 더 괴로움을 일으킨다. 이들은 자신들을 그리스도인이라고 부르도록 요구할 뿐만 아니라 자기들이 기독교를 순전히 도덕적인 힘으로 존중하고, 기독교를 이같이 이해함으로써 편협하게 무익한 신조를 고수하는 사람들보다 더 높고 유리한 위치에 있다는 사실을 자랑스럽게 생각하기도 한다. 이 생각을 따라가다 보면 결국 사람들 사이에서 더욱 뚜렷한 차이점에 이르게 된다.

하나님을 알지 못하는 사람, 하나님의 음성을 듣지 못하는 사람, 하나님의 말씀을 거부하는 사람들은 하나님을 아는 지식을 기뻐하며, 하나님의 음성을 듣는데서 힘을 얻고 하나님 말씀에서 믿음의 확고한 기초를 발견하는 사람들의 자리에 설 수 없다. 반면에 하나님을 아는 사람들은 자신들의 믿음을 증거할 수 있고, 그 믿음을 공공연히 고백할 수 있다. 그들은 하나님의 말씀을 변호할 수 있다. 그러나 그들은 자기 믿음을 다른 사람들에게 나누어 줄 수 없다. 그들은 이웃 사람들의 마음의 귀를 열고 하나님의 거룩한 비밀을 알려 줄 수 없다.

전자의 사람들에 대해 예수께서는 이같이 말씀하셨다. "거룩한 것을 개에게 주지 말며 너희 진주를 돼지 앞에 던지지 말라"(마 7:6). 그들이 여러분에게 어떤 해를 끼칠지라도 참고, 여러분의 믿음의 힘을 보여주는 것 외에는 그들에게 할 수 있는 일이 없다.

그러나 후자의 사람들에 대해서는 예수께서 이같이 말씀하셨다. "나를 반대하지 않는 자는 나를 위하는 자니라"(마 12:30, 개역 개정은 "나와 함께 아니하는 자는 나를 반대하는 자요" - 역자주). 사랑을 추구하는 봉사가 이들에게 미쳐야 한다. 이들은 영적으로 병들어서 영적 치유를 기다리는 사람들이다.

치료에는 두 가지 방식이 있다.

첫째로, 여러분은 사람마다 그의 영적 질병의 성격에 따라 치료해야 한다. 세례자 요한은 자기에게 오는 각 사람에게 맞게 메시지를 전했다. 이에 대한 훨씬 더 뚜렷한 예는 각각의 영적 병자에게 특별한 약을 처방한 예수님의 모범에서 볼 수 있다. 모든 불신자들을 똑같은 방식으로 다루는, 그래서 영적 분별력이 없음을 드러내는 사람들이 들어야 할 교훈이 여기에 있다.

둘째로, 이 치료에는 믿는 여러분이 불신자들의 기분을 상하지 않게 해야 한다는 요구도 포함된다.

아직 믿지 않는 사람들에게는 믿는 사람들의 세속적인 태도만큼 불쾌하고 기분 나쁜 것은 없다. 즉 도덕적, 영적 열매가 없는 형식적인 신앙고백, 헌신과 거룩함이 없는 열심, 진지한 생활이 따르지 않는 대담한 주장이 그런 태도들이다.

그 사람들이 여러분에게서 신성한 능력이 나온다는 것을 발견할 수만 있다면, 여러분의 거룩한 비밀을 받아들이고 싶은 생각이 들 것이다. 그런데 여러분에게 그런 능력이 없는 것을 보며, 여러분에게 기대하는 선한 행실이 나오지 않고, 이같이 고귀하고 진지한 생활이 보이지 않으며, 반대로 그들이 끊임없이 좋은 모습을 갖추고 나타나는 그들의 위선들을 보고, 그들의 성품이나 내적 생활이 믿음을 고백하지 않는 사람들보다 열등한 것을 볼 때, 그들은 그 사실 때문에 불쾌해지고, 그로 인해 그리스도로부터 물러나게 된다.

사무엘 시대가 그러했다. 그때 홉니와 비느하스가 거룩한 것들을 오용하였고, 엘리는 그들에게 의로운 항의를 일으키는 도덕적 용기가 없음을 드러냈다.

그 싸움은 그처럼 맹렬하게 된다!

하나님의 자녀들이 자신들의 신성한 소명을 알고, 남자다운 용기를 가지고 믿음을 고백했으면 좋겠다. 무엇보다 사업과 사회 활동에서 가정의 모범을 통해, 인생의 진지한 목적을 통해서, 간단히 말해 자신의 모든 삶을 통해 그리스도를 전하는 믿음을 고백했으면 좋겠다.

제68장

저들이 그로 샘이 되게 하시니

우리나라처럼 물이 아주 풍부한 나라에서는 **목마르다는 것**이 무엇인지 알기가 어렵다.

이 때문에, 성경에서 "의에 **목마르다**" 혹은 "살아계신 하나님을 **갈망한다**"는 말이 보통 우리 가운데서 너무 약한 의미로 해석된다. 물론 뜨거운 날 오래 걸은 후에나 감정이 격해졌을 때 여러분이 시원한 냉수 한 컵을 열심히 찾는 일은 지금도 종종 일어난다. 그러나 이보다 더 강렬하게 물을 찾는 갈증은 경험하지 못했을 것이다. 산악 지역의 사람들이 겪는 목마름, 곧 혀가 갈라지고 은유적으로가 아니라 말 그대로 혀가 입천장에 달라붙는 때, 입안의 마지막 습기마저 마르고 그래서 공기마져 삼키기 어려울 때 겪는 목마름을 우리는 모른다. 그와 같은 목마름으로 간절하고 점점 더 절박하게 물을 찾는 것이 실질적인 **열정**이 된다. 갈증으로 기진맥진 하여 땅에 쓰러져 시내를 찾아 울부짖는 마음의 헐떡거림 속에(시 42:1) 실제로 어떤 것이 있는지 전혀 모를지라도, 목마름을 이렇게 이해하는 사람만이 예배하는 회중이 부르는 노래에서 종종 표현되는 하나님의 가까이 하심을 갈망하는 마음의 깊이를 헤아릴 수 있다. 기진맥진한 가운데서 시내를 찾아 울부짖게 만드는 것이 있다는 것을 모를 수도 있다.

구약과 신약의 성도들이 알았던 것과 같은, "의에 대한 목마름"을 오늘날 조금이라도 아는 사람이 있는가? 가장자리까지 가득 찬 의의 잔이 우리 앞에 놓여있을 지라도, 사람들은 마지못한 손을 뻗어 그 잔을 들고 조금이라도 입술을 축일지를 많이 생각한다. 의를 갈망하고 의를 찾아 부르짖고, 의가 없이는 더 이상 갈 수 없어서 하나님께 눈물로 간절히 의를 구하는 것, 우리가 어디서 이런 모습을 조금이라도 볼 수 있는가? 목마른 사람들은 여전히 있지만, 그 수가 줄어들지 않았는가? 이같이 참으로 하나님을 갈망하고 참으로 의에 목말라 하는 강한 열망이 드물다는 것이 우리 시대에 만연해 있는 위험이 아닌가?

죄는 이렇게 작용한다.

죄는, 하나님께서 자비를 보이시지 않는 한, 이 갈증의 자극이 좀처럼 작용하지 못하게 만드는 원인이다.

이런 자극이 다시 활발하게 일어나려면 어떤 기간에는 특별한 은혜가 필요하다.

그런 은혜가 사도 시대 그리고 그 이후로 교회에 일어났던 모든 부흥의 시기에 작용하였다.

그런데 오늘날에는, 이 갈망이 얼마나 약하게 작용하고 있는지! 그런 갈망이 작용하는 집단이 얼마나 적은지! 게다가 그 적은 집단에서조차 그 갈망이 작용하는 힘이 얼마나 약한지 모른다.

여러분이 마음속으로 이처럼 살아계신 하나님에 대한 갈망이 때로 일어나는 것을 느낄 수 있다면 하나님께 감사할 일이다.

수많은 사람들이 이런 갈망을 조금도 느끼지 못한 채 살다가 죽는다.

그렇다면 여러분에게 나타난 이 은혜가 얼마나 큰 지 모른다!

선지자와 시인들, 예수님과 사도들은 산악 지역에서 살았다. 그런 이유 때문에 물과 물에 대한 갈증이 성경에 그처럼 많이 나타난다.

"생명의 원천이 주께 있사오니"(시 36:9). "나의 모든 근원이 네게 있다 하리로다"(87:7). "너희 모든 목마른 자들아 물로 나아오라"(사 55:1). "내가 주는 물을 마시는 자는 영원히 목마르지 아니하리니"(요 4:14).

시편 84편에 나오는 뽕나무 골짜기(개역개정은 "눈물 골짜기" - 역자주)에 관한 인상적인 말이 그와 같다.

뽕나무 열매인 오디는 햇빛이 잘 드는 뜨거운 지역에서 아주 달게 익는다. 그와 같이 뽕나무 골짜기는 우리 속에 있는 모든 것이 쇠약해지고, 불안을 일으키며 슬픔으로 거의 숨이 막힐 지경인 삶의 조건들을 표시하는 이미지이다. 낮의 뜨거움과 전투의 열기 때문에 시원한 공기와 휴식을 찾아 헐떡이는 때, 더 이상 앞으로 나아갈 수 없을 때, 하나님께서 우리를 돕지 않으시면 길에서 낙오할 것이라는 두려움이 우리를 덮칠 때를 말한다.

물론 산간 지방에도 만년설에서 나와 졸졸 흐르는 시내를 이룰 만큼 물이 풍성하다. 그러나 산에서는 이 물이 똑같이 분배되지 않는다. 산의 한 곳에서는 물이 여러분을 휩쓸고 가버릴 만큼 아주 무섭게 흐른다. 다른 곳에서는 여러분이 몇 시간을 여행해도 물 한 방울을 볼 수 없는 마른 땅만 나온다. 그때는 산중턱 어딘가에 작은 샘에서 물이 똑똑 떨어지는 곳을 만나 그 물로 여행자가 기운을 차리고, 타는 갈증을 가라앉힐 수 있으리라는 한 가지 소망밖에 없다.

이런 이유로, 뽕나무 골짜기와 관련해서 시인은 두 가지 형태의 구원을 말한다. 첫째는 타는 열기 속에서 전혀 생각지 못하게 그처럼 작은 시내를 발견하는 것이다. 둘째는, 비구름이 머리 위에 몰려들어, 그 그늘 아래에서 여행자가 태양의 열기를 피하는 것이다.

산 한 가운데 골짜기에 있는 것이 이와 같듯이, 은유적으로 말할 때 고난 가운데 있는 하나님의 자녀들이 이와 같다. 하나님의 자녀들이 스스로 어떤 일도 할 수 없을 때, 숨을 헐떡이며 심한 압박을 받을 때, **하나님께서 그들의 샘이 되신다**. 그때 비구름을 그들 위에 넓게 펼쳐 그늘로 보호하시는 분은 하나님이시다.

"그들이 뽕나무 골짜기를 지나갈 때에 그들이 하나님을 샘으로 삼으니, 참으로 비구름이 그들을 복으로 덮을 것이라"(시 84:6, "그들이 눈물 골짜기로 지나갈 때에 그곳에 많은 샘이 있을 것이며 이른 비가 복을 채워 주나이다" - 역자주).

살아계신 하나님 안에 그리고 그의 그리스도 안에 있는 **생명샘**을 예배하는 것이 이와 같이 우리를 위로하는 상(像)이 되었다.

여러분이 산간 촌락들에서 마을 우물이 어떤 것인지 직접 본 적이 있다면, 이 상이 지닌 풍부한 의미를 파악하였을 것이다.

그처럼 작은 산간 촌락에는 대체로 마을 광장 한 가운데 샘이 하나 자리 잡고 있다.

이 한 샘에서, 마을의 유일한 이 우물에서 온 마을 사람들이 물을 마신다. 사람마다 집에서 나와 이 우물에 가서 물동이에 물을 채우고, 아침저녁으로 이 귀한 물을 집으로 나른다. 말과 가축들도 이 샘으로 데려가서 물을 먹인다. 마찬가지로 흙 묻은 옷가지들도 샘으로 가져가서 하얗게 빤 다음 집으로 가져간다.

이와 같이 하나뿐인 이 마을 우물은 온 마을 생활의 중심지이다. 모든 것이 우물을 중심으로 이루어진다. 우물에서 사람들은 서로 만난다. 샘에서 대화가 이루어진다. 샘에서 마을 공동의 생활이 이루어진다. 그와 같이 마을의 전 공동체가 이 우물이 진실로 온 마을의 생명샘이라고 느낀다.

이제 여러분이 그런 곳에서 하나님이 생명샘이라는 이 시를 노래한다면 사람들은 여러분을 이해할 것이다. 생명샘에 대한 이 즐거운 상이 모든 사람에게 호소력을 지닐 것이다. 그리고 하나님이 없으면 우리가 비참함 가운데서 갈증으로 망할 것이고, 하나님이, 오직 하나님만이 그의 이름을 두려워하는 모든 자들의 중심이며, 따라서 그들은 하나님께 속한 자이고, 하나님 안에서 생명을 영위한다는 의미심장한 그 사상이 모든 영혼에게 공감을 얻을 것이다.

그리스도 안에서 이 샘이 여러분에게 더 가까워졌다.

그리스도 안에서 생명샘이 우리 인간 생활과 우리 인간 본성에 들어왔다.

생명샘이 하나님 안에 하나, 그리스도 안에 하나, 그래서 **두 개**가 있는 것이 아니다. 하나님의 생명이 흘러나오는 이 한 샘이 하나님 아버지에게서 솟아나 그 아들 안에서 우리에게 가까이 왔고, 성령을 통해서 우리 마음에 흘러들어 오는 것이다.

그러므로 여러분이 확실히 그리스도를 하나님으로 예배하고 그 앞에 무릎을 꿇지 않는다면 여러분의 기독교 신앙은 죽은 것이다.

우리가 이 땅에 있는 모든 하나님의 회중을 이렇게 표현할 수 있다면, 이 **한 분** 그리스도야말로 온 마을의 생명샘이시다.

자기 집 안에 자기를 위한 생명샘을 가지고 있는 사람은 아무도 없다. 아침저녁으로 하나님의 자녀는 그리스도 안에 있는 이 샘에 가서, 긴 밤낮을 지낼 수 있도록 영혼의 작은 물동이를 가득 채우는 일을 해야 한다. 이 샘은 실망시키는 법이 없다. 이 샘에서는 언제나 물이 흐른다. 이 샘에서는 생명수가 언제나 신선하게 흘러넘치는 것을 볼 수 있다. 아무에게도 부족한 법이 없다. 이 샘은 모든 이에게 풍성하다. 우리 눈으로 직접 보지는 못하지만, 온 세상에 걸쳐서 진실한 모든 신자는 이 한 샘에서 물을 얻는다.

이렇게 해서 그리스도 안에 있는 이 한 생명샘이 우리 모든 사람의 생명의 중심이 되고, 모든 사람의 교제의 중심이 된다. 사회에서 그리고 교회에서 온갖 차이와 분리가 여러분들을 서로 떼어놓는다. 그러나 영적이고 보이지 않지만 하나님에게서 나오는 모든 것이 날마다 이 한 생명샘에 모이고, 하나님의 풍성함으로부터 받아 모든 사람에게 물을 주시는 분은 이 한 분 그리스도이시다.

지상의 신자들은 차이와 논쟁에도 불구하고 땅에서 하나님의 나라를 실현하고 이룰 수 있는 연합의 새로운 힘을, 바로 이같이 그리스도 안에 거하는 것으로부터, 그리고 이 한 샘에서 나오는 물로 힘을 되찾고 유지하는 이 참된 생명으로부터 매일 새롭게 끌어낸다.

신자는 믿음을 실천해야 한다.

믿음은 "그들이 하나님을 샘으로 삼는다"고 말한다.

믿음은 저절로 행동하지 않는다. 슬프게도 수많은 사람들이 이 샘이 있는지 알지 못한 채, 이 샘을 사모한 적도 없이 혹은 이 샘에서 물 한 모금 마시지도 않은 채 왔다 간다.

믿음의 행동으로만 사람은 이 샘과 영혼으로 교제를 나눈다.

그리스도께서는 사람들이 자신을 받아들이기를 원하신다. 여러분은 믿음으로 그리스도를 여러분의 샘으로 삼아야 한다.

샘이 산간 마을에서 작용하듯이 이 샘도 여러분에게 그같이 작용한다.

때로 산간 마을에 자기가 쓰려고 자기 마당에 샘을 판 부자가 있다. 그래서 이제 그는 더 이상 매일 아침저녁으로 마을의 샘에 나갈 필요가 없다.

그러나 나머지 가난한 사람들은 자신들 소유의 그런 우물을 가질 수가 없다.

그리고 이 말씀은 이 경우에도 적용이 된다. 심령이 가난한 자는 복이 있다. 이는 그들이 이 생명샘에 가기 때문이고, 그래서 하나님의 나라가 그들의 것이기 때문이다.

제69장

내 하나님을 의지하고 담을 뛰어넘나이다

하나님께서 우리의 첫 조상들을 창조하실 때, 그들에게 낙원을 가정으로 주셨다. 그곳에서 그들은 아무런 위험도 당하지 않았다. 자연의 요소들, 거친 동물들, 기후, 질병, 이 모든 것이 그들에게 아무런 위험이 되지 않았다. 그들에게 모든 복락이 있었다. 요컨대 그것은 결점이 없는 즐거움이었다. 단 한 가지 점에서만 위험이 있었다. 그 한 가지 점은 그들의 **영혼의 상태**였다. 그 점에서 그들은 상처를 입을 수 있었다. 그래서 만일 그들이 영혼에 상처를 입으면, 그들은 지는 것이다. 하나님께서 그들을 구원하시지 않으면 그들은 **영원히 정복당한 채로 지내는** 것이다.

우리 첫 조상들의 타락 직후에 땅에 임한 저주는 지옥 곧 음부의 권세가 즉시 그들을 대항하도록 풀려났고, 모든 면에서 전 창조계가 비밀리에 그들을 파멸하는 일을 시작하였다는 것을 보여주었다.

이제 여러분이 속박에서 풀려나 날뛰는 세상과 자연의 세력 앞에서 이 두 사람이 거의 아무 옷도 걸치지 못한 채, 아무 방비도 없이 얼마나 절망적으로 서 있었는가를 생각해 본다면, 그들에게 아무것도, 철저히 아무것도 남아 있지 않았고, 하나님 편에서 놀라운 숨은 은혜가 그들을 지키지 않았더라면 24시간 안에 그들이 맹수들의 먹이가 되어 사라져버렸을 것을 즉시 알게 될 것이다.

여러분은 이제 우리 인간 생명이 어떻게 스스로를 보호하는지 물을 필요가 없다. 이제 악하고 파괴적인 자연 세력에 직면해서 우리는 온갖 방법을 써서 강하게 자신을 방어한다. 홍수가 갑자기 덮칠 때, 태풍이 몰아칠 때, 전염병이 온 지역에 일어날 때, 야생 동물이 사람을 해칠 때는 속수무책이다. 그러나 아담과 하와는 지금은 우리가 자유롭게 쓸 수 있는 저항 수단을 그때는 전혀 갖지 못하였고, 자기들 혼자뿐이었다.

그러므로 우리 인류가 즉시 망하지 않고, 자활하였고, 점차 수가 늘어나 자연을 이기게 되었다는 것은 지극히 놀라운 일이다. 낙원이 사라진 후 몇 세기 동안 사람은 곤경에 처해서 파괴하는 거친 세력들과 필사적으로 싸우지 않을 수 없었다. 오늘날까지 니므롯이나 헤르쿨레스라는 이름이 많은 민족들에게서 파괴적인 괴물을 저지할 수 있었던 영웅으로 기억되고 있다.

대부분의 사람들은 보통의 힘으로 살아간다. 약골들은 그만한 힘도 갖고 있지 못하다. **출중한** 소수의 사람들은 언제나 있었다. 이 영웅들은 몇 세대 후에도 초인적인 업적을 이룬 사람들로, 거의 초인적인 영감이 필요한 노고를 통해서 전 인류에게 많은 복을 남긴 사람들로 존경받아 왔다.

때로 많은 장애가 그들 앞에 **벽**처럼 섰다. 다른 사람들은 그 벽 앞에서 철저히 절망하였지만 **이들은** 그 벽을 오르는 법을 알았고 뒤따르는 사람들을 위해 길을 개척하는 법을 알았다.

자연의 요소들과 자연의 세력들이라는 괴물과 치르는 싸움이 이제 승리를 거두게 되어 많이 조심하고 주의하면 어느 정도 인간 생활이 가능하게 되었을 때, 사탄은 **사람을 일으켜 사람에게 대항하였다**. 이렇게 해서 전혀 새로운 싸움, 인간 대 인간의 싸움, 가인과 아벨의 악한 게임이 시작되었다.

다른 사람에게서 재산을 빼앗고, 다른 사람의 생명을 노리며 다른 사람을 자신의 노예로 삼으려는 일이 일어났다. 이제 자연의 복마전(伏魔殿)은 그치고 인간 악의 복마전이 인류의 가슴 속에서 풀려났다. 이 두 번째 싸움으로 인류에게 임한 비참함은 말로 다할 수 없이 크다. 첫째로 강도와 살인의 욕망, 사람이 사람을 대항하고, 집이 집을 대항하는 욕망이 일어났다. 그 다음에 이 욕망으로부터 민족과 민족이 싸우고 백성과 백성이 싸우는 전쟁이 나왔다.

그 다음에 영웅들이 일어났다. 다시 이야기하지만 다른 사람들을 뛰어넘는 출중한 사람들이 나타났다. 삼손, 다윗, 침묵왕 윌리엄, 워싱턴과 같은 사람들이다. 고귀한 이상주의에 영감을 받고 전제군주의 공격을 깨트리고 자기 백성을 구출해낸 영웅들이다.

다른 모든 사람은 머리를 부딪치고 그 앞에 멈춰 서는 **벽**을 이들은 **뛰어넘었다**. 이렇게 해서 백성들의 구원이 실현되었다. 이 영웅들의 이름은 영구히 존경을 받는다. 우리 전 인류에게가 아니라 그들이 이룬 구원의 혜택을 받은 사람들에게 존경을 받는다.

이 두 싸움 사이에서, 세 번째 싸움이 잇따라 일어났다. 이제는 자연에 대한 싸움이 아니고, 강도와 살인의 욕망에 대한 싸움이 아니며, **세상** 나라가 **하나님** 나라에 대항하는 싸움이 일어났다.

사람의 자녀들이 하나님 자녀의 유업을 받도록 하기 위해 하나님의 은혜가 내렸고 하나님의 빛이 속에서 비쳤다. 이에 반대하여 사탄과 죄와 세상의 세력이 땅에서 하나님의 대의명분을 무효화시키려고 한다.

그 다음에 다른 사람들은 용기를 잃고 물러난 자기의 땅을 스스로 고수한, 출중한 영웅들이 여기에서도 있어왔다. 여기에서도 많은 사람들을 냉혹하게 물리쳐 버린 **벽**을 이들은 당당한 정신으로 뛰어넘었다. 노아, 아브라함, 이사야, 곧 순교자들과 사도들, 그들을 이은 수 세기 동안의 기독교 시대의 성도들이 그러했다. 결국 벽을 허물어뜨린 것은 언제나 영혼의 드높은 정신이었고, 그들의 이름을 감사함으로 기억하는 것은 이제 한 국민들이나 온 인류가 아니라 모든 세대의 하나님의 자녀들이다.

이 싸움의 중심인물은 유다 지파의 사자요, 믿음의 주요 온전케 하시는 분이며, 하나님의 아드님이시고, 인자이시며 영광스런 부활로 죽음을 정복하신 분이시다.

그가 곧 하나님이시고 그러므로 그로 말미암아 죄와 죽음의 담이 영원히 허물어졌고, 영원한 평강으로 인도하는 문이 열렸다.

이제는 여러분의 싸움이 남아있다.

이것은 세 가지 형태의 싸움이다. 여러분을 파멸하려고 위협하는 질병과 위험 속에 있는 자연의 세력들에 대항하는 싸움이다. 존재의 생계와 안락을 위한 싸움이다. 여러분의 동료 인간들이 여러분에게 잘못 할 때, 여러분을 비방하거나 여러분의 권리와 자유를 위협할 때 그들과 싸운다. 셋째로, 하나님의 명예를 위하여, 곧 하나님의 대의명분과 여러분 영혼의 구원을 위하여 사탄과 죄와 세상의 세력과 싸우는 싸움이다.

여러분에게 대항하는 이 세 가지 세력의 연합으로부터 모든 재난과 비참, 영혼의 모든 슬픔과 불안들이 여러분에게 생겨난다. 사람에게는 이 세상에서 싸워야 할 싸움이 있다. 이 싸움이 모든 경우에 똑같이 맹렬하고 격렬한 것은 아니다. 그러나 어떤 사람들에게서는 그것이 흉악한 세력들과의 싸움인 것이 종종 나타난다.

이 싸움에서 어떤 사람은 비겁하고 무기력하게 서 있다. 더 많은 수의 사람들은 보통보다 조금 더 노력을 기울여 싸움을 한다. 그러나 비상한 영웅적인 용기로 싸우고 믿음으로 승리하는 소수의 사람들은 언제나 있다. 이 싸움에도 역시 담이 있다. 다른 사람들은 그 앞에서 머뭇거리지만 그들은 그 담을 뛰어넘는 법을 안다. 그들은 하나님과 함께 하나님의 이름으로 담을 뛰어넘는다. 그리고 그들은 복을 남겨 그들의 친족과 그들의 생활 범위에 있는 모든 사람들에게 유익을 끼친다.

이 남녀 영웅들의 용기와 정복하는 능력의 비결은 어디에 있는가?

물론 그들이 **출중하였다**, 즉 그들이 자신의 힘을 훨씬 벗어나는 데까지 의지의 힘을 적용할 줄 알았다는 점에 그 비결이 있다. 이 위대한 힘은 밖에서가 아니라 안에서 온다. 굳건한 마음으로부터, 스스로를 굳게 붙잡는 영혼으로부터, 그들 속에 있는 영으로부터 나온다.

비교하자면, 미친 듯이 날뛰는 사람이나 술주정꾼, 미친 사람, 열정에 휩싸인 사람에게서 이와 같이 높은 긴장을 어느 정도 볼 것이다.

미쳐서 날뛰는 사람은 누구나 피하기 마련이다. 그에게 맞설 수 있는 사람은 아무도 없다는 것을 알기 때문이다. 그래서 그런 사람은 총으로 쏴서 넘어뜨린다. 때로는 경찰관 세 명이서도 정신착란에 걸린 사람을 제압할 수 없었다. 미친 사람은 때로 그런 사람들에게 입히는 구속복(strait jacket)을 입혀야만 사람들에게 해를 끼치지 않게 된다. 이 점은 그들이 얼마나 엄청난 힘을 발휘할 수 있는가를 보여준다. 흥분한 사람이 열정에 휩싸이자 남자 세 사람을 막아내고 던져버린 적도 있다.

이것들은 모두 인간의 비참함을 보여 주는 예들이다. 그러나 이 예들에서, 내적인 어떤 것이 영과 근육에 모든 수단을 초월하는 이런 긴장을 일으킬 수 있기 때문에 아주 엄청난 힘이 나타날 수 있음을 보게 된다.

근육의 그런 긴장이 영의 악한 흥분과 과잉 발휘로 인해 생길 수 있듯이, 우리 영혼도 성령의 내적 긴장으로 인해 그 힘을 배나 발휘할 수 있고, 정말이지 세 배까지도 발휘할 수가 있다. 이 예에서는 그 힘의 발휘가 인간의 비참함 때문이 아니라 인간 비애에 저항하는 일에 열중하는 영의 거룩하고 드높은 정신 때문에 생기는 것이다.

그 다음에 여기에도 역시 담이 있다. 우리에게 가해지는 불의의 담이 있다. 우리를 압도하는 고난의 담이 있다. 견딜 수 없는 악의 담이 있다. 우리를 파멸하려고 위협하는 반대의 담이 있다. 우리를 지옥으로 내려가게 하려는 죄의 담이 있다. 부수고 뚫고 나가야 하는, 그렇지 않으면 우리가 지게 되는 담이 있다.

이때 영웅적인 용기가 나와야 한다. 거칠고 제어할 수 없는 흥분에서 나오는 과감한 용기가 아니라 결코 포기하지 않고 하나님의 힘으로 이기는 영웅의 순결하고 조용하며 견디는 용기가 나타나야 한다.

그때 시인이 "내가 내 하나님을 의지하고 담을 뛰어넘나이다"(시 18:29) 하고 노래한 것이 내게 사실로 이루어진다.

"내 하나님을 의지하고." 이 말은 하나님의 도움을 받아서 혹은 하나님께서 일으키신 기적을 통해서라는 뜻이 아니다. 그것은 내 마음에 하나님을 모시고, 즉 성령의 내적 사역만이 내 영혼에 일으킬 수 있는, 지극히 고귀한 영적 감화를 받아서 하나님께서 **그 일을 하고자 하시므로** 그 일이 **반드시** 이루어질 것을 내가 안다는 뜻이다.

여러분이 이렇게 말하기를 원한다면, 여러분 자신의 힘을 훨씬 벗어나서까지 여러분이 행하고 견디는 것을 두고서, 기적이라고 할 수 있을 것이다.

그때 담이 부서지고 무너지며 여러분은 담을 뛰어넘는다.

그러면 여러분은 담 저편에서 무릎을 꿇고 여러분이 그처럼 초인적인 일을 할 수 있게 하신 하나님의 이름에 찬양과 명예를 돌리고 그 이름을 높일 것이다.

제 70장

내 눈이 항상 여호와를 바라봄은

테데움 성가(Te Deum)에서 하나님의 교회는 이같이 노래한다. "하나님께 모든 천사가 큰 소리로 외치나이다 … 그룹과 스랍들이 하나님께 끊임없이 외치나이다. 거룩하다 거룩하다 거룩하다 주 하나님이시여. 하늘과 땅이 주의 영광의 위엄으로 충만하다도다."

끊임없이, 곧 중단 없이, 사이에 쉬는 것이 없이, 언제나 천사들의 합창대가 부르는 찬양소리가 하나님께로 올라간다는 것이다.

이와 같이 중단되지 않고 변하지 않는 사물의 영속성은 하나님의 보좌 앞에 있는 세상의 독특한 존재 방식이다. 하늘에 있는 아버지의 집에는 시간이 없고 영원이 존재한다. 그러므로 밤에 시간을 보내는 일도 없고 아침이 한낮으로 변하는 일도 없으며 영원한 아침이 있을 뿐이다. 거기에는 가만히 정지했다가 다시 시작하는 일이 없다. 멈추었다가 다시 계속하는 일도 없다. 거기에는 쉬거나 긴장을 풀기 위한 막간극이 없다. 그것은 영원히 솟아나고 힘의 낭비가 없이 자기에게로 돌아가며 그러므로 변화의 필요가 없는 완전한 하나의 생명이다. 거기에서는 더 이상 발전하는 법이 없다. 그래서 이 상태에서 다른 상태로 옮겨가는 것을 생각할 수가 없다.

영원히 흘러나오는 복음의 충만함이 감소되는 일도 중단되는 일도 없다. 그러므로 테데움 성가에 나오는 **끊임없이**라는 말은 이 세상을 초월하는 것, 하나님께 바쳐진 것, 즉 하나님 나라의 특징을 아주 명백하고 탄복할 만하게 표현한다.

사도가 "쉬지 말고 기도하라" "항상 기뻐하라"(살전 5:16,17)고 권고하고, 시인이 "내가 여호와를 **항상** 내 앞에 모심이여"(시 16:8), "내가 **항상** 주와 함께 하니"(73:23), "내 눈이 **항상** 여호와를 바라봄은"(25:15) 하고 선언할 때, 이 말이 우리에게 모순된 것처럼 들릴 수가 있다. 더 고귀한 생활의 이 "연속적인" 특징과 관련해서 하나님과 은밀히 행하는 것을 모르지 않는 사람은 항상 중단없이 계속하는 이 연속성의 거룩한 의미를 느낀다.

"끊임없이"라는 말이 때로 "가끔"을 뜻한다는 점을 생각해 볼 필요가 있다. 병원의 간호사는 **계속해서** 자기 환자들을 순회하며 돌본다. 그러나 이것이 여기서 의미하는 바는 아니다. 시인이 "내 눈이 항상 여호와를 바라봄은" 이라고 노래할 때 히브리어의 의미는 "이따금"이 아니라 "언제나 중단 없이"라는 것이다.

이 말의 뜻은 이것이다. 내 영혼의 눈이 내 하나님에게서 결코 다른 데로 돌리지 않고 항상 하늘에 계신 내 아버지 하나님께로 향한다.

이 말은, 하나님과 은밀히 교제하는 가운데서 여러분이 하나님을 이 **일시적인 곳으로** 모셔 내리는 것이 아니라 하나님께서 우리를 **영원한 곳으로** 끌어올리도록 한다는 뜻이다.

하나님과 은밀히 교제하는 것은 본질에 있어서 천상적인 것을 미리 맛보는 것이다.

그것은 여러분이 사람들의 웅성거림을 막기 위해 잠깐 동안 음악을 연주하는 악기가 아니라 저절로 연주를 하며 그래서 여러분이 귀를 열고 천상의 조화로운 소리를 듣기를 기다리는 오르간이다.

이제 끊임없이 기도한다는 말을 하지 말라. 일의 성격으로 볼 때 여러분의 생활과 환경, 직업이나 사업상 그렇게 할 수 없는 것이 명백하기 때문에, 하나님 안에서 언제나 복된 것을 느끼고, 언제나 하나님을 여러분 앞에 모시며, 언제나 하나님을 향하고 하나님만을 보는 것은 간단히 말해서 불가능하다.

이런 의미로 이해할 때, 다윗과 사도 바울은 우리 생활이 끝없는 헌신이 아니고 세상이 수도원 독방이 아니라는 것을 잘 알고 있었다.

그래서 사도도 시인도 그 말을 이런 식으로 의미하지 않았다.

격리된 장소에서 홀로 하나님 앞에서 무릎을 꿇고 기도만 하는 때가 있는 것은 확실하다. 우리가 하나님을 생각하는 일에 몰두하기 위해 일부러 혼자 있을 수 있는 곳을 찾아서 조용히 혹은 당혹스런 심정으로 앉아 있는 때가 있다. 우리가 은밀한 교제에만 전념하기 위해 이 세상에 속하는 모든 일에서 벗어나는 때가 있다.

처음 시작하는 사람이 생각할 수 있는 일이란 주로 기도, 하나님과의 교제, 하나님을 바라보는 것뿐이라는 점을 인정해야 한다.

그때에도 그런 사람의 생활은 두 부분으로 나뉜다. 한 가지 생활은 이 세상**에서** 하나님 **없이** 넓게 뻗어나가는 삶이고, 또 한 가지는 그와 나란히 이 세상 **밖에서** 하나님과 **함께** 지내는 매우 좁은 삶이다.

그가 그때 하나님 나라를 어느 정도 붙잡은 것은 틀림없다. 그러나 이 세상 생활이 여전히 그의 실생활이고, 그가 하나님께 전념하는 순간은 이 세속 생활의 사막에 있는 오아시스처럼 이따금씩 올 뿐이다.

이런 상태가 지속되는 한, 쉬지 않고 기도하고 항상 기뻐하며 계속해서 하나님과 함께 거하는 것에 대해서는 물론 아직 할 얘기가 없다.

이때는 하나님과 함께 거하는 일이 없고, 세상에 거하면서 잠깐 동안 하나님을 찾기 위해 이따금 세상에서 나가는 일이 있다. 그는 그런 때에 잠깐 기도한다. 지극히 짧은 시간 동안 하나님에 대해 생각한다. 그리고 즉시 그 시간은 끝난다. 그리고나서 감았던 눈을 뜨고 다시 세상을 바라보며, 그 날 나머지 시간을 이 세상 생활에서 보낸다.

하루 밤낮 24시간 가운데서 자는 데 8시간을 쓰고, 세상에서 15시간 이상을 보내며 하나님과 함께 지내는데 쓰는 시간은 합해서 30분이 안 되는 사람의 생활이 그런 것이다.

이런 사람들은 이따금 30분 이상을 혼자 있으면서 거룩한 명상에 몰두하려고 하는 일을 자주 시도해 왔다. 그러나 생활이 워낙 분주하기 때문에, 혼자 있는 이 시간에도 생활이 계속해서 끊임없이 생각 속에 들어오는데 그 힘이 너무 강해서 그들이 의지의 힘으로 그것을 물리치고 다시 거룩한 명상으로 돌아갈 수가 없다.

이렇게 되면 낙망을 해서, 그들은 다음에는 훨씬 더 쉽게 그 일을 포기하게 된다.

그렇게 해서는 안 된다. 중단없이 끊임없이 계속해서 하나님과 교제하는 이 생활은 우리의 생각에 달려있지 않고 우리의 의지로 달성할 수 있는 것이 아니라, 마음의 내적 움직임으로부터 저절로 나와야 한다.

여러분은 자신이 성령의 전임을 믿는다. 그러므로 하나님께서 여러분 안에 거하시고, 하나님이 여러분 가까이 계시고 여러분이 하나님 가까이 계신다는 것은, 여러분이 그 사실을 생각하거나 잊고 있거나 상관없이 자연히 발생하는 사실이다.

성령 하나님께서 여러분 마음에 들어오시는 것은 잠깐 머물렀다가 이내 다시 떠나기 위해서가 아니다.

성령의 내주하심이 있다. 그것은 영원히 여러분에게 거하시기 위해 단번에 들어오시는 일이다. 그래서 여러분이 기도하지 않는 때에도, 여러분이 마땅히 기도해야 하는 법을 모르는 때에도, 이 성령 하나님께서 여러분 안에서 말할 수 없는 탄식으로 기도하신다. 그것은 마치 갓난아기는 전혀 의식하지 못할지라도 엄마가 갓난아기의 침대 곁에서 계속 지켜보는 것과 같다.

그러므로 우리가 물어야 할 단 한 가지 질문은 여러분 마음의 내적 성향이 하나님의 일들을 받아들이는 그 성화에 점차 이르러서 여러분이 마음 속에 일어나는 것을 느끼고 알기 시작하게 되느냐 하는 것이다.

먼저, 여러분은 마음 밖에서 산다. 그래서 마음이 물 위에 뜬 기름방울처럼 삶에서 고립되어 떠돈다. 그러나 점차 각성이 일어난다. 그러면 여러분은 좀 더 마음과 함께, 마음 안에서 살기 시작한다. 여러분이 자신의 마음에 충분히 깊게 들어갈 때, 거기에서 여러분을 불쌍히 여기시는 성령 하나님을 만난다.

이로 인해 여러분은 자연히 삶의 두 면을 만나게 된다. 한편으로는 밖에 있는 것을 향한 삶이고, 다른 한편으로는 속에 있는 것을 향한 삶이다. 처음에는 이 두 면이 서로가 낯설지만, 점차 서로에게 가까이 접근하여서 마침내는 결합되고 서로에게 철저히 침투하기에 이른다. 그리고 마지막으로, 여러분은 안으로부터 나오는 생명이 타올라 여러분의 모든 외적 생활을 통해서 빛을 비추고, 마음속에서 교제를 하고 있음을 분명하게 의식하지 않지만 영혼의 모든 촉수로 느끼는 그 교제가 점점 더 중단 없이 계속되는 점에 이르게 된다.

첫째로, 이것은 거룩한 비밀이다. 그 이상 아무것도 아니다.

그러나 이 교제가 이것으로 끝이 아니다.

자연히 여러분 영혼의 눈이 하나님께서 여러분 마음속에 거하실 뿐만 아니라 여러분 주위의 외적 생활에도 거하시는 현실을 점점 더 분명하게 발견하기 시작한다. 성령님은 어디에나 계시며, 모든 것을 지도하시는 전능한 하나님이시고, 모든 것을 공급하시는, 일하시는 하나님이시다.

이와 같이 해서 여러분은 모든 것 안에, 모든 것으로 말미암아, 모든 것을 통해서 여러분에게 가까이 가시는 하나님을 알기 시작한다.

마음 깊은 곳에서 일어나는 선율은 여러분이 자신의 소명을 실현하는 전 생활에서 메아리치게 된다. 전에는 생활 속에서 여러분의 주의를 잠시 다른 데로 돌렸던 것이 이제는 여러분이 더욱더 하나님께로 향하도록 놀랍게 끌어당기기 시작한다. 그러면 추론의 과정을 통해서나 생각을 솔직히 말함으로써가 아니라, 영혼의 생명을 즉시 인식하는 가운데서 하나님은 내외적으로 그리고 거의 끊임없이 여러분의 눈을 밝혀 하나님의 위엄을 보기 시작하도록 하신다.

죄가 다시 이것을 가로막는다. 그것이 사실이다. 그러나 생활에서 지속되던 찬송이 죄 때문에 중단되는 것만큼 죄에 대한 미움이 마음속에서 강하게 일어나는 때는 없다.

예배와 복된 교제에 전념하면, 죄를 버리고자 하는 충동이 마음속에서 자연스럽게 일어난다.

제71장

주께서 나를 보살피셨나이다

여러분 속에 **영**이 있는데, 그 영으로 말미암아 여러분은 살아간다. 영은 여러분의 생명의 호흡과 같고 마음속에 있는 내적 자아와 같다. 영은 여러분 몸 위에 그리고 몸에서 떨어져 존재하는 여러분 자신이다. 영은 여러분의 "아직 형체를 이루지 않은 본체" 속에 불어넣어 여러분을 **사람**이 되게 하는 것, 곧 여러분이 **살아 활동하게** 하고 사람의 자녀들 가운데서 한 **인격체**가 되게 만드는 것이다.

영과 관계를 끊는 것은 다름 아니라 일반적으로 죽는 것, 곧 생명의 호흡을 그치는 것이다. 반면에 사도가 "사람의 일을 사람의 속에 있는 영 외에 누가 알리요" 라고 말할 때 "영"이라는 단어는 우리의 의식하는 자아, 곧 사람으로서 영적 존재이며, 우리의 내적 인격을 뜻한다.

이것이 전혀 다른 것처럼 보이지만, 성경에서, 우리가 죽을 때 그치게 되는 생명의 호흡은 우리의 영적 존재와 결코 분리될 수 없는 것이다. 우리 생명과 우리 속에 있는 인격체를 **영**(spirit)이라는 말로 표현하는데, 이 둘을 합해서 **영혼**(soul)이라고 부른다.

시인이 "여호와여 내 영혼을 건지소서" 하고 부르짖었을 때나 "주께서 내 영혼을 사망에서 건지셨나이다" 하고 노래하였을 때(시 116:4,8), 이 말은 생명의 구원 곧 위험으로부터 구출하는 것을 말하는 것이지, 영혼의 구속을 가리키는 것이 아니다.

그러나 우리 속의 영적 존재를 곧잘 우리 영혼이라고도 부른다. 시편 42편을 보면, 마음 깊은 곳에서 이 같은 외침이 나온다. "하나님이여 사슴이 시냇물을 찾기에 갈급함 같이 내 **영혼**이 주를 찾기에 갈급하나이다." "내가 이 일을 기억하고 내 속에 내 영혼을 쏟는도다"(42:4, 개역개정은 "내 마음이 상하는도다" - 역자 주). 그 다음에 다시 "내 영혼아 네가 어찌하여 낙심하며 어찌하여 내 속에서 불안해하는가?" 하고 말한다.

성경은 우리의 생명과 영을 구별하지 않는다. 하나님의 말씀에서, 우리의 신체적 존재와 영적 존재는 하나이다. 에덴 동산에서 하나님은 땅의 티끌을 가지고 사람을 지으셨다. 그러나 이 물질적 형태가 아직은 사람이 아니다. 하나님께서 그 물질적 형태에 생명을 불어넣으시자 비로소 사람이 존재하였다. 생명이 들어갈 때, 그것이 사람의 생명이 된다. 영혼의 생명이 표현되는 것을 제외하고는 사람의 생명은 없다. 우리 마음속에 숨어있는 자아, 인격체, 영적 존재를 떠나서 영혼의 생명은 있을 수 없다.

사람은 자기 속에 있는 이 영적 존재를 망칠 수 있고, 죄로 말미암아 그르치고 타락시킬 수 있다. 그러나 이 영적 존재를 떨어버릴 수도, 한쪽으로 치워둘 수도 없다. 죽음이 이 존재를 멸절시키지 못한다. 이 영은 오래 지속하는데, 심지어 파멸의 곳에 있는 죽은 자들에게도 계속해서 존재한다.

사람의 **영**이 그의 실재적인 자아이다. 그의 주변에 있는 다른 모든 것은, 사도가 말하는 대로 살림집이며 장막이다. 그러나 실재하는 현실적인 사람은 이 장막 속에 거하는 영이다.

여러분 속에 있는 영이 여러분 자신이요 인물이다. 여기에는 여러분의 성향, 성격, 의식, 의지, 힘, 재능이 포함된다. 간단히 말해서 여러분의 내적 존재를 형성하는 이 모든 것이 합해서 개인적인 존재를 이루며, 그 자신의 성격으로 표현되는 특징을 지닌다.

성경에서 이것은 언제나 동일한 안티테제이다.

에덴동산에서 이것은 티끌로 지어진 형체이고 하나님께서 거기에 불어넣으신 영이다. 시편 139편에서 그것은 자수처럼 짜여진 "형질"이고, 여기에 은밀히 지어진 자아가 덧붙여진 것이다. 동일한 사실이 욥기에서도 나온다(10:9-12). "주께서 내 몸 지으시기를 흙을 뭉치듯 하셨나이다. 주께서 나를 젖과 같이 쏟으셨으며 엉긴 젖처럼 엉기게 하셨나이다. 피부와 살을 내게 입히시며 뼈와 힘줄로 나를 엮으셨나이다." 그러나 이 모든 것을 차치하고 "주께서 내게 생명을" 곧 **영**을 "주셨나이다."

눈 앞에 있는 것, 곧 볼 수 있고 만질 수 있는 것이 먼저 온다. 그 다음에, 보이지 않는 것, 여러분 마음에 은밀히 존재하는 것이 들어오는데, 그것이 여러분의 영이다.

하나님께서는 여러분 속에 있는 이 영을 혼자 버려두지 않으신다. 이 영은 여전히 하나님의 손안에 있다. 계속해서 하나님의 보호를 받는다. 하나님께서 그 영을 지켜보신다. 여러분 속에 있는 이 영혼을 하나님께서 감독하신다. 하나님의 이 감독에 대해 욥은 이같이 증언한다. "내 하나님이여 주의 감독이 내 영을 보존하였나이다"(10:12, 개역개정은 "주께서 나를 보살피셨나이다" - 역자주).

처음에 사람은 하나님께서 영에 대해 행하시는 이런 감독에 대해 아무것도 모른다. 마치 요람 속에 잠들어 있는 어린 아이가 어머니의 눈길이 살피는 감독을 전혀 모르고, 잠들어 있는 병자가 침대 곁에서 지켜보는 사람을 전혀 인식하지 못하는 것과 같다.

여러분의 영에 행해지는 이 감독에 대해 여러분은 수년 후에, 곧 여러분 영혼의 눈이 열려서 하나님의 인도와 보호와 신실하심을 보게 되었을 때에야 비로소 어느 정도 인지하기 시작한다.

그때에조차도 그 인지는 느리게 진행된다.

그것은 하나님의 감독, 곧 여러분의 외적 생활을 위한, 하늘에 계신 아버지 하나님의 보호를 일시적으로 발견하는 것이다. 그리고 이것도 곤경의 때에 특별히 구출 받은 경우에 비로소 생긴다. 그때 우리는, 우리의 일반적인 생활이 보통 때는 그 경로를 따라 자연스럽게 진행이 되고, 특별한 때에 하나님께서 우리를 보살피고 돌보신다는 인상을 받는다. 여러 해 동안 드려오던 감사와 기도가 특별한 위험이나 불안을 만날 때에만 더욱 뜨거워지는 것이 바로 이런 이유 때문이다. 매일 아침저녁으로, 보통 때나 특별한 경우에나 우리 하나님께서 끊임없이 우리를 지켜보고 보호하며 돌보신다는 평온하고 복된 이 확신을 갖기까지는 오랜 시간이 걸린다.

그러나 이런 확신과 함께, 우리에게 전혀 다른 의식이 점차 생긴다. 우리의 내적 존재와 마찬가지로 우리 영혼의 숨은 활동도 하나님의 손 안에 있다는 확신이 굳어지면서, 마찬가지로 하나님께서 그 활동을 인지하시고, 그 속에서도 하나님의 지속적인 보호가 작용하며, 하나님께서 우리 속에 있는 영적 본성을 끊임없이 감독하신다는 것을 알게 된다.

이것을 처음에는 양심에서 발견하게 된다.

감독하시는 하나님께서는 일을 준비하실 뿐만 아니라 일을 돌아보기도 하신다. 하나님은 일을 조사하고 분류하며 일에 대해 권위와 권한을 행사하고 칭찬하시기도 하고 책망하시기도 한다. 이것이 우리가 먼저 알게 되는 우리에 대한 하나님의 감독하시는 면이다. 대개 잘못을 범한 후에, 전지하시고 거룩하신 하나님의 판단이 고통스럽게 우리의 내적 존재에 파고드는 것을 느낄 때 처음으로 그 인식이 생긴다.

그때 우리는, 주 하나님께서 우리가 책임을 져야 하는 지극히 작은 행위까지 지켜보신다는 것을 느낀다. 하나님께서 모든 일에서 우리의 내적 전(全) 존재를 관리, 감독하신다는 것을 느끼게 된다.

우리의 행하는 것, 우리가 망쳐 놓은 것, 우리의 성향, 우리의 욕망과 소원, 우리의 생각과 말, 심지어 우리의 온갖 상상까지 살펴보신다.

이 점에 이르러서, 우리는 다음 두 가지를 확신할 수 있다.

첫째로, 하나님의 살펴보심은 우리 인생 전체에 미친다. 곧 우리의 번영과 역경에, 우리에게 일어나는 모든 것에 미치는데, 그것은 우리의 현재와 과거를 묶고 현재를 미래에 융합시키는 한 선이 우리 인생 전체를 가로질러 그어지는 것이다. 그때 우리는 하나님의 피조물이며 하나님께서 우리의 주인이시고 우리는 하나님의 소유라는 것을 안다. 그러므로 하나님께서 우리를 처분하실 수 있고, 우리는 자신을 처분할 권한이 없다는 것을 알게 된다.

우리 인생의 전체 계획을 하나님께서 우리를 위해 정하셨고 따라서 우리 인생의 진로는 이 계획에 따라 진행될 것임을 안다.

둘째로, 그때 우리는 우리의 내적 생활에서 우리 자신이 주인이 아니라는 것을 알게 된다. 그보다는 바로 이 하나님께서 사람으로서 우리의 도덕적 존재를 끊임없이 지켜보시고, 우리가 하나님의 거룩하신 뜻에 어긋나게 갈 때마다 우리 양심의 법정에서 우리를 판단하신다는 것을 알게 된다.

그리고 이 두 가지 사실을 알 때, 점차 우리는 우리 영에 대한 하나님의 이 감독이 교훈적이고 법정적인 성격을 지녔을 뿐만 아니라 우리가 일생을 통해 경배하기를 배우게 된 하나님의 신실한 보호의 성격도 지니고 있음을 훨씬 깊게 깨닫게 된다.

그때 우리는 하나님께서 그 가치를 평가하기 위해 우리의 내적 존재를 보실 뿐만 아니라 우리 영혼의 이 내적 형질 안에서 계속 바쁘게 활동하시며, 항상 그 형질을 교화하고 끊임없이 돌보신다는 것을 인식하게 된다.

사도는 경작하고 씨를 뿌린 밭에서 자라는 곡물을 돌보는 농부의 비유로 이것을 설명한다.

그와 같이 우리 영혼은 하나님의 정원이다. 이 정원에서 하나님은 씨를 뿌려 싹이 나고 꽃이 피게 하시며, 이 정원에 이슬로 물을 대시고, 잡초를 뽑고 울타리를 치며 이 정원에서 열매가 익도록 하신다.

우리도 스스로 우리 영혼을 가꾼다. 사람들과 영들의 세상으로부터 오는 선하고 악한 영향력들도 우리에게 영향을 끼친다.

그러나 하나님께서 우리 영혼 속에서 하시는 부단한 활동은 훨씬 더 중대한 성격을 지닌다. 우리는 깨닫지 못하지만 하나님께서는 언제든지 자유롭게 우리 마음에 들어오신다. 우리가 자고 있는 동안에도 하나님은 우리의 내적 생활을 가꾸기 위해 우리에게 오신다. 하나님은 우리가 당장 필요로 할 능력들을 우리 속에 준비시키신다. 하나님께서는 정해진 목적을 이루는데 써야 하는 능력들을 우리 안에 배치하고 관리하신다. 10여 년이 지난 후에야 비로소 여러분이 나타내게 될 것을 하나님은 지금부터 이미 부지런히 여러분 안에 준비시키고 계신다. 여러분의 내적 활동 가운데 어떤 것도 하나님을 벗어나지 못한다. 여러분의 기분, 성향, 느낌, 모든 것이 하나님의 거룩한 감독 하에 있다. 여러분 속에서 하나님께서 보살피지 않으시면 쇠약해지고 죽을 것을 하나님은 기르신다. 어머니가 외적인 일들에서 아기를 돌보듯이, 여러분의 신실한 하나님 아버지께서는 여러분 영혼의 모든 어려움과 곤경에 대비하신다.

이것은 하나님께서 지혜로 시작하셨고, 여러분 조상들도 그 속에 포함되었고, 요람으로부터 시작해서 계속해서 여러분에게서 성취되었으며, 여러분 일생 동안 밤낮으로 결코 중단된 적이 없는 하나님의 일이다. 여러분 영혼에 행하시는 이 일은, 여러분이 혼자 있을 때나 사람들 가운데 섞여 있을 때나 계속되며, 여러분이 일하고 있는 동안에도 중단되지 않고, 하나님께서 친히 지금부터 영원히 여러분을 들어 쓰시고자 계획하신 바에 따라 나아가도록 확고한 손길로 인도된다.

여러분 성품의 개발과 형성에 관한 계획은 대부분 이 짧은 일생을 넘어 멀리까지 뻗어나가지 않는다. 그러나 여러분의 영에 대한 하나님의 감독은 영원에까지 미친다. 무덤 저편에 가서야 비로소 나타날 것을 하나님께서는 **이 세상에서** 여러분 속에 애써서 준비하신다.

하나님께서 이렇게 여러분을 살펴보시는 것은 기르시는 보호이면서 또한 교육적인 훈련이기도 하다. 위에 있는 아버지 집의 장신구를 위해 여러분 영혼의 생명으로부터 여러분을 부지런히 준비시키시는 분은 최고의 예술가이시다.

여러분 영혼에 그리고 영혼 안에서 행하시는 하나님의 이 일, 여러분 영에 대한 하나님의 이 감독을 여러분이 대항하고 그럼으로써 성령을 슬프시게 할 수 있다. 그러나 여러분은 하나님의 동역자로서 여러분의 역할을 할 수 있다. 하나님의 동역자로서 역할은 시편 138편의 겸손한 기도로 항상 힘을 구하는 어린아이 같은 거룩한 욕구를 갖도록 하려는 것이다. "주의 손이 시작하신 것을 버리지 마옵소서. 생명의 원천이신 하나님이여 주의 도우심을 허락하소서"(138:8, 개역개정은 "주의 손으로 지으신 것을 버리지 마옵소서" - 역자주).

제 72장

아들을 보는 자는 다

사람들 사이에서 모든 일들 가운데 가장 중요한 것은 그리스도를 믿는 일이다.

성경에서 하나님이 "독생자를 주셨으니 이는 그를 믿는 자마다 멸망하지 않고 영생을 얻게 하려 하심이라"는 말씀이 우리에게 명확하게 선포된다. 그리고 "아들에게 순종하지 아니하는 자는 영생을 보지 못하고 도리어 하나님의 진노가 그 위에 머물러 있느니라"는 말씀이 똑같이 강조되며 그 말씀에 덧붙여진다(요 3:16,36).

우리가 하나님께 순종하는 가운데 해야 할 큰 일이 무엇인지 물었을 때, 예수께서는 이같이 대답하셨다. "너희가 해야 할 하나님의 일은 나를 믿는 것이니라"(요 6:29, 개역개정은 "하나님께서 보내신 이를 믿는 것이 하나님의 일이니라" - 역자주).

어느 날 인류를 영원히 나누게 만들 것은 그리스도에 대한 믿음이다. 그리고 여기 이 땅에서부터 이미 그 결과로 나아가게 하는 것도 이 믿음이다.

영원한 운명을 결정하는 것은, 일반적인 의도 아니고 개인적인 경건의 성향도 아니며 하나님에 대한 일반적인 믿음도 아니라, 오로지 그리고 매우 적극적으로 예수께 대한 믿음, 이 믿음이 있느냐 없느냐 하는 것이다. 그리고 이것은, 사람이 이미 이 세상에서부터 선한 목자의 양무리에 속해 있느냐 아니면 이 양무리 밖에 있느냐는 질문에 대한 답도 된다.

전(全) 복음은 이 믿음에 기초를 두고 있다.

히브리서에서 읽는 대로, 하나님의 모든 계시는 바로 그리스도 안에 있는 이 믿음을 향하여 진행되어 왔다.

솔라 피데(sola fide), 곧 오직 믿음으로 라는 말은 루터가 선포했던 것과는 또 다른 의미로, 고귀한 모든 인간 생활의 기본 명제이다.

일반적으로 사람들 가운데는 이 외에도 우리 생활에서 마음의 다른 움직임들을 나타내는, 혹은 우리 생명에 다른 경향들을 부여하는 온갖 종류의 표시와 상징, 규칙, 관계들이 있다. 그리고 이런 것들은 가치 있는 명분이 될 수 있고 그 나름의 의미를 지닐 수 있다.

생활 속에서 일어나는 그 밖의 모든 마음의 움직임은 제한된 집단에, 제한된 기간 동안, 제한된 정도로만 관계할 수 있을 뿐이다. 동정, 성향, 애호(愛好), 애정, 이 모든 것이 나름대로 아름다운 꽃을 피우지만 인생 전체를 결코 지배하지 못하고, 존재의 기초를 바꾸지 못하며, 최종적인 결정을 하고 영원히 지속하게 하는 결과들은 얻지는 못한다.

그리고 이런 이유 때문에 하나님의 아들을 믿는 믿음이 사람들 사이에서 번성하고 결합하고 영감을 주는 다른 모든 것보다 아주 높게 우뚝 서는 것이다.

이와 같이 다른 모든 관심사들은 부분에 지나지 않고, 생명의 깊은 충만함이 없고, 그래서 번성하다가도 이내 바람이 불면 시들어 버리는 풀에 지나지 않는다.

여전히 내적 생명의 유일한 기초로 있고, 인생의 기풍이 어떠해야 하는지를 결정하며 이 생명이 무한히 펼쳐지도록 보장하는 것은 하나님 아버지의 독생자를 믿는 믿음이다. 즉, 사도가 빌립보 감옥에서 말한 대로 "주 예수 그리스도를 믿으라 그리하면 네가 구원을 받으리라"는 것이다.

구원받는다. 이것은 그 자체로 모든 것을 포괄하고 모든 것에 철저히 스며드는 완벽하고 완전한 행복이다. 영원까지 견디고 영원히 지속되는 행복이다.

믿음이 무엇인지, 믿음이 어떻게 작용하는지, 믿음에는 무엇이 있는지를 여기서 생각할 필요는 없다. 믿음은, 그리스도의 교회가 거듭거듭 말로 표현하려고 애써왔지만, 일체의 오해가 없이 말로써 그 뜻을 결코 충만히 표현할 수 없었던 신비이다.

교회가 믿음을 규정하는 일에 너무 열성을 보였을 때, 교회는 영적인 불꽃이 없는 냉랭하고 무익한 지성주의에 빠졌다. 그런가 하면 교회가 마음의 숨은 생명의 신비에 더 깊이 빠졌을 때는, 이내 흥분 가운데 사라져 버리는 열렬한 신비주의를 최고의 자리에 앉히는 일이 다반사였다.

과거나 지금이나 동일하게 문제의 핵심은, 타락한 세상 곧 스스로 파멸을 자초한 인간 마음이 구원을 부르짖었고, 시대마다 모든 천재와 영웅들, 인간의 열정이 이 구원을 이루기 위해 헛되이 노력하였고, 마침내 하나님께서 우리를 위해 구원을 이루셨다는 것이다.

하나님께서는 우리에게 그 구원을 주시되 선물의 형태가 아니라 지극히 거룩한 사람으로 주셨다. 이 사람은 우리 가운데서 택함을 받은 사람이 아니고, 하늘로부터 우리에게 내려오신 분이다. 그는 하나님의 종이요 우리 인간의 조력자로서 하나님과 인간 본성 밖에 있는 천사로 우리에게 오시지 않았다. 하늘로부터 보내심을 받고 아버지의 독생자로 우리에게 오셨으며, 우리 인간 본성을 입으심으로 우리에게 하나님을 친히 보이신 분이다. "빌립아 나를 본 자는 아버지를 보았거늘 어찌하여 아버지를 보이라 하느냐"(요 14:9).

그러므로 그리스도에 대한 믿음이 가장 고귀한 것이요 가장 중요하고 **유일한 것**이 되지 않을 수 없다.

하나님께서 그리스도 안에서 자신을 세상에 주시고, 인간 생명에 아주 깊숙이 들어오시며, 이 하나님의 아들이 사람의 본성을 취하시므로 말씀이 육신이 되었고, 이 사실에 근거해서 천사들이 임마누엘 곧 하나님이 우리와 함께 계시다고 선포하는 데서, 하나님의 자비에 대한 절대적이고 오류가 없으며 그 자체로 완전한 계시가 우리에게 온 것이다.

계시는 그 이상으로 높이 그리고 멀리 갈 수 없다. 거기에서 경계가 영원히 완전한 것에 도달하였다.

그러므로 그리스도에 대한 믿음을 능가하는 것은 없다. 이 믿음과 비교할 수 있는 것은 아무것도 없다. 이 믿음은 인간의 모든 고안을 훨씬 능가한다. 어떤 것도 이것을 대신할 수 없고, 어떤 것도 이것을 넘을 수 없다.

하나님의 아들을 믿는 믿음이 구원을 가져온다. 그렇지 않으면 구원이 없다.

이 믿음을 떠나서는 타락한 세상에 대한 구원은 없으며 여러분의 상실한 마음에 대한 구원도 없다.

여러분 영혼의 생명에 이 믿음의 별이 떠오르기 위해서 예수께서 친히 여러분 영혼이 해야 할 **행동**을 요구하신다.

여러분의 영혼이 그리스도에 대한 믿음을 일으키기 위해 할 수 있는 어떤 행위도 믿음을 산출하거나 믿음을 심지 못한다는 것은 자명한 사실이다. 미음의 씨앗은 거룩한 씨앗이다. 예수 그리스도 자신이 선물이듯이, 예수를 믿는 믿음도 그 자체가 선물이다. 믿음은 성령께서 일으키시는 하나님의 자비의 산물이다.

그리스도에 대한 모든 믿음은 이 점에서 독특하고 필수적이다. 즉 믿음을 우리가 의식해야 한다는 것이고, 이 목적을 위해서 믿음이 저항할 수 없는 힘으로 우리 의식에 들어온다는 것이다. 믿음은 스스로 지각으로, 추진하는 힘으로, 감화시키는 원칙으로, 우리의 전 생애를 다스리고 변화시키는 힘으로 들어온다.

그러므로 이 믿음은 반드시 우리 의식에 내용과 형태, 모양을 가져다 준다. 정말로 믿음은 정서와 함께 오는데, 특별한 힘을 가진, 말로 다할 수 없는 정서와 함께 온다. 그러나 이 모든 것 외에도 믿음은 이해하도록 요구하는 지적 내용이 있다. 그것은 우리가 거룩한 계시로부터 아는 것, 곧 하나님의 아들의 인격, 그의 생애와 지상 사역, 그의 말씀, 그리스도께서 하나님 우편에 앉으심, 그리고 승천하신 후에도 계속해서 하늘에서 활동하심 등으로 가득 찬 내용이다.

여기에는 기계적으로 배우는 것이 있다. 여기에는 기억 활동이 있는데, 곧 이름과 사실, 대화에 대한 기억이 있고, 말과 행위, 죽음에 이르는 고난과 영광스런 부활에 대한 기억이 있다.

그러나 기억이 믿음을 기르지 않는다. 개념이 본질상 믿음과 동일한 것은 아니다. 믿음에 있어서는, 배움이 믿음의 불을 붙이는 것은 아니다.

그래서 예수께서는, 여러분의 믿음이 더 분명하고 더 강하며 더 고취되기 위해서는 이 한 가지가 필요하다고, 즉 여러분이 **하나님의 아들을 보는 것**이 필요하다고 말씀하신다.

"아들을 보고 믿는 자마다 영생을 얻는 이것이니"(요 6:40).

이렇게 하나님의 아들을 보는 것, 이것만이 영혼에 믿음의 불꽃이 계속 타오르고 더욱 밝게 타도록 만들어 준다.

그러므로 여러분이 기억하는 이 모든 내용은 하나님의 아들의 형상과 결합되는데 이르러야 한다. 이 하나님의 아들의 형상이 여러분 영혼의 눈에 거룩하고 순결하게 나타나기 위해서는 이 모든 것이 결합되고 요약되어야 한다. 그리고 이 형상이 여러분 안에서 온전해질 때, 여러분 속에 있는 모든 내적 욕구와 기분, 거룩한 정서가 이 형상에 융합되어 즐길 수 있게 된다. 그럴 때 하나님의 아들의 이 생생한 형상은 여러분에게 감동을 주고 관심을 불러일으키며 여러분을 붙든 손을 놓지 않고 여러분과의 관계를 계속 유지하며 여러분을 거룩한 황홀경에 이르게 한다.

믿음은 육체를 따라 아는 것이 아니다. 믿음은 영적으로 보는 것이다. 예수라는 이름에서 시작하여 그리스도라는 인물로 넘어가고, 그리스도라는 인물로부터 이 신성한 내적 존재가 여러분을 붙잡고 강력한 힘으로 끌어당기게 되는 방식으로 보는 것이다.

이 믿음은, 예수께서 여전히 땅에 계시다면 서둘러 그에게 갈 수 있을 것이라는 헛된 소원을 일으키도록 예수를 영화롭게 하는 것이 아니다. 그것은 높은 데서 낮은 데로 내려오는 것이 될 것이다. 이같이 영적으로 보는 것, 곧 하나님의 아들을 영혼의 눈으로 보는 것은 땅에서 예수라는 분을 보고 만진 제자들에게 주신 경험보다 비교할 수 없이 높은 위치에 있다.

요한 **사도**는 **제자들**이 그때까지 구주에 대해서 알았던 것보다 훨씬 더 풍성하게 구주를 알고 있다. 구주의 승천은 우리를 빈곤하게 만들지 않았고 오히려 부유하게 하였다. 아버지의 독생자를 보는 것이 믿음을 일으키고 자라게 하며 끊임없이 새롭게 하는데, 그렇게 독생자를 보는 것은 우리 영혼이 영광의 주님과 의식적으로 교제를 갖는 것이다. 그래서 주님 안에서 그리고 주님을 통해서 여러분은 영원하신 분에게 가까이 가서 그 아들을 영혼으로 영적으로 볼 때, 하나님의 자녀로서 여러분이 아버지와 아들과 성령과 하나라는 것을 알고 느끼게 된다.

예수께서 대제사장으로서 드리는 기도에 귀를 기울여보라.

"내가 비옵는 것은, 아버지여 아버지께서 내 안에, 내가 아버지 안에 있는 것 같이 그들도 다 하나가 되어 우리 안에 있게 하사 세상으로 아버지께서 나를 보내신 것을 믿게 하옵소서"(요 17:21).

제 73장

내 발이 평평한 곳에 섰나이다

"내 발이 평평한 곳에 섰나이다"라는 이 말에는 세 가지 의미가 있다.

이것은 세상에서 번영하는 사람이 만족스러워서 외치는 말이다. 또 이것은 성공을 향한 싸움을 치열하게 해 온 사람이 긴장을 풀고 소리치는 말이다. 또 이것은 믿는 사람이 더 높은 평강 가운데서 조용히 하는 말이다.

이 시인이 그리고 있는 상(像)은 분명하다.

여러분이 여행해야 하는 길은 두 가지 성격을 지닐 수 있다.

그 길이 도시와 마을에 있는 많은 거리처럼, 볼링장의 레인처럼 평평하고 매끈할 수 있다. 혹은 그 길이, 산악지방에서처럼 한 번은 가파르게 내려갔다가 다음에는 아찔할 정도로 높은 고지에까지 올라가서, 가다보면 힘이 완전히 바닥날 정도까지 험한 길일 수 있다.

모래길과 진흙길만 연속적으로 나오면 가기가 어려울 수 있다. 그러나 대체로 우리의 길이 평탄하고 가기가 쉬운 것만 아니다. 우리의 인생길은 이것처럼 항상 어려운 것도, 늘 쉽고 편한 것도 아니다. 우리의 인생길이 지루할 수도 있고, 외로울 수도 있으며, 혹은 더러워서 외면할 수도 있다. 그러나 이 모든 길이, **평평한 지역**을 지나는 길과 **산길** 사이에서 나타나는 현저한 대비를 보여 주지는 못한다.

반면에 성경은 산악 지방에서 생겼다. 성경의 시인들은 산들을 돌아다니고 방랑하였다. 상상력이 풍부한 그들의 마음은 자연스럽게 산지 생활에서 경험한 여러 가지 상(像)을 빌려와 인생의 대비를 표현하곤 하였다.

이같이 곧고 평평하며 쭉 뻗은 길을 가벼운 걸음으로 여행하는 것 자체가 그들에게는, 선원의 말을 빌리자면 모든 것이 순풍을 만났다고 할, 삶의 모습을 나타냈다. 반면에, 몇 시간 동안 가파른 길을 내려가다가 다음에는 또 몇 시간 동안 가파른 길을 올라가야 하는 산길을 따라가면서 거의 숨쉬기도 어려울 정도로 힘든 여행은, 다시 바다의 용어를 빌리자면, 좀처럼 머리를 계속해서 물 위로 내밀고 갈 수 없을 정도라고 말할, 고투하는 사람의 상(像)을 나타냈다.

그러므로 "내 발이 평평한 곳에 섰나이다"라는 말은 모든 일에 성공을 한 사람, 한 번도 역경을 만나지 않은 사람, 인생길에서 햇빛만을 보아서 속상할 일이 전혀 없는 사람의 자기 충족의 상태를 기술하는 것이라고 생각할 수도 있다.

반면에, 그와 다른 경우를 생각할 때, "내 발이 평평한 곳에 섰나이다"라는 외침에는 훨씬 더 많은 것이 들어 있다. 즉 이 외침이, 거듭거듭 내동댕이쳐지고 모든 노력이 수포로 돌아가는 것을 보면서 뼈아픈 실망을 겪고, 그럼에도 포기하지 않고 계속 길을 가는 사람, 넘어졌다가도 일어서서 다시 가파른 길을 올라가다가 마침내 고원을 지나는 곧은길이 발 앞에 펼쳐지는 지점에, 순탄한 생활이 시작되고, 자신의 이상이 성취되어 행복한 생활이 시작되는 지점에 이른 사람의 영혼에서 우러나오는 심정을 표현하는 것이라고 생각할 수 있는 것이다.

그러나 "내 발이 평평한 곳에 섰나이다"라는 말의 의미는, 이 말이 믿음의 신념에서 나온 즐거운 외침일 때, 즉 믿음이 있으면 이 땅의 생활에서 겪는 침체를 이길 수 있음을 알고 영적으로 쾌활한 태도를 지니며, 그래서 그 자신도 하박국처럼 이야기할 수 있는 믿음의 신념에서 즐거이 그같이 외칠 때, 그 의미가 가장 충분하게 살아난다. "비록 무화과나무가 무성하지 못하며 포도나무에 열매가 없으며 외양간에 소가 없을지라도 나는 여호와로 말미암아 즐거워하며 나의 구원의 하나님으로 말미암아 기뻐하리로다"(합 3:17,18).

한 번도 불운을 겪은 적이 없는, 그래서 행운아라고 불리는 사람은 조심해야 한다.

염려나 불안, 슬픔, 낙망이 없는 삶은 아주 쉽게 사람을 무너뜨린다.

낙천주의가 사람에게 행복한 기질을 가꾸어주는 것은 틀림없지만, 성품을 굳건하게 만들고, 회복하는 힘을 기르고 단단하게 하며 마음의 고귀한 보배로 부유하게 만드는 힘은 부족하다.

그렇지만 이것이 최악의 경우는 아니다.

더 나쁜 점은, 성공한 사람은 번영을 자신의 공으로 돌리기가 아주 쉽고, 수고하고 아주 힘들게 일하는 다른 사람들은 틀림없이 그들의 무능 때문이라는 생각을 간직하기가 쉽다는 것이다. 자기는 언제나 훌륭한 통찰력을 가졌고, 모든 것을 바르게 본 사람이라고 생각한다. 그런가 하면 다른 사람들은 좋은 때를 이용하지 않고 허비하였고, 자기는 언제나 적당한 때 행동할 줄 알았다고 생각한다. 그래서 그의 마음에 자신이 뛰어난 인물이라는 생각이 떠오르며, 이 생각이 마음에 교만을 키우고, 가장 깊은 내면에서 다른 사람들의 슬픔과 불운을 동정하는 마음을 질식시킨다.

혹은 운이 좋은 사람이 다소 종교적인 성향이 있을 경우에, 그의 마음은 자기 길이 누구보다도 평탄했다는 이유로 자신이 하나님께 특별한 은총을 받은 사람으로 보려는 시험에 쉽게 빠진다. 그래서 이제 그는 자신의 인생이 마지막까지 부와 번영을 누리도록 하나님께서 정해 놓으셨다고 굳게 확신하고서 살아간다.

그리고 이 확신과 함께 자신이 출중하고 특권을 받은 사람이라는 생각이, 인생에 변화가 생겨 해가 구름 뒤로 숨어 버릴 때까지 점점 더 커진다.

그러다가 모든 것이 단번에 무너지고 만다. 그때는 저항할 힘도 없다. 그런 것을 이길 만한 단련된 힘이 전혀 없다. 그를 붙잡아 주고, 불운에 대항해서 싸우게 할 수 있는 것이 아무것도 없다.

그리고 그 결국은 살 용기도, 미래에 대한 희망도 없이 깊은 좌절에 빠지는 것이다.

이것은 앞에서 말한 그 고투하는 사람과는 얼마나 다른 모습인가.

그런 사람에게는, 살아가면서 해마다 똑바로 서있기 위해서는 싸워야 하는 싸움이 늘 기다리고 있었다.

어떤 사람에게는, 그것이 자신과 가족을 명예롭게 부양하기 위한 싸움이었고, 직업에서 성공하고 맡은 일을 완수하기 위한 싸움이었다. 그런가하면 어떤 사람에게는, 비방과 시기에 대한 싸움이었고, 또 어떤 사람에게는 자기 신념과 통찰, 생각을 펼치기 위한 싸움이었다. 또 어떤 사람은 무너진 건강과 끝없이 싸워야 했다. 그런가 하면, 낙망시키는 자녀로 인한 영혼의 고민과 슬픔과 싸워야 했고, 죽음으로 떠나보낸 자녀와 사랑하는 아내를 애도하는 슬픔과 싸워야 했다.

그처럼 인생의 골짜기들을 지나는 가운데 햇빛이 비치는 날도 종종 경험하는 사람들이 많이 있지만, 인생의 오랜 세월을 말 그대로 끝없이 긴장하고 끊임없이 낙망을 겪으면서 앞날을 예측하지 못한 채 끝없이 싸운 사람들도 있다.

종종 이런 싸움은 마음을 깊은 우울에 빠트리는 쓰라린 결과를 가져왔다. 조급한 생각이 마음을 지배하기 시작하였다. 그리고 인생에서 기회를 잃어버렸다고 여기게 되자, 그들은 결국 싸우기를 포기하고 의지도 없고 희망도 없이 한탄하고 지내며 점점 더 깊은 우울에 빠졌다.

그러나 참고 포기하지 않고 희망을 버리지 않으며 그 모든 역경에도 불구하고 대단한 의지력으로 용기를 북돋아 마침내 자유롭게 숨 쉴 수 있고 반대가 사라진 것처럼 보이는 지점에 이른 사람들이 언제나 있었다.

싸움을 통해서 익힌 습관 덕분에 그들은 마지막까지 엄청난 노력을 기울일 수 있었다. 이렇게 해서 이들은 성공하였다. 이제 일을 끝낸 것이다. 이제 더 나은 날이 시작되었다. 그래서 말로 다할 수 없는 기쁨으로, 이 세상에서 더 이상 크게 느낄 수 없는 기쁨을 가지고 전혀 다른 방식으로 외친 것이다. "하나님을 찬송하라. 이제 내 발이 평평한 곳에 섰나이다."

이생의 삶이 벌써 영화롭게 보이는가? 훨씬 더 높은 곳에서 인생을 보아야 할 관점이 있다.

인생의 흐름에 거슬러서 노를 젓는 것이 때로는 불가능하다. 때로 역경이 여러분 인생에 아주 짙게 그림자를 드리우고, 죽을 때까지 여러분을 따라다닐 수 있다.

지극히 큰 고통을 당하는 사람이라고 해서 그에게 더 나은 날이 오리라는 것을 조금도 보장할 수 없다. 욥이 얻은 것과 같은 결과를 보장받을 사람은 아무도 없다.

행복의 태양이 비친 적이 없는 인생에 믿음의 은혜의 위엄을 영화롭게 하는 것이 하나님의 선한 즐거움일 수 있다. 천사들이 나사로를 아브라함의 품에 데려갔을 때에야 비로소 기쁨의 시간이 불쌍한 나사로에게 찾아들었다.

우리에게는 어느 것도 당연한 것으로 요구할 **권리**가 없다. 자기 죄를 모르지 않는 사람은 하나님께 행복이나 비참으로부터 구원을 당연히 요구할 수 없을 것이다. 그는 하나님께 그것을 기도하고 간곡히 부탁할 수 있지만 언제나 이렇게 말을 끝맺지 않을 수 없다. "아버지여, 이 잔을 내게서 지나가게 하옵소서 그러나 나의 원대로 마시옵고 아버지의 원대로 하옵소서."

이런 믿음의 영광스러운 점은, 고난이 변하여 기쁨이 될 때뿐만 아니라, 오히려 고난 **가운데 있을** 때에 놀라운 믿음이 훨씬 더 힘을 드러낸다는 것이다. 무엇보다 고난이 죽을 때까지 우리를 따라오며, 십자가가 마지막까지 우리 인생길에 그림자를 드리울 때, 믿음이 힘을 발휘한다는 것이다.

믿음이 우리에게 또 다른 길, 더 높은 길, 하나님의 거룩한 산꼭대기에 나 있는 길, 곧 우리의 세상길보다 뛰어나고, 더 고귀한 것을 봄으로써 우리에게서 모든 슬픔과 비참과 영혼의 고통을 풀어 없애는 길을 보여 준다는 이것이 믿음의 영광이다.

이 믿음의 길은 우리 인생길에 빛을 비추지 못하도록 해를 가로막고 있는 구름 아래로 나 있지 않다. 이 길을 따라 가는 사람에게는 구름이 그 발아래 있다. 그에게는 끊임없이 빛을 비추는 은혜의 해가 있기 때문이다.

그 다음에, 인생에서 그에게 일이 순조롭게 진행되든 어렵게 진행이 되든, 그가 싸움을 새로 시작해야 하든, 혹은 마지막으로 그가 세상에서 운명이라고 부르는 것에 대한 싸움에서 이겼든 상관없이, 즐거운 일이나 괴로운 일에서나, 슬픔이나 기쁨에서, 번영이나 역경에서, 그의 영혼은 균형을 유지하고, 그의 마음이 조금도 기가 꺾이지 않고 굳건하며, 믿음 안에서 기뻐하며 그는 기쁨에 차서 이같이 증거한다. "무슨 일이 오든지 상관없이, 내 발이 하나님께서 믿음을 통해 내게 보여주신 평평한 곳에 섰나이다."

제74장

지극히 상쾌하게 하셨나이다

위에 있는 세상에서는, 이 세상과는 전혀 다른 삶의 모습이 나타난다. 그 영광의 영역에는 죄가 없고, 따라서 구속도 없으며, 비참함이 없으므로 구원도 없다. 거기에서는 의심에서 믿음으로, 약함에서 강함으로, 슬픔에서 기쁨으로, 애통함에서 위로받음으로 바뀌는 변화가 있을 수 없다. 간단히 말해서 죄와 비참함 때문에 땅에서의 우리 삶에 계속해서 파괴와 소동, 변화, 회복, 향상을 가져오는 모든 것이 그 영원한 생명에서는 제외된다는 것이다.

이 계속적인 변화는 에덴동산의 생활에도 낯선 것이었다. 그러나 죄가 에덴동산에 들어오자, 낙원이 사라지고 저주가 세상에 임하였다.

마치 에덴동산에서는 단조로움이라는 끔찍한 지루함이 만연해 있었다거나, 하늘에서 하나님 보좌 주위에는 일체의 변화가 없으므로 복된 사람들의 생활에 칙칙한 그늘이 진 것처럼 생각해서는 안 된다. 끝없는 변화가 없는, 더욱 고귀한 생활이란 생각할 수가 없다. 하나님의 보좌 앞에서 이루어지는 생활의 더 풍부한 발전이란, 우리가 지상에서 더 고귀하게 생활을 발전시키는 방법으로 생각했거나 시인의 상상력으로 생각한 그 어떤 것보다 뛰어날 것이다.

그러나 내세의 생활은 이 세상의 기준에 따라 판단할 수 없다. 내세의 생활은 전혀 다르다. 전적으로 다른 성격을 지닌다. 내세의 생활은 전혀 다른 법을 따른다. 전혀 다른 아름다움과 부, 즐거움으로 관심을 끌고 기쁨을 준다. 그런데 바로 이런 이유로 내세의 생활은 우리에게 여전히 믿음과 소망의 대상이며, 이 세상에서 예측할 수 없다. 내세에 대한 인상을 알려주기 위해 현세에서 빌려온 비유법이 성경에 쓰일 수 있지만, 어린양의 혼인잔치의 산해진미와 순수한 포도주는 순전히 그 잔치의 즐거운 분위기를 고조시키기 위해 사용될 뿐이고, 그 잔치에 그런 것이 있을 것을 나타내는 것이 전혀 아님을 누구나 알 것이다.

내세의 생활이 실제로 어떠하리라 하는 것은 아직 계시되지 않았다. 내세가 무한히 행복하고 영광스런 생활일 것임을 아는 것으로 충분하다. 이 행복이 언제 나타날지, 어떤 형태로 우리에게 나타날지는 우리가 믿음으로 하나님께 맡겨야 하는 문제이다. 하나님 자녀들의 이 모든 열망은 그 영광을 기대하는 가운데 하늘 아버지와 그 아들 예수 그리스도에게 집중된다.

반면에 여기 세상에서는, 죄가 우리의 전 생활과 모든 인간 존재의 특징을 이룬다. 그러나 이 말이 사람들이 매일 밤낮으로 죄를 범하고 이런 죄들이 파괴를 가져온다는 의미는 결코 아니다. 그보다는 죄가 우리 인간 생활을 깨트리며 그 생활을 지지하는 버팀목들을 제거하기도 하고 그 버팀목들이 교체되도록 한다. 그래서 생활이 앞으로 나가지만 곧장 뻗어가지 못하고, 끊임없이 오르락내리락 하며, 깊은 골짜기를 지나가다가 높은 고지를 오르며, 이번에는 빛 가운데를 지나다가 다음에는 어둠 속을 헤치고 가며, 이번에는 웃음을 띠다가 다음에는 슬픔이 생활을 지배하는 식으로 길을 가는 것이다.

그래서 거기에는 즐거움이 있고 고통이 있으며, 기쁨이 있고 슬픔이 있다. 그런가 하면 건강이 있고 질병이 있으며, 출생이 있고 죽음이 있다. 아기를 데리고 가서 세례를 받는 일이 있고, 사람을 들고 무덤으로 가는 일이 있다. 힘을 다 써버리는 일이 있고 힘을 회복하는 일이 있다. 영혼의 부패가 있고 회심이 있다. 시험받는 일이 있고 그리스도를 따르는 일이 있다. 간단히 말해서, 우리 모든 인간 생활은 위로 향하다가 갑자기 아래로 내려가는 일을 끝없이 반복하는데, 이 모든 것이 죄의 존재라는 지배적인 사실에서 나온다는 것이다.

죄가 없다면 세상에 비참함도, 질병도, 죽음도 없을 것임을 일단 알게 되면, 우리의 전(全) 지상 생활에 파괴와 치료의 도장을 찍는 것이 바로 죄임을 알게 되고, 이 파괴의 관점에서 여러분의 삶 전체를 그려보는 것은 대단히 흥미있는 일이 될 것이다.

죄가 없다면, 세상에 정의를 선언하는 재판관이 없고, 병자를 치료하는 의사가 없으며, 하나님 말씀을 전파하는 말씀의 사역자가 없을 것이고, 자비나 구제의 일도 없을 것이다.

물론 이 사실로부터, 갑작스럽게 온갖 차이와 대조를 가져온 이 파괴된 삶이 **진정한** 우리의 생활이라고 추론할 수는 없다. 거룩한 조화와 완전한 통일을 이루는 삶이 무한히 높이 서 있는데, 현재 하나님의 천사들의 현실이 그렇듯이, 어느 날 그 삶이 진정으로 우리 인간의 참된 삶으로 나타날 것이다.

이 사실로부터 우리는 다음의 결론을 내리게 된다. 이 세상에서 우리의 삶은 끊임없이 방해를 받고 요동하며 괴롭힘을 당할 수밖에 없다. 또 우리를 내던지는 폭풍우가 강하면 강할수록, 우리가 겪는 고지와 골짜기가 더 높고 더 깊을수록, 그만큼 이 세상에서 우리의 삶도 더 풍성해지고 더 흥미로워지며 더 의미가 깊어지게 된다.

우리 인생에서 이런 흥망성쇠는 누구에게나 똑같지 않다. 이 사람에게 있어서 이런 인생의 부침이 다른 사람보다 훨씬 더 어렵고 현저하기도 하다. 살면서 별로 어려운 일을 당하지 않고 따라서 조금이라도 높은 데로 올라서는 일도 거의 알지 못하는 사람들이 있다. 그런가 하면 지극히 깊은 골짜기로 내던져졌다가 후에 하나님의 거룩한 산에서 지극히 복된 길을 걸을 수 있는 사람들도 있다.

시편의 기자들이 끊임없이 이야기하는 것이 바로 이 후자의 삶이다.

그러므로 한편에서는 비참의 구렁텅이에서 부르짖는 외침과, 죽음과 지옥이 한 무리가 되어 영혼에 공포를 일으킨다는 불평이 들린다. 다른 한편에서는, 구속과 구원을 이야기하는 기쁨에 찬 환희와, 하나님께서 자신을 "지극히 상쾌하게"하셨다(시 66:12, 개역개정은 "풍부한 곳에 들이셨나이다" - 역자주)는 감사의 외침이 있다.

여기서 말하는 상쾌함이란 힘을 회복하는 것이다. 짐마차를 새로 끄는 가축이란 이제 막 목장에서 온, 힘이 왕성한 짐승을 뜻한다. 새로 들어온 군대란 아직까지 전선에 투입된 적이 없고 그래서 아주 활기차게 행진하는 전투 진용을 뜻한다.

이와 같이 기운을 다시 회복하는 일이 있다. 여러분은 영혼이 극도로 지치고 몸도 기진맥진하며 마음도 서서히 무너지는 기간을 지내다가 다시 기운을 회복하고 활력을 되찾는 때가 있다. 그러면 여러분은 자신이 다시 하나님의 은혜를 받고 있는 것을 느끼게 되는데, 이는 여러분이 그동안에 아무 문제가 없었던 것처럼 다시 용기를 내고 하나님의 은혜를 온전히 깨닫고서 다시 삶의 전투에 임하도록 하기 위한 것이다.

그러므로 이렇게 원기를 회복하는 것은 두 가지 성격을 띨 수 있다. 영적 침체로부터 마음이 상쾌해지는 것일 수 있고 인생의 불운으로부터 회복되는 것일 수도 있다.

여러분이 사망의 음침한 골짜기에 갔다가 이제는 다시 여러분의 온 삶을 비추는 햇빛의 따뜻한 온기 속에서 걸을 수 있다.

마음을 괴롭히는 우울과 고민, 역경, 사별, 고난이 엄청난 무게로 여러분의 마음을 누르고 뭉갤 수가 있다. 훨씬 더 많은 수의 사람들은 이런 일을 모른다. 이들도 슬픔과 애통의 잔을 마실 수 있지만, 그들에게는 양이 적당히 조절된 잔이 주어진다. 그들에게는 그 이상의 어려움을 견딜힘이 없을 것이다. 그러나 인정사정 보지 않고 무자비하게 들이닥치는 인생의 쓰라린 파도를 그대로 겪는 소수의 사람들이 언제나 있었다. 이때 그들의 영웅적인 내적 본성은 오직 하나님의 은혜를 통해서만 거꾸러지지 않을 수 있었다.

이처럼 침체와 고통이 지속되면 사람이 극도로 지치고 쇠약해짐에도 불구하고 그런 기간이 오래 지속될 수가 있다.

그러나 마침내 이 고난이 끝이 나고 햇볕이 들며 기쁨의 아침이 올 때, 여호와 하나님께서 욥처럼 잘 견딘 그 사람에게 풍성한 삶의 기쁨으로 복 주시는 일이 드물지 않다. 그때 그는 온 영혼으로 이같이 기쁨의 노래를 부를 것이다. "내 하나님이여 주께서 나를 지극히 상쾌하게 하셨나이다"(개역개정은 - "우리를 풍부한 곳에 들이셨나이다" - 역자주).

이같이 상쾌하게 하는 것이 우리에게 영적으로 임할 때 그것은 조용하지만 매우 복된 것이다.

물론 이 복은, 영적으로 생활하는 사람, 마음으로 영적인 생활을 영위하는 사람, 사슴이 시냇물을 찾기에 갈급함 같이 하나님을 갈망할 수 있는 사람에게만 임한다.

하나님과의 교제에 별 관심이 없고 간절히 구하지 않고 사는 수많은 사람들은 이 복에 결코 참여하지 못한다.

그러나 여러분이 스스로 영적인 생활을 하고 있음을 알고 있다면, 하나님과 은밀히 행하는 일을 시작했다는 것이 무엇인지 안다면, 여러분이 아침저녁으로 하나님을 찾고 만나는 데서 실제적인 힘을 얻는 법을 배웠다면, 여러분에게 생활이 뚜렷이 대비되는 두 종류의 날로 나뉘는 것을 알 것이다. 여러분이 하나님 안에서 부요하고 하나님 가까이에서 생활하는 날에는 여러분 속에 있는 영혼이 기뻐 뛰는 것을 느낀다. 그러나 이런 날에 대비되게, 하늘이 놋쇠처럼 닫혀서 여러분에게 아무 응답이 없는 날에는, 여러분은 자기 속에 어둠과 그림자밖에 없음을 알고, 자신이 길 잃은 양처럼 하나님을 떠나 방황해왔다는 것을 느낀다.

이것이 죄를 범한 결과일 수가 있고, 또 하나님께서 여러분의 믿음을 단련하시기 위해서, 내적으로 보이지 않는 은혜가 여러분에게 더욱 작용하도록 하기 위해 일부러 여러분을 어둠 가운데로 인도하는 것일 수도 있다.

이와 같이 하나님께서 그 얼굴을 여러분에게서 돌이키시고, 여러분 영혼의 깜깜한 하늘에 별 하나 뜨지 않는 날이 있을 수 있는데, 그 기간이 며칠을 갈 수도 있고 몇 주, 때로는 몇 달 동안 지속될 수도 있다. 그래서 여러분은 자신이 하나님께 버림을 받았다고 느끼고서, 여러분의 마음을 몹시 아프게 하는 슬픔 때문에 속으로 울 수가 있는데, 세상은 이 슬픔을 전혀 모른다.

그러나 이 고통은 잠시뿐이다.

버림을 받았다고 느끼지만 여러분이 버림을 받은 것은 아니다. 그때 하나님께서는 은혜, 곧 여러분이 곧 알고 이해하게 될 복된 결과를 끼치고 계셨던 것이다.

마지막으로, 이 영적 어둠의 날이 끝나고 다시 빛이 비치며, 하나님께서 충만한 은혜 가운데 여러분에게 다시 자신을 나타내실 때, 그때 여러분에게 말할 수 없이 기쁜 상쾌함이 있을 것이다.

그때에는 여러분이, 하나님께서 여러분을 버린 것처럼 보이는 깊은 골짜기를 지나게 하지 않으셨다면, 이제 여러분이 맛보는 완전한 기쁨을 결코 경험하지 못했을 것임을 깨닫고 감사하게 된다.

제 75장

힘을 얻고 더 얻어

힘을 **얻고 더 얻는다는 것**은 자라고, 강해지고, 증가하는 것이다. 현재 상태 그대로 있거나 뒤로 물러나는 것이 아니라 앞으로 나가고 전진하며, 믿음이 더 부요하고 더 충만하고 풍성해지는 것이다. 그리고 이렇게 풍성해진 믿음 덕분에 경건에서, 회개에 합당한 열매에서 더 부요하게 되는 것이다.

주 하나님께서는 이처럼 힘을 얻고 더 얻는 모습을 식물에서 보여 주신다. 처음에 떡갈나무가 자라기 시작했을 때는 여러분이 손으로 그 나무를 휠 수 있다. 그러나 가느다랗던 떡갈나무가 몸통이 생기고 완전히 자란 나무가 되었을 때 그 힘은 태풍도 견딜 수 있다.

하나님께서는 이 모습을 동물에게서도 보여 주신다. 처음에는 제대로 서 있을 수도 없었던 어린 망아지가 불과 몇 해 만에 튼튼한 말이 된다. 사람들은 이렇게 다 큰 말의 힘으로 증기의 힘을 측정하고, 말은 아주 무거운 짐도 가볍게 지며, 사람이 안장을 지우고 타면 담과 울타리도 뛰어 넘는다.

하나님께서는 이렇게 힘을 얻고 더 얻는 모습을 우리 아이에게서 훨씬 더 뚜렷하게 보여주신다. 힘없는 갓난아기가 처음에는 어른들의 무릎에서 귀여움을 받고 팔에 안겨 다닐 수밖에 없다. 그 다음에, 기어 다니다가 힘들게 걷는 법을 배우고, 다리가 더 튼튼해지면 비로소 넘어지지 않고 걷게 된다. 그 이후로도 계속 자라서 마침내는 완전한 성인이 된다. 그때가 되면, 힘을 다해 달리고, 높은 곳을 뛰어넘으며, 가파른 바위를 기어 올라갈 힘이 있고, 피곤하다거나 지칠 줄을 모른다.

떡갈나무와 말의 성장, 어린아이의 성장, 이 모든 것은 다 물질적인 것뿐이다.

그런데 이렇게 힘이 자라는 것은 물질적인 것에만 국한되지 않는다. 그 성장은 보이는 데서 보이지 않는 데로 넘어간다. 인간 영에도 마찬가지로 성장이 있다.

예술적 재능은 연습을 통해서 발전한다. 처음에는 예술적 재능이 숨어 있다가, 그 다음에 어떤 기회에 알게 되고, 점차 더욱더 활발하게 표현될 수 있게 된다. 그런가 하면, 훈련과 교육을 통한 발전도 있다. 사고하는 정신의 독자적인 노력을 통한 발전도 있다. 처음에는 기억력이라는 화랑에 귀중한 보물들을 갖추고, 우리 주변 세상을 꿰뚫어 보는 통찰을 더욱더 명료하게 하며, 다양성 속에서 통일성을 파악하고, 지루한 현실과 높은 이상 사이의 관계를 느끼며 그렇게 해서 힘과 정신에서 훨씬 더 강하게 서게 되는 것이다.

자란다는 것은 언제나 **좀 더 높이**(excelsior)라는 깃발을 가슴에 두르고, 항상 앞으로 나가며 가파른 산을 기어오르는 것이다.

이와 같은 발전, 성장, 곧 힘을 얻고 더 얻는 것은 여러분이 예술과 이해력의 보이지 않는 영역에서 성격이 드러나고 도덕적 고매함이 형성되고 고양되는 영역으로 넘어갈 때는 다시 달라진다. 의지에서 힘을 얻고 점점 더 이 의지력을 키워가는 것, 명예심이 일깨워지는 것을 느끼고 항상 더 고상한 데 이르는 것을 보는 것, 성실과 정직의 싹이 트는 것을 보고 그 싹이 점점 더 아름답게 꽃피는 것을 보는 것, 진리에 대한 인식과 사랑에서 거짓에 대한 미움이 일어나는 것, 정의감이 훨씬 더 깊게 상처받는 것을 느끼는 것, 삶에 대한 진지함이 더 확장되는 것. 이 모든 것이 내적 인품에서 힘을 얻고 더 얻어 가는 것에 대한 아름다운 상(像)을 보여준다.

사람은 신체적으로 자라고, 학자는 지적 능력에서 발전하며 인품은 성격에서 발전한다.

그럼에도 불구하고 이 모든 것이 시인이 노래에서 "힘을 얻고 더 얻는다"고 한 말의 뜻을 설명해 주지 않는다.

하나님의 자녀에게는 또 다른 삶, 곧 하나님의 은혜로 영위되는 삶이 있다.

이 삶에도 진행이 있고 성장과 발전이 있다.

여기에서도 그 법은 그대로 작용한다. 현재 상태 그대로 있는 것이 아니라 앞으로 계속해서 나아간다.

힘을 얻고 더 얻어가는 것이다.

물질적인 영역에서 성장은 그 정도가 있고 한계가 있다.

도토리에는, 이미 그 열매에서 자라는 떡갈나무가 얼마나 크게 자랄지가 이미 결정되어 있다. 동물들은 몇 년 가지 않아서, 때로는 몇 달 만에, 심지어는 몇 주만에, 다 자라서 현재 크기가 그대로 유지된다.

우리 몸의 성장도 다르지 않다. 사람의 키가 점점 자라서 한계치에 도달하는 것은 동물들보다 훨씬 느리다. 그러나 마침내 사람의 키도 다 자라는 때가 있다. 그 다음에도 여전히 변화가 있는데, 힘과 체중이 늘어난다. 그러나 키는 더 이상 자라지 않고, 노년에는 오히려 키가 줄어드는 일도 드물지 않다.

예술가에게는 인생에서 절정에 이르는 때가 있다. 그 이후로는 예술적 능력의 충만함과 풍부함이 늘기보다는 오히려 줄어든다. 지적 영역에서 70, 80세에도 두뇌가 여전히 청청하고, 오히려 지적 능력의 깊이와 크기가 더 커지는 사람들이 소수 있을 수 있지만, 이 영역에서 대부분의 사람들은 더 이상 나아가지 못하는, 성장의 한계를 나타내는 선이 그어진다.

도덕적인 영역과 성품의 영역에서만 이 한계가 나타나지 않을 수 있다. 사랑과 경건은 언제까지나 발전할 수 있다. 성품의 견고함은 그 힘이 죽을 때까지 증가할 수 있다.

하나님의 모든 자녀에게 바로 이것이 요구된다. 이 땅에서는 결코 결승점에 도달하지 못하고 계속해서 앞으로 나아가는 것이 있다.

힘을 얻고 더 얻는 것은 우리의 죽는 날까지 계속된다.

그러나 이 세상에서 우리가 세월을 낭비한 점이 나타나는데, 슬프게도 이것은 은혜가 작용하는 일에서도 나타난다.

여러분의 경우에 그 점을 생각해 보고, 다른 사람의 경우에서 그 점을 살펴보라. 10년이나 20년 동안 떠나 있다가 다시 만나게 되는 하나님의 자녀에게서 그 점을 보라.

그때, 그 사람은 여러분에게서, 여러분은 그 사람에게서, 10년이나 20년 동안 은혜가 활동해서 무르익은 열매를 눈으로 보듯이 확연히 보고, 손으로 만지듯이 다룰 수 있어야 한다.

이것이 그런 경우인가?

젊은 나이에 회심한 하나님의 자녀는 60세 때에는 50세 때보다 은혜에서 10년간 더 진보하였다고 말할 수 있는가? 여러분이 어떤 사람을 30세 때 보고 그 후로 보지 못하다가 그 사람이 40세 되어 다시 만났을 때, 그 사람이 은혜에서 배나 능력을 받은 것을 느끼고 알게 되는가? 부모들은 대체로 그들의 나이만큼 더 성숙해 있는가? 한 가정의 자녀들 가운데서 은혜에서 가장 앞선 아이는 언제나 나이가 가장 많은 아이인가?

여러분이 10년이나 20년 전에 어떤 하나님의 자녀에게서 눈에 거슬리는 성품의 어떤 결점, 여러분이 익숙히 아는 약점들과 사소한 죄들을 특별히 눈여겨보았다고 하자. 10년이나 20년이 지난 다음, 그 형제나 자매를 다시 만났을 때는, 대체로 여러분이 당장에 변화가 일어났다는 것을 알고, 오래 전에 거슬리게 보았던 그 죄와 결점들이 자취도 없이 사라진 것을 기뻐하게 되는가?

그보다는 여러분이 20여년이 지난 후에도, 여러분의 지인들, 친구들, 여러분의 자녀와 부모들에게서 예전에 여러분이 안타깝게 생각했던 은혜의 한계들이 여전히 그대로 있고 그때와 마찬가지로 은혜의 선물이 가시와 엉겅퀴와 함께 복잡하게 얽혀있는 것을 그대로 보게 되는 것이 더 흔한 일이 아닌가?

그뿐 아니다. 여러분이 하나님 앞에서 여러분을 생각하고 자신의 생활을 면밀히 살펴보면, 10년이란 세월을 지나왔으면서도 영적인 면에서는 거의 한 걸음도 앞으로 나가지 못하고, 여러분 마음의 들판에 예전의 잡초들이 예전처럼 여전히 무성한 것을 부끄럽게 고백하게 되지 않는가?

일반적인 진로는 무엇인가?

사람이 회심하게 되면, 회심한 후에는 온 마음으로 거룩한 것에 열중하고, 모든 면에서 전과는 다르게 행동한다. 그래서 그는 자기 속에서 과거가 단절되고 새로운 생활이 시작되었다는 것을 느낀다. 처음에는 이 생활이 아주 팽팽한 긴장 가운데서 진행이 되다가, 몇 년이 지나면 좀 더 평온한 상태가 이어진다.

그리고 대부분의 경우에 은혜의 생활에서 이 단계로 고정이 된다. 그것이 현재의 상태로 지속되며, 성장하는 일은 더 이상 없다. 사람이 영적인 지식에 있어서, 그리고 영적인 경험과 영적인 지혜에서는 꽤 자란다. 그러나 그것이 더 큰 힘을 가져오지는 않는다. 때로는 뒤로 퇴보하는 일도 있다. 그리고 아주 힘들여 노력하지 않고는 원래 자리로 돌아가지 못한다. 이렇게 해서 사람은 그 자리에 안주한다. 더 이상 고귀한 것을 얻으려 애쓰는 일이 없다. 그리고 죽을 때까지 이런 상태를 유지하게 된다.

우리는 이것이 모든 사람의 경우는 아니라고 말한다.

감사하게도, 등불처럼 교인들의 생활에 빛을 비추고, 죽을 때까지 은혜의 잔으로부터 한껏 마시기를 그치지 않는 사람들이 있다.

모든 신자들이, 자신이 회심한 순간부터 죽을 때까지 하나님의 자녀라는 사실을 알고 있는 모든 사람들이 **앞으로 앞으로** 나아가라는 이 요청에 대해 끊임없이 영혼으로 응답하려고 한다면, 사람들 사이에서 하나님의 나라가 나타나는 모습이 전혀 달라질 것이다.

힘을 얻고 더 얻어 가는 일이 계속해서 끊임없이 우리 모두에게 이루어진다면, 여러분 마음에, 여러분 가정에, 주님의 교회에 얼마나 놀라운 일이 벌어질지 누가 알겠는가?

제 76장

마음이 청결한 자는 복이 있나니

참으로 죄 없는 청결한 마음은 하나님의 자녀가 볼 때 값진 진주와 같아, 항상 하나님께 구할 만한 것이다. 그렇지만 이 땅에서는 그 마음을 결코 얻지 못한다.

믿음 밖에 있는 사람들은 여기서 언급할 일이 없다. 믿지 않는 사람들도 청결한 마음을 높이 평가한다는 것을 우리도 쉽게 인정한다. 그들 가운데서도 그런 마음을 추구하는 사람이 있다는 것을 부인하지 않는다. 그러나 그들이 목표로 하는 것은 좀 다르다. 하나님의 자녀에게 마음의 청결이란 **하나님을 보는** 수단이다. 믿지 않는 사람들에게는 그것이 고상한 도덕적 성품에서 떨어지지 않기 위한 수단이다. 그래서 믿는 자와 믿지 않는 자를 한 번에 언급할 수가 없다.

이것은 예수께서 하신 말씀이다. "마음이 청결한 자는 복이 있나니." 이것은 예수께서 직접 하나님의 자녀들에게 말씀하신 것임을, 마태 사도는 분명히 보여준다(5:8). 이 "마음이 청결한 자" 바로 뒤에 "화평하게 하는 자는 복이 있나니 그들이 **하나님의 아들**이라 일컬음을 받을 것임이요"라는 말씀이 나오기 때문이다. 그리고 이 말씀은 이 일곱 가지 복이 모두 같은 인물들을 다룬다는 사실을 단독으로 말한다. "화평하게 하는 자" "마음이 청결한 자" "의에 주리고 목마른 자" "심령이 가난한 자" 등등. 이 각각의 사람은 예수님의 보호 아래 있고, 가까이 온 하나님 나라에 들어가려고 하는 자만을 가리킨다.

세상에서 덕이 있다고 생각하는 고결한 사람들, 도덕적인 이상주의자들을 여기서 말하는 것이 아니다. 이들 가운데는 이 세상 생활에서 틀림없이 높은 평가를 받는 사람들이 있는 것은 분명하다. 그러나 여기서는 이 모든 사람이 중요하지 않다. 여기서 언급하는 것은 구원의 비밀을 받은 사람들, 이 세상에서 하나님의 사랑의 아들의 나라로 들어온 사람들에 대한 것이다. 사람을 **하나님을 보도록**

이끄는 마음의 청결은 하나님의 자녀가 아니고서는 누구에게서도 생각할 수 없는 것이다.

두려운 마음으로 이것을 말한다.

누가 하나님의 자녀이고 누가 아니라는 것을 안다는 것은 지극히 어려운 일이다. 하나님의 자녀이면서도 그 사실을 좀처럼 고백하려고 하지 않는 사람들이 있다. 그런가 하면 믿음을 고백하지만 믿음의 표시를 거의 보이지 않는 사람들도 있다. "하나님의 자녀"라는 고백이 거짓이 아닌지 심각하게 의심할 만하게 행동하는 사람들은 훨씬 더 많다.

그러나 이 모든 것은 별 문제로 하고, 이것만큼은 확실하다. 매우 경건하고 진정으로 헌신적인 사람들은 생활을 계속해서 더럽히는 많은 부정이 마음속에 있다는 이유만으로 끊임없이 치열한 싸움을 벌인다.

때로 생활을 더럽히는 이 세력이 아주 멀리까지 간다. 그러면 "나의 죄악을 말갛게 씻어주소서"(51:2) 하고 고통스럽게 부르짖지 않을 수 없게 만드는 깊은 죄책감 때문에 다윗을 따라 시편 51편의 기도를 늘 드리게 된다.

그러나 이렇게 말한다고 해서 충분한 것이 아니다.

한 사람은 그리스도를 위하여 아주 애를 쓰고 다른 한 사람은 그리스도를 거절할 경우, 남녀를 떠나서 이 두 사람이 좀처럼 같이 생활할 수가 없다는 것과, 마음과 행동의 청결을 시험할 경우에 예수님을 고백하는 사람이 예수님을 부인하는 사람에게 부끄러움을 당한다는 것을 고백하지 않을 수 없다.

이것은 믿는 자에게 고통스러운 일이다. 이 점에 대해 눈물로 애통해 해야 한다. 여러분은 그 점을 숨기지 않을 수도 있다. 다윗은 숨기지 않았다. 사도 바울도 이점에서는 다윗의 제자였다. "내가 원하는 바 선은 행하지 아니하고 도리어 원하지 아니하는 바 악을 행하는도다"(롬 7:19). 모든 시대를 통해, 이 고통스런 싸움이 그리스도의 교회 안에서 수행되어 왔다. 위선자들과 거짓 형제들은 이 싸움 밖에 서 있다. 그들은 이 싸움에 참여하지 않는다. 아니, 시대마다 진실한 하나님의 제자들 가운데는 바로 이런 사도의 하소연이 들렸다. 때로는 요즘 메테를링크(Maeterlinck: 벨기에의 문호, 1862 ~ 1949)가 말하고 있는 대로 불신앙의 관점에서 볼 때, 구약 시대와 신약 시대에도 그런 일이 때때로 일어났다. 아무리 많은 경험과 해석과 설명에도 불구하고, 이 현상은 거듭거듭 나타난다. 신앙고백을 정직하게 했고, 믿음도 올바른데, 사람 마음속에 있는 부정과의 절망적인 싸움은 계속된다는 것이다.

이런 예들에서는 대부분, 마음이 청결하다는 것을 마치 그 말이 감각적인 죄를 씻어내는 것만을 가리키는 것처럼 잘못 생각한다.

그래서 부정하다고 하면, 주색잡기 하는 사람, 곧 과도하게 술을 마시고 쾌락을 즐기며, 수전노에 사내답지 못한 사람을 말한다. 이런 추잡한 죄들은 무엇보다 먼저 비난해야 마땅한 것은 사실이다.

그러나 이런 죄가 없는 사람이라고 해서 **마음이** 청결한 사람은 결코 아니다. 마음의 청결은 우리 삶의 전부를 아우른다. 자랑, 교만, 부정직한 습관, 분노, 미움, 거짓, 일반적인 허영과 자아도취를 포함한 그밖의 많은 악들, 이런 것들이 마음이라는 호수를 더럽고 흙탕물이 되게 한다.

여러분의 마음은 마음에 있지 않는 다른 모든 것으로 더러워진다. 연못이 지나가는 행인이 던지는 것으로 더러워지듯이, 사람의 마음은 하나님께서 마음속에 창조하시지 않은 것으로 인해, 그리고 사탄이나 이 세상에서 마음으로 기어들어가는 것으로 인해 더럽혀진다.

그런데 우리가 태어날 때부터 이미 많은 부정의 씨앗이 마음속에 있었고, 이것이 우리가 죽을 때까지 결코 완전히 근절되지 않으리라는 것이 이 사실의 두려운 면이다. 우리는 이 부정의 씨앗들을 강하게 부추기는 세상에 살고 있다. 그리고 우리는, 내적으로 우리 자신과 마찬가지로 부정하고, 그 부정이 지나치게 과도해지지 않는다면, 우리 속에 있는 이 부정에 불을 붙이고 그들 속에 있는 부정에도 불을 붙이는 일에 우리가 익숙해지도록 만드는 사람들과 교제하며 지낸다.

이렇게 되면 우리의 도덕의식과 도덕적 판단력은 약해지고 청결한 마음을 꿈꾸지만, 많은 점에서 마음이 부정한 채로 지내게 된다.

만일 여기서 예수님께서 마음이 일체의 부정한 생각이나 성향, 기분에 사로잡힌 적이 없는 사람만 자유롭게 가라는 뜻으로 이 말씀을 하셨다면, 이 복의 말씀은 사람에게 절망만 가득 안겨줄 것이다.

그런 사람은 아무도 없기 때문이다.

죽을 때까지 우리는 마음속에 있는 이 부정한 씨앗들과 계속해서 싸우게 되어 있다.

우리가 앞으로 나아가기는 하지만, 우리의 마음을 좀 더 정밀하게 시험해 해보면, 전에는 우리 속에 죄의 생각조차 일으키지 않았던 곳에서 이제 부정이 보이기 시작한다.

우리가 믿음에서 진보하면 할수록, 죄를 발견하는 영혼의 눈은 그만큼 더 예리해지고, 이 때문에 죄책감이 줄어드는 것이 아니라 오히려 더 심해지므로 죄에서 도망칠 정도가 된다.

성도의 영혼, 곧 사랑과 자비의 천사가 죄의 용서를 애처롭게 간구하는 소리를 들을 때, 세상은 그것을 이해하지 못한다. 세상은 죄짓는 것을 전혀 낯설게 생각지 않기 때문이다. 믿음의 진보를 많이 이룬 사람은 전에는 **미덕**으로 여겼던 것에서도 이제 죄를 발견한다.

예수께서 이 점을 아셨다. 그러므로 마음이 청결한 자는 죄 없는 자라는 뜻으로 말씀하셨을 리가 없다.

그래서 예수께서는 "순결한 마음을 가진 자, 곧 죄 없는 자는 복이 있다"고 말씀하시지 않고, "마음이 청결한 자는 복이 있다"고 하셨다.

여러분 마음속에 여러분의 자아가 있고, 하나님의 자녀로서 여러분의 인격이 행동하고, 생각하며, 숙고하고 판단하며 결정한다.

그러므로 여러분의 자아가 마음속에서 발견하는 것과, 여러분 마음속을 지배하는 자아 사이에는 차이가 있다.

우리 가운데 어느 누구도 내적으로 더러워졌고, 온갖 유해한 증기가 솟아나오는 마음 아닌 다른 곳에 거하지 않기 때문에, 여러분의 마음이 청결한가 불결한가 하는 문제에 대한 답은 오직 다른 문제, 곧 여러분 마음의 이런 유해한 성향에 대한 여러분의 태도가 미움과 맹렬한 분노인가 아니면 이 악한 성향에 공감하고 의지와 지성으로 용인하느냐 하는 문제에 대한 답변에 달려 있다.

여러분이 종종 굴복한다는 것이 마음이 부정하다는 증거가 결코 되지 않는다. 다만 문제는 여러분이 그에 대해 싸웠는가, 모든 영적 힘을 동원하여 부정에 맞서 싸웠는가, 하나님과 그리스도와 그의 천사들의 도움을 구하면서, 여러분의 패배가 예견된 것은 모두 피하며 끊임없이 "나를 시험에 들게 하지 마옵시고 다만 악에서 구하시옵소서" 하고 간구하는가 하는 것이다.

모든 것은 여기에, 오직 여기에 달려 있다. 여러분 마음속에서 일어나는 부정한 생각들에 마음으로 반대하는 만큼 마음이 청결할 것이다.

믿는 여러분의 자아와 마음속에서 일어나는 악을 이렇게 구분하지 못하면, 망하게 된다. 그러면 여러분은 자신과 이런 부정한 생각을 하나로 보게 된다. 마음속의 악한 조수에 빠지고 자신의 죄악 된 성향에 익사하고 만다.

반면에 여러분이 마음의 방에서 용기를 가지고 확고한 태도로 있으며, 정말로 자신의 죄악 된 성향에 대해, 마치 실제 원수에게 하듯이 지독한 미움으로 무장하고 있으면, 살아 있는 동안 마음이 여전히 부정한 것으로 가득 찰 수 있지만, 여러분의 자아는 마음이 청결하고, 마음속에서 여러분을 공격하는 죄에 대해 매번 하나님의 은혜로 승리할 수 있을 것이다.

사탄이 여러분을 시험할 수 없다. 하나님께서 여러분의 동맹군이시기 때문이다. 그때 결코 그만 둘 수 없는 이 싸움으로 인해 여러분은 하나님께 더 가까이 가게 되고, 치열한 전투의 열기 속에서도 영혼의 눈으로 하나님을 보는 순간들을 경험하게 될 것이다.

제77장

밤에 내가 내 심장으로 더불어 말하나이다

우리가 잠자는 것이나 기도하는 것이나 다 같이 이것을 공통점으로 지닌다. 즉 잠자는 사람이나 기도하는 사람이나 다같이 눈을 감고 빛에서 물러나 어둠 가운데로 들어간다는 것이다.

그러나 이 둘이 같은 것은 아니다.

기도하는 사람이 눈을 감는 것은 주변에 보이는 것으로 인해 마음이 뺏기지 않도록 하기 위함이다. 만약 가능하다면, 주변의 소음으로부터 마음이 다른 데로 쏠리지 않도록 귀를 닫아도 좋을 것이다.

전혀 다른 점을 고려해야 하는, 다른 사람들과 함께 드리는 공동기도가 있다. 그러나 자기 혼자 기도드리는 사람은 혼자 기도하는 장점을 갖는다.

이 점이 예수께서 제자들에게 말씀하신 것에서만큼 분명하게 표현된 곳은 없다. "너는 기도할 때에 네 골방에 들어가 문을 닫고"(마 6:6). 예수께서는 바로 이 생각을 친히 모범으로 보이셨다. 할 수 있는 대로 예수께서는 기도하시기 위해 광야 한적한 곳이나 산의 외딴 곳으로 물러나셨다. 그렇다. 심지어 겟세마네 동산에서조차 주께서는 마지막으로 기도의 씨름을 하기 위해 외진 곳을 찾으시고, 제자들을 어느 정도 떨어진 곳에 있도록 하셨는데, 이는 기도하시는 동안 **홀로** 있기 위해서였다.

이것이 기도하기 위해 휴식과 고요함을 추구하는 것을 표현하는 한, 우리가 자려고 할 때 구하는 것과 일치한다.

그러나 비슷한 점은 여기에서 끝이 난다.

왜냐하면, **기도**할 때, 우리가 세상에서 물러나는 것은 전능하신 하나님과 교제를 나누는 가운데, 더욱 고귀한 사물의 질서에 대해 더욱 충만히 깨어있도록 하려는 것이기 때문이다. 반면에, 잠잘 때에 우리가 세상에서 물러나는 것은 무의식으로, 자아의 망각으로 들어가기 위함이다.

정상적인 상태일 경우, 잠자는 것은 적어도 그런 것이다. 에덴동산에서는, 잠자는 것이 언제나 그랬을 것이다. 그러나 현재와 같이 고된 현실에서는, 기도와 잠이 두 가지 면에서 끊임없이 혼동된다. 기도할 때 때때로 우리는 잠에 빠지고 만다. 또 반대로, 자려고 누웠을 때, 영혼이 기도하는 태도로 넘어가기도 한다.

그러나 후자의 경우는, 실제로 아주 많은 사람이 기도하다가 잠이 드는 것처럼 빈번하지는 않다. 어떤 사람의 기도가 너무 길 때 이런 일이 발생한다는 것을 우리는 인정한다. 물론 이것은 매우 예외적인 경우이다. 자주 발생하는 일은, 다른 어떤 경건한 사람의 인도 아래 함께 기도하는 사람은 마음이 흐트러지거나 무의식적으로 편히 쉰다는 것이다.

잠을 자려고 누웠던 밤이 결국 기도로 끝나는 경우가 드물지 않는데, 이것을 시편 77편의 애통해 하는 아삽의 경우에서 보게 된다. "내가 밤에 기도 중에 내 하나님께 손을 들었나이다. 주여, 주께서 내가 눈을 붙이지 못하게 하시니 밤에 내가 내 심령과 더불어 이야기하고 내 영으로 부지런히 찾게 하였나이다"(77:2,4. 개역개정은 "나의 환난 날에 내가 주를 찾았으며 밤에는 내 손을 들고 거두지 아니하였나니 내 영혼이 위로 받기를 거절 하였도다 주께서 내가 눈을 붙이지 못하게 하시니 내가 괴로워 말할 수 없나이다" - 역자주).

잠을 자기 위해서든 기도하기 위해서든 눈을 감으면, 우리는 빛을 몰아냄으로써 빛으로부터 나와 **어두컴컴한 곳**으로 들어간다.

잠잘 때, 우리는 우리의 영이 무의식적인 생명이 있는 어두운 곳으로 들어가기 위해 이같이 눈을 감는다. 기도할 때, 낮의 빛을 차단함으로써 하나님의 보좌 주변에서 타오르는 더 고귀한 빛을 **더욱 또렷한 의식으로** 구하기 위해 이같이 한다.

본래 빛을 흐트러트리기 위해 어둠이 오는 것이 아니다. 그냥 그 자리에 어둠이 있는 것이다. 어둠을 몰아내는 것은 날이 밝아지는 것에 의해서 될 뿐이다.

먼저 존재한 것은 빛이 아니라 어둠이었다. 땅은 형체가 없었고 공허하며, 어둠이 깊음 위에 있었다. 이 어둠 속에서 하나님의 창조의 말씀에 의해 빛이 일시에 쏟아져 들어온 것이다.

그 후에 어둠이 다시 땅 위를 덮는데, 이것은 어둠이 밖에서 빛 안으로 들어오는 것이 아니라 빛이 물러나자마자 어둠이 그 자리에 그대로 있는 것이다.

이것은 물질의 세계에서 그렇다. 그러나 영적인 세계에서는 다르다.

자연에 어둠이 있었다. 하나님께서 빛을 창조하실 때까지는 어둠이 지속되었다. 그리고 하나님께서 해와 달과 별들의 빛을 거두시자마자 어둠이 다시 돌아온다. 그리고 밤에는 다시 깊음이 있다.

그리고 갓 태어난 아기의 영에도 이런 것이 있다. 처음에는 완전한 무의식과 무지가 있다. 이것이 계속 지속되다가 아기의 영혼에 의식의 빛이 비치게 되고, 점점 더 의식이 분명해진다. 여기서도 마찬가지로, 이렇게 해서 어둠 속에서 명료한 자기의식이 다시 세워질 수 있다. 이것이 빈혈이 심한 사람에게 일어나고, 정신이상이나 노망이 든 사람에게도 일어난다. 더구나 이 일은 24시간 동안 수시로 일어난다.

밤이 되면, 우리 주변에 있던 낮의 빛과 우리 속에 있는 자의식의 빛이 어둠과 무의식 속으로 저문다.

자의식의 빛이 우리 잠속으로 더욱더 온전하게 사라질수록 그만큼 더 건강하고 좋은 잠을 잔다고까지 말할 수 있다.

아침에 깨어났을 때, 우리가 밤에 자면서 보낸 7시간에 대해 아무것도 모르는 것이 지극히 정상적인 자연의 작용이다.

타락하기 전에 첫 사람은 에덴동산에서 그와 같이 잠을 잤다. 어머니 품에 있는 어린 아기도 그와 같이 잠을 잔다. 정신적 활동이 제한된, 지치도록 일하는 날품팔이 노동자는 그와 같이 잠을 잔다. 그러나 그러한 잠이 이제는 더 이상 그대로 적용되는 공식이 아니다. 우리의 잠이 숙면이 되지 못하는 경우가 너무나 흔한데, 그것은 신체적 동요나 질병, 폭음이나 폭식 때문이거나 우리 속에 있는 영이 너무 깊은 불안 가운데 있어서 자의식을 완전히 망각하게 되지 않기 때문이다.

꿈이나 불면증이 그렇게 해서 온다.

꿈은 지금까지 거의 연구가 되지 않은 영역이다. 지금으로서는 꿈이 두려움과 불안을 일으킬 수 있고, 죄악적인 상상 가운데서 우리 양심을 더럽힐 수 있으며, 때로는 꿈속에서 예언과 사전 경고가 어렴풋이 나타나며, 하나님께서 자신의 거룩한 뜻을 시행하시는데 꿈을 사용하신 적이 여러 번 있었다는 것을 아는 것으로 충분하다.

잠 못 이루는 밤은 이와 같이 꿈꾸는 것과 비슷하면서도 그 고통은 훨씬 더하다. 염려 때문에 마음이 계속 깨어있을 때, 속에 있는 영이 몹시 흥분해 있을 때, 아침에 기다리고 있는 일에 신경이 쓰일 때, 질병이 그토록 원하는 잠을 움켜쥐고 있을 때, 잠을 이루지 못한다.

이 불면증은 인간의 비참함의 한 부분이며, 젊은 사람들에게는 아직 낯설지만, 나이가 들면 여기서 제외되는 사람이 별로 없게 되는 인간 고통의 한 부분이다.

참된 모든 기도에서 영이 세상과 단절하는 것은 순전히 더 고귀한 사고의 세계에서 더 충분히 깨어있기 위함이듯이, 꿈을 꾸거나 잠을 못 이루는 경우에서도 그런 일이 있을 수 있다.

왜냐하면 잠을 잘 때는 영이 망각의 상태로 빠져들어야 하는데, 그렇게 하기보다는 두려운 꿈이나 거룩한 꿈속에서 영이 더 생생하게 깨어 있기 때문이다. 그래서 그와 같이 잠을 잘 이루지 못하고 선잠 드는 경우에, 영혼은 쉬기보다는 더 큰 긴장을 느끼고, 훨씬 더 바쁘고 지치게 하는 활동을 하게 된다.

이 일에도 여호와 하나님께서 계신다.

아삽은 그것을 열렬한 경건으로써 표현한다. "주께서 내가 눈을 붙이지 못하게 하시니."

그러나 성도 편에서 이것이 우연이 아니다, 내가 눈을 붙이지 못하게 하시는 분은 하나님이심을 이같이 인정하는 것은 이렇게 잠 못 이루고 선잠을 자는 것뿐 아니라 이렇게 꿈꾸는 시간도 어떤 **목적**이 있다는 것을 보여 준다.

주께서는 이런 일들에 어떤 의도를 가지고 계신다. 밤에 우리 마음이 깊이 생각하고 우리 영이 부지런히 찾을 때, 이것도 우리가 책임져야 할 우리 생활의 일부이다.

죄는 단지 말과 행실에 있는 것이 아니라 생각에, 곧 우리 마음속에서 진행되는 것에 있다. 심지어 꿈에 대해서도 우리는 책임을 져야 한다. 꿈속에서 일어나는 일에 대해서가 아니라 꿈속에서 우리가 행하는 일에 대해서 책임을 져야 하는 것이다. 모든 사람이 같은 꿈을 꾸는 것이 아니다. 사람은 누구나 자신의 상상의 내용에 따라 꿈을 꾼다. 우리가 아무리 꿈을 통제할 수 없을지라도, 우리 구주께서 우리의 꿈을 아셨다면 그 꿈의 내용이 거룩하지 않을 수 없었을 것임을 느낀다.

밤에 우리는 꿈 자체를 바꿀 수 없지만, 우리의 상상을 정화하고 생각을 깨끗이 하면 결국 우리의 꿈이 정결한 곳으로 나가도록 인도할 수 있을 것이다.

문제의 성격을 볼 때, 우리의 영이 밤에 잠을 자지 못하는 시간에 무엇을 하느냐에 우리의 책임이 더 크다. 우리의 영은 세상의 생각을 밤의 어둠 속으로 가져올 수 있고 혹은 거룩한 것을 깊이 생각할 수도 있다. 혹은 영이 우리 속에서 헛되이 아무 유익도 없이 애태울 수도 있다.

그러나 그때 우리 영이 어둠 속에서 **해야 하는** 일은 거룩한 영역의 문을 열고 더 높은 세계와 교제하는 것이다.

자다가 불과 몇 분 동안 깨어있을 경우에 여러분은 영이 하나님과 교제하도록 할 수 있고 또 해야 한다. 그리고 잠에서 깨어날 때, 다시 하나님에 대한 생각이 가장 먼저 떠올라야 한다. "하나님이여 주는 나의 하나님이시라 이른 아침에 내가 주를 찾나이다"(시 63:1, 개역개정은 "이른 아침에"라는 말이 없음 - 역자주).

따라서 이 사실을 이해하는 사람에게 그처럼 잠을 이루지 못하는 시간은 영적으로 더할 수 없이 귀중한 시간이다.

그처럼 불면의 밤이나 잠이 오지 않는 시간을 보내는 사람들 가운데 영적으로 아주 부요해진 사람은 별로 없다.

이점 또한 하나님의 인자를 보여 주는 한 예이기도 하다.

불면증은 우리의 비참한 한 가지 사실이지만 하나님께서 은혜로 이것도 선이 되게 하신다.

정말로, 잠 못 이루는 그런 밤을 맞이해서 영적으로 하나님을 아주 충족히 기억하고서 과거에 숙면을 취한 밤이 시간을 낭비한 것처럼 여기게 되는 사람들도 있다.

하나님의 활동은 밤에도 하나님의 이름을 영화롭게 하는 방식으로 하나님의 택하신 영혼들에게는 계속해서 작용한다.

제 78장

내가 종일 주를 기다리나이다

이 땅의 숲과 광야뿐 아니라 해와 달과 별들에서도 성부와 성자와 함께 모든 능력을 유지하시고 그 능력이 작용하도록 하시는 분은 성령이시다. 피조물이 존재하는 곳은 어디에서든지 활동하시는 분은 성령이시다. 이 성령의 활동이 없이는 자연이 힘을 발휘하는 것은 생각조차 할 수 없다. 모든 피조물 안에서 작용하시는 이 영은 다름 아니라 삼위일체 안에서 지극히 거룩한 삼위 하나님으로서 경배를 받으시는 성령이시다.

그러나 여기에는 이런 차이점이 있다. 자연 가운데서 영적인 피조물이고 스스로 자신의 영적 성격을 알고 있는 존재들을 제외하고는, 어디에서도 이 영을 성령으로 알고 거룩히 예배하는 존재는 없다. 위에서는 하나님의 천사들이, 땅에서는 사람들이 성령을 알고 예배한다.

하늘에 있는 별은 이성이 없는 물질이므로 거룩함을 전혀 모른다. 지구도 거룩함을 알지 못한다. 성경에서 동물이 영혼이 있는 것으로 생각하고, 때로 지혜와 의지력이 있는 것으로 나타날지라도, 동물은 하나님의 거룩함을 인지하는 영역 밖에 있다.

하나님의 거룩함을 의식하는 것은 이 땅에서 사람들에게서만 볼 수 있다.

그러나 태어나는 즉시 거룩함을 의식하는 것이 아니다. 요람 속에 있는 아기는 단지 신체적으로 존재할 뿐이다. 아직은 거룩한 정서를 전혀 모른다. 아이가 더 자라면서 점차 이 의식이 일어난다. 그래서 양심이 이 세상의 부정함에 대해 강하게 반응할 만큼, 하나님의 거룩함에 대한 더 고상한 도덕적 의식이 깨어나려면 오랜 세월이 걸리는 경우가 흔하다.

그럴지라도 이 모든 것은 여전히 오순절의 영역 밖에 있다.

오순절의 은혜는 오직 교회만 아는 것이다. 그것은 하나님의 구속 받은 자들이 받는 고귀하고 거룩한 특전이다. 세상은 이 은혜를 알지 못하고 보지도 못한다. 세상은 이 은혜가 어떠하리라는 것을 전혀 알지 못한다.

그러나 바로 이런 이유 때문에, 이 특전을 근거로 교회가, 성령께서 아직까지 구원받지 못한 세상에서는 활동하시지 않는다거나, 아무튼 성령께서 의식이 없는 물질적인 창조계에서 자연의 세력들과는 관계가 없는 것으로 여기지 않도록 매우 조심해야 한다.

지나치게 신비주의적이고 영적인 사람들은 흔히 이런 잘못을 범하기가 쉽다. 그러므로 성령은 모든 피조물 안에 계시고, 성령은 이성적인 생명이 있는 모든 피조물 안에서 활동하지만, 오순절 사건이 가져온 성령과의 교제는 오직 하나님의 교회 안에서만 알고 맛본다는 사실을 매번 다시 고백하고 기억해야 한다.

이 상호 관계에 있어서, 성령의 활동과 성령의 자극, 성령의 교제는 한 묶음으로 생각해야 한다.

그렇게 하지 않으면, 하나님의 자녀는 회심하지 않은 세상에 동정을 보이지 않고 그대로 버려둠으로, 주님의 기도와 정면으로 충돌하게 된다. "내가 비옵는 것은 그들을 세상에서 데려가시기를 위함이 아니요 다만 악에서 빠지지 않게 보전하시기를 위함이니이다"(요 17:15).

이제 신중하게 생각해야 할 두 번째 요점은 이것이다.

오순절 날에 성령께서 처음으로 부어졌고 단번에 부어졌다. 그 시간 후로 계속해서 성령께서 교회 안에 거하셨고, 결코 교회를 떠나지 않으며 영원히 교회 안에, 교회와 함께 거하실 것이다.

그런데 여기서 너무 자주 잊어버리는 사실이 있는데, **교회** 안에 있는 것이라고 해서 교회와 **관련 있는** 모든 사람에게 언제나 있는 것이 결코 아니라는 점이다.

살아계신 하나님의 참된 교회는 그리스도의 몸이다. 곧 그리스도께서 그 머리로 계시는 신비한 몸이다. 이 신비한 몸 안에 성령께서 계시는데, 성령께서 먼저는 교회의 머리에 계시며, 머리로부터 모든 관절과 세포조직과 정맥에 이르러서, 살아있는 지체로 이 몸에 연합되어 있고 이 몸과 연합해서 살아가는 모든 사람에게 생명을 불어넣으신다.

신자들이 여기 한 사람, 저기 한 사람이 있으면서 각자 단독으로 성령을 받고, 이제 다 함께 모임으로써 그리스도의 몸을 이루는 것이 아니다. 먼저 지체들이 있고, 후에 그 지체들이 모여서 몸을 이루는 식으로 몸이 생겨나지 않는다. 몸은 잉태되고 태어날 때, 후에 겉으로 나오게 될 각 지체의 겉모습과 어린 신체의 모습을 몸속에 가지고 태어난다. 후에 턱을 덮는 수염을 보더라도, 수염은 밖으로부터 생기지 않고, 어린 아기가 태어날 때 가지고 태어난 생식세포로부터 나온다.

그리고 이 몸에 **생명**이 있는 것이다. 몸의 지체인 팔다리 자체에 있는 것이 아니다. 몸에서 잘려진 다리는 죽은 것이다. 몸에 여전히 붙어있는 팔이라도 사고나 질병에 의해 죽은 것처럼 될 수도 있다. 이 팔은 몸으로부터 나온 피가 그 팔에 다시 통해야만 움직이게 된다.

성도들의 회중인 그리스도의 몸도 그와 같다. 이 몸의 머리는 만질 수 없다. 머리이신 그리스도는 영광 중에 계신다. 성령은 그리스도에게서 결코 떠나지 않으신다. 머리이신 그리스도는 결코 그 몸으로부터 분리되지 않지만, 교회의 생명인 성령은 언제나 그 신성한 머리 안에서 보중된다.

몸의 지체 속에 있는 생명이 어떤 특정한 순간에 아무리 끊어진 것처럼 보일지라도, 그 생명은 머리로부터 지체로 거의 저항할 수 없는 압력으로 다시 흐르고, 아침마다 아주 영광스럽게 나타나는 놀라운 소화흡수 능력을 즉시 실행한다.

물론 이 회중이 보이는 교회와 일치되는 것은 아니다. 그럴지라도, 보이지 않는 교회와의 생명의 관계를 보이는 교회가 스스로 포기하지 않는 한, 보이는 교회도, 보이지 않는 주님의 교회의 머리로부터 넘쳐 흘러 계속해서 이 교회를 살아있게 하는 성령으로 말미암지 않고는 살아 있지 못한다.

이것이 성령께서 교회 안에 내주하시는 효과이다. 살아있는 지체로서 유기적으로, 영적으로 이 교회와 연합되어 있는 사람은 교회 밖에는 존재하지 않는, 영원하신 하나님과의 교제를 알고 맛본다.

교회 밖에서, 회심하지 않은 사람들 가운데서도 어떤 신 존재 의식을 발견할 수 있는 것이 사실이다. 자신들이 더 높은 능력에 대해 의존해 있다는 느낌을 가지고 있는 것도 사실이다. 마음속에서 양심의 소리를 들을 수도 있고, 특별히 세월이 흐르면서 그들은 죽음 후에는 어떤 일이 있을까를 종종 생각하기도 한다.

그러나 모든 사람이 그러는 것은 아니다. 전혀 아니다. 오히려 하나님에 관해서, 죄에 관해서, 자신들의 죽음 이후의 운명에 관해서 관심이 없는 사람들의 숫자가 꾸준히 늘고 있음을 부인할 수 없다.

그러나 이렇다고 해서, 이교 국가들에서 뿐 아니라 기독교 국가들에서 여전히 일반적인 종교심을 유지하는 사람들이 여전히 많다는 사실이 사라지는 것은 아니다.

이 사람들에게 부족한 것은 양심에서 일하는 성령의 활동이 아니라 성령과의 **교제**이다. 물론, 성령과의 교제는 다름 아니라 바로 하나님과의 교제이다.

하나님과의 교제를 요즘은 목자와 양 무리의 교제로 보지 않고, 우리 인생에서 하나님의 지시에 대한 외적인 순종으로 혹은 의식적으로 하나님을 의지하는 것으로 보지 않고, 은혜의 신비 속에서 하나님의 **자아**와 우리 마음의 **자아**가 직접 만나는 것으로 이해한다.

여러분은 그 거룩한 사도에 대한 얘기를 전해 들었다. 여러분이 그 사도의 서신을 읽으면 그 다소 사람과 교제를 갖게 되는 것이다. 그러나 여러분이 바울 일행 속에서 일 년을 지낼 수 있다면 그 교제는 전혀 다른 것이 될 것이다.

이와 똑같은 차이가 여기에도 적용된다.

여러분이 하나님에 대해, 그의 기적에 대해, 그의 미덕과 능력과 위대하심에 대해 이야기를 전해 들었을 수 있다. 그럴지라도 이 하나님은 여전히 여러분에게 생소할 수가 있다.

성령의 교제가 나누어 주는 것은 이것이다. 성령으로 말미암아 교제하면 여러분의 영은 이 하나님을 인격체로 만나고, 이 하나님을 인격적으로 알게 되고, 이 영원하신 하나님과 인격적인 사귐을 갖게 되고, 따라서 아이가 아버지와 하듯이 이 삼위일체 하나님과 대화를 나누게 된다.

이것이 바로 **주님을 모시는 것**이 여러분에게 가져다 주는 것이다.

사람이 친구를 사귀지만 곧 다시 헤어지게 된다. 그러나 아이는 아버지가 멀리 있을 때 자신이 아버지의 자식이고 아버지가 보고 싶기 때문에 아버지를 보기를 기다린다. 성령으로 말미암은 하나님과의 이 교제도 그와 같다.

개인적으로 하나님을 아버지로 알고 하나님과 은밀한 교제를 시작하게 된 사람이라고 해도, 그랬다고 해서 언제나 그 자리에 머무를 수 있는 것은 아니다. 우리가 노력을 많이 한다고 해서 그 교제에 이르는 것이 아니다. 우리의 마음을 분산시키는 세상의 것들이 그것을 반대한다. 우리는 불결한 마음으로부터 나오는 죄악적인 생각 때문에 계속해서 이 교제를 중단하게 된다. 주님께서 이 교제를 바라는 우리 마음을 새롭게 자극하고 북돋우기 위해 친히 우리에게서 이 교제를 거두시는 경우도 드물지 않다.

하나님의 자녀, 곧 일단 이 교제를 맛보았다가 잃어버리고 그 교제를 **그리워하는** 신자는 마음속이 공허한 것을 느끼고, 그 교제를 회복할 때까지 안식을 누리지 못한다. 이것이 이 교제의 특징이다. 그래서 아침에 깰 때 그에게 첫 번째로 드는 생각은 이 교제를 다시 회복하고자 하는 것이다.

그러므로 신자에게는 다음 둘 중의 한 가지 상태에 있을 수밖에 없다. 하나님의 자녀가 이 교제를 누리고 있든지, 아니면 이 교제를 갈망하고 기도하며 "**종일 주를 기다리나이다**"(시 25:5)고 말하는 것이다.

회심의 시간은 사람이 아직까지 소유하지 못한 것을 찾고 있는 것이며, 회심 후에는 잃어버린 것을 다시 얻고자 구하는 것이다.

여기에서도 이 말씀이 적용된다. "찾는 이는 찾아낼 것이요 두드리는 이에게는 열릴 것이니."

제 79장

하나님이여, 내 하나님이여!

기도의 꽃봉오리가 어린아이의 영혼 속에서는 매우 더디게 핀다. 어린아이가 일찍부터 이미 기도하는 성향을 갖고 있지 않는 것은 아니다. 그러나 봉오리가 일찍부터 맺혀 있을지라도, 이 봉오리가 언제 꽃을 피울 것이냐 하는 것은 또 다른 문제이다.

수 개월 동안 이 어린아이는 엄마가 기도할 때 함께 있었지만, 그것이 무엇인지 전혀 몰랐고, 오히려 우는 바람에 엄마의 기도를 방해하는 일도 적지 않았다. 그러나 엄마나 가족의 다른 식구의 기도를 통해서 아이가 특별한 분위기를 느끼고 거룩한 것에 대한 인상을 받는 순간이 결국 온다. 부드러운 어머니의 경건은 이 인상을 아이에게 확실히 심어 준다. 그렇게 되면 곧 어머니가 무릎을 꿇으면 아이도 무릎을 꿇고, 아이가 잠자리에 들 때, 어머니가 맨 처음에 하는 일은 아이가 혼자 기도하도록 가르치는 것이다. 그때 어머니는 아이의 작은 손을 한데 모으고 작은 눈을 감게 하고, 짧고 간단한 기도를 말해 준다. 그러면 이 소중한 아이는 앞에서 어머니가 하는 말을 따라서 조금만 입술을 움직여 웅얼거린다.

이 점에서 형식은 이미 실재보다 앞서 있다. 영원하신 하나님의 존엄 앞에서 갖는 공경과 두려움에 대한 인상이 거기 있는 것이다. 어린아이는 처음에 하는 이런 서투른 기도를 사랑하기까지 한다. 그러나 영원하신 하나님께서 아직까지는 어린 영혼에게 자신을 뚜렷이 의식할 수 있는 형태로 알리시지 않았다. 이런 이유 때문에 어린아이는 지극히 높으신 하나님께 직접 기도드리는 것보다 예수님께 기도하는 것을 더 쉽게 배운다. 어린아이가 서투르게 기도하는 것은 아직 **자신이 의식을 가지고** 하나님께 기도하는 것은 아니다. 아이는 자기가 듣는 것을 반복할 뿐이며, 처음으로 기도에서 무엇인가를 구할 때 그것은 예배가 아니고, 어린아이 세계에서 그의 마음을 끄는 것을 구하는 것일 뿐이다. 이 모든 것은 아이의 작은 침대 주위에 혹은 침대 위에 있는, 알지 못하는 거룩한 영역에 대고 말하는 것이다. 이 모든 것에 이어서 꾸준하지만 더딘 발전이 이루어진다. 대체로 열 살 전에는, 어린 영혼이 적어도 어느 정도 인격적으로 하나님을 알고 개인적으로 말씀드릴 수 있는 분으로 알아서 하나님께 기도하는 일은 거의 나타나지 않는다. 5세, 6세 혹은 7세의 어린아이들에게 나타나는 예외적인 경우가 있는데, 특별히 그런 아이들이 어려서 죽을 때 예외적으로 나타날 수가 있다. 대체로 기도의 꽃봉오리가 아이의 인격적이고 의식 있는 기도로 충만하게 피는 일은 12살 전에 그리 흔히 일어나지 않는다.

특별히 이 점은, 10살이나 12살 이전에는 아이가 오랜 기도 시간에 가만히 앉아 있어야 하고, 기도하라는 어머니의 자상한 가르침이 본의 아니게 눈을 감고 손을 모으고 있으라는 순전히 형식적인 강요가 되는 바람직하지 못한 시기가 있었다는 사실에서 맞는 말이다.

하나님께서 아이의 어린 시절에 그의 영혼에서 친히 행시는 일을 하나님의 거룩한 천사들은 알지만 우리는 모른다. 다만 후에 시간이 지난 뒤에야 그 결과가 분명하게 나타난다. 이 점은 12살 무렵에 나타나기 시작한다. 그 나이가 되면, 영적인 의식이 마음에서 눈을 떴는지 혹은 거룩한 것에 대해 반감이 있는 것은 아니라 할지라도 무관심이 지배적인지를 벌써 알 수가 있다. 마음에 영적 성향이 나타난다면, 그 나이 무렵이 하나님께서 어머니의 일에 관여하여 남자아이나 여자아이에게 내적 충동을 일으켜 처음으로 기도를 하도록 인도하시는 때이다.

그러나 이때로부터 시작해서 온 영혼을 쏟아 "하나님이여 나의 하나님이여" 하고 말하는 때에 이르기까지는 길이 멀다.

많은 경우에, 어린 시절 기도의 자연스럽고 연약한 불꽃이 아이가 성숙할 때쯤에는 상당히 어두워져 있다. 그때쯤에는 온갖 책들과 경험으로부터 생긴 전혀 다른 사상의 세계가 의식 속에 들어와 있다. 이 새로운 사상의 세계는 시와 같은 기도 생활 옆에 가져오면 매우 단조롭게 보인다. 혹은 많은 계획과 목적, 기대에 대한 열심을 불러일으킬 수 있는 이 새로운 사상의 세계가 탁월한 이념들을 제시하여 마음을 현혹하게 할지라도, 그것이 영광스런 영원한 하나님에 대한 예배에서 더 이상 중심 자리를 차지하지 못한다.

이 두 가지 조류, 곧 다양하게 나타나는 실제적이고 이상적인 생활의 조류와, 기도로 나타나는 통일된 생활의 조류가 서로 이기려고 다툰다. 때로 이 싸움에서, 기도가 영원히 지는 경우도 있다. 슬프게도 어렸을 때는 경건하였다가 성인이 되어서는 기도의 습관을 완전히 잃어버린 사람들이 있다.

기도 생활을 유지하고 거기에 진지함과 깊이를 더해 가지만 세상의 반대에 부딪혔을 때 그 문제를 해결하지 못하고, 세상 생활과 기도 생활을 나란히 끌고 가다가 결국은 병적인 신비주의나 과도한 영성주의가 점점 더 그 사람의 영혼을 지배하게 되는 경우도 일어난다.

그러나 일반적인 신앙 생활의 경우에는, 이러한 싸움의 기간이 물러나고 영적으로 안정된 시기에 이르게 된다. 이때가 되면 사람은 영혼의 생활과 세상의 생활의 관계를 안정적으로 정착시킨다. 배는 이제 더 이상 변덕스런 바람과 파도로 인해 표류하지 않는다. 배의 키를 잡고 있고, 나침반은 제자리에 있으며 측판(lee-board: 바람이 불어가는 쪽으로 밀리지 않게 범선의 중앙 안쪽에 뱃전에 붙인 널 - 역자주)은 고정되었다. 이렇게 하여 영혼은 인생의 바다 물결을 헤치고 나갈 때 제 갈 길을 갈 수 있다. 그래서 삶에서 자기 일에 대한 영웅적인 헌신이 언제나 더 풍성하게 발전하는 기도 생활과 손을 맞잡고 간다.

이 두 가지, 곧 기도 생활의 영역과 일상의 업무 영역이 점점 더 서로의 영역을 덮기 시작한다.

일을 하는 가운데서도 마음을 하나님께로 들어 올리는 일이 더 잦아지고 간절히 호소하는 기도가 더 자주 일어나게 되어 마침내는 영혼의 기도하는 성향이 점점 더 습관이 되어서 실제적인 기도의 시간이 증가된다. 그런 반면에, 일상의 일 전부를 점점 더 은밀한 기도에 가져오게 된다. 그러면 사람은 기도가 단지 거룩하게 말할 수 있는 것에만 묶이지 않고, 우리의 존재에게 필요한 모든 것과 더불어 우리의 존재 전체를 하나님께 맡길 수 있고 하나님 안에서 거룩해진다는 것을 깨닫기 시작한다.

이렇게 해서 기도가 의미 있게 자라고, 우리 생활 전체에 자비로운 그림자를 드리우기 시작하며, 점점 더 우리 삶의 힘이 된다.

처음에는 다른 사람들에게 거듭 이야기하던 "열렬한 기도가 일의 절반이다"는 속담이 이제는 자신에게 복된 경험이 된다.

이렇게 해서 마침내 "하나님이여 나의 하나님이여"라는 것이, 영혼의 내적 생명이 지극히 친밀하고 거룩한 충동 가운데 경험하고 즐기는 것을 분명하고 순수하게 표현하는 말이 될 수 있는 순간이 가까이 오게 된다.

시편 43편에 나오는 "하나님이여 나의 하나님이여"라는 말을 너무 쉽게 입에 담는 것은 죄악적인 자기본위, 곧 탐욕스런 이기심이 될 것이다. 그것은 크신 하나님을 자신에게 국한시키는 것이다. 다른 사람들을 생각하지 않고 다만 "나의" 하나님이라고 말하는 것이다. 기도에서 범할 수 있는 이런 죄가 "우리 아버지 하나님"이라고 부르는데서 현저하게 극복된다. 항상 기도하되 우리의 일용할 양식을 **나에게** 주시라고 하지 않고 **우리에게** 주시라고 해야 한다. **나의** 죄를 용서하여 주시라고 하지 않고 **우리의** 죄를 용서하여 주시라고 기도하며, 악에서 **나를** 구하여 주시라고 하지 않고 **우리를** 구하여 주시라고 기도해야 한다. 하나님 앞에만 서려고 하지 않고 하나님의 모든 성도들과 사랑의 교제를 하는 가운데 하나님 앞에 서도록 해야 한다. 그리스도의 몸의 지체로서 기도해야 하지, 마치 전적으로 여러분 혼자 서있는 것처럼 기도해서는 안 된다.

그러나 "하나님이여 나의 하나님이여"라는 말도 결코 이 점을 배제하지 않는다. 이것은 보기에 따라 전혀 다른 의미를 지닌다. 이 말은 전혀 다른 의미에서 이같이 볼 수 있다. 여호와 하나님은 단지 왕이 수많은 자기 신민을 돌보듯이 자기의 모든 자녀를 보시지 않는다. 만왕의 왕께서는 세상의 모든 군주보다 높으시다. 하나님께서는 자기의 모든 자녀를 개인적으로 아시고, 그들을 개인적으로 속속들이 아신다. 하나님은 자기 자녀들 한 사람 한 사람과 인격적인 관계를 유지하시고, 그들 각각을 특별히 부르셨다. 하나님께서는 영원 속에서 그들이 갈 독특한 길을 위하여 그들 각각을 끊임없이 훈련하신다. 그러므로 하나님께서는 자녀들 모두와 다 같이 일반적인 관계만을 유지하시는 것이 아니라 자녀들 한 사람 한 사람과 특별한 관계를 유지하신다. 이 관계는 매우 특별해서 다른 어떤 자녀가 하나님과 맺고 있는 관계와 같을 수 없다.

"우리 아버지" 하고 부르는데, 자녀가 일곱인 아버지는 자녀들 모두의 아버지이지만 자녀들 각각을 구별하며, 아이의 천성과 성향, 성품의 차이에 따라 아이들 각각을 다르게 사귄다. 우리 모두의 아버지이신 여호와 하나님도 그와 같으시다. 우리 아버지 하나님은 특별한 의미로, 다른 방식으로 신비하게 우리 각각에게 내려오시며, 독특한 성격과 특징을 띤 신비한 분위기 가운데 자신을 우리에게 계시하신다. 하나님께서 우리를 아시고, 우리는 다른 어떤 누구에게도 적용되지 않는 독특한 방식으로 하나님께 알려져 있다.

하나님은 한 태양이시지만 이슬방울 하나하나에서는 각각 다르게 빛을 반짝이신다.

이슬방울은 그 사실을 **알지** 못하지만 하나님의 자녀는 그 사실을 **알 수** 있다. 이 지식이 그에게 점점 더 분명해질 때, 그는 하나님 앞에, **자기** 하나님 앞에 무릎을 꿇는다.

이제 조심스럽게 구별해 보자.

하나님 편에서 볼 때, 하나님의 자녀들 각각이 다르게 맺고 있는 이 특별한 관계는 잉태와 출생의 순간부터 존재했고, 사실 잉태되기 전에, 이미 영원부터 택하신 자를 부르는 부르심 가운데 존재했다.

차이는 우리 편에서만 있다.

우리 생활에서, 특별한 의미에서가 아니라 일반적인 의미에서 하나님을 알고 하나님 앞에서 기도 생활을 하는 시간이 지나간다. 다른 사람들이 기도하는 것처럼 우리도 기도한다. 우리는 하나님의 자녀들 중의 한 사람이다. 그러나 우리는 아직 자신이 하나님 아버지의 특별한 어떤 것을 받는 존재인 것을 깨닫지 못하고 있다.

구체적인 것은 일반적인 것으로부터 점차 분리된다. 우리에게 우리 고유의 성품을 주고 우리 자신의 직업을 주는 것으로 말미암아 우리가 개인적인 인격체가 되고, 주 우리 하나님과 특별한 교제를 경험하기 시작하게 된다. 이 모든 하나님의 자녀들에게 독특한 성향과 적합한 소명을 주어 창조하시고 선택하신 하나님께서 그들 각각에게 그들의 성격과 조건에 가장 잘 맞는 방식으로 그들의 하나님이 되고자 하시고, 되실 수 있다는 것이 우리 하나님의 이루 다 헤아릴 수 없는 부요함이다.

모든 하나님의 자녀들에게 다 똑같이 일반적으로 맞추는 것이 아니라 하나님의 자녀 각각에 대해 그들이 필요로 하는 특정한 것을 공급하신다.

각각의 영혼의 생명에는 하나님의 지극히 특별한 섭리가 반영될 뿐만 아니라, 하나님의 위엄에 대한 지극히 특별한 발견도 반영된다.

이렇게 될 때, 오직 이때에야 비로소 "하나님이여 나의 하나님이여" 하는 기쁨에 찬 경배의 외침이 마음으로부터 꾸밈없이 솟아나온다.

제80장

여호와께서 네 그늘이 되시나니

아이뿐만 아니라 나이든 사람도 읽기보다는 그림과 인쇄물 보기를 더 좋아할 것이다. 아니면 적어도 그림과 인쇄물이 상상력에 주는 도움 때문에 그림과 인쇄물을 좋아한다. 이런 사실 때문에 우리 부모들도 삽화가 든 성경을 선호하였고, 우리들 가운데서도 삽화가 있는 책과 잡지에 대한 요구가 다시 강하게 일어나고 있다.

한 동안은 그림이 들어 있는 책에 대한 호응이 별로 없었다. 이는 한편으로 인쇄 기술이 형편없었기 때문이고 다른 한편으로는 독자들이 너무 똑똑했기 때문이었다. 그러나 본성이 우리 안에서 다소 회복되었고, 25년이 안 되어 제판술과 더불어 사진술이 예전에 알지 못했던 탁월하고 완벽한 수준까지 삽화를 끌어올렸기 때문에, 사물들을 보고 싶어하는 옛날의 욕구가 다시 크게 일어났고, 그림을 봄으로써 우리의 상상력이 대단히 풍부해졌다. 이제는 모든 것이 인물 사진과 그림으로 아름답게 꾸며진다. 좋은 의미에서 그리고 나쁜 의미에서 사물을 보게 하는 힘을 사람들이 다시 인식한 것이다. 심지어 신문도 그런 데서 자기의 힘을 추구하기 시작한다. 처음에는 기사에 따라다니는 것이 그림이다. 점차 그림이 더 많아지고 기사는 적어져서 결국에는 과장된 표현이 반감을 불러일으켜 다시 원래의 비율로 돌아간다.

이 모든 사실에 관하여 파악된 요점은 우리의 본성이 그렇게 창조되었고 그런 경향을 지니고 있다는 것이며, 우리 본성은 직접적으로 보는 것을 가장 선호하며, 이런 경향을 영적인 영역에까지 확대한다는 것이다.

그러므로 사고의 노력에 의해 통찰에 이르기보다는 이같이 보려고 하는 의지가 우리에게 결점이 아니다. 하물며 그것이 죄의 결과는 더욱 아니며, 그것은 신성한 본능이다.

구속받은 자들이 변증법적 사상가가 되리라는 것이 하늘의 영광에 대한 예언이 아니다. 그보다는 특별히 구속받은 자들은 영원하신 하나님을 보기를 열망할 것이라는 점에서 그리고 사실 그들이 이같이 분명하게 하나님을 보게 될 것이라는 점에서 하나님의 자녀임을 드러낼 것이다.

"주여 아버지를 우리에게 보여 주소서 그리하면 족하겠나이다"(요 14:8)라는 빌립의 요구는 이생에서 이런 깊은 욕구를 지극히 순진하게 표현한 말이었다. 이 질문에 대한 예수님의 답변은 전(全) 기독교 신앙이 이 **본다**는 관점 하에 요약될 수 있음을 보여준다. 사도들은 사실 자기들이 생명의 말씀을 가장 먼저 본 자들인 것을 자랑하였다. 이미 예언에서 이상(異象)이 이처럼 보는 길을 준비해 왔다. 그리고 사도들은 장차 올 영광을 기술하면서 지금은 우리가 희미한 거울로 보는 것처럼 흐릿하지만 그때는 우리가 얼굴과 얼굴을 대하여 볼 것이고, 이렇게 봄으로 하나님께서 우리를 아시는 것처럼 우리도 알게 될 것이라고 예언한다. 읽음으로써가 아니고 추론함으로써도 아니다. 봄으로써, 곧 분명하게 보는 것이 구원이 될 것이다. 이에 대해 요한 사도는 이같은 말을 덧붙인다. "사랑하는 자들아 장래에 어떻게 될지는 아직 나타나지 아니하였으나 그가 나타나시면 우리가 그와 같을 줄을 아는 것은 그의 참모습 그대로 볼 것이기 때문이라"(요일 3:2).

이렇게 볼 수 있는 능력은 그림과 인쇄물을 통해서 길러진다. 그리고 영적인 사실을 볼 수 있는 능력은 상징을 통해서 훈련된다. 십자가, 널리 만물을 내다보는 눈, 믿음, 소망, 사랑의 상징들이 있는 초기 그리스도인들의 카타콤에는 이런 상징들로 가득 차 있다.

더군다나 자연 곧 생활 자체가 상(像)으로 가득 차 있다. 그리고 다른 어떤 책보다 성경은 영적인 것을 우리에게 나타내기 위해 상을 사용한다. 그림과 인쇄물 외에, 상징 외에도 단어와 **나란히** 있지는 않지만 단어 속으로 들어가고 단어를 통해서 실재를 나타내는 것이 바로 이 **상(像)**이다. 참 포도나무, 선한 목자, 하나님의 어린양, 씨 뿌리는 자 등, 이 모든 것이 다 자연과 생활에서 빌려온 상들이다. 하나님께서는 영적인 것들을 우리에게 친숙하게 전달하시기 위해 하나님 말씀에서 이 상들을 사용하신다.

성경은 영원하신 하나님을 우리에게 가까이 알리려고 노력하는 가운데 가장 고상한 것들에 관해서도 그와 같은 일을 한다.

여호와는 우리의 "반석"이시다, 여호와는 우리의 "망대"이시다, 그는 우리의

"방패"이시다, 그는 우리를 "지키시는 자"이시다, 그는 "아버지 집"에 거하시는 "아버지"이시다, 그는 "영광의 보좌"에 앉아계시는 우리의 "왕"이시다. 이 같은 상을 통해서 영원하신 하나님은 우리에게 가까이 오신다. 이같이 많은 비유적 표현들 가운데 이 아름다운 표현이 있다. "여호와는 네 그늘이 되시나니"(시 121:5). 이사야는 무릎을 꿇고 예배하는 가운데 다음과 같이 외칠 때 이 상을 사용한다. "여호와여 주는 나의 하나님이시라 … 주는 빈궁한 자의 요새이시며 … 폭풍 중의 피난처시며 … 폭양을 피하는 그늘이 되셨사오니 … 폭양을 구름으로 가림 같이 포학한 자의 노래를 낮추시리이다"(사 24:1,4,5). 마찬가지로 하말롯(Hamaaloth, 성전에 올라가는 노래)도 같은 사실을 반복한다. "여호와는 너를 지키시는 이시라 여호와께서 네 오른쪽에서 네 그늘이 되시나니."

이 말의 비유적 표현은 매우 온유하고 부드럽기 때문에 아름답다.

여기에는 힘이 나타나지 않는다. 여기에는 강한 팔이 드러나지 않는다. 모든 생명체를 거꾸러트리는 동양의 사막에서처럼 타는 듯한 열기가 가득하다. 그런데, 보라! 짙은 구름이 조용하고 위엄 있게 사막을 가로질러 온다. 햇빛이 더 이상 눈을 부시게 못하고 태양의 열기가 더 이상 살을 태우지 않는다. 사람은 다시 자유롭게 숨을 쉬고 위로부터 오는 하늘 구름으로 말미암아 원기를 회복하고 정신을 차리게 된다.

그늘이라! 우리 서구 사람들은 이 간단한 말이 동양 사람들에게 함축하고 있는 그 영광을 알지 못한다.

우리에게는 삼복을 제외하면, 해의 열기가 그 아래 사는 것이 짐이 될 만큼 맹렬하지는 않다. 우리에게 해는 즐겨 구하는 사랑스러운 것이다. 해는 우리를 상쾌하게 하고 소중히 길러준다. 우리는 해의 밝은 빛을 사랑한다.

그러나 선지자들이 예언하였고 시인들이 노래하였으며 예수께서 걸어 다니시고 제자들이 살았던 그 나라에서는 해의 열기를 피하기 위해 모든 발명의 능력이 동원되고, 두꺼운 벽이나 두꺼운 벽걸이 천, 높은 나무, 하얀 긴 옷으로 해의 맹렬한 폭양을 누그러뜨리고 한다. 뜨거운 계절에는 모든 것이 바싹 마르고 불타며 그을린다. 사막의 고원지대에서는 사람과 짐승이 타는 듯이 뜨거운 모래와 불타는 하늘에 무력하게 죽어간다.

모든 것이 그늘을 구하고, 모든 것이 그늘을 달라고 기도한다.

그래서 하나님 백성들의 이 싸움, 하나님 종들의 인생의 싸움에 대한 상(像)이 적용될 때, 이 모든 사실에 영감을 받은 선지자나 시인 모두, 다음과 같은 영광스런 위로의 말로 이스라엘에게 기운을 북돋운다. "여호와 너의 하나님이 네 그늘이 되시나니."

여러분의 그늘은 무엇에 대한 것인가?

여러분 인생의 고난을 은유적으로 표현하여, 한낮의 열기라고 할 수 있는데, 열기란 역경과 박해가 여러분에게 닥치는 맹렬함을 뜻한다.

"여호와께서 네 그늘이 되신다"는 말은 이 말의 다른 비유적 표현인 "여호와께서 네 방패가 되신다"는 것과 관련이 있으나, 이 말에는 또 다른 취지가 들어 있다.

여러분이 알고 있고 눈앞에 있는 박해자인 적을 상대해야 하는데, 그의 공격이 닥칠 때는 여러분에게 **방패**가 절실히 필요하다. 그런 위험한 순간에 하나님에게 방패를 구한 사람은 누구든지 항상 하나님에게서 방패를 얻었다.

그러나 사막의 열기처럼 여러분이 저항할 수 없는 고난이 여러분에게 닥칠 때, 자연의 세력이 사방에서 여러분에게 밀어닥치는데 거기에 대해 여러분이 자유롭게 쓸 수 있는 저항 수단이 아무것도 없는 것처럼 여러분 인생의 알 수 없는 배경으로부터, 숨겨진 반대로부터 일어나는 저항할 수 없는 고난이 닥칠 때, 문제는 전혀 달라진다. 태양의 열기가 발 밑의 모래를 뜨겁게 태우고 그래서 입천장이 바싹 마를 때, 사막에 있는 아랍인들의 경우가 그와 같다. 사방에서 반대가 일어나고, 여기에서는 물이 범람하려고 하고, 저기에서는 눈앞의 모든 것을 날려가는 회오리바람이 몰아치는 상황에 놓여 있는 하나님 백성의 경우가 그와 같다. 여러분이 하나님의 뜻과 하나님의 대의를 위해 이런 어려움 저런 어려움을 겪고 이런 시련 저런 시련을 겪으며, 싸움의 열기가 계속해서 강도를 더하다가 마침내는 여러분을 거꾸러트릴 지경에 처했을 때 여러분의 삶이 그와 같다.

흔히 사람들이 말하듯이 물이 목까지 차는 그런 때에, 반면에 동양에서 쓰인 성경이 말하듯이 태양의 열기가 너무 뜨거워서 사람이 완전히 지쳐버리는 그런 때에, 여호와께서 여러분을 가리어 다시 숨을 쉬게 하는 그늘이 되시므로 여호와께서 여러분 영혼의 친밀한 위로자가 되신다.

성경의 은유에 따를 때, 빨갛게 타오르는 태양의 열기를 가로막는 구름이 이런 일을 할 수 있지만, 좀 더 애정어린 방법으로 그 일이 효과적으로 이루어질 수 있다.

사막에서 아버지가 해가 비치는 쪽에 서면 아이와 함께 걷는 동안 아이에게 그늘이 될 수 있다.

이것이 시편 기자가 "여호와께서 **네 오른쪽에서** 네 그늘이 되시나니"라고 노래할 때 마음에 떠올리는 그림이다.

이와 같이 하나님의 지극히 고귀하고 부드러운 사랑이 이처럼 위로하시는 일에 수반된다.

하나님은 여러분을 혼자 내버려 두시지 않는다. 광야를 지나가는 길이 여러분에게 면제되지 않을 수 있다. 그러면 틀림없이 광야의 열기가 까맣게 태울 것이다. 그러나 여호와께서 여러분 뒤를 따라가신다. 하나님께서 여러분에게 가신다. 여러분 가까이에 가셔서, 하나님께서 태양의 열기와 여러분 사이에 서신다. 하나님께서 여러분의 손을 잡으신다. 하나님은 크신 위엄으로 여러분에게 그늘을 드리우신다. 이렇게 해서 여러분이 하나님의 사랑으로 새로 기운을 얻고 하나님의 거룩한 그늘로 가림을 받고서 기쁨으로 여러분의 길을 계속 간다.

이 모든 것이 시이다. 우리는 이 시를 잘 알고 있다. 시가 "음악적이고 감동적인 말의 힘을 빌려 감정과 상상력에 호소하는 예술"이지만, 그럴지라도 시는 **꾸민 이야기**가 결코 아니니다.

눈으로 보지 못하고 귀로 듣지 못하며 사람의 마음으로 알 수 없지만 하나님께서 주셔서 이미 이 세상에 있는 것이 있는데, 그것은 하나님과 은밀히 교제하는 일을 시작한 사람들은 알고, 보고 즐길 수 있는 것이다.

하나님께서 여러분에게 아주 멀리 계실 수 있지만 또한 여러분에게 아주 가까이 계실 수도 있다. 이것은 하나님의 은혜에 달려 있다. 이것은 여러분 영혼의 내적 성향에 달려 있다.

그러나 이 점은 확실하다. 하나님께서 여러분 가까이 계실 때, 한낮의 열기가 여러분을 거꾸러트리려 할 때, 하나님께서 여러분의 그늘이 되시고, 하나님의 시원한 그늘이 여러분의 오른 편을 가리심을 느끼게 된다는 것이다.

하나님의 그늘이 가져오는 시원함을 반드시 느끼는데, 영혼으로 느낄 것이다. 그 시원함을 느끼지 못한다면, 그것은 아마도 여러분이 하나님께 가까이 있지 **않기** 때문일 것이다.

제81장

여호와께서 네게 귀를 기울이시나

여러분은 귀가 잘 들리지 않을 때 혹은 말하는 사람의 목소리가 작을 때, 말하는 사람과 거리가 너무 멀 때, 말하는 사람 쪽으로 귀를 기울인다.

첫 번째 경우는 하나님께 적용될 수 없다. 어떻게 "귀를 지으신 이가 듣지 않으시겠는가?" 소리를 지으시고 청각을 지으신 하나님께서 어떻게 모든 피조물의 소리를 듣지 않으시겠는가?

그러므로 크신 하나님께 대해 그가 우리의 기도에 귀를 기울이신다고 말할 때, 그것은 언제나 우리를 향한 은혜, 곧 하나님의 동정의 행위를 뜻한다. 이같이 동정을 보이심으로 말미암아 하늘에 계신 엄위로운 하나님께서 자신을 우리에 맞추시고 우리에게로 몸을 구부리고 우리를 찾으시며 와서 만나신다.

참된 기도는 언제나 깊은 겸손으로 옷을 입는다. 기도에는 온갖 종류가 있다. 말로 하는 기도가 있고, 생각 없이 말을 중얼거리는 기도가 있으며, 기도 시간이 되어서 하는 기도가 있고, 의무감에서 하는 기도도 있다. 어떤 필요를 느껴 드리는 기도가 있고 하나님에 대한 갈망에서 드리는 기도가 있으며, 더 높은 하늘의 기운을 마시기 위해 드리는 기도가 있고, 행복한 감사에서 나오는 기쁨으로 드리는 기도가 있다. 자신을 위한 기도가 있으며 다른 사람들을 위한 기도가 있다. 큰 소리로 드리는 기도가 있고 말없이 조용히 드리는 기도가 있다. 기도의 형태는 끝없이 변하지만 기도마다 고유의 가치가 있다. 그러나 형태가 어떻든지 간에, 기도가 영적인 데로 더 깊이 들어가면, 영혼은 삼위일체 하나님 앞에서 자신이 하찮은 것을 느끼며, 자신이 아무것도 아니고 그보다도 못한 것을 알고서 무력하게 된다. 심지어 주저앉게 되는 느낌마저 든다. 그래서 마음을 추스르고 자유롭게 말을 할 수 있으려면, 하나님께서 친히 우리를 자기에게로 끌어올리셔야 한다.

창공에 비할 때 이 온 세상은 무엇이고, 살아 있는 수많은 영혼들 가운데 하나에 불과한 존재로 살아가는 이 세상에 비교할 때 기도하는 여러분은 무엇인가? 세상에는 세상의 표준에 따를 때 자기들이 위대하다고 느끼는, 또 느끼지 않을 수 없는 대단한 사람들이 소수 있다. 나폴레옹을 생각해 보고, 비스마르크를 생각해 보라. 그러나 자기 마을이나 도시 밖으로 이름이 거의 알려지지 않은, 일반 예배자에게는 이런 위대함이 없다. 진실로 세상에서 위대하다고 하는 사람들은 하나님으로부터 독립하여 있다. 이것은 여기서 우리가 다루는 문제 밖에 있다. 여기서 우리는 자기의 좁은 범위 밖에서는 거의 알려지지 않은, 평범하지만 경건한 사람에 대해 이야기하고자 한다. 그런 그가 높고 높은 분께, 이 작은 세계와 우리 위로 끝없이 펼쳐진 하늘에서 반짝이며 빛을 내는 수많은 항성들과 별들을 창조하시고 지키시고 다스리시는 전능하신 분 앞에 무릎을 꿇을 때 그는 어떤 사람이겠는가?

참된 기도를 드릴 때, 곧 영혼이 적어도 하나님의 위엄과 크심을 조금이라도 의식하는 기도를 드릴 때, 예배자는 자신을 상당한 어떤 존재로 결코 느낄 수 없다.

그는 자기의 기도가 하나님께서 기쁘게 **귀를 기울이실** 만한 것이 아니라면 그것은 한낱 내쉬는 호흡에 지나지 않는다는 것을 아주 깊게 깨닫지 않을 수 없다.

이런 생각은 인간 목소리의 연약함에서, 끝없이 멀리 떨어진 거리 때문에, 하나님께서 친히 간구하는 자에게 돌이키시는 일이 반드시 필요하다는 사실에서 생겨난다.

우리는 우리의 기도가 하늘을 뚫고 올라가기를 바라지만, 교회에서 지도자가 소리를 높여 기도하여 그 목소리가 예배당 천장에 부딪혀 메아리치게 하든지 혹은 환자가 병상에서 숨을 헐떡이며 낮은 목소리로 하나님께 기도하든지 간에, 기도에서 우리 목소리는 참으로 연약하기 짝이 없다. 목소리가 전혀 들리지 않는 곳에서도, 말은 없지만 영혼으로 실질적인 기도를 드릴 필요가 있다. 기도에서 우리 목소리 자체는 아무 소용이 없다. 사람들 가운데는 더 크게 말하고 목소리를 높임으로써 그들의 기도를 듣지 않을 수 없게 하는 사람들이 있다. 그러나 우리가 "하늘에 계신 우리 아버지"에게 말하려고 할 때, 우리 목소리는 전혀 의미가 없다. 기도할 때는 대단한 웅변가의 큰 목소리가 어린아이의 지극히 작은 목소리보다 나은 점이 아무것도 없다. 난파된 배의 선원이 울부짖는 폭풍우 앞에서 마지막 힘까지 다 짜내어 "살려주세요" 하고 외친다고 할지라도 마찬가지이다. 우리 목소리가 크든지 약하든지, 그것은 아무 영향을 끼치지 못한다. 잃어버린 양의 메에 하고 우는 소리는 목자가 들을 수 있게 한다. 우리의 단순한 목소리는 하나님께서 귀를 기울이도록 만들 수 있다.

기도에서 목소리는 우리에게 또 우리와 함께 기도하는 사람들에게 도움이 된다. 혼자 무릎 꿇고 기도할 때에도 우리는 기도를 말로 소리 내어 하지 않을 수 없음을 느낀다. 이렇게 말로 표현할 때에야 비로소 우리의 기도가 명료해지게 된다. 말은 영혼을 풀어 주고 편안하게 해 준다. 속에서 일어나는 감정의 기복이 속삭이거나 소리 내어 말하는 기도하는 소리 가운데서 편안하게 된다. 말없이 드리는 기도가 영혼으로부터 하나님께 부르짖는 것일 수도 있다. 그러나 그런 부르짖음이 본능적으로 일어날 때, 우리는 그것을 바로 기도라고 부르지는 않는다.

참된 기도는 우리의 의식을 지나간다. 기도하는 사람은 자기가 무엇을 구하는지 알아야 한다. 그는 자기가 기도한 내용을 기억할 수 있어야 한다. 그는 자기가 기도로 구하는 것이 여러 모로 필요하다는 것을 알고 있어야 한다. 그는 자기가 감사를 드리는 복, 곧 은혜가 무엇인지 알아야 한다. 그는 하나님의 도움을 간구하기 위한 과제가 무엇인지 분명히 알고 있어야 한다. 그는 찬미하고 경배하는 하나님의 위엄 앞에 서야 한다. 기도하는 영혼은 마음의 신비한 상태를 떠나서 분명한 의식에 이르러야 한다. 그래서 기도가 말로 표현되고 목소리로 확립이 되는데, **그것이** 기도를 완성한다.

다른 사람과 함께 드리는 기도에서는 이 점이 훨씬 더 분명해진다. 이때 목소리는 기도를 인도하는 사람의 기도를 함께 기도하는 사람들의 영혼에 전달하는 수단이 된다. 인도하는 사람에게서 기도는 영혼으로부터 일어나 말로 표현된다. 다른 사람들에게는 기도가 말을 통해 그의 영혼에 들어간다. 기도를 인도하는 사람은 오르간의 건반을 연주하는 사람 같아야 한다. 그의 영혼이 연주하는 것이다. 다른 사람들의 영혼은 인도하는 사람의 가락에 맞추어야 한다. 이렇게 해서 하나님께서 우리에게 주신 특별한 은혜인 **공동의 기도**가 생겨나는 것이다.

이때 거리의 문제가 발생한다.

우리가 연못이나 냇가 건너편에 있는 사람에게 무언가를 구하려고 할 때, 자연스럽게 목소리를 높인다. 건너편에 있는 사람이 우리에게로 귀를 돌릴 때 듣는데 도움이 된다. 그리고 귀 뒤에 손을 모음으로써 그는 우리가 외치는 말에 귀를 기울이고 말뜻을 알아들으려고 한다.

우리가 하나님께 무엇인가를 구하려고 할 때 우리와 하나님 사이에 얼마나 넓은 물이 넘실거리는지 모른다.

온 세상이 그 사이에 놓여 있고, 마음을 온통 빼앗은 일상생활의 모든 관심사들이 그 사이에 있다. 그때에는 주님께서 영원한 빛 가운데 보좌에 앉아 계시는 하늘들의 하늘에 이르는 길이 무한히 멀리 떨어져 있다.

우리 구주께서는 우리가 기도할 때 우리의 돌아다니는 것과 눕는 것을 다 아시고, 우리 위에 손을 펴고 계시는 편재하신 하나님께 호소하지 않고 우리 속에 계신 성령께 말씀을 드리는 것으로 시작하지 말라고 훈계하신다. 그리고 "하늘에 계신 우리 아버지여" 하고 공경심을 담아 부르도록 하시는데, 하이델베르크 요리문답에서는 이렇게 부름으로써 높으신 하나님을 세상적인 방식으로 생각하지 않도록 해야 한다고 설득력 있게 이 점을 진술한다.

이 일은 결코 자연스럽게 되지 않는다. 계속 기도하다보면 기도가 더 친숙해진다. 말하자면 기도함에 따라, 하나님께서 점차 우리에게 하나님의 거룩한 임재를 나타내시고 우리에게 가까이 하신다. 그리고 마침내 우리 마음에 들어오시고, 성령께서 우리와 **함께** 기도하시며 우리를 **위하여** 기도하시고 우리가 어떻게 기도해야 할지를 알려 주신다. 그러나 처음부터 이렇게 시작하려고 하는 것은 병적인 신비주의의 태도이다.

첫째로, 우리 앞에는 거리가 있다. 영혼은 더 높은 것에 이르도록 일어서야 한다. 성도들의 기도의 제단은 여기 아래에 있지 않고 위에 있다. 성도들의 기도는 이 제단에서 향으로 하나님 면전에 올라간다. 우리 구주께서는 더 이상 여기 아래에 계시지 않고, 하늘에서 하나님 우편 보좌에 앉아계시며 우리를 위해 기도하시고, 중보기도로 우리 기도를 도우신다.

첫째로, **수르숨 코르다**(sursum corda: 미사 서창에 나오는 문구로 '마음을 드높이' 라는 뜻 - 역자주), 즉 "여러분의 마음을 높여야 한다." 이렇게 기도할 때, 엄위로우신 하나님께서 은혜롭게 우리에게 내려오시며 때로 우리 마음에 들어오신다.

이와 같이 기도의 실제적인 절박성은 우리에게서 이같이 표현된다. 시편 기자가 말하듯이, 기도가 때로는 소리치고 울고, 간절하게 조르는 것이 될 수 있다. 그래서 하나님께서 우리에게 귀를 기울이시고 우리를 주목하고 우리의 기도를 들으신다는 것을 알게 될 때에야 비로소 기도하는 영혼이 안식을 얻는다.

기도하는 동안 우리는 하나님께서 우리에게 몸을 돌려 귀를 기울이신다는 것을 느낄 때, 하나님과 우리 사이에 다리가 놓여 졌고 그래서 하나님이 우리 가까이 오셨고 우리가 하나님 가까이에 있다는 것을 알게 된다.

이렇게 해서 기도는 결국 지극히 복된 위치에 이르게 되는데, 이는 하나님께서 간구하는 사람에게로 친히 돌이키시는 것이라고 말했던 위치이다.

매일 아침저녁으로 하나님께 도움과 구원을 구하는 사람들이 허다히 많다. 더 이상 기도하지 않는 사람들의 수가 점점 더 늘고 있다는 것이 사실이다. 그러나 고난을 당하고 죽음의 위협을 당하여 하나님께 도움을 구하는 사람들의 수는 아직도 헤아릴 수 없이 많다.

수많은 사람들 가운데 우리도 그 속에 들어있는 것을 이제 느낀다는 것은 하나님께서 우리도 보고 계심을 알고, 우리도 하나님께 무엇을 구한다는 것을 하나님께서 아신다는 것을 깨닫는 것이다. 그래서 이렇게 서로 방해되고 거슬리는 소리들 가운데서 우리 목소리도 그 소음을 뚫고서 전능하신 하나님께 도달하도록 한다. 이것을 인간적인 방식으로 표현할 수 있다면, 우리에게도 차례가 돌아오고 하나님께서 우리의 기도를 들으시는 시간이 우리에게도 온다는 것을 알고, 주목하고 느낀다는 것이다. 이것이 하나님께서 또한 우리 기도에 귀를 기울이신다는 사실에 기쁨에 차서 감사를 드릴 때, 우리 간구자들이 생각하는 바이다.

이 사실이 하나님께는 자연스럽게 적용되지 않는다. 하나님께서는 차례를 따라 일을 하시지 않는다. 하나님께서는 모든 간구자의 소리를 **즉시**, 동시에 다 들으신다. 그러나 우리 인간의 의식에는 기도할 때는, 하나님께서 이제 우리에게로 몸을 돌리시고 우리의 개인적인 기도에 귀를 기울이신다는 느낌을 언제나 갖는다.

하나님께서는 다른 사람과 다르게 여러분에게 귀를 기울이신다. 이는 지극히 높으신 하나님께서 여러분의 생활을 구체적으로 아시고, 여러분 존재의 깊은 내면을 다 헤아리시고 여러분 영혼의 특별한 필요를 철저히 아시며, 그동안 여러분의 기도를 아주 구체적으로 들어오셨기 때문이다.

이것이 기도의 영광이다. 여러분이 하나님을 부르면 하나님께서 여러분을 아신다. 하나님께서는 그 수많은 사람들 가운데서 한 개인으로 여러분을 구별하여 대하신다. 여러분이 아무리 하찮은 존재일지라도, 여러분이 아무리 무거운 죄의 짐을 가지고 갈지라도, 하나님께서는 여러분을 모른 체 하시는 법이 없고, 여러분의 애원하는 목소리를 무시하지 않으며 여러분에게로 돌이키고 여러분에게 귀를 기울이신다.

여러분이 하나님께서 이같이 여러분에게로 돌이켜 들으신다는 것을 깨닫게 될 때, 기도는 그와 같이 여러분의 택하심을 나타내는 보증이 된다.

세상 왕들에게는 힘 있고 큰 자들만 가까이 나아갈 수 있다. 만왕의 왕이신 하나님께는 지극히 비천한 자와 멸시받는 자들도 가까이 나아오도록 허락받는다.

이와 같이 여러분이 기도하면 하나님께서 여러분의 기도에 귀를 기울이신다. 이와 같이 여러분은 하나님께 가까이 있고, 하늘에 계신 아버지는 여러분이 하나님의 임재로 풍성해질 뿐만 아니라 여러분이 하나님이 계시는 곳에 영원히 속해 있다는 사실을 여러분에게 보증해 주신다.

제82장

주의 성령을 내게서 거두지 마소서

성경은 하나님의 얼굴을 구하는 일에 대해 언급한다. "즐겁게 소리칠 줄 아는 백성은 복이 있나니 여호와여 그들이 주의 얼굴 빛 안에서 다니리로다"(시 89:15).

성경에는 더 친밀한 점에 대한 언급이 있다. 즉 **상호 간의** 교제가 있다고 한다. 그래서 하나님의 얼굴빛이 우리에게 비칠 뿐만 아니라 우리 영혼도 하나님에게까지 이른다고 한다. "여호와의 친밀하심이 그를 경외하는 자들에게 있음이여 그의 언약을 그들에게 보이시리로다"(시 25:14).

그러나 성경은 그보다 높은 단계를 언급한다. 그 단계란 전능하신 하나님께서 그의 얼굴빛이 우리에게 비치게 하고 우리가 하나님과 은밀히 행하도록 허락하실 때뿐만 아니라 하나님이 우리 마음속에 들어와 우리 마음을 하나님의 전이 되게 하시고 성령께서 우리 속에 거하시는 때이다. "성령도 우리의 연약함을 도우시나니 우리는 마땅히 기도할 바를 알지 못하나 오직 성령이 말할 수 없는 탄식으로 우리를 위하여 친히 간구하시느니라"(롬 8:26-27).

교제의 이 세 단계를 조심해서 구별해야 한다.

첫 번째 단계에 있는 사람은 이 세상 헛된 일에 등을 돌리고 위로부터 비추는 빛에 익숙해진 사람이다. 그는 더 이상 자신의 빛에 의지하지 않고 하나님의 얼굴의 빛 안에서 다닌다. 어둠은 지나갔다. 그는 자기가 믿는 분을 안다. 단지 때때로 하나님의 얼굴빛을 즐기는 것만이 아니라 계속해서 그 빛 안에서 다니는 사람들을 가리켜 성경은 복되다고 선언한다.

그렇게 되면 하나님과 은밀히 행하는 일에 들어가는 두 번째 단계는 저절로 이루어진다. 두 번째 단계에서는 하나님의 얼굴빛이 우리에게 비칠 뿐만 아니라 그와 더불어 우리 영혼은 그 빛을 반사하는 거울이 된다. 이 길에서도 하나님은 우리에게 빛을 비추시고 우리 영혼은 하나님을 향하여 빛이 난다. 이것은 내적으로 우리에게 밝혀진 구원의 비밀이다.

그러나 이것도 끝이 아니다.

영혼으로 하나님을 가까이 함의 귀중함은 훨씬 더 멀리 미치고 훨씬 더 깊게 파고들어서, 말로 다할 수 없고 이루 다 형언할 수 없고 헤아릴 수 없는 현실에까지 이른다. 그것은 여호와 하나님께서 성령 안에서 우리 영과 긴밀하게 연합하시고, 그래서 하나님께서 우리 위에 우리 주위에 계실 뿐만 아니라 우리 안에도 계시며, 우리와 함께 거하시고 우리 마음을 거처로 삼으시며 그래서 하나님과 우리 영혼 사이에 대화하는 교제가 우리 영혼의 가장 깊은 곳에서 이루어지는 데까지 이르는 것이다.

이 지극히 복된 상태는 한 번에 도달할 수 있는 것이 아니다. 여기에는 진행이 있다. 즉 복된 발전과 더 깊어지는 과정이 있다. 누구나 이런 복된 발전에 이르는 것이 아니며, 그 진행 과정에서 거기에 이른 사람들이 잠정적으로 때때로 계속할 뿐이다.

이들에게 이것은 지극히 고귀하고 복된 순간들인데, 마치 잃어버린 하나님의 평안을 다시 새로 찾은 것과 같다.

교제의 이같은 중단은 영적 훈련의 부족 때문에 일어날 수 있다. 또 외부로부터 오는 침해로 발생할 수 있다. 그리고 대부분은 우리의 죄 때문에 일어난다.

후자의 경우가 다윗에게 해당된다. 그래서 (하나님께서 버리셨기 때문에) 황폐한 마음에서 이 기도가 일어났다. "**주의 성령을 내게서 거두지 마소서**"(시 51:11).

성령에 대해서 이야기할 때면 우리는 신비한 일들을 얘기하는 것처럼 느낀다. 우리 언어에는 거기에 적합한 단어가 없다. 여기에서 우리의 지력은 모든 분석을 중단한다. 우리는 믿을 수 있고 어떤 인상들을 받아들일 수 있으며 즐길 수 있는 능력이 있다. 그러나 적어도 여기 이 세상에서 그리고 우리의 죄 된 상태에서 하나님께서 삼위일체로 계시는 신비는 우리가 밝히 다 알 수 없다.

우리는 예배드린다.

전능하신 하나님을 하늘에 계신 우리 아버지로 알고 예배드린다. 우리는 독생하신 아드님 안에서 모든 은혜의 하나님, 곧 우리에게 아드님을 주시고 우리를 위한 희생 제물로 보내신 하나님을 예배한다.

그리고 우리는 우리 마음에 보혜사로 계시는 성령 안에서 삼위일체 하나님을 더 열렬하게 예배한다.

우리의 깊은 생각이 어디로 향하든지, 주변의 세상으로 향하든지 마음속의 세계로 향하든지 간에, 우리가 만나는 분은 언제든지 하나님이시다. 우리의 찾는 갈망이 하나님 안에서 안식을 얻게 되고, 우리의 예배와 거룩한 찬미는 하나님께로 올라간다.

우리를 그늘로 가리시는 분은 언제나 하나님이시고, 거룩한 사랑으로 우리 마음에 들어오시는 분도 언제나 하나님이시다.

우리를 데리고 다니고 소생시키시는 분은 바로 그 한 분 하나님, 영광스러우시고 지극히 복되시며 전능하신 하나님이시다.

그러나 이 비밀은 여전히 신비이다. 우리 마음에 부드럽고 복된 것을 풍성히 누리게 하며, 찾는 영혼에게 훨씬 더 친밀하게 자신을 계시하는 신비이다. 그러나 그 신비는 우리의 모든 생각과 지력, 모든 명상과 숙고를 초월한다.

이 하나님의 비밀은 모든 진실들 가운데 가장 참되다. 일단 세상이 여러분에게서 멀어지고 여러분의 의식이 죽음의 안개 속에서 어두워질 때 여러분 곁을 지킬 것은 이 성령뿐이시다.

이것이 하나님의 비밀이다. 조소자는 이것을 비웃지만 이 비밀은 세상이 모르게 버려두며, 죄인을 두렵고 무섭게 한다. 그러나 이 주님의 비밀은 홀로 조용한 가운데 있을 때 평화의 언약에 따라 하나님의 자녀에게 밝히 드러난다.

하나님의 자녀의 마음에 들어가서 이 삼위일체 신비의 도장을 마음에 찍는 분은 바로 성령이시다.

바로 이 이유 때문에, 우리 속에서 이루어지는 성령과의 교제가 매우 예민하고 부드럽다.

그 사이에 아무것도 끼어들어서는 안 된다. 그렇지 않으면 그 교제가 사라질 것이다.

저항하는 일이 없으면 교제를 잃게 되는 일도 결코 없다.

장애거리가 발생하면 교제는 사라질 것이다.

그러므로 성령께서 먼저 여러분을 떠나시고 여러분 혼자 내버려 두신 것이 아니다. 반대로 성령께서는 자기 거처로 택하신 마음에 여전히 계신다. 사탄도 세상도 성령을 성령의 전에서 쫓아낼 수 없다.

여기에 하나님의 거룩한 사랑이 있다. 성령께서는 여러분으로 인해 **슬픔을 당하고** 모욕을 당하며 여러분의 죄 때문에 상처를 입고 악한 대접을 받는 동안에도 계속해서 여러분 안에 거하신다.

그러나 여러분은 의식이 무디기 때문에 이것을 알지 못한다.

죄를 짓는 순간 여러분은 성령께서 타인이 되어버린 것처럼 느끼고 인식한다. 성령께서 여러분에게서 멀리 떠나버리신 것으로 생각한다. 이제는 여러분이 간절히 기도한다고 할지라도 더 이상 성령을 붙잡을 수 없다고 생각한다.

성령께서는 여러분 마음에 계속 거하셨으나, 여러분 속에 거하시는 성령과 영혼 사이에 분리의 벽이 세워진 것이다. 여러분 속에 있는 성전의 문을 여러분 스스로 닫아버린 것이다. 여러분은 자신의 내면에서 이 전(殿)이 서있는 자리보다 더 아래로 내려갔다. 이 전에 성령께서 여전히 보좌에 계시지만 여러분은 더 이상 보좌로 가까이 나아가지 않았다. 그렇게 해서 모든 교제가 단절되었다. 모든 은밀한 교제가 이때 끊어진 것이다. 거미가 파리를 거미줄로 싸듯이 여러분의 죄가 여러분을 덮어버린 것이다. 여러분이 슬프시게 한 성령께서 애정 어린 동정심으로 다시 여러분을 향하고 계시지만 여러분은 죄의식 속에서 뒤로 물러나 버린 것이다.

그런 순간에도 이해가 되지는 않지만 믿음은 계속해서 빛을 번쩍인다.

다윗은 깊은 타락 후에 불안한 소외를 느꼈다. 하나님께서 자기 죄를 보고 계시는 한 하나님과의 교제가 결코 회복될 수 없다고 느꼈다. 그래서 그는 이렇게 기도하였다. “주의 얼굴을 내 죄에서 돌이키시고 내 모든 죄악을 지워주소서”(시 51:9). 그는 자신의 더러워진 마음 때문에 하나님에게서 멀어질 수밖에 없다는 것을 내적으로 알게 되었다. 그래서 그처럼 감동적이고 아름다운 말로 호소하였다. “하나님이여 내 속에 정한 마음을 창조하시고 내 안에 정직한 영을 새롭게 하소서.” 그는 깊은 어둠 속을 다니고 있었다. 그래서 하나님의 얼굴빛이 다시 자기에게 비치기를 기도하였다. 그는 범죄한 자기 머리를 그 분리의 벽에 부딪힐지라도 그 암울한 순간에 믿음의 의식이 어둠을 뚫고서 희미하게 빛이 났고, 이 분리의 벽 저편에서는 성령께서 깊은 탄식 가운데 여전히 그에게 이르러 그를 위로하려고 하셨다. 그래서 그는 “내게 다시 성령을 주소서” 하고 기도하지 않고 전혀 다르게 "주의 성령을 내게서 거두지 마소서" 하고 기도하였다.

이것은 고난을 겪고 있고 길을 잃은 영혼이 스스로 믿음을 굳게 붙잡는 것이다.

영혼은 이것을 알지 못하고 헤아리지 못한다. 그러나 영혼은 은혜가 가버리지 않고, 하나님 안에 있고, 하나님께서 여전히 마음속에서 은혜가 활동하게 하신다는 것을 느낀다. 영혼을 사로잡는 불안한 두려움은 오직 하나님께만 있는 이 은혜가 자기에게서 떠나갈지 모른다는 것이다.

그래서 이 두려움에 대해 영혼은 기도하고 간구하며 부르짖는다. "하나님이여 나와 함께 거하시고 내 안에 거하소서. 나를 붙드신 손을 영원히 놓지 마소서."

이 전의 문이 무한한 자비 가운데서 다시 열릴 때까지 이 간구는 계속 되고, 이 부르짖음은 더 뜨거워지고 진지해진다.

그때 구원의 즐거움이 다시 온다. 그토록 성령님을 깊이 슬프시게 했던 영혼과, 하나님 자녀의 영혼을 보내버리기보다 오히려 슬픔을 겪으신 성령 사이에 다시 만남이 이루어진다.

죄 가운데서 이것을 경험한 사람은 복이 있다.

그는 성령을 **위로자**로 안다는 것이 무엇인지를 이해한다.

제83장

너희는 너희가 하나님의 성전인 것을 알지 못하느냐

예레미야서에 이 말씀이 나온다. "하나님이 길을 벗어나 하룻밤을 묵으시나니"(14:8, "구원자시여 어찌하여 하룻밤을 유숙하는 나그네 같이 하시나이까" - 역자주). 이것은 걸어서 여행을 하다가 해질 무렵에 밤을 지내기 위해 잠깐 들렀다가 해가 다시 수평선에 뜨는 이른 아침에 계속 자기 길을 가기 위해 여인숙을 떠나는 여행자에게서 빌려온 비유이다. 이스라엘의 거룩하신 자에게 적용할 때, 이 비유는 선지자들이 성령께서 자기들 영혼에 거하신다는 것을 의식하는 때와 순간을 알았다는 것을 의미한다. 그러나 성령의 이 같은 거하심이 영속하지 않았다. 그것은 일시적이었고, 가까이 오셨던 하나님께서 곧 바로 다시 멀리 계신 하나님이 되셨다.

하룻밤을 묵기 위해 영혼에 잠깐 들렀다가 다시 떠나는 하나님에 대한 이같은 경험에 비하여, 예수께서는 오순절날에 성령 하나님께서 주의 백성들에게 오셔서 다시 떠나지 않으시고 영원히 그들과 함께 거하실 것이라는 약속을 하신다.

사도 요한은 그의 복음에서 다음과 같은 말로 이 점을 강력하게 표현한다. "예수께서 아직 영광을 받지 않으셨으므로 성령이 아직 그들에게 계시지 아니하시더라"(7:39). 물론 이 말씀은 성령께서 아직 존재하시지 않았다는 뜻이 아니라, 승천 후에야 예수께서 그 보혜사를 아버지께로부터 받아 자기 교회에 보내실 것이기 때문에 성령께서 아직 교회에 영원히 거처를 정하시지 않았다는 것을 의미하였다.

사도들이 끊임없이 교회를 "하나님의 성전", "하나님께서 영으로 거하시는 처소"라고 말을 할 때 이렇게 이해해야 한다. "너희가 하나님의 성전인 것과 하나님의 성령이 너희 안에 계시는 것을 알지 못하느냐"(고전 3:16)는 말씀은 단지 성령께서 성도들의 마음에 들어오신다는 것만을 의미하는 것이 아니다. 그보다는 성령께서 성도들의 마음에 들어오셔서 **영원히** 거하신다, 영원히 거기에 머무시며, 일단 그의 거주하심으로 부요해진 마음을 다시는 떠나지 않으시고, 예수님의 약속에 따를 때 성령께서 영원히 하나님의 자녀들에게 머무신다는 것을 강하게 의미한다.

이 사실은 변화된 조건, 곧 성령의 전혀 다른 시대를 가리킨다.

구약의 경륜 하에서는 일시적으로 일어난 일, 곧 소수의 사람들 마음에 임시적으로 내려온 것이 신약의 경륜 하에서는 온 교회에 대대로 거하시는 것이다.

옛 언약 하에서는 분리를 일으키는 것이 유지되었다. 영원히 거처하는 것이 그때에는 하나님께서 시온에 거하시는 것뿐이었다. 그러나 새 언약 하에서는 골고다의 속죄 제사에 의해 그 분리의 벽이 영구히 무너졌다. 분리를 일으키는 것이 영원히 끝이 났다. 하나님께서 단지 자기 백성**에게** 오신 것이 아니라 자기 백성들 **속으로** 들어오신 것이다. 시온산의 성전은 더 이상 존재하지 않게 되었고, 그 자리에 살아계신 하나님의 교회가 들어선 것이다. 이제 그 교회가 하나님의 성전이고 하나님께서 그 안에 거하신다.

이렇게 해서 인류는 나뉘었다.

한 편에는, 여전히 거룩하지 못한 세상이 있다. 그 때문에 분리가 계속되며, 시온산에는 더 이상 성전이 있지 않다. 다른 한 편에는, 이제 더 이상 육신적으로 살지 않고 오직 영적으로 사는 하나님의 백성들이 있다. 그리고 이 백성들 안에서, 이 하나님의 회중 안에서는 모든 분리가 사라졌다. 이제 하나님의 회중은 세상보다는 하늘과 더 밀접하게 연결되어 있다. 하나님의 교회가 하나님의 거처가 되셨다. 즉 하나님께서 성령으로 영원히 거하시는 처소가 되었다.

그럴지라도 여기서 주의해야 할 점이 있다.

이 사실을 마치 하나님의 성령께서 하나님의 성도들 **안에서만** 활동을 계시하시는 것으로 이해해서는 안 된다. 이렇게 말하는 사람은 성령 하나님의 편재하심을 부인하고 성령 하나님의 활동 영역을 제한하게 될 것이다.

성령께서 하나님이시므로, 하나님의 온 창조계에서 성령의 활동이 적용되지 않는 데를 생각해 볼 수 없다.

성자 하나님과 성부 하나님의 활동이 그러듯이, 성령의 활동은 인간적인 모든 영역에서뿐만 아니라 모든 피조물 안에서도 이루어진다. 이 외에 다른 어떤 얘기를 한다면, 삼위일체 하나님의 통일성을 잃게 될 것이다.

창조계 자체에 하나님의 전능하심이 분명히 나타난다. 즉 이는 아들 하나님의 전능하심뿐 아니라 성부 하나님의 전능하심이 나타나며 또한 성령 하나님의 전능하심도 명백히 나타난다는 것이다.

성부 하나님으로부터 능력의 충만함이 오고, 성자 하나님으로부터 사상의 충만함이 오며, 성령 하나님으로부터 모든 에너지의 충만함이 온다.

모든 자연의 세력 안에서, 또 모든 유기적 활동 안에서 성령께서 자신을 영광스럽게 나타내신다. 또 모든 자연의 풍부함과 아름다움에는 성령의 신성이 분명히 나타난다.

무생물의 창조계에서 그렇다면, **의식 있는** 피조물에게서는 이 점이 훨씬 더 강력하게 나타난다. 천사들에게서 재능과 은사가 성령과 상관없이 작용한다고 생각한다면 터무니없는 일이다.

같은 사실이 **사람**에게 적용된다. 이제까지 역량이 탁월한 장군들, 재기가 빛나는 시인들, 세상을 깜작 놀라게 한 사상가들, 창작물로 우리를 풍요롭게 한 예술가들이 많이 있었지만, 그들 속에 천재의 불꽃이 타오르게 하신 성령이 없이는 그들이 존재하지 못했다.

성경이 그와 같이 가르친다.

심지어 이렇게까지 말할 수 있다. 성령의 어떤 은사도, 사람들 사이에서 나타난 어떤 재능도 하나님을 싫어하지 않았다. 바로 이 성령께서 은사와 재능을 나누어 주실 뿐만 아니라 그 재능을 유지하고 작용하도록 하셨기 때문이다.

그러므로 자신의 재능을 하나님의 뜻에 거슬러서 사용한 모든 사람에게 선언될 두려운 심판은 이것이다. 즉 그는 무기인 성령의 은사를 가지고 하나님을 대항한 것이 무엇인지를 언젠가 한번 반드시 경험하게 되리라는 것이다.

그러나 성령께서 영혼에 **내주하심**은 이런 은사들과 전혀 다른 것이다.

우리의 재능과 은사와 전혀 별개로 우리에게는 인격적인 생활이 있다. 이런 인격적인 생활 때문에 우리는 이 삼위일체 하나님을 **인격적으로** 사귈 수 있다. 마치 사람들끼리 사귀듯이 우리는 삼위 하나님과 서로 사귄다. 그래서 삼위 하나님의 자아가 우리 자아와 의식적인 교제를 가짐으로, 우리가 삼위 하나님의 영향을 받고 사랑을 받으며 우리도 삼위 하나님을 사랑하고, 하나님의 생각에 공감하며 또 우리의 생각을 알려드린다. 또 삼위 하나님의 뛰어나심을 깨닫고 하나님과 언약의 관계를 맺으며, 삼위 하나님께 헌신하고 하나님을 위해 희생하는 데까지 이르게 된다. 이렇게 거룩하신 분과 인격적으로 친밀하고 은밀한 가운데, 거룩한 사귐을 갖는 기회가 사람에게 주어진 것이다.

성령께서 우리에게 내주하심은 우리가 하나님을 찾도록 허락하실 뿐만 아니라 우리에게 오셨다는 것을 의미한다. 성령께서는 우리를 거듭나게 하심으로써 우리가 하나님과 그와 같은 인격적인 교제를 가질 수 있게 하셨으며, 우리가 하나님을 찾을 때까지 기다리시지 않고 하나님께서 먼저 우리에게 가까이 오시는데, 밖으로부터 오지 않고 안으로부터 오셨음을 뜻한다. 성령께서 우리에게 접촉하셨고, 우리 영혼의 가장 깊은 곳에 있는 은밀한 생명에 자신을 단단히 묶으셨다. 그래서 이 결속으로 인해 우리가 마음으로 지각의 가장 깊은 토대에서, 하나님의 임재를 처음으로 직접 인식하고 느낄 수 있게 되었다.

이 점은 재능과 은사에 달려 있지 않다. 왜냐하면 천재적 재능을 아주 풍부하게 받은 사람들이 이 은혜를 받지 못할 수 있고, 비천한 사람들 가운데서도 지극히 비천한 사람이 이 은혜를 한껏 누릴 수 있기 때문이다.

하나님께서는 우리 사람 안에 이 성향을 나누어 주셨다. 오직 죄 때문에 이 성향이 방해를 받아왔다. 하나님께서 중생을 통해 하시는 일이 바로 이 성향을 회복하시는 것이다.

그때에는 이 성향이 다시 작용할 수 있다. 그때에는 이것이 다시 살아난다. 그때에는 사람이 영혼의 가장 깊은 곳에서 하나님과 다시 **하나가** 된다.

그것이 이 **보혜사(위로자)**의 하시는 일이다.

그러나 아직은 아주 순전하게 누릴 천국의 상태에 이른 것은 아니다. 그때가 되면 죄에 대해서뿐만 아니라 우리가 지금까지 죄인으로 지냈다는 것에 대한 기억까지 우리에게서 제거되어 깊은 바다에 던져질 것이다.

여기서 여전히 우리는 하나님의 활동을 경험한다는 사실을 느낀다. 우리는 자신의 무지와 어둠과 무가치함 때문에 성령께서 이처럼 영광스럽게 내주하신다는 것과 우리가 죄 가운데서 태어났다는 사실 사이의 대비를 끊임없이 생각하게 된다.

성령께서는 아침저녁으로 순전히 인간적인 우리의 태도에 여전히 반대하신다.

이렇게 성령께서는 여기 세상에서 우리의 위로자이시고 계속해서 위로자로 계신다.

왜냐하면 한편으로 티끌 같은 자녀가 계속해서 고통 가운데 빠지고 그 모든 고통에 눌리며 고통 중에 있지만 그가 여전히 성령의 복된 임재를 의식하고 있다는 것이 복된 위로가 되기 때문이다.

성령께서 가버리지 않으신다. 성령께서 떠나지 않으신다. 성령께서 포기하지 않고 계속해서 우리와 함께 거하며 우리를 있는 그대로 받으신다는 이것이 성령의 무한한 사랑, 거룩한 사랑이다.

성령께서 단지 "하룻밤 묵기 위해 잠깐 들르시는 것"이 아니라 우리와 함께 영원히 거하신다는 이것이야말로 세상에서 우리의 지극히 즐거운 복이요 우리 위로자의 영광스런 부요이다.

제84장

그에게 익숙하라

우리가 우리 하나님께 **익숙해야** 한다는 훈계에는 부끄럽게 하는 책망이 들어 있다. 그것은 마치 아이에게 "네 어머니에게 익숙하라"고 말하는 것과 같다. 이것은 의붓어머니나 의붓아버지 혹은 의붓형제를 두고 하는 말일 수 있다. 그러나 우리는 우리를 품에 안고 다닌 친어머니에게 **익숙하려고 하지** 않는다. 우리는 어린아이가 갖는 마음의 모든 애정과 충실함으로 자연스레 어머니를 사랑한다.

여러분은 낯선 것에 대해 혹은 소외로 인해 서먹서먹해진 것에 대해서만 익숙할 수 있을 뿐이다. 그러므로 여러분이 여러분의 영혼에게, 여러분의 자아 곧 여러분의 내적 존재에게 하나님께 익숙하라고 하는 권고를 받을 때, 그것은 하늘에 계신 하나님 아버지께서 여러분에게 낯설게 되셨다는 것을 의미한다. 이 소외 때문에 여전히 하나님과의 교제 곧 하나님과의 대화가 막혀 있으므로, 가급적 빨리 다시 하나님께 익숙하도록 노력해야 하고, 그렇게 함으로써 이 장애물을 여러분의 길에서 제거할 수 있도록 해야 한다.

그러므로 이와 같이 여호와 우리 하나님께 익숙하게 된다는 것은 사람들 사이에서 우리가 어떤 사람에게 익숙하게 되었다고 말할 때와 같은 의미가 아니다.

다소 이상하게 생각하고 행동하는 사람, 즉 아주 특이한 버릇이 있고 그래서 사회적으로 별로 재미가 없는 사람을 처음 만날 때, 아주 불쾌하게 생각하지 않도록 하는 것이 필요하다. 그런데 남의 형편을 고려하는 기분 좋은 능력을 발휘하여 그를 알려고 하고 그의 독특한 버릇에 적응하려고 하지 않으면 그렇게 하기가 쉽지 않다. 혹은 우리는 교육의 차이나 사회적인 품위 기준에 의해 우리보다 훨씬 높은 곳에 있는 어떤 사람에게 혹은 삶에서 전혀 다른 위치에 있으므로 인생에 대해 아주 다른 견해를 가지고 있는 사람에게 익숙해지는 것을 두고 말할 수 있다. 그때에는 성향과 공감하는 점들에 차이가 있고, 지적인 활동과 인생의 목적에 차이가 있다. 그 사람은 여러분이 전혀 흥미를 갖지 않는 것에 관심을 보인다. 인생이라는 거대한 연극에서 여러분은 그와 전혀 다른 역할을 하고 있다.

그런 모든 만남과 접촉을 통해서 이렇게 사람이 또 다른 사람에게 익숙해진다는 것은 우리가 자신을 어느 정도 자제해야 한다는 것, 자신의 성품의 날카로운 끝을 매끈하게 다듬어야 한다는 것을 의미한다. 또 사랑의 의무감 때문에, 그리고 사회적 교제의 필요에 의해 어쩔 수 없이 그를 이해하고 공감하며, 점차 그에게 호의를 보이도록 하기 위해 그의 생활에 관심을 보여야 한다는 것을 의미한다.

그러나 여호와 우리 하나님에 대해서는 이 점이 전혀 다르다.

하나님을 대할 때 우리는 우리의 하나님이요 창조주를 대하는 것이며, 우리의 주요 왕이시며 하늘에 계신 아버지 하나님을 대하는 것이다.

여기서 하나님 안에 있는 것 가운데 우리에게 낯선 것은 모두 다 우리의 잘못이고 죄이다. 그것은 우리가 그릇되어 있다는 것, 곧 우리가 지각과 감정에서 부정하게 되었고 마음에서 의도적으로 그릇된 길로 갔음을 보여주는 표시이며 상징이다.

우리가 마땅히 하는 대로 생활했다면, 하나님으로부터 소외되었다고 하거나 다시 하나님께 익숙해야 한다는 말을 할 필요가 없을 것이다.

"너는 이제 하나님께 익숙하라"(욥 22:21, 개역개정은 "너는 하나님과 화목하라" - 역자주)는 말씀은 우리에게 선언되는 판결이고, 우리의 내적 태도를 못마땅하게 여기는 불평이며, 동시에 아버지 하나님과 다시 교제를 갖는 자녀가 되라는 거룩한 권고이다.

오늘날에 불신앙은 무엇인가? 믿는 신자들 가운데서조차 하나님께서 우리에게 계시하신 것에 대한 조용하고 평온한 확신이 흔들리는 사람들이 많이 생기기 시작한 원인이 무엇인가?

이에 대해, 처음에 사람은 알 수 없는 비밀들에 대해 이야기한다. 그 다음에는 잘 이해되지 않는 문제들에 대해 이야기하다. 그 다음에는 사람들이 점차 우리에게 계시된 것이 정확한 것인가 하고 의문을 제기하기 시작한다. 그리고 마침내는 성경과 경험에 반대하여, 삶에 대한 인간의 해석만이 진리의 타당한 기초라고 대담하게 주장하기에 이른다.

그리고 이렇게 되면 사람이 하나님과 하나님의 말씀을 모른다고 느낄 때, 하나님과 하나님의 행사와 말씀에 익숙하려고 하지 않고, 오히려 반대로 하나님께서 자신을 바꾸고 우리의 생각에 맞게 자신을 보여 달라고 요구하게 된다.

"하나님께 익숙하라"는 것은 여러분이 그와 같이 자신을 바꾸고 개혁해서 마침내 여러분이 하나님께 맞춰질 수 있게 하라는 의미이다. 그런데 의심과 불신앙이 요구하는 것은 하나님에 관한 우리의 신조를 바꾸라는 것이고, 그렇게 해서 결국 우리의 요구를 맞출 신을 신조에 제시하라는 것이다.

그런데 이 갈등이 한 세기 전만큼 그렇게 맹렬하지도 혹독하지도 않았다. 그것은 삶에 대한 성경의 해석이 적어도 대체로 과학에서, 여론에서 타당한 것으로 간주되었고 따라서 교육에서 그리고 좀 더 나은 형태의 사회적 교제에서도 타당한 것으로 간주되었기 때문이다. 불신앙이 난폭하게 나타난 것은 거의 조소자들과 불경건한 사람들의 집단에서뿐이었다.

이같이 믿는 사람은 삶에 대한 공통된 취지에 의해 더 나은 시절에 이르게 되었고, 그의 마음이 대항하기 위해 일어설 일이 없었다. 이 점은 좀 더 또한 젊은 세대에게 해당되었다.

그러나 이제 이 모든 것이 달라졌다. 하나님, 창조, 타락, 속죄의 일, 사후의 생명, 마지막 심판에 관한 모든 근본적인 개념, 곧 일찍이 공동의 자산이었던 이 개념이 과학으로 인해 포기되었고 여론에서 흔들렸으며 교육에서 추방되고, 좀 더 진지한 사람들 사이에서는 대화의 주제로서 금기시되었다.

그리고 이뿐 아니라 전혀 다른 근본 개념 체계가 점차 그 자리를 대신 차지하였다. 전혀 다른 신조가 제출되었고, 전혀 다른 교리문답이 들어왔다. 불신자의 편에서 보는 삶에 대한 해석이 기독교 국가의 신조들에 맞서서 여론 가운데 넓게 퍼져있다.

우리 죄 때문에 생기는 하나님으로부터 소외 외에도 두 번째 소외가 나왔는데, 이 소외는 하나님의 말씀에서 계시된 하나님의 계획과 행하심, 지혜와 공공연히 충돌하는 삶에 대한 해석을 받아들이도록 우리를 부추긴다.

이로 인해 많은 사람들에게 모든 것, 정말로 하나님 안에 있는 모든 것이 그들에게 생소하게 되었다. 그들은 어떤 점에서도 더 이상 하나님이나 하나님의 말씀을 편하게 느끼지 않는다. 아이가 아버지를 더 이상 아버지로 인식하지 못하는 것이다.

이 때문에 "하나님께 익숙하라"는 훈계는 이제 이중으로 심각한 의미를 갖게 되었다.

"하나님께 익숙하라"는 말씀은 이제 이런 의미이다. 여러분을 세상 지혜에 묶고 있는 끈을 풀고, 여러분의 지각과 생각을 동원하여 하나님의 계획을, 하나님의 지극히 거룩한 사상을 다시 깊이 이해하라는 것이다.

이 말씀을 철학적인 의미로 이해하지 말고, 삶에 관한 실제적인 말씀으로 이해하고, 특별히 엘리바스가 비록 잘못 생각하고 말했지만 욥과의 논쟁에서 적용하였던 것과 같이 고난의 신비에 관한 것으로 이해해야 한다. 만일 정확한 저울을 사용해서 각 사람이 하나님이나 사람에게 범한 악행에 따라 항상 세상의 모든 사람에게 그 고통을 분담시킨다면 이 세상의 환난 가운데서 당하는 고통은 우리에게 하나도 신비가 되지 않을 것이다. 그때는 고통에서 엄한 공의에 따라 할당된 의로운 보응만이 분명하게 나타나게 될 것이고, 인생에서 모든 사람의 운명이 똑같아질 것이다.

그리고 이런 생각 속에는 확실히 영원한 보응이 있을 것이고, 이 보응은 선악간에 각 사람의 행위에 따라 이루어질 것이라는 이 변치 않는 진리가 있다.

그런데 여기서 잘못된 생각은 영원한 공의에 따른 이 형벌과 보응을 이 땅에서 당하는 고통의 신비와 혼동한다는 점이다. 고통을 이같이 개인적인 것으로 받아들이고, 각 사람의 개인적인 성품과 인생의 행실로 말미암아 시험받는 것으로 여기는 이 생각은, 우리가 번성하는 불신자로 인해 항상 마음이 상하고, 아무 잘못한 것도 없는 경건한 하나님의 자녀, 고귀한 인물, 그리스도의 신실한 일꾼이 흔히 말하듯이 고난의 파도에 휩쓸려가는 것을 볼 때, 훨씬 더 고통스럽고 어려운 사실을 만나면 넘어지고 만다.

사람들이 그렇게 생각할 수 있다는 것을 우리는 안다. 폭군이 불경건한 자에게 영예를 주고 하나님의 경건한 자녀들을 박해할 때, 우리는 두렵게 생각한다. 그러나 그런 환경을 허락하시는 분은 언제나 하나님이시다. 그래서 우리는 이 상황을 감수할 수 있다. 그러나 하나님께서 우리 인생을 대하실 때 병을 주시기도 하고 때로는 잔혹한 죽음을 당하게도 하시는데, 그럴 때 그것은 넘어갈 수 없는 거치는 돌이 된다. 그리고 그동안 이미 많은 경우에 뿌리 없는 신앙을 넘어뜨린 거치는 돌이었다.

이에 대해서 하나님의 생각은 우리의 생각과 전혀 다르다는 것, 그리고 우리가 하나님의 지혜를 잘 알기보다는 고난에 대해서 하나님의 생각에 어긋나는 해석을 완고하게 쥐고 있다는 것 외에 달리 설명할 수 있겠는가?

하나님의 생각에서, 개인의 보응은 세상 재판관이 부과하는 판결로 이루어지는 것이 아니고 하나님께서 우리에게 보내시는 고통으로 이루어지는 것이 아니라, 마지막 심판 때에 각 사람에게 이루어진다.

성경의 가르침에 따를 때, 죄는 소수 몇 사람에게 들러붙어있는 악이 아니라 전 인류에게 감염된 독이다. 사람의 창조는 개인적인 것이 아니다. 우리는 인류로 창조되었기 때문이다. 그러므로 모든 시대를 통해 모든 민족들 가운데서 모든 사람이 하나의 전체를 형성한다. 우리는 개별적인 많은 사람들로 있다가 후에 가서야 법이나 다른 수단에 의해서 하나의 전체로 간주되는 것이 아니고, 우리는 **한 인류**이다. 여기에서 개인들이 나오고, 개인들이 나무의 가지와 잎처럼 인류에 속해 있는 것이다.

하나님께서는 창조하신 인류를 구원하기 위해 이 죄의 독을 중화시키기 위해 세상에 고난을 가져오셨다. 하나님께서는 이 고난을 거룩한 치료제로 간주하신다. 하나님께서는 죄의 유독한 작용을 좌절시키기 위해 이 치료제를 각 사람에게 복용시키는 것이 아니라 우리 인류에게 공급하신다. 이제 하나님께서 자기의 목적을 위해 부르신 제사장들을 세워 친히 세상에 고난이라는 성례를 베푸신다.

이 목적을 위해 하나님께서 불경건한 자들만을 택하셨다면, 그들은 고난에 맞서 마음을 완고하게 할 것이고, 신자들은 자신들이 고난에서 면제받은 것을 자랑할 것이다. 그러면 이 치료제는 아무 소용이 없을 것이고, 영적으로는 마비 상태를 가져올 것이다. 이익은 고사하고 손해만 가져올 것이다.

그렇지 않다. 하나님께서는 누구보다 먼저 지극히 경건한 사람들, 지극히 고귀한 사람들 곧 하나님의 선지자와 순교자들에게 그런 고난을 견딜 것을 요구하신다. 이 약이 거룩한 효과를 일으키고, 이 약이 투여된 곳에 그 효과가 따라다닌다.

십자가가 그에 대해 설명해 준다.

하나님께서 세상을 이처럼 사랑하셔서 세상에 독생자를 주셨다. 개인적으로 예수께서는 죄와 전혀 상관이 없으시다. 예수께서는 지극히 경건하고 고귀하며, 모든 사람들 가운데 최상의 인물일 뿐만 아니라 또한 지극히 높은 인자이시다. 그런데 이제까지 아무도 겪지 못한 고난이 그에게 내렸다. 사람들 가운데서 일어난 어떤 고난으로부터도 그리스도의 십자가에서 나오는 것과 같은 구원에 이르는 능력은 나온 적이 없다.

그러므로 십자가에는 하나님의 생각, 하나님의 계획, 하나님의 지혜가 명백히 나타나 있다.

자신의 슬픔과 세상의 고통을 이해하려고 하는 사람은 누구든지 하나님의 이 계획과 생각과 지혜에 익숙해야 한다.

이렇게 하는 사람에게는 하늘의 위로가 있다. 정말로 그는 고난의 잔이 자기를 비켜가지 않은 것에 감사드릴 수 있다.

그는 자신이 제사장, 곧 한 분 대제사장의 뒤를 따라 주의 이름으로 고난의 성례에 봉사하도록 부름 받은 제사장이라는 것을 느낀다.

제 85장

사람의 영은 여호와의 등불이라

하나님을 가까이 함이 영혼의 즐거움이다. 이 즐거움은 의식하지 못하는 가운데서 은혜로 우리의 몫이 될 수 있다.

하나님과의 은밀한 동행을 누려온 하나님의 자녀가 수술을 받기 위해 마취 상태에 있을 때에도 그의 마음과 하나님 사이의 교제는 그로 인해 중단되지 않는다. 이 사실은 의식을 잃고 있는 기절의 상태에도 적용된다. 뜨거워진 피가 뇌를 지나치게 자극하는 고열 상태에서 환자가 헛소리를 하는 때에도, 그를 하나님께 묶는 유대는 손상되지 않고 그대로 있다. 잠자는 동안에도, 곧 몇 시간 동안 우리에게서 "자신에 대한 지식"을 빼앗아가서 다른 어떤 생각도 품지 않게 되는 순간에도 이 유대는 그대로 지속된다. 이것은 밤에 우리가 꿈속에서 활동하는 우리 의식과 전혀 다르다.

오직 삶의 이런 상태들에서는 하나님을 가까이 하는 것이 여러분의 의식 활동에 효력을 나타내지 않았다. 하나님과의 교제에 대한 의식이 여러분에게서 사라진 것은 아니다. 누군가가 부드럽게 어루만져서 깨어나게 되면 여러분은 다시 의식을 회복하고 느끼게 된다. 그 의식이 여러분 안에서 **활동하고 있지 않을** 뿐이다. 이것은 보는 능력이 작용하는 것과 같다. 이 능력도 여러분이 잠들어 있을 때 사라진 것이 아니고 쉬고 있는 것뿐이다. 전기 불빛에서 아주 분명한 예를 본다. 손으로 스위치를 켜거나 버튼을 가볍게 누르면 모든 것이 밝아졌다가 다시 한 번 스위치를 돌리거나 버튼을 누르면 모든 것이 어두워진다. 그러나 다시 스위치를 켜면 즉시 여러분은 빛을 얻는다. 전기 자체는 여전히 있었지만 광선을 거두어들였을 뿐이다.

여기에 다음의 사실을 덧붙여야 한다. 즉 하나님 편에서 볼 때 하나님 자녀가 영혼으로 갖는 생명의 교제는 중단됨이 없이 작용한다는 사실이다. 심지어 하나님의 자녀가 마취 상태에 있든지, 기절을 했거나 잠들어 있을 때에도 그 생명의 교제는 유지되고 계속해서 활동한다. 이 사실을 알면 마취를 하게 될 때에 안심하게 되고, 밤에 잠에 빠져 들어갈 때에도 평안해진다. 모라비아 교도 찬송가에는 "하나님이여 내가 자는 중에도 주를 기다리오니 내 잠이 평안할 것이니이다"라는 가사가 있다. 하늘에 계신 우리 아버지 하나님께서 자기 자녀들에게 베푸시는, 분발시키고 힘을 새롭게 하시는 이 사역이 낮보다는 잠들어 있을 때 훨씬 더 많고, 효과적이라는 것을 의심할 사람은 없을 것이다. 우리를 잠자리와 연결시키는 우리 삶의 세 번째 부분은 오직 몸의 필요만을 채우는 것은 아니다. 거기에는 더 높은 의미가 있다. 특별히 밤에 하나님께서는 우리 마음속에 자신의 성전을 지으신다.

물론 이렇다고 해서, 낮 동안 우리 영혼이 하나님과의 복된 교제를 분명히 의식하고, 그 교제를 알고 있을 때, 우리 영혼이 하나님께 가까이 있고 하나님께서 우리 마음에 가까이 계심을 느끼고 알 때만큼 하나님을 가까이함이 우리에게 지극히 고귀한 의미를 갖는다는 사실이 사라지는 것은 아니다. 인간적으로 말해서, 이때는 하나님과 우리 사이에 진심어린 반응을 주고받는다. 공손하게 말해서, 이때는 기도의 전화기를 사용하여 우리가 하나님께 전화를 걸면 멀리 높은 곳으로부터 응답이 온다.

이같이 부르고 응답하는 일이 더듬거리는 몇 마디 말로 혹은 마음속의 생각으로 다 표현될 수 없다는 것을 여러분 자신이 깊이 인식할 필요가 있다. 어머니는 아무 말을 하지 않고도 어떤 지적인 활동 없이도 품에 있는 아기와 애정 어린 내적 교제를 갖는다. 이 교제 속에서 작용하고 이 교제를 유지하는 것은 생명 자체, 곧 혈연의 끌어당김이요 느낌의 뜨거움이다. 아기가 청소년이 되면 이 교제가 말과 생각으로 표현되겠지만, 이 교제의 뿌리는 훗날에도 입술보다는 훨씬 더 깊은 곳에 자리 잡고 있을 것이다. 눈빛이나 얼굴 표정, 눈물, 웃음이 다 전달하지 못할지라도 이 모든 것 속에서, 그 모든 것 아래에서 같은 핏줄의 교제, 곧 보호하는 따듯한 사랑이 달콤하게 작용한다.

이 모든 것이 무의식적인 것이 아니라 의식하는 가운데 이루어진다. 그것은 꽃이 발산하는 향기 같고, 들이마시는 사랑의 정수 같다. 그것은 우리가 한껏 들이마시는 마음의 향기이다. 여러분은 장미나 히아신스의 향기가 어떤 것인지 아주 잘 안다. 최고의 식물학자라도 그 향기를 분석할 수 없고 말로 표현할 수 없을지라도 여러분은 그 향기를 충분히 안다.

그러므로 여러분이 **의식**을 가지고 하나님을 가까이함은 여러분의 지력보다 여러분의 더듬거리는 말보다 훨씬 더 깊은 데까지 나아간다. 그것은 점차 알게 되는, 점차 인식하게 되는 느낌이요, 여러분의 정서에서 나온 것으로 돌릴 수 없는 느낌이다. 정서에서 나오는 것으로 이야기한다면, 그것은 거짓된 신비주의가 될 것이다. 그것은 여러분의 내적 의식이 하나님의 생명에 직접적으로 연결된 가운데서 여러분 자신을 영적으로 인식하고 표현하는 것이다.

이 점을 분명하게 설명하기 위해 성경은 우리 영혼과 우리의 내적 존재를 구별한다.

성경은 한편으로 우리 마음과 영혼에 대해 이야기하고, 다른 한편으로 이 마음과 영혼의 훨씬 뒤에 있고 그 아래 깊은 곳에 있는 것을 이야기한다. 성경은 이것을 다양하게 표현하는데, 주로 우리의 **지배력**을 마음과 대비시키고, 영혼을 "사람의 깊은 속"(잠 20:27)과 대비시켜서 표현한다. 이 말을 요즘 우리가 쓰는 말로 번역한다면, 여기서 말하는 **사람의 영혼**은 우리의 **의식**을 뜻하고, 사람의 깊은 속은 소위 말하는 우리의 내적 존재를 의미한다.

이 의미에서, 우리의 의식을 가리켜 우리의 내적 존재를 살피는 여호와의 등불이라고 말하는 것이다. 우리의 의식은 하나님께서 우리의 내적 존재 전체를 밝게 비추게 하는 탐조등인데, 이는 이 탐조등의 밝은 불빛에 의해 우리가 자신의 내적 자아를 알도록 하려는 것이다.

이렇게 생각할 때에만 이 두 단어가 우리에게 이해가 된다. 이 단어들이 우리 앞에 깊고 원대한 사상을 펼쳐놓는다. 그럴 때, 이 사상이 어떻게 우리 속에 들어와 우리에게 이야기하는지 느끼게 된다.

우리의 의식은 우리의 수공물이 아니다. 우리가 점차 의식하게 되는 것은 우리의 행위가 아니다. 그러나 우리 속에 있는 모든 의식은 하나님께서 우리 속에 일깨우시는 활동이다. 순간순간 하나님께서 이 의식을 우리 속에 유지시키신다.

의식은 태양에 비교할 수 있다.

태양은 자연의 세계에 있는 빛이다. 이 빛을 사용해서 하나님은 우리가 자연을 볼 수 있고 관찰하고 조사할 수 있게 하신다.

바로 그와 같이 의식은, 하나님께서 우리의 내적 존재 세계에서 빛나도록 하시는 빛이 아니라, 하나님께서 우리의 인격적인 자아 속에 켜놓으신 불이다. 이 영적 불빛 아래에서 우리가 우리의 영을 조사하고 인식하도록 하기 위해 켜두신 불이다.

이 의식의 빛을 **등불**이라고 말하는 것이다. 이는 우리가 내면을 들여다 볼 때, 어둠 속으로, 즉 하나님이 우리를 만나시는 내적 존재의 어둠 속으로 의식이라는 등불을 가지고 내려가는 것이기 때문이다.

물론 우리의 의식은 여호와께서 우리의 내적 존재를 살피기 위해 사용하시는 등불은 결코 아니다.

하나님은 자신의 모든 피조계를 보시기 위해 태양의 빛을 사용할 필요가 전혀 없으시다. 태양의 광선이 전혀 침투하지 못하는 땅의 깊은 곳일지라도 하나님 앞에서 그곳은 한낮과 같이 밝다. 다윗이 시편 139편에서 표현하는 것과 같다. "주에게서는 흑암이 숨기지 못하며 밤이 낮과 같이 비추이나니 주에게는 흑암과 빛이 같음이니이다"(139:12).

여기서 자연의 세계에 적용되는 것이 우리 내적 존재의 세계에도 그대로 적용된다. 하나님께는 어떤 영역도 빛을 비추는데 쓰일 등불이 필요 없으시다. 우리 내적 세계의 어둠 속에서도, 하나님 앞에서는 흑암이 한낮처럼 밝게 빛난다.

그러나 우리에게는 이 등불이 필요하다. 하나님께서 의식이라는 등불을 가지고 우리 내적 존재의 어둠에 빛을 비추시는 것은 은혜이다.

우리는 인공적인 빛을 만든다. 생각을 통해서 그같이 빛을 만든다. 또 추론 활동을 통해서, 그리고 상상을 통해서 빛을 만든다. 이렇게 만든 빛도 사용할 수가 있다. 그러나 이 인공적인 빛은 종종 그릇되게 빛을 비춘다. 그래서 사람을 잘못된 길로 인도한다. 그리고 이 빛은 표면 이상으로 더 깊이 들어가지 못한다. 창의력과 상상력이 풍부한 생각이라는 인공적인 빛은 솔로몬이 유연하게 "사람의 깊은 속"이라고 부르는 것에 결코 들어가지 못한다. 흔히 인공적인 빛은 우리 눈을 멀게 하여 여호와의 등불의 빛을 영혼의 눈으로 볼 수 없게 한다. 이런 이유 때문에 소위 우리 시대의 문명세계가 우리 속에 있는 하나님의 등불의 빛을 대체로 보지 못한 것이다.

여호와께서 우리 속에 켜 두신 이 등불의 빛은 주장하거나 분석하지 않고 우리 속에 있는 것을 있는 그대로 보여준다. 이 빛은 우리 자신을 영혼의 눈앞에 펼쳐 놓고, 자기를 인식하도록 하고 자기 기만을 끊어버린다.

우리 존재의 가장 깊은 곳에서 존재의 최심층부가 하나님과 교제를 가질 수 있게 만드는 그 체질을 분명히 볼 수 있게 만드는 것은 하나님이 켜 두신 이 등불의 빛이다. 여기서 하나님과 갖는 교제는 우리가 하나님의 형상을 따라 창조되었기 때문에 가질 수 있는 교제이다. 죄로 타락한 우리의 본성이 복되고 영광스럽게 거듭남으로 갖게 된 교제이다. 성령께서 우리 속에 내주하심으로 갖게 된 교제이며, 끊임없이 증가하는 은혜 가운데 이루어지는 영광스런 활동을 통한 교제이다. 무엇보다 우리를 그리스도에게 묶음으로써 그리스도의 몸의 지체가 되게 하는 결속을 통해 이루어지는 교제이다.

이 빛의 밝기는 언제나 똑같지만 그 빛의 효과는 점점 더 강력해진다.

처음에는 우리 마음속에 그릇된 것, 죄의 먼지가 아주 많이 있다. 이런 것이 마음 속을 많이 덮고 있어서, 그 등불이 아무리 밝은 빛을 비추어도 눈에 보이지 않는다. 그러나 더러운 먼지가 하나님의 입김에 날려가고 나면, 우리는 이 먼지 밑에 숨어있는 것을 보게 된다. 그리고 그 빛이 마음속을 더 깊이 비추면 비출수록, 우리가 생명의 모든 끈으로 하나님과 묶여 있고, 하나님과의 교제가 우리의 모든 생활을 둘러싸고 있는 것이 영혼의 눈에 더 뚜렷이 영광스럽게 나타난다.

제86장

내가 그들 안에 있고 아버지께서 내 안에 계시어

영혼이 하나님께 가까이 감과 그리스도와의 신비한 연합은 함께 간다. 모든 사도가 이 점을 강조하고 있고, 교회 생활의 위대한 지도자들은 그들의 저서에서 그리스도와의 이 신비한 연합을 신앙의 깊은 경건에 필수적인 요소로 매번 언급한다.

슬프게도 아주 많은 사람들이 넘어지고 마는 시험, 곧 십자가와 골고다에 계속 머무르기 위해 그리스도와 관계를 끊게 되는 이 시험은 신앙에 치명적이다.

이 시험이 일어나는 방식은 이와 같다. 양심이 잠깐 깨어난다. 그러면 죄의 짐이 영혼을 무겁게 누른다. 다가오는 심판에 대한 두려움이 마음에 공포를 일으킨다. 그 순간 위로를 주는 십자가에 대한 생각이 영혼 속에서 일어나며 마음을 끈다. 왜냐하면 속죄의 제사를 받아들이기만 하면 사람이 구원을 받기 때문이다. 믿는 것 외에는 아무 것도 할 일이 없다. 그래서 사람은 이렇게 해야 한다고 스스로 확신한다. 이 경우를 사실대로 말한다면 사람은 거래를 끝내는 것이다. 이제 사람은 자신이 구원받았다고 생각한다. 자신이 영생을 얻었다는 사실을 받아들인다. 그는 속죄 제사가 영광스럽다는 것을 발견한다. 속죄 제사는 완전한 구원을 가져다준다. 이렇게 해서 그런 사람에게 그리스도께서 구주가 되셨다. 그러나 그 사람과 얘기를 나누어 보면, 그의 영혼을 그리스도에게 묶는 더 친밀하고 애정 깊은 관계에 대해서는 아무것도 듣지 못하고, 그의 신앙생활에 대한 이야기에서 그 관계를 나타내는 것은 아무것도 없다. 그가 이제 구원을 받았고, 그것으로 끝이다.

그렇지만 이것은 자기기만에 지나지 않는다. 그 속에는 영적 이기심 외에는 아무것도 작용하지 않는다. 영원한 형벌로부터 도피만을 추구하는 것이다. 사람은 영원한 구원에 대한 보험을 들기를 바란다. 그러나 이런 바람에는 살아계신 하나님께 대한 갈망이 전혀 나타나지 않고, 아버지의 집에 대해 자녀가 갖는 향수가 없으며, 아버지의 이름의 명예에 대한 거룩한 열심 같은 것이 전혀 들어 있지 않다.

이런 마음에서는 영적인 힘이 나올 수 없다. 그 어떤 신앙도 작용할 수 없고 어떤 신앙도 나올 수 없다. 게다가 골고다가 이런 방식으로 영혼의 생명을 위한 속죄를 가져다 줄 수 있다는 것이 진리일 수가 없다.

그래서 복음은 그런 식으로 말하지 않는다. 속죄 제사를 그런 식으로 해석하지 않는다. 성경에서 신비한 연합으로 말미암아 우리의 내적 생명이 그리스도의 생명에 연합되는 것이 없이, 구속의 능력이 골고다에서 나오는 것으로 결코 말하지 않는다.

그리스도와 함께 살아나기 위해서는 반드시 그리스도께서 죽으실 때 그리스도와 함께 장사되어야 한다. 그리스도와 함께 심은 사람들만 그리스도께서 얻으신 은혜를 받는다.

그리스도의 양무리의 양이 된 사람들만 영혼의 목자장을 따를 수 있다.

우리를 구원하는 것은 십자가가 아니다. 우리를 구원하시는 분은 십자가에서 죽으신 그리스도이시다.

그리스도의 은혜가 단 한 방울이라도 여러분에게 뿌려질 수 있으려면, 여러분은 먼저 그리스도와 함께 하는 사람, 곧 그리스도를 여러분의 머리로 받아들이고 그리스도 아래 연합된 그의 몸의 지체가 되어야 한다.

그리스도의 영광이 여러분 속에 분명히 나타날 수 있으려면 여러분은 하나님 아버지 안에서 그리스도께 자신을 드렸어야 한다.

그리스도와 여러분 영혼 사이에 이 신비한 연합으로 영원한 사랑의 관계가 세워졌어야 한다.

정말로, 이 중간 연결고리를 통해서 하나님께 가까이 가는 여러분의 삶이 현실이 될 수 있도록 하기 위해, 여러분 속에 그리스도가 계셔야 한다.

여러분의 구주께서 친히 대제사장으로서 이같이 기도하셨기 때문이다. "거룩하신 아버지여 내가 그들 안에 있고 아버지께서 내 안에 계시어"(요 17:23).

그러나 그리스도와 우리의 신비한 연합이 참된 신앙적 성격을 유지하고 감상적인 기독교 우상 숭배로 타락하지 않으려면, 우리를 그리스도에게 묶는 이 관계 자체를 최종적인 목적으로 삼아서는 안 된다.

이 그리스도는 여러분의 중보자이다. 여러분이 하나님께 가까이 가도록 하는 이 한 가지 목적 외에는 중보자의 존재 목적이 있을 수 없다.

자녀로서 신뢰심을 가지고 하나님께 가까이 가는 것, 여러분이 하나님 가까이에 있다고 느끼는 것, 여기 이 세상에서 믿음으로 하나님을 가까이 하며 지내는 것, 그러다가 언젠가 죽은 뒤에는 위에 있는 아버지 집에서 영원히 하나님을 섬기는 것, 이것이 언제까지나 최종 목적이다. 그리스도의 중보직에 관해 성경이 우리에게 계시하는 모든 것이 결국 이 사실로 귀착하며, 중보직 자체에 결코 머무를 수 없다.

언젠가 그리스도께서 친히 하나님의 나라를 아버지께 넘겨드릴 것이고, 하나님께서 모든 것의 모든 것이 되실 것이다.

자기 영혼의 이익에만 관심이 있거나 자기가 하나님 백성들의 수에 들 수 있다는 것 외에는 아무 바람이 없는 사람은 영혼이 영적으로 성장하지 못한다.

우리가 도달하려고 하는 이상적인 최종 목적은 영원히 하나님을 즐거워하는 것 외에 다른 것이 될 수 없고, 우리가 하나님의 이름을 영화롭게 하기 위해 존재하는 것 외에 다른 것이 될 수가 없다. 이것이 이상적인 최종 목적이기 때문에, 여기 이 세상에서 우리를 하나님께 더 가까이 가게 하지 않거나, 하나님과 가까이 지내게 하지 못하며, 하나님을 섬기는데 우리의 모든 힘과 재능을 쏟게 만들지 않는 종교는 모두 언제까지나 불완전하다.

스스로를 위로하는 감정주의나 내적으로 자신의 신앙을 즐기는데 빠지는 경건은 힘과 생기가 부족하다. 우리가 순수한 신앙으로 하나님을 사랑할 때에만, 우리의 경건에 힘이 생겨서 하나님의 평강의 잔을 마시는 것만큼 즐거운 것이 없으며, 하나님 가까이에 거하는 것만큼 인생에서 고귀한 목적을 이루는 것이 없고, 하나님의 거룩한 이름을 위해 싸우고 고난을 받는 것만큼 높은 야망이 없다는 것을 알게 된다.

그리스도께 대한 여러분의 봉사도 이 사실의 가치를 조금도 떨어트릴 수 없다. 친히 여러분의 구주께서 여러분을 아버지께로 인도하는 것 외에 다른 어떤 것을 원하셨거나 뜻하신 일이 없다. 따라서 이런 그리스도의 뜻을 변질시켜서, 여러분이 계속해서 그리스도와 함께 서게 함으로 여러분이 하늘에 계신 아버지를 향하여 더욱더 앞으로 나가는 일을 방해하는, 그리스도 숭배 신앙을 주장하는 사람은 누구든지 그리스도를 존중하지 않는 것이며 그리스도께 대항하는 것이고, 자기 구주와의 신비한 연합을 인정하지 않고 그 연합의 조직을 풀어헤치는 것이다.

이런 이유로 이 연합은 신비하다. 말하자면 이 연합은 느낌에 있지 않고, 인상을 받는 일이나 묵상에 있지 않고 영혼의 본질적인 실체에 있다.

사실, 여러분이 그리스도에 대해 품고 있는 느낌, 구주의 인격과 은혜로부터 받는 인상, 여러분의 신앙신조가 근거하고 있는 그리스도에 대한 사상은 매우 가치 있는 것들이다. 이런 것들은 절대적으로 필요하다. 여러분의 의식 활동 전체에 그리스도가 침투되어야 한다.

그러나 그 이상의 것이 없다면 여러분은 이 신비한 연합에 자리를 잡지 못하고 있는 것이다. 거룩한 의미에서 신비한 것은 여러분의 의식보다 깊은 곳에 있고, 여러분의 본질적 자아에 뿌리를 내리고 있다.

중생, 곧 생명의 회복, 새로운 피조물, 새사람에 관한 성경의 가르침이 여기서 나왔다. 하나님 편에서의 속죄와 사죄만 있는 것이 아니라 여러분 편에서 고백과 믿음과 찬송이 있다.

그리스도께서 우리 본성에 들어오셨다. 이것은 우리 본성이 하나님의 형상을 따라 지어졌기 때문에 가능한 일이었다. 이런 이유로, 여러분을 여러분 자신과 여러분의 죄에서 끌어내고, 다시 하나님께로 돌려보낼 그 일이 여러분 인격에, 여러분의 외적 생활에 틀림없이 변화를 일으킬 것이고, 따라서 그 일은 단지 여러분 입에서, 여러분 마음에서 일어나는 것이 아니라 여러분 존재의 신비한 지하에서 일어나는 거룩한 하나님의 활동임에 틀림없다.

그런데 이 놀라운 일을 하나님 아버지께서 직접 모든 사람에게 개인적으로 행하시지 않는다. 그 일은 그리스도를 통해서 이루어지며, 만물의 중보자이신 그리스도께서 하시게 되어 있으며, 바로 이 중보자 안에서 확실히 성취된다.

그리스도께서 여러분의 자아 안에서 여러분과 결합하는 이 결속이 얼마나 거룩한지, 그리스도께서 친히 그것을 신적 본성 안에서 아버지 하나님과 결합하는 결속에 비유하실 정도이다.

"거룩하신 아버지여 내가 그들 안에 있고 아버지께서 내 안에 계시니, 내게 주신 아버지의 이름으로 그들을 보전하사 우리와 같이 그들도 하나가 되게 하옵소서"(요 17:11).

"그리스도의 몸"을 여러분은 외적으로, 기계적으로 설명해서는 안 된다. 사람들 사이에서 집단(몸)이라고 할 때는 군대, 기업, 즉 같은 마음을 가진 사람들, 같은 목적을 위해 협력하는 사람들을 가리키는 것이 사실이다. 집단에 속한 사람을 그런 집단의 지체(회원)라고 부르고 경영진을 머리라고 부른다.

그러나 그리스도의 몸에 대해서는 이 모든 것이 훨씬 더 깊은 의미를 갖고 훨씬 더 중대한 의미를 지닌다.

여기서 여러분이 그리스도의 몸이 되는 것은 신청에 의해서나 신조에 서명함으로써 되지 않는다. 군사적 서약에 의해 이 몸에 편입되는 것이 아니다. 또 여러분이 이 몸의 지체됨을 포기하기로 결정하면 즉시 이 몸의 지체가 아닌 것으로 나타나는 것도 아니다. 그렇지 않다. 그리스도의 몸은 영혼의 본성에 단단히 묶여 있다. 그리스도의 몸은 눈에는 보이지 않지만 하나님께서 아시는 유기체이다. 이 유기체는 해체될 수 없는 한 전체를 형성하고, 아이가 그리스도의 이름을 제대로 발음하기도 전에 필수적인 지체로 그 몸에 속할 수가 있다.

여러분이 이 몸에 자신을 끼워 넣는 것이 아니다. 하나님께서 친히 여러분을 택하여 이 몸에 넣으시고 여러분의 본성을 가진 그대로 이 몸에 편입시키신다. 여러분을 그리스도의 지체로 정하시되 그 몸 안에서 여러분에게 고유의 자리를 주시고, 이로 말미암아 여러분의 소명과 운명이 영원히 결정된다.

이 몸 안에서 여러분은 다른 신자들과 함께 같은 지체가 되는데, 이것은 여러분의 선택이나 다른 신자들의 선택에 따라서 되는 것이 아니다. 다만 하나님의 뜻을 따라서 여러분은 다른 모든 지체들과 함께 결코 깨어지지 않는 연합을 이룬다. 다른 모든 지체들과 함께 여러분은 생명을 소생시키고 활기를 불어넣는 살아 있는 머리이신 그리스도 아래 있다. 오직 머리되신 그리스도로부터 여러분에게 사랑의 불꽃이 올 수 있다. 이 몸에 붙어 있고, 이 머리의 지시를 받는 지체인 여러분에게는 중보자를 통해서 다시 하나님께 가까이 가고, 하나님의 거룩한 임재 앞에서 영원히 거하며, 여러분 존재의 최고의 목적인, 영원히 삼위 하나님의 명예를 위해 사는 것 외에 다른 목표가 없다.

이것은 그리스도와의 신비한 연합을 통해서 이루는 신비한 목적이며, 이 이유 때문에 그리스도께서 아버지 하나님과 결합하는 그 결속으로써 자기 백성들과 한 몸이 되는 연합을 이루신다. "**내가 그들 안에 있고 아버지께서 내 안에 계시나이다!**" 이것이 하나님께서 친히 보증하신 연합이다.

제 87장

하나님의 영이 네 위에 계심이라

이것은 예수께서 팔복의 마지막에 아주 강조하신 영광스런 말씀이다. "나로 말미암아 너희를 욕하고 박해하고 거짓으로 너희를 거슬러 모든 악한 말을 할 때에는 너희에게 복이 있도다"(마 5:11). 이것은 많은 상처에 향유를 붓고 약해진 믿음의 용기를 되살리는 말씀이다. 순교를 각오하게 하고 순교자들에게 힘과 위로를 주신 말씀이다.

이것은 투옥과 순교가 제자들을 기다리고 있다고 한 예언보다 멀리까지 미치는 말씀이다. 이 일은 예수님의 교회가 투쟁하던 특정 시기에만 일어났다. 그러나 어떤 특정 시대에만 국한되지 않고 언제나 계속되며 항상 반복되는 것은 이와 같이 개인적으로 슬퍼하고 애태우는 일이다. 세상이, 자기들을 반대하고 자기들에게 저항하는 용기를 갖는 하나님 백성들에게 실제적인 힘이 나타나는 것을 만날 때마다 보이지 않을 수 없는 것이 이 조롱과 비웃음과 경멸이다.

피 흘리기까지 박해하는 일은 예외적인 경우이다. 비웃음과 욕설이라는 창으로 마음을 찌르는 이런 박해는 모든 시대에 일어나는 일이다. 그러므로 주님의 이 팔복은 우리 인간 생활에 아주 깊이 관여한다. 주께서 말씀하신 이 복은 주님의 백성들 앞에 놓인 일에 대한 예수님의 애정 어린 동정을 넌지시 우리에게 알려준다. 이것은 매일, 여기저기에서 적용되는 말씀이다. 이 말씀은 하루도 빼놓지 않고 용기를 북돋우고 위로하는 사역을 수행한다. 이 말씀은 주님의 주장을 불쾌하게 여기는 세상에 용감하게 맞서도록 돕는 말씀이 아니다. 그보다 이 말씀의 효과는 주님의 제자들이 움츠러들려고 할 때 그들의 입장을 고수하고, 상해와 비방에 직면해서도 흔들리지 않도록 하려는 것이다.

그러나 이 말씀이 적용될 수 없는 곳에 너무 자주 인용되고 적용되어 왔기 때문에 이 말씀에 위험한 면도 있다는 사실을 잊어서는 안 된다.

이것은 여러분의 행동과 부작위에서, 여러분의 말과 태도에서 사람들을 자극하여 여러분에게 해를 끼치고 반대하여 거짓되게 모든 악한 말을 하게 만드는 것이 무엇인가 하는 질문에 달려 있다.

그것이 주님의 대의를 진척시키려는 여러분의 진지한 노력일 수 있다. 그러나 그것이 여러분의 지나친 열심일 수도 있고, 여러분의 기이한 버릇이나 사랑 없는 열정일 수도 있으며 혹은 최악의 경우에는 여러분의 신앙고백과 생활 사이에 크게 벌어진 간격, 곧 어느 정도 여러분의 생활을 추하게 만드는 위선일 수도 있다.

후자의 경우에 세상에 저항하는 여러분의 힘이 그리스도의 대의를 위하는 열심에 있을 수 있을지라도, 사실 여러분은 이 열심의 아주 많은 부분을 자신의 자아에 쏟고 자신의 관심사를 위해 행동하므로, 실상 예수께서 이 복의 조건으로서 말씀하시는 "나로 말미암아"라는 말씀이 여러분에게 부분적으로밖에 적용하지 않을 수 있다.

정말로 세상의 멸시와 모욕과 비방이 거의 순전히 여러분 자신의 죄악적인 행동으로 인해 일어날 수 있고 실제로 일어난다. 즉 여러분 동료 신자들 가운데서도 적지 않은 사람이 여러분을 반대하는 세상 편에 가담하지 않을 수 없는 행동, 여러분이 예수의 이름으로 축복한 소명과는 아주 거리가 멀고, 여러분의 모범이 주님의 대의가 진척되는 것을 돕기보다는 해친다는 것을 본능적으로 느낄 그런 행동 때문에 일어날 수 있고, 실제로 일어난다.

이 점을 잘 알아야 한다. 이렇게 말한다고 해서, 세상이 여러분의 사랑스런 성품과 정직, 올곧음을 칭찬하고 소위 여러분의 박애주의적이고 윤리적인 성품에 경의를 표시할 때에만 여러분이 바르다고 암시하는 것은 결코 아니다.

세상은 이것을 예수님께 다르게 나타냈다. 세상이 우리를 인정할 수 있고 칭찬할 수 있는 일만을 예수의 이름으로 행한다면, 우리의 신앙고백과 생활에서 구별된 성격은 사라지고 만다.

주님의 사도들에 대해 윤리적인 이유로 비난할 수 있는 것은 아무것도 없었다. 그러나 세상은 그들을 수치스럽게 여겼고 그래서 그들을 박해하여 죽이기까지 쉬지 못했다.

우리의 신앙고백과 생활, 열심에서 본질적인 요소는 언제나 세상이 견딜 수 없는 것, 곧 세상을 불쾌하게 만들고 그래서 반대를 일으키도록 만드는 것이어야 한다.

주님의 이 복을 우리에게 적용할 수 있으려면 결코 빼놓을 수 없는 것이 베드로 사도의 다음과 같은 말씀이다. "너희가 그리스도의 이름으로 치욕을 당하면 복 있는 자로다 영광의 영 곧 **하나님의 영이 너희 위에 계심이라**"(벧전 4:14).

바로 이것이 이유가 되어야 한다.

하나님의 영이 여러분 위에 있어야 한다. 하나님의 영이 여러분이 행하고 행하지 않는 것을 통해서 말씀해야 한다. 이 세상의 맹렬한 분노가 향하는 것은 여러분에 대해서가 아니라 하나님의 영에 대해서 이루어져야 한다.

그때 여러분은 그리스도를 위해 욕을 받는 것이고, 그때 이 모욕으로 말미암아 여러분이 갈망하는 복이 자라기 시작한다.

여기서도 이 점은 다시 여러분이 하나님께 가까이 함에 달려있다. 왜냐하면 여러분이 하나님께 가까이 있으면 하나님께서 여러분에게 가까이 계시고, 그러면 세상이 반대하는 것은 여러분이 아니라 하나님이시며, 여러분이 하나님께 가까이 있고 하나님께서 여러분 가까이 계시는 것으로 나타날 때에만 세상이 여러분에게 대항하기 때문이다.

이에 대한 증거는 여러분이 하나님으로부터 떨어져 나와 자유롭게 되는 순간, 세상이 즉시 경멸을 칭송으로, 욕을 칭찬으로 바꾼다는 사실이다.

세상의 죄에는 이웃에 대한 미움도 있는 것이 분명하다. 이 미움은 가인과 함께 시작되었다. 그러나 이기심에서 나온 개인적인 미움이 이웃에게 작용하는 경우에 한해서만 생각할 때, 이 미움의 불길은 개인적 이익을 위한 열심, 물질적인 이득, 지위를 위한 투쟁, 열정과 시기심에 접촉이 되면 갑자기 확 타오른다. 세상의 이 미움은 특별히 그리스도인들을 향하여 일어나는 것이 아니라 사람이 다른 사람을 대항할 때 세상 자체에서 일어나는 것이다.

그러나 인간 마음에서 죄악적인 것의 가장 밑바닥에는 이웃에 대한 미움이 아니라 하나님께 대한 미움이 있다. 그래서 미움은 사탄에게서 시작되었고, 사탄은 이 미움을 사람 마음에 옮겨 심어왔다.

하나님께 대한 이 미움은 대체로 숨겨진 형태로 나타나고, 이따금씩만 하나님을 공개적으로 부인하고 모독하는 형태로 나타난다. 그럴지라도 민족들의 생활의 흐름을 밀고 나가는 것은 바로 이 미움이다. 이 미움은 해방을 향한 결코 만족할 줄 모르는 열정이다. 그것은 사람이 자신의 주가 되려 하고, 하나님을 자기 위에 계신 주로 인정하려고 하지 않는 의지이다. 하나님처럼 되려 하고, 자신을 하나님으로 여기며 무릎을 꿇지 않겠다는 결심은 모든 죄를 일으키는 악한 싹이다.

하나님의 백성들은 이에 대항하고 공개적으로 엄위로우신 하나님께 기도하기 때문에, 세상이 이 백성들의 입을 닫고 이들에게서 영향력을 뺏고 활동하지 못하도록 하기 위해 이들에게 대항한다.

그러나 하나님을 말하고 하나님에 대해 증거하는 것이 더 이상 여러분이 아니며, 살아계신 하나님께서 친히 여러분과 함께 계시고, 여러분 안에 계시다는 것을 알고, 여러분이 하나님 가까이 있고 하나님께서 여러분 가까이 계시다는 것을 알며, 그 이유로 자기가 여러분 안에서 하나님을 공격하고 하나님의 그리스도를 공격할 수 있다는 것을 깨닫는 순간에만 세상은 이 미움의 불길이 맹렬하고 혹독하게 타오른다.

하나님의 영이 여러분 위에 계심을 세상이 알 때, 세상은 여러분을 견딜 수 없어 하며 여러분에게 하나님을 손에서 놓든지 아니면 실제적으로 혹은 도덕적으로 여러분을 파멸시킬 때까지 쉬지 않을 치명적인 미움을 당하든지 선택할 것을 강요한다.

하나님께 가까이 간다는 것, 곧 하나님께서 그의 마음을 성전으로 삼으시고 그리스도와 함께 여러분에게 가셔서 성령 안에서 여러분에게 거처를 정하실 만큼 하나님께 아주 가까이 가는 것은 영혼의 영광스럽고 복되며 달콤한 비밀이다. 그러나 이것이 전부가 아니다.

여러분의 마음은 속에서 빛나는 빛을 가리는 덮개가 될 수 없다. 성령께서 진정으로 여러분 위에 계시다면, 이런 일이 분명하게 나타난다. 즉 그 빛의 불꽃이 밖으로 퍼지며, 따라서 마음을 완고히 하여 그 빛을 거부하는 사람이 당장 깨닫지는 못하지만 여러분이 살아계신 하나님과 늘 접촉하며 사는 사람이라는 것을 점차 발견하게 되고, 여러분을 대하는 사람은 누구든지 또한 하나님의 거룩한 능력에 접촉하게 된다.

이때 반대가 오는데, 부차적으로 중요한 어떤 것 때문이나 우발적인 일 때문에 오는 것이 아니라, 여러분 속에 있는 가장 고귀하고 영광스러운 실재 때문에 온다.

아삽이 하나님을 가까이 함의 복을 노래했을 때, 그의 마음은 세상과 하나님 사이에 존재하는 이 대립에 대한 생각에 깊이 빠져 있었다.

그러므로 이 대립은 하나님을 가까이 하는 일에서 분리될 수 없다.

세상과 가까워질수록 여러분은 그만큼 더 하나님에게서 멀어진다. 그러나 하나님께 가까이 갈수록 여러분과 이 세상 사이에 나타날 수밖에 없는 거리는 그만큼 더 멀어진다.

여러분이 하나님께 가까이 갔기 때문에 세상에서 나올 수 있다면, 여러분 마음에 어떤 갈등도 일어나지 않을 수 있고 여러분을 대항하는 세상에서 어떤 미움도 일어날 수 없다.

그러나 이것은 여러분이 할 수 있는 일이 아니다.

"아버지여 내가 비옵는 것은 그들을 세상에서 데려가시기를 위함이 아니요 다만 악에 빠지지 않게 보전하시기를 위함이니이다"(요 17:15).

여러분의 위치가 안고 있는 심각함은 바로 이것이다. 즉 마음에 하나님을 모시고 있는 여러분이 마음으로 그리고 그 생활에서 하나님을 반대하는 세상 가운데 여전히 살아야 한다는 것이다.

세상이 여러분에게 허가증을 나누어주고 "그리스도인이지만 참아줄 만한 사람"이라는 명예로운 상장을 줄만큼 세상에서 그리스도인으로 행동하는 것이 그동안 시험되어 왔었다. 그러나 그와 같이 세상 편에서 매력적인 호의를 보이는 것은 다만 여러분의 신앙고백의 예리한 날을 무디게 하는 조건에서만 이루어질 뿐이다.

사실, 세상이 여러분이 고백하고 힘을 다해 섬기는 하나님과 여러분을 갈라놓을 수만 있다면, 그렇게 해서 세상이 여러분을 건드리지 않고 계속해서 하나님께 반대할 수만 있다면 세상은 당장에 그렇게 할 것이다. 그리고 세상은 같은 사람으로서 여러분에게 여전히 유대감을 갖는다.

그러나 진정으로 그리스도를 따르는 사람들에게는 세상이 이렇게 할 수 없다. 이들은 하나님께 너무 가까이 있어서 세상은 그들에게서 어떤 틈도 발견하지 못한다.

그러므로 세상이 여러분을 개인적으로 공격한다. 세상은 여러분에게서 발견하는 잘못은 무엇이든지 할 수 있는 대로 널리 과장한다. 세상은 여러분에게서 보게 되는 거룩하지 않은 발언은 하나같이 집어내어 놀린다. 다음에는 거짓되게 비방하며 여러분에 대해 모든 악한 말을 한다.

하나님을 가까이 함과 이런 고통을 지는 것은 함께 간다. 그러나 순교의 면류관을 쓸 욕심에서 세상의 환심을 살 수 없는 방식으로 세상이 여러분을 박해하도록 부추길 수는 없다.

여기에서는 아주 자연스럽고 저절로 일어나는 그런 세상의 공격만이 내적으로 참되고 하나님께 가치가 있다.

그리고 주님이 말씀하시는 이 복은 그 후에야 오는 것이 아니고, 박해를 받는 가운데서 이미 그 복을 맛보게 된다. 그때는 이미 이 세상에서 곧 한창 고난을 받는 가운데 영광의 영, 곧 하나님의 영이 여러분 위에 계시다는 것을 하나님의 천사들이 알고 하나님의 자녀도 안다.

제 88장

이 사람은 이러하고
저 사람은 저러하니라

하나님의 경건한 백성들 가운데 바로 잡아야 할 악이 한 가지 널리 퍼져있다.

이 잘못은 영적인 일에서 사람들이 자기 법을 다른 사람에게 강요하려고 한다는 데에 있다.

이들은 경건을 한 가지 정해진 형태로만 제한한다. 자기들이 경건을 실천하는 방식으로 다른 모든 사람도 경건을 실천해야 한다고 한다. 작은 차이들은 용납할 수 있지만 주요한 문제에서는 한 가지 동일한 경건의 방식만이 하나님의 모든 자녀에게 나타나야 한다고 생각한다. 그렇다면 문제는, 그들이 실천하는 경건이 모든 영적 질서와 영적 비평의 표준으로 세워지게 되는 것이다.

여기에 교만이 자리잡고 있다는 것을 의심할 수 없다. 물론 적어도 처음에는 교만이 그 동기는 아니었을 것이다.

그런데 오히려 교만이 이렇게 앞서 나가게 된 것이다. 그 사람이 처음에는 하나님의 백성에 속하고자 하는 영혼의 진지한 소원으로 시작하였다. 하나님의 백성에 속하고자 하는 것은 부분적으로 자신의 구원을 확신하기 위한 것이지만, 또한 실제로는 하나님의 이름이 거룩히 여김을 받도록 하는 일과 하나님의 나라를 진척시키는 일에 열성적인 역할을 할 수 있기 위한 것이다.

사람은 동네에서나 다른 곳에서 매우 경건한 인상을 주는 사람들을 만나고, 사람들이 대개 다 아주 경건한 사람이라고 간주하는 사람들을 만나보았다. 그리고 그런 사람들을 부러워하게 되었다. 아, 저런 사람들처럼만 될 수 있다면 하고 생각하였다. 그래서 그는 그런 사람들의 행동을 지켜보았다. 그들이 무슨 일을 하는지, 어떤 일을 피하는지 다 주의하여 보았다. 그들의 대화를 들으면서 하나님의 사랑하시는 자녀들 가운데 한 사람으로 하나님과의 은밀한 교제를 경험해야 한다는 확신과 함께 자신이 어떤 사람으로 나타나야 하겠다는 생각이 점차 형성되었다.

이렇게 해서 한 가지 경건의 형식이 그의 마음에 정해지게 되었다. 이 정해진 형식을 따라 그 사람은 세상에서 자신의 삶을 그리고 신자들에 대한 자신의 삶과 하나님 앞에서의 자신의 삶을 개혁하려고 했다. 마침내 그가 자신의 표준에 도달했을 때 그는 마치 상을 획득한 사람처럼 기뻐하였고, "경건한 사람들이" 자기들과 같은 한 사람으로 그를 받아들였을 때, 더할 수 없이 행복하였다. 이후부터는 다른 모든 사람도 그와 꼭 같은 방식을 따라야 하고, 동일한 형태를 전적으로 수용해야 하며, 심지어 자기가 오랫동안 이상으로 여기고 추구하다가 마침내는 능숙하게 사용하게 된, 언어와 표현까지도 똑같아야 한다는 단호한 인상을 풍기며 자기 방식을 추구하였다.

우리 선조들은 이것이 하나님 말씀의 자리에 자기가 앉는 것이라고 말하곤 하였다. 경건의 진정성뿐 아니라 자신이 참된 하나님의 자녀인지 시험하는 표준은 우리 자신에게서나 다른 어떤 성도에게서 가져와서는 안 되고, 철저히 하나님의 말씀에서 가져와야 한다.

비평가들이 이 점을 부인하지는 않는다. 다만 그들은 하나님의 말씀이 동일한 점들을 요구하고, 그들 자신이 옹호하고, 자신들에게 엄격하게 적용했던 참된 은혜의 동일한 표지들을 하나님의 말씀이 요구한다는 사실을 아주 힘들여 여러분에게 설명했다.

그러나 그들이 잊었던 한 가지 점은 아주 해로운 영적 부자연스러움을 일으켰다는 사실이다. 그들은 다른 모든 일에서와 마찬가지로 영적 생활에서도 하나님의 말씀은 아주 많은 다양성을 용인하고, 바로 이 다양성 속에서 힘을 추구한다는 사실을 알지 못하였다.

이렇게 말한다고 해서 성경이 하나님의 자녀들에게 두 부류가 있음을 인정한다는 뜻은 아니다. 물론 그런 의미가 아니다. 하나님의 자녀는 한 부류밖에 없다. 그러나 성경은 참된 이 한 부류 가운데서 거의 끝없는 다양성을 인정하고 언제나 새로운 변화, 놀랄만한 개성, 차이, 모든 방식의 대안을 인정한다. 그룹들 안에서뿐만 아니라 하나님의 각 자녀에게서도 이런 점을 인정한다.

그 사실은 꽃의 세계에서와 같이 여기에도 적용된다. 장미는 꽃들 가운데서 단연 아름답다. 백합과 장미를 혼돈하거나 바이올렛 들판에 가서 장미를 찾을 사람은 아무도 없다. 장미가 되기 위해서, 진짜 장미가 되기 위해서는 어떤 특정한 표지들을 갖추어야 한다. 그렇지 않으면 그것은 더 이상 장미가 아니다. 벨기에 장미(Belgian rose)와 늪지 장미(swamp rose), 월계화(tea-rose)와 에델바이스(Alpine rose) 사이에는 거의 끝없이 다양한 장미들이 있다. 그리고 이들 각각의 장미 안에서도 또 얼마나 다양한 장미들이 많이 있는지 모른다. 성장과 잎, 색깔, 향기에서 엄청난 다양함이 있다. 정말이지, 활짝 핀 장미 하나하나가 스스로 자신의 독특한 매력과 아름다움을 보여주지 않는가?

하나님의 모든 창조계도 그와 같다. 하나님께서는 창공에서 별 하나하나를 그 이름으로 부르신다. 그리고 이 이름에 개체의 성질이 표현되어 있다. 그리고 땅에는 산맥마다 다르고, 동물마다 다르며 모든 곤충이 다르고, 마찬가지로 땅에서 자라는 채소와 식물마다 다르다.

마찬가지로 사람의 아들들 가운데서도 모든 사람이 "각기 종류대로" 존재한다. 인종마다, 종족마다, 민족마다, 가족마다 그리고 가족 안의 모든 구성원마다 각기 다르다. 자기 자녀를 혼동하는 어머니는 없다.

영적인 세계에서도 꼭 그와 같다. "이 모든 일은 같은 한 성령이 행하사 그의 뜻대로 각 사람에게 나누어 주시는 것이니라"(고전 12:11). 혹은 이 점을 사도의 말로 좀 더 강력하게 표현하자면 한 사람이 다른 사람의 표준이 될 수 없다는 것이다. 바울 자신도 사도로서 이렇게 되는 것을 거부한다. 사도는 아주 강력하게 이같이 말한다. "각각(즉 각 개인) 하나님께 받은 자기의 은사가 있으니, 이 사람은 이러하고 저 사람은 저러하니라"(고전 7:7).

우리의 영적 생명이 참된 것이라면, 그것은 우리의 작품이 아니라 하나님의 작품이기 때문에, 실상이 그와 같고 또 그렇게 되어야 한다.

그것은 직접 쓰는 것과 인쇄에서 보는 차이와 같다. 인쇄기가 찍어내는 것은 같은 작품의 인쇄된 모든 책들이 정확히 똑같다. 사람이 손으로 직접 쓴 글에서는 독특한 특성이 나타난다. 그것이 자연이 생산하는 것과 공장이 생산하는 것의 차이이다. 공장은 정해진 모델을 따라 물건을 똑같이 만들어낸다. 하나님께서 일하시는 자연에서는 모든 것이 다르고, 모든 것이 자신의 고유한 어떤 것을 드러낸다.

그런데 경건이라는 영적 생활을 한 가지 동일한 형태로 억지로 밀어붙인다면, 사람의 활동이 하나님의 활동을 질식시키게 된다. 그렇게 되면 사람은 영적인 부자연스러움을 띠게 된다. 실제 꽃이 되는 것이 아니라 물감으로 그린 꽃이 되는 것이다. 이런 영적 생활에서는 덕이 나오지 못하고, 이같이 인쇄된 경건은 사람을 하나님께 가까이 데려가지 못하고 오히려 하나님과 우리 영혼 사이에 분리의 벽을 세워놓는다.

그렇게 되면, 하나님의 자녀들이 자신들의 자유를 자랑해야 하고, 자신들을 옭아매는 끈들을 끊어버리는 자유롭고 영광스런 이 느낌 때문에 기뻐서 마음으로 노래를 불러야 하는데, 오히려 영적 침체와 지루함, 병적인 상태에 빠지게 된다.

그리스도 안에서 구속받은 자의 형상은 단단한 진흙에 끈적끈적한 자국을 내는 달팽이에 있지 않고 노래를 부르며 높이 날아올라 태양을 맞이하는 종달새에 있다.

다만 여기서 자유와 방종을 혼동하지 않아야 한다. 새마다 독특한 자기 노래를 부르는데, 그것은 하나님에게서 받은 것이다. 그와 같이 여러분을 창조하신 하나님께서는 여러분 존재의 보이지 않는 부분에 여러분의 성품과 인격이 흘러나오는 개체성을 새겨 넣으셨다. 하나님 자녀로서 여러분의 독특한 형태도 그와 같다.

여러분 속에 있는 모든 것은 유기적으로 결합되어 있다. 여러분의 가계, 예민한 신경, 지력과 상상력의 관계, 마음의 긴장, 여러분의 기질, 성향과 공감, 양심의 범위, 정서와 기분에 예민함, 여러분의 교육, 환경, 사업, 이 모든 것이 여러분의 영적 존재 전체에 독특한 흔적을 남긴다.

이 사람은 이런 식으로, 저 사람은 저런 식으로 형성된다. 이와 관련해서 성령께서 자신의 영적 은사를 나누어주시는데, 조금이라도 실수하는 법이 없이 그리고 여러분 자신에게 맞는 은사라고 생각하는 것과 다르게 혹은 다른 어떤 사람이 여러분에게 맞는다고 생각하는 것과 다르게 **그의 뜻대로** 나누어 주신다.

이 때문에 영적으로 한결같이 똑같은 형태가 나타난다는 것은 생각할 수 없는 일이다. 하나님께서 들의 백합화들을 다양하게 옷 입히시듯이 하나님은 자기 자녀들에게 각각에 맞는 고유의 옷을 짜주신다. 단조로움을 버려야 한다. 이와 같이 여러분 자신의 영적 의복을 입고 하나님과 사람들 앞에 나타나야 한다.

보석마다 고유의 광채가 있고, 벽옥이 에메랄드가 될 수 없듯이, 여러분 마음에서도 하나님의 자녀로서의 다이아몬드가 고유의 광채를 띠며 번쩍여야 한다.

그때에야 비로소 여러분이 하나님과 은밀히 함께 하는 것이 자유롭고 활기 있으며 의미가 충만해진다. 왜냐하면 그렇게 할 때에만 여러분이 하나님 아버지께서 자기 자녀에게 주신 영적 의복을 입고, 영적 장신구를 갖추고서 하나님 아버지 앞에 나타날 수 있기 때문이다.

하나님께 가까이 가는 것은 무리들과 함께 가는 것이 아니라 하나님께서 여러분에게 정해 주신, 이와 같이 독특하고 개인적인 방식으로 하나님께 가까이 나아가는 것이다.

어머니는 아이들을 보지 않고도 음성으로 자녀들 각각을 안다. 그와 같이 하늘에 계신 아버지는 하나님께서 친히 여러분 영혼으로부터 이끌어내시는 아이로서의 독특한 목소리를 듣고 여러분을 아신다.

제89장

세미한 소리

하나님께 가까이 가는 것이 모든 경우에 항상 똑같은 것은 아니다. 삶의 가장 깊은 은밀한 것들을 건드리는 다른 모든 것처럼 하나님을 가까이 하는 것도 "이 사람은 이러하고 저 사람은 저러하다." 소위 실천적 종교라고 하는 시냇물에 떠내려간 사람들은 이런 것을 느끼지 못한다. 혹은 적어도 이런 것을 알지 못하고, 따라서 일을 향한 그들의 열심에도 불구하고 영적인 일에 열매가 없는 것도 이 때문이다. 이들은 언제나 외적인 일들에 관심이 있다. 그들이 예수님을 위해 애쓰고 열심히 일한다. 그러나 그들에게는 은밀히 행하는 것을 즐기는 고결한 조용함이 거의 없다.

우리의 죄 때문에 지극히 거룩한 일에서조차 이와 같이 치명적으로 한쪽으로 치우치는 경향이 있다. 한편에는 조용한 침묵에 묶여서 존재의 고인물을 전혀 흐르지 못하게 하는 신비주의가 있고, 다른 한편에는 결코 쉬지 못하는 분주한 일꾼, 열심이 지나쳐서 결국 구원받은 영혼이 자기 하나님에게 갖는 뜨거운 친밀함을 볼 눈도 들을 귀도 더 이상 갖지 못하는 바쁜 운동가가 있다. 그러므로 신비주의자는 그 열심당원에게서 배워야 할 것이 있고, 그 열심당원은 신비주의자에게서 배워야 할 것이 있다. 오직 이 두 부류의 추진력으로부터만 영혼을 만족시키는 조화가 일어날 수 있다.

그리스도인의 흔적을 지니는 것, 곧 하나님을 가까이 함은 속죄를 통해서 또 중보자와의 관계를 통해서만 이루어진다. "나와 아버지가 그에게 가서 거처를 그와 함께 아리라"(요 14:23, 개역개정은 "우리가 그에게 가서" - 역자주).

이것이 하나님을 찾고 하나님께 가까이 가는 방법으로부터 활력을 없애는 이런 획일성을 제외시킨다. 이런 거룩한 영역에서 흉내내는 것은 자기기만에 이를 뿐이다. 하나님을 추구하고 찾는 영혼의 모든 신비는 하나님의 언제나 동일하고 변치 않으심에 있다. 그러나 하나님의 이 속성에 대한 반영이 인간 영혼에 비쳐질 때 똑같지 않고 모든 경우에 똑같을 수 없다. 이는 영혼들이 본성과 성향과 표현에서 각기 다르기 때문이다. 그 결과로 영혼마다 자기 고유의 이력이 있는데, 여기에서 영혼 고유의 필요와 재능이 나타난다.

그러므로 엘리야가 동굴에서 겪은 경험을 읽고서 여러분이 하나님은 오직 "세미한 소리"(왕상 19:12)로만 나타나신다고 추론한다면 그릇된 생각이다. 엘리야가 받은 임무는 이것이었다. 그는 예후에게 기름을 부어야 했는데, 이 임무에 이 말씀이 덧붙여졌다. "하사엘의 칼을 피하는 자를 예후가 죽일 것이요 예후의 칼을 피하는 자를 엘리사가 죽이리라"(왕상 19:17). 예후보다 용감한 광신자는 없었다.

"크고 강한 바람 가운데 여호와께서 계시지 아니하며 불 가운데에도 여호와께서 계시지 아니하더니 세미한 소리 가운데" 여호와께서 계시다는 것은 모세가 호렙 산 불 가운데서 여호와를 만나지 못했다거나 다윗이 사울의 폭풍 같은 박해 속에서 하나님을 만나지 못했다는 뜻이 결코 아니다. 그것은 단지 엘리야에게 있어서, 그 순간, 그가 처해 있었던 마음의 상태에서 그 불꽃이 약해져야 하고, 그의 마음속의 폭풍이 잠잠해져야 그가 하나님을 만날 수 있고, 세미한 소리 가운데서 선지자로서의 사명을 받을 수 있었음을 말하는 것뿐이다. 갈멜 산에 불과 폭우가 있었다. 엘리야가 하나님의 위엄을 본 곳이 있다면 다른 어떤 곳이 아니라 바로 갈멜 산 위에서였다.

모든 사람에게 효과적이어야 하는, 하나님께 가까이 함에 관한 단 **한 가지** 규칙을 만들 수 없는 것과 마찬가지로 하나님의 한 자녀에 대해서조차도 삶 전체에 대해 한 가지 규칙만을 정하는 것을 생각할 수 없다.

나이 들고 인생을 충분히 산 사람은 씩씩한 힘을 발휘하던 때를 알며, 그때 이전의 청년 시절을 알고 그 시기를 거슬러 올라가 어린 시절을 안다.

노년, 장년, 청년, 유년, 인생의 이 네 시기 동안에 하나님과 은밀하게 거룩히 행하는 것을 안 사람에게 이야기해보라고 하자. 그는 이 네 시기가 각각 전혀 달랐다는 것을 고백하지 않을 수 없다. 일반적으로는 거기에 진보가 있었다. 그럴지라도 이제 성인이 된 그는 때로 어린 시절을 다시 동경하고, 예수께서 아이들에게 복을 주시며 "천국이 이런 사람의 것이니라"고 말씀하신 의미가 무엇인지 안다.

그러므로 더 나이가 든 우리가 어린 영혼의 생명의 독특한 성격을 보지 못하고, 어린아이의 이같은 단순성, 밝음, 열정을 우리의 견딜 수 없는 무거운 형식이라는 짐으로 눌러버리는 것은 거룩한 것을 모독하는 일이다. 영적인 일에서 아이를 훈련하는 것은 무엇보다 하나님께서 또한 이 아이 속에서 활동하시고, 적어도 활동하실 수 있으며, 성령께서 “그의 뜻대로”(고전 12:11) 이 일을 행하신다는 믿음에서 출발해야 한다.

이런 영적 통찰력을 떠나서는 사람은 아버지나 어머니가 될 수 없고, 누나나 형이 될 수 없으며, 심지어 아이 보는 사람도 될 수 없고, 특별히 아이들의 선생이 될 수 없다. 아이에 대한 그릇된 사랑이 아이 마음에서 화려하게 꽃피울 수 있을 아주 많은 것을 손상시킨다.

이 점이 아이에게 적용된다면 청소년들에게도 다르지 않다. 왜냐하면 인생의 모든 시기에는 영혼의 생명의 독특한 형태가 있고, 그와 함께 그 시기의 필요가 있기 때문이다. 이 점을 이해하는 사람이 영혼을 교육하고 훈련하며, 지지하고 힘을 북돋우며, 인도하고 하나님께로 이끈다. 그러나 자기 영혼의 조건에 맞는 모델을 적용하기를 고집하는 사람은 다른 사람의 영혼의 성장을 억제하고 질식시킨다.

이 점은 하나님께서 남자와 여자 사이에 두신 큰 차이에 관해서도 다르지 않다.

확실히 여자를 생각나게 만드는 남자들이 있고, 남자를 생각나게 만드는 여자들이 있다. 그리고 특별히 우리 시대의 여자들 가운데 단지 자신을 좀 더 독립적으로 발전시키기 위해서가 아니라, 그런 것이라면 옳은 일인데, 남자와 같은 형태로 자신을 발전시키려는 야심이 널리 유행하고 있다. 그런데 이것은 하나님의 정하신 뜻에 어긋나는 것이다.

그러나 이같이 특이한 인물들을 제쳐놓을 때, 모든 사람은 여성의 영혼의 생명은 또 다른 특징을 지니며, 하나님께서 남자의 특징과 다르게 현을 조율해놓으셨다는 것을 느낀다. 인식, 힘, 느낌, 재능이 남자와 다르다.

백합이 야자나무보다 아름답지만 야자나무는 **또 다른** 아름다움이 있고, 하나님으로부터 받은 **또 다른** 영광이 있다. 하나님이 하늘에 지으신 한 태양이 또 다른 행성에서는 다르게 작용한다.

그리고 이것은 남자들이 하나님께 가까이 가는 것에 관해서, 그리고 여자들이 하나님께 가까이 가는 것에 관해서 그대로 적용된다. 하나님은 똑같은 의의 **한** 태양이시다. 그러나 남자나 여자에게 있어서 각각 다르게 작용한다.

아들과 딸을 똑같이 보고 각기 다르게 대하지 않는 어머니와 아버지는 좀 더 지적인 통찰력을 가졌더라면 아이에게서 영광스럽게 피어났을 아주 많은 점을 망치고 곡해하는 때가 종종 있다.

아들과 딸이 있는 가족에게는 아버지와 어머니가 함께 해야만 만족을 줄 수 있다. 아버지와 어머니, 둘 중 어느 한 쪽이 떨어져 있는 경우에, 아들과 딸의 성격과 기질상의 차이가 제대로 나타나게 하는 일이 지극히 어려운 과제로 남게 된다.

남편과 아내의 경우에, 이 점은 한 사람이 구원의 길에서 다른 사람보다 많이 앞서 가 있을 경우에 특별히 해당된다.

망설이고 있는 남편을 하나님께 인도하기를 간절히 바라는 경건한 아내는 자신의 여성적인 영혼의 생활을 남편에게 접목시키려고 할 때 그 목적을 이루지 못한다. 마찬가지로 아내를 하나님께 인도하려고 하는 남편이 남성적인 생활이라는 영적 멍에를 아내에게 지우려고 하면, 그 자신이 쓰라린 실망의 원인이 된다.

확실히 남편은 아내를 영적으로 강하게 할 수 있고 폭풍우와 불에 익숙하게 할 수 있으며, 아내는 남편을 영적으로 순화시키고 세미한 소리에 익숙하게 할 수 있다. 그러나 남자와 여자의 독특한 영적 생활의 주요 특징은 손상되지 않고 그대로 있어야 한다.

아내는 남편과 다른 방식으로 하나님을 가까이 하며 산다.

우리 자신이 발견하는 여러 다른 조건에 관해서 그와 비슷한 차이가 나타난다.

교회의 투쟁을 예로 들어보자.

이 투쟁에는 하나님의 언약을 더럽히려고 하는 것에 대해 강하고 엄한, 반드시 필요한 저항의 시기가 있다. 그러나 후에 승리를 거두었을 때, 죄와 재난과 비참함에 맞서는 싸움 가운데 안식과 평화, 하나님 나라를 위한 조용한 활동의 시기가 있다. 이 처음 시기에는 고귀하게 성령을 보존하고 성령으로 충만했던 사람들이 그 다음에 이어지는 안식과 평안의 시기에 성령을 잃고 눈에 띠게 약해지고 자신들의 이전 영적 관점을 포기해버린 일을 얼마나 자주 보게 되는지 모른다.

교회의 투쟁에서와 같이, 우리 자신의 인생의 싸움에서도 죄에 대하여 강력하게 대항하여 일어났다가 너무도 큰 시험에 직면하여 굴복하는 일이 있다.

이 모든 사실이 영혼의 상태, 환경, 느낌, 경험에서 차이를 일으킨다. 이 모든 가운데서 영혼의 하프에 현이 한 줄 밖에 없는 사람은 불행하다.

우리 마음은 하나님께서 아주 놀라울 정도로 풍부하게 줄을 조율해 놓으셨다. 그래서 인생에서 모든 전기(轉機)마다 마음이 하나님을 영화롭게 하기 위해 그리고 우리의 내적 사람의 위로를 위해 또 다른 줄을 연주할 수 있다.

엘리야의 예를 보면, 하나님께서 친히 이 점을 얼마나 고려하시는지, 우리 상태의 성격에 따라서 하나님께서 다른 각도에서 마음에 접근하신다는 것을 알 수 있다.

이 말을 들을 귀가 있는 사람, 이 점에 적응하고 받아들일 준비가 되어 있는 사람, 내적으로 아주 설비가 잘 갖추어져서 그런 환경에서 주님이 거룩한 접근을 위해 그에게 열어줄 수 있는 어떤 문으로든지 하나님을 찾는 사람만 "하나님께 가까이 함"이 모든 환경 가운데서 지속될 뿐만 아니라 그것을 지극히 풍성하게 즐기게 될 것이다.

이번엔 조용한 묵상 가운데 있고, 다음에는 격렬한 전투 가운데 있으며, 이번에는 나가고 다음에는 들어오는 가운데 있을 수 있지만, 언제나 생기가 넘치고 고무적이고 원기왕성하다.

하나님 편에서 우리 영혼을 가까이 끌어당기고 하나님 앞에서 영혼이 피어나게 하시려는 것은 태양의 작용을 받는 것과 같다.

그러므로 영적으로 일 년 중 한 계절밖에 모르는 사람은 가난하게 된다.

하나님께서 우리에게 가져오시는 변화에 적응하는 사람은 하늘에 계신 부유하신 아버지의 부유한 자녀인 것이다.

제 90장

주께서 내가 내 어머니의 젖을 먹을 때에 의지하게 하셨나이다

하나님의 은밀한 활동이 하나님의 한 자녀와 또 다른 자녀에게 다르기만 한 것이 아니다. 이 차이는 또한 모든 사람의 성향, 성품, 성격, 기질도 내적으로 연결되어 있다.

하나님을 가까이 하며 사는 두 사람이 있는 경우에, 이 사람은 하나님을 가까이 하며 사는 것을 저 사람과 다르게 실행할 뿐만 아니라 각자의 편에서 방식과 태도는 각 사람의 영혼뿐 아니라 신체의 성향과 성격과도 연결되어 있다.

그러므로 다른 사람이 하나님을 가까이 하는 것을 보고 그것을 흉내낼 수 없다. 그것은 여러분이 마음으로 배울 수 있는 교훈이 아니다. 이 점에서 모든 사람은 자기만의 방식을 찾아야 하며, 마침내 여호와 하나님께서 그가 자기 방식을 찾게 하신다.

하나님을 가까이 하는 것, 곧 하나님과 대화를 나누는 것은 결국 우리 자신의 영적 생활의 결과이자 산물일 수밖에 없다. 그러므로 여러분이 그것을 흉내낼 수 없는 것이라면, 그것은 다른 사람에게는 전혀 도움이 되지 않지만 여러분 성격에 전적으로 맞는 형태를 저절로 갖추게 될 것이다.

이것은 첫째로 여러분을 위로하고 여러분을 편안하게 하는 경향이 있다.

사랑스럽고 경건하지만 지극히 단순한 하나님의 자녀는 하나님과 교제를 나누는 다른 사람들이 말하는 이야기, 자기들은 전혀 이해할 수 없는 이야기를 읽거나 아우구스티누스와그 밖의 사람들이 영원하신 하나님과 갖는 친밀함, 자신들로서는 도저히 경험할 수 없는 정도와 형태로 하나님과 함께 하는 친밀함에 대한 글을 읽는 경우가 종종 있다. 이럴 때 그는 자신이 도대체 하나님께 가까이 갈 수 있을지 의문이 생긴다. "이것은 나에게 있을 수 없는 일이야" 하고 생각하고, 그렇게 되면 은밀한 동행도 그와 같이 될 수밖에 없다.

이와 같이 사탄은 단순한 사람들의 영혼을 괴롭힌다.

이것은 그렇지 않다. 위대한 인물인 아우구스티누스에게 그것은 그렇게 될 수밖에 없었고, 달리는 될 수 없었을 것이다. 바로 그 이유 때문에 그 방식이 겸손하고 단순한 사람들에게는 그대로 적용될 수 없을 것이고 적용되지도 않을 것이다. 하나님을 가까이 함이 위대한 성도들에게 이루어졌던 방식이 여러분의 경우에는 맞지 않을 것이다.

그러나 우리를 위로하는 이같은 생각과 나란히, 여기에는 또한 강한 자극과 격려도 있다.

여러분 자신의 성격을 생각할 때 그리고 자신의 영적 존재와 관련해서 생각할 때, 그 점은 자신의 영혼의 생활로부터 하나님과 갖는 여러분만의 은밀한 교제 형태를 내놓는 의무를 여러분에게 부과한다. "아우구스티누스라는 고지에는 결코 도달할 수 없어"라고 말하는 것은 도움이 되지 않을 것이다. 아니, 여러분은 아우구스티누스가 아니기 때문에 아우구스티누스가 한 것을 여러분이 기계적으로 그대로 따라 하는 것은 불가능한 일이다. 그러나 여러분은 하나님께 부름을 받았고, 여러분 자신으로부터 그리고 여러분 자신을 위해, 다른 누구가 아니라 바로 여러분이 따라가면 이 은밀한 교제에 도달하고 거기에 머무를 수 있는 개인적인 길을 찾는 책임을 하나님께서 여러분에게 부과하셨다.

이렇게 말한다고 해서, 다른 사람들이 어떻게 하나님을 찾고 만났는지를 이야기하는 것을 듣는데 아무 유익이 없다는 뜻은 아니다. 혹은 위대한 인물들이 하나님께 가까이 간 것에 대해 쓴 글을 읽는 것이 우리에게 내적으로 아무 교훈을 주지 않는다고 말하는 것도 아니다. 확실히 그런 것은 우리에게 유익이 되고, 교훈을 줄 수 있다. 아주 겸손한 시인은 빌더다이크(Bilderdyk)와 셰익스피어로부터 배우는 바가 있을 수 있다. 아주 겸손한 예술가는 루벤스와 렘브란트의 작품으로부터 도움을 얻을 수 있다.

이 모든 것이 큰 유익을 가져올 수 있다.

다만 똑같은 하나의 빵이 소화 작용으로 각 사람의 개인적인 신체 속에서 피를 생성하고 신체의 근본적인 활동을 유지한다. 그와 마찬가지로 많은 사람이 살아가는데 소용되는, 동일한 한 가지 거룩한 재료가 있을 수 있다. 그러나 언제나 그 재료가 각 사람에게 적용될 때 내적으로 영혼에 양식을 제공하는 것에는 그 나름의 과정이 있고, 결국 개인적인 결과를 가져온다.

바울의 경우에서만이 아니라 예레미야와 다윗의 경우에서도 성경은 이 독특한 성품의 원인이 각 사람이 영원하신 분과 갖는 은밀한 활동에 있다고 우리에게 설명한다.

시편 22편은 아주 뚜렷한 메시야적 성격을 띠고 있다. 이 시편이 슬픔의 아들에게 적용될 때에만, 영혼의 혹독한 슬픔을 노래한 이 노래가 제 특성을 나타낸다. 그러나 우리가 이 시편을 다윗 자신의 경험으로부터 생각하지 않는다면, 이 노래를 시편 기자 자신에게 적용하는 것으로부터 시작하지 않는다면, 바른 해석의 길에서 완전히 빗나가게 될 것이다.

바울 사도가 "하나님께서 **내 어머니의 태로부터 나를 택정하시고** 그의 은혜로 나를 부르시기를 기뻐하셨다"(갈 1:15)고 선언하듯이 예레미야서에서는 이같은 글을 보게 된다(1:5).

"**내가 너를 모태에 짓기 전에 너를 알았고 네가 배에서 나오기 전에** 너를 성별하였노라." 그와 같이 또한 다윗은 자기에 대한 주님의 관심이 자기가 태어나기 전부터 이미 시작되었다고 고백한다.

다윗이 시편 22편에서 그 점을 이같이 노래하고 있다. "**오직 주께서 나를 모태에서 나오게 하시고 내 어머니의 젖을 먹을 때에 의지하게 하셨나이다. 내가 날 때부터 주께 맡긴 바 되었고 모태에서 나올 때부터 주는 나의 하나님이 되셨나이다.**"

메시야에 적용되는 것으로서 이 모든 말씀의 더 깊은 의미는 별 문제로 하고, 자신이 하나님과 동행하는 것에 관해 이 확신이 생긴 것은 다윗 자신의 내적 생명에 대한 생각 때문이었다. 그리고 시편 139편에서 자신이 여호와의 택하신 종으로 부름을 받은 것을 떠나서, 그가 시편의 말씀을 인간 존재의 창조와 형성에 일반적으로 적용하고 있다는 점을 놓쳐서는 안 된다.

"주께서 나의 모태에서 나를 만드셨나이다. 내가 주께 감사하옴은 나를 지으심이 심히 기묘하심이라 주께서 하시는 일이 기이함을 내 영혼이 잘 아나이다. 내가 은밀한 데서 지음을 받고 땅의 깊은 곳에서 기이하게 지음을 받은 때에 나의 형체가 주의 앞에 숨겨지지 못하였나이다. 내 형질이 이루어지기 전에 주의 눈이 보셨으며 나를 위하여 정한 날이 하루도 되기 전에 주의 책에 다 기록이 되었나이다"(139:13-16).

이것은 다윗의 특별한 부름을 벗어나서 아주 인간 전체를 언급하는 방식으로 말씀한 것이다. 그래서 이 시편을 노래할 때, 그동안 하나님의 교회는 주저 없이 이 말씀을 자신에게 적용해 왔다.

이같이 하나님과의 우리의 은밀한 활동의 시작과 발전을 바르게 평가하기 위해서는 회심의 때로 돌아갈 뿐만 아니라 그 이상으로 우리의 잉태와 출산의 때까지 거슬러 올라가야 한다.

우리 한 사람 한 사람이 개인적으로 나름대로 하나님과 교제할 방식이 우리가 잉태되기 전에 하나님의 책에 기록되어 있었다는 말이다.

예레미야와 사도 바울이 이 사실을 말할 때 자신들이 개인적으로 하나님과 갖는 교제의 비법을 전수하는 것으로 말하지 않고, 아주 분명하게 자신들이 한 사람은 선지자로 다른 한 사람은 사도로 부름 받은 것과 관련해서 말한 것이라고분명하게 이야기한다면, 그것은 즉시 인정할 수 있다.

그러나 반대로 그들이 선지자와 사도로서 그들의 소명을 위하여 그들 각각의 영적 발전이 지극히 중요한 의미를 지녔다는 것 또한 틀림없는 사실이다. 그들은 선지자로, 사도로 부르심을 받은 가운데서 싸워야 했고 영적 전투를 수행해야 했다. 그들의 공적 생활은 그들의 영혼의 생활과 상관없이 영위되는 것이 아니었다. 사실, 그들이 잉태되기도 전에 이미 여호와 하나님께서 그들의 소명을 수행하는데 필요한 모든 것을 그들 안에 예정해 놓으셨다. 동시에 그들의 영적 각성과 훈련, 발전도 출생 전에 하나님께서 마련하셨고, 그들의 잉태와 출생에서 그런 인물이 존재하게 된 것은 상황이 요구한 대로 그가 그 같은 영적 조건을 갖추고 그런 영적 소명을 이행할 수 있도록 하기 위함이다.

그러므로 우리가 그 점을 어떻게 받아들이든지 간에, 다윗, 예레미야, 바울, 이 세 사람의 확고한 진술에는 그들의 잉태와 출생 **전에** 이미 그들의 하나님 여호와께서 그들의 영혼과 신체에서 **그와 같은** 사람으로 정하시고 창조하셨다는 것, 즉 후에 그들을 이와 같이 독특한 방식으로 훈련하고 그들의 영적 발전을 확실하게 이루는데 필요한 모든 것이 그들의 영혼과 신체의 창조에서 이루어졌다는 이 긍정적인 교훈을 항상 담고 있다.

이제 이 점을 우리 자신에게 적용한다면, 우리의 무의식적인 상태는 별문제로 하더라도 마찬가지로 우리의 잉태와 출생은 하나님의 지혜와 계획에 따르고 하나님의 거룩한 작용 하에서 이루어진 하나님의 활동이었다.

우리 영혼의 성향의 특성, 은사와 재능, 존재 형태, 심지어 신체 형태에 관해서 생각할 때, 여기에 우연이나 변덕, 운명이 작용하는 것이 아니라 하나님의 지혜와 활동이 있다.

이와 같이 하나님께서 우리가 태어난 후에 우리를 어떻게 형성하실 것인가를 생각하는 방식으로 현재의 우리가 지음 받은 것이 아니다. 그렇지 않다. 모든 것이 다 이미 생각해 놓으신 바이다. 여기에서 모든 것이 **하나의** 전체를 이룬다. 여기에서는 전지하시고 예지하시며 전능하신 하나님께서 처음부터 모든 것이 최종 목적을 향하도록 지도하시고, 동시에 이 최종 목적을 이루도록 하기 위하여 그 과정의 모든 시점에 요구되는 것을 이루도록 조정하신다.

이제 최종 목적이 여러분의 영원한 구원이라면, 그리고 여러분이 하나님과 은밀히 동행하는 일을 포함한 여러 마음의 영적 생활이 이 목적에 이르는 것이라면, 여러분이 영혼과 신체를 갖고 태어날 때의 형태에 관한 모든 지정은 일찍이 여러분이 하나님의 자녀로 존재하게 될 것과 하나님께서 다른 사람들과 구별하여 여러분을 하나님의 거룩하고 은밀한 활동에 기꺼이 받아들이실 독특한 방식에 처음부터 직접적으로 관련되어 있었다.

매일 사람들을 겪어보면 때때로 여러분과 공통점이 많은 사람들을 만나지만, 여러분이 모든 면에서 "**저 모습**이 바로 나다. 이 사람은 **정말로** 나의 판박이다"고 말할 수 있는 사람은 결코 만나지 못한다면, 여러분 영혼의 성향과 신체적 특징에 다른 사람과 다른 것이 있음에 틀림없다. 그리고 이것은 우연히 된 것이 아니라 하나님의 뜻과 지혜를 따라 이루어진 것이다. 그 다음에 여러분이라는 인물을 구성하는 이 모든 특질은 여러분에게 있는 천부적인 자산의 활동으로 생긴 것이 아니라 하나님께서 그같이 배치하신 결과인데, 이는 여러분이 여러분의 방식대로, 여러분의 길을 따라 하나님과의 은밀한 교제를 추구해야 했기 때문이고, 이 길을 찾고 그 길에 행할 수 있기 위해 여러분에게 영혼의 그런 성향과 그 같은 존재 방식이 필요했기 때문이다.

이 점을 생각할 때 여러분은 사람들로부터 자유로워지고, 심지어 여러분에게 **자신의** 경건을 강요하는 경건한 사람들로부터도 자유로워질 수 있다. 그 점으로 인해서 여러분의 잉태와 출생으로부터 모든 일에서 개인적으로 하나님께 묶여 있는 것이다.

시편 22편에서 또한 시인이 "주께서 내가 내 어머니의 젖을 먹을 때에 의지하게 하셨나이다"(22:9)라고 말하는 것을 생각하고 잊지 않도록 해야 한다.

다윗은 자신의 영적 생활이 자기가 어머니 품에 누워 있던 어린 시절부터 시작된 것으로 생각한다.

제 91 장

영원히 살아계시는 이를 예배하라

기도와 **예배**는 같은 것이 아니다.

여러분이 하늘의 종교와 땅의 종교의 차이를 생각해 보면 당장에 이 점을 느끼게 된다.

땅에서 우리는 온갖 고난과 비참함 가운데서 지낸다. 우리는 수많은 걱정거리를 견디고 낙망과 역경에 대해 싸운다. 그래서 우리 인생은 하루하루가 채워줄 것을 요구하는 결핍의 끝없는 연속이다.

이것이 자연히 우리에게 기도하고 구하며 탄원하고 호소하지 않을 수 없게, 도움과 구출과 구조, 우리 소원의 성취를 탄원하지 않을 수 없게 만드는 상태이다.

땅의 종교에서는 기도, 탄원, 더 높은 도움에 대한 간구가 전적으로 적합하다.

그러나 이것이 하늘의 종교에서는 전혀 다르다.

하늘에도 틀림없이 기도가 있고, 훨씬 더 많은 기도가 있다. 그리스도께서 친히 우리를 위해 기도하며 사신다.

그러나 그리스도의 편에서 그리고 천사들과 복 받은 자들 편에서 드리는 하늘에서의 기도는 땅에서 드리는 우리 기도와 전혀 다른 성격을 지닌다.

"하늘에 계신 우리 아버지여 이름이 거룩히 여김을 받으시오며 나라가 임하시오며 뜻이 하늘에서 이루어진 것 같이 땅에서도 이루어지이다" 라는 기도를 하늘에서도 드릴 수가 있다. 영광의 나라가 오는 것이 늦어지고 있고, 그리스도와 하나님을 대적하는 세력 사이의 싸움이 계속 된다. 끝이 아직 오지 않았다. 그러므로 하늘에 있는 모든 것이 이 목적을 간구하며 영광의 나라가 성취되기를 탄원한다.

하늘에서의 기도는 땅에 있는 하나님의 백성들을 위한 것이라고 이해할 수도 있다. 성경은 그리스도에 관하여 이 점을 분명하게 가르친다. 천사들이 우리를 기억하고 간구한다는 것이 아주 확실하다. 그리고 복 받은 자들이 우리의 필요를 직접적으로 알지는 못할지라도 땅에서 하나님의 나라가 승리할 것을 위해 그리스도와 천사들과 함께 기도하리라는 것을 충분히 생각해 볼 수 있다.

그러나 여러분이 성경이 허락하는 한 여기까지는 생각해보지만, 천사들이나 복 받은 자들이 우리처럼 "오늘 우리에게 일용할 양식을 주시옵고 우리가 우리에게 죄 지은 자를 사하여 준 것 같이 우리 죄를 사하여 주시옵고 우리를 시험에 들게 하지 마시옵고 다만 악에서 구하시옵소서"라고 기도할 수 있다고 말하지 않는다.

복 받은 자들이 부활의 몸을 입기를 기도할 수 있다. 그러나 지금 그들의 상태는 필요와 비참과 부족과 결핍의 상태가 아니다. 그들은 지극한 복의 샘으로부터 한껏 마시고 있다.

우리가 계시록에서와 같이 하늘의 생활을 볼 수 있도록 허용되는 경우에, 여러분은 천사들, 곧 스랍과 그룹들에 대해 그리고 복 받은 자들에 관해 그들이 **예배한다**는 것 외에 다른 어떤 언급도 발견하지 못한다.

"거룩하다 거룩하다 거룩하다 만군의 여호와여 그의 영광이 온 땅에 충만 하도다"(사 6:3).

하늘의 종교와 땅의 종교 사이에 이런 차이가 있다면, 곧 우리들 가운데서는 기도가, 하늘에서는 예배가 전면에 나타난다면, 우리가 이 예배의 성격을 주의 깊게 생각하는 것이 매우 중요하다.

기도는 하나님께서 우리에게 은혜를 베푸실 수 있도록 우리를 위하여 하나님께서 가까이 오시기를 구하는 것이다. **예배**는 우리가 하나님께 찬미와 찬송, 감사와 영광을 드릴 수 있도록 우리 편에서 하나님께 가까이 가기를 구하는 것이다.

그러므로 원칙적으로 **예배**는 기도와 정반대이다.

기도하는 사람은 하나님께서 자신을 우리에게 주시기를 구하고, 예배드리는 사람은 자기 영혼과 자기 속에 있는 모든 것을 하나님께 드릴 것을 요구한다.

기도하는 사람은 하나님으로부터 우리에게 오는 것을 바라고, 예배드리는 사람은 우리에게서 하나님께 갈 수 있는 것을 기대한다.

예배에서도 은혜가 작용하고 은혜에 대해 말을 하지만 그것은 또 다른 은혜이다. 그것은 무한하고 전능하며 충족하신 하나님께서 피조물이 자신의 이름을 찬미하는 것을 받아들이시려고 하는 은혜이다.

하나님은 지극히 존귀하시므로 피조물이 하나님께 조금이라도 무엇을 가져다 드릴 수 없다. 그리고 모든 천사의 목소리와 사람의 소리가 영원히 잠잠하다고 할지라도, 영원하신 하나님께서는 아무것도 필요치 않으시고 스스로 모든 것이 충족하실 것이다.

지극히 높으신 하나님께서 천사들과 사람들의 찬송 소리를 듣고 기뻐하시며 그들에게 하나님을 찬송하는 신성한 기쁨을 허락하신다는 이 점에 은혜가 있다.

우리에게는 모든 예배, 모든 감사, 모든 찬송, 모든 송영이 헤아릴 수 없는 이 은혜의 기초 위에 있다.

이와 같이 예배와 송영이 우리 동료 피조물들 앞에서 하나님의 이름을 찬미하는데 도움이 될 수 있다. 그러나 적어도 예배에서는 이것이 목적이 아니다.

거룩한 찬송을 부르는 사람은 수많은 불신자들 앞에서 하나님을 증거하고 불신자들을 하나님께로 인도할 목적으로 찬송을 부를 수 있다. 그러나 예배는 영혼의 거룩한 표현으로 우리 영혼과 하나님 사이에서 진행되는 일이며, 적어도 동료 신자들의 예배에만 적용될 수 있는 일이다.

지극히 고귀하게 표현되는 예배는 기계적일 수가 없다. 예배는 영혼이 하나님께 몰두하고, 찬미하는 가운데 하나님의 덕과 하나님의 활동에 놀라서 마치 바람의 여신 에올루스의 하프가 바람이 하프 줄을 건드릴 때 저절로 아름다운 가락을 울려내듯이 저절로 찬송을 발하게 될 때에야 예배가 된다.

여러분이 예배하는 것보다는 기도하기를 더 많이 하지 않는지, 영혼을 토로하는 가운데 기도에 이어서 예배도 그만큼 충분한 위치를 차지하고 있는지 이제 여러분 자신의 내적 생활을 검토해 볼 필요가 있다.

그런데 슬프게도, 기도 생활에서 이 예배가 너무도 적은 부분을 차지한다는 것이 많은 사람들이 정직하게 인정하는 바임에 틀림없다. 우리는 지금 대부분의 사람들이 기도하는 것만큼 예배드리는 일을 하지 않는다고 말하는 것이 아니다. 그보다는 예배라는 이 복된 기쁨을 너무도 많은 사람들이 거의 알지 못하고 추구하지도 않는다고 말하는 것이다.

이렇게 되어서는 안 된다.

하나님과의 은밀한 동행을 추구하는 사람, 하나님께 가까이 가고자 하는 사람은 기도 생활에서 자신이나 자기 사람들에게 너무 몰두해서는 안 된다. 하나님 앞에 무릎을 꿇을 때 그는 하나님의 영광에 관심을 갖는 것을 기도의 끝부분에까지 미루어서는 안 된다.

하나님에 대한 지식은 기도에서보다 예배에서 훨씬 더 많이 나타난다.

무엇인가를 위해 기도하는 사람은 무엇보다 자신의 필요와 결핍, 골칫거리를 먼저 생각하고, 하나님께서 오셔서 간구하는 자의 필요를 해결하실 때 쓰시는 능력과 힘에 대해서 생각하는 것만큼 하나님의 존재 자체에 대해서는 생각지 않는다.

반면에 예배하는 사람은 하나님께 열중하고 하나님만을 생각하기 위해 자신을 잊어버리며, 하나님의 아름다운 덕의 광채가 자신에게 비치게 하고, 하나님의 위대하심이 깊은 감동을 받고 놀라움에 싸인 영혼 속에 빛을 비출 때 자신의 영혼으로부터 하나님의 위대하심을 반사하도록 한다.

영광의 나라가 새 하늘 아래 하나님의 모든 천사들과 함께 새 땅에 임했을 때는 우리가 경배하지 않을 수 없을 것이다. 현재는 필요 때문에 끊임없이 기도가 입에 오르내린다. 그렇지만 예배에 복이 있다는 참된 생활을 이미 여기서 조금도 알지 못하는 사람은 불행하다.

이 땅에서 감사가 여러분의 훈련학교가 되도록 해야 한다.

교회의 의식서들 가운데 하나는 하나님 자녀의 전체 생활이 감사의 증거가 되어야 한다고 말하는데, 이는 감사가 모든 예배의 시작과 연속이기 때문이다.

매일 자기 죄의 용서를 위해서 기도하지 않을 사람이 어디 있겠는가? 그러나 십자가에서 얻은 용서에 대한 뜨거운 감사가 부족하거나 적어도 우리 영혼을 채우지 않는다는 것은 통탄할 만한 일이다.

이것은 생활의 모든 면에서 마찬가지이다.

하나님께서 우리에게 은혜를 베풀어 주시기를 하나님께 구해야 할 필요와 부족, 영혼 깊은 곳에서부터의 압박은 언제나 있다.

그러나 기도는 하면서도 받은 은혜에 감사하고 은혜를 주신 분에게 영광을 돌릴 기회가 없다는 것이 있을 수 있겠는가?

감사가 곧 충만한 예배는 아니다. 감사는 다만 하나님께서 우리에게 어떤 분이셨는가를 염두에 두고 드리는 예배이다. 그러나 참되고 뜨거운 감사를 드리기를 배운 사람은 오직 하나님의 위엄을 찬미하려고 하는, 훨씬 더 풍부한 이 예배에 스스로 이르게 된다.

우리가 거룩하신 분 앞에서 예배드리는 것보다 이교도들이 우상들 앞에서 예배드리는 것을 사람들은 더 많이 본다. 정말로 이슬람교도들은 코란에 나오는 알라의 미덕들을 매일 암송한다.

그렇다면 우리가 처음부터 우리 자녀들을 기도뿐만 아니라 감사를 드리고 예배드리는 일에 익숙하게 해야 한다는 것은 불필요한 훈계인가?

예배만큼 우리 영혼을 하나님께 가까이 가게 하는데 효과적인 것은 없다.

제92장

몸에는 지체가 하나가 아니라 여럿이다

그리스도는 여러분의 왕이시다.

거룩한 산 시온 위에 서신 기름 부음받은 왕만이 아니시다. 그뿐 아니라 이 땅의 시온이 더럽혀진 후에 왕은 단지 땅 위에서 하나님 나라를 다스리시는 것만이 아니다. 아니, 그리스도는 자기 신민들인 백성들을 다스리시는 왕이시기도 하다.

여러분의 관계, 곧 여러분이 개인적으로 그리스도와 맺고 있는 관계는 한 마디로 표현할 수 없다. 거기에는 여러 면의 관계가 있다.

여러분을 죽음으로 위협한 죄책을 생각할 때, 그리스도는 여러분의 중보자이시다. 여러분이 죄와 시험의 세력으로부터 보호를 그리스도께 구할 때, 바로 이 그리스도는 여러분의 중보자가 아니라 구속자이시다. 혹은 여러분이 인생의 복잡한 길을 가면서 가는 길의 지시와 인도를 그리스도께 구할 때, 이번에는 구주께서 여러분의 중보자나 구속자가 아니라 길에서 여러분 앞에 가시며 여러분에게 모범을 남기시는 여러분의 목자이시다.

여러분의 구주와 맺고 있는 이 같은 여러 면의 관계는 결코 이것들로 끝이 아니다. 왜냐하면 그리스도는 또한 아버지 하나님과 함께 계시는 여러분의 영화로운 머리이시고, 여러분이 그 앞에 무릎을 꿇어야 하고, 고백해야 할 주님이시기 때문이다. 그리스도는 여러분을 자기 백성들에게 연합시키신 여러분의 왕이시고, 여러분이 그의 신민이 되고, 여러분이 어느 날 그의 왕궁에 있게 될 왕이시기 때문이다.

"왕"이라는 이 명예로운 호칭이 여기서 결코 우발적으로 붙여진 것이 아니다. 골고다에서 그 위대한 변호가 결국 이 호칭 아래서 치러졌고, 빌라도의 재판석 앞에서 로마 황제와 하나님의 기름 부으신 자 사이에서의 싸움은 왕권의 영예를 얻기 위한 전투에 집중되었다.

계시록에서 여러분에게 선포되듯이(17:14) 어린양은 단지 여러분의 화목과 안전만이 아니고, 여러분의 구속자요 구주만이 아니시며 여러분의 목자요 인도자만이 아니시다. 하나님의 어린양, 이 대조법에서 여러분은 참으로 우리를 놀라게 하고 고무시키는 것을 느끼게 된다. 이 하나님의 어린양은 또한 만주의 주요 만왕의 왕이시다.

이 어린양은 면류관을 쓰고 계시며, 표면에 나타나시지는 않지만 통치하시는 높고 거룩하신 분이시다.

이 어린양이 여러분의 왕이시다!

그러나 어떻게, 어떤 의미로 왕이 되시는가?

이 왕은 여기 이 땅에서 현재 실제적으로 활동하시는가? 세상 군주의 왕으로서 모습이 여러분의 구주의 능력과 영광을 그대로 표현하면서 구주에게 적용되는가?

그리스도는 또한 여러분의 왕이시다! 멀리 떨어진 작은 시골마을에서 쟁기를 잡고 있는 사람이 왕궁에 있는 자신의 왕을 생각하듯이 여러분도 이 영광스런 호칭을 부를 때 그리스도를 그와 같이 생각하는 경향이 있는가?

왕은 그 농부에게 보이지 않고 동전에 있는 형상으로 표현된 신비한 권세이지만, 그 밖에 대해서는 그에게는 여전히 낯선 권세, 곧 왕의 화려함과 광채, 그 영광과 장관을 도무지 생각할 수 없지만 멀리서 존경을 표시하는, 멀리 있는 권세이다. 빛나는 궁전에 있지만 이 농부로서는 가까이 갈 수 없고, 그의 지배를 받고 있기 때문에게 그에게 세금을 바치며, 그가 경건한 사람이라면 매일 그를 위해 중보기도를 드리는 군주이다.

여기에는 확실히 그와 비슷한 점이 있다. 그리스도께서도 영광의 궁전에서 보좌에 앉아계신다. 세상의 모든 왕의 광채도 그리스도의 위대하심의 찬란한 영광에 비하면 희미해질 정도로 영광스런 궁전에 계신다. 예수의 신민인 사람도 왕의 예식에 자녀를 데리고 간다. 그는 사랑의 수고를 하는 가운데 자기 돈을 바치고, 그리스도의 나라를 위해 마땅히 해야 할 일을 위해 힘을 쏟는다. 이 왕도 또한 멀리 떨어진 곳에서 보좌에 앉아계신다. 여기 이 땅에서 그리스도의 신민은 하나님 나라의 왕을 보지 못할 것이다.

그러나 비슷한 점은 여기까지만이다.

왜냐하면 그리스도께서 여러분의 왕이시라고 할 때, 세상 군주로부터 빌려온 모습은 거의 없고, 오히려 세상의 왕들이 그리스도의 영광의 모습을 취하고 있기 때문이다. 그리고 참되고 실제적인 왕권이 세상의 어떤 군주에게서도 실현된 적이 없고 오직 그리스도에게서만 성취되었기 때문이다.

머리요 주요 왕이시라는 것은 같은 영광을 나타내는 세 광선일 뿐이다.

머리는 여러분의 생명과 생활과 내적 존재가 여러분 구주의 생명과 생활과 존재와 갖는 내적 관계와 결속을 가리킨다.

"**주**"는 그리스도께서 여러분의 주인이시고 여러분은 그의 소유이며, 여러분이 그리스도께 속해 있고 그리스도께서 여러분을 사탄의 지배로부터 사서 자유롭게 하시고 자기 피로 값을 치르고 여러분을 소유하게 되었다는 사실을 표시한다.

그리고 그리스도께서 여러분의 머리이시고 주이시기 때문에 오직 이 두 가지 관계 안에서만 그리스도는 여러분의 왕이시다. 여러분을 그의 나라로 이끌어 들이셨고, 여러분을 그의 백성들에게 연합시키시며, 여러분을 자신과 함께 유업을 받을 자로 삼으시고 지금 왕으로서 내신 생명의 법으로 여러분을 다스리시는 분이시다.

여러분은 그의 신민이다. 그러나 이것은 그리스도께서 머리로 계시는 한 몸의 지체라는 사실 때문에, 그리고 그 사실을 고려할 때 성립이 된다.

확실히 이것은 처음 들을 때는 도무지 이해할 수 없는 관계이다. 그러나 여러분이 몸의 의미를 분명하게 알고, 몸에서 머리의 의미와, 머리의 지시를 받는 각 지체의 의미를 분명히 알 때, 그 관계가 영광스럽게 설명이 된다.

여러분 스스로 사람을 생각하되, 에덴 동산에서와 같이 하나님의 손에서 나온 사람을 생각해 보라. 그는 순결하고 완벽한 아름다운 몸을 가지고 있다. 그 몸에는 몸에서 자란 모든 사지가 있고, 몸에는 고귀한 머리가 있는데, 그 머리는 온갖 얼굴 표정이 나타나고, 아주 풍부한 특징들이 있으며 생기가 흘러넘친다. 이렇게 생각할 때에만 비로소 여러분은 그리스도의 몸을 생각해볼 수 있고, 그 몸에 있는 지체들과 이 모든 지체들 위에 있는 영광스런 머리를 생각해 볼 수 있다.

그렇지만 여기서 인간의 몸은 그것 자체로 완벽한 상(像)은 아니다. 이와 관련해서 "몸"은 오히려 그보다 넓은 의미에서 우리가 좀 더 익숙하게 부르는 **유기체**를 가리킨다. 그런데 어떤 의미에서 동물도 유기체이고 식물도 유기체이다. 그리고 우리는 또한 몸 혹은 유기체라는 상을 사람에 대해, 사람을 연상시키는 온갖 것들에 적용한다.

이렇게 해서 우리는 몸과 다름없는 단체를 이야기하는데, 몸이라고 말할 때는 조직된 모든 협회, 단체, 연맹을 의미한다. 그래서 우리는 가족에 유기체적 생활이 있다고 말한다. 그래서 우리는 국가를 조직체(body, 몸)라고 말하고, 또 사람들도 집단(body, 몸)이라고 말한다. 이런 이유로, 그리고 이와 관련해서 우리는 사람들 가운데서 그런 단체를 감독하는 사람을 그 단체의 우두머리(head, 머리) 혹은 국가의 정상(head, 머리)이라고 부른다. 그리고 그런 단체 혹은 집단(body, 몸)에 속한 사람들을 그 조직의 회원(member, 지체) 혹은 교회의 지체라고 부르는 것이 일반적인 규칙이기도 하다. 한 국가의 일원(member)이 된다는 것은 그 국가에 편입되는 것이다.

그리고 이것이 거룩한 사도들이 그리스도와 그리스도의 사람들에게 적용하는 상(像)이다.

그리고 식물이라는 유기체도 이에 대하여 기여하는 바가 있다. 예수님께서 친히 이렇게 말씀하시지 않았는가? "나는 참포도나무요 너희는 가지라." 그리고 바울 사도는 예수와 함께 심는 일에 대해 말하지 않는가?

이와 같이 이런 비유는 다음의 사실을 여러분이 만져 알 수 있게 하고 분명히 깨닫도록 한다. 즉 예수 그리스도의 왕권은 밖으로부터 여러분에게 임하는 외적인 통치가 아니고, 여러분이 예수의 신민이 되기 전에 여러분이 이미 그리스도의 생명에 연결되어 있었고, 이렇게 말할 수 있다면, 여러분이 생명의 끈으로써 그리스도에게 묶여 있었다는 것이다. 그래서 여러분과 그리스도 사이에 **한** 생명의 피가 관통해서 흐르며, 여러분과 그리스도 사이에 **한** 생명의 영이 생명을 불어넣어 살린다는 것이다. 그렇다. 여러분의 머리가 이곳저곳으로 움직이면 여러분의 발과 손, 눈, 귀가 머리와 함께 움직이듯이, 마찬가지로 여러분의 왕이신 그리스도 편에서 일어나는 생명의 모든 움직임이 여러분 속에서도 일어나고 여러분이 그리스도와 함께 움직이도록 한다.

지체들은 반드시 몸을 따라가고 머리가 어디로 향하든지 그리로 몸이 가기 때문에 그리스도는 여러분의 왕이시다.

제93장

주여, 우리에게 기도를 가르쳐 주옵소서

여러분 영혼의 기질이 순수하다면, 여러분은 기도할 때만큼 하나님께 가까이 있다는 것을 느끼는 때가 없을 것이다. 그리고 기도하는 동안에는 여러분이 하나님으로부터 결코 멀리 있지 못할 것이다.

기도하는 것과 하나님께 가까이 가지 못하는 것 사이에는 공통점이 없다.

그렇지만 모든 도시와 촌락에서 매일 많은 기도가 드려지지 않고 있고, 모든 가정에서는 자신이 하나님의 얼굴 앞에 서 있다는 압도적인 인식하에서 생활하는 일이 드물다고 몇 번이고 말할 수가 있다.

죄는 우리의 내적 생명을 온갖 방식으로 약화시킨다. 이 때문에 우리가 간절히 열망할지라도 영혼의 생명 샘이 위로 분출할 수 없다. 사실, 우리가 기도할 수 없는 때가 있다. 그렇지만 기도를 소홀히 할 수 없다. 그래서 우리는 손을 모으고 더듬거리며 기도를 한다. 그러나 "아멘"하고 기도를 끝냈을 때, 정신적 고양과 활기가 부족하여 기도를 망친 것 때문에 실망하게 된다.

다른 사람들과 함께 드리는 기도에서 기도 인도를 하는 것을 별 문제로 하고, 사람은 누구나 기도**해야 하고** 기도할 수 있다. 그러나 기도를 잘 하는 것은 매우 어려운 기술이다. 기술이라기보다 그것은 영혼의 지극히 명료한 의식과 절박함, 준비된 태도가 요구되는 거룩한 활동이며, 결코 기술이 될 수 없는, 기술이 되면 더 이상 기도가 되지 않는 거룩한 활동이다.

제자들도 이 점을 느꼈다. 제자들이 이 거룩한 활동을 다시 목격하였을 때, 곧 예수께서 그들에게서 좀 떨어진 곳으로 가서 하나님 아버지께 간절히 기도드리셨을 때, 그것을 보고서 제자들의 마음에 자기들이 바르게 기도할 줄 모른다는 생각이 들었다. 그래서 예수께서 그들에게로 돌아오셨을 때 제자들 중 한 사람이 말하였다. "주여, 요한이 자기 제자들에게 기도를 가르친 것과 같이 우리에게도 가르쳐 주옵소서"(눅 11:1).

그런데 오늘날 초영성적인 하나님의 자녀는 이런 요청을 즉시 비난하며 막았을 것이다. 사실 사람은 누구나 자기 스스로 기도해야 한다. 하나님 앞에서 암기한 기도를 드리는 것이 무슨 가치가 있겠는가 하고 말할 것이다.

그러나 예수께서는 그렇게 초영성적이지 않으셨다. 과연 예수께서는 언제나 스스로 기도하셨다. 그럴지라도 예수께서는 범죄한 우리들이 참된 기도를 드리는 것이 얼마나 어려운 일인지 아셨다. 자신의 제자들이 언젠가는 모든 시대의 교회의 선생과 지도자들이 될 것이지만, 자기들에게 기도하는 법을 가르쳐 달라는 그들의 요청이 중요하다는 것을 아셨다. 그래서 하늘의 언어로 예수께서는 기도를 드려야 할 우리 아버지를 제자들에게 가르쳐 주셨다.

예수께서는 "이 방식을 따라서 기도하라"고 말씀하시지 않았다. 예수께서 제자들에게 **우리 아버지**를 일러 주셨는데, 이것은 기도하는 방법의 모범으로 주신 것이 아니다. 주님께서는 "너희가 기도할 때에 **이렇게 하라**"고 분명히 말씀하셨다.

요한 역시 자기 제자들에게 그와 같은 기도의 형태를 가르친 것이 분명하다. 그래서 예수께서도 제자들에게 일정한 형태를 사용하여 기도를 가르쳐 주셨다. 그것은 제자들이 한 목소리로 드리도록 정해진 기도인 것이 분명하다. 왜냐하면 그 형태가 복수로 이루어져 있기 때문이다. 즉 **우리** 아버지여, **우리에게** 일용할 양식을, **우리** 죄 라고 말하고 있다.

예나 지금이나 그리스도의 교회는 각각 형태는 다를지라도 **우리 아버지**께 충실해 왔다. 우리 선조들은 예배의식에서 기도문을 채택하였을 뿐만 아니라 공적 예배에서 회중이 **우리 아버지**라는 말을 사용하도록 거듭 규정하였다.

그러나 18세기 이래로 이 습관이 포기되었다. 특별히 스코틀랜드로부터 그 영향이 들어왔는데, 여기서는 정해진 형태를 지지하는 모든 것을 치워버리고, 공적 예배에서 오직 인도자의 즉흥적인 기도만을 허용하였다.

목표는 높았다. 그런데 목표가 너무 높았다. 그래서 지나치게 영적인 것이 아주 슬프게도 영적인 것을 손상시키고 말았다.

영혼이 온갖 도움을 초월하고 영의 자유로운 절박함으로 인해 하나님께로 올라갈 수 있고, 성령의 날개를 타고 하나님 앞에서 거룩한 언어로 기도할 때, 그것이 가장 완벽한 기도임에 틀림없다. 기도 생활에 그와 같이 영광스런 순간들이 있다. 그런 순간에는 **우리 아버지**라는 말도 하나님 앞에서 기도하도록 영혼을 인도하는데 충분히 구체적이지 않다.

그러나 많고 적은 회중들 가운데서 이같이 신성한 고지에 이른 사람들이 얼마나 되는지 한번 여러분 스스로 물어보라. 그리고 그런 사람들이 있다면, 그들이 그처럼 순수하고 거룩한 분위기 가운데 있는 시간이 하루 가운데 얼마나 되는지 한번 여러분 자신에게 진진하게 물어보라.

현실을 생각해 보라. 여러분 자신만 생각할 것이 아니라 회중 가운데 그리고 여러분 가정에 있는 불쌍한 양, 곧 영적 위치가 아주 낮은 가운데 있지만 그럴지라도 기도할 필요를 느끼고, 기도 중에 조금이라도 하나님께 가까이 갈 수 있고, 하나님의 거룩한 임재를 느낄 수 있다면 그것을 여러분 못지않게 영광스럽게 여기는 사람들을 동정해야 한다.

예수님의 사도들은 우리보다 한참 높은 곳에 있었다. 그렇지만 그들에 대해서조차 예수께서는 그들의 기도가 아주 목표가 없고 불필요한 것이 많다고 생각하셔서 제자들에게 그와 같은 기도를 가르쳐 주셨다.

기도문도 남용되는 경우가 있는 것이 사실이다. 그러나 예수님께서 우리 아버지라는 말이 결국에는 많이 오용될 것을 예견하지 못하시거나 알지 못하셨다고 생각할 수 있겠는가? 그럴지라도 예수께서는 그 기도문을 제자들에게 가르쳐 주셨다.

우리의 연약함과 죄에도 불구하고 결코 오용될 수 없을 만큼 거룩한 것은 없다. 세례가 오용되고 성찬이 오용되며 성경이 오용된다. 그렇다고 이 모든 것을 폐기 처분 해야 하겠는가?

그래서 기도에 관해서 우리는 여기서 그와 같이 수고로운 선택을 해야 한다.

자기 마음속으로부터 우러나와 드리는 성령의 기도만 하나님께서 받으실 수 있다고 말한다면, 확실히 더 이상 기도의 오용은 없다. 그러나 그렇게 되면 수많은 가정에서 더 이상 기도가 드려지지 않고, 기도에 대한 기억조차 점점 사라지게 될 것이다.

그러나 반면에 기도문의 사용을 부활시킨다면, 필연적으로 여러분은 영혼이 결여된 채 입술로만 기도를 중얼거리게 될 것이다. 감사하게도 모든 사람이 그런 것이 아니라 많은 사람이 그렇다. 이와 같이 많은 경우에 기도가 남용되고 있다.

이런 선택의 문제 앞에서 많은 사람들은 이렇게 말하는 경향이 있다. "바르게 기도하는 사람이 몇 사람이라도 있다면, 다른 사람들이 기도하지 못하게 해서, 어쨌든 마음이 없이 입술만 움직이는 일은 없도록 해야 한다."

그러나 우리는 이렇게 **말해서는 안 된다**. 예수께서 제자들에게 하신 말씀이 이 점을 배제한다. 우리는 좀 더 겸손해져야 한다. 주님의 교회라도 너무 낮은 수준에 있어서 매우 높은 영적 관점을 제대로 평가할 수 없다는 것을 고백해야 한다. 그리고 기도가 계속되게 하려면, 그리고 기도가 온 교회, 모든 가정에서 그 가정의 훌륭한 자나 보잘것없는 자나 다같이 그들에게 힘이 되려면, 두 가지가 다함께 유지되어야 한다. 곧 모든 사람이 사용하도록 지시를 받았기 때문에 모든 사람이 따라서 기도할 수 있는 기도문뿐 아니라 자기 마음속으로부터 우러나와 드리는 성령의 기도도 함께 드려야 한다.

우리 각 사람이 타고난 시인이며, 그래서 어떤 책을 보고서 찬송을 부르지 않고 언제나 자신의 영감과 영적 충동으로부터 노래를 부른다면 우리가 찬송과 시편으로 드리는 찬양도 마찬가지로 매우 높은 수준일 것이다.

그러나 우리는 그렇게 하지 못한다. 그것은 불가능한 일이다. 우리는 시인이 아니다. 그리고 같은 찬송을 다 함께 부를 수 없다면 공적 예배는 드릴 수 없을 것이다.

이것 또한 오용될 수가 있다. 여러 사람이 회중을 이루어 찬송을 부르면서 가사에 마음을 담지 않고 입술로만 찬송을 부를 수가 있다.

그렇지만 이렇다고 해서 누가 하나님의 집에서 찬송의 예배를 떨어버릴 수 있겠는가?

이것은 공적 예배에 죽음을 가져오는 생활의 초(超)영성을 따라 추구하는 것일 것이다.

그러나 여기에는 그것 말고도 훨씬 더 깊고 의미심장한 이유가 있다.

여러분은 경험을 통해 다음의 사실을 알 것이다. 여러분이 마음으로 하나님께 가까이 가고자 할 때, 때로는 다른 아무것도 소용이 없고 여러분이 언제나 외우고 다닌, 좋아하는 시편 구절을 혼자서 반복하면 여러분이 시편 구절의 신성한 언어로 인해 일반적인 사고의 세계에서 해방되어 영혼이 하나님께로 올라가는 것을 경험한다. 때때로 여러분이 기도하고자 하나 기도가 되지 않을 때, **우리 아**

버지라고 부르는 것이 여러분을 기도할 수 있는 분위기 가운데로 들어가도록 하는 고마운 수단이 되는 것을 종종 경험하지 않았는가? 성경은 또한 신앙 형식이고 따라서 언제나 똑같다. 그러나 기도를 시작하기 전에 성경을 읽는 것이 언제나 여러분이 기도를 할 수 있게 만들 뿐만 아니라 영혼을 수반하는 신성한 언어로 기도할 수 있게 하는 수단이지 않았는가?

여기에는 두 가지 원인이 작용한다.

첫 번째는 **언어**이다. 기도와 찬송을 위한 구별된 언어가 있다. 이 언어는 각 사람의 영혼으로부터 저절로 솟아나오지 않는다. 이 특별한 목적을 위한 은사를 받은 사람들이 있었다. 다윗의 시를 따라 노래하거나 바울 사도의 말을 따라 기도하는 사람들이 이렇게 하는 것이 도움이 되고 자기들을 고양시키며 자기들 스스로가 할 수 있는 것보다 더 멀리까지 나아가게 한다는 것을 느끼는 것이 당연하지 않는가?

그러나 이것 말고도 또 다른 것이 있다. 젊었을 때부터 인생을 살아오면서 우리가 경험해 온 기도의 말과 찬송의 정신적 고양은 우리의 내적 생명으로부터 나오는 말에 속사람을 힘 있게 하고 신성하게 하는 착실함을 준다. 이뿐 아니라 기도의 말과 찬송의 정신적 고양이 우리에게만 친숙한 것이 아니라 지금과 이전 시대에도 하나님의 자녀들이 사용한 언어였다는 것을 즐겁게 깨달을 때, 그것은 마치 아론에게 부은 귀한 향유, 곧 마음을 새롭게 하는 아름다운 향유가 우리와 하나님의 모든 자녀에게 부어진 것과 같다.

이 모든 것 아래에는 하나님께 가까이 가는 복을 경험하기 위한 추구와 노력이 여전히 있다. 이와 같이 조용히 공경하는 마음으로 진실되게 **우리 아버지**를 반복하여 부르면, 하늘의 문이 우리 영혼에 열린다. 시편의 언어 자체가 영혼을 위로 끌어올린다. 때로 아주 무기력하고 방황하는 영혼에 신성한 말의 도움을 제공하는 모든 것은 더 고귀한 화음에 일치하도록 우리를 조율한다. 마찬가지로 기도를 드리고 찬송을 부르는 동안 하나님의 모든 성도들과의 친교를 경험하고, 더 경건했던 자신의 과거를 기억하게 하는 모든 것이 우리를 하나님에게서 멀어지게 하는 세상의 세력에 대항할 수 있는 힘을 준다.

마찬가지로 공적 예배의 마지막에 드리는 축복 기도를 모든 설교자가 스스로 지어서 말할 수 있다. 그러나 대체로 그렇게 하지 않는다. 확정된 형태로 존속되어 온 이 축복기도에 우리가 마땅히 감사한 마음으로 받을 수 있는 유익이 있기 때문이다.

이제 설교자는 축복 기도에 자기 마음대로 무슨 말을 집어넣을 수 없다. 그래서 여러분은 설교자를 잊을 수 있다. 그러나 설교자가 바로 그로 인해 무대 뒤로 들어가고 전면에 나오지 않기 때문에 축복 기도가 하나님으로부터 내리는 부드러운 은혜의 이슬처럼 여러분에게 영향을 끼치는 것이다.

제 94장

하늘에서 이루어진 것 같이

우리 영혼이 하나님께 가까이 간다는 것은 우리가 매일의 환경에서 내적으로 자신을 고양시켜 하나님의 위엄의 영역에까지 이른다는 것을 포함한다. 성경의 언어에서 **수르숨 코르다**(Sursum corda, '마음을 드높이라는 말' - 역자주), 곧 영혼과 의식을 하나님에게까지 높이고 지성소의 알현실에 나타나라는 말이 그것을 뜻한다.

사실 여호와 하나님께서 무한한 동정 가운데 오셔서 우리와 함께 거하시며 그의 지팡이와 막대기로 우리를 안위하신다. 그러나 이렇게 하나님께서 우리에게 가까이 오시지만, 그로 인해 우리 영혼이 언제나 하나님께 가까이 가는 것은 결코 아니다. 우리를 찾으시는 하나님의 사랑이 오랫동안 우리 마음 가까이에, 주위에, 속에 있을 수 있지만, 우리 영혼이 그 사실을 분명하게 깨닫지 못한다. 어린아이를 하나님께서 가까이 하심으로 품에 안고 옮기시지만 어린아이 자신은 하나님의 위엄을 전혀 인지하지 못한다. 우리에게서 의식마저 빼앗아가는 병 가운데 있을 때에도 하나님의 가까이 하심은 자기 자녀에게서 결코 떠나지 않는다. 죽을 때 의식이 우리에게서 떠날 때에도 하나님의 가까이 하심은 하나님께서 자기에게로 부르신 그 영혼을 계속해서 돌보신다.

그러므로 여러분은 이 두 가지가 아무리 긴밀하게 연결되어 있을지라도 언제나 그것들을 구별해야 한다. 하나님께서 우리에게 가까이 계시는 것과 우리가 하나님께 가까이 있는 것은 다른 문제이다. 우리 의식이 보이는 세계에 너무 얽혀 있지 않는 것이 매우 유익하고, 또 우리가 영혼의 인식을 이 세계로부터 하나님 보좌 근처의 세계로 옮기는 신성한 기술을 아는 것이 매우 유익한 것은, 전자의 경우를 위해서가 아니라 후자의 경우를 위해서이다.

처음에 우리는 기도에서 이 사실을 배운다. 그래서 예수께서 우리 아버지여 라는 이 짧은 말을 사용하여 우리 생각을 보이지 않는 세계로 다시금 인도하신다는 것은 주목할 만한 점이다.

기도를 시작하는 말에서 당장에 "하늘에 계신 우리 아버지여"라고 말하도록 하신다. 하이델베르크요리문답에서는, 하나님을 이렇게 부르도록 한 것은 우리가 하나님을 세상 방식으로 생각하지 않도록 하라는 뜻이라고 가르친다. 이 말을 더 깊은 의미로 받아들인다면, 곧 현세를 초월하는 어떤 소리나 말, 용어로 생각지 않고 기도 첫머리에 영혼을 사로잡는 세상적인 생각으로부터 벗어나서 하나님 보좌를 두르는 높고 거룩한 영역으로 들어가려는 영혼의 노력으로 본다면 바르게 생각한 것이다.

똑같은 효과가 "나라가 임하시오며"라는 기도에 의해 성취된다. 이 나라는 바로 하늘나라이기 때문이다. 그리고 이 때문에, 기도는 하늘로부터 오는 나라의 권능이 우리 생활에 더욱더 강력하게 임하기를 구하는 것이다.

그러나 "아버지의 뜻이 **하늘에서** 주의 천사들 가운데서 이루어진 것 같이 땅에서 우리들 가운데서 이루어지이다"(개역개정은 "뜻이 하늘에서 이루어진 것 같이 땅에서도 이루어지이다" - 역자주)라는 세 번째 기도에서는 하나님 보좌 주변의 생활과의 교통이 아주 분명하게 표현된다.

여기서 하늘에 대한 언급은 직접적이다. 그 언급은 아주 분명하게 표현되고 있다. 여기서 지상 생활과 하늘의 생활의 유사성과 차이점이 다같이 묘사된다. 여기서 우리 주님께서는 우리의 순례 여행을 위해 가르쳐 주신 기도에서, 우리가 하나님께 가까이 감을 기도하고 추구하는 가운데 천사들의 세계, 구속받은 자들의 세계와 친숙해지고, 그들 세계와 친교를 가짐으로 하나님께 가까이 가는 일에 힘을 얻으라고 권고하시는 것이다.

우리 영혼이 기도로 보이지 않는 이 세계와 접촉하도록 하라는 예수님의 이 권고는 매우 강력하다. 그리고 마지막 기도에서는 예수님은 반대로 타락한 천사들의 우두머리로부터 우리에게 쏟아지는 작용을 우리에게 아주 분명하게 인식시키신다. "그 악한 자에게서 구하시옵소서"(개역개정은 "악에서 구하시옵소서" - 역자주)는 악, 곧 우리 마음속에서 일어나는 죄가 보이지 않는 세계로부터 오는 더 높은 권세에 의해 부양되고 추진된다는 것과, 오직 우리 하나님만 이 치명적인 영향력으로부터 우리를 구원하실 수 있다는 것을 명심하도록 하는 기도이다.

여섯 가지 간구로 이루어진 이 짧은 기도에서 예수님은 우리가 기도할 때마다 보이는 세상 영역에서 벗어나게 하시고, 주님께서 보이지 않는 세계의 실재를 분명하고 강력하게 우리 영혼의 의식에 나타내시며, 이 모든 것은 바로 이 일로 말미암아 우리가 하나님께 가까이 감을 더욱 깊게 더욱 친밀하게 즐기도록 하기 위함이라고 한다면, 너무 대담한 말인가?

이렇게 영이 보이지 않는 세계와 교제를 갖는 것이 하나님께 가까이 감과 분리될 수 없다는 것이 성경에 여러 번에 걸쳐 나온다. 이사야의 이상과 밧모 섬에서의 계시를 생각해보기만 해도 알 것이다.

이사야는 보좌에 앉으신 여호와를 뵈었을 뿐만 아니라 보좌 주위를 두르고 있는 스랍들을 보았고, 또한 "거룩하다 거룩하다 거룩하다 만군의 여호와여" 라는 소리가 하늘의 둥근 천정 가운데서 아름다운 화음으로 울려 퍼지는 것을 들었다. 그것은 밧모 섬에서도 다르지 않았다. 여기에서도 이 예언자는 거룩하신 이를 보면서, 또한 하나님의 위엄을 계시하는 그룹들도 보며, 장로들과 복 받은 무리들이 "우리 주 하나님이여 영광과 존귀와 권능을 받으시는 것이 합당하오니"(4:11) 찬송을 듣는다.

이와 같이 하나님의 백성들 편에서 드리는 기도와 찬송을 천사들과 복 받은 자들 편에서 드리는 찬송과 연결시키는 천상의 금빛 줄이 성경 전체를 관통하고 있다.

하나님을 찬송하는 것은 가까이 가지 못할 빛에 거하는 천사들과 복 받은 자들만이 아니다. 우리도 땅에서 새벽녘에 성부, 성자, 성령께 찬송을 드린다. 그러나 천사의 목소리와 사람의 말 사이에는 연관이 있다. 때로는 우리가 하나님의 보좌 주변에서 기쁘게 찬송을 드리는 것에 대해 메아리를 보내는 것에 지나지 않는 것처럼 보이지만, 거룩한 조화가 있을 때, 곧 위에 있는 피조된 영들과 땅에서 하나님께 가까이 감을 추구하는 피조물들 사이에 복된 조화가 있을 때에만 우리 마음이 안식을 얻는다.

그러나 이 사실은 우리가 하나님의 보좌 앞에서 하나님의 천사들과 성도들과 갖는 반드시 필요한 이 교제가 이미 너무 지나치게 발전해서 우리들 가운데서는 폐지되지 않았는가 하는 질문을 제기한다.

우리가 그 교제를 오용하지 않아야 한다는 것은 분명한 사실이다. 경우에 따라서는 우상 숭배조차도 영들의 세계와 교제하려는 이런 추구에서 나왔을 수가 있다. 그리스도의 교회에서조차, 이같은 교제를 추구하는 것이 오히려 사람들의 영혼을 하나님의 거룩하신 존전 앞으로 인도하기보다는 오히려 하나님에게 멀리 떼어놓는 경우가 너무도 많았다.

이렇게 표현할 수 있다면, 천사와 성도들에 대한 영혼의 관심은 오히려 그 열망 때문에 영혼과 하나님 사이에 중간 대리인들을 세우는 시험에 넘어간 경우가 아주 많았다. 그리고 이 중간 대리인들의 도움이 있으므로 하나님의 도움에 대한 기대가 필요 없게 되고 말았다.

그러므로 이런 오용을 바로잡기 위해서 온건하게 안전한 길이 추구되었고, 사람이 기도할 때 어떤 것에 의해서도, 심지어 천사들에 의해서라도, 하나님에게서 그리고 하나님의 직접적인 교제로부터 주의를 돌리지 않도록 하려는 노력이 거룩한 충동으로부터 나왔다는 것은 분명하다. 그러나 이런 신중함이 과장되면서 또 다른 극단으로 나갔다는 것을 부인할 수 있겠는가? 그리고 공적 예배의 기도에서, 가정 예배의 기도에서, 개인적인 간구에서 영의 세계가 거의 보이지 않게 되었고, 그렇게 됨으로써 모든 기도가 예수께서 친히 **우리 아버지**라는 호칭으로 말씀하신 어조와 갈등을 일으키게 되었다는 것이 진실이 아닌가?

우리 아버지라는 호칭으로 예수께서는 우리 영혼이 거듭 거듭 이 같이 더 고귀한 영의 세계와 접촉하도록 하시는데, 우리 기도에서는 이 교제가 이제는 거의 사라져버렸다.

그래서 사람은 한 극단의 오용을 피하기 위해 무의식적으로 자연스럽게 다른 극단에 빠질 수가 있다. 그리고 이것이 영혼의 생명에 해를 끼치게 되는 것은 불보듯 뻔한 일이다.

죽는 사람은 하나님과 구주를 따로따로 만나지 않고, 또 홀로 있는 것이 아니라 성도들의 세계에 둘러싸여 있다는 것을 안다. 아버지 하나님만 홀로 그를 기다리시는 것이 아니라 아버지의 집이 그를 기다리고 있다. 그리고 아버지 집에는 많은 저택들이 있고, 그 저택에는 하나님의 천사들과 먼저 간 성도들이 있다.

이 영광의 세계가 죄 있는 이 땅보다 훨씬 높은 곳에 있는 것으로 밖에 생각할 수 없기 때문에 영광의 나라를 위에 있는 나라로 이야기할지라도, 우리는 이 구분이 분리가 아니라는 것을 또한 알고, 여기 이 땅에서 이미 우리는 그 세계와의 교제를 경험할 수 있다는 것을 안다. 시편 기자는 하나님을 찬송하려고 할 때, 그는 천사들에게 하나님을 찬송하라고 요구한다(시 103:20). 하나님을 경외하는 자들 주위에 진을 치는 여호와의 군대가 있다. 타락한 천사들의 우두머리인 사탄만 있는 것이 아니라 선한 천사들이 또한 우리 영혼과 교통을 하고 있다. 영혼이 복된 고양을 맛보는 순간에 마치 여러분은 실제로 하나님의 선한 영들이 가까이 있는 것을 느끼는 것 같았고, 또 하나님의 선한 영들이 여러분으로 하여금 하나님의 가까이 계심을 더욱 친밀하고 복되게 느끼게 만드는 것 같았다.

우리는 선한 일이나 악한 일에 사람들로부터 이와 같은 영향을 받는다.

때로 여러분 주위에 있는 악한 한 사람이 영혼 전체를 하나님에게서 끌어내고, 영혼의 모든 발언이 하나님에게서 멀어지게 하며 여러분을 세상적이고 죄악적인 천박한 생활에 다시 빠트릴 수 있다.

반면에 여러분 친구들 가운데 한 사람의 경건한 하나님의 자녀는 여러분의 대화에서 경건하지 못한 것은 한 마디도 나오지 않게 하고, 영혼이 거룩한 생각에 반응하며, 그 친구와의 교제로 여러분이 하나님께 더 가까이 가게 하는 결과를 가져올 수 있다.

그 점은 여기서도 적용된다.

하나님의 천사들의 거룩한 세계에 참여하는 일에 익숙하고, 여기 세상에서 이미 성도들의 무리를 자신의 내적 세계에 수용하는 사람은 그렇게 함으로써 악한 것을 물리칠 뿐만 아니라 스스로 더 거룩한 마음가짐에 이를 것이다. 찬양과 기도의 경건 생활 가운데서 그는 고양되는 것을 느끼고, 세상적인 생활에서 일어나 하나님께 가까이 가는 것이 어렵지 않다는 것을 발견하게 될 것이다.

우리는 홀로 지내도록 창조 받지 않았다. 모든 것이 사라져서 홀로 싸워야 하는 것을 발견하는 순간, 여러분은 이상한 일이 닥쳤다고 느낀다.

우리 홀로가 아니라 "모든 성도와 함께" 우리는 하나님의 지식에 이를 것이다.

여러분이 모든 천사와 성도들과 함께 영원히 하나님을 찬송하리라는 것이 영원에서 여러분의 삶을 놀랍게 고양시킬 것이라면, 여러분이 이 영광스런 권세를 버리고 소홀히 해야 할 이유가 있겠는가? 여러분이 이미 땅에서 이 하늘의 복된 교제를 미리 누리고 산다면, 이 영광스런 권세는 여러분 기도에서 나타날 수 있는 것이다.

우리는 머리이신 그리스도 안에서 하나님의 모든 성도와 함께 **한** 몸이다. 그런데 우리는 땅에서 주님의 온 몸과 함께 이 교제를 별로 맛보지 못한다.

반면에 성도와 하나님의 천사들과 함께 하는 교제는 언제나 여러분에게 열려 있다.

이 점에서 자기 영혼을 위하는 일에만 몰두하지 않고 하나님께 가까이 가는 일에서 더 기쁨을 느끼는 법을 또한 아는 사람은 복이 있다.

제95장

죄에 대하여 싸움

분별 있는 나이이고 올바른 마음가짐을 가지고 있는 사람이라면 때로 이런저런 죄와 싸우지 않는다는 것은 거의 생각해 볼 수 없는 일이다. 사람의 마음은 깊이를 헤아릴 수 없는 수수께끼와 같다. 그래서 때때로 우리는 백주의 강도와 술주정뱅이들이 좀 더 나은 집단에서 아주 흔히 대수롭지 않게 생각하고 지나가는 여러 가지 죄를 혐오하고 부끄러워하는 면을 발견하고서 놀란 적들이 있다.

그러나 이런 점이 있다고 해서 자신이나 다른 사람들에게서 현저한 죄에 대해 일일이 저항하는 것은 아니다. 즉 사도가 **죄와 싸운다**고(히 12:4) 말하는 것과 같은 태도를 취하는 것은 결코 아니다.

여기서 모든 것은 여러분이 이런 저런 죄에 대해 반대하도록 만드는 것이 무엇인가 하는 질문에 달려 있다. 사람은 자신의 건강을 염려해서 죄를 피하려고 한다. 특별히 성적인 죄에 대해서는 대부분 이런 동기가 압도적이다. 또 어떤 사람은 자신의 죄가 알려지게 되면 자신의 명예에 해가 될 것이기 때문에 조심한다. 그런가 하면 어떤 사람은 죄에 굴복할 경우에 경제적으로 파산할 것이기 때문에 시험에 저항한다. 또 어떤 사람은 자신의 좁은 생활 범위에서 어떤 특정한 죄가 심각하게 정죄를 받기 때문에 그 죄를 기피한다. 그래서 그냥 안식일을 어기지 않으려고 한다. 이렇게 온갖 사람들이 실제로 죄와 싸우는 것과는 아무 상관없는 이유로 이런 저런 죄를 금하고 있다. 적지 않은 사람들에게는 의식적인 동기에 대한 언급조차 없다. 이런 저런 죄에 대한 그들의 모든 반대는 여론의 심판을 두려워하는 도덕적 본능에서 나오거나 아니면 점잖게 보이려는 충동에서 나온다. 그래서 교양 있는 집단에서는 하나님을 모독하는 일은 현저하게 줄었다. 그러나 그것은 하나님을 두려워함에서 나왔다기보다는 그런 행위가 거칠고 점잖지 못한 것으로 간주하기 때문에 일어난 현상이다.

이제 여러분은 이런 온갖 죄에 대한 반대를 높은 위치에서 내려다보고 대수롭지 않게 생각해서는 안 된다.

두드러지게 나타나는 모든 죄는 높은 전염성 때문에 매우 위험하다. 하나님 앞에서 갖는 죄책은 그만 두고라도 죄는 그 자체로 도덕적 질병이다. 따라서 이 질병이 일어나거나 진행하는 것에 반대하는 것은 모두가 유익이다.

이같이 어떤 죄에 대해서든 반대하는 것이 **고귀한 동기가 없이** 하는 반대라면 결코 영적 유익을 가져다주지 않는다.

"내가 주께만 범죄하였나이다" 하고 외친 다윗의 말이 여기서도 격언이 된다. 죄가 하나님께 대항하기 때문에 죄와 싸울 때에만 여러분의 싸움이 거룩하고 고귀한 성격을 띠게 된다.

죄가 하나님을 대항하고 하나님께서 죄에 대항하시기 때문에 좌와 싸울 때 여러분이 하나님께 가까이 가게 된다. 그때 여러분의 싸움은 단지 도덕적인 투쟁이 아니라 **신앙적인** 싸움이 된다. 그것은 경건의 표현이 되고, 동시에 하나님께 가까이 감을 여러분의 온 생활 속으로 확대시키는 귀한 수단이 된다.

국가 생활과 사회생활에서 어떻게 공동의 전쟁을 수행하는 것이 동맹을 일으키고 친밀한 연합을 형성하며 현재와 미래에 대한 결속을 일으키는지 알아야 한다.

바로 이같은 점을 교회와 공적 생활에서 볼 수 있다. 어떤 중요한 정치적 문제가 투표로 결정되려고 할 때, 선거 운동은 집단 전체의 미래에 영향을 끼치는 집단의 회원들 간 협력을 일으킬 것이다. 그렇다. 삶의 모든 부문에서, 공동의 적에 대한 투쟁만큼 사람들을 친밀하게 연합시키고 가깝게 만드는 것은 없다는 사실이 거듭 분명해진다.

아주 정직하게 말해서 **죄가 하나님을 적대시하기 때문에** 여러분이 이 전쟁을 수행한다면, 바로 이 점이 죄에 대한 싸움에 적용된다.

왜냐하면 그때는 하나님과 여러분이 같은 한 싸움을 싸우기 때문이다. 그때는 여러분이 이 전투로 말미암아 하나님과 함께 하는 군대에 자연스럽게 합류하지 않을 수 없다. 그때는 여러분이 홀로 싸우는 것이 아니라 하나님과 함께 싸우고, 하나님께서 이 전투를 위해 여러분에게 갖추어 주시는 무기를 가지고 여러분의 대장이신 그리스도 아래에서 싸움을 하게 된다. 하나님의 적이자 여러분 영혼의 적이며 여러분의 사랑하는 사람들의 적에 대해 이같이 일생 동안 계속해서 치르는 치열한 이 싸움만큼 여러분을 하나님께 가까이 가게 하고 하나님 가까이 머물게 하는 것은 없다.

그러나 그 싸움이 특정한 한 가지 죄에 대한 일생의 싸움이 되어서는 안 되고, **죄**에 대하여 즉 모든 죄악적인 영향력과 죄악적인 선동에 대해, 그리고 사탄이 여러분 자신과 여러분의 모든 환경에 가하는 작용들에 대해 일생 동안 벌이는 싸움이 되도록 해야 한다.

확실히 가슴속에 품는 죄들이 있다. 여러분이 자신의 마음을 잘 몰라서, 죄가 여러분에게서 주로 공격하고 여러분에게서 이기는 것이 무엇인지 하나님 앞에서 고백할 수 없는 것은 작은 잘못이 아니다. 그러므로 자신의 내적 생활을 진지하게 생각하는 사람은 누구나 자기에게 늘 따라다니는 어떤 죄들에 대해 특별히 조심하고, 다른 죄들보다 그런 죄들에 대해 더 많이 생각하고 더 많이 기도하지 않을 수 없다. 돌이켜보면, 그는 이 특정한 죄에 대한 싸움에서 패배한 부끄러움과 슬픔이 때때로 불쑥불쑥 생각나기도 할 것이다. 그것은 그에게 아주 심한 상처를 입히고 뚜렷한 흔적을 남긴 것이 죄였다.

그러나 여기에 숨어있는 위험을 간과해서는 안 된다.

진지한 그리스도인들조차 좀 더 작은 무수한 죄들에 대해서는 거의 보지 못하는 것을 생각하면 가슴이 터질 것 같기 때문이다.

그리고 어떤 특별한 죄에 대해서 싸우는 이 같은 투쟁만을 대체로 생각하기 때문이다.

더 큰 위험이 다가올 때는 우리에게 해를 끼칠 수도 있는 좀 더 작은 모든 위험은 저절로 거의 보이지 않게 된다.

여러분이 사랑하는 사람이 죽음의 문턱에 있을 때는, 아무도 창고나 부엌이 괜찮은지에 대해서는 묻지 않는 법이다. 경기에서 이긴 말이 거리를 지나갈 때는, 아무도 흙탕길을 밟지 않으려고 주의하지 않고 오히려 길을 벗어나 종종 걸음으로 따라간다. 여러분의 집에 불이 나면, 아무도 창문을 열고 바깥 공기를 쐬는 일로 고민하지 않는다. 누군가가 물 속에 있다가 빠져 죽을 위험에 처해 있으면, 구조자는 그 사람을 구조하는 동안에 그의 옷을 찢을지 모른다는 것에 신경쓰지 않는다. 전쟁이 일어나면, 다른 모든 논쟁은 그것이 아무리 중요한 것이라 할지라도 잠잠해진다. 이와 같이 좀 더 심각한 잘못은 언제든지 그보다 약한 잘못에 대한 싸움을 약화시킨다.

마찬가지로 여러분 영혼 속에서 이루어지는 일도 그와 같다.

여러분을 시험하는 한 가지 죄를 가장 큰 죄로 여기고 저항하고 피하려고 계속해서 노력하는 동안, 그 밖의 많은 죄가 거의 자유롭게 활동하고 눈에 띄지 않는 가운데 진행한다. 주로 자신의 오만과 교만에 대해, 자신의 육욕적인 성향에 대해, 물질을 추구하는 것에 대해 계속해서 싸우는 사람은 그 때문에 작은 거짓말, 부정직, 불신앙, 지독한 증오, 허영, 이기심 등과 같은 죄가 마음속의 훨씬 더 깊은 데까지 타격을 주고 내적 생활을 더럽히는 위험에 노출되게 된다.

그런데 이 사실은 최악의 적이 마침내 패배한 것이나 다름없게 되었을 때에야 비로소 깨닫게 된다. 그때 가서야 양심의 예민함이 그동안 무시해왔던 이런 죄들에 즉시 관심을 갖는데, 그때 자기 마음의 정원에 잡초들이 무성하게 자란 것을 보고 깜작 놀라게 된다.

사람이 정말로 자신의 가장 악한 적에서 놓여나기 위해 노력을 했지만 **하나님께서** 죄와 싸우신다는 점에 근거해서 싸우는 것을 생각지 않았다는 이 사실 외에는 이같이 낙담시키는 결과를 가져온 원인을 달리 설명할 수 없을 것이다.

이 때문에 자신을 자유롭게 하는 일이나, 특정한 죄의 힘에 맞서 자신의 영과 의지의 힘을 판단하는 일을 늘 그의 편에서 행하였다. 패배를 겪을 때마다 자신에게 만족하지 못하고, 승리를 거둘 때까지 그의 의지는 쉬지 못하였다. 그런데 그 일을 하나님과의 은밀한 교제 없이 진행하였다. 그래서 영혼의 적을 이기도록 하나님의 도움을 구하는 기도는 있었지만, 죄를 독사와 같이 **하나님의 원수**로 알고 격퇴시키려는 여러분의 영혼의 편에서 깨달음이 없었다. 그러므로 이런 싸움은 여러분을 하나님께 더 가까이 데려갈 수 없으며 오히려 매번 자신에게로 물러나게 할 뿐이었다.

그러면 여러분을 가장 크게 시험하는 죄에 대한 싸움을 포기하고 그보다 작은 많은 죄에 대해서 주의를 기울이기만 하면 되는가?

물론 그것은 아니다. 측면에서 오는 공격에 저항하기 위해 요새의 주출입구를 방비도 하지 않은 채 떠나는 사람은 곧 배후에서 공격을 당하여 모든 저항을 포기하지 않을 수 없게 될 것이다.

그렇게 해서는 안 된다. 여러분이 해야 할 일은 여러분을 위협하는 도덕적 위험에서 시선을 떼지 않고 훨씬 더 진지하게 힘을 발휘하여 끝까지 싸워야 한다. 특정한 죄에 대한 싸움은 빨리 끝낼수록 좋은데, 그 죄를 자유롭게 풀어줌으로써가 아니라 그 죄를 단번에 깨트림으로써 끝내야 한다.

이렇게 할 때에만 여러분이 자유롭게 되어 영혼의 부조화에 하나님의 힘으로 조화를 가져올 수 있을 것이다.

이것이 가능하다는 것은 마침내 하나님의 전신갑주를 입고 영광스럽게 승리한 하나님의 훈련받은 많은 자녀들의 증거로부터 분명히 알 수 있다.

사람이 끊임없이 자신을 따라다니는 죄를 가장 깊숙한 죄로 여기고, 그렇게 되면 이 특정한 죄를 어떤 운명처럼 죽을 때까지 싸워야 하는 악으로 여기게 된다는 것이 문제이다.

인간 마음의 수수께끼는 우리가 끊임없이 따라다니는 죄와 싸우면서 동시에 은밀히 그 죄를 품는다는 것이다. 그로 말미암아 죄를 단번에 끊는 영웅적인 행동을 하지 못하고 인생의 필연적인 것을 대하듯이 그 죄에 익숙하게 된다는 이중성이 있다.

그러면 우리 영혼에서 성령과 연합하여 하나님을 위하여 죄에 대한 하나님의 싸움을 하나님을 위하여 싸우는 것은 우리 속에 있는 영만이 아니다. 우리 나름의 이유 때문에 우리 안에서 싸우는 것은 하나님의 영과 우리의 영, 이 둘인 것이다.

그러나 이 악은 반드시 이기게 되어 있다.

그것은 모든 죄에 대해 일생 지속되는 싸움이 되고, 하나님의 거룩하심을 위하여 우리의 악한 본성에 대해 싸우는 싸움이 되어야 한다.

하나님의 자녀는 거룩하신 하나님께 좀 더 가까이 가기 위하여, 하나님께서 친히 사탄과 그의 활동에 맞서 싸우시는 전투에서 그리스도 아래에서 싸워야 한다. 그러면 즉시 두 가지 결과에 이르게 된다. 지금까지 패배해 왔던 자리에서 승리하게 되고, 그동안 하나님을 떠나 방황하였지만 이제는 자신이 하나님께 가까이 있음을 알게 된다.

제 96장

평안 가운데 살라

아삽이 "하나님을 가까이 함이 내게 복이라"고 쓰고, 대대로 수많은 사람들의 마음에서 메아리쳤던, 영혼 깊은 데서 울려나오는 말로 이같이 표현했을 때, 하나님을 찾은 그는 오늘날 우리보다 삶에서 더 많은 도움을 얻었다.

아삽이 살았던 동양에서는 발생하는 모든 것을 하나님과 연관시키고, 모든 일에서 하나님을 기억하며, 하나님의 이름을 선언하는 것이 지금도 관행이다. 우리를 하나님에게서 멀어지게 만드는 것이 아주 많다. 그래서 종교적 관습에 따라 아이를 아주 어렸을 때부터 인생에서 중요한 사건이 일어날 때마다 의도적으로 하나님의 이름을 기억하도록 하는 습관을 들이도록 훈련해야 했다. 이슬람 국가에서는 이 관습이 지금도 유지되고 있다. 그러나 이 훈련을 지나치게 하면 오용될 수밖에 없게 된다.

그러나 이 문제 자체는 마음을 끄는 점이 있다. 교회의 뾰족탑만 보면 기도하라는 말도 그와 같은 경향을 지닌다. 이루 셀 수 없이 많은 것들이 우리를 하나님에게서 멀어지게 하는 곳에서, 생활 가운데 영혼을 하나님께 묶어 주는 것으로 인해 균형을 이루게 되었다.

그리스도의 교회가 중세 시대에 바로 그 일을 하였다. 교회의 종소리, 십자가의 성로(the Station of the Cross: 예수님의 고난을 상징하는 14개의 상(像)이 줄지어 있는 길 - 역자 주), 예수 십자가상 등은 모두 그리스도에 대한 생각을 불러일으키는데 이바지하였다. 종교개혁 시대에 우리 조상들은 모든 일에 기도하도록 하고, 교회 예배의식을 늘리고, 인생의 모든 사건을 하나님 안에서 행하도록 함으로써 같은 효과를 얻으려고 노력하였다. 마지막 유언과 서약뿐만 아니라 집세 계약도 하나님의 이름으로 하였다. 화폐에는 이런 말이 적혀 있었다. "하나님이 우리와 함께 하신다." 할 수 있는 모든 경우에 하나님의 거룩한 이름을 기억하였다.

이렇게 해서 좀 더 거룩한 영역으로부터 오는 어떤 것이 스며든 분위기가 만연하게 되었는데, 때로는 그것이 너무 지나치기도 하였다. 여기에 더하여, 아삽의 시대와 우리 조상들의 시대에는 종교적 기복이 훨씬 더 심하였고, 신앙이 생활에서 훨씬 더 넓은 범위를 차지하였다.

그러나 지금은 모든 것이 우리에게 불리한 입장에 있다. 사회와 생활 공동체의 더 넓은 범위에서 하나님의 이름이 거의 언급되지 않는다. 예배당의 종소리가 거의 들리지 않는다. 전혀 다른 사상 세계가 마음과 생각을 채우고 있다. 어떤 사람이 거룩한 관습을 고수하려고 하면, 그는 비웃음을 당하지는 않는다고 할지라도 구식이라는 말을 듣는다. 하나님과 하나님의 이름을 제거한 삶을 가장 바람직한 것으로 생각한다. 신앙적 운동에 관해서는, 그것이 아직도 작은 집단들에서는 유력하지만 삶의 밀물은 순전히 물질적으로 돈과 성적 쾌락을 향하여 나아간다.

이런 시대에 하나님께 가까이 가는 것은 배의 노력을 요구한다. 여기서 적극적으로든 소극적으로든 영향을 끼치는 것은 어떤 것이든 소홀히 할 수 없다. 적극적으로는 우리 영혼이 매일같이 좀 더 긴 시간 동안 그리고 좀 더 친밀하게 하나님과 함께 하도록 만드는 모든 수단을 활용해야 하고, 소극적으로는 하나님과의 교제를 방해하는 모든 것에 대해서는 반대하고 저항해야 한다.

그리스도의 교회는 여기에서 어떤 고귀한 문제가 걸려 있는지 알고 느끼고 있는가? 적어도 교회의 영역에서 이 고귀한 이상을 실현하려는 노력이 분명히 보인다고 말할 수 있는가?

바울 사도는 하나님께 가까이 가는 수단 가운데 하나로 우리가 **평안 가운데 살아야** 한다고 지적한다. "마음을 같이 하며 평안할지어다. 그리하면(개역개정은 "또"- 역자주) 사랑과 평강의 하나님이 너희와 함께 계시리라"(고후 13:11)고 사도는 말한다.

그렇지만 이 평안을 지속적으로 방해하는 것들이 있다.

그 점을 잘 알아야 한다. 여기에서 진지하게 생각할 만한 아무런 차이도 발생할 수 없다고 말하는 것이 아니며, 그런 모든 차이가 있으면 구원을 대수롭지 않게 추구할 수 있다고 말하는 것도 아니다. 바울 사도도 그렇게 하지 않았다.

그렇지 않다. 그것은 여기서 차이점들을 직면하고 해결하는 **정신**에 달려 있다.

여기서 두 가지 충동이 일어날 수 있다. 한편으로 차이점이 발생했을 때, 사랑이 아무 손실을 겪지 않도록 배로 경계하고, 거룩하지 않은 말이 우리 입에서나 펜에서 한마디도 나가지 않도록 하려는 거룩한 충동이 생길 수 있다. 그리고 다른 한편으로, 아무튼 사람의 신랄한 마음을 자유롭게 풀어주려는 알력이 있는 만큼, 사람이 일으킬 수 있는 어떤 고통이든지 가하여 괴롭히려는 열정을 자유롭게 펼치려는 거룩하지 못한 충동이 있을 수 있다.

거룩한 충동이 있을 때 사람은 사랑과 평화의 분위기 가운데 지낸다. 불경건한 충동이 있을 때, 사람은 원한과 분노의 공기를 숨 쉰다.

이 점은 가정 안에서와 마찬가지로 교회 안에서도 있다.

남편과 아내 사이, 부모와 자녀 사이, 아이들 가운데서도 차이는 끊임없이 발생한다. 이 점은 어떻게 도울 수가 없다. 관심사, 통찰력, 노력이 각기 다르다.

그러나 이 가정과 저 가정 사이에 어떤 다른 점이 있는가 보자.

높은 도덕성을 갖추고 있는 가정에서는 각 사람이 이런 차이를 좁히려고 노력하고, 스스로 차이를 피하는 길을 만드는 분위기가 지배적이다. 그리고 이와 같이 사랑이 거하는 곳에, 주님은 이 복, 곧 마음이 **하나가** 되는 복을 일으키신다.

이와 더불어 슬프게도, 그 밖의 아주 많은 가정들에서는 할 수 있는 한, 각 사람의 차이를 악화시키는 고통을 삼가려는 노력이 없고, 독화살은 아니지만 날카롭기 그지없는 화살을 상대에 겨누며, 남편과 아내, 부모와 자녀, 형제와 자매가 마치 복수의 여신들처럼 서로를 대하는 모습을 보게 된다.

이것은 우리가 그동안 지적해 온 것과 같은 대조이다. 죄악 된 세상은 불화가 없는 세상, 가정, 교회를 우리에게 가져다주지 못한다. 그러나 이 모든 사실은 바로 이 점에 달려 있다. 즉 가정이나 교회 안에서 논쟁점이 사랑과 평화의 분위기 가운데서 일어나느냐 아니면 원한과 분노의 분위기 가운데서 일어나느냐 하는 것이다.

이제 사도는 그런 사랑과 평화의 분위기를 소중히 여기는 것이 삶을 명랑하고 편안하게 하는 기독교인의 의무일 뿐만 아니라 또한 삶을 하나님께 더 가까이 가게 하기 위해 반드시 필요한 조건이라고 지적한다.

물론 하나님의 자녀는 주변이 온통 불안과 대립의 정신이 가득한 경우에도 하나님께 가까이 **갈 수 있고 가야 하고**, 하나님과 친밀한 가운데 **살 수 있고** 또 **살아야 한다**. 그리고 끝까지 견디는 사람은 이 복된 결과를 얻는다. 그러나 이 복된 결과는 주변의 세상 때문에 얻기가 말할 수 없이 더 어렵게 된다.

주변의 분위기가 악한 열정으로 가득 차 있고, 혀가 제어되지 않으며, 소외 때문에 사랑의 결속이 헐거워지며, 투쟁의 열정이 타오르는 곳에서는 모든 것이 여러분의 마음을 하나님과의 교제에서 멀어지게 한다. 이런 곳에서는 "모든 지각에 뛰어난 하나님의 평강"(빌 4:7)이 여러분의 영혼을 채울 수 없다. 거기에서는 여러분을 이 세상 영역으로부터 위의 세계로 끌어올리고 하나님의 가까이 하심을 복되게 누리는데서 오는 평온과 내적 안식을 얻지 못한다.

그런 분위기에서는 두 가지 면에서 해를 입는다. 첫째, 그 분위기는 하나님께 가까이 가도록 하는 지극히 귀한 수단 가운데 한 가지를 여러분에게서 빼앗는다. 둘째로, 여러분이 여러분과 하나님 사이를 갈라지게 하는 요소의 지배를 받게 된다.

이 면에서 온유한 사람은 온 가족에, 온 공동체에 복이 될 수 있다. 마찬가지로 쓸개즙의 쓴맛이 배어든 것처럼 악한 정신에 물든 사람은 가정의 분위기와 정신을 전체적으로 타락시킬 수 있고, 가정과 공동체에 불신앙을 불러일으켜 쓰디쓴 손실을 겪게 할 수 있다.

부적절하고 거룩하지 못한 모든 말에 대해서 뿐만 아니라 가차 없고 성급한 모든 마음가짐에 대해 우리는 어느 날 하나님께 답변을 해야 한다.

우리의 정신과 마음의 상태와 기질을 형성하고 지배하는 행습과 습관만큼 분위기와 정신에 영향을 끼치는 것은 없다는 것을 잊어서는 안 된다.

여러분이 일단 자제하고 자신을 통제하는 일에 익숙해졌다면, 사탄이 여러분 손에 독을 뿌릴 때, 즉시 손을 뻗어 독을 해소하는 향유 옥합을 찾는 일에 익숙해졌다면, 그 싸움이 점점 더 가벼워지고, 마음에 평온을 일으키는 일이 좀 더 즐거워지고 평안과 사랑을 길러왔다는 기쁨이 갈수록 더 풍성해질 것이다.

그러나 일단 여러분이 자신의 날카로움에 지고, 불같은 성격과 신랄한 마음에 지면, 점점 더 갈수록 자신에 대해 통제력을 잃게 되고, 그렇게 되면 자신과 환경에 말로 다할 수 없는 해를 끼치게 된다.

속의 마음을 말하지 않고 모든 것을 내버려두며 그냥 무미건조하게 지내는 것은 사도가 여기서 말하는 "평안"과 아무 관계가 없다.

무관심은 신성한 기술이 아니라 비겁함이다.

모든 것을 굳게 붙잡고 다루며 끝을 낼 수 있을 만큼 튼튼하고 용기 있게 서 있으므로 마음속에서 거룩하지 못한 불꽃은 결코 타오르지 못하게 하고, 단 한 순간도 여러분이 주변 사람들의 마음에 내적 평안을 방해하는 일은 하지 않도록 하는 이것이 신성한 기술이다.

겉으로만 경건한 척 하는 사람은 이런 점에 전혀 신경을 쓰지 않는다. 그러나 하나님과의 은밀한 교제를 유지하고 끊임없이 하나님께 가까이 가기 위해 모든 면에서 끝까지 노력하는 사람은 사도의 힘주어 하는 말에 반대할 수 없다.

사랑과 평안의 분위기를 충분히 아는 사람은 늘 하나님 가까이에서 거하려고 하며, 투쟁과 불안이 가득한 곳은 자신을 하나님에게서 멀어지게 하기 때문에 그곳을 피하거나 즉시 빠져 나올 길을 찾는다.

제97장

마음이 미혹되어 그를 떠났느니라

세상이나 주위의 환경, 우리의 일, 그 밖의 유사한 것들이 대체로 우리를 하나님에게서 다른 길로 끌어낸다. 이렇기 때문에 우리의 생각과 영혼에서 나오는 말이 계속해서 하나님을 향하게 하려면 매일의 일과 오락 가운데서도 적극적인 노력이 필요하다. 살아가면서 여러분이 밤에 무릎을 꿇고 그 날 하루 종일 거의 한 번도 마음과 생각을 들어 하나님을 향한 적이 없음을 부끄럽게 고백해야 했던 날들이 틀림없이 있었을 것이다. 이 점을 사실보다 더 아름답게 보려고 하는 것은 도움이 되지 않는다. 그것이 슬픈 현실이다. 많은 사람들에게서 일생의 많은 날들이 종일토록 거의 한 번도 하나님을 생각지 않은 채 지나가버린 것이다. 사람이 종일토록 너무 바쁘고 너무 많은 일에 치이고, 너무 많은 일에 마음을 빼앗겨서 하나님께 가까이 가는 일의 복됨을 조금도 배울 수가 없었다.

물론 이것은 전적으로 세상 생활의 죄악 된 성격의 결과이다. 왜냐하면 어떤 것도 그 자체로는 우리를 하나님에게서 다른 데로 끌어낼 필요가 없기 때문이다. 하나님께서는 사물들 곁에 계시지 않고 만물 **안에** 계신다. 만물은 하나님에게서 나왔고 하나님으로 말미암고 하나님께로 돌아간다.

우리 영이 **한 가지** 일로 지나치게 한쪽으로만 활동을 하였을 때는 기분전환이 필요하다. 이렇게 기분전환이 필요하다는 사실은 한 쪽만 계속 쳐다보거나 무표정한 얼굴을 하고 있거나 계속해서 같은 주제로 생각이 돌아가는 것을 볼 때 알 수 있다. 영혼과 생각이 지나치게 한쪽으로 치우치고 계속해서 한 가지 일에만 골몰할 때, 그래서 사람이 모든 것을 잊어버리고 다른 것은 아무것도 생각지 못할 때, 원하든 원하지 않든 간에 언제나 계속해서 같은 생각할 때, 정신적 장애가 시작되는 때이고, 거기에는 기분전환이 적절한 치료이다.

그러나 하나님에 대해 생각하는 것은 그렇지 않다. 피조된 세계에는 수많은 사물들이 나란히 있고, 피조물 각각은 그 나름의 요구하는 바가 있다. 그래서 우리 마음은 그 모든 피조물에 대해 요구에 맞게 적절한 주의를 기울일 때 정상적이 된다. 한 가지에 대해 너무 많이 생각하고 다른 것에 대해서는 거의 생각하지 않으므로 이 질서가 흐트러지면, 평형상태가 깨어지고 우리의 영이 결국 혼란으로 비틀거린다.

다른 한편으로 하나님께서는 결코 피조물과 나란히 서시지 않는다. 그러므로 여러분의 주의력의 90퍼센트를 피조물에게 돌리고 하나님께는 10 퍼센트를 돌려서는 안 된다. 10 퍼센트를 세상에 돌리고, 90퍼센트를 하나님께 돌려서도 안 된다. 모든 일에서 전부, 100 퍼센트를 기울여 하나님을 예배해야 한다. 예수께서는 이 사실을 다음과 같이 아주 강조하여 말씀하신다. "네 마음을 다하며 목숨을 다하며 힘을 다하며 뜻을 다하여 주 너의 하나님을 사랑하라"(눅 10:27). 그와 같이 여러분은 모든 일들에서 여러분의 힘을 100 퍼센트 발휘해야 한다. 이 두 가지는 서로에게 관여하고 서로를 꿰뚫으며 함께 복된 하나의 삶을 형성하도록 작용해야 한다.

아버지의 집에서는 일이 그와 같이 이루어진다. 낙원에서는 일이 그와 같이 이루어졌다. 때로 이 세상에서도 잠깐 지나가는 한 순간에는 일이 그와 같이 이루어진다. 그러나 대체로는 일이 더 이상 그렇게 진행되지 않는다. 분열이 있다. 우리의 주의를 다른 데로 돌리게 하는 것이 있다. 우리의 경건한 싸움은 이 같은 분열에 반대하고, 이같이 주의를 다른 데로 쏠리게 하는 것과 싸우는 일이 되어야 하고, 적어도 하루 중 어떤 시간, 밤 중 어떤 시간은 하나님께 가까이 나가도록 하는 일이 되어야 한다.

그 다음에 이에 대해서 주의를 다른 데로 쏠리게 **하는 것**을 바르게 보는 것이 중요한 점이다. 이 문제에 있어서 아담은 그 책임을 하와에게 떠넘기는 경향이 있고 하와는 뱀에게 전가시키는 경향이 있다. 그렇게 되면 우리가 하나님을 떠나서 방황하는 일이나 하나님 없이 사는 생활이 세상 때문에, 바쁜 생활 때문에, 주의를 다른 데로 쏠리게 하는 일들 때문이라고 설명을 한다. 사람은 아침 일찍부터 밤늦게까지 일을 하기 때문에 완전히 지쳐서 기도를 끝내기도 전에 잠이 든다. 하나님과 하나님을 예배하는데 드릴 시간이 없다. 때로 집에서 조용히 지낼 수 있는 사람에게는 그런 시간이 있지만, 아무튼 일하는 사람에게는 그럴 여유가 없다. 그래서 사람은 잘못을 생활에, 길거리의 소란과 소음에, 끊임없이 유혹하는 세상에 돌린다.

혹은 어떤 사람은 몸에 대해 불평을 한다. 몸이 찌뿌듯한 느낌, 두통, 열 혹은 가벼운 병 때문에 영이 계속해서 묶여 있게 된다. 오직 이것만 **자기 영혼**에 대한 불평이 되는 것은 아니다. 이사야 선지자가 강력히 비난하는 것은 바로 이에 대해서이다. "너희가 마음이 미혹되어 곁길로 갔느니라"(44:20, 개역개정은 "허탄한 마음에 미혹되어" - 역자주).

확실히 세상이 여러분의 마음에 들어오면서 유혹거리들과 함께 들어왔고, 생활이 들어오면서 많은 활동들도 함께 들어왔다. 이로 말미암아 여러분은 마음이 미혹되도록 허용한 것이다. 그러나 여러분이 하나님을 떠나 곁길로 가게 만든 것은 세상이 아니고 여러분의 시간을 빼앗는 바쁜 일들이 아니라 여러분의 미혹된 마음이다. 그와 같이 곁길로 나갔기 때문에 영혼이 스스로를 더 이상 구원할 수 없고, 세상에 빠진 데서 더 이상 도망쳐 나올 수 없다고 이사야는 덧붙여 말한다.

이사야 선지자는 자신을 위해 우상을 만드는 사람에 대해서 이같이 말한다. 나무를 집안으로 끌고 들어온다. 나무의 마디가 있는 부분을 잘라내고 도끼로 찍어낸 다음, 그 불쌍한 사람은 나무 가운데 남아 있는 가장 좋은 부분으로 자신을 위해 우상을 만든다. 이제 잘못을 하는 것은 그 우상이 아니다. 이 사람의 영혼 속에 있었고, 그가 우상을 만들기 전에 마음을 사로잡은 우상 숭배적인 생각이다. 그 나무 조각, 곧 그 형상은 단지 그의 마음속에서 일어난 일이 표현된 것일 뿐이다. 그 형상 때문이 아니라 미혹된 마음 때문에 그가 곁길로 가는 것이다. 그의 마음이 아주 심하게 미혹되므로 결국 나무조각과 하나님 사이에 더 이상 아무 차이도 보지 못하게 된 것이다. 혹은 이사야 선지자가 말하는 것과 같이 된 것이다. "그는 허탄한 마음에 미혹되어 나의 오른손에 거짓 것이 있지 아니하냐 하지도 못하느니라."

그리고 바로 이 악이 오늘날도 작용을 하는데, 이교도들 가운데서 만이 아니라 이슬람교도들과 유대인들, 기독교인들 가운데서 또 다른 방식으로 작용한다.

그것은 인간의 잘못이다.

그것은 우리의 죄악된 본성에서 나오는 직접적인 결과이다.

그러면 이 사실이 어떻게 나타나는가?

바라는 대상이 여러분의 마음을 일방적으로 미혹하자마자 즉시, 그리고 아주 분명하게 그 대상은 여러분의 주의를 끌고 사로잡으며, 모르는 사이에 저절로 매번 여러분의 영혼과 의식을 흥분시키고, 마음에 여러 가지 생각을 떠오르게 하고 대화에 생기를 불어넣으며 열광적인 마음 상태에 이르게 한다.

물론 이것이, 여러분의 직무와 일, 대화의 과정상 온통 주의를 기울여야 할 때 나타나는 영혼의 생생한 관심과 활동을 의미하는 것은 아니다. 그 반대로, 그때는 주의력이 부족하거나 당면한 문제에 정당한 조사를 소홀히 하는 것은 잘못이고 심지어는 죄가 될 수도 있다.

그것을 말하는 것이 아니다. 여러분의 내적 자아를 곁길로 나가게 하는 우상숭배적인 일은 이같이 특별히 매력적인 일이 끊임없이 주의를 요구할 때, 끌어당기는 힘이 밖에서부터 작용하는 것이 아니라 여러분 자신의 마음으로부터 작용할 때 분명하게 나타난다.

그래서 여러분이 만나면 무슨 이야기를 할지를 본능적으로 그리고 예측에 의해 알게 되는 사람들이 있다. 그들 생각 속에 늘 가득 차 있는 것은 **한 가지** 일밖에 없고, 그들이 언제나 생각하고 있는 것은 **한 가지** 관심사밖에 없다. 어떤 사람에게는 그것이 돈, 곧 어떻게든지 부자가 되는 것, 돈벌이에 대한 것이다. 또 어떤 사람에게는 그것이 쾌락이다. 온갖 형태의 감각적 즐거움이고 번쩍이는 열정이다. 또 어떤 사람에게는 그것이 예술이고, 음악, 연주회, 문학, 박물관이다. 곧 그것이 예술이고, 예술적인 방식으로 표현되는 것이면 무엇이든지 그의 마음을 사로잡는다. 그런가 하면 어떤 사람에게는 그것이 끊임없이 그를 따라다니는 과학적인 문제이다. 또 어떤 사람에게는 그것이 정치이거나 사교적 잡담 혹은 사냥이나 스포츠가 된다. 이 모든 경우에서 여러분이 심지어 특별한 아무 이유가 없이 이 한 가지 관심사에 그 사람이 몰두하고 열광하며 사로잡혀 있으며, 다른 모든 것에 관해서는 둔하고 공감하지 못하는 것을 본다면 바로 영적 질병이 징후로 나타나는 것이다.

그렇게 되면 그의 마음이 한 가지 점에만 일방적으로 몰두해 있는 것이다. 그때는 이 한 가지 문제가 그에게 최고의 것, 곧 나머지 모든 것은 거기에 이바지하는 것에 불과한 것이 된다. 이렇게 되면 그에게는 정상적인 생각과 마음에서는 오직 하나님께 드려야 하는 자리를 이 한 가지가 차지하게 된다는 것을 의미한다.

그래서 그런 행위가 우상 숭배가 되는 것이다.

그 사람은 그 일로 마음이 가득하다. 그것에 대해 이야기하기를 그치지 않는다. 그는 그 일을 위해서는 어떤 희생을 치르는 것도 크게 생각지 않는다. 마음과 뜻을 다하여 그 일에 몰두한다. 그에게는 어떤 것도 그보다 고귀한 것이 없고 고귀하게 여기지 않는다. 그는 자기와 같은 대의를 위해서 살고, 같은 관심사로 마음이 가득한 사람들에게만 관심을 가질 때, 그 일을 위해서 형제 관계를 맺기도 한다.

이와 같이 사는 사람들, 곧 하나님께만 속한 가장 고귀한 자리에, 그들이 마음과 뜻을 다하여 사랑하고 힘을 다하여 자신을 바치는 다른 이것을 두는 사람들에게는 평형 상태가 깨어진다.

이같이 문자적인 의미로 우상 숭배적인 영향력에 굴복하는 것이 그리스도인들에게는 일어나지 않는다는 것은 자명한 사실이다. 이런 일은 일어날 수 없고 사실 일어나지 않는다. 이런 일이 일어난 사람은 자신을 여전히 그리스도인이라고 주장할지 모르지만, 그는 그리스도인이 아니다.

그러나 이렇다고 해서 하나님의 자녀는 그와 같은 위험에 전혀 노출되지 않는다고 말할 수 없다. 하나님과의 은밀한 교제를 지극히 간절히 추구한 사람도 마음과 뜻과 생각의 활동으로 하나님에게서 떠나서 세상적인 일들과 헛된 생각에 빠져들려는 이 성향만큼 항상 마음 문 앞에 있던 죄는 없다고 고백하였다.

성령으로 충만하다는 것은 끊임없이 하나님을 따라가며 거룩한 것들을 따라가려는 절박한 소원이 마음으로부터 일어나는 것을 느끼는 것이다. 이런 마음에 이른 사람은 하나님을 생각하기 위해 그의 생각으로부터 일어나는 다른 것들을 억누를 필요가 없다. 그는 본능적으로 하나님을 생각하고 오직 **의도적으로** 힘쓸 때만 다른 것들을 생각한다.

그러나 그리스도인들에게도 끊임없이 일어나는 것은 이와 정반대다. 무의식적으로 그는 온갖 다른 것들을 생각하고, **의지적으로** 애쓰지 않고는 하나님께 몰두하지 못한다.

이렇게 생각하는 것들이 매번 다르다면 그 위험은 그리 크지 않다. 왜냐하면 마음을 사로잡는 것이 한 가지 특별한 것이 아니라면 하나님을 예배하는 것이 언제나 다른 모든 관심사보다 앞서기 때문이다.

반면에 마음이 한 가지 특정한 것에만 끌리게 될 때, 혹은 마음을 열정으로 가득 채우고 마음을 지배하게 되는 한 가지 특정한 일에만 사로잡히게 되면, 위험은 크다. 그렇게 되면 마음에서 하나님께만 드려야 하는 자리를 이것이 차지할 수밖에 없기 때문이다.

여러분이 때때로 의식을 하든지 무의식적으로 끌리든지 간에 세상적인 것에 마음이 끌리게 되면, 여러분은 하나님께 가까이 갈 수 없고 하나님과 은밀한 교제를 나눌 수 없다.

그렇게 되면 여러분의 마음은 스스로 미혹된 것이고, 마음이 미혹되었으므로 하나님을 떠나 곁길로 가게 된다.

그러므로 여러분이 고난을 당하고, 여러분의 삶이 하나님을 가까이 하는 가운데 영위되지 않을 때, 마치 여러분을 하나님에게서 빗나가게 하는 것이 세상과 여러분의 환경과 바쁜 생활 때문인 것처럼 일방적으로 그런 것에 대해 불평하는 일을 그쳐야 한다.

그보다는 내면을 바라보고, 자신의 생각과 대화, 인식을 살피고 마음을 조사해야 한다. 그리고 주의를 다른 데로 쏠리게 하여 여러분이 하나님과 교제하는 것을 방해하고 하나님을 가까이 하며 사는 것을 막는 활동들이, 주로는 아닐지라도 밖으로부터 뿐만 아니라 여러분 속에서도 일어난다는 것을 깨닫게 되면, 여러분 속에 있는 이 우상을 던져서 깨트려야 한다.

왜냐하면 같은 한 사람의 마음에 그리스도와 벨리알을 다 같이 모실 공간이 없기 때문이다.

여러분은 바울 사도의 말대로 "예수 그리스도께서 너희 안에 계신 줄"(고후 13:5)을 알아야 한다.

제98장

무슨 일을 하든지 주께 하듯 하라

하나님의 말씀에서 하나님은 여러분이 삶을 두 부분으로, 곧 한 부분은 여러분 자신을 위한 삶으로, 다른 한 부분은 하나님을 위한 삶으로 나누려는 모든 성향과 시도를 절대적으로 금하신다. 일체의 틈과 분할이 있어서는 안 된다. 엿새 동안은 여러분을 위하고, 주일은 하나님을 위해서는 안 된다. 성별되지 않은 생활에 성별된 시간이 점점이 흩어져 있어서는 안 된다. 하나님께 드리지 않은 생활을 거룩한 실로 띄엄띄엄 엮어서는 안 된다. 신앙을 벗어난 삶에 부분 부분 경건을 섞는 것이 되어서는 안 된다. 그렇게 해서는 안 된다. 이 점에서 할 수 있는 대로 성경의 주장을 포함시켜야 한다. 우리에게는 이상하게 들릴 수도 있는 말이지만, **쉬지 말고** 기도하고 **범사에** 감사하며 항상 하나님을 기뻐해야 하며(살전 5:16-18), 무슨 일을 하든지 마음을 다하여 주께 하듯 해야 하는(골 3:23) 의무가 여러분에게 부과된다.

데살로니가 교인들에게 바울은 이같이 쓰고 있다. "쉬지 말고 기도하고 항상 기뻐하며 범사에 감사하라"(5:16, 개역개정은 "항상 기뻐하라 쉬지 말고 기도하라 범사에 감사하라" - 역자주). 빌립보 교인들에게는 "주 안에서 항상 기뻐하라"고(4:4) 말하고, 골로새 교인들에게 "무슨 일을 하든지 마음을 다하여 주께 하듯 하라"고 말한다.

이 점에서 여러분은 결코 집행유예를 받지 않았다. 여러분은 어떤 협약도 맺지 않았다. 여러분의 전체 삶보다 하나님을 덜 기뻐해서는 안 된다. 믿음이 여러분 삶의 규칙이 되는 곳에서, 믿음은 자신의 규칙이 **절대적인** 것이 되게 하려고 한다. 어떤 변명도 어떤 미봉책도 도움이 되지 않을 것이다. 이 세상에서 하나님의 자녀요 그리스도의 종으로서 성령의 감화를 받은 자로 사는 사람은 모든 일에 믿음의 인도를 받고 나가야 한다. 삶을 나누고 구별하는 사람은 하나님께만 속한 부분에서 하나님을 제외시킨다. 여러분이 하나님을 마음을 다하고 뜻을 다하며 성품을 다하고 힘을 다하여 사랑하려고 하면, 도망갈 모든 길이 여러분에게 차단되고, 믿음의 아주 절박한 성격이 사랑 안에서 형성된다.

모든 분할은 여러분 생활과 신앙에 해를 일으킨다.

삶을 나누고 나서 종교적인 일을 너무 많이 맡는 사람은 가족이나 직업을 소홀히 한다. 경건함이 없이 삶을 나누는 사람은 세상에는 가장 좋은 것을 주면서 힘과 시간과 돈을 하나님께 구별해 드린다고 공언하는 것에는 아주 인색하게 군다.

하나님께 가까이 가려고 하고 하나님과 친밀한 교제를 나누며 생활하려고 하는 사람은, 이때는 그 교제를 실천하고 다른 때는 소홀히 하는 일을 허용하지 않는다. 그에게는 무슨 일을 하든지 반드시 그 일에서 하나님을 인정하고, 하나님을 목적과 목표로 삼으며 하나님께 기도하고 하나님께 감사드린다. 형식적으로 눈을 감고 손을 모으며 말을 중얼거리는 것이 아니라 마음 가장 깊숙한 곳에서, 기도의 문제뿐 아니라 생활의 문제도 안고 있는 의식의 숨은 곳에서 하나님께 감사하고 기도드린다.

이 사실은 이같은 하나님과의 교제가 생활에서 일상적인 현실이 되게 하는 일을 성직자는 할 수 있고, 상인은 할 수 없다는 생각에 반대한다. 선교와 자선 혹은 복음전도를 위해 열심히 일하는 사람은 할 수 있고, 가정의 아버지나 어머니는 하나님의 보시는 가운데 거룩한 봉사에 참여할 수 없다는 생각에 반대한다.

성직자나 선교사 간호사가 하는 일은 성스런 노동이라 부르고, 정원사나 상인, 재봉사, 종들이 하는 일은 성별된 영역에 속하지 않는다고 말한다. 경건한 생활과 지극히 중요한 경건에 큰 해를 끼치는 것은 바로 이 같은 잘못된 주장이다.

물론 성소에서 직접적으로 봉사하는 사람은 거룩한 일들로 더 분주하게 지낼 수밖에 없고, 그런 점에서 보기 드문 특권을 누리는 것을 부인하지는 않는다. 그 사람은 그 특권에 대해 장차 하나님 앞에서 답변을 해야 할 것이다. 증권거래소나 가게, 사무실에서는 무슨 일을 하든지 항상 하나님 가까이 있기 위해서는 훨씬 더 많은 노력과 자신을 극복하는 일이 필요하다는 것도 마찬가지로 부인할 수 없다. 우리가 무엇으로 지어졌는지 하나님께서 아신다는 것과 관련해서, 우리가 티끌에 지나지 않는다는 것을 생각할 때, 이것은 더 많은 노력이 필요하다.

그러나 성소의 사역은 거룩한 일들에 너무 익숙해지고 거룩한 일을 더욱더 믿음이 없는 손으로 다루게 되는 위험도 함께 가져오고, 범죄하여 신성한 소명을 거스르는 일을 함으로써 훨씬 더 무거운 심판을 직면하게 된다는 사실은 이점에 불리하게 작용한다. 때로 가장 훌륭한 교회와 가장 탁월한 선교회에서 성소의 사제들이 스스로를 더럽히는 악한 시대가 돌아왔고, 거룩한 것들이 다시 명예를 얻도록 한 운동이 성소의 사제들 가운데서가 아니라 겸손한 후원자들과 일하는 사람들, 상인들 가운데서 일어났다.

경건한 목사, 독실한 선교사, 헌신한 간호사, 그리고 또한 진정으로 경건한 교회위원, 장로 혹은 집사는 영광스런 권세를 나타낸다. 그러나 직분이나 좀 더 신성한 직업 자체가 저절로 참된 경건을 가져온다고 생각하면 잘못이다. 특별히 예민한 양심을 가진 젊은 성직자들은 교회의 평범한 많은 교인들의 경건을 보고서 스스로 부끄럽게 느끼게 되는 것을 거듭 인정하지 않을 수 없다.

또한 우리가 지극히 부족한 가운데서 생활과 힘과 돈의 일부를 신앙 활동과 사업에 구별하여 드리는 것뿐임을 인정하지 않을 수 없다.

쉬는 날도 계속해서 고귀한 의미를 지니지 않는 한, 여러분이 일생의 모든 날 동안 하나님을 섬길 수 없다. 여러분이 하는 모든 일에서 하나님께 가까이 가려면 특별한 절기에는 직접적으로 기도하고 말씀으로 예배드리며 찬송으로 감사를 드릴 생각을 가져야 한다. 모든 일에서 공의와 자비를 행하려면 여러분이 하나님에 대한 봉사를 위해 의도적으로 선물을 따로 구별하는 것을 복된 의무로 느껴야 한다.

위에 있는 예루살렘에서는 이런 이중성도 사라질 것이다. 위에 있는 승리한 교회는 영광스런 생활 곁에 나란히 있지 않고 영광스런 삶 자체가 될 것이다. 하나님의 보좌 앞에서는 아버지의 집과 승리한 교회는 **하나**이다.

그러나 이 땅에서는 그렇지 않다. 여기서는 그 이중성이 계속되지 않을 수 없다. 여러분의 교회는 가정이나 일터와는 다르다. 이 세상 일들과 하나님 나라의 일들 사이의 차이 때문에 이런 구분을 하지 않을 수 없다.

그러나 이 점 때문에 여러분의 신앙, 곧 여러분의 경건이 이 종교적 영역에만 집중하여 일반 생활은 경건과 상관 없이 행하고 교회 생활에만 경건하게 임하게 되어서는 안 된다.

경건이 종교적 영역에서는 좀 더 고상하게 표현될 수 있고 여러분에게 매일의 생활을 감당할 힘을 북돋아줄 수 있다. 그러나 여러분의 경건이 진정한 것이 되려면 삶 전체를 통해서 빛나는 금빛 실이 되어야 한다.

이 모든 것은 여러분의 하나님이 전능하시고 천지의 창조주이시라는 것을 진정으로 믿느냐에 달려 있다. 또한 여러분이 정성들여 만드는 모든 재료가 하나님의 만드신 것이고, 여러분 식탁에 있는 먹고 마시는 모든 것의 요소가 하나님의 지으신 것이요 선물이라는 것을 여러분이 믿고 그렇게 생각하느냐에 달려 있다. 또 여러분의 몸과 모든 감각을 하나님께 심어놓으셨고 그 작용들을 유지하신다는 것, 여러분이 대하는 자연의 모든 능력이 하나님의 편재하신 활동이며, 만나는 모든 환경이 하나님께서 여러분에게 임하게 하신 것이라는 사실을 믿느냐에 달려 있다. 또 여러분이 혈연에 의해, 결혼에 의해, 임명에 의해 혹은 선택에 의해 놓이게 된 관계는 하나님의 섭리의 계획 하에, 그 계획에 의해 여러분에게 임한 것이며, 여러분이 처해 있는 모든 위급한 사태와 고난은 하나님께서 여러분의 가는 길에 두신 것이며, 여러분이 행하도록 부름을 받은 모든 직무나 의무는 하나님을 위하여 여러분에게 온 것이고 하나님의 통치 안에서 분명한 의미를 지는 것임을 믿느냐에 달려 있다. 또 어떤 일이든지 그것이 크든지 작든지 간에 일련의 하나님의 처사에서 한 고리를 형성하지 않는 한, 세상에서 너무 높거나 낮은 것으로 생각할 수 없다는 것, 하나님께서 여러분에게 주시지 않는 어떤 즐거움도 맛보지 못하고 어떤 고통도 겪지 않는다는 것, 간단히 말해서 하늘과 땅을 창조하시고 유지하시며 다스리시는 하나님께서 이 모든 일에 거룩한 목적을 가지고 계시며, 하나님은 만물을 배치하고 정하시는 주님이시고 만물 안에서 여러분을 포함한 자기 백성을 쓰셔서 하나님의 뜻을 이루시는 주님이 아니시라면 하늘과 땅에서 어떤 것도 생각할 수 없고 어떤 것도 존재할 수가 없다는 것을 믿느냐에 달려 있다.

이 점에서 제외되는 것은 무엇이든지 **불신앙**이다.

그러므로 사도가 말이나 행실로 "**무슨 일을 하든지 마음을 다하여 주께 하듯 하라**"고 말할 때, 그는 다름 아니라 여러분의 신앙고백에서 직접 나오는 것, 곧 여러분이 하나님을 전능하신 아버지요 천지의 창조주로 믿는다는 것을 말하는 것이다. 그렇다면 여러분의 개인적인 생활에서나 가정생활에서도, 연구와 노동에서도, 여러분이 하는 무슨 일에서도, 생각할 수 있는 모든 것에서도 여러분과 하나님을 분리시킬 수 있는 것은 없고, 분리시키는 것이 아니라 그 일을 바르게 해석한다면 오히려 여러분을 하나님께로 이끄는 것이다.

죄이다. 그렇다. 여러분이 주께 하듯이 할 수 없는 것이 죄이다. 여러분과 하나님 사이를 가르고, 하나님과의 교제를 깨트리며, 여러분을 자신에게 돌아가게 하는 것이 죄이다.

그러나 그밖에 대해서는, 여러분이 계산대 뒤에 서 있든지 혹은 장사를 하고 있든지, 사무를 보든지, 아니면 연구에 전념하거나 예술에 몰두하든지, 여러분이 식구들과 집에 있든지 혹은 다른 사람들과 함께 있든지 상관없이, 그것이 모두 하나님께서 여러분에게 나누어 주신 힘으로, 하나님께서 창조하신 일들 안에서, 하나님께서 그 일에 관해 정하신 목적을 위하여 하는 일과 활동이 될 수 있고, 또 되어야 한다.

이와 같이 그것은 이제 무엇보다 천지의 창조주이신 하나님에 대한 여러분의 믿음이 물에 기름방울이 뜨듯이 여러분 영혼 위에 떠있는지 아니면 믿음을 여러분 삶 전체에 받아들이고 모든 것에 적용하느냐는 문제에 지나지 않는다.

만일 후자의 경우라면, 거기에는 어디에도 분열이 없다. 그렇다면 쟁기로 갈고 씨를 뿌리는 사람이든 작업대에서 일하는 목수나 석공이든, 혹은 자녀와 가정을 돌보는 어머니든지, 간단히 말해서 삶에서 어떤 위치에 있는 사람이든지 간에 언제나 하나님 없이 일해서는 안 되고 언제나 하나님께 봉사하듯이 일해야 한다는 것이다.

그렇게 되면 하나님께 가까이 가는 것, 영원하신 분과 교제하는 것, 마음을 아시는 하나님과 은밀히 교제하는 것은 삶 가까이에서 달콤한 냄새를 풍기는 향이 아니라 여러분 삶 전체로부터 은혜의 향기를 불어 넣는 코로 내쉬는 생명의 호흡인 것이다.

그렇다면 여러분은 모든 것을 기뻐한다. 모든 것으로부터 그리고 모든 것 안에서 하나님의 위엄과 은혜가 나타나기 때문이다.

그렇다면 여러분은 모든 일에서 기도하되 입술로만 기도하지 않고 마음으로 기도한다. 여러분이 무슨 일을 하든지 하나님의 전능하신 능력에 깊게 의존되어 있음을 느끼기 때문이다.

그렇다면 여러분은 모든 일에 감사한다. 모든 성공은 하나님의 은혜의 열매이며, 모든 역경은 더 많은 은혜로 여러분을 도와 더 크게 힘을 발휘하도록 하기 위해 주시는 것이다.

그렇다면 여러분은 모든 일을 마음을 다하여 한다. 기계적으로 하거나 노예적으로, 어쩔 수 없어서 하는 것이 아니라 기꺼이 즐거운 마음으로 한다. 왜냐하면 여러분이 그 일을 하여 하나님을 섬기도록 허락받았기 때문이다.

이렇게 해서 여러분은 경건과 의무의 수행이 하나가 되는 삶의 위치에 이르게 된다. 이는 여러분이 무슨 일을 하든지 조용하고 평온하게 하나님을 가까이 하는 가운데 **주께 하듯** 그 일을 하도록 허용되었기 때문이다.

제99장

여호와의 이름이 온 땅에 어찌 그리 아름다운지요

할렐루야 시편들 가운데 한 시편에서 마지막 구절은, 이스라엘의 자녀를 하나님을 가까이 하는 백성의 자녀라고 노래한다.

그 구절 전체는 이렇게 노래한다. “그가 그의 백성의 뿔을 높이셨으니 그는 모든 성도 곧 그를 가까이 하는 백성 이스라엘 자손의 찬양 받을 이시로다”(시 148:14). 이와 같이 여기에는 구분이 있다. 즉 개인 영혼이 더 친밀한 교제를 가질 수 있고 더 끊임없이 하나님과 은밀히 동행할 수 있다는 것이다. 그런데 그뿐 아니라 물론 좀 더 모호한 의미이지만, 이 말이 어떤 특정한 상황 하에서 아주 많은 사람들, 심지어 백성 전체에게도 적용될 수 있다는 것이다.

이 말은 특별히 큰 도시 주민들과 대비하여 지방 사람들에 어느 정도 적용될 수 있다.

“통나무 성전”(Temple of uncarved wood)라는 동화는 이 때문에 비현실적이라는 말을 듣는다. 위선적인 이야기이지만, 그 동화는 주일에는 교회에 가는 것 외에는 돌아다니지 않으려고 한 사람들을 시적으로 표현한 종교적 이야기에 지나지 않았다.

그것이 아니다. 여기서 의도하는 것은 거의 모든 나라에서 볼 수 있는 사실이다. 즉 대체로 볼 때 시골 사람들은 자신들의 신앙에 헌신적이었던 반면에, 도시 사람들의 대다수는, 적어도 개신교인들이라고 불리는 사람들 가운데 대다수는 가정예배와 공적 예배에 관심이 없었다. 이 중대한 현상은 도시 인구가 증가하는 만큼 심각해지고 있다고까지 말할 수 있다.

이렇게 말한다고 해서 이런 대도시들에는 경건한 백성이 전혀 남아 있지 않다는 뜻은 아니다. 때로는 이 대도시 사람들이 매우 영향력이 있으며 그들의 경건이 많은 면에서 시골 사람들보다 높은 수준을 유지하는데, 특별히 의지와 회복하는 힘에서 그렇다. 이런 특징은 도시 생활의 더 큰 마찰과 더 맹렬한 갈등에서 나온 것이다. 그런 대도시에서 부모의 거룩한 전통에 여전히 충실한 사람은 마지못해 그렇게 하였고, 신앙을 지키는데 고통을 겪으며 싸우지 않으면 안 되었다. 그러나 이런 투쟁 가운데서 자기 입장을 굽히지 않은 사람은 싸움으로부터 더 잘 훈련을 받고 튼튼해지며 힘을 얻었고, 불신앙과 신앙무관심주의에 맞설 수 있도록 더 잘 준비된 것을 느꼈다.

그러나 상대적으로 적은 예외들을 별 문제로 하고, 시골지역에서는 신앙에 대한 존경심이 더 굳게 뿌리박혀 있고, 도시 생활에서는, 특별히 큰 산업체들이 있고 상업이 활발하게 이루어지며 증권거래소에서 투기가 많이 벌어지는 곳에서는 이런 존경심이 약해지고 있다는 사실은 부인할 수 없다. 사실, 공장주들과 직공들 가운데, 상인들과 점원들 가운데, 증권거래소 직원들과 자본들 가운데도 진심으로 헌신한 하나님의 자녀들이 있지만, 그들은 까마귀들 가운데 있는 몇 마리 백로일 뿐이다.

잡다한 원인들이 이런 현상을 일으켰다. 시골에서는 날씨와 바람, 추수와 농작물의 실패, 가축과 전염병 등으로 인해 사람이 하나님의 직접적인 행사들에 훨씬 더 의존되어 있다. 산업세계에서는 지배적인 영향력을 발휘하는 것은 기계 발명과 같이 인간적인 요소가 더 크다. 또한 시골에서는 유혹이 덜 난폭하게 나타난다. 시골에서는 저녁이 더 짧고 사람들은 더 일찍 일어난다. 사람들은 서로를 개인적으로 잘 알고, 그래서 여론의 규율이 더 효과적이다. 교회는 교인수가 도시보다 적다. 그래서 감독이 더 전반적으로 이루어진다. 여기에서는 수많은 원인들이 협력한다. 늘 있는 원인들 가운데 가장 큰 원인은 **농촌 생활 자체**와 **하나님의 보이는 창조물**, 곧 시골 사람들을 두르고 있는 자연의 당연한 영향력이다. 이 점으로부터 다음의 점을 추론할 수 있을 것이다. 즉 하나님께 가까이 가려고 하는 사람이, 하나님의 가까이 계심을 인상적으로 보여주는 주변의 창조물들에 눈과 귀를 열지 않으면 중요한 힘을 잃는다는 것이다.

이렇게 눈과 귀를 연다는 것이 참으로 중요하다는 사실을, 여러분은 많은 도시 사람들이 여름에 시골로 가지만 시골에 있을 때는 신선한 공기와 휴식 외에는 아무것도 찾지 않고, 돌아갈 때는 올 때와 마찬가지로 여전히 하나님으로부터 멀리 있는 사실에서 즉시 보게 된다. 그러나 도시 사람이 자연을 그리워한다는 사실은 여전히 있다. 공원과 넓은 가로수길이 약간의 보상을 주지만, 많은 사람들, 특별히 수많은 노동자들이 날이 어두워서야 집에 온다. 그렇지만 우리 도시들 위에도 별들의 광채가 하늘에서 빛나지만, 붐비는 거리를 걷는 많은 사람들 가운데서 눈을 들어 하늘을 보며 누가 이 모든 것을 창조하였고, 그 많은 별들의 수를 세고 그 이름을 부르셨는지 아는 사람이 있는가?

시골 마을에서는 사람이 원하든 원하지 않든 간에 주변을 온통 자연이 두르고 있다. 자연은 주민들에게 자신을 보도록 강요한다. 반면에 도시에서는, 사람이 자연으로부터 차단되어 있다. 그래서 마을의 하늘이나 밖에서 자연을 찾는 사람만 자연을 만난다.

시골에서는 하나님의 목소리가 안에서도, 밖에서도 들려온다. 도시에서는 속에서만 우리에게 들려온다. 온갖 사람의 목소리가 크게 울리기 때문에 별이 총총한 하나님의 하늘에서, 하나님의 천둥소리에서조차 하나님의 목소리를 듣지 못한다.

나이가 먹고 일생의 일을 끝낸 사람들은 자신들의 손실을 보충하기 위해 시골을 찾는다. 그러나 그때가 되면 대부분 그들은 자연에 대한 감수성을 잃어버려서 주변 환경으로부터 고립되어 지낸다.

이제 이 사실을 직면하고서 성경을 보도록 하자.

모든 자연이 하나님으로부터 오는 순수한 인사말을 건네는 영광스런 낙원에서 사람이 모습을 나타낸다. 타락 후에도 망가진 자연에 아주 많은 영광이 남아있어서 창조물로부터 하나님의 보이지 않는 것들, 곧 하나님의 영원하신 능력과 신성을 알 수 있다(롬 1:20). "하늘이 하나님의 영광을 선포하고 궁창이 그의 손으로 하신 일을 나타내는도다 날은 날에게 말하고 밤은 밤에게 지식을 전하니 언어도 없고 말씀도 없으며 들리는 소리도 없도다"(시 19:1-1-3). "주의 이름이 온 땅에 어찌 그리 아름다운지. 여호와의 소리가 물 위에 있도다 영광의 하나님이 우렛소리를 내시니 여호와의 소리가 힘이 있음이여 여호와의 소리가 위엄차도다 여호와의 소리가 백향목을 꺾으심이여 여호와께서는 레바논 백향목을 꺾어 부수시도다"(시 18:9; 29:3-5). 이 사상은 시편 전체를 통해서 나타난다. 시편 104편을 읽고 또 읽어보라. 그리고 시편 끝에 가서 147편과 148편에서 자연에 대한 놀라운 묘사를 보게 된다. 시편 전에도, 욥기에는 베헤못과 말과 효성들에 대한 장엄한 묘사가 있다. 그 묘사는 자연의 위대함과 아름다움 가운데서 하나님의 영광을 보라는 강력한 외침이다.

그 다음에 성경에서 "들의 백합화가 어떻게 자라는가 생각하여 보라" "공중의 새를 보라"는 말씀에 의해 인자(the Son of Man)를 보게 되었을 때, 씨 뿌리는 자와 목자에게서 보는 것으로부터 하나님 나라의 비밀에 빛이 비친다. 그리고 마침내 예루살렘을 새끼들을 날개 아래 모으는 암탉에 비유하시는 애처로운 말씀이 나온다.

계시록 전체, 곧 성경 전체는 자연의 영광으로 타오른다. 하나님의 옛 백성들은 시골 사람들이었고, 하나님께서 그들에게 주신 거룩한 땅은, 지금은 아니지만 그때는 비할 데 없이 아름답고 비옥한 지역이었다.

새 하늘 아래에서 펼쳐질 새 땅은 다시 낙원으로 돌아갈 것이다. 광야는 장미처럼 꽃을 피울 것이다. 풍경화가가 마치 마술이라도 부린 것처럼 타오르는 색깔과 생명의 깊이를 가지고 우리 눈 앞에서 펼쳐놓는 그 매혹적인 경치 때문에 우리 시대가 풍경화가에게 아낌없이 수여한 명예를 생각할 때, 이 시대가 최고의 예술가이신 하나님의 손으로 지으신 것에서 수 천 배나 더한 아름다움을 보지 못하고 인식하지 못한다는 것은 영적인 눈이 얼마나 둔한지를 알게 하지 않는가?

그러므로 바로 이 이유 때문에, 그리스도인들 가운데서 어떤 사람이 종종 자연에서 영광을 아주 조금이라도 인식할 때 자연은 그에게 묘하게 감명을 준다.

평화의 선구자의 목소리가 자연의 많은 소리보다 훨씬 더 높이 들리는 것이 분명하다. 시편 기자는 자연에 나타나는 하나님의 크심을 묘사한 후에, "그의 성전에서 모든 사람이 그의 영광을 말하도다"(29:9, 개역개정은 "그의 성전에서 그의 모든 것들이 말하기를 영광이라 하도다" - 역자주). 시편 147편의 할렐루야의 노래에서 이스라엘을 옛사람들보다 높이셨는데, 이는 여호와께서 그의 말씀을 야곱에게 알리셨기 때문이라고 말한다. 그리고 이어서 이같이 말한다. "그는 어느 민족에게도 이와 같이 행하지 아니하셨나니 그들은 그의 법도를 알지 못하였도다." 신자의 회중에서 말씀이 바르게 선포될 때, 자연의 아름다움이 줄 수 있는 것보다 영적으로 훨씬 더 고상한 아름다움이 있다.

그러므로 우리가 한쪽으로 치우치고 다른 한쪽을 잃어서야 되겠는가?

우리의 신앙고백서 가운데 하나에서는 "우리는 두 원천으로부터 하나님에 대한 지식을 갖는다. 바로 하나님의 말씀으로부터 지식을 갖는다. 그러나 또한 우리가 하나님의 크심과 위엄을 알도록 하는 창조의 책에 쓰여진 글자와 같은 피조물들로부터도 지식을 갖는다.

경건한 대화, 그리스도인의 집회, 교훈적인 책들이 모두 탁월하다. 그렇다고 해서 여러분이 위대한 창조의 책을 영혼의 눈에 덮어둘 수 있겠는가?

그것은 모두 우리 마음의 감광판에 인상들을 남기기 위해서이다. 곧 우리 일상의 인상들보다 훨씬 뛰어난, 우리가 사람에게서 받는 인상들보다 훨씬 뛰어난 인상들을 남기기 위해서이다.

우리는 하나님을 우리 수준으로 격하시키고 최소화하기보다는 우리 자신을 하나님의 위엄의 수준에까지 높이려고 한다. 하나님이 우리 형상을 닮은 것이 아니라 우리가 하나님의 형상을 따라 창조되었다. 여러분이 보는 책들은 이 사실을 말해주지 않고 여러분의 대화도 이 사실을 말하지 않을 것이다.

이 모든 것이 우리의 적은 범위와 적은 정도 안에 남아 있다. 하나님의 태양이 뜨고 지는 것과는 아주 다르다. 번쩍이는 빛이나 구름 속에서 울려 퍼지는 천둥과는 아주 다르다. 하늘 위에 펴져있는 별이 총총한 하늘의 영광이나 거대한 숲, 먹이를 찾아 으르렁 거리는 사자와는 아주 다르다.

여기서 우리가 보는 것은 장엄함이다. 거기에는 지극히 아름답고 영광스러운, 신적인 것들이 흘러나온다.

장엄하다! 우리의 보잘것없는 경륜과 제조보다 훨씬 높은 곳에 이르는 위엄이 있다. 여기에서 여러분은 인간의 서투른 작품에 접촉하는 것이 아니라 천지의 창조주의 영광스럽고 고귀한 예술을 만나고 있음을 알고 이해하게 된다.

물론 빛나는 자연이지만, 이 자연이 영적 신비인 구원의 길을 알려줄 수 없다.

왜냐하면 이것은 하나님께서 자비 가운데 여러분에게 그의 복음을 주셨기 때문이다.

자연에서 밝게 빛나는 하나님의 전능하심과 신성이 하는 일은 여러분의 모든 생각을 확장시키고 발전시키며 향상시켜서 여러분 자신의 시각으로 볼 수 있는 것보다 더 높은 영역을 볼 수 있도록 하는 것이다.

곧 하찮은 인간적인 것으로부터 신적인 위대한 것으로 여러분을 들어 올리는 것이다.

장엄한 것에 이르게 한다!

그렇게 해서 높고 고귀하신 분이 여러분 가까이에 이르게 하는 것이다.

제 100장

내 마음이 주를 향하여 어떠함을 감찰하시오니

하나님과 은밀한 교제를 나누는 일에 방해를 받는 것에는 여러 가지 이유가 있을 수 있다.

경건한 심정으로 생각할 때 가장 이해하기 어려운 점은 하나님께서 그 얼굴을 가리시면, 그로 인해 여러분이 더욱 간절하게 하나님을 찾게 된다는 것이다. 가장 흔히 일어나는 일은 세상적인 관심사가 너무 여러분을 사로잡고 관심을 끌게 되면, 영혼이 올가미에 걸려드는 것이다. 여러분의 영혼을 가장 심하게 해치는 것은, 새로 지은 죄가 하나님과의 교제를 깨트릴 뿐만 아니라 다시 거룩하신 분께 가까이 가려고 하는 일을 계속해서 방해하는 방식으로 왔을 경우이다.

죄를 범하는 것에 대해서는, 직면하고서도 피하지 못한, 말 한 마디와 한 행동이 여러분에게 죄가 되는 것을 느꼈을 것이라는 말만 하겠다.

죄악적인 성향, 죄악적인 분위기, 특별히 죄악적인 욕구가 또한 하나님과의 교제에 심각한 영향을 끼칠 수가 있다. 그러나 그 욕구의 활동은 또 다른 문제이다. 왜냐하면 무덤 이편에서는 죄악적인 의지가 언제나 여러분에게 있기 때문이고, 여러분이 그 의지를 소중히 품지 않는다면, 그 자체가 하나님과의 은밀한 교제를 방해하지 않기 때문이다. 하나님과의 은밀한 교제는 언제나 그리스도 안에 있다. 이것은 여러분이 하나님께 성도로서가 아니라 자신이 죄인임을 공언하는 데 있다.

그러나 여러분이 의식적으로 범한 죄에 대해서는 전혀 다르다. 그때는 죄를 추종하고 죄에 굴복하며 행하는 것이 있었다. 그때는 하나님의 자비로운 얼굴빛이 즉시 희미해진다. 하나님으로부터 비추는 빛이 여러분에게 어두워진다. 하나님께 가까이 가려고 하기보다는 오히려 하나님에게서 도망하려는 성향이 생긴다.

일단 범하고 나면 죄는 우리를 압도하고, 그래서 영혼에서 죄의 얼룩을 당장에 지울 수만 있다면 어떤 것이든 희생하려고 하게 되는 것이 죄인데, 갑작스럽게 이 죄가 우리를 붙잡았을 때, 우리는 영혼의 성향 속에서 이같은 변화가 일어나는 것을 분명하면서도 아주 고통스럽게 인식한다. 분명하게 말하자면, 통탄할 만한 죄를 지었을 때 그렇다.

일상의 사소한 죄들을 거의 의식하고 있지 못하다는 사실에서만큼 우리의 타락한 도덕적 관점이 분명하게 나타나는 것은 없다. 의무를 게을리 하는 것, 사랑으로 행하지 않는 것, 이기심과 교만, 허영에서 나오는 주장, 작은 거짓, 하찮은 부정직 등을 죄로 여기지 않는 것이다.

이것은 다윗이 "숨은 죄"라고 부르는 것과는 전혀 다른 것이다. 이것은 우리 의복에 얼룩을 남기지만 너무 하찮은 것이어서 부도덕한 눈으로는 발견하지 못하는 잘못들이다.

이것은 우리가 지금은 전혀 알지 못하고, 영혼의 생명이 더 성숙할 때에야 비로소 죄 됨을 알게 되는 죄를 가리킨다.

그런데 우리는 "그리 나쁘지 않다"고 말하는 죄들에 대해 이같이 알고 있다. 우리는 그런 죄들에 너무 익숙해졌다. 그 죄들이 더 이상 우리를 괴롭히지 않는다. 우리 영혼이 더 이상 그 죄들에 저항하지 않는다.

그리고 이같은 죄들에 대해 생각할 때, 그 죄들이 여러분이 하나님과 은밀한 교제를 갖는 것을 방해하지만, 막지는 않는다는 것이 사실이다. 이 죄들이 기존에 이루어지고 있는 교제를 끊지는 않지만, 하나님과의 은밀한 교제를 매우 결함이 많게 만든다. 그래서 교제를 멀리서 나누게 함으로 이 친교를 더 깊이 즐기지 못한다.

이같은 하나님과의 교제에서 죄로 말미암은 방해가 일어나는 것은 보통 여러분이 하나님 가까이에서 생활하고 모든 길에서 하나님을 알고, 구원의 비밀을 알고 지낼 때이다. 전혀 생각지 않게 죄를 범하면, 죄가 여러분을 압도하고 사로잡으며 여러분 하늘에 검은 구름을 드리운다. 그러면 여러분은 다시 자신에게로 물러가고, 하나님과의 만족스런 교제를 잃어버린 것을 느끼게 된다.

다윗은 시편 32편에서 그런 방해에 대해 이야기하고, 자신이 계속 침묵하기 때문에 이같은 교제의 중단이 계속되었다고 고백한다.

"내가 입을 열지 아니할 때에 주의 손이 주야로 나를 누르시나이다."

그러나 마침내 그는 침묵을 깨트린다.

"내가 이르되 내 허물을 여호와께 자복하리라 하고."

이렇게 하자, 교제를 방해하는 것이 즉시 사라졌다. 이제는 다시 하나님을 찾고 만나며 기쁘게 노래한다. "이로 말미암아 모든 경건한 자는 주를 만날 기회를 얻어서 주께 기도할지라 구원의 노래로 나를 두르시리이다." 그렇다. 이제 그는 다시 하나님을 만나고, 하나님께서는 그를 쫓아버리지도 뒤로 물리치지도 않으신다. 그리고 그는 하나님께서 그의 영혼에 이같이 즐겁게 속삭이시는 말을 듣는다. "내가 네 갈 길을 가르쳐 보이고 너를 주목하여 훈계하리로다."

진실로, 다윗의 이같은 경험에는 유일하게 바른 진단과 효과적인 치료가 있다.

우리가 아주 약할 때, 아니 의식적으로 알면서도 죄를 범할 만큼 약할 때, 죄가 우리에게 일으키는 첫 번째 생각은 하나님으로부터 숨고 싶다는 것이다. 하나님 앞에 나타나는 것을 두려워하고, 죄에 대한 고통스런 기억 때문에 자신 속으로 물러난다는 것이다.

하나님에 대한 적의 때문이 아니라 두려움 때문이다. 의지가 부족해서가 아니라 부끄럽기 때문이다. 그때 우리는 하나님께 돌아가야 한다는 것을 잘 알면서도 그것을 미룬다. 기도를 하고 싶지만, 그냥 시간을 흘려보낸다.

우리는 입을 열지 않는다.

이렇게 영혼을 괴롭히는 무거운 침묵 속에서 계속해서 하나님으로부터 멀어진다.

이것이 우리가 피를 흘리게 된 부상에 대한 진단이고 바른 설명이다.

이때 적절하고 유일한 치료는 여러분이 즉시 침묵을 깨트리는 것이며, 더 이상 시간을 낭비하지 않고, 시간을 끌지 말고 홀로 있을 곳을 찾아가서 무릎을 꿇고, 꾀를 부리지 않고 솔직하게 숨김없이 범한 죄를 하나님 앞에 고백하고, 하나님께 사죄를 구하는 것이다. 그렇다. 하나님께 여러분에게서 성령을 거두어 가시지 말라고 간구하는 것이다.

참으로 이것은 고통스러운 일이다. 그런 때에 여러분은 자신에게 타격을 가하지 않을 수 없다. 그때 여러분은 하나님의 진노의 쏘는 것을 느끼게 되는데, 이 진노를 지나가서 하나님의 자비를 붙잡아야 한다.

그러나 결과는 언제나 놀랍다. 그것은 다윗이 말한 것과 같다. 여러분의 죄가 여러분 마음에 얹어 놓았던 금지를 당장에 해제시킨다.

무엇인가가 여러분 영혼 속에서 녹아내리며, 그럼으로써 자유가 오고, 구속이 오며 화해가 온다. 예수께서 묘사한 대로 목자가 잃어버린 양에게 하였듯이, 하나님께서 신실하게 우리에게 가까이 오신다. 그렇다. 그것은 마치 하나님께서 그런 순간에는 여러분에게 하나님의 무한한 자비를 믿게 하기 위해 어느 때보다 가까이 오시는 것 같다.

사탄은 여러분 마음속에 이같이 속삭였다. "하나님에게서 떨어져 있으라." 그러나 하늘에 계신 여러분의 아버지께서는 이같이 소리치셨다. "아니다. 내 아들아 내게로 오라." 이렇게 죄를 고백한 여러분의 마음이 하나님께 가까이 가고, 하나님께서 여러분의 영혼에 가까이 가는 가운데, 그동안 사이를 가로 막았던 방해가 힘을 잃게 된다.

여러분이 이제 다시 하나님께 가까이 가게 되니 좋다. 말로 다할 수 없이 좋다.

그러면 영혼을 치료하는 이 작용의 비밀은 무엇인가? 그 비밀이 예레미야가 다음과 같이 외친 말에 있지 않는가? "여호와여 주께서 나를 아시고 나를 보시며 내 마음이 주를 향하여 어떠함을 감찰하시오니"(12:3).

시편 기자와 선지자에게 있어서 영혼의 토로를 그처럼 감동적으로 만드는 것은, 그들의 전 생애와 전 존재가 하나님을 위한 싸움인가 아니면 하나님을 반대하는 싸움인가 라는 관점에서 해석된다는 것이다.

하나님과 사탄의 싸움, 하나님과 세상의 부정한 세력들의 싸움, 모든 죄에서 하나님과 함께 하는 싸움이 있다. 이 싸움들에서는 스스로 발전하기도 하고 타락하기도 하는 도덕적 생활의 약하고 겁 많은 이야기는 전혀 들리지 않는다. 그렇지 않다. 모든 것은 만물의 중심이신 하나님과 직접적이고 생사가 달린 관계에 들어간다.

이 싸움은 오래된 싸움이며 낙원 이래 계속된 싸움이고, 하나님께서 그리스도 안에서 마지막 원수에게 승리하시는 종말 때까지 계속되는 싸움이다.

이 싸움에 우리 각 사람이 다 연루되어 있고 관계되어 있다. 우리가 죄를 짓는다면, 우리는 사탄의 편에 서서 하나님과 싸우는 것이다. 우리가 믿음으로 산다면, 하나님의 편에서 사탄과 싸우는 것이다.

선지자와 사도들이 삶에 대해 해석하는 것이 그와 같다. 그리고 우리들의 해석도 그와 같을 수밖에 없다. 모든 하나님의 자녀가 삶에 대해 생각하는 깊고 뚜렷한 해석도 그와 같다.

그러면 우리가 짓는 죄는 무엇인가? 우리의 죄는 악한 순간에 하나님께 대항하는 악한 세력에게 힘을 보태고 하나님을 대항하여 싸우는 사탄을 돕는 것이 아니고 무엇이겠는가?

우리의 죄짓는 것이 그런 것이라면, 여러분이 죄를 고백하는 것은, 그 사실을 깨닫고 하나님께서 여러분이 하나님의 군대에서 싸울 만한 사람으로, 다시 하나님 편에서 싸울 만한 사람으로 여겨주시기를 간절히 구하면서 하나님의 군대로 돌아가기 위해 즉시 사탄의 군대에서 도망쳐 나오는 것이 아니고 무엇이겠는가?

그러면 여러분의 마음의 호소가 전지하시고 지극히 자비하신 하나님께 전달된다.

여러분은 하나님의 군대에서 도망쳐 나와 사탄의 군대에 합류하려고 생각하였는가?

그렇지 않다. 절대로 그렇게 생각지 않았을 것이다.

여러분은 그렇게 할 의도가 없었다. 그런 악한 생각이 여러분 마음속에서 일어나지 않았다. 여러분은 스스로 알지 못하는 사이에 그렇게 되도록 허락하였을 뿐이다. 자신의 행위가 무섭게 악한 것임을 깨닫지 못한 채 빠져나간 것이다.

이제 여러분이 행한 죄가 이것임을 알고서 하나님께 호소해야 한다.

마음 가장 깊은 곳에서 여러분은 하나님을 떠나려고 하지 않았다. 여러분 영혼의 슬픔, 양심의 가책, 자책하는 바는 그 사실을 알고서도 여러분이 하나님을 대항하는 적의의 행동을 일으켰다는 것이다.

그러므로 이제 여러분은 마음을 아시는 주님께 호소한다. 하나님께서 마음을 감찰하실 때, 그 모든 것에도 불구하고 가장 깊은 곳에서는 여러분의 마음이 여전히 **주를 향하고** 사탄을 향하지 않는다는 것을 보시지 않느냐고 호소하는 것이다.

제 101장

사탄아, 내 뒤로 물러가라

이전 시대에, 특별히 중세 시대에는 사람들이 지혜롭게든 혹은 지혜롭지 못하게든 간에 모든 일에 사탄을 끌어들임으로써 사탄을 지나치게 강조하였다는 것을 부인할 수 없다. 그런데 우리 시대는 오히려 반대의 극단으로 기울어 그 악한 자의 존재를 부인하지는 않는다 할지라도 잊고 있는 것처럼 보이지 않는가?

그 악한 자의 존재에 대한 이런 부인과 함께, 믿음의 문제에서는 자유에 대한 허영심이 우리 주님의 복음에 대해 특이한 수작을 부린다.

그래서 사람들은 자기가 구약에서 떨어져 있다고 느끼고, 바로 그 이유 때문에 자신이 복음에 더 가깝게 있다고 말한다. 이중적인 정신을 지닌 이 사람들은 모세에 대해서 관심이 없고 예수님 외에는 아무도 관심이 없다. 그래서 종종 성경 전체를 고수하는 여러분을 지나치게 구약적이고 그래서 반쪽짜리 그리스도인에 불과하다고 거침없이 비판한다.

그러나 그렇게 소리 높여 복음을 찬양하는 바로 그 사람들이 스스로는 어떻게 복음을 대하는지 보자.

구약에는 사탄에 대한 언급이 거의 없고, 반대로 복음서에서는 사탄이 널리 그리고 충분히 다루어지는 것이 사실이다. 이뿐 아니라 예수님께서 친히 그의 활동에서뿐 아니라 말씀에서도 사탄을 고려하고 있음을 항상 보여주신다. 예수께서 광야에서 받으신 시험을 생각해 보고, 끊임없이 마귀를 물리치신 것, 악한 영들과 구주와의 전체적인 싸움에 대해서 생각하고, 다음에는 예수께서 이 세상 임금에 대해 말씀하신 모든 것에 대해, 예수께서 자신의 모든 고난과 죽으심을 이 세상 임금과의 싸움으로 이해하셨음을 생각해보라. 그리고 다른 예들은 말할 것이 없지만, 특히 예수께서 "우리 아버지여"라는 짧은 호칭 안에 자기의 모든 백성을 위한 마지막 기도인 "우리를 그 악한 자에게서 구하시옵소서"(개역개정은 "우리를 악에서 구하시옵소서" - 역자주) 라는 간구를 넣으신 사실을 생각해 보라.

그러나 이 모든 것이 소용이 없다. 예수님과 그의 복음만을 고수하기 위해 구약을 제쳐놓은 이 사람들은 본질적인 부분인 사탄의 영향력이라는 이 전체 문제를 복음에서 주저 없이 퇴짜 놓는다. 그리고 여기서 그들의 그런 노력이 복음에 따라 자기 마음과 생각을 형성하려는 것이 아니라 **자기** 사상의 세계에 맞춰 복음을 형성하려는 것임이 또한 나타난다.

그런데 이와 관련해서 진리에 좀 더 충실한 사람들 가운데서 더 큰 잘못이 있는데, 그것은 사탄의 실제적인 활동을 부인하는 것이 아니라 잊고 지냄으로써 행하는 잘못이다.

말에서나 글에서 혹은 심리학에서, 혹은 내적 생명의 계시에서 그 악한 자를 실제적인 요소로 고려하는 일이 아주 드물지 않은가?

이제 이와 관련해서 여러분은 사탄은 도둑과 같다는 점을 명심해야 한다. 사탄은 여러분이 자기 존재와 활동을 모르는 것을 더 좋아한다.

사탄의 존재를 부인하거나 비웃는 영역에서 사탄은 마음대로 손을 놀려 마음껏 영혼들을 살해한다. 복음을 더 믿는 경향이 있는 사람들이 아주 묘하게도 사탄의 존재를 잊을 수 있다는 사실이 또한 사탄에게는 영혼을 독살할 더할 수 없이 좋은 기회를 제공한다.

여러분은 이렇게 사탄의 실제적인 존재를 부인하고 잊는 가운데서 사탄의 계교가 효과적으로 작용한다는 것을 확실히 알 수 있을 것이다.

그리스도의 능력 있으신 영이 팔레스타인의 생활에 영향을 주었을 때, 사탄은 한 순간도 이 일에서 성공을 거두지 못하였고, 예수께서 강제로 사탄이 모습을 드러내도록 만드셨다.

그런데 지금 사탄은 계속해서 자신을 숨기는 일에 대단히 성공을 거두고 있고, 이렇게 보이지 않게, 눈치 채지 못하게 잠복한 상태에서 바로 그 때문에 자신의 성품을 주입하는데 더 좋은 결과를 거두고 있다.

사탄의 활동이 어떻게 계속되고 있는가 하는 것은 우리에게 상세하게 계시되지 않는다. 단지 우리가 알 수 있는 것은 인간 세계는 의식적인 존재들로만 이루어진 세계가 아니라는 것이다. 여기에는 영들, 천사들, 그룹, 스랍이라고 불리는 무수한 영적 존재들도 존재한다. 이 영들의 세계가 우리 인간 세계와 분리되어 있지 않고 인간 세계와 나란히 존재하며, 온갖 방식으로 관계를 맺으며 인간 세계에 강력하게 영향을 미친다는 것 또한 확실한 사실이다.

이 외에도, 거룩한 것과 거룩하지 않은 것 사이의 대립이 이 땅에서보다 훨씬 더 이른 시기에 발생하였고, 이 영들의 세계로부터 인간 세계에 파고들었다는 것이 계시된다.

그러므로 선한 영들과 선한 사람들 사이의 확실한 동맹이 있고, 또 보이지 않는 세계의 부정한 영들과 보이는 세계의 부정한 영들 사이의 공모도 있다. 죄인 하나가 회개하면 선한 천사들 가운데 기쁨이 있고, 방황하는 영혼의 타락이 성공적으로 이루어지면 악한 영들 가운데는 조소하는 웃음이 있다.

이것은 모두 이 땅과 세상 밖의 거룩한 영들의 머리이신 그리스도와 **함께** 사람들과 마귀들 가운데 부정한 모든 영들의 머리인 사탄과 싸우는, **한** 충돌이고 **한** 전투이며 **한** 싸움이다.

우리는 복음서와 서신서, 요한계시록에서 이 모든 사실을 분명하게, 폭넓고 철저하게 알게 된다. 우리는 이것을 알고, 믿고서 우리의 행함과 행하지 않음을 여기에 맞추어서 이끌어나가야 한다.

그러나 부정한 영들의 이 같은 활동이 어떻게 인간 세계에 영향을 미치는가 하는 것은 여전히 우리에게는 그늘에 감싸여 있다. 그래서 몇 가지 모호한 비유만이 우리의 생각을 인도할 뿐이다.

그렇지만 확실한 사실은 세 가지 작용 자체가 각각 충분히 나타난다는 것이다.

부정한 영의 세계로부터 오는 작용들이 있는데, 어떤 분명한 공격의 형태를 띄지 않고, 여론이나 생활의 관습, 죄악적인 인간 본성에서 우리가 볼 수 있는 수단들을 취하는 작용들이 있다.

이것은 부정한 영의 세계로부터 오는 평범하고 일상적이며 항상 계속되는 작용인데, 세상에 떠돌고 있고 우리 모두가 확실한 영향을 받는 작용이다.

두 번째로, 좀 더 통탄할 만한 작용이 있는데, 그것은 많은 악한 영들 가운데 하나가 어떤 특정 계층 사람들의 영이나 한 개인의 영을 사로잡을 때 발생한다. 때로는 악한 여러 영이 동시에 이런 일을 감행한다. 예수님의 비유를 한번 생각해보면 알 수 있다(마 12:45).

끝으로, 세 번째이자 훨씬 더 고통스러운, 정말로 가장 고통스러운 작용이 있는데, 사탄이 자기 종자 가운데 하나도 보내지 않고서 영적 세계에서 주요 요새를 공격하는 준비를 할 때 일어나는 작용이다.

시대와 사람들의 상태에 맞추어, 첫 번째 활동, 두 번째 활동 혹은 세 번째 활동이 전면에 나타난다.

그 활동이 예수님 시대에 나타나는 것을 보자.

당시에는 쟁점이 되는 주요 문제와 싸워야 했고, 따라서 이 세 가지 활동이 모두 강력하게 작용하기 시작하였다.

사탄이 직접 예수님과 사도들을 대항하였고, 악한 영들이 선택된 희생자들을 공격하였으며, 전 백성의 계층과 집단 가운데서 사탄의 전반적인 활동이 이루어졌다.

그때는 도망하는 것이 소용이 없었다. 숨는 것도 소용이 없었다. 투쟁이 여러 사람 앞에서 벌어졌다.

지금과는 전혀 달랐다.

그렇지만 그때에도, 사탄은 계속해서 자신을 숨기려 하였다. 이 점이 우리에게 시사하는 바는 매우 크다.

예민한 기질과 충동적인 성격을 지닌 베드로는 그로 인해 도구로 이용되지 않을 수 없었다. "예수님이 십자가에서 죽다니! 절대로 그런 일이 있을 수 없다!" 예수님의 그 두려운 생각에 반대하고 나선 동기는 순전히 사랑이었다. 베드로가 이같이 말하면서 예수님을 저지하는 것을 읽게 된다. "그리 마옵소서 이 일이 결코 주께 미치지 아니하리이다"(마 16:22).

이 점에서 사탄의 활동이 숨어 있었다. 베드로는 이것을 깨닫지 못하였다. 그러나 예수께서는 즉시 그 점을 꿰뚫어보셨고, 슬픔의 아들(man of sorrows, 사 53:3, 개역개정은 "간고를 많이 겪었으며" - 역자주)에 관한 예언된 계획을 생각하기보다는 감정에 휘둘려 어찌할 줄 모르는 제자를 이번에는 예수님이 **책망하셨다**. "사탄아 내 뒤로 물러 가라 네가 하나님의 일을 생각하지 아니하고 도리어 사람의 일을 생각하는도다."

이렇게 사탄은 조금도 득을 보지 못하였다. 예수께서는 당장 그의 정체를 폭로하셨다. 사탄은 잠복 공격을 통해서도 예수님께 대항하여 조금도 앞으로 나가지 못했다.

그러나 우리에게는 이 사건이 이루 헤아릴 수 없이 많은 유익이 된다.

이 사건을 통해서 우리는, 곧 악한 의도가 있다고 조금도 추측할 수 없는 때, 그리고 매우 친절한 길을 걷는다는 인상을 갖는 때에도 지극히 애정 어린 감정의 형태 아래에 사탄의 직접적인 공격이 숨어있을 수 있다는 것을 알게 된다.

이렇다고 해서 사탄이 언제나 사람을 개인적으로 직접 공격했다는 말은 아니다. 사탄이 지금까지는 자기를 추종하는 영들 가운데 하나를 시켜서 여러분에게 영향을 끼치는 일만 하였을 가능성이 매우 많다. 사탄이 영적인 분위기에서 일반적인 활동을 통해서만 여러분에게 영향을 끼쳤다고만 생각할 수 있다.

그러나 베드로의 이 사건을 보면 여러분이 잘못 생각했을 수도 있다. 여러분이 전혀 생각지 못한 경우에 사탄이 적접 공격했을 수도 있다.

어쨌든 "우리를 그 악한 자에게서 구하시옵소서" 라는 매일의 기도는 우리 가운데 어느 누구에게도 불필요한 자원이 될 수 없다.

우리가 견딘 어떤 시험에 대해 오랜 후에 객관적으로 되돌아 볼 때, 때로 이런 의문이 생길 수 있다. "이것이 사탄이 직접 내 마음을 공격한 것이었고, 나를 구출하고 구원하며 보존하신 것이 하나님이셨는가?"

이 점이 특별히 큰 어떤 죄를 범하는 시험에 항상 적용되는 것은 아니다. 베드로의 경우를 보라. 그는 오히려 자기가 선을 행하고 있다고 생각하였다.

그러나 악한 영들의 세계로 가는 길을 가장 효과적으로 차단하는 것은 하나님께 가까이 가려고 구하고 노력하며 하나님과 은밀하게 동행하며 살고, 하나님과 생생한 교제를 나누는 가운데서 여러분의 길을 선택하고 일생 동안 추구하는 것임은 확실하다.

반면에, 많은 시간을 하나님 가까이 지내는 것만큼 여러분이 이 부정한 영향력을 받지 않게 만드는 안전한 요새는 없다. 바로 이 이유 때문에 사탄이 여러분 마음에서 하나님과의 이 같은 친교를 방해하려고 늘 애쓰는 것이다.

사탄은 특별한 방식으로 여러분을 공격하려고 하는데, 여러분이 어떤 큰 죄를 짓도록 항상 유혹하는 것이 아니라 베드로의 경우에서와 같이 흔히는, 애정에서 나오지만 주의를 다른 데로 쏠리게 하는 작용을 가함으로써 공격하려고 하는데, 이 때문에 여러분이 하나님과의 은밀한 교제를 진지하게 추구해야 하는 것이다.

그러므로 조심해야 한다.

여러분은 자신이 영적으로 냉담해졌다는 것을 아는 즉시, 무엇이 되었든지 여러분이 하나님 가까이 지내는 것을 어렵게 하거나 방해하는 것을 깨닫는 즉시, 여러분이 어떤 영향력에 노출되어 있는지를 살피고, 눈치 채지 못하는 사이에 여러분 영혼 속에 어떤 영향력이 발생하는지 보고서, 모든 것을 떨어버리고, 여러분이 하나님 가까이에서 다시 피난처를 찾았다는 것을 알기까지는 쉬지 않도록 해야 한다.

이때는 머뭇거리거나 미루는 것을 용납해서는 안 된다.

예수께서는 그 자리에서 즉시 틈을 주지 않고, 마음에 가장 먼저 떠오르는 첫 마디로써 베드로를 격퇴시키고 떨쳐버리셨다.

"사탄아, 내 뒤로 물러가라!"

간단하면서도 강력하고 공격적인 말씀이다! 그렇게 할 때에만 여러분이 올가미를 부수고 도망할 수 있다.

제102장

원컨대 주는 하늘을 가르시고

승천대축일(the day of Ascension)은 거룩한 기념일이다!

그 날이 그처럼 영광스런 것은 우리 구주 때문이다.

이 땅에서 이루어야 했던 구속 사역이 이제는 다 완성되었다. 주께서 종의 형체를 입으셨고, 슬픔의 사람이 가야할 길을 다 가셨고, 영원한 죽음에 들어가셨다. 뿐만 아니라 주님께서는 이때 그의 사도들을 기다리고 있던 거룩하고 거대한 직무를 감당하도록 그들을 따로 세우시기 위해 땅에서 40일을 체류하시기도 하였다.

땅에서 체류하신 이 40일은 예수님 편에서는 다시 한 번 바치는 사랑의 제사였다.

하늘의 영광이 주님을 향하여 손짓하고 있었다. 주님은 하늘에서 하나님 우편에 앉도록 부름을 받고 이끌림을 받고 계셨다. 거기에서 왕관이 주님을 기다리고 있었다.

그러나 주님은 좀처럼 떠나지 않으셨다. 그 기간 동안 이 세상 영역에 머무셨다. 이 세상이 주님께 매력적이었기 때문이 아니다. 반대로, 부활하신 주님과 여전히 비참 가운데 잠겨있는 세상 사이에는 모든 교제의 유대가 단절되어 있었다. 이 세상에 대해서 주님은 더 이상 그 가운데 거하시지 않으셨다. 주님은 이미 이 세상에 대해 죽으셨다. 부활로 말미암아 주님은 이 세상으로 복귀하신 것이 아니라 오직 성도들의 공동체에게만 돌아오신 것이다.

이 세상에 40일을 더 머무르신 것은 주님께는 아주 부자연스러운 것이었다. 주님은 이 세상에 더 이상 속하지 않으셨다. 주님은 세상과 사이가 틀어졌고 세상은 주님과 사이가 틀어졌다. 주님께서 여전히 세상에 머무셨을지라도 세상은 주님을 더 이상 보지 못하였을 것이다. 주님은 여전히 주님으로 계시지만 세상 밖에 계신다. 주님은 더 이상 세상에 속하지 않으시고, 훨씬 높은 영역, 주께서 부활로 인해 실제로 들어가신 그 높은 영역에 속하셨다.

그러나 예수께서는 제자들을 사랑하셨다. 겟세마네에서 제자들과 비극적으로 헤어졌고, 재판정 뜰에서 베드로와 헤어졌으며, 골고다에서 요한과 헤어진 것으로 **마지막** 작별을 삼으실 수 없으셨다. 부활 후에 세상이 아니라 **제자들이** 예수님을 보아야 했다. 제자들은 주님과 맺는 새로운 관계에 대해서 배워야 했다. 그리스도의 부활 안에서 거듭남으로 말미암아 제자들은 사도로서 기름 부음을 받아야 했다. 그들은 새로운 관계, 즉 그들의 주님은 하늘에 계시고 그들만 땅에 있는 때를 위해 준비해야 했다.

그래서 예수께서는 부활 후 즉시 하늘로 올라가시지 않고 하나님의 보좌에서 주님을 기다리고 있던 영광에 들어가시기에 앞서 몇 주 동안 땅에 계시는 마지막 제사를 지내셨다.

그러나 언제까지 이 일이 계속될 수 없었다. 그 일은 끝이 나야 했다. 그것은 주님의 영화(glorification, 榮華)에 대한 거룩한 중지였는데, 이것은 사랑에서 나온 일이지만 할 수 있는 한 짧게 끝내야 할 일이었다.

부활 후 땅에 계시는 모든 날 동안 주님과의 지속적인 교제는 있을 수 없는 일이었고, 허락될 수 없는 일이었다. 주님과 계속적인 교제를 나누었다면 주님의 뜻을 이루지 못했을 것이고, 제자들이 곧 뒤따를 작별을 쉽게 받아들일 수 없었을 것이다. 그래서 곧 주님께서 떠나시기 위해 이따금 나타나실 수밖에 없었다. 처음에는 좀 더 자주 나타나셨고, 후에는 좀 드물게 나타나셨으며, 마지막에는 나타나시는 일을 완전히 중단하셨다. 물론 다메섹과 밧모 섬에서는 주님께 아주 잠깐 동안 모습을 나타내신 적이 있었다.

주님과 제자들 사이에 최종적인 작별이 있다. 마지막 만남이 감람산에서 있었다. 이 감람산 기슭에 겟세마네가 있고, 감람산 뒤로는 예루살렘이 넓게 펴져있으며, 예루살렘 뒤에는 골고다와 예수님이 부활하여 일어나신 무덤이 있었다.

예수께서는 제자들에게 마지막 명령을 내리셨다. 헤어질 순간이 이제 가까이 왔다. 그때 감람산 꼭대기에서 예수께서 제자들 가운데서 올라가셨다. 그래서 제자들은 예수께서 점점 더 높이 올라 빛나는 구름이 주님을 받아 그들 눈에서 보이지 않게 될 때까지 올려다보았다. 그리고 그 빛난 구름 가운데서 천사들이 나타나서 주님의 제자들에게 위로의 말을 전하였다. "주님은 너희를 떠나가셨으나 어느 날 돌아오신다. 언젠가 온 세상이 주님이 다시 오시는 것을 보게 될 것이다."

예수께서 어느 하늘로 가셨는지 우리에게는 여전히 비밀이다. 우리가 위에 있는 하늘들을 찾고, 모든 성경이 우리에게 말해주며, 우리 자신의 마음도 그에 대하여 메아리를 치는데, 그곳은 우리 위에 둥글게 펼쳐져 있는 영광의 하늘들이라는 것이다.

하나님의 보좌를 우리 주변과 옆에서 찾지 않고 우리 밑에서도 찾지 않으며 위에서 찾는 것이 우리에게는 영혼의 타고난 필연성이다. 하늘은 하나님의 보좌이고 땅은 하나님의 발판이다. 그 하늘을 우리는 쳐다본다. 하나님의 별들이 창공에 반짝이는 하늘로부터 우리에게 빛이 비치며, 그 하늘로부터 비가 내리고 땅에 물을 대며 우리 주위에 모든 복을 뿌린다. 그러나 여기서는 범위는 중요하지 않다. 하나님의 하늘은 이 세상 물질로 되어 있지 않다. 이 세상의 거리 개념으로 잴 수 있는 것이 아니다. 하나님의 하늘은 유한한 물질로 구성되어 있지 않다.

어느 날 우리가 전혀 예측하지 못했던 곳에서 하나님의 하늘이 우리에게 나타날 것이다. 하나님의 하늘은 우리가 전혀 상상하지 못한 곳일 것이다. 그러나 우리가 알지 못했던 영광 가운데서 그 하늘이 우리에게 열릴 것이다. 예수께서 하늘에 오르실 때 들어가셨던 곳이 바로 이 영광이다.

이사야가 영혼의 큰 고통 가운데 "**원컨대 주는 하늘을 가르소서!**" 하고 외쳤는데(64:1), 이는 아주 깊은 의미에서, 세상이 죄악적인 타락으로 인해 하나님의 하늘로부터 차단되었다는 이것이 우리의 비참함이라는 것을 알았기 때문이다. 위에는 거룩한 것이 있고, 우리 주변과 마음속에는 부정한 것이 있다.

그래서 때때로 위를, 곧 하늘을 올려다보지만, 하늘은 놋과 같이 굳게 닫혔고, 하늘의 창과 문이 닫혀 있어서 우리의 기도가 뚫고 들어가지 못한다.

우리는 그 하늘에 배치되었고, 그 하늘을 위해 지음 받은 존재들이다. 그러므로 그 하늘과 교제하는 생활만이 여기 이 땅에서 하나님이 우리 삶에 계획하신 광채를 더하여 줄 수 있다.

우리는 그 하늘 문을 열기 위해 하늘에 올라갈 수 없었다. 우리가 할 수 있는 일이란 위로 얼굴을 들어 하늘을 뚫어져라 쳐다보고 그 문을 향하여 소리치며, 홀로 그 문을 여실 수 있는 분이신 하나님께서 하늘을 가르시고 하늘에 들어갈 수 있는 길을 다시 우리에게 보여주시라고 탄원하는 것밖에 없었다.

그런데 이 기도가 그리스도 안에서 응답되었다. 첫째로, 그리스도께서 하늘에서 내려오셨다는 사실에서, 그 다음에 그리스도께서 하늘로 올라가셨다는 점에서 그렇다.

전자의 사실에 의해서보다는 후자의 사실에 의해서 훨씬 더 우리의 기도가 응답되었다. 예수께서 땅에 계셨을 때, 예수님 위에는 언제나 하늘이 열려 있었고 하나님의 천사들이 인자 위에서 오르락내리락 하였던 것은 확실하다. 그러나 예수님의 승천을 통해서 하늘과 땅의 교제가 광범위하게, 튼튼하고 영구히 확립되었기 때문이다.

예수님은 세상에 오실 때와 다르게 하늘에 오르셨다. 예수님은 친히 사람의 본성을 취하셨다. 주님은 하나님의 아들로서 우리에게 오셨다가 사람의 아들로서 하늘에 들어가셨다.

예수님의 승천은 예수님의 사람들과의 교제에 중단을 가져오는 것이 아니고, 오히려 이 세상에서 주님과 그의 성도들을 묶는 유대를 영원히 견고케 하는 것이다.

이 교제는 놀랍도록 상호관계가 있다. 그는 우리의 머리이시고, 그 안에 하나님과 함께 하는 우리의 생명이 숨겨져 있다. 또한 그리스도는 우리의 구주로서 자기 백성들의 마음속에 거처를 정하시고, 하나님의 위엄과 은혜와 성령과 함께 자기 백성들 가까이에 영원히 거하신다.

하늘과 땅을 묶는 이 관계가 끊어지고 해체되는 일은 이제 없다. 이 관계에서는 거룩한 신비 가운데서 높고 거룩하신 분으로부터 빛과 광채가 끊임없이 생생하고 거룩하게 흘러나오고, 힘과 능력이 우리에게로 흘러나온다. 이에 대해서 마찬가지로 거룩한 신비 가운데 우리의 믿음과 사랑과 소망이 끊임없이 영광의 보좌로 올라간다.

하늘로 올라가심으로써 예수님은 더 멀어진 것이 아니라 우리에게 더 가까이 오셨다.

지금 진동하고 존속하며 작용하는 것은 영광의 왕과 땅에 있는 그의 성도들 사이의 교제이다. 이 교제는 더 이상 위에 있는 방에 매이지 않고, 갈릴리 산에 제한되지 않는다. 오히려 영광의 왕께서 구속하시고 구원하신 사람들, 간구하며 그 왕에게 나가는 영혼들이 있는 한, 온 세상 전체로 확장된다.

우리의 머리이신 그리스도께서 온 땅에서 활동하고 계시는 것은 보이지 않고 관찰할 수도 없지만, 강력하고 체계적인 신적 통치이다.

광야에서 사탄은 예수님께 이 세상 나라들을 보여주고 현란한 빛 가운데서 이 나라들을 지배하는 악마적인 통치를 보여 주었다. 예수께서는 이것을 거부하셨다. 그리고 그때 거부하셨기 때문에, 예수님은 구속 사역의 명예로 온 백성과 온 나라를 다스리는 거룩한 영적 통치권을 받으셨다. 이와 같이 예수께서는 세상의 모든 부분에 놀랍고 웅대하게 완전을 가져오시고, 어느 날 완성에 이를 영적 상태를 점차 준비하시는데, 이는 예수께서 하늘로 올라가기 위해 떠나신 바로 이 세상에 하나님의 영원한 나라를 완전하게 세우시기 위함이다.

이렇게 해서 하늘이 갈라졌고 하늘의 창과 문이 열렸는데 다시는 닫히지 않고 다시는 휘장이 드리우지 않을 것이다.

기도를 드릴지라도 하늘이 놋과 같이 굳게 닫혀 응답을 받지 못하는 사람은 그 원인을 자신의 불신앙과 현세적인 태도 외에 다른 데 돌릴 수가 없다.

그러나 믿는 사람에게는 하늘이 열려 있다. 그래서 이 열린 하늘로부터 세상의 어둠과 마음의 어둠속으로 빛과 사랑과 생명으로 타오르는 부드럽고 복된 빛이 비친다. 이 빛의 비췸을 받은 사람은 이미 지금 하나님의 성도들 가운데서 "위에서 행하고" 있는 것이며, 자신의 세상 여정을 마치면 자기도 그 충만한 영광에 들어갈 시간이 가까이 오는 것을 즐거운 미소로 바라본다.

초기 그리스도인들은 이 사실을 깨달았다. 그래서 그들은 예수 안에서 잠든 자들을 무덤으로 옮겨갈 때 흰 옷을 입고 환희에 찬 기쁜 노래를 불렀다.

감람산에서 멀리 떨어져 있는 우리는 다른 관습을 따르지만, 마음속에서 먼저 떠난 사랑하는 사람에 대해 결코 그보다 약한 소망을 가져서는 안 된다.

제103장

모든 성도와 함께

마음이 고양된 분위기와 하나님께 가까이 가려는 충동 가운데서라도 여러분은 주님을 개인의 하나님으로 삼아서는 안 된다. 그런데 이것은 아주 강력한 신앙심에서 쉽게 범하는 죄악적인 오용이다.

우리 아버지라는 호칭이 **복수**로 쓰이고 있는데, 여기서 우리가 자신의 충동에만 매이면 아주 쉽게 **단수**를 사용하게 된다. 성경은 "하늘에 계신" 내 아버지가 아니라 "**우리** 아버지"라고 하여 복수를 사용하는데, **우리를** 이라는 말이 끝까지 우리 아버지라는 호칭 안에서 사용된다.

물론 이렇게 말한다고 해서 우리가 기도하면서 단수를 사용할 수 없다는 뜻은 아니다. **엘리 라마 사박다니**(나의 하나님 어찌하여 나를 버리셨나이까) 하고 외친 데에서 예수님은 시편 22편의 말을 빌려 쓰셨다. 예수님은 아버지와 친교를 가지신 하나님의 아들이셨으므로 예수께서는 기도하실 때 하나님에 대한 호칭을 복수로 언급하실 수 없었다. 하나님의 아들이신 예수님은 거룩한 분리 가운데 홀로 계셨다. 이 사실이 독특하고 고귀한 의미로 예수님에게 해당되었듯이 우리에게 적용되지는 않지만, 우리에게도 우리를 다른 사람과 분리시키는 상태와 영혼의 경험들, 다른 사람들과 공통으로 가지고 있다고 생각지 않는 상태와 경험들이 일어난다. 그때 그것은 개인적인 경우이다. 개인적인 경우를 당하여 우리는 하나님께 부르짖는다. 그 때 우리가 단수를 사용하여 "내 하나님, 내 아버지"라고 부르는 것은 자연스런 일이다.

다만 이것이 규칙이 될 수 없고, 우리 기도의 일반적인 태도가 될 수 없다. 우리가 다른 성도들과 함께 기도할 때는 자연스럽게 그렇게 되지 않지만, 보통 때 조용히 은밀하게 개인적인 기도를 드릴 때에도 이같이 해서는 안 된다.

공동의 필요에 대해서는, 우리가 혼자 기도할지라도 이렇게 단수를 사용하는 것이 적절치 않다고 느낀다. 난파선에서는 흔히 이 점이 저절로 나타났다. 쿠리에르(Courrieres)에서 죽은 수많은 광부들 가운데 그 무서운 지하 갱도 안에서 기도할 수 있는 사람들이 있었다면, 아마도 그 기도는 다르지 않았을 것이다. 그리고 최근에 베수비오 화산이 불과 유황을 내뿜었을 때 경건한 사람들은 각자 집에 남아 기도하지 않았고 기도하기 위해 다함께 교회에 모였다.

그와 같이 우리 죄와 비참이라는 공동의 곤경에 처했을 때 사람들은 우리 하나님 앞에 모이게 된다.

다 같이 겪는 곤경이 우리 각 사람에게서 나름대로의 형태를 띨 수 있다. 죄도 각 사람에게서 독특한 성격을 지닐 수 있고, 인생의 비참함도 각 사람에게 독특한 방식으로 나타날 수 있다. 그렇지만 그렇다고 해서 모든 죄와 비참함이 하나의 공통된 원천으로부터 흘러나온다는 지배적인 사실이 사라지지 않고, 이 때문에 우리가 다 같이 공동의 운명을 지게 되고, 구속과 구원을 위해 다 같이 집단적으로 하나님께 구하지 않을 수 없게 된다.

이 점이 곤경의 때에 드리는 우리 기도에 적용된다면, 은혜에 대한 우리의 감사와 은혜로 말미암은 보호를 구하는 기도에서도 다르지 않다.

모든 사람의 구원과 구출은 베들레헴과 골고다, 열린 무덤으로부터 나온다. 사탄은 모든 사람에게 주어지는 이 은혜에 해를 끼치려고 한다. 하나님의 은혜로 모든 사람을 보호하시는 것은 성령께서 우리 마음속에 부으시는 영향력과, 우리의 왕이신 그리스도의 영광스런 통치에서 나온다.

이와 같이 죄와 비참함에서 우리가 모든 인류와 함께 공동의 운명에 서 있다면, 은혜의 영역에서도 아버지 하나님께서 그리스도에게 주신 모든 사람들과 함께 공동의 운명에 서 있는 것이다. 그러므로 거룩한 일들에서 우리가 차지하고 있는 영적 위치는, 다름 아니라 우리가 "모든 성도와 함께" 하나님께 가까이 가고, "모든 성도와 함께" 하나님 앞에 서는 것임을 알고 느낄 수가 있다.

이제 사도가 말하는 "모든 성도와 함께"(엡 3:18) 라는 표현을 살펴보자.

경건한 사람들은 고향 마을에서 경건한 사람들과 나눈 교제를 잘 안다. 그러나 그들은 그 **경건한 사람들**과 **성도들**이 같지 않다는 것을 잊고 있으며, 대체로 이 차이를 보지 못한다.

이렇게 말한다고 해서 고향의 경건한 사람들과 매일 교제를 갖는 것이 믿음을 쌓고 서로를 교화하는 일에 유익하지도, 탁월하지도 않을 수 있는 것이 아니다.

다만 이같이 "경건한 사람들"과 함께 교제를 갖는 것이 "모든 성도와 함께" 공동의 운명을 나눈다는 의미에서 볼 때 전혀 다르다는 것뿐이다.

"성도"라는 말을 할 때 성경은 주관적인 개인의 경건을 가리키지 않고 그리스도 안에서 그리스도로 말미암아 이루어지는 객관적인 성화를 언급한다. 이 "성도"는 구속받은 자들, 곧 영원한 생명에 들어온 자들이다. 여기서 중요한 것은 **여러분의** 선택이 아니라 하나님의 선택이다. 여러분이 경건하다고 생각하는 사람들과 갖는 교제가 아니라 하나님께 실제로 부름을 받은 모든 사람과 공동으로 갖는 교제가 중요하다.

그러므로 이 범위는 좁은 것도 아니고 일시적인 것도 아니다. 좁은 지역에 제한되는 것이 아니고, 세상의 모든 부분에서, 이 땅과 하늘에서, 낙원부터 시작해서 지금까지 계속되며, 지금부터 영원에 이르기까지 아무라도 그 수를 다 셀 수 없는 많은 무리를 가리킨다.

"모든 성도와 함께"라는 이 말은 이와 같이 고유한 의미를 갖는다.

그래서 **테 데움**(Te Deum) 성가에서 기뻐하는 성가대가 그리스도께 노래한다. "온 세상에 걸쳐 있는 거룩한 교회가 주를 인정하나이다."

그러므로 "모든 성도와 함께" 라는 말은 여러분 주변에서, 여러분의 나라 전체에서, 여러분의 교회에서, 다른 교회에서, 다른 나라들에서 과거와 현재, 지금과 미래에 걸쳐서 그리스도의 피로 구속받은 자들과 나누는 교제를 의미한다. 그것은 한 사람도 예외 없이 모든 지체들로 구성된 "그리스도의 몸"이다. 옛적의 족장들과 선지자들, 사도들과 순교자들과 함께 하며, 여러분보다 먼저 영원에 들어간 구속받은 여러분 가족들과 아는 사람들, 지금도 여러분과 함께 지내는 사람들, 교회의 자녀들 가운데서 자라나는 사람들, 지금은 교회의 씨앗으로 숨어있는 사람들, 장차 밖에서 교회로 들어올 사람들과 함께 하는 교제이다.

하나님께서 이 교제에 포함시킨 사람은 단 한 사람도 여러분이 쫓아낼 수 없다.

이 점이 여러분의 구원을 가리킬 뿐만 아니라 삼위일체 하나님과 갖는 여러분의 교제와 여러분이 하나님께 가까이 가는 것도 가리킨다는 사실이 사도가 그처럼 열정적으로 쓰고 있는 말에서 분명히 나타난다. 너희가 "능히 **모든 성도와 함께** 지식에 넘치는 그리스도의 사랑을 알고 그 너비와 길이와 높이와 깊이가 어떠함을 깨닫기를 구하노라."

거룩한 교제에 대한 의식이 이같이 확대되는 것은 특별히 실제적인 유익을 위하여 매우 중요하다.

여러분이 아무도 그 수를 능히 셀 수 없는 많은 무리를 개인적으로 알고 지내는 여러분 교회의 몇몇 경건한 사람들로 제한하는데 익숙해진다면, 여러분의 거룩한 지평은 볼품없이 작고 협소해진다. 그렇게 되면 하나님의 백성이 몇 백명의 사람들로 줄어버리고, 세상의 나머지 모든 사람은 여러분에게 방황하는 무리로 보인다.

반면에, 여러분이 하나님의 모든 성도들, 즉 가까이 있는 사람들과 멀리 있는 사람들, 현재와 과거의 사람들, 땅에 있는 자들과 하늘에 있는 자들, 앞으로 태어날 사람들을 포함하는 넓은 범위를 생각해 본다면, 즉시 구약의 모든 성도들이 여러분에게 더 가까이 오게 된다. 즉시 여러분은 사도들과 순교자들과 교제를 나누며, 이루 셀 수 없이 많은 위에 있는 형제와 자매들을 얻으며, 일어나는 세대로 말미암아, 그들 이후에 올 사람들로 말미암아 그리스도의 몸이 계속해서 증가하는 것을 기대하게 된다.

그렇게 되면 우울하고 낙담했던 기분은 물러가고 대신에 승리와 끝없는 영광의 감정이 일어난다. 그때에는 여러분의 경우가 더 이상 홀로 겪는 것이 아니고, 수많은 사람들이 여러분과 같은 경우를 겪었다. 다른 수많은 사람들이 여러분보다 훨씬 어려운 경우를 겪었지만 그들은 영생에 들어갔다.

여러분도 이 은혜의 작용의 영광스런 효과를 받는다. 그러므로 여러분은 잊혀진 작은 집단에 속한 것이 아니라 끝이 없는 무리, 곧 아무도 그 수를 능히 셀 수 없는 광대한 무리에 속해 있는 것이며, 이미 하나님 앞에 서 있는 사람들, 아버지 집으로 가고 있거나 혹은 곧 하나님의 전능하심으로 태어날 사람들로 이루어진 셀 수 없이 많은 무리에 속해 있다.

하나님과 하나님의 은혜의 작용은 무한히 커서 여러분의 눈으로 다 볼 수 없다. 하찮은 것은 모두, 제한된 것은 모두 사라지고, 여러분은 순례자로서 여행을 하는데, 불평하고 슬퍼하면서 여행하는 것이 아니라 하나님의 구원 안에서 기쁘게 여행하며, 여러분의 발은 이 세상에서 이미 하늘의 예루살렘 문 안에 서 있다.

그리고 이것이 여러분이 하나님과 은밀한 교제를 갖게 하고 하나님께 가까이 가도록 만드는 분위기이다.

마치 여러분이 몇몇 동료 신자와 함께 피할 곳을 찾아 하나님께 간 것처럼, 여러분의 교제가 순전히 개인적으로 갖는 하나님과의 교제인 한, 장엄한 은혜의 활동이 여러분을 피해가며 그와 함께 하나님의 장엄하심도 피해간다. 그렇게 되면 여러분 영혼의 상태와 외적 곤경의 협소함이 하나님의 장엄하신 활동의 길이와 넓이와 높이와 깊이도 좁게 만든다. 그렇게 되면 여러분은 자신의 하찮음을 영원하신 하나님께 전가시키기가 아주 쉽다.

그러나 여러분 자신이 그리스도의 살아 있는 전체 몸의 살아있는 지체임을 느낄 때, 여러분이 이루 다 헤아릴 수 없이 많은 무리 가운데 한 사람이고, 여러분이 위에 있는 모든 성도에게 연결되어 있고, 온 땅의 모든 성도들에게, 어린 자녀들과 여러분의 자녀들의 자녀들 가운데 있는 하나님의 모든 성도들에게 연결되어 있음을 느낄 때, 성막이 넓게 펼쳐지며, 여러분의 전망이 확대되고, 사랑이 수만 배 커지고 믿음이 깊어지며 소망이 여러분 앞에서 승리의 영광스런 빛으로 빛나기 시작한다.

하나님의 마음은 참으로 넓어서 여러분의 좁은 마음 외에는 여러분을 아버지 마음에서 떼어놓을 것은 아무것도 없다.

테 데움(Te Deum) 성가에서 이렇게 말하고 있다.

"영광스런 사도들의 무리여, 그대를 찬송하노라."

"선지자들의 경건한 교제여, 그대를 찬송하노라."

"고귀한 순교자의 군대여, 그대를 찬송하노라."

때로 여러분은 이사야의 시대에 살았으면 좋겠다든지, 사도 요한을 알았으면 좋겠다든지, 죽어가는 순교자들의 용기를 목격했으면 좋겠다든지 하는 마음을 품는다. 하지만 이 모든 것이 접근할 수 없는 과거로 사라져버렸다는 것을 안다.

그렇다면 "모든 성도와" 함께 하는 이 교제를 의식하면서 지내라. 그러면 모든 성도들이 여러분에게 더 가까이 다가올 것이다. 모든 성도는 여러분과 함께 그리스도의 몸 안에 있는 형제들이다.

여러분이 위에 있는 하나님의 성도들의 무리에 가까이 가면 갈수록 그만큼 더 여러분 자신이 하나님께 가까이 있는 것을 발견하게 될 것이다. 하나님께서 여러분을 이 모든 성도와 함께 한 생명 속에 포함시키셨기 때문이다.

제 104장

우리 주 예수 그리스도의 은혜와 하나님의 사랑과 성령의 교통하심이 너희 무리와 함께 있을지어다

지극히 값진 서간문을 우리에게 직접 유산으로 물려준 이 사도는 편지를 축복 기도로 시작하고 끝맺는 습관이 있었다.

그가 편지를 시작할 때 쓴 축복 기도는 거의 항상 이와 같았다. "하나님 우리 아버지와 주 예수 그리스도로부터 은혜와 평강이 너희에게 있을지어다." 또 편지를 끝낼 때 쓰는 기도는 거의 이와 같았다. "우리 주 예수 그리스도의 은혜가 너희 모두에게 있을지어다."

다만 예외적으로 바울 사도는 고린도후서 마지막 부분에서 이 습관과 다르게 그 기도를 확장하여 말했다. "주 예수 그리스도의 은혜와 하나님의 사랑과 성령의 교통하심이 너희 무리와 함께 있을지어다." 이것은 편지를 끝맺는 기도로서 매우 주목할 만한데, 이는 그리스도의 교회가 거의 모든 곳에서 공중 예배를 끝낼 때 사도의 축복기도로 이 기도를 사용해왔기 때문이다. 내용이 아주 풍부하고 아주 애정 어린 취지를 담고 있는 이 신성한 말이 사도가 세상을 떠난 후에 수없이 많이 반복되었고, 지금도 대체로 신자들의 회중이 기도처를 떠나 집으로 갈 때 이 축복 기도를 듣는다.

이런 축복 기도로 편지를 시작하고 끝맺는 사도 바울의 습관에서, 우리는 동양의 관습의 영향을 볼 수 있다. 이 근거에서 보자면, 이 축복 기도에는 적어도 우리에게 영적인 의미가 전혀 없는 하나의 관용구 외에, 하나의 예의바른 형식 외에 아무것도 없다. 그러면 이 축복기도는 피상적인 것이 아닌가?

동양 사람들은 옛적부터 그리고 오늘날까지 서로 만나고 헤어질 때 아주 긴 환영과 작별의 인사말을 사용하는 습관이 있다. 그리고 이 환영과 작별은 주로 위로부터 오는 복을 구하는 말로 구성되어 있는 것이 사실이다.

그러나 이 사실로부터, 그와 같이 소원을 나타내는 표현이 단지 의미 없는 말에 불과한 것이라고 결론을 내릴 수 있는가? 그리고 이 관례는 성경 전체를 통해서 항상 똑같지 않은가? 그리고 주님께서도 부활 후에 친히 제자들에게 나타나셨을 때 이 축복 기도를 사용하시지 않았는가? "너희에게 평강이 있을지어다." 또 이 축복 기도가 사도의 문서들에서 끊임없이 사용된 점으로 볼 때, 이 고대의 관습이 그리스도인 상호간의 교제에서 실제적인 필수 요소로 채택된 것이 아닌가? 단지 동양의 교회에서만 채택된 것이 아니라, 서구 교회에도 전파되었고, 거의 20세기 동안에 관습에 의해 축복 기도로 성별된 것이 아닌가?

게다가 예를 들어 아들들에 대한 야곱의 축복에서 심지어 예언적인 계시가 축복 기도를 사용해서 미래에 대해 빛을 비추었다면, 하나님의 복을 바라는 그런 표현에서 말과 소리 밖에 보지 못하고 **실제적인** 모든 의미를 거기에서 제외시킨다는 것은 피상적이고 분별없는 일이 아니겠는가?

복에 반대되는 저주가 있는데, 성경에서는 저주에 대해서도 그처럼 중대한 의미가 따라다닌다.

모든 저주에 다 그런 의미가 따르는 것이 아니고, 미움과 분노의 저주에 그런 의미가 따르는 것도 아니다. 상처를 주는, 독이 든 무기로서 저주를 사용하는 비천한 마음에서 나오는 저주에 그런 의미가 따르는 것도 아니다. 그러나 저주를 정당하게 사용하는 사람의 저주, 곧 아버지나 어머니, 영적 권위를 받은 사람의 저주에는 그런 의미가 따른다.

그리고 그런 저주는 위로부터 오는 영감을 받고서 크나큰 책임감 아래 말할 때 정당하였고, 저주가 실현되었다.

그리고 이 저주에 대해서와 같이, 아주 분명하게 복을 비는 인사말을 한 경우에, 그리고 복의 인사말이 복이 발생한 사람과 장소, 경우로부터 그 말과 의미를 가져온 경우에, 이같이 아주 주목할 만한 복과 저주의 현상에는 영적 공인이 숨겨져 있다는 것이 분명하다. 우리 서구의 나라들과 물질주의적인 우리 시대에서는 이 영적 공인을 의식하고 수용하는 일이 너무도 멀리 사라져버렸다.

주님의 거룩한 이름을 무의미한 감탄사로 사용하거나 분노를 표출하는데 사용함으로써 주님의 이름을 오용하는 모독적인 사람들의 신성모독적인 언어만큼 우리 가운데 저주스러운 일은 없다. 또 축복 기도도 새해 첫날이나 생일, 혹은 결혼식에서 **행복을 비는 마음** 외에 별 다른 뜻이 없다.

단순히 소원을 비는 말과 복을 비는 고대의 인사말 사이에서 볼 수 있는 이런 큰 차이에서, 삶에 대한 우리 발언의 매우 약화된 특성이 나타난다.

임종의 자리에서조차, 자녀들에게 복을 비는 그런 말이 거의 들리지 않는다. 오늘날 임종의 자리에서 눈여겨보는 것은 사람이 별로 죽음의 고통이 없이 평안하고 조용히 떠나갔는가 하는 것뿐이다.

대부분의 경우에 그 이상의 얘기는 전혀 들리지 않는다.

이 모든 사실에도 불구하고, 이 교회의 관례가 지금까지 유지되어 왔다. 그래서 신자들의 회중이 다 같이 모일 때는 거룩한 인사말을 나누고 주님의 복을 비는 기도를 듣고서 집으로 돌아간다. 예배를 끝맺는 이 축복 기도에 대해서 교인들은 심지어 무릎을 꿇고 듣기도 하고, 혹은 서서 머리를 공손히 숙이고 듣고, 이 복을 비는 말씀에 진지하게 귀를 기울이고, **아멘**이라는 말로써 끝을 맺는다.

이것은 매우 격려가 되는 사실이다. 그래서 말씀의 사역자는 회중을 해산시키는 이 마지막 행위를 평온하고 장중한 목소리로 고상하게 하는 것이 현명한 일이다.

축복 기도 전에 하는 말, 곧 "이제 주님의 복을 받으십시오"라는 말은 마음을 조율하고 기름을 붓고 고양시키는 머리말이다.

이 인사말과 마지막 축복 기도에서 나타나는 것은 살아계신 하나님의 교회가 이 세상이 제공하는 것보다 더 높은 사물 질서와 생생하게 접촉하고 있고, 그 높은 사물 질서 속에서 자신의 보좌를 세우신 하나님과 생생하게 접촉하고 있다는 영광스런 의미가 아니겠는가?

믿음으로 서 있는 사람은 자신이 두 세계에 살고 있다는 것을 안다. 불신자들과 함께 지내는 공동의 세계가 있고, 하나님의 보좌 주위에서 성도들과, 선한 천사들과, 그리고 구주와 함께 지내며 그리스도 안에서 아버지 하나님과 함께 지내는 더 높은 세계가 있다.

이 두 세계는 서로 긴밀히 붙어 있는 한 세계이다. 더 높은 질서로부터 은혜와 평강과 생명과 능력과 힘이 보이는 세계로 내려왔고, 그래서 이제 기독교 국가들에서는 온갖 종류의 기독교 조례와 관례들을 고수한다. 그러나 이 두 영역이 실제적으로 융합되는 것은 신자들 속에서만 일어난다. 신자들은 보이는 세계에서 살지만 마음에 더 높은 세계를 간직하고 있으며, 더 높은 세계는 신자들이 성령과 교제를 나누는 가운데서 나타난다.

신자들 속에서 이같이 거룩한 세계가 우위에 있음이 말을 통해서 분명하게 표현되는 만큼 거룩한 인사가 있고, 헤어질 때는 복을 비는 말이 있다.

그러나 그로 인해 우리 생활에서 **두 영역**이 일어난다. 하나는 믿지 않는 세계의 영역이고, 다른 하나는 더 높은 질서로부터 숨을 쉬는 영역이다.

여러분은 하나님 자녀들의 무리 속에 있을 때와 세상 자녀들의 무리 속에 있을 때 분위기가 다른 데서 즉시 이 점을 느낀다. 이 두 집단에서, 두 영역에서는 다른 분위기가 지배하며, 다른 언어, 다른 사랑이 우세하다. 세상 자녀들 가운데서는 여러분 내적 생명의 꽃이 닫히고, 하나님 자녀들 가운데서는 이 꽃받침이 활짝 핀다.

이렇다고 해서 여러분이 보이는 세계에서 물러날 이유는 전혀 없다. 반대로 하나님께서는 보이는 세계에서 여러분에게 소명, 곧 여러분의 일을 주셨다. 여러분은 세상 자녀들 앞에서 영적 자만심으로 우쭐하지 않도록 조심해야 한다. 순전히 **은혜**가 아니면 여러분이 그들보다 나은 것이 무엇이며, 여러분의 삶이 그들보다 더 고귀한 것이 무엇이겠는가? 정말로 여러분은 여러분의 구주처럼 세상에 자신을 주고 봉사하며, 사랑으로 세상에 복을 주고 선한 영향을 미치는 것이 소명임을 잊어서는 안 된다.

그러나 영적 생명의 구원은 여러분이 이 세상과 더 높은 사물의 질서 사이의 대립을 계속해서 더욱 깊고 예민하게 느끼는 것이고, 더 높은 사물의 질서와의 교제를 계속해서 소중히 여기고 강화하고 부양하며 그 교제를 방해하거나 약화시킬 수 있는 것은 무엇이든지 가는 길에서 제거하는 것이다.

그런데 이 구원은 여러분 자신이나 여러분의 형제들로부터 오는 것이 아니라 오직 하나님에게서만 온다.

더 높은 사물의 질서와 여러분이 맺고 있는 생명의 관계를 유지하는 것은 전적으로 그리스도의 은혜요 하나님의 사랑이며 성령의 교제하심이다.

그러므로 회중이 모일 때마다 말씀의 사역자는 이 약속의 말씀으로 회중에게 인사를 하고, 헤어질 때에도 주님의 이름으로 동일한 약속의 말씀을 선언한다.

하나님께 가까이 가는 것이 모든 신자에게 생명의 힘이다. 이것뿐이다. 다른 것은 없다. 하나님을 떠나 방황하고, 하나님에게서 멀리 있는 사람은 약해지고 자신의 내적 생명을 손상시키며, 다시 세상에 빠지게 된다. 반면에 하나님께 머물러 있고, 하나님과의 은밀한 교제 가운데 지내는 사람은 매일 아침 하나님 나라의 능력을 새로 마시고 영적인 일에 번창하며 위로부터 오는 것으로 숨을 쉰다.

이와 같이 복을 비는 인사말로 만나고 헤어지는 것은 거듭 삼위일체 하나님을 확인하는 것이며, 하나님의 은혜와 사랑과 교제가 계속해서 여러분을 향할 것이고, 여러분이 하나님께 가까이 하도록 하나님께서 여러분에게 가까이 하실 것과 여러분이 이 복된 교제를 누리지 못하게 하는 것은 죄뿐이라는 것을 거듭 확인하게 한다.

제105장

나 네 하나님 여호와는 질투하는 하나님인즉

여호와께서 에스겔의 귀에 이같이 말씀하셨다(11:5). "너는 말하기를 여호와의 말씀에 이스라엘 족속아 너희가 이렇게 말하였도다. 너희 마음에서 일어나는 것을 내가 다 아노라."

이스라엘의 거룩하신 자의 모든 것을 다 보시는 눈과 모든 것을 다 들으시는 귀를 방해할 수 있는 것은 아무것도 없다. 그 눈은 모든 것을 꿰뚫어 보시고, 그 귀는 단 한 음절의 진동도 놓치지 않으신다.

시라쿠사(Syracuse: 이탈리아 시칠리 섬 남동부의 항구도시 - 역자주)에 있는 대리석 무덤들 가운데 하나에서 폭군 디오니시우스는 투옥시킨 자신의 반대자들의 모든 대화를 엿들을 수 있도록 하기 위해 놀라울 정도로 멀리까지 메아리치는 효과를 만들어내려고 애썼다. 지금도 백 미터 이상 떨어진 거리에서 종이 한 장 떨어지는 소리도 아주 분명하게 메아리쳐 들려온다. 계속된 이야기에 따르면, 이 죄수들은 소위 이 "디오니시우스의 귀"와 같은 점검에서 아무것도 숨기지 못하였다. 그들은 디오니시우스의 그 감시를 잊을 수 없었다. 그들은 한 마디 한 마디 할 때마다 그 감시를 생각하였다. 이 사실이 그들의 생각과 생활을 지배하였다.

이 불쌍한 죄수들이 한 사람의 귀 때문에 이같이 하였는데, 우리는 모든 것을 들으시는 하나님의 거룩한 귀를 인해서 어떻게 해야 하겠는가?

우리가 행하는 모든 일을 다 꿰뚫어 보실 뿐만 아니라 말이 입에서 나가기 전에 우리가 할 모든 말을 아시는 하나님에 대해서는 어떻게 해야 하겠는가? 그렇다. 하나님은 우리가 결코 말하지 않을 우리의 생각 하나하나를 면밀히 살피시고, 생각으로 구체화되지는 않을 것이지만 마음속에 들어오는 우리의 모든 충동,

모든 떨림을 다 아시는 분이다.

믿지 않은 사람은 모든 것을 아시고 모든 것을 들으시는 하나님의 전지하신 능력을 전혀 생각지 않는다. 그래서 그 사실에 영향을 받지 않고, 하나님의 전지하신 능력에 대해 전혀 신경을 쓰지 않는다. 그는 마치 자기를 보고 자기 말을 들으며 자신을 내적으로 꿰뚫어보시는 하나님이 없는 것처럼 행동하고 말하며 생각하고 성격대로 행한다.

그러나 믿는 자는 그렇게 할 수 없다. 그에게 하나님을 두려워하는 것은 영적 생활에서 언제나 깨어있는 것과 동일하다. 그는 하나님을 생각하고 하나님을 인해서 악한 행위를 피한다. 부적절한 말을 피하고 부정한 생각을 억누르며, 영혼에 들어오려고 하는 죄악적이거나 마귀적인 모든 것을 저지한다.

다만 영혼이 그의 안에서 언제나 충분하게 깨어있는 것은 아니다. 그것은 마치 그의 안에 있는 믿음이 생활 전체에 걸쳐 졸고 있는 것과 같다. 그렇게 되면 그는 하나님을 생각지 않고 하나님에 대해 관심이 없으며, 가장 깊은 내면에서 일어나는 작위와 부작위, 곧 결국 죄에 이르게 되는 모든 것을 하나님이 지켜보신다는 사실을 거의 의식하지 않는다. 그리고 이 상태는 양심이 다시 활동하고 하나님께서 친히 그를 깨우실 때까지 지속된다.

그러면 우리의 믿음 생활은 두려움에서만 나오는 것인가?

그렇지 않다. 우리의 믿음 생활은 **하나님을 경외하는 사랑에서** 태어난다.

그 사실은 이미 호렙 산에서 하나님의 백성들에게 선포되었다. "나 네 하나님 여호와는 질투하는 하나님인즉 아비의 죄를 아들에게로 삼사 대까지 이르게 하거니와"(출 20:5).

하나님께 가까이 갈 수 있다면, 하나님께 가까이 함과 교제를 누릴 수 있다면, 하나님과 은밀히 행함을 맛볼 수 있다면, 우리에게 그것은 복된 특전이다. 그러나 여기서 우리의 영적 감정에 대해 하나님 편에서도 그와 같은 감정으로 대하신다.

하나님의 자녀가 하나님을 잊지 않고 생각하며 하나님을 따라가고 하나님과의 교제를 추구할 때, 우리 아버지보다 우리를 더 깊이 사랑하시는 하나님께 그것은 거룩한 기쁨이 된다. 그러나 또한 다른 한편으로, 하나님의 자녀가 하나님을 잊어버리고 생각지 않으며 하나님 외에 다른 모든 일로 마음이 분주할 때 하나님의 사랑이 상처를 입는다.

하나님의 사랑이 우리에게 좌우되는 한, 그때 하나님은 우리에게 버림을 받으시는 것이다!

하나님의 아버지로서의 마음이 자녀와의 사랑의 교제를 따라 나아간다는 것을 마음에 아주 강하고 깊은 인상을 주기 위해 하나님은 말씀에서 주저 없이 부부간의 사랑의 상(像)을 들어 이 사랑을 묘사하신다.

에스겔이 그리는 사랑의 그림에서, 계속 전달되는 메시지는 여호와께서 이스라엘과 약혼했다는 것이다. 그와 같이 교회를 신부로 묘사하는 그림에서, 남편과 아내의 관계에서 전개되는 열렬한 사랑이 때때로 하나님과 그의 백성에게 적용된다.

신부가 오직 남편을 위해 살듯이, 마찬가지로 하나님의 백성들도 오직 자기 하나님만을 위해 살고 존재한다. 신부나 아내가 도망하는 것이 신랑이나 남편에게 아주 깊은 마음의 고통을 주고 모욕을 주며 상처를 주고, 견딜 수 없는 질투심을 불길처럼 일어나게 하듯이, 우리 하나님 여호와께서도 그의 백성이, 그의 구속받은 자들이 하나님을 잊고, 하나님을 떠나 방황하며 사랑하시는 하나님에게서 도망할 때 질투심에 사로잡힌다고 공언하신다.

그렇다. 질투심에서 일어난 분노는 억제할 수 없다. "나를 미워하는 자의 죄를 갚되 아비로부터 아들에게로 삼사 대까지 이르게 하리라."

그와 같이 "하나님께 가까이 함"에는 그와 정반대의 면이 있다. 하나님께 가까이 가지 않는 자는 다른 것에 가까이 가고, 마음이 다른 것으로 향하며, 다른 것을 사랑하게 된다. 이것이 하나님께 질투를 일으킨다.

여러분이 사랑을 자신에게나 여러분에게 우상과 같은 어떤 사람에게, 혹은 세상이나 마귀적인 영에게 바치는 것에 대해 성경은 언제나 정죄하며, 마음을 하나님에게서 다른 데로 돌리게 하는 것으로 하나님께 대한 충성을 어기는 것이며, 거룩하신 분을 떠나 방황하는 것이고 여러분의 모든 사랑을 오직 홀로 받으실 하나님을 버리는 것으로 정죄한다.

여기에는 중립 지대가 없다. 그것은 언제나 여러분의 마음이 다른 어떤 것으로 가득하고, 마음을 다른 어떤 것에 주며, 영혼이 하나님을 따라가지 않고 피조물로서 하나님의 경쟁자를 따라가도록 허락하는 것이다. 그러므로 사랑과 애정의 거룩한 영역에 하나님의 원수와 적이 자리를 차지하는 것이다.

그리고 이 사실이 거룩한 질투심을 일깨운다.

물론 하나님 안에 늘 열정이 있었던 것처럼 생각할 것은 아니다. 그보다는 하나님 안에 모든 인간의 열정보다 훨씬 더 강력하게 작용하는 예민한 감수성이 있는 것이다.

부부 간의 사랑에서는 알려진 것이 있어 상처받는다. 그러나 알지 못하여서 상처를 받지 않는 일이 많다. 오해해서 결혼하는 일도 있고 속아서 결혼하는 일도 있다. 그런 때 역시 알지 못하면 상처받는 일도 없다. 세상의 어떤 신랑도 신부의 가장 깊은 내면을 자세히 살필 수 없다. 그래서 여기에 고려할 수 없는 넓은 영역이 있다.

그러나 이 모든 것이 여러분의 하나님 여호와 앞에서는 생각할 수 없는 일이다. 여러분의 행하는 것이나 행치 않는 것이나, 여러분의 생각이나 말이나, 여러분의 내적 생각이나 지각이나 어떤 것도 하나님을 피해가지 못한다. 하나님은 지극히 빛난 광선이 하천 바닥을 뚫고 들어가는 것보다 더 깊게 여러분의 존재에 언제나 끊임없이 들어가신다.

여기에서는 현혹시키는 것도 아무 소용이 없고, 여러분을 자신 그대로의 모습과 다르게 나타내는 것도 소용이 없으며 위선도 소용이 없다. 모든 것을 꿰뚫어 보시는 하나님의 눈이 모든 덮개를 치워버린다.

그리고 이 두 가지가 합쳐질 때, 하나님 안에 있는 거룩한 사랑은, 사람들 가운데서 지극히 강한 열정이 질투심을 일깨울 수 있는 것보다 더 강력하게 질투를 일으킨다. 친구들 사이에서 우리를 생각해 주는 사람이 없다는 것은 우리를 고통스럽게 만든다. 그러나 신부가 신랑보다도 다른 사람에 대한 생각으로 가득 차있음을 신랑이 알게 되면 친구 사이에서보다 훨씬 더 심각하게 신랑에게 상처를 입히는 것이다.

이같이 지극히 깊은 사랑은 우리가 서로에게 관심을 갖도록 요구한다. 그래서 잠시 떨어져 있는 동안에는 서로를 생각하며 지내고, 별거가 지속되는 동안에는 다시 서로를 구하고 다시 서로를 발견하며 서로가 함께 하는데서 자신이 부유하고 행복하며 복된 것을 발견하려는 것 외에 다른 것을 생각지 않아야 한다.

이제 이 점을 하나님에 대한 여러분의 사랑에 적용하고, 하나님께 가까이 함이 내게 복이라는 당신의 공언에 적용해보라. 그 사랑 또한 독특하다. 그것은 또 다른 사랑과 나란히 있는 사랑이 아니고, 다른 모든 애착과 다른 모든 애정, 다른 모든 마음과 생각의 연합을 뛰어넘고, 그 모든 것을 지배해야 하는 사랑이다.

당신의 아내와 자녀와 나라를 사랑하고 당신의 하나님도 사랑하라는 것이 아니다. 오직 전적으로 하나님만 사랑하라는 것이다. 이 사랑을 가지고서 아내도 사랑하고 자녀도, 교회도, 고국도 사랑해야 한다.

하나님께서 여러분에게 언제나 하나님께 관심을 갖고 하나님을 생각하며 마음으로 하나님을 따라가고, 영으로는 여러분 속에서 여러분을 이끌고 하나님에게서 떠나고 하나님을 버리도록 유혹하는 모든 것을 억제하라고 하나님께서 요구하시는 것이 너무 지나친 일인가?

하나님의 이같은 질투는 여러분의 사랑, 여러분의 명예, 여러분의 고귀함, 여러분의 영광을 위한 것이 아닌가? 여러분이 이 거룩한 사랑의 충동을 버리고 그 사랑을 아무렇게나 다루며, 종교적 기분전환을 위해 격렬하게 그 사랑으로 돌아갔다가 다음에는 다시 그 사랑에서 물러나 영혼의 가장 깊은 곳을 하나님 외에 모든 것으로 가득 채우는 것은 자신과 하나님을 모욕하는 것이 아닌가?

이로 말미암아 하나님의 거룩한 사랑에 가해진 상처는, 여러분이 하나님을 버렸던 것처럼 하나님께서 잠시 여러분을 잊을 수 있다면 그렇게까지 비통하지 않을 것이다. 그러나 하나님은 잠시라도 여러분을 잊으실 수 없다. 여러분의 입에서 한 마디라도 나오기 전에 하나님께서는 그것을 다 아신다. 하나님께서 친히 그 점을 말씀하셨다. “너희 마음에서 일어나는 것을 내가 다 아노라.” 하나님은 여러분 마음에서 일어났다가 사라진 것들을 일일이 다 아신다.

여러분이 하나님에 대해 생각하지 않고, 하나님께 마음을 두고 있지 않으며, 하나님을 구하지 않고 하나님의 가까이 하심을 간절히 바라지도 않고 하나님과 은밀히 행하는 일이 없이 부끄럽게 생활하는 모든 순간을 하나님은 아시고 느끼신다. 그런데 이 모든 점에도 불구하고 여러분이 다른 사람들과 함께 “하나님을 가까이 하는 것이 내게 복이라” 하고 노래한다면, 성나도록 자극함으로써 기분을 상하게 하고 상처를 입히고야 마는 것이 아닌가?

그리고 이것이 하나님께 가까이 가려는 마음과 반대된다면, 하나님께 가까이 함을 여러분 생활에서 더욱 폭넓게 추구하려는, 전혀 예기치 않은, 아주 새로운 충동이 그로부터는 나오지 않는다고 고백해야 하지 않겠는가?

이같이 하나님께 가까이 가는 것을 여러분 편에서만 보는 한, 잠시 그것을 상실하는 것에 대해 짧은 순간이라도 하나님의 가까이 하심을 향유했던 풍성한 복을 기억함으로써 자신을 위로할 수 있다. 그러나 여러분이 이렇게 하나님께 가까이 가는 것, 이같이 하나님을 생각하는 것, 하나님과 이같은 관계에 있는 것을 여러분을 사랑하시는 하나님의 편에서도 생각한다면, 이 사랑의 노래에 전혀 다른 분위기가 섞이게 된다.

그러면 여러분은 성령을 슬프시게 해서는 안 되고, 슬프시게 하려고 하지 않을 것이다. 여러분만 홀로 하나님을 찾는 것이 아니라, 여러분의 사랑을 기다리시는 하나님은 훨씬 더 여러분을 찾으신다.

하나님은 여러분이 하나님의 사랑에서 물러나는 순간마다 거룩한 질투심으로 괴로워하시는 분이시다.

제106장

시대의 표적들

시대마다 다르다. 거듭되는 시대가 변화 없이 똑같지 않다. 그보다는 항시 바뀌고 끊임없이 변화한다. 19세기는 지속적인 빛을 발견한 세기라고 거의 생각하였는데, 이렇게 방금 끝이 난 세기와 같은 세기에 대해서도 시편 102편의 말씀이 적용될 수 있다는 것이 이미 분명해졌다. "그것들은 다 옷 같이 낡으리니 의복 같이 바꾸시면 바뀌려니와"(26절).

이 차이로부터 "표적의 차이"가 나오는데, 이는 일기의 차이와 다르지 않다. 선원과 농부, 이 두 사람은 항해를 하고 경작을 하기 위해 젊었을 때부터 표적들을 관찰한 데서 배운 일기에 의존한다. 이전에 결코 보이지 않았던 어떤 놀라운 표적을 보는 것은 아니다. 예루살렘의 전도자가 이미 선포한 대로 "이제 있는 것이 옛적에 있었고 장래에 있을 것도 옛적에 있었나니"(전 3:15). 일기의 표적처럼 "시대의 표적"도 대부분 일반적인 현상이 나타날 때와 다른 강도와 정도로 나타나고, 현상들의 상호 관계에서 나타난다. 저녁의 하늘이 선명한 붉은 색으로 나타나느냐 혹은 흐릿한 붉은 색으로 나타나느냐 하는 것은 우리 눈과 지는 해의 붉은 빛 사이에 있는 안개나 수증기의 농도가 짙은가 옅은가에 달려 있다. 영적인 세계에서도 그와 같다. 신앙의 구름이 아주 무겁게 생활 속에 들어오느냐 혹은 구름이 그치고 생활의 물위에 가볍고 투명하게 비치느냐에 따라 전혀 다른 별자리가 나타난다.

이 점에서 시대와 시대 사이의 차이가 분명하게 나타난다.

종교개혁 시대에는 두려운 종교 논쟁이 거의 생활의 모든 영역을 채웠다. 법정에서, 제후 회의에서, 여론에서, 강단에서, 시장에서, 특별히 가정에서 종교가 다른 어떤 것보다 중요한 결정 요소였다. 사방에서 하늘이 새빨갛게 타올랐다.

이것을 18세기와 비교해 보자. 그때는 하늘의 붉은 빛이 참으로 흐릿했다. 신앙의 아주 밝은 빛이 희미해졌고, 신앙의 모든 온기가 신비한 한 그룹 안에도 움츠러들었고, 게다가 공적인 생활에서 종교는 하찮은 추론, 어리석은 자부심, 웃음과 냉소로 저하되었다.

19세기에 와서는, 혁명과 나폴레옹 전쟁으로 더 심각한 상태에 이르렀다. 종교 영역에서 19세기는 우리에게 세 가지 표적을 가져다주었다. 첫째로, 기독교 영역에서 그리고 아주 제한된 영역에서 **기상 신호**가 있었다. 둘째, 새로운 발견으로서, 금방 고갈된 현대 신학이 왔다. 셋째로, 이와 더불어 그리고 이 때문에, 넓은 과학의 영역에서 끝없는 의심이나 오만한 물질주의가 생겼고, 사회에는 냉담한 불신앙이 퍼지고 모든 종교와의 단절이 일어났다.

그런데 반면에, 이제 20세기에 와서는 국면이 다시 바뀐다. 다시 한 번 기상 신호가 있었는데, 기독교 영역 안에서가 아니었다. 신비한 종교적 감정이 훨씬 더 개입된 기상 신호였다. 전적으로 기독교 밖에서 일어난 것이었다. 대개는 진리의 길을 거부하고 자신의 길을 추구하는 것이었다. 그렇게 해서 자연스럽게 이전 시대에 발견한 길로 다시 돌아가는 것이었다. 심령술, 접신론, 불교가 이제 시대가 요구한 항목들이다. 소수의 사람들은(이것이 예외적인 경우이긴 하지만) 심지어 다시 이슬람교를 의지하기까지 하였다. 많은 사람들이 다시 슬픔의 아들에게로 돌아가는 일만큼은 이 시대에 들어와서 전혀 보이지 **않는다**. 사람이 신앙을 가지려 하지만 반교권주의적인 입장은 그대로 있다.

18세기에는 사람들이 잠들었다. 19세기에는 깊은 잠의 영이 일어났고, 지금 20세기에는 점차 종교가 깨어나지만 아직도 거짓되고 신비한 꿈 속에서 꾸벅꾸벅 졸고 있다.

그리스도와 그의 십자가를 지나쳐 버린다.

이런 "시대의 표적"에 바리새인들은 전혀 주의를 기울이지 않는다(마 16:3. 참조). 바리새인은 좀 더 제한된 자기 집단 안에서는 모든 것이 잘 되고 건강하며, 자기 집단 밖에서는 모든 것이 악하고 부정하다고 생각하고, 그 생각을 버리지 못하며 시대정신 안에 발생한 변화가 자신과 자기 집단에게 미치는 영향을 전혀 모른다.

그러나 예수님의 참 제자들은 그렇게 생각지 않는다. 그들은 바리새인보다 더 나은 사실을 알고 있다. 그들은 영적인 일에서 생명의 물이 끊임없이 서로에게 흘러들어온다는 것을 잘 느끼고 안다. 제자들은 영들의 일반적인 상태가 모든 면에서 서로에게 어떻게 영향을 미치는지 예의 주시하고, 자기 가정과 주변에서 그 점을 본다. 그리고 새로운 변화가 일어날 때마다, 그들은 이로 말미암아 어떤 비평을 해야 하는지, 어떤 의무에서 해제되는지를 스스로에게 묻는다.

제자들은 자기 입장을 굽히지 않는다. 자연스러운 일이다! 그들은 자기들 속에 있는 은혜로, 그들 속에서 활동하는 성령의 힘으로 이같이 한다. 그들은 예수님을 위해 죽을지언정 예수님의 십자가를 놓을 수 없다. 풀 수 없는 끈으로 십자가가 그들의 마음에 묶여 있기 때문이다.

제자들은 자신들이, 영적인 사막 불모지 멀리까지 빛을 비추는 오아시스에 있는 것처럼 느낀다.

이 오아시스에서 그들은 기뻐한다. 이 오아시스에서 그들은 샘에서 물을 마시고, 빵을 먹고 종려나무 그늘 아래서 쉰다. 그들은 자기 자녀들도 이 오아시스를 누리도록 한다. 그들은 감사하고 기뻐하고 환호를 지른다.

그들은 자기들 안의 어떤 것 때문에 이것을 누린다고 자랑하지 않는다. 전능하신 하나님께서 그들을 이 오아시스로 데려오셨을 뿐이다. 그것은 그들 속에 있는 어떤 선한 점 때문에 그렇게 하신 것이 아니다. 그들은 자신들이 다른 어떤 사람보다 낫다고 전혀 생각지 않는다. 오히려 그들은 날마다 심장의 피 흘리는 상처를 치료한다. 그것은 은혜이고, 은혜 외에는 아무것도 없다. 영원히 은혜였고, 여전히 은혜 외에는 아무것도 없다.

그럴지라도 오아시스 주변을 두르고 있는 사막이 그들을 괴롭게 한다. 사막에서 불어오는 모래 바람이 위에 날린다. 뜨거운 바람이 사막을 가로질러 분다. 그때, 사막에서 방황하는 사람들이 여러 면에서 그들의 동포이고, 많은 경우에 그들의 가족이지 않은가? 때로는 그들의 친구이기도 하다. 그리고 또한 이것은 별문제로 하고, 이따금 어떤 재능, 어떤 시민적인 미덕, 어떤 고귀한 의식이 방황하는 이 사람들의 특징인가? 저급한 점이나 품위 없는 점, 거친 점이 많은 것이 사실이다. 많은 사람이 그와 같지만 모든 사람이 그렇지는 않다.

방황하는 이 사람들을 위한 기도 또한 어찌할 줄 모르는 제자들의 마음에서 무심결에 거듭거듭 하늘로 올라간다.

시대의 정신이 거룩한 모든 것을 반대할 때보다 주변의 모든 것이 열심히 하나님의 명예를 요구할 때 하나님께 가까이 가는 것, 하나님 가까이에서 지내는 것이 훨씬 더 쉽다. 중세 시대 오랜 기간 유지된 경건의 비밀이 여기에 숨어 있고,

또 15 세기와 16 세기 일부 시대의 비밀이 여기에 있다. 그때는 거의 모든 것이 하나님의 가까이 하심을 추구하며 나갔다. 종교가 모든 곳에서 자연스럽게 숨쉬는 공기였다. 이렇게 해서 이 두 세기로부터 지나치게 경건한 우리의 전통들이 나왔다.

그러나 이후로 계속해서 온도계의 눈금이 내려갔다. 첫째로, 분위기가 서늘해지다가 다음에는 차가워졌고, 그 다음에는 얼음처럼 차가워졌다. 사람이 나가서 하나님의 가까이 하심을 찾으려고 했을 때 모든 것이 망가졌고, 모든 것이 방해가 되었다.

이로 말미암아 이제는 하나님을 찾거나 하나님께 가까이 가려면 전에 없던 노력이 필요하였다. 그것은 고투가 되었다. 거룩한 산을 제대로 알려면 손과 발을 써서 올라가야 했다. 안개가 가로막아 앞을 볼 수 없는 산꼭대기에 이르렀을 때, 여러분이 거기에 계속 서있기 위해서는 엄청난 수고가 필요했다. 무엇보다, 고통스러운 것은 높은 산 꼭대기와 산 아래 기슭에 있는 세상, 곧 여러분이 여전히 남아있고, 매일의 과업 때문에 돌아가야 하는 세상과의 엄청난 차이이다.

여기에 유익이 있는 것은 확실하다. 그처럼 끊임없이 진지하게 행하는 거룩한 노력의 결과로 생기는 것은 그 유익을 더 깊고 풍부하게 누리며, 여러분의 복된 상태를 더욱 강력하게 느끼는 것이다. 반대하는 조류와 폭풍에도 불구하고 항구에 닻을 내리는 사람은 날씨와 바람과 조수로 인해 표류하는 사람과 다르게 더 높은 질서의 기쁨을 안다.

그러나 그런 계속적인 노력을 하다 보면 피곤해진다. 마음과 생각이 지치게 된다. 이렇게 지치게 되면 세상 정신이 여러분의 허를 찌를 위험에 직면할 수 있고, 위험이 따르고 어쩌면 죽음이 따를 수도 있는 새로운 길을 훨씬 더 두려워하게 될 수도 있다.

이때 여러분이 진실하게 서 있다면, 하나님께 가까이 가는 것이 이런 시대에는 더욱 복된 일이지만, 그 복을 항상 누리는 것은 아니다.

방황하고 멀리 떨어져서 지내는 때가 더 많이 온다.

조류와 폭풍을 뚫고서 안전하게 항구로 들어온 선장은 다른 선원들, 곧 운이 좋지 않아 바다 멀리에서 여전히 죽음과 싸우는 사람들에게 무관심할 수 없다. 혹은 마찬가지로 오아시스에 도착하여 갈증을 해소하고 좋은 음식으로 주린 배를 채우는 사람은 아직도 사막에서 치명적인 위험들 가운데서 방황하는 긴 대상

(隊商)들에 대해 도무지 무관심할 수 없다.

그래서 은혜로, 오직 은혜로 하나님을 가까이 하는 가운데 원기를 회복하는 여러분은 바르게 생각한다면, 길을 잃고 방황하고 그리스도를 알지 못하고 십자가를 모르며, 따라서 이 세상에서 하나님 없이 사는 수많은 사람들에게 무관심해서는 안 되고, 무관심할 수도 없다.

그러므로 그들에 대해서는 하나님께서 여러분 영혼에 깊이 심어주신 동정심 외에 어떤 가혹한 태도를 취해서는 안 된다. 짓궂게 비웃고 불쾌감을 주는 동정을 보여서는 안 되고, 용기를 내어 초청하고, 거룩한 자석처럼 마음을 끌어당기는 동정심을 베풀어야 한다.

자신의 신앙을 숨기거나 감추어서는 안 된다. 침묵을 지켜서는 안 되고, 마치 여러분이 그들 가운데 한 사람인 것 같은 태도를 취해서는 안 된다. 침묵을 사랑인 것처럼 비겁하게 생각해서는 안 된다.

반드시 그들을 이해하고, 그들의 상태에 공감하며, 그들에게 여러분의 지혜가 아니라 마음을 보여 주어야 한다. 여러분이 그들의 영원한 구원에 관해 염려한다는 점을 언제나 그들에게 보여 주어라.

그리고 이렇게 할 수 있으려면, 여러분이 초연해 있어서는 안 되고, 실제 생활에 참여해야 한다. 하나님의 섭리 아래에서 세상의 어떤 일들이 관심과 아름다움을 일으키는지 잘 알아야 한다. 그들을 만날 수 있는 기회를 항상 열어놓고, 그들에게 자신을 밝히고 그들과 대화해야 한다.

그들이 여러분을 멀리하는 것이 악의와 반대를 의미할 수 있다. 여러분이 깜박 주의를 잊어서 거룩한 것을 웃음거리로 만들 때가 올 수 있다. 그때는 대화를 중단하고 자리를 뜨는 것이 옳을 수 있다.

그러나 우리 구주께서 십자가를 지러 가시는 길에서도 계속해서 세상을 보셨고, 십자가 위에서도 여전히 자기들이 무엇을 행하는지 모르는 사람들의 용서를 위하여 기도하셨듯이 여러분도 하나님을 떠나 방황해온 사람들을 항상 사랑의 눈길로 바라보고 그들을 위하여 끊임없이 기도해야 할 것이다.

또한 이같이 사랑으로 찾는 일과 그와 같은 기도에서 여러분이 틀리지 않았고, 사실 여러분이 하나님 가까이에 있다는 지극히 확실한 표를 얻게 될 것이다.

제 107장

내가 어렸을 때

우리가 영원하신 하나님과 은밀히 행하는 일은 정해진, 획일적인 어떤 모범을 따르지 않는다. 이같이 매우 거룩하고 열심을 내는 영역에서 **흉내 내는** 것은 그 같은 모방 때문에 위선이 아닌가 하는 의심을 불러일으킨다. 이미 사람간의 교제에서 더욱 친밀한 우정은 전통적인 관습을 강조하려고 하지 않는다. 마음에서 우러나지 않고 얼굴에만 친절한 미소를 띠는 피상적인 접촉으로는 연합과 교제에 획일화가 만연하게 되고, 또 그렇게 될 수밖에 없다.

하나님과 함께 하는 생활은 기계적이 될 수 없다. 자연에서와 같이 영적인 영역에서도 생활의 표현은 유기적이다. 나무마다 다른 잎을 내며, 줄기마다 제 각각 꽃망울을 틔우듯이, 사람의 마음마다 제 방식대로 하나님에게 나타나며, 하나님 앞에서 고유의 멜로디가 담긴 노래를 부르고, 하나님과의 은밀한 교제에서 자신의 내적 생명의 독특한 필요에 꼭 맞는, 다른 어떤 사람도 누릴 수 없는 친밀함을 맛본다.

다음과 같은 사도의 말씀이 적용되는 곳이 있다면 바로 이런 점이다. "이 사람에게 이러하고, 저 사람에게 저러하다." 성별(性別)이 이 점에 영향을 미친다. 그리고 기질, 생활의 상태, 국적, 성향, 성격도 영향을 미친다. 이런 요소가 같은 가족 식구들에서와 같이 거의 똑같이 나타나는 경우에도, 인격에는 아주 큰 차이가 있어서 형제나 자매가 신앙적 성격이 거의 똑같은 경우는 아주 드물다.

그러나 둘 이상의 사람들 사이에서 대부분 이 점에 아주 뚜렷한 차이가 나타나는 것만은 아니다. **같은 한 사람**에게서도 그와 비슷한 차이가 나타난다.

하나님께 가까이 가려고 노력하는 일에서 여러분이 겪은 거룩한 경험들이 언제나 자연스러운 것만은 아니다. 게다가 그 경험들은 인상을 뚜렷하게 받는 **정도**에서 각각 다르다는 것은 자명한 사실이다. 그러나 그것이 전부가 아니다. 그 경험들은 **특성**과 **성격**에서도 각각 다르다. 강렬한 기쁨의 순간에 겪는 경험은 무서운 곤경과 큰 염려 가운데서 겪는 경험과 전혀 다르다. 튼튼한 건강이나 피폐케 하는 질병은 여러분 내면에 전혀 다른 인상을 남긴다. 시험을 이긴 후에 하나님과 갖는 여러분의 교제는 죄에 굴복하여 넘어지고 난 후에 갖는 교제와 전혀 다르다.

이 모든 점을 생각할 때, 여러분 마음속에 있는 기관은 언제나 똑같지만, 때마다 요소들이 전혀 다른 조합을 이루어 나타나고, 요소들의 조화도 끊임없이 변화한다.

모방, 단조로움, 획일화에서는 죽음이 지배하기 때문에, 변화와 수정이라는 끊임없는 과정을 지속적으로 생각해야 한다. 경건이 부요하고 풍부하게 꽃피는 생활은 오직 끊임없는 변화 속에서만 번성한다.

특별히 어떤 차이에 대한 강조, 즉 시대에서 나타나는 차이를 강조하는 것은 아무리 해도 지나치는 법이 없다.

사도는 그 차이를 이같이 정확하게 기술한다. "내가 어렸을 때에는 말하는 것이 어린 아이와 같고 생각하는 것이 어린 아이와 같았다"(고전 13:11). 그러나 그 상태가 그와 같이 지속되지 않았다. 후에는 전혀 달라졌다. "장성한 사람이 되어서는 어린 아이의 일을 버렸노라." 우리가 하나님에 대해 갖는 지식을 다루면서 사도가 어린 아이의 상태와 성인의 상태의 차이를 어떻게 강조하는지 주의해서 살펴보자.

당연히 이 차이는 미묘하게 작용한다.

사도는 간단하게 설명하기 위해서 어린 아이와 다 자란 성인을 비교하고 있는 것뿐이다. 소년 소녀가 청년 남녀와 다르고, 성인도 한창 때의 사람과 쇠퇴기의 사람이 다르며, 인생 여정 마지막에 있는 백발의 노인은 또 다른 모습을 보인다는 것은 거의 말할 필요가 없기 때문이다.

이와 같이 나이와 내적 생명의 조건들에 일어나는 변화에 따라 하나님과 함께하는 우리의 교제도 자연스럽게 영향을 받지 않을 수 없다. 과거에 있었던 것에서 현재가 나오고 발전한다. 그와 같이 인격이 방해를 받지 않고 꾸준히 발전함에 따라, 생명을 부유하게 하고 힘 있게 하며 깊게 하는 일이 지속적으로 일어난다. 게다가 인생의 새로운 단계에 이를 때마다 이전과는 달리 아주 강렬하게 자기를 새롭게 표현하게 된다. 그래서 노인은 자기가 젊은 시절에 하나님과의 교제를 지키거나 회복하기 위해 보여야 했던 뜨겁고 치열한 노력을 다시 할 수 있을 것이라고 거의 생각하지 못한다.

그러나 하나님과의 은밀한 교제가 수정되고 변화되며 개혁되는 일은 끝까지 계속해서 이루어지겠지만, 그리스도께서는 이와 관련해서 어린 아이와 장성한 사람 사이에 현저한 차이가 있고, 이 차이로 인해 각각의 내적 생활이 전혀 다른 모습으로 나타난다는 사실을 또한 지적하셨다. 이 근본적인 차이를 인정하지 않으므로 그리스도인의 훈련을 근본적으로 망치는 경우가 아주 흔하다.

가정이나 그 밖의 환경이 처음부터 아이 속에 있는 종교의 씨앗을 질식시키지 않는다면, 아이의 마음은 보통 종교적이다. 그 씨앗은 외적으로 나타나지 않고 거룩한 영향들을 잘 받는 수용성으로, 그리고 영원하신 하나님 앞에서 말없이 보이는 공경심으로 나타난다. 기계적으로 하지 않는다면 경건한 지도 아래 어린 아이에게 기도를 가르치는 일은 아름답고 소중한 기쁨이다.

이것은 거룩한 것에 대한 지식에서 생기지 않는다. 아이가 글을 읽을 수 없고, 요리문답을 따라할 수 없는 때에라도, 아이 혼자 요리문답을 알도록 내버려 두면, 본능적으로 아이는 은밀한 일들의 세계와 친해지게 된다. 아이는 이점을 설명하지 못한다. 그는 이것이 무엇인지 알지 못한다. 그것을 설명할 방법을 알지 못하지만, 그것은 그렇게 존재한다. 그것은 어둠이나 이상한 현상에 대한 아이의 두려움 속에서 분명하게 존재한다.

이 불안은 아이가 눈으로 보는 것과 다른 어떤 세계의 존재에 대한 지식과 느낌을 갖고 있다는 것을 보여준다. 여기서 아이에게 두려움을 일으키는 현상의 실재를 믿는 믿음이 생긴다. 신비한 어떤 세계의 존재에 대한 의식, 이 신비한 세계가 나타날 수 있고 아이의 내적 생명을 직접적으로 지배할 수 있다는 느낌이 생기게 된다. 우화와 동화를 좋아하는 아이의 특성이 이점과 직접적으로 연관되고, 아이의 상상력에 영향을 미치고 자극을 주며, 아이의 내적 존재에 강렬함과 깊이를 준다.

아이가 본능적으로 어린 마음을 종교를 향하여 여는 것은 바로 이 특성 때문이다. 보이지 않는 세계로부터 어린 아이의 마음에 이르는 것은 바로 보이지 않는 작용이다. 이와 같이 어린 아이의 마음에 미묘한 하프를 연주하시는 것은 바로 하나님이시다.

어린 아이의 이같은 본성적인 경건은 다 자란 우리의 신앙보다 복된 생활에 대해 훨씬 더 친밀한 관계를 갖는다.

우리에게 사고의 전 세계, 곧 추론과 논리상 필연적인 의심의 세계가 틈틈이 들어오는데, 이 세계는 우리가 죽을 때에 비로소 다시 한 번 나타난다.

어린 아이와 같이 되는 것은 우리 인격이 거듭나고, 그로 인해 하나님 나라에 들어간다는 예수님의 말씀이 이 점에서 나온 것이다.

그러므로 이런 점을 전혀 생각지 않고 어린 아이를 어른의 축소판으로 대하며, 마음속에 있는 아이의 특성을 죽이고 말살하는 인도와 훈련에 아이가 맡겨지는 것을 보는 것만큼 잔인하고 고통스러운 것은 없다.

아이와 함께 거룩한 신앙심을 맛보는 것이 없이, 그리고 감정이 결여된 목소리로 기도를 마땅히 해야 하는 어떤 일로 가르치고, 그래서 아이가 인도받고 격려받는다기보다는 종교적 열심 가운데서 갈피를 잡지 못하게 되는 기계적인 방식의 훈련은 잔인하고 고통스러운 것이다.

그런 어린 아이 앞에서 거룩한 일들에 공감하지 못하고 재치 있게 가르치지 않으며 조급해 하는 것도 잔인하고 고통스러운 일이다. 이것은 아이의 마음에 상처를 주게 되고, 그렇게 되면 오래지 않아, 아이 속에 있는 어린 종교의 싹이 질식하게 된다.

아이를 거룩한 일에 훈련시키지 않은 채 어린 시절을 보내게 하고, 어쨌든 후에 그 아이에게 신앙이 생길 것이라고 생각하는 것 또한 무자비한 일이다. 이 인생의 초년 시절은 하나님과의 교제에 있어서 모든 신앙의 기초가 아이의 마음에 결정되는 때이다.

아이의 마음에는 온건하게 지도를 받고 양육을 받으면 좋아하는 성향을 일으키는 본성적인 감수성이 있다. 이 감수성의 효과는 아이에게 인생 내내 유익하게 작용할 것이다. 반대로 이점을 유의하지 않고 그래서 최초의 이 감수성이 망쳐지게 되면, 그 다음에 일생 동안, 종교 의식이 비록 후에 깨어난다고 할지라도 예수께서 우리에게 어린 아이와 같게 되라는 말씀에서 요구하시는 열정과 예민함은 부족하게 될 것이다.

어린 아이를 당장 아이의 본성과 특성에 맞게 아이의 방식대로 훈련하여 그 영혼이 하나님과 교제를 나누도록 함으로써만 이 위험을 피할 수 있다.

물론, 어린 아이는 또한 거룩한 역사를 배워야 하고, 거룩한 진리를 알며 거룩한 노래를 부르는 법을 배워야 한다. 이 모든 것이 훌륭한 일이다. 그러나 무엇보다 어린 아이의 마음에서 신비한 세계에 대한 본능적인 의식이 모든 것을 보시며 전지하시고 편재하시는 하나님과의 교제를 직접 느끼는 데로 발전하지 않는다면, 이 모든 것이 아무 소용이 없을 것이다.

제 108장

그와 함께 거하리니

말씀이 세상에 들어올 때 있었던 장엄한 기쁨이 다음의 고백에 집중되어 있다. "말씀이 육신이 되어 우리 가운데 거하시매."

복음은 베들레헴에서 처음 나온 것이 아니다. 복음은 이미 낙원에서 선포되었다. 여러분이 은혜의 복음이 사도들과 함께 시작된 것으로만 생각한다면 그것은 모세와 선지자를 다 같이 잘못 아는 것이다.

선지자들이 있었던 이스라엘은 이미 우리와 마찬가지로 같은 복음을 가지고 있었다. 이것은 여러분이 신약의 복음전도자와 사도들의 글을 보기만 하면, 여러분이 거듭거듭 구약으로 돌아가 확인하게 되고, 이 고대의 원천으로부터 이끌어 낸 진리의 증거를 보게 되고, 정확하게 그 개요를 말하고 있고 흔히 우리에게 놀라운 사실들, 곧 신약의 모든 보화가, 비록 처음에는 씨앗의 형태로 있었지만 이미 오래 전에 구약에 맡겨져 있었다는 것을 발견하게 된다.

베들레헴 이전에 있는 것과 그 후에 온 것 사이의 차이와 대조는 다른 어떤 것에 숨어 있다.

말구유 신비 이전의 복음과 이후의 복음 사이에는 확실히 명확하고 절대적인 차이가 있다. 그러나 이 차이는 구약이나 신약이 더 풍성하고 더 부족한 점에 있지 않다. 그렇지 않다. 구약과 신약은 한 가지 사실, 곧 구약은 실재가 없고 신약은 실재를 갖고 있다는 사실에서 다르다.

일반적으로 이 사실을 그림자의 시대와 성취의 시대로 지적하였다. 그러나 이것은 사실을 너무 약하게 기술하는 것이다. 구약에는 형상이 나타났고, 신약에는 실체 자체가 그리스도라는 분에게서 나타났다고 말할 때 차이를 훨씬 더 정확하게 표현할 수 있다.

율법은 모세로 말미암아 주어졌다(요 1:17)는 것은 십계명을 가리키는 말이 아니다. 여기서 율법이란 교훈으로서 구약 전체를 가리키는 이름이다. 곧 이스라엘에게 전해진 하나님의 말씀으로서 계시를 가리킨다. 이 말씀, 이 계시, 곧 하나님께서 비유로 주신 이 교훈은 모세와 함께 형태를 **얻기** 시작한다. 그러나 베들레헴이 **거룩한 아기**의 탄생을 볼 때, 전혀 다른 것이 나온다. 단순히 교훈과 예언이 오는 것이 아니라 **진리**가 온다. 그런데 여기서 진리란 소위 말하는 **실체**를 뜻한다. 형상이 진리가 아니고, 그림자가 진리가 아니다. 형상과 그림자는 그 자체로 실재하는 것이 아니다. 멀리서부터 그 형상이 보였고, 이스라엘에 하나님의 그림자로 비쳐졌던 **그분**이 만질 수 있는 실체로 오실 때에야 비로소 실재가 나타난다.

바로 이 때문에 사도들이 자기들이 예수를 **보았고**, 그의 목소리를 **들었으며** 그를 **만졌다**는 사실을 그토록 강조한다. 그것은 이점, 곧 말씀이 이제 **육신**, 곧 세상적 실체를 받았다는 사실을 강조하는 것이다. 예수께서 참으로 예언되었고, 과거에 나타나셨고 또 거듭 나타나셨다는 사실이 강조되었지만, 이제는 충만한 실체로 오셨고, 베들레헴으로부터 골고다에 이르기까지 우리 가운데 **거하셨다**.

거한다는 것은 현실적으로 계속해서 묵는 것이다. 오실 뿐만 아니라 또한 **지내시는** 것이다. 하루 밤을 지내기 위해 잠시 들어오는 것이 아니라 계속해서 머물러 자신이 거기 있음을 알리는 것이다.

지금 하나님께서는 하늘에 계시며 빛 가운데 거하신다.

그러나 성경이 하나님께서 높은 곳에 거하신다고 선언하면서도, 즉시 그 하나님께서 낮게 내려오셔서 땅에 있는 사람들을 보신다는 말을 덧붙인다.

하늘과 땅은 분리되도록 되어 있지 않고 더 높은 통일을 이루게 되어 있다. 그래서 주 우리 하나님은 하늘과 땅에 동시에 계신다.

그 차이는 이것과 함께 시작된다.

낙원에 하나님이 거하셨다. 원래 사람이 하나님과 갖고, 하나님께서 자기 피조물과 갖는 교제는 매우 현실적이고 무엇에도 방해받지 않는 친교였다.

사람이 죄로 말미암아 세상에서 하나님을 물리쳤을 때, 하나님을 창조계에서 몰아냈을 때, 하나님의 가장 고귀한 피조물과의 교제에서 하나님을 깨끗이 잊어버렸을 때에 비로소 분리가 왔다.

그러나 하나님께서는 자기 손으로 지으신 것을 포기하지 않으신다. 죄 때문에 배척되었지만 하나님께서는 찾으시는 은혜 가운데 돌아오신다. "아담아, 네가 어디 있느냐"는 말씀은 하나님께서 돌아오셔서 세상이 자기 것임을 다시 주장하신 부르심이다.

결국 하나님은 세상에 다시 자기의 거처를 두신다. 이미 구름에서, 불기둥과 장막에서 임시로 거하셨는데, 오직 시온에서만 충만한 상징으로 거하셨다. "이는 내가 영원히 쉴 곳이라 내가 여기 거주할 것은 내가 이를 원하였음이로다"(시 132:14) 하고 여호와께서 말씀하셨다.

바산에 대해서 시온은, 하나님께서 자신의 넓은 세계로부터 계속해서 배척당하시나 하나님께서 시온에 자신을 위하여 쉴 곳, 곧 은혜의 오아시스, 자신의 거처를 준비하셨음을 표시한다.

이같이 하나님께서 세상에 다시 오심을 거룩히 상징하는 것, 이것이 대대로 영광스런 베들레헴을 미리 예언하는 것이다. 그리고 마침내 때가 차고 그 아기가 베들레헴에 태어날 때, 하나님은 더 이상 시온에 상징적으로 거하시지 않고 그리스도 안에서 충만한 **실체**로 계신다.

바로 그 이유 때문에 사도들은 하나님께서 육신으로 계시되었고, 육체로 우리 가운데 거하셨다(실체로 **계시되었다**)는 것을 아주 기쁘게 선포한다.

그러므로, 이것이 베들레헴이다. 곧 하나님께서 실체로 그리고 현실적으로 이 땅에 돌아오시는데, 이는 이 땅에서 우리와 함께, 우리 가운데 지속적으로 **거하시기** 위함이다.

낙원에서 실재하였던 것이 회복되는 것이다.

그런데 이것이 골고다와 함께 끝나는가? 아니면 여러분이 기쁘게 생각하는 대로 하늘로 승천하심으로 끝이 나는가?

그 어떤 것으로도 끝나지 않는다.

오히려 하나님께서 세상에 거하심이 오직 골고다와 승천을 통하여서 말 그대로 실현될 수 있게 된다.

베들레헴과 골고다 사이에는 하나님께서 실재로 땅에 거하시는 일이 있었지만 매우 제한된 의미로 거하셨다. 한 백성에게 제한되어 거하셨고, 예수님을 따르는 소수의 집단에 제한되어 거하셨다.

이제 하나님을 세상에서 모든 백성들 가운데, 세상의 모든 곳에 거하시고, 대대로 하나님을 경외하는 모든 영혼에게 다가가실 필요가 있었다.

하나님께서 사람들 가운데 이같이 충만하고 확장되어 제한이 없고 영구하며 지속적이고 계속해서 더 넓게 거하시는 일은, 예수께서 더 이상 좁은 범위의 사람들 가운데서 보고 듣고 만질 수 있지 않고 높이 되시고 영화롭게 되어 은혜의 보좌에 앉아 계시며, 그곳에서 모든 백성, 모든 마음에 자신의 활동을 펼치실 때에만 이루어질 수 있었다.

이 때문에 예수께서 제자들에게 거듭 거듭 이같이 말씀하신다. "내가 떠나가는 것이 너희에게 유익이라." 그러나 또한 이 말씀도 덧붙이신다. "내가 갔다가 너희에게로 올 것이라. 우리가 그에게 가서 거처를 아버지와 함께 하리라"(요 16:7; 14:28,23).

이와 같이 하나님께서는 이 땅에 삼중적으로 거하신다.

첫째는, 상징적으로 이스라엘에서 시온에 거하신다. 그 후에는 예수께서 이 땅에서 다니셨을 때 육신의 실체 가운데 거하셨다. 그리고 이제 셋째로, 하나님은 우리 가운데, 우리 안에, 온 세상에 거하신다. 우리 마음은 성령 안에서 하나님의 거하실 처소가 되었다. 우리 마음은 실질적인 시온이고, 그러므로 우리 구속받은 사람의 마음은 하나님이 그 안에 거하시는 성전이다.

죄가 하나님을 몰아낸다. 은혜로 하나님은 다시 우리 가운데, 우리 안에 거하시려고 결심하신다. 여기에 참된 경건의 모든 신비가 있다.

경건은 이것으로부터 시작하지 않는다. 그보다는 오직 하나님을 위에 계시는 분으로 알고, 자신과 지극히 높으신 하나님 사이에는 본질적인 거리가 있음을 늘 의식한다는 외적인 고백과 함께 시작한다.

그러나 은혜에 은혜를 받아 가면 점차 이 점에 변화가 생기고, 외적인 것에서 시작한 것을 내면화하게 된다.

성령을 받는다는 것은 하나님을 마음속에, 영혼 속에 모신다는 것이다. 그래서 형제를 사랑하라는 새 계명은 다름 아니라 여러분이 마음속에 하나님을 모시고 다니는 것과 같이 바로 그 하나님께서 형제의 마음속에도 거하고 계심을 발견해야 하고, 또 두 사람의 마음을 채우시는 분은 한 하나님이시기 때문에 마음과 마음을 합해야 한다는 계명이다.

그렇다 할지라도 대부분의 사람은 그 점을 똑바로 보려고 하지 않는다. 하나님께서 자기들 마음속에 거하시지만 그들은 계속해서 하나님을 마음 한 구석으로 밀어 넣으며, 그래서 얼마간 떨어져서 하나님을 느끼고, 마음의 많은 영역에서 하나님으로부터 물러난다. 바로 이것이 성도들의 죄이다.

그러나 은혜는 계속된다. 하나님께서는 여러분을 그냥 보내시지 않는다. 여러분이 하나님을 뒤로 밀어넣은 마음의 구석으로부터 하나님께서는 계속해서 나와 여러분의 마음을 다시 얻으려고 하시는데, 마침내 여러분이 싸우기를 포기하고 온 마음을 하나님께 열어드리고, 그래서 그리스도 안에서 하나님께서 진정으로 여러분에게 거처를 정하셨다는 것을 기쁘게 경험하게까지 하신다.

그리고 이것이 연중 계속되는 크리스마스 복음이다.

그것은 지금도 말구유 옆에 서있는 크리스마스 복음이 아니라 말구유에서 여러분 마음속으로 넘어오는 복음이다.

먼저 사도의 환희에 찬 음성이 들린다. "말씀이 육신이 되어 우리 가운데 거하시매."

그 다음에 하나님의 성도들이 드리는 찬송이 들린다. "말씀이 육신이 되어 내 마음에 거하셨도다."

제 109장

하늘에서는 주 외에 누가 내게 있으리요

영혼이 이 세상을 떠나는 가운데 **하나님께 더 가까이 가게 되는** 특권을 누릴 때, 은혜의 새롭게 함이 특별히 더 풍성하다.

임종 시에는 과거에 맛보았던 것보다 더 귀한 복을 누리게 된다. 많은 사람이 단지 굳건한 믿음과 더욱 분명한 마음 가운데서 잠들기만 한 것이 아니라 복을 미리 맛보는 가운데서 잠들기도 했다.

여러분은 이 점에 어떤 규칙을 정할 수 없다. 더 거룩한 마음과 더 깊은 영성을 지닌 사람은 그 보상으로 언제나 복된 임종을 맞는다고 생각해서는 안 된다. 살면서는 하나님을 멀리 떠나 방황했던 사람에게 하나님께서 영광스런 임종을 맞게 하시는 것을 드물지 않게 본다. 그런가 하면 오랜 세월 하나님과 은밀히 동행해 온 사람이 재난과 곤경 가운데서 힘들게 씨름하는 경우도 본다.

이것은 대체로 경건한 마음과는 상관이 없는 온갖 일들에 달려 있다. 첫째로, 나이, 기질, 질병의 성격, 약함의 정도, 신경과민, 거침없는 말이나 자신 없음, 죽어가는 과정의 길거나 짧은 기간에 좌우된다.

그리고 부분적으로는 의사에게 달려 있는데, 의사가 다가오는 종말의 확실성이나 적어도 개연성을 숨기는가, 아니면 의사가 솔직하고 정직하게 환자에게 병의 정확한 상태를 말하는가에 달려 있다. 그 다음에, 가족이나 친구, 환자를 간호하는 사람들에 달려 있는데, 그들이 환자가 거룩한 묵상을 하도록 돕는 성향이 있고 그렇게 돕는가 혹은 그들이 주의를 다른 데로 돌리게 하는 것을 제공하고 마지막까지 환자의 마음을 온갖 세상적인 관심사로 채우는가에 달려 있다.

때로 이 모든 것이 선하게 작용하는 경우가 있다. 이제 곧 하나님의 부르심을 받으려고 하는 사람이 마치 영원의 문 앞에서 기다리는 마음을 가지고 있는 것처럼 적어도 며칠 간 누워서 문이 자기에게 열릴 것을 바라보며, 그 기간 동안 영생의 능력을 증거하되 때로는 일반적인 말을 훨씬 초월하는 용어를 써서 증거하는데, 그와 같이 죽는 사람에게는 특별한 은혜가 작용하는 것이다. 주님께서 그에게 이런 특별한 은혜를 주시는 것이다. 그렇다. **참으로** 죽어가는 그를 위로하기 위해서 그렇게 하시지만, 그보다 훨씬 이상으로, 하나님 자신을 영화롭게 하시기 위해 그리고 그처럼 영광스런 임종에서 나타나는 현저한 능력을 증거하기 위해 그렇게 하신다.

짐짓 경건한 체하려는 열정은 거의 모든 종교에 좀 더 세련된 형태로 늘 따라다니며, 때로 순교자들에게서도 나타난 죄이다. 이 열정은 주 하나님께서 약함과 질병으로 이 열정을 막지 않으셨다면 죽는 과정에서 좀 더 일반적으로 나타날 것이 확실하다. 임종의 자리에서 경건의 모습을 보이는 기회를 이같이 차단하는 일에서 우리는 은혜를 깨닫지 않을 수 없다.

그러나 죽음의 자리에서 은혜가 더 고귀한 형태로 나타나는 때, 곧 거의 예언적인 영감과 같은 것이 죽는 성도를 잡는 때가 있다. 이것이 족장 야곱에게서 아주 현저하게 나타났다. 그러나 정도는 그보다 약할지 모르지만, 때로 그와 같은 고귀한 영감이 우리 가운데서 여전히 목격되기도 한다.

그러한 죽음은 단지 믿음으로 죽는 것이나 예수 안에서 자는 것이 아니라 눈을 뜨고서 적극적으로 영원의 문을 들어가는 것이다.

그런 경우는 분명한 의식이 있는 죽음이다. 그리고 이처럼 분명한 의식이 있으므로 거룩한 증거를 하는데, 이는 죽는 자가 마지막 숨을 쉴 때까지 자신이 하나님께 가까이 있는 것을 알고 느끼기 때문이다.

반면에, 이 사실로부터 우리는 당당하게 죽지 않는 사람은 하나님의 가까이 하심을 잃었다고 추론해서는 안 된다.

육체의 약함이 아주 크게 영향을 끼치는 바람에 영혼에서 진행되는 것이 외적으로 거의 나타나지 않는 경우가 아주 흔하다.

하나님께서는 능하셔서 영혼 안에서 그리고 영혼을 위하여 많은 일을 행하시지만, 제 삼자는 그에 대해 아무것도 보지 못한다.

두어 달 밖에 안 되는 갓난아이가 엄마 품에 있다가 무덤으로 갈 때, 여러분은 하나님께서 그 어린 아이에게 은혜를 끼칠 수 없다고 말할 수 없을 것이다. 그러나 여러분은 그에 대해 아무것도 보지 못하였고, 어린 아이 자신도 그에 관해 아무것도 알지 못하였다.

바로 그 같은 일이 잠잘 때 일어날 수 있다. 우리가 자고 있는 동안에는, 하나님의 일하시는 은혜가 그 일곱, 여덟 시간 동안에는 우리 마음에서 배제되어 있다고 말할 사람이 있겠는가? 중병에 걸리면 사람이 여러 날 동안 완전히 의식을 잃을 수 있다. 그러면 그때는 하나님께서 그 모든 날 동안에 병든 영혼 앞에서 무력하게 서 계시는 것인가? 잠자고 있거나 병중에 있는 어린 아이에게 성령께서 그 영혼을 돌보는 은혜로운 사역을 행하실 수 있지 않는가? 다만 이 성령의 사역이 어떤 신체적인 문제 때문에 외부로 나타나지는 않고 영혼 속에 숨어 있는 것이 아니겠는가?

대부분의 경우, 임종이 가까이 올 때, 이같은 신체적인 장애가 발생한다. 특별히 무의식 가운데서 죽는 사람들, 맥박을 거의 느낄 수 없고 숨을 거의 쉬지 않는 사람들에게서 그런 일이 생긴다. 그런 사람들에 대해, 아무도 그 원인들 때문에 그 영혼이 하나님도 모르게 죽어 멀어졌다고 말할 수 없다. 이때에도 하나님의 전능하심과 은혜는 거룩한 정숙 가운데서 사람의 눈이나 귀로 추적할 수 없는 일을 수행하실 수 있다.

그리고 병으로 죽은 사람에 대해서는, 일의 성격으로 볼 때, 확실히 그의 의식은 뇌 속에서 작용하는 힘에 달려 있었다. 그러나 뇌가 반응하려고 하지 않는다고 생각해 보자. 그러면 영혼의 내적 생명은 은혜를 빼앗길 수밖에 없는가? 그리고 곧 뇌는 작용하기를 일체 거부한다. 그럴지라도 혼란을 일으키는 뇌가 없어도, 영혼은 자기 하나님을 알고 하나님을 영원히 영화롭게 할 것이다.

그렇다면 죽을 때 하나님께 가까이 간다는 것은, 아무도 관찰할 수는 없지만 죽은 후에야 이루어지는 것을 이미 여기에서 부분적으로 경험하는 것이 아니겠는가?

우리 인격이 몸과 완전히 분리가 되고 전혀 실체가 없는 가운데서 하나님과 함께 하고 교제하는 새로운 상태가 시작되는 것이다.

그러나 또한 이 점은 별 문제로 하더라도, 우리가 여기 이 땅에서 순례 여행을 계속 하는 동안에, 죽을 때 이루어지는 이 하나님의 사역은 죽음의 상징(memento mori)으로서 우리에게 대단히 깊은 의미를 갖는다. 이것은 아삽의 다음과 같은 질문에 함축되어 있다. "하늘에서는 주 외에 누가 내게 있으리요"(시

73:25).

왜냐하면 우리 마음의 고투가 이 점에, 곧 우리 마음이 **하나님을 좇을** 뿐 아니라 온갖 것을 따라 간다는 사실에 있기 때문이다. 그동안 우리에게 이런 싸움이 있었던 것은 하나님께서 친히 우리 마음이 세상의 온갖 사람을 만나도록 하셨고, 우리 마음에 자연의 영광을 감상할 능력을 주셨으며, 우리 모두에게 보이는 것을 추구하는 온갖 성향과 욕구를 주셨기 때문이다. 공기 외에는 주변의 아무것에서도 하나님을 추구하지 않기 위해 모든 세상적인 것들에서 눈을 돌리는 사람은 이 싸움을 회피하고, 부자연스럽게 지낸다.

하나님 자녀의 거룩한 기술은 보이는 것들을 소유하되 하나님 외에 세상의 어떤 것도 자기를 기쁘게 할 수 없다고 진심으로 말할 수 있을 정도로 소유하는 것이다. 물론 이 사실이 의미하는 바는 이것이다. 즉 그는 보이는 모든 것들에서 하나님께 속한 것들만 보고, 순전히 하나님을 위해 존재하는 것들, 그러므로 하나님께 봉사하는 것들만 본다. 그래서 그 밖의 모든 것들은 하나님 안에서 취하는 모든 즐거움으로 품고 받아들이되, 그것들이 하나님께 복종하고 하나님의 능력을 계시하는 정도만큼만 고려해서 받아들인다.

행위와 진리에서 이 기술이 우리에게 있는지는 오직 우리가 죽을 때, 곧 그 밖의 모든 것이 우리에게서 사라지고 하나님만 남을 때 분명해진다.

하나님보다는 하늘에서 만날 온갖 사람과 쾌락을 그려봄으로써 우리의 세상적인 욕망을 하늘로 옮기려는 시도를 해왔다. 이슬람교도들은 이 점에서 더 멀리 나갔다. 그런데 그리스도인들 가운데서도 하늘을 생각할 때 무엇보다 자기의 죽은 자들을 만나서 다시 함께 살 것을 생각하고, 그래서 하나님을 떠나서 온 세상을 자신들을 위한 것으로 생각하는 사람들이 적지 않다. 이것은 마음에 혼동을 일으킨다. 왜냐하면 죽을 때 하늘에서 하나님 외에 아무것도 기대하지 않는 사람만 위에 있는 아버지의 집에서는 그리스도 안에서 한 마음 한 목소리로 하나님, 만유의 아버지를 영화롭게 하는 것만큼 좋은 교제가 없다는 것을 또한 하나님을 통해서, 하나님 아래서 발견할 것이기 때문이다.

그리고 세상에서는 이 일을 우리가 하나님과 은밀히 동행하는 것에 적용해야 하고, 거듭 이 질문을 물어야 한다. "지금 여러분에게 아무것도 없을지라도, 하나님을 떠나서 아무것도 없고, 오직 하나님만 있을지라도, 여러분의 영혼은 부유하고 지극히 풍부할 것인가?"

여러분이 하나님께 가까이 가려고 노력하고 애쓰고 씨름할 때, 그것이 하나님 안에서, 오직 하나님 안에서 온 마음으로 안식하려고 하는 것인가? 아니면 혹시는 사실 마음으로 더 강하게 추구하는 다른 온갖 것을 하나님 안에서 보장받을 수 있기를 구하는 것인가?

하나님을 모신 사람, 오직 하나님만 모신 사람은 하나님 외에 **아무것도** 없다고 말해서는 안 된다. 하나님을 모신 사람은 하나님 안에서 모든 것을 가지고 있기 때문이다. 개인적으로 경건의 진실성을 시험해보려면, 여러분은 자신에게 이런 점이 있는지 알아야 한다. 여러분이 하나님께 관심을 갖는데, 다른 것들이 더해진다 할지라도 하나님만 열망할 정도로 관심을 갖는 것인가, 아니면 마음이 사실은 다른 것들을 구하는데, 여러분이 하나님을 통해서 다른 것들을 얻기 위해, 다른 것들에 더해서 하나님께 관심을 갖는 것인가, 아니면 끝으로 그 두 가지를 갖는 것, 곧 하나님도 갖고 하나님에 더해서 그 밖의 모든 것도 갖기를 바라는가를 생각해 보아야 한다.

이 시험을 위해서, 여러분의 죽을 때를 미리 생각해 보는 것은 특별한 가치가 있다. 세상의 모든 것이 여러분에게서 멀어지고 여러분을 떠나고 더 이상 여러분을 위해 존재하지 않는 순간을 생각해 보라. 하늘에서 여러분은 영원히 삼위일체 하나님 외에는 아무것도 없을 것을 생각해 보라. 이렇게 생각할 때 여러분의 마음이 고양되어 거룩한 기쁨을 미리 맛보게 되어, 하늘에서는 여러분에게 하나님 외에는 아무것도 없고 땅에서도 아직도 남아 있는 모든 순례 여행의 날 동안에 하나님 외에는 여러분을 만족시킬 수 있는 것은 아무것도 없기 때문에, 여러분이 진심으로 하나님을 가까이 함이 내게 유익이라고 말할 수 있는가 스스로에게 물어보아야 한다.

제 110장

사슴이 시냇물을 찾기에 갈급함 같이

20세기 이상이 지나갔어도 시편 42편에서 들리는 이 불멸의 노래의 찬란한 불빛은 어두워지지 않았다. 그리고 대체로 예술 애호가들은, 우리 시대의 삶의 특징인 하나님을 떠난 심각한 소외에도 불구하고 전심으로 하나님의 구속받은 자들과 함께 "사슴이 시냇물을 찾기에 갈급함"을 노래한 이 시를, 인간 마음의 향수가 생명의 원천을 찾는 부르짖음을 노래한 다른 모든 서정시보다 높게 평가하는데 일치한다.

여기서 강하게 붙잡고 있는 것은 이 시편 전체를 통해서 숨쉬는 뜨거운 열정이다. 즉 이 영광스런 노래를 확장시키는 영혼의 뜨거운 숨결이다.

하나님께 가까이 가는 것은 우리에게 지극히 복된 경험이다. 우리 영혼은 마음을 흐트러지게 하는 것과 시험에 직면해서 거의 기절할 즈음에 세상에서 돌이켜 하나님께로 향한다. 이는 우리 속의 목소리가 하나님을 버리는 자는 마음에 평화가 없다고 속삭이기 때문이다.

방황하는 날 동안에 세상 쾌락은 헛되고 세상 영광은 속이는 것임을 깨닫고서, 때때로 우리는 하나님께 돌이키고 다시 하나님과 은밀한 교제를 나눌 수 있게 해 주시도록 문을 두드렸다.

또 어떤 때는 "거룩하고 마음이 겸손한 자"를 따라서 하나님께 가까이 가려고도 한다.

또 어떤 때는 마음에 받은 상처, 우리를 공격하는 큰 걱정, 거의 죽을 것 같은 곤경 때문에 도움과 위로를 찾아 하나님께 가까이 가지 않을 수 없었다.

우리가 하나님께로 온 길은 인생 전체를 통해서 꼬불꼬불 구부러져 있고, 아무리 포기할지라도 매번 새롭게 나타난다.

그렇지만 이 모든 것에도 불구하고 거기에 열정이 없었다. 오히려 그런 순간에 우리 마음은 그냥 내버려 두었다면 하나님을 향하지 않았을 것이다. 별로 내켜하지 않고 오만한 마음을 몰아서 하나님을 찾도록 만든 것은 외부로부터 온 압박과 충동과 자극이었다.

그러나 이 시에서는 마음 스스로가 밀고 나가고 달려간다. 살아계신 하나님을 찾는 향수가 거부할 수 없게 끓어오르는 것은 밖으로부터 오는 것이 아니라 마음 깊은 곳으로부터 나오는 것이다.

여기서는 그것이 우연한 사건이 아니고, 다른 곳으로부터 작용하는 원인이 아니고, 고통스런 경험이나 외부로부터 오는 유혹의 목소리가 아니다. 양심의 자극이 아니고 절박한 곤경이 아니다. 총명과 신중한 계획은 더더구나 아니다. 하나님을 따라 나가는 것, 하나님 없이는 할 수 없는 것, 살아계신 하나님을 서둘러 찾아나가는 것은 우리 마음의 거듭난 본성으로부터 일어나는 일이다.

그것은 아우구스티누스의 외침과도 같다. "내 하나님이여, 내 마음이 주 안에서 안식을 얻기까지는 내 안에서 끊임없이 불안해 하나이다."

여기에는 **목마름**이 있다. 살아계신 하나님에 대한 갈망이 있다. 사람이나 짐승이나 기진맥진하여 말라붙은 피는 단지 수분과 갈증의 해소와 물을 구하는 것이 아니라, 입천장이 말라붙었을지라도 갈라진 목구멍으로 외칠 수 있는 한, 들리는 소리로 신음할 수 있는 한, 고통 가운데 하나님을 갈망하여 부르짖는 것이다.

이 비유적 표현이 다시 동물의 세계로 적용되는데, 동물의 세계에서는 반성이나 경건한 의도, 정해진 목적에서 부르짖는 일이란 없다. 더 이상 고통을 견딜 수 없는 지친 사슴이 절망에 빠져 신음하는데, 이는 마침내 시냇가에 이르렀는데, 시내에 물이 하나도 없는 것을 발견하고, 땅바닥에 쓰러질 지경이 되어 더 이상 물 없이는 갈 수가 없어 순전히 본능적인 충동으로 **물**, **물**을 찾아 고통스럽게 울부짖는다. 그리고 물이 나오지 않으면 곧 죽을 수밖에 없다.

이 본성의 충동에, 이 열정적인 동경에, 이 뜨거운 열정에, 이처럼 영혼이 거의 죽을 것 같이 하나님을 갈망하는 일에, 살아계신 하나님을 향한 이 같은 통절한 향수에, 마음을 고양시키는 것, 마음을 사로잡는 것, 마음을 매혹하는 것, 동시에 우리를 매우 부끄럽게 하는 것이 있다.

여러분은 인생에서 불가피한 압박을 떠나서, 주의를 끄는 다른 목소리나 여러분을 괴롭힌 양심의 가책을 떠나서 순전히 영혼의 본능적인 충동에서 이같이 살아계신 하나님을 갈망한 적이 몇 번이나 있었는가?

이 맑은 멜로디에 귀를 기울일 때, 다른 사람들과 함께 이 영광스런 42편을 노래할 때, 그런 것이 때때로가 아니라 언제나 여러분의 마음 상태가 되어야 한다는 것을 느끼고 인식한다. 이 목적을 위해 하나님께서 여러분을 창조하셨다는 것, 여러분에 관한 하나님의 계획에는 여러분 속에 그처럼 영광스럽게 하나님을 동경하게 하려는 의도가 포함되어 있다는 것, 이 계획이 여러분 속에서 작용하기를 그칠 때마다 여러분 본성의 고귀한 가능성을 실현하지 못했다는 점, 적어도 여러분의 거듭난 본성 안에서 이 동경, 이 갈망, 살아계신 하나님을 향한 이 향수가 계속 침묵을 지킬 때, 여러분은 은혜에 대해 죄를 짓고 있음을 느끼고 안다.

피가 갈증 때문에 물을 구할 때 수분이 공급되지 않으면 피가 더 이상 돌지 않듯이, 여러분도 상해를 입지 않은 정상적인 상태라면 영혼으로 하나님을 찾아 부르짖고 하나님을 만나지 못하면 무너질 수밖에 없는 본성을 하나님께로부터 받았다.

때때로 자신이 높은 데 있었다고 생각한 경건이 여기서 무너지는 것을 느낀다. 이는 경건이 좀처럼 그 열정, 그 뜨거운 열망, 하나님을 찾는 그 통절한 향수에 좀처럼 도달하지 못하였기 때문이다.

여러분의 본성이 그와 같이 창조되었고 그래서 본성이 그와 같이 되어야 하고 그와 같이 될 수 있다는 것은 여러분의 거룩한 존귀이다. 곧 여러분의 고귀한 태생을 보여주는 빛나는 증거이다. 그러나 높은 혈통으로부터 받은 이 고결함이 여러분에게서 아주 힘있게 나타나는 일이 지극히 드물다는 것은 또한 여러분의 깊은 수치이다.

그러나 그것은 또한 여러분에게 쉬지 못하게 하는 자극이며, 여러분으로 하여금 자신을 돌아보고 깊이 생각하게 마드는 자극이다. 또 이같이 자신을 돌아보고 깊이 생각하는 가운데 여러분이 살아계신 하나님에 대한 갈망을 느끼고, 그것을 느끼자마자 하나님께서 여러분 영혼에 가까이 오시기 때문에 바로 갈망이 해소되는 복된 경험을 하게 만드는 자극이다.

"내 영혼이 주를 찾기에 갈급 하나이다! 내 영혼이 하나님 곧 살아 계시는 하나님을 갈망 하나이다!"

"살아 계신"이라는 말은 여기서 자연으로부터 가져온 비유이다.

썩은 물이 있다. 습지에 있는 유독한 물, 그래서 사람과 짐승의 피를 새롭게 하는데 적합지 않은 물이 있다. 그러므로 사슴은 그냥 **물**을 찾아 헐떡이는 것이 아니라 **시냇물**, 곧 솟아오르고 힘차게 흐르는 살아있는 물을 찾아 헐떡인다.

그래서 시인도 그같이 노래한다. "내 영혼이 살아 계시는 하나님을 갈망하나이다." 하나님에 관한 신조를 갈망하는 것이 아니고, 하나님에 대한 생각이나 하나님에 대한 기억, 하나님의 위엄을 갈망하는 것이 아니다. 하나님 자신을 갈망하는 것이고, 힘과 은혜를 부어주시는 거룩한 하나님, 살아 계시는 하나님, 하나님의 생명으로 가까이 오시는 하나님, 자신의 생명을 여러분에게 채우시고, 거룩한 사랑을 나타내는 가운데 자신을 여러분에게, 여러분 안에 **살아 계시는** 하나님으로 계시하는 분을 갈망하는 것이다.

여러분은 여기서 모든 학식이 사라지는 것을 느낀다. 곧 모든 교리, 모든 형식, 외적이고 관념적인 모든 것, 말뿐인 모든 것이 마르고 시드는 것을 느낀다. 여기서 이 갈증을 풀 수 있는 것은 여러분의 생각이나 이해가 아니고 사고도 아니며 추론도 아니고 심지어 여러분 믿음의 고백도 아니다.

이 향수가 바로 하나님을 찾아 나서는데, 여러분의 영혼이 사랑에 취해서 마음으로 하나님 아버지 마음의 온기를 느낄 때까지 찾는다. 여러분의 영혼이 바라는 것은 하나님의 이름이 아니라 바로 하나님 자신이며, 하나님의 생명을 빛내는 일에서 반드시 필요한 것은 하나님의 이름이 아니라 바로 하나님 자신이다. 여러분에게 스며들어야 하고, 영혼의 피속에 받아들여야 하는 것은 이같이 하나님의 생명이 빛나는 것이다.

시인은 성소에서 이것을 구한다. 그는 이스라엘 출신이었다. 이스라엘 사람들이 하나님의 임재를 분명하고 부요하며 충분하게 누릴 수 있는 것은 시온에서 뿐이었다. 하나님께서 자기 백성들에게 자기를 충만하게 누리도록 자신을 위하여 택한 곳이 시온이었다.

세상의 생명은 아주 맹렬하게 하나님에게서 멀어졌다. 온 세상은 우상으로 가득 찼다. 그러므로 여호와 하나님의 임재는 시온의 그룹들 사이에만 상징적으로 나타났다.

이것을 예배당에 있는 회중에게 적용하는 것은 노래의 핵심을 놓치는 것이다. 왜냐하면 우리 예배당에 우리를 하나님께 이끄는 것들이 많이 있고, 세상에 그리고 심지어 우리 가정에도 우리를 살아 계시는 하나님에게서 멀어지게 하는 것이 많을지라도, 이것은 외부로부터 오는 자극일 것이기 때문이다. 반면에 이 시편이 의도하는 것은 마음의 갈증이고, 영혼의 피로부터 하나님을 갈망하는 것이다.

시온은 여러분의 기도실이 아니고 여러분의 예배당도 아니다. 시온은 심지어 경건한 무리도 아니다. 이스라엘이 오직 시온에서만 그리고 상징적으로 발견한 것이 이제는 우리를 위하여 참으로 그리스도 안에, 여러분의 왕 안에 있다. 그분은 영원히 영광을 받으실 하나님이시다. 아멘!

이제 구속받은 사람은 이 그리스도 안에 있고, 그리스도는 그의 안에 계신다. 구속 받은 자는 그리스도의 신비한 몸에 살아있는 지체로 놀랍게 연합되었다. 그의 거듭난 본성은 그리스도와 지극히 친밀하게 융해되었다. 그래서 하나님을 갈망하는 영혼이 하나님으로부터 생명을 마시는 것은 오직 그리스도와 함께 하는 이 신비한 생활에서뿐이다.

그러므로 하나님께 가까이 가는 것, 과연 영혼의 모든 열정과 갈망을 다하여 하나님의 생명을 마시는 것은 어떤 장소, 어떤 사람들, 어떤 제사장이나 제단에 매여 있지 않다.

언제라도 어느 곳이든지 우리에게 시온이 될 수 있는 것은 오직 이 사실에 달렸다. 즉 여러분이 하나님께 나아갈 수 있게 하고, 항상 살아 계셔서 우리를 위해 간구하시는 그분을 통해 하나님께 가까이 가는 것이다(히 7:25).

아브라함 카이퍼의 생애

아브라함 카이퍼 박사는 1837년 10월 29일, 네덜란드 마슬로이스(Maassluis)에서 아버지 얀 헨드릭 카이퍼 목사(the Reverend Jan Hendrik Kupyer)와 어머니 헨리에타 후버 카이퍼(Henriette Huber Kuyper)에게서 태어났다. 카이퍼는 마슬로이스와 미델버그(Middelburg)에서 학교를 다녔는데, 미델버그는 그의 부친이 1849년 목사로 부름을 받은 곳이었다. 카이퍼의 선생들이 처음에는 그를 둔한 아이로 생각했다고 한다. 그런데 카이퍼가 열두 살의 어린 나이에 미델버그의 고등학교에 입학할 수 있게 되었을 때, 선생들은 그에 대한 생각을 고치지 않을 수 없었을 것이다. 때가 되어 카이퍼는 레이덴(Leyden) 대학교에 입학하였고, 최우등생으로 졸업했다. 그는 또 이 학교에서 막 26세가 될 무렵인 1863년에 신학박사 학위를 받았다.

1년 후에 카이퍼는 베이스트(Beesd)에서 목회를 시작하였다. 그 다음에 위트레흐트(Utrecht)에서 목회를 하다가, 1870년에 암스테르담으로 부름을 받아 갔다. 1872년에 그는 정치적으로 네덜란드의 기독교인들을 대표하는 반혁명당(the Anti-Revolutionary Paty) 기관지이자 일간 신문인 슈탄다트(De Standaard)의 편집장이 되었다. 바로 얼마 후에 그는 금요일에 발행되는, 기독교적 색채가 뚜렷한 주간지 헤라우트(De Heraut)의 편집장을 맡았다. 그는 힘든 이 두 자리를 45년 이상 아주 왕성한 정력과 능력으로 빈틈없이 수행하였다.

1874년에, 그는 하원의원에 선출되었고, 1877년까지 이 직을 수행하였다. 1880년에 암스테르담에 자유 대학교(Free University)를 설립하였는데, 자유 대학교는 성경을 삶의 모든 면에서 인간 지식의 전체 구조를 형성하는 절대적인 기초로 받아들인다. 이후로 그는 20여 년간 이 학교 안팎에서 정력적으로 일하였다. 이때 그의 매우 중요한 논문들이 쓰였는데, 이 시기는 또한 카이퍼가 네덜란드 교회와 정치 역사에 매우 중요한 영향을 끼쳤던 기간이기도 하였다. 그가 "시간의 모래밭에" 지울 수 없도록 아주 뚜렷하게 "발자국"을 남기고, 그의 70회 생일이 국가적 경축일이 된 1907년에 사람들로부터 다음과 같은 말을 들은 것은 거의 초인적이다시피 한 그의 노력과 강인하고 고귀한 그의 인품으로 말미암은 것이다. “지난 40년 동안 네덜란드의 역사에서 교회와 국가, 사회, 언론, 학교, 과학에 대해서는 거의 모든 페이지마다 그의 이름을 언급하지 않고서는 쓸 수 없다. 이 기간의 카이퍼 박사의 전기는 거의 네덜란드 역사나 다름없기 때문이다.”

1898년에 그는 미합중국을 방문하였고, 프린스턴 신학교에서 “스톤 강좌”를 맡았다. 이때 프린스턴 대학교에서 그에게 법학박사 학위를 수여하였다.

네덜란드로 돌아와서 그는 반혁명당의 지도자로서 노고를 다시 시작하였다가, 1901년에 빌헬미나(Wilhelmina) 여왕의 요청을 받아 내각을 구성하였다. 그는 1905년까지 수상으로 일하였다. 그 뒤로, 그는 일 년 이상을 여행하며 지냈는데, 이 여행에 대한 생생한 기록이 「유럽의 바다를 돌아보며」(*Om de Oude Wereld Zee*)라는 두 권의 책으로 나왔다. 이 책은 미처 인쇄도 되기 전에 전량이 다 팔렸다.

그 후에 카이퍼 박사는 국가평의회 장관(Minister of State)으로 헤이그에 거주하였는데, 공적인 면에서 볼 때, 그는 네덜란드의 가장 중요한 인물이었고, 어떤 면에서는 세계에서 비길 데 없는 인물이었다. 75세의 나이에 그는 헤라우트 지(紙)에 “세상의 종말에 대하여”(Van de voleinding)라는 제목으로 매주 연재되는 칼럼을 쓰기 시작하였다. 이 칼럼은 전부 합해서 306회로 연재되었고, 마무리짓는데 6년이 걸렸다. 네덜란드에서 발행되는 로마 가톨릭 교회의 간행물인 마스보데(De Maasbode)는 이 저작을 가리켜 “매우 독특하고, 이 주제에 관한 모든 문헌 가운데 필적할 것이 없는 작품”이라고 말한다. 이 책에서 그는 세상의 종말에 대한 언급을 성경의 모든 책들을 두루 조사하여 밝히고 신중하게 설명하는 반면에, 요한계시록은 단락별로 다룬다. 82세가 되었을 때, 그는 “메시야”라는 주제에 대한 또 하나의 방대한 저술을 계획하였다. 그러나 1920년 11월 8일에 인생의 끝이 그에게 임했다.

이 모든 기간 동안에 그의 저작은 놀라울 정도로 방대한 면에 걸쳐서 이루어졌다. 사람들이 말하였듯이 “인간 지식의 어떤 부문도 그에게는 낯선 것이 아니었다.” 우리가 카이퍼 박사를 연구자나 목사 혹은 설교자로 보든지, 외국어에 능통한 사람이나 신학자 혹은 대학교수로 보든지, 아니면 정당의 지도자, 조직가 혹은 정치가로 보든지, 철학자나 과학자, 출판인, 비평가 혹은 박애주의자로 보든지, 어떤 면에서든 항상 “지칠 줄 모르는 이 씨름꾼의 대단한 작업은 상상을 초월하고, 천재와 같이 언제나 도무지 이해할 수 없는 면이 있다." 그와 의견이 달랐던 많은 사람들도 그를 "머리가 열 개이고 손이 백 개인 적"이라고 존경을 표시하였다. 그의 비전과 이상을 공유한 사람들은 그를 "우리 시대에 주신 하나님의 선물"로 여기고 존중하고 사랑하였다.

거의 초인적이다시피 한 그의 능력의 비결은 무엇이었는가?

1897년, 슈탄다트(De Standaard) 발행 25주년 기념식에서 카이퍼 박사는 이렇게 말했다. "지금까지 한 가지 소원이 내 생애를 지배하는 열정이었다. 이 한 가지 고귀한 동기가 내 지성과 영혼에 박차와 같은 역할을 해 왔다. 내게 지워진 이 신성한 숙명을 벗어나려고 하자마자 내 생명의 호흡은 끊어질 것이다. 그 신성한 숙명이란 이것이다. 세상의 모든 반대에도 불구하고, 사람들의 유익을 위해 가정과 학교와 국가에 하나님의 거룩한 명령들을 다시 확립하는 것이다. 성경과 피조물이 증거하는 하나님의 명령들을 국민의 양심에 새겨 넣어서, 온 국민이 하나님께 경의를 표하도록 만드는 것이다."

이와 같은 이상(理想)을 국민들에게 제시한 사람은 이때까지 거의 없었다. 카이퍼만큼 인생의 그러한 목적에 철저히 순종한 사람은 거의 없었다. 그는 이 고귀한 소명에 말 그대로 몸과 영혼과 마음을 다 바쳤다. 그는 손에 시계를 쥐고 살았다. 그는 밤이고 낮이고 시간마다 정해진 과제가 있었다. 그의 저술은 200종이 넘고, 그 가운데 많은 저작이 서너 권의 책으로 구성되었으며, 아주 광범위한 주제들을 다루고 있다.

인간적으로 카이퍼는 다른 사람들이 보여준 말 한 마디와 행동 하나에 대해서도 매우 고마워하는 사람이었다. 여기 이 짧은 글을 쓰는 작가도 그 점에 대해 개인적인 경험을 가지고 있다. 카이퍼 박사는 거룩한 사랑의 기술을 아는 사람이었다. 그는 사람들의 친구가 되는 것을 자랑스럽게 생각하였다. 아주 다양한 일로 아무리 업무의 압박을 받을지라도, 그는 조언과 도움을 받고자 오는 사람은 아무도 물리치지 않았다는 사실을 많은 사람들이 기억하며 놀라운 감탄과 감사의 마음을 표시한다.

그는 한 번도 자기 생각이 독창적이라고 주장하지 않았다. 그러나 그의 삶과 업적은 그가 아니고서는 설명할 수 없는 것이다. 이 책의 서평자는 이 명상록을 가리켜 "하나님 말씀에 대한 카이퍼의 일생에 걸친 탁월한 연구"라고 부르는데, 여기서 우리는 그의 놀라운 능력의 비결이 그의 삶의 밑바닥에 흐르는 깊은 영적 조류에 있었다고 생각하지 않을 수 없다.

그의 젊은 시절에, 네덜란드의 종교 생활은 쇠퇴하고 있었다. "교회 생활은 냉랭하고 형식적이었다. 신앙은 거의 죽어 있는 상태였다. 학교에는 성경이 없었고, 국가에는 생기가 없었다."

그러나 좀 더 나은 상황이 올 조짐이 없는 것은 아니었다. 일찍이 1830년에, 의회 의원인 흐룬 반 프린스터러(Groen van Prinsterer)가 그 시대의 정신에 항거하기 시작하였다. "본래 사람은 모두 그리스도의 속죄의 보혈을 필요로 하는 죄인이라는 이 사실이 복음 설교의 부활을 가져왔다. 이 점에 대해 사람들이 대대적으로 반감을 드러냈다. 머지않아 사람들이 복음주의자들을 용인하지 않을 것이다. 사람들이 원한 것은 무종교가 아니라 유대인을 포함하여 모든 사람을 기쁘게 할 종교였다."

카이퍼가 대학생이었을 때, 복음 사역에 투신하고 싶은 마음이 들지 않았던 것은 이상한 일이 아니었다. 그는 스스로 자신의 명예를 짓밟는 교회를 동정하지 않았고, 그런 교회가 표방하는 신앙에 공감할 수 없었다고 말했다. 그는 현대의 사조를 따라 표류하였고, 예수님의 육신의 부활을 공공연히 부인한 라우벤호프(Rauwenhoff) 교수를 온정적으로 지지하였다.

그러나 그에게 일어난 일련의 경험들이 이 젊은 학자에게 깊은 인상을 남겼다.

흐로닝엔(Groningen) 대학교에서 폴란드의 위대한 개혁자인 요한 라스코(John a Lasco)에 대한 최우수 논문을 공모하였다. 선생들의 조언을 듣고서 카이퍼는 그 공모에 응하기로 결심하였다. 네덜란드의 모든 큰 도서관들과 유럽의 모든 도서관들에서 부지런히 조사하였지만 논문 저술에 필요한 자료를 수집하지 못하였을 때의 실망감은 말할 수 없이 컸다. 전도가 유망한 이 젊은 학자에게 깊은 관심을 가지고 있던 사람으로, 레이덴 대학의 교수였던 드 브리스(de Vries) 박사가 결국 그에게 할렘(Haarlem)에 있는 자기 아버지를 방문해 보라고 조언하였다. 드 브리스 박사의 부친은 훌륭한 역사 연구가였고, 방대한 도서를 소장하고 있었다. 카이퍼는 그에게 갔지만, 덕망 있는 그 설교자에게서 들은 것이라곤 필요한 책들을 찾아보겠지만, 그의 소장도서에서 라스코의 저작은 한 권도 본 기억이 없다는 말뿐이었다. 일주일 후에 카이퍼는 약속한 시간에 그에게 다시 갔다. 그때의 경험에 대해서 카이퍼가 한 말을 직접 들어보도록 하자.

"그 훌륭한 설교자의 영접을 받고 나서, 그가 측면 선반에 잔뜩 쌓아놓은 많은 소장 도서들을 가리키며 내게 '이것이 내가 찾은 책들일세' 하고 말했을 때, 그 기분을 어떻게 말로 설명할 수 있을지 모르겠다. 나는 내 눈을 믿을 수 없었다. 네덜란드의 모든 도서관을 샅샅이 뒤졌지만 헛수고였고, 유럽의 가장 큰 도서관들의 도서 목록들을 철저히 조사했으며, 라스코 저작의 이름만이라도 붙어 있는 선집들과 희귀본들에 대한 기록을 읽고 또 읽었지만 그 책들을 볼 수가 없었다. 라스코의 책이라는 것이 여전히 있다고 할지라도 지극히 희소하고, 그래서 그 책들은 거의 다 분실되었다. 예외적으로 남아 있다면 두 권이나 세 권 있을 것인데, 200년 동안이나 그 책들을 가지고 있을 수 있는 사람은 아무도 없었다. 그런데 유럽의 어느 도서관에서 볼 수 있는 것보다도 많은 라스코의 저작들을 직접 대면할 수 있는 기적이 일어난 것이다. 충실한 친구가 소개해 준 사람, 자기가 그 책을 가지고 있다는 사실조차 알지 못하고, 일주일 전만 해도 라스코라는 이름조차 거의 기억하고 있지 못한 사람에게서 내 논문 수상의 사활이 걸린 보물을 찾았을 때, 정말이지 직접 경험한 사람이라면 틀림없이 이렇게 놀라지 않을 수 없었을 것이다. 그것은 마치 사람이 길을 가다가 하나님의 기적이라는 것을 만나는 것과 같았다."

그가 상을 탔다는 것은 말할 필요가 없을 것이다. 그러나 그 경험은 그에게 그 이상의 것을 주었다. "그 일로 인해 그는 하나님을 다시 생각하게 되었다." 그 사건은 그로 하여금 합리주의에 대해 의심을 품게 만들었다. 그는 "하나님의 손"과 같은 일이 있다는 사실을 더 이상 부인할 수 없었다.

「래드클리프의 상속인」(*The Heir of Radcliffe*)이라는 유명한 소설을 읽었을 때, 또 한 번의 경험이 그에게 일어났다. 그는 그 책을 정신없이 읽었다. 그 책은 그 시기의 네덜란드 교회에서는 거의 찾아볼 수 없었던 잉글랜드의 교회 생활에 대한 강한 인상을 그에게 심어주었다. 그 책에서 그는 성례의 깊은 의미, 전례적인 예배의 인상적인 모습, 후에 그가 "기름 부음받은 기도서"(The Anointed Prayer Book)라고 말하곤 했던 것을 접하게 되었다. 그러나 이 외에도 그는 소설의 주인공인 필립 드 노르빌(Philp de Norville)이 겪었던 모든 영적 경험이 실재한다는 사실을 깊이 느끼지 않을 수 없었다. 이 똑똑한 젊은 학자는 비탄에 잠긴 그 주인공의 철저한 자기 정죄, 곧 완전한 자기혐오를 자기 스스로에게 적용하게 되었고, 그것이 그에게는 구원에 이르게 하는 하나님의 능력이 되었다.

이 경험을 돌아보면서 카이퍼는 이렇게 쓰고 있다. "내 영혼이 이때 경험한 것을, 나는 후에 가서야 완전히 이해하였다. 그러나 그 시간에, 아니, 바로 그 순간부터 나는 이전에 감탄해 마지않았던 것을 무시하고, 전에는 코방귀 뀌던 것을 존중하는 법을 배웠다. 하지만 그것으로 충분하였다. 여러분은 그런 경험이 주는 인상이 오래 간다는 것을 알 것이다. 영혼이 그런 갈등 속에서 경험하는 것은 아주 오랫동안 지속되어서, 몇 년이 지난 후에도 마치 바로 어저께 일어난 것처럼 아주 뚜렷하고 강렬하게 생각이 난다."

그러나 이런 경험을 통해서 알게 되었던 충만한 영적 생활로 그를 인도한 것은, 하나님 다음으로, 그의 첫 번째 교구의 소박한 시골 사람들이었다. 카이퍼가 목회를 시작하였을 때, 그들은 카이퍼의 재능에 탄복하였다. 그들은 카이퍼의 사람 됨됨이를 보고 금방 사랑하게 되었지만, 그가 전적으로 그리스도께 회심하기를 바라고 온 교인이 합심하여 그리고 개별적으로 뜨겁게 기도하지 않을 수 없었다. 후에 카이퍼가 썼듯이 "교인들의 신앙적 충성이 내 마음에 복이 되었고, 내 인생에 샛별처럼 떠올랐다. 교인들은 나를 염려하였지만 나는 여전히 하나님과 화목하는 말씀을 발견하지 못하였다. 교인들은 내 영혼이 의지할 수밖에 없는 이 화목의 말씀을 단순한 언어로 아주 확고하게 전달해 주었다. 나는 성경이 우리에게 믿음으로 말미암는 칭의를 발견하도록 만들 뿐만 아니라 모든 인간 생활의 기초, 곧 사회와 국가의 모든 인간 생활을 마땅히 지배해야 하는 거룩한 법을 밝혀주기도 한다는 것을 깨달았다."

이렇게 해서 그리스도인으로서 그의 생활이 시작되었다. 십자가 밑에서 그는 자신의 구주께, 그리고 주님을 위한 봉사에 전적으로 자기를 드렸다. "그리스도를 증거하는 것"이 일생의 열정이 되었다. 카이퍼가 신학자나 정치가로서 혹은 정치 지도자나 기독교 노동조합의 의장으로서, 기독교 교육의 장려자로서 그의 모든 저술과 연설과 일에서 끊임없이 외쳤던 요지는 그리스도께서 인간 생활과 활동의 모든 면에서 왕이시라는 것이었다. 그는 다음과 같은 타오르는 확신에서 이 모든 일을 행하였다. 즉 "그리스도는 단지 과거의 신분, 곧 그리스도가 이전에 말하고 행하고 경험한 것에 대한 전통을 통해서 다스리시는 것이 아니라, 현재 하나님 우편에 앉아 계시는 분으로서 생생한 능력을 발휘하여 나라와 민족과 세대와 가족과 개인들을 다스리신다는 것이다."

이렇게 거의 소실되어버린 몇 권의 책을 만난 일, 한 권의 소설을 읽은 것, 교양이 없는 시골 사람들의 가르침이 카이퍼 박사가 위대한 저작들을 쓰게 된 연유를 부분적으로 설명해주는 경험들이었다.

사람이 아주 방대하고 다양한 그의 활동을 익숙히 알면 알수록, 그가 다소 신비하게 느껴지는 경건 서적을 집필할 수 있었다는 것에 아주 놀라게 된다. 심오한 신학적 학식, 탁월한 정치력, 어떤 분야에서든지 나타나는 비범한 지적 통찰력이 일반적으로 어린아이와 같은 신앙의 단순성, 영혼의 신비한 통찰력과 사랑스러움과는 양립할 수 없는 것으로 사람들은 생각한다. 그러나 이 책의 서평자의 말대로, "이 명상록을 보면 학문이 깊은 신학자는 마음이 따뜻한 그리스도인이 될 수 없다는 생각이 그릇되었음을 알 수 있다." 또 어떤 사람은 이렇게 말한다. "카이퍼 박사는 틀림없이 그리스도의 삶을 살았을 것이다. 그렇지 않았다면 그는 이 책의 제목에 걸맞는 글을 쓸 수 없을 것이다." 이 책에서 저자 자신이 그 점을 이야기한다. "이 명상들을 통해서 나는 할 수 있는 대로 많은 사람들이 매일 하나님과 교제하고, 하나님을 알고 사랑할 필요를 이전보다 더 알게 되기를 바란다." 또 이렇게 말한다. "가까이에서 하나님과 교제하는 것이 우리 생활에서 충만하고 강력하게 실행되는 현실이 되어야 한다. 하나님과의 그런 교제가 우리의 느낌, 인식, 기분, 사고, 상상, 의지, 행동, 말에 스며들고, 색깔을 입혀야 한다. 그것이 우리 생활에 이질적 요소로 있어서는 안 되고, 우리의 전 생활을 통해 숨 쉬는 열정이 되어야 한다."

이 이상(理想)을 추구하면서 카이퍼 박사는 엄청난 활동 외에도 매주 경건한 명상의 글을 쓰는데 시간을 할애하였다. 그는 명상의 글을 2천 편 이상이나 썼다. 그의 명상록은 아주 독특한 성격을 지니고 있다. 이 글들이 그 자체로는 하나의 문학 작품이고, 요하네스 로이스브루크(Johannes Ruysbroek)나 코넬리우스 얀시니우스(Cornelius Jansinius), 토마스 아 켐피스(Thomas a Kempis) 같은 네덜란드 신비주의자들의 걸작들과 조화를 이루고 있다고 말한다면 바르게 본 것이다.

이 책은 시편 73편에서 취한 한 가지 생각, 곧 "하나님께 가까이 함이 내게 복이라"(73:28)는 생각에 대하여 쓴 110편의 명상들을 보여준다. 보스턴의 에드워드 에버레트(Edward Everett) 목사는 이렇게 쓰고 있다. "이 책은 내게 신앙에 있어서 말할 수 없이 귀중한 한 가지 생각을 가르쳐 주는데, 곧 다윗의 시의 단 한 구절이 지닌 결코 마르지 않는 신선함을 알게 해 준다. 시편의 한 부분만이라도 마음속에 간직해 두면, 마음과 영혼의 양식에 부족함이 없게 된다. 연중 끊이지 않고 계속 복을 받는 비결은 계속해서 명상하는 기술에 있다. '하나님께 가까이

함'이라는 제목은 싹과 같은데, 그 싹이 이 책에서 조화롭게 발육된다."

"향후 2,30년 동안에 이 책이 세계에서 가장 탁월한 대표적인 경건서적 가운데 하나로 인정받을 것이라"고 그때 이미 사람들이 예측한 것은 이상한 일이 아니다.

카이퍼 박사는 임종 직전에 이르기까지, 과거와 거의 다름없이 정력적으로 일을 하였다. 임종의 자리에서 그의 친구이자 동료 한 사람이 그에게 물었다. "내가 사람들에게 하나님께서 마지막까지 자네의 피난처이시자 힘이셨다는 말을 해도 되겠나?" 작고 속삭이는 목소리였지만, 즉시 분명한 답변이 흘러나왔다. "그럼, 그렇고말고."

갚을 수 없는 빚에 깊은 감사를 느끼며, 고인이 된 저자를 기념하기 위하여 이 명상록을 애정어린 마음으로 바친다.

— 존 헨드릭 드 브리스(John Hendrik de vries)

아브라함 카이퍼

(Abraham Kuyper, 1837-1920)

네덜란드 칼빈주의 신학자, 정치 지도자. 현대 네덜란드 역사에서 중요한 인물. 마슬로이스에서 태어났으며, 그의 아버지는 개혁교회 목사였다. 카이퍼는 아마도 정통주의를 무비판적으로 받아들이며 자랐던 것 같다. 레이덴의 대학생 시절에 그는 정통주의에 반항하고 그 당시에 지배적이었던 '현대' 신학으로 돌아섰다. 뛰어난 학생이었던 카이퍼는 계속 신학을 공부하면서 숄텐과 그 밖에 '모더니스트' 들에게서 배웠다. 그러나 현대 신학은 그의 감정을 만족시키지 못하였다. 베이스트의 젊은 설교자가 된 그는 마을 주민들의 뿌리 깊은 칼빈주의 경건에 마음이 끌렸다. 또한 그것이 다른 영향력들과 함께 그로 하여금 정통 칼빈주의를 받아들이게 하였다. 30세에 그는 유망한 설교자로서 위트레흐트로 옮겼다가 곧 암스테르담으로 자리를 옮겼다. 칼빈주의 이론가였던 프린스터러(Groen Van Prinsterer)의 '반혁명주의' (anti-revolutionary) 정치관에 마음이 끌린 카이퍼는 정치에 참여할 생각을 갖게 되었으며, 마침내 그는 1869년에 프린스터러를 만났다. 연로한 프린스터러의 후견을 받으며 카이퍼는 '반혁명당' (Anti-Revolutionary Party)이 모습을 드러내었을 때 국회의원에 입후보하였다.

프린스터러가 사망하자(1876) 카이퍼는 반혁명당의 지도자가 되었다. 맹렬한 활동을 통하여 그는 정통 칼빈주의자들을 점차 정치 세력화하였다. 일간 신문을 발간하기 시작하였고, 국회의원으로 선출되었으며(1874), 정당의 지방 분회들이 조직되었고, 특별한 정치 강령이 작성되었다. 카이퍼의《우리의 강령 Ons Program》(1878)으로 집대성된 정치 강령은 종교적 사립학교에 대한 국가의 보조, 선거권의 확대, 노동의 권리 인정, 식민지 정책의 개혁, 국민 생활에 다시 활력을 불어넣을 것을 요구하였다. 그 강령의 이론적인 기초는 사회의 다양한 영역들의 자율성 사상, 즉 각 영역들마다 하나님께서 주신 고유한 권리들을 가지고 있다는 사상이었다. 학교 문제는 카이퍼로 하여금 대규모 청원 캠페인(1878)을 벌일 기회를 제공하였고, 역시 자신들의 학교에 대한 국가의 보조를 바라고 있었던 가톨릭교도들과의 '기괴한 동맹' (Monstrous Coalition)을 맺을 길을 닦아 주었다.

1880년이 되자 카이퍼는 정통 칼빈주의 대학인 '자유대학교' (Free University, 교회와 국가의 통제로부터 자유)를 시작하였으며, 그 대학원에서 가르쳤다. 1886년에 카이퍼는 개혁교회에서 탈퇴한 10만 명이 넘는 정통주의자들을 이끌게 되었다('돌레안티' Doleantie, 이들은 그 이전의 분리주의자 집단과 함께 '개혁교회' Gereformeerded Kerk를 결성하였는데, 이 교회는 네덜란드에서 두 번째로 규모가 큰 프로테스탄트 그룹이다). 선거권이 중산 계층의 많은 사람들에게 확대된 이후인 1888년이 되면서 '동맹' 은 일시적으로 정권을 획득하였는데, 카이퍼를 잠재적인 크롬웰로 보았던 자유주의자들에게는 낙심되는 일이었다. 1892년에 주요 선거권 확대를 요구하는 좌익 자유주의자들의 제안이 모든 주요 정당들을 분열시켰을 때 반혁명당의 보수주의 진영은 당을 떠났다(그들은 기독교역사정당 Christian Historical Party을 결성하였다). 카이퍼는 '기독교 민주주의' 를 요구하면서 맹렬한 활동을 펼쳤다. 선거권이 더욱 확대되자 동맹은 1900년에 주목할 만한 승리를 거두었고, 카이퍼는 수상이 되었다(1901). 이것은 여러 가지 면에서 그의 경력의 절정이었다. 수상으로서 그는 여러 가지 어려운 일들을(1902년의 철도 파업이 두드러진다) 겪었으며, 1905년의 가열찬 캠페인 이후에 실각하였다. 그때 그는 68세였다. 그는 15년 동안 반혁명당의 '위대한 노인' 으로 살았으며, 여전히 상당한 정치 세력으로 존재하였다. 살아 있는 동안에 종교적 사립학교에 대한 재정 지원으로 완전한 평등이 주어지는 것과 모든 사람들에게 선거권이 확대되는 것을 보았다(1917). 비록 동맹은 깨어졌지만(1925) 카이퍼의 반혁명당은 계속 다수당으로 남았다. 카이퍼의 업적은 오랫동안 감추어져 있었던 '평민들' 에게, 하급 중산 계층의 정통 칼빈주의 집단에게 종교적 정치적 발언권을 부여한 것이었다. 그는 네덜란드가 오늘날과 같은 '다원 사회' (각자 자신의 정당과 노조 등을 가지고 있는 이념적인 배치)로 발전하는 데 공헌하였다. 신학자로서 그는 조직적인 정통 칼빈주의를 부흥시켰으며 '일반은총' 에 대한 강조로 두드러졌다.

— 더크 젤레마(Dirk Jellema)

역자 후기

아브라함 카이퍼(Abraham Kuyper, 1837-1920) 박사는 세계 3대 칼빈주의 학자 중의 한 사람이다. 1920년에 카이퍼가 서거했을 때 전 세계 1백여 개의 신문과 잡지들은 그의 서거를 애도했는데 그 가운데도 그랜드 래피드 프레스는 "위대한 신학자 제2의 칼빈이 여기 잠들었다. 칼빈이 범세계적인 인물이었던 것처럼 카이퍼도 범세계적인 인물이었다"고 기록하고 있다.

카이퍼는 사실 16세기 요한 칼빈 이후에 가장 위대한 칼빈주의 학자였던 것은 두말할 필요가 없다. 카이퍼는 강력한 지도자, 철저한 개혁자, 불을 튀기는 설교자, 범세계적 인물, 유능한 조직자, 행정에 밝은 성공적인 목회자, 천재적인 학자, 능통한 언어학자였다. 그는 교의학자인 동시에 정치가였으며, 신학교수이자 수상이기도 하였다.

그는 확신에 넘치는 강의도 하였지만 청년들을 일으켜 정치적 사회적 의무에 충실하도록 하였다. 실로 카이퍼는 그것 말고도 교육가, 언론가, 예술애호가 그리고 세계 여행가였다. 1880년에는 암스테르담에 뿌라야 대학(Vrije Universiteit)을 세워 후학을 가르치는데 정력을 쏟았다.

누군가 카이퍼 박사를 가르쳐서 10개의 머리와 100개의 손을 가진 인물이라 찬사를 보내었다. 그는 너무나 큰 일들을 하는 인물이었기에 정치적으로 또는 학문적으로 비판도 받았다. 그는 일생 동안 크고 작은 책을 230권이나 썼다. 실로 인간의 상상력을 뛰어넘은 초인적인 인물이었다. 그가 쓴 책의 양은 칼빈의 그것을 능가하였다. 다만 유럽의 한 작은 나라, 화란어라는 특수한 언어 때문에 그의 작품은 다른 나라에 널리 알려지지 않았다는 것이 아쉽다. 다만 영어로 10권이 번역된 것에 불과하다.

이 책 「하나님께 가까이」(Nabij God te Zijn)라는 명상록은 아브라함 카이퍼 박사가 쓴 책 가운데 174번째 쓴 작품이다. 이것은 그가 수상을 역임한지 얼마 안되어서 쓴 작품이다. 이 책의 제목은 시편 73편 28절의 말씀인 "하나님께 가까이 함이 내게 복이라 내가 주 여호와를 나의 피난처로 삼아 주의 모든 행적을 전파하리이다" 라고 하신 말씀에서 시작되었다.

아브라함 카이퍼가 발견한 이 성경 구절과 이 책 제목은 일찍이 역자에게 있어서 큰 빛을 던져주었다. 역자가 화란 암스테르담 뿌라야 대학에 재학할 당시에 깊은 실의에 빠져서 방황하고 있을 때 이 책의 제목과 이 말씀들은 나에게 놀라운 삶의 전환점이 되기도 했다. 하나님께 가까이 가는 신학과 신앙만이 참된 것임을 확신했다.

이제 이 책이 우리 말로 번역되어 독자들에게 읽혀지게 된 것을 독자들과 함께 기뻐하는 바이다. 카이퍼의 사상은 하나님을 향하여 언제나 삶 전체를 드려야 할 것을 역설하고 있다. 이 책을 읽는 분들에게 주의 은혜와 위로가 함께 하시기를 바라고 많은 도전과 깨달음이 있기를 바란다.

역자 정 성 구

독자 여러분들께 알립니다!

'CH북스'는 기존 **'크리스천다이제스트'**의 영문명 앞 2글자와
도서를 의미하는 **'북스'**를 결합한 출판사의 새로운 이름입니다.

세계기독교고전 13

하나님께 가까이

2판 1쇄 발행 2015년 4월 15일
2판 중쇄 발행 2022년 7월 19일

발행인 박명곤 **CEO** 박지성 **CFO** 김영은
기획편집 채대광, 김준원, 박일귀, 이승미, 이은빈, 이지은
디자인 구경표, 한승주
마케팅 임우열, 유진선, 이호, 최고은
펴낸곳 CH북스
출판등록 제406-1999-000038호
대표전화 070-4917-2074 **팩스** 0303-3444-2136
주소 서울시 강서구 마곡중앙6로 40, 장흥빌딩 10층
홈페이지 www.hdjisung.com **이메일** main@hdjisung.com
제작처 영신사

"크리스천의 영적 성장을 돕는 고전"
세계기독교고전 목록

1 **데이비드 브레이너드 생애와 일기**
조나단 에드워즈 편집
2 **그리스도를 본받아** | 토마스 아 켐피스
3 **존 웨슬리의 일기** | 존 웨슬리
4 **존 뉴턴 서한집 - 영적 도움을 위하여** | 존 뉴턴
5 **성 프란체스코의 작은 꽃들**
6 **경건한 삶을 위한 부르심** | 윌리엄 로
7 **기도의 삶** | 성 테레사
8 **고백록** | 성 아우구스티누스
9 **하나님의 사랑** | 성 버나드
10 **회개하지 않은 자에게 보내는 경고**
조셉 얼라인
11 **하이델베르크 요리문답 해설** | 우르시누스
12 **죄인의 괴수에게 넘치는 은혜** | 존 번연
13 **하나님께 가까이** | 아브라함 카이퍼
14 **기독교 강요(초판)** | 존 칼빈
15 **천로역정** | 존 번연
16 **거룩한 전쟁** | 존 번연
17 **하나님의 임재 연습** | 로렌스 형제
18 **악인 씨의 삶과 죽음** | 존 번연
19 **참된 목자(참 목자상)** | 리처드 백스터
20 **예수님이라면 어떻게 하실까** | 찰스 쉘던
21 **거룩한 죽음** | 제레미 테일러
22 **웨이크필드의 목사** | 올리버 골드스미스
23 **그리스도인의 완전** | 프랑소아 페넬롱
24 **경건한 열망** | 필립 슈페너
25 **그리스도인의 행복한 삶의 비결** | 한나 스미스
26 **하나님의 도성(신국론)** | 성 아우구스티누스
27 **겸손** | 앤드류 머레이
28 **예수님처럼** | 앤드류 머레이
29 **예수의 보혈의 능력** | 앤드류 머레이
30 **그리스도의 영** | 앤드류 머레이
31 **신학의 정수** | 윌리엄 에임스
32 **실낙원** | 존 밀턴
33 **기독교 교양** | 성 아우구스티누스
34 **삼위일체론** | 성 아우구스티누스
35 **루터 선집** | 마르틴 루터
36 **성령, 위로부터 오는 능력** | 앨버트 심프슨
37 **성도의 영원한 안식** | 리처드 백스터
38 **웨스트민스터 소요리문답 해설** | 토머스 왓슨
39 **신학총론(최종판)** | 필립 멜란히톤
40 **믿음의 확신** | 헤르만 바빙크
41 **루터의 로마서 주석** | 마르틴 루터
42 **놀라운 회심의 이야기** | 조나단 에드워즈
43 **새뮤얼 러더퍼드의 편지** | 새뮤얼 러더퍼드
44-46 **기독교 강요(최종판) 상·중·하** | 존 칼빈
47 **인간의 영혼 안에 있는 하나님의 생명**
헨리 스쿠걸
48 **완전의 계단** | 월터 힐턴
49 **루터의 탁상담화** | 마르틴 루터
50-51 **그리스도인의 전신갑주 I, II** | 윌리엄 거널
52 **섭리의 신비** | 존 플라벨
53 **회심으로의 초대** | 리처드 백스터
54 **무릎으로 사는 그리스도인** | 무명의 그리스도인
55 **할레스비의 기도** | 오 할레스비
56 **스펄전의 전도** | 찰스 H. 스펄전
57 **개혁교의학 개요(하나님의 큰 일)**
헤르만 바빙크
58 **순종의 학교** | 앤드류 머레이
59 **완전한 순종** | 앤드류 머레이
60 **그리스도의 기도학교** | 앤드류 머레이
61 **기도의 능력** | E. M. 바운즈
62 **스펄전 구약설교노트** | 찰스 스펄전
63 **스펄전 신약설교노트** | 찰스 스펄전
64 **죄 죽이기** | 존 오웬